Jens Beljan
Schule als Resonanzraum und Entfremdungszone

Jens Beljan

Schule als Resonanzraum und Entfremdungszone

Eine neue Perspektive auf Bildung

BELTZ JUVENTA

Der Autor

Jens Beljan, Jg. 1982, Dr., ist wissenschaftlicher Mitarbeiter am Institut für Bildung und Kultur der Friedrich-Schiller-Universität Jena. Seine Arbeitsschwerpunkte sind Resonanzpädagogik, Bildungsphilosophie und Identitätsbildung. Außerdem arbeitet er an der Edition und Kommentierung des Pädagogik- und Psychologie-Bandes der Kritischen Gesamtausgabe Friedrich Schleiermachers.

MIX
Papier aus verantwortungsvollen Quellen
FSC® C089473

Dieses Buch ist erhältlich als:
ISBN 978-3-7799-3671-8 Print
ISBN 978-3-7799-4670-0 E-Book (PDF)

1. Auflage 2017

Herstellung: Hannelore Molitor
Satz, Druck und Bindung: Beltz Bad Langensalza GmbH, Bad Langensalza
Printed in Germany

Weitere Informationen zu unseren Autoren und Titeln finden Sie unter: www.beltz.de

Vorwort von Hartmut Rosa

Die Frage nach dem Kern und der „Natur“ des Bildungsprozesses ist nicht nur für Bildungs- und Erziehungswissenschaftler, sondern zugleich auch für Philosophen, Soziologen, Politologen und sogar Psychologen; kurz: für alle Geistes-, Sozial- und Verhaltenswissenschaften von größter Bedeutung, denn sie steht im Zentrum jeder Analyse des Verhältnisses von Subjekt und Welt, oder von Individuum und Gesellschaft. Im Prozess der Bildung, soviel zumindest scheint unstrittig, werden Subjekt und Welt zueinander gebracht – doch Natur und Verlauf dieses Vermittlungsprozesses und infolgedessen auch Ziele und Qualitätsmaßstäbe für entsprechende Bildungspolitiken und pädagogische Programme sind seit jeher zutiefst umstritten. Vor dem Hintergrund der Beobachtung, dass sich im Zuge eines globalen, intensivierten Bildungswettbewerbs immer stärker ein Bildungsverständnis ausbreitet, das die Lehrenden zu „Anbietern“, die Lernenden zu „Klienten“ und das vermittelte Wissen zum „Produkt“ werden lässt, wobei Bildung als Kompetenzvermittlung zur Ressourcensteigerung konzeptualisiert wird und sich dann an in Begriffen der Leistung messbaren Ergebnissen quantifizieren lassen soll, liefert Jens Beljan in seinem Buch einen fulminanten und umfassenden, historisch informierten und empirisch gesättigten Gegenentwurf, der Bildungsprozesse als „Resonanzgeschehen“ re-konzeptualisiert, als dessen Ergebnis die gelungene „Anverwandlung“ von Weltausschnitten bzw. kulturellen Sinnprovinzen verstanden werden kann. Bildung, so lautet seine Ausgangsintuition, muss als Bestandteil eines gelingenden Lebens begriffen werden und darf deshalb nicht einfach auf eine Ressource im sozioökonomischen Wettbewerb reduziert werden. Darüber, so lautet Beljans Zielsetzung, lässt sich nicht nur ein alternativer Maßstab mit durchaus belastbaren Indikatoren für die Qualität von Bildungsinstitutionen gewinnen, sondern damit lässt sich auch ein neues Konzept pädagogischen Handelns, eine Konzeption von Resonanzpädagogik, formulieren. Beljans ambitionierte Zielsetzung besteht darin, die historischen und bildungsphilosophischen Voraussetzungen, die kategorialen Grundlagen und die didaktischen Prinzipien einer solchen Resonanzpädagogik empirienahe herauszuarbeiten. Dabei geht er zu Recht davon aus, dass resonanzpädagogisches Handeln und Denken per se nichts grundlegend Neues ist, sondern an viele Traditionslinien und praktische kulturelle Erfahrungen anschlussfähig ist, in jenem Klima der „resonanzfeindlichen“, ressourcen- und (dienst-)leistungsfixierten Bildungspolitik jedoch neu auf den Begriff zu bringen bleibt.

Im Ergebnis ist Beljan eine höchst bemerkenswerte und beeindruckende Untersuchung gelungen, die den wissenschaftlichen Diskurs, aber auch die politische Debatte um die Zukunft des Bildungsgeschehens in gleich vierfacher Hinsicht entscheidend voranzubringen vermag: Zum Ersten handelt es sich um die erste größere Studie zur empirischen, sachbezogenen Überprüfung und ‚Anwendung‘ der Resonanztheorie. Was in der soziologischen Theorie bisher lediglich als abstraktes Kategoriengerüst dient, wird hier exemplarisch an einem sozialen Feld untersucht und als Analyseraster eingesetzt. Dabei zeigt sich, dass jene Theorie sich in der Tat zur Formulierung einer innovativen Resonanzpädagogik eignet, mithin also zur Erhellung konkreter sozialer Verhältnisse beitragen kann.

Zweitens stellt das vorgelegte Buch aber zugleich einen bedeutsamen Beitrag zur Bildungstheorie und -geschichte dar. Mithilfe des kategorialen Grundgerüstes der Resonanztheorie entwickelt Beljan einen plausiblen und kohärenten neuen Begriff von Bildung, der sowohl an die Theoriegeschichte wie an aktuelle Lehr- und Lerntheorien anschlussfähig ist und neues Licht auf das Bildungsgeschehen als „Weltanverwandlung“ zu werfen vermag.

Zum Dritten ist Beljan damit in der Tat der kohärente und umfassende Entwurf einer „Resonanzpädagogik“ geglückt, der sich in eine konsistente pädagogische und didaktische Konzeption übersetzen lässt bzw. diese bereits in sich birgt und dabei innovative und überprüfbare Kriterien für gelingende Schul- und Unterrichtsgestaltung an die Hand gibt. Aus diesem Grund stellt Beljans Arbeit, viertens, schließlich auch eine gewichtige bildungspolitische Intervention dar, weil sie sowohl die Ziele des Bildungssystems als auch die Qualitätskriterien für Schule und Unterricht neu zu bestimmen und zu gewichten vermag.

Selbstredend lassen sich gegenüber einer Studie, die mit einem derart weitgesteckten Anspruch antritt, immer auch kritische Nachfragen formulieren. So bleibt die Frage nach der Veränderung des Bildungsbegriffs im Verlauf der Moderne eigentümlich ausgeklammert, und auch die Bestimmung des *Verhältnisses* der von Beljan unterschiedenen affektiv-emotionalen, evaluativ-werthaften und kognitiv-gewussten Aspekte des Bildungsprozesses bleibt notgedrungen noch diffus. Anlass zu weiteren Diskussionen wird darüber hinaus gewiss auch die Frage nach dem Verhältnis von Resonanz- und Leistungsorientierung geben. Wird hier die Spannung oder der Widerspruch zwischen den beiden Orientierungen überbetont, gerät leicht der Umstand aus dem Blick, dass innovative und kreative Leistungen erst dort möglich sind und werden, wo die Resonanzachsen „in Schwingung“ sind. Umgekehrt kann natürlich der Wunsch oder auch der Anspruch, Leistung zu erbringen, wenigstens gelegentlich auch einen Anstoß zur Entdeckung oder Etablierung von Resonanzachsen liefern. Das hat insofern politische Konsequenzen, als sich mit diesem letzteren Argument die beiden Orientierungen nicht gegeneinander ausspielen lassen.

Allein, diese Art von Einwänden lässt sich bei jeder Studie von Gewicht formulieren, sie können und sollen gewiss nicht darüber hinwegtäuschen, dass Jens Beljan mit seinem Buch ein gewichtiger Beitrag zur Bildungstheorie und zur Schulpädagogik gelungen ist, an dem die zukünftige Debatte nicht wird vorbeigehen können.

Inhalt

Vorwort von Hartmut Rosa 5

Einleitung
Schule und das gute Leben – Bildung: Ressource oder Resonanz 13

Teil I
Vom Schweigen der Schulwelt und der Sehnsucht nach Resonanzpädagogik

Kapitel 1
Die Trennung von Leben und Lernen
Zeugnisse aus Literatur, Musik und Film 46

Kapitel 2
Bildung als Antwort auf das Verstummen von Selbst und Welt
Geistesgeschichtliche Wurzeln bildender Weltbeziehungen 56

2.1 Bildung durch Berührung mit Gott:
Die Geburt des Bildungsbegriffs (Meister Eckhart) 58
2.2 Das Problem bildender Weltbeziehungen:
Die Ausgangslage in Aufklärung und Romantik 59
2.3 Schule vom Meer:
Der Mensch als Resonanzwesen (J. G. Herder) 67
2.4 Bildung als Wechselwirkung zwischen Ich und Welt:
Bildende Weltbeziehungen (W. v. Humboldt) 76
2.5 Die vier bildenden Weltsphären:
Ausströmende und aufnehmende Selbst-Welt-Beziehungen (F. Schleiermacher) 85
2.6 Bildung als affektiver Weltbezug:
Weltbegegnung und pädagogische Atmosphäre (O. F. Bollnow) 95
2.7 Bildung als praktischer Weltbezug:
Schule und Weltisolation (J. Dewey) 105
2.8 Bildung als wertender Weltbezug:
Schule und Kälteproduktion (A. Gruschka) 110

Teil II
Resonanz und Entfremdung als Kriterien für Unterrichtsqualität

Kapitel 1
Gelingender und misslingender Unterricht
Das Indifferenz-, Repulsions- und Resonanzdreieck 120

Kapitel 2
Resonanz und Entfremdung
Die Anverwandlung von Selbst und Welt 130

2.1 Bildung durch Resonanz:
Formierende Anverwandlung 132

2.2 Bildung durch Entfremdung:
Transformierende Anverwandlung 152

Teil III
Lernen und Lehren in Resonanzbeziehungen

Kapitel 1
Die Lehrperson 172

1.1 Lehrmotivation:
Das Glück der Lehrenden 173

1.2 Pädagogisches Ethos:
Resonanzverantwortung und Entfremdungstoleranz 179

1.3 Lehren als Selbst-Welt-Vermittlung:
Die Lehrperson als doppelte Stimmgabel 183

1.4 Die Angst der Lehrenden:
Stress, Gewalt, Mobbing, Burnout 192

1.5 Schulische Resonanzhäfen I:
Das Kollegium 202

1.6 Lehrerhandeln:
Takt und Ton im Unterricht 206

Kapitel 2
Die Schüler 236

2.1 Schülermotivation:
Das Glück der Lernenden 237

2.2 Schulerfolg:
Soziale Herkunft und Resonanzfähigkeit 246

2.3 Die Angst der Lernenden:
Gewalt, Ausgrenzung, Schulversagen 250

2.4 Schulische Resonanzhäfen II:
Familie und Freundschaften 264

Kapitel 3
Die Sache 278
3.1 Der Zweck von Bildung:
Gebrauchswert, Weltdistanz und Weltnähe 280
3.2 Fächer als Resonanzachsen:
Kunst, Geschichte, Sport, Naturwissenschaft, Philosophie 284

Teil IV
Leib, Raum, Zeit – Kernaspekte schulischer Weltbeziehungen

Kapitel 1
Der Leib als lernender Resonanzkörper
Bildung durch Selbstausdruck und Welteindruck 304
1.1 Atem- und Ernährungsschule:
Schulluft und Schulessen 310
1.2 Ergriffen und Gehalten:
Hand und Haltung in der Schule 317
1.3 Gesehen und gehört werden:
Blick und Stimme als Resonanzinitiatoren 337

Kapitel 2
Schulische Resonanzräume
Resonanzkatalysatoren und Entfremdungskompressoren 348

Kapitel 3
Lernen und Lehren als zeitlicher Weltbezug
Rhythmische Oszillationen 359

Kapitel 4
Resonanzoasen in der deutschen Bildungslandschaft
Fallbeispiel: Die „Deutsche SchülerAkademie“ 368

Schlussbemerkung
Die Resonanzsignatur der Schule – was können wir tun? 395

Danksagung 404

Literatur 405

Einleitung

Schule und das gute Leben – Bildung: Ressource oder Resonanz

Können wir die Schule zu einem besseren Ort des Lernens und Lehrens machen? Das ist die Ausgangsfrage dieses Buches. Gegenwärtig wird die Qualität einer Schule oder eines Bildungssystems in nahezu allen gesellschaftlichen Bereichen vor allem anhand von *Leistung* gemessen. Nach dieser Ansicht ist eine Schule dann eine gute Schule, wenn sie effektiv und effizient zur Vermehrung der Ressource Bildung beiträgt: Für spätmoderne Gesellschaften, die in einem internationalen Wettbewerb um Güter miteinander konkurrieren, ist die Vermehrung von Bildung von zentraler Bedeutung. In einer Wissens- und Informationsgesellschaft wie der unsrigen hängen das Wohlergehen der Nation sowie das gute Leben des Einzelnen unter anderem davon ab, ob wir über genügend Bildungsressourcen verfügen. Besser qualifizierte Arbeitskräfte und innovative Forscher sichern den Wohlstand und den Reichtum des Landes, während mehr Bildung für den Einzelnen bessere Zukunftschancen, ein höheres Einkommen, einen attraktiveren Arbeitsplatz, mehr Gesundheit, mehr Sicherheit und mehr Anerkennung bedeutet und somit wiederum dessen Ressourcenlage verbessert. Bildung trägt somit nicht nur zur Vermehrung des ökonomischen Kapitals eines Landes oder eines Individuums bei, sondern vermehrt auch das soziale Kapital (Bildung bringt Vorteile für das soziale Beziehungsnetz) sowie das symbolische Kapital (durch Bildung erlangen wir Anerkennung, Prestige und Macht). Und es ist vor allem ein kulturelles Kapital (Bildung vermehrt Wissen und Fähigkeiten, die zur Vermehrung der anderen Kapitalsorten eingesetzt werden können). Dementsprechend war dasjenige Kriterium, das so gut wie allen Schulreformen der letzten Jahrzehnte als gemeinsamer Nenner zugrunde lag, die Steigerung der *Effektivität* (mehr Ressourcen zu produzieren) und der *Effizienz* (bei weniger und gezielterem Ressourcenverbrauch).[1] Dieses Verständnis von Bildung speist das Bestre-

---

1 Vgl. Gruschka, Andreas (2011): Verstehen lehren! Ein Plädoyer für guten Unterricht, S. 8; Böttcher, Wolfgang/Dicke, Jan N./Ziegler, Holger (2009): „Erziehungswissenschaft, Bildungspolitik und Bildungspraxis. Anmerkungen zu einem schwierigen Verhältnis", in:

ben, Lern- und Lehrprozesse als quantifzierbare Leistungen messbar zu machen, wie es beispielsweise das Ziel des PISA-Tests ist.

Gegen diese Tendenz werde ich argumentieren, dass die quantifizierbare Leistungsmessung, die auf dem Ressourcenansatz basiert, allein kein guter Maßstab ist, um die Qualität eines Bildungssystems und insbesondere einer Schule zu beurteilen. Mehr noch, ich werde versuchen zu zeigen, warum Bildung zu misslingen droht, wenn sie einzig als eine Ressource verstanden und in den Praktiken des Lernens und Lehrens einseitig als solche behandelt wird. Meine Einsicht speist sich aus der Überzeugung, dass Bildung keine Ressource ist, sondern eine *Weltbeziehung*. In Bildungsprozessen, so lautet die These, gehen Lernende spezifische Weltbeziehungen ein, die Resonanzerfahrungen ermöglichen. Je ausschließlicher eine Bildungsinstitution auf die Produktion von quantifizierbaren Lernleistungen fixiert ist, desto eher können jene Resonanzen, die mit Bildung einhergehen, aus dem Blick geraten. Wie ich in diesem Buch andeuten werde, kann die Blockade bildender Resonanzerfahrungen nicht nur die Entwicklung und das Wachstum einzelner Individuen hemmen, sondern auch das Wohlergehen und das friedliche Zusammenleben einer Gesellschaft bedrohen.

Was mit bildenden Weltbeziehungen und Resonanz gemeint ist, soll zunächst an einem fiktiven Beispiel illustriert werden:

Annika hat eine Freistunde und sitzt in einem Café. Ihr befreundeter Klassenkamerad Norbert, der ebenfalls in dem Café sitzt, bemerkt sie und setzt sich zu ihr an den Tisch. Sofort beginnt Norbert ihr von dem Konzert zu erzählen, das er am Vorabend besucht hat. Er sagt, er habe dort ein Lied gehört, das er Annika unbedingt vorspielen müsse. Er legt sein Smartphone auf den Tisch, schließt die Lautsprecher an und drückt auf „Play“.

Nachdem Norbert das Lied angestellt hat, sieht Annika, wie seine Augen aufleuchten. Begeisterung steigt in ihm auf: Norbert greift den Takt auf und beginnt auf seinem Stuhl mitzuwippen. Die Melodie scheint ihn zu berühren, zu ergreifen und zu bewegen.

Als Norbert Annika schließlich einen erwartungsvollen Blick zuwirft, bemerkt Annika, dass sie Norberts Begeisterung für das Lied nicht nachvollziehen kann. Zwar möchte sie gerne die Freude über das Lied mit Norbert teilen, tatsächlich aber lässt sie das Musikstück vollkommen kalt. Die Musik berührt sie nicht, und so sehr sie sich auch bemüht, der Melodie und dem Rhythmus etwas abzugewinnen, es gelingt ihr nicht. Sie findet keinen Zugang. Das Lied sagt ihr sogar so wenig, dass sie nicht einmal be-

---

Dies. (Hrsg.): Evidenzbasierte Bildung. Wirkungsevaluation in Bildungspolitik und pädagogischer Praxis, S. 7–22.

haupten kann, es gefiele ihr nicht. Diese Musik bringt rein gar nichts in ihr zum Klingen. Langsam wird Annika die Situation unangenehm, als plötzlich ihre Mitschülerin Susanne am Tisch auftaucht und entnervt ruft: „Macht diesen Mist aus! Das ist ja nicht auszuhalten."

Dass die Anwesenden nicht darum kämpfen, ihre Ressourcen zu vermehren und bessere Noten, höhere Abschlüsse, mehr Wissen oder mehr Kompetenzen zu erwerben, ist offenkundig. Im Mittelpunkt steht vielmehr ein Beziehungsgeschehen. Dieses Beziehungsgeschehen zeichnet sich durch drei verschiedene Erfahrungen mit ein und demselben Musikstück aus. Norbert, Annika und Susanne *reagieren* oder *antworten* innerlich jeweils grundverschieden auf die Musik. Das Lied vermag die drei Hörer auf jeweils kategorial unterschiedliche Weise *anzusprechen* und *anzurühren*. Die Idee, der ich im Anschluss an Hartmut Rosa folge, lautet, dass diese drei Reaktions-, Antwort- oder Erfahrungsweisen innerhalb einer allgemeinen Theorie der Weltbeziehungen reformuliert werden können.[2] Wie Rosa gehe ich davon aus, dass es kategorial unterschiedliche Weisen gibt, wie Menschen in die Welt gestellt sind und auf die Welt bezogen sein können. Norberts, Annikas und Susannes Reaktionen lassen sich demnach als Indizien für allgemeinere Welthaltungen und Weltverhältnisse interpretieren.

Augenscheinlich hatte das Lied in Norbert etwas zum Klingen gebracht. Norbert fühlte sich von dem Lied angesprochen und berührt. Das Lied hatte in ihm nachgehallt, und es versetzte ihn auch beim erneuten Hören in einen Zustand des (leiblichen) Mitschwingens und Vibrierens. Im Gegensatz zu Annika und Susanne befand sich Norbert mit dem Lied in einer Resonanzbeziehung. Norberts Weltbeziehung zeichnet sich durch *Resonanz* aus.

---

2 Diese Grundlage hat Hartmut Rosa vorgelegt in Rosa, Hartmut (2016): Resonanz. Eine Soziologie der Weltbeziehungen; Rosa, Hartmut (2012): Weltbeziehungen im Zeitalter der Beschleunigung. Umrisse einer neuen Gesellschaftskritik; Rosa, Hartmut (2011): „‚Is There Anybody Out There?' Stumme und resonante Weltbeziehungen als monomanischer Analysefokus im Werk Charles Taylors", in: Kühnlein, M./Lutz-Bachmann, M. (Hrsg.): Unerfüllte Moderne? Neue Perspektiven auf das Werk von Charles Taylor, S. 15–43; Rosa, Hartmut (2009): „Kritik der Zeitverhältnisse. Beschleunigung und Entfremdung als Schlüsselbegriffe der Sozialkritik", in: Jaeggi, R./Wesche T. (Hrsg.): Was ist Kritik?, S. 23–54. Ebenso die unveröffentlichte Vorarbeit Beljan, Jens/Rosa, Hartmut (unveröffentlicht): „Resonanz: Ein konzeptioneller Vorschlag für die Analyse von Weltbeziehungen". Vgl. auch: Beljan, Jens (2017): „Schöpferischer Funkenflug oder leere Betriebsamkeit. Muße, Begeisterung, Langeweile und Aktionismus in der resonanzpädagogischen Forschung", in: Lernende Schule 77, sowie Rosa, Hartmut/Endres, Wolfgang (2016): Resonanzpädagogik. Wenn es im Klassenzimmer knistert. Für praktische Impulse zur Resonanzpädagogik vgl.: Rosa, Hartmut/Endres, Wolfgang/Beljan, Jens (2017): Resonanz im Klassenzimmer. 48 Impulskarten zur Resonanzpädagogik.

Annika konnte die Resonanzerfahrung von Norbert nicht teilen, obwohl sie dies vielleicht gerne getan hätte. Die Musik berührte sie nicht. Sie konnte keine Beziehung zur Musik aufbauen. Das Lied brachte nichts in ihr zum Klingen bzw. zum Antworten. Ihre Beziehung zum Lied war durch Gleichgültigkeit und *Indifferenz* gekennzeichnet.

Susanne hingegen war von der Musik berührt – allerdings negativ. Sie fühlte sich abgestoßen und wies das Lied ihrerseits zurück („Mach es aus!"). Susannes Weltbezug kann als feindlich, abweisend oder repulsiv beschrieben werden. Ihr Weltbeziehungsmodus ist durch *Repulsion* gekennzeichnet.

Resonanz, Indifferenz und Repulsion können somit als drei idealtypische Weltbeziehungsmodi voneinander unterschieden werden. Der Vorschlag lautet nun, dass nicht allein Effektivität und Effizienz, sondern dieser *Unterschied in den Weltbeziehungen* eine zuverlässigere Auskunft über die Qualität einer Schule liefern kann; und zwar deshalb, weil das Effektivitäts- und Effizienzdenken, das mit der Ressourcenfixierung im Bildungssystem einhergeht, vornehmlich stumme und repulsive Weltbeziehungen produziert, die keinen oder nur wenig Raum für Resonanzen lassen. Dementsprechend möchte ich im Verlauf der folgenden Kapitel die Überzeugung plausibel machen, dass Bildung nur dort gelingen kann, wo sie mit resonanten Selbst- und Weltbeziehungen einhergeht. Im Gegensatz zum Erlernen einer effektiven, effizienten und stummen Stoffbeherrschung ermöglichen vibrierende und vitale Resonanzräume Anverwandlung durch schöpferische Begegnungen und responsive Interaktionen zwischen Lehrern, Schülern, Dingen, Räumen und Sinnprovinzen. Das Ermöglichen von Resonanzen folgt allerdings einer anderen Logik als das Beherrschen eines Stoffes, und es wird oft erst dort möglich, wo Lernende und Lehrende von dem Druck zur Optimierung, Effizienzsteigerung und linearen Ressourcenvermehrung entlastet sind, d.h. wo sie sich nicht instrumentell, sondern intrinsisch mit einem Stoffgebiet auseinandersetzen.

Resonanz steht dabei für eine gelingende Form der Weltbeziehung, in denen es zu intrinsischen Weltberührungen kommt. Hingegen können repulsive und indifferente Weltbeziehungen als misslingend, defizitär oder *entfremdet* bezeichnet werden, weil die Beziehung oder der Kontakt zwischen Selbst und Welt gestört ist. Bildung misslingt immer dann und überall dort, wo die Schule zu einer *Entfremdungszone* wird. Dies ist dann der Fall, wenn sich Lehrer, Schüler und Unterrichtsstoff dauerhaft repulsiv, feindlich und abweisend gegenüberstehen, aber auch dann, wenn die sozialen, symbolischen und materialen Weltbereiche der Schule geistig und leiblich nicht zu berühren, zu bewegen und anzusprechen vermögen, also gleichsam als nichtssagend, stumm, schweigend und indifferent erfahren werden.

Vor diesem Hintergrund kann deutlich werden, inwiefern eine einseitige Fixierung auf Bildung als eine Ressource den Bildungsvorgang dämpft und sogar blockiert. Wenn wir die Welt *da draußen*, aber auch die Welt *in uns* als eine Ressource auffassen und behandeln, so liegt die Intention unserer Welthaltung nicht primär darin, die Welt zum Antworten zu bringen und sich mit ihr auszutauschen, sondern darin, sie zu beherrschen und zu kontrollieren. In der beherrschenden und kontrollierenden Weltbeziehung begegnen wir der Welt (einem Lied, einem historischen Ereignis, den Lehrenden, den Mitschülern usw.) als einem leblosen Ding, einem toten Objekt, das unseren Zielen und Zwecken unterworfen wird und gerade dadurch nicht mehr mit einer *eigenen Stimme* zu antworten und uns zu berühren vermag. Wird Bildung vornehmlich als eine Ressource verstanden und als eine solche behandelt, wird nahezu automatisch die instrumentelle Form der Weltaneignung, das Stoffbeherrschen präferiert und prämiert. Bildende, auf Resonanzen beasierende Lernbeziehungen, die auf intrinsischem Interesse an historischen Ereignissen, Kunstwerken, Personen, Wissensgebieten usw. basieren, verlieren dann gegenüber einer stummen Wissensbeherrschung an Bedeutung oder werden rechtfertigungspflichtig. Es kann dann schnell in den Hintergrund treten, dass eine Schule als Resonanzraum andere Denk- und Handlungsansätze benötigt.

Um diesen bisher noch schemenhaften Thesen mehr Kontur zu verleihen, kann zunächst danach gefragt werden, was geschehen müsste, um Annika einen Zugang zu Norberts Lied zu eröffnen. Unter welchen Bedingungen und Voraussetzungen würde die Beziehung zwischen der Hörerin und dem Lied nicht stumm, indifferent und nichtssagend sein bzw. zu feindlicher Abwehr und repulsiver Zurückweisung führen, sondern buchstäblich eine *wechselseitige Öffnung* zwischen Subjekt und Sache provozieren? Zunächst könnte Annika versuchen, das Musikstück dadurch zum Klingen und Antworten zu bringen, dass sie Wissen darüber ansammelt: So könnte sie die Tonart bestimmen, den Rhythmus analysieren, den Text auswendig lernen, sie könnte sich das Lied unzählige Male anhören, die Entstehungsgeschichte nachverfolgen und sich mit der Biografie des Komponisten und Interpreten beschäftigen. Dies kann helfen Annika einen Zugang zum Musikstück zu eröffnen, muss aber nicht. Es kann ebenso dazu führen, dass Annika der Musik noch überdrüssiger wird: Es könnte sein, dass Annika nur widerwillig oder gelangweilt bei der Sache ist. So könnte schließlich auch der letzte Funke ihres Interesses erlöschen. Offensichtlich basiert Resonanz auf etwas anderem als der bloßen Aneignung von Wissen und Können. Resonante und somit bildende Weltbeziehungen können nicht allein durch die Vermehrung des Wissens entstehen. Norbert zumindest hatte einen Draht zum Lied, obwohl er all dies nicht wusste.

Nun könnte sich Annika die berechtigte Frage stellen, warum sie überhaupt einen resonanten Zugang zur Musik haben sollte. Handelt es sich nicht lediglich um ein subjektives Geschmacksurteil? Während die Frage in diesem Fall mit ja beantwortet werden kann, fällt die Antwort nicht mehr so leicht, wenn die Szene von einem Café in den Klassenraum verlegt wird. Annika ist jetzt Schülerin und trifft nicht mehr auf ihren Klassenkameraden Norbert, sondern auf ihren Lehrer Herr Büchner. Herr Büchner wiederum setzt ihr nicht irgendein Lied vor, sondern eine Ballade von Shakespeare, den Roman „Die Welle“, die Prozentrechnung, ein physikalisches Experiment oder ein historisches Ereignis. Auch hier kann Annika lernen, den Roman zu analysieren und zu interpretieren, sie kann lernen, wie man die Matheformel richtig anwendet, und sie kann lernen, die Daten und die einzelnen Stationen des historischen Ereignisses wiederzugeben. Sie kann all dies lernen, ohne in irgendeiner Weise von dem Stoff berührt zu sein, ohne einen Bezug zu diesen Inhalten zu entwickeln, ohne dass es zu Resonanzmomenten kommt, durch die ihr der Stoff mehr sagen könnte, als dass er ein Mittel ist, um die nächste Prüfung zu bestehen. Mehr noch: Annika könnte all dies lernen mit einem Gefühl der Leere und Gleichgültigkeit (Indifferenz) oder des Hasses, des Widerwillens und des Abscheus (Repulsion), das sie in Bezug auf ihr Lernen empfindet. Bildung aber, kann nicht dort stattfinden, wo sich Selbst und Welt wechselseitig voreinander verschließen, verhärten oder sich gleichgültig und nichtssagend gegenüberstehen. Bildungsprozesse bedürfen einer wechselseitigen Öffnung von Selbst und Welt.

Fragt man Menschen nach lebensgeschichtlich bedeutsamen Bildungserfahrungen, so bestätigen diese oft nachdrücklich die These, dass Bildung mit öffnenden Resonanzen einhergeht[3]: Im Zentrum ihrer rückblickenden Berichte stehen oft nicht die Momente, in denen sie ihr Wissen, ihre Fähigkeiten und Kompetenzen vermehrt oder erfolgreich angewendet haben, sondern irritierende, inspirierende und bewegende Begegnungen mit Menschen, Aufgaben, Materialien und Sinnprovinzen, für die sie jemand geöffnet hat und die sich ihnen gleichsam offenbarten. Ihre Berichte handeln von jenen Gänsehautmomenten, in denen ein Lehrer oder eine Lehrerin sie für Gedichte, für Physik oder Kunst begeistern konnte, in denen Lehrende die Liebe für ihr Fach vermittelten, aber auch von Unterrichtsstunden, in denen sie in einen responsiven und wechselseitig antwortenden und „entzündenden“ Dialog mit ihren Mitschülern traten, sowie davon, dass sie die Unterrichtssache buchstäblich angesprochen hatte. Nicht selten sind solche Reso-

3 Hinweise zu diesem Sachverhalt liefert Hattie, John (2013): Lernen sichtbar machen, S. 129.

nanzerfahrungen in der Schule von großer biografischer Bedeutung; indem sie ausschlaggebend für die Ausbildungs-, Berufs- oder Studienentscheidungen sind. Umgekehrt können auch Störungen in den Schulweltbeziehungen die Persönlichkeit und den Lebensweg der Betroffenen nachhaltig prägen: Wer von Lehrern und Klassenkameraden gemobbt oder aus dem Resonanzkreis der antwortenden Mitschüler ausgeschlossen wird, trägt diese Wunden meist noch Jahrzehnte später mit sich herum. Solche Erfahrungen werden sehr wahrscheinlich auch die spätere Weltbeziehung der Betroffenen prägen und einen Einfluss darauf haben, ob sie sich anderen Menschen und Weltbereichen öffnen können oder verschließen.

Noch etwas anderes wird an Annikas Versuch, das Lied zum „Singen" zu bringen, deutlich: Ob uns Musik, Kunst, Politik, historische Ereignisse, Naturphänomene usw. anzusprechen vermögen, hängt nicht allein von dem kognitiven Weltwissen ab. Ebenso und vielleicht in noch größerem Maße definieren die affektiven und leiblichen Beziehungserfahrungen unser Verhältnis zu den Weltausschnitten. Es ist die affektiv-leibliche Dimension der Weltbeziehung, die den Erwerb von Wissen grundiert und uns die Tatsachen und Fakten der Welt stets in einem bestimmten (antwortenden, abweisenden oder gleichgültigen) Licht erscheinen lässt. Um die Differenzen in den Schulweltbeziehungen zu analysieren, genügt es deshalb nicht, Bildung und Aneignung als einen kognitiven Prozess zu verstehen. Weltbeziehungen werden insbesondere durch ein *Welterleben* und *Weltempfinden* moduliert. Und dieses Welterleben und Weltempfinden ist eng verwoben mit dem Erleben von Atmosphären und Stimmungen im Klassenraum oder der Ausstrahlung eines Lehrers. Resonanz, Repulsion und Indifferenz sind Beziehungsqualitäten, die die einzelnen Elemente einer Situation (die Menschen, die Ereignisse, die Umwelt, die Gesprächsthemen, die Dinge und das eigene Selbst) umfassen, mehr noch: Sie erschaffen diese Dinge zum Teil erst. Durch die Beziehungsqualität wird die Situation im Ganzen in ein bestimmtes Licht getaucht. Erst in diesem Licht können manche Dinge als bedeutsam oder unbedeutsam, anziehend oder abweisend, ansprechend oder nichtssagend erfahren werden. Die Resonanzpädagogik versteht die pädagogische Beziehung nicht nur als ein dialogisches Verhältnis, sondern als ein musikalisches.

Das Erleben und Empfinden von Welt hängt nun offenkundig nicht allein von den subjektiven Veranlagungen der Lernenden und Lehrenden ab, sondern auch davon, wie die begegnende (Schul-)Welt beschaffen ist, ob sie uns einladend, bejahend, wohlwollend, warm, herzlich, mitunter auch bergend und entgegenkommend oder aber abweisend, hart, kalt, rücksichtslos und gleichgültig erscheint.

Die Krise der Schule

Gegenwärtig muss sich der Resonanzraum Schule vor allem mit dem Eindringen ökonomischer Imperative auseinandersetzen. Diese Entwicklung entspringt einer historischen Situation, in der die globalen Weltbeziehungen selbst zutiefst durch Indifferenz und Repulsion geprägt waren: dem Kalten Krieg. Am frühen Morgen des 4. Oktobers 1957 startete in Baikonur eine glänzende, fußballgroße Aluminiumkugel von der Erde aus ins Weltall. Einundzwanzig Tage lang umrundete die Kugel mit dem Namen Sputnik die Erdumlaufbahn. Auf der ganzen Welt lauschten die Menschen mit ihren Funkempfängern den piepsenden Signalen, die zum ersten Mal ein Satellit zur Erde zurücksandte. Es waren keine fulminanten Paukenschläge, sondern diese zarten Signale, die das Zeitalter der Raumfahrt einläuteten und die den Startpunkt markierten für eine der größten Veränderungen in den Bildungssystemen der westlichen Welt.

Während die Sowjetunion auf dem Höhepunkt des Kalten Krieges ihr Vordringen ins All feierte, wurde der Start von Sputnik 1 in den USA als repulsive Bedrohung wahrgenommen und löste dort starke Ängste aus. Vor dem sogenannten „Sputnik-Schock" war die USA der Ansicht, die am weitesten entwickelte Technologiemacht der Welt zu sein. Nun aber stellte sich heraus, dass die UdSSR technologisch mit den USA mithalten konnte. Die Trägerrakete des Sputniks versetzte die Sowjetunion in die Lage, nukleare Sprengköpfe in US-amerikanisches Gebiet zu befördern. Die Antwort der USA lautete bekanntermaßen „Aufrüsten". Allerdings betraf die Aufrüstung nicht direkt das militärische Waffenarsenal, sondern das Bildungswesen. Mit dem *National Defense Education Act*, den der U.S.-Kongress unter Dwight D. Eisenhower 1958 formulierte, sollte der vermeintliche Rückstand gegenüber der Sowjetunion im militärischen, technologischen und naturwissenschaftlichen Bereich durch eine Erhöhung der „human power" aufgeholt werden.[4] Die gezielte Förderung des wissenschaftlichen Nachwuchses und die Nutzung brach liegender Begabtenressourcen sollten den entscheidenden Wettbewerbsvorteil im Kalten Krieg erbringen.

4 Zu den Ereignissen und den Folgen des Sputnik-Schocks für die Bildungssysteme der westlichen Welt vgl. Radtke, Frank-Olaf (2003): „Die Erziehungswissenschaft der OECD. Aussichten auf die neue Performanz-Kultur", in: Nittel, D./Seitter, W. (Hrsg.): Die Bildung des Erwachsenen. Erziehungs- und sozialwissenschaftliche Zugänge, S. 277–304, hier S. 280. Langer, Roman (2008): „Warum haben die PISA gemacht? Bericht über einen emergenten Effekt internationaler politischer Auseinandersetzungen", in: Ders. (Hrsg.): „Warum tun die das?" Governanceanalysen zum Steuerungshandeln in der Schulentwicklung, S. 49–72, hier S. 51.

Wie ein Funke im Pulverfass befeuerte der Sputnik-Schock diejenigen, die bereits zuvor kritisiert hatten, das amerikanische Bildungssystem sei nicht effektiv und leistungsfähig genug, um im internationalen Wettbewerb bestehen zu können. Sputnik wurde somit zum Startschuss für die Ökonomisierung der Bildung:

> „In der zweiten Hälfte des 20. Jahrhunderts entstand eine Betrachtungsweise des Bildungswesens, die Pädagogen und Bildungstheoretikern bislang völlig fremd war. Ging es in früheren Überlegungen im Kern um die ganzheitliche Bildung des Menschen im Medium der herausragenden Werke der abendländischen Kultur, so setzte sich jetzt eine ökonomische Betrachtungsweise durch. Schule und Lernen wurden als Instrumente konzipiert, um bei der heranwachsenden Generation möglichst effektiv jene Qualifikationen zu erzeugen, die für ein dynamisches Wirtschaftssystem zentral sind und die dazu beitragen, sich im internationalen Wettbewerb der Volkswirtschaften zu behaupten."[5]

Was für die USA der Sputnik-Schock war, war für Westdeutschland der Schock über die Bildungskatastrophe, die Georg Picht in der Wochenzeitung „Christ und Welt"[6] ausrief. Auch Picht sah in der Reform des Bildungswesens die wichtigste gesellschaftliche Aufgabe, und auch er forderte, die Schule an das globale Wettbewerbssystem anzukoppeln, um die internationale Konkurrenzfähigkeit des Landes nicht zu gefährden. Mit folgender Begründung drängte Picht 1965 auf eine Reform des Bildungswesens:

> „Ein Blick auf die internationalen Vergleichszahlen hat uns darüber belehrt, welche Folgen sich daraus für die politische Stellung und die wirtschaftliche Konkurrenzfähigkeit der Bundesrepublik in einer Zeit ergeben, in der die anderen Nationen längst begriffen haben, daß die Selbstbehauptung eines Staates nicht von der Zahl der Divisionen, sondern allein von der Fähigkeit abhängt, in jenem Leistungswettbewerb nicht zurückzubleiben, der das Gesicht der heutigen Welt bestimmt."[7]

Im Zuge des Sputnik-Schocks wurde Bildung von einer Weltbeziehung im Medium der Kultur zu einem *Humankapital* umdefiniert. Dazu wurden die Konzepte und Methoden der Wirtschaftswissenschaften auf den Bildungs-

---

5 Fend, Helmut (2008): Neue Theorie der Schule, S. 37.

6 Picht, Georg (1965): Die Deutsche Bildungskatastrophe. Vgl. auch Friedeburg, Ludwig v. (1992): Bildungsreform in Deutschland. Geschichte und gesellschaftlicher Widerspruch, S. 348; sowie Steffens, Ulrich (2009): „Schulqualitätsdiskussion in Deutschland. Ihre Entwicklung im Überblick", in: van Buer, J./Wagner, C. (Hrsg.): Qualität von Schule. Ein kritisches Handbuch, S. 21–54.

7 Picht (1965): Die deutsche Bildungskatastrophe, S. 19.

bereich übertragen. Dies war die Geburt der Bildungsökonomie. Im Zuge der bildungsökonomischen Reformen in Deutschland wurde in den 1980er-Jahren die Organisation des Schul- und Universitätssystems von einer Input- auf eine Output-Steuerung umgestellt. Wolfgang Böttcher schreibt dazu:

> „Die Reformen dienen vor allem dem Zweck, Ergebnisse pädagogischer Arbeit zu verbessern, sie zielen also – zugespitzt gesagt – auf die ‚Produktionsfunktion' der Systeme: eine grundlegend ökonomische Perspektive."[8]

Ebenso heißt es in den Förderrichtlinien des Bundesministeriums für Bildung und Forschung heute:

> „In einer Wissensgesellschaft werden Bildung und Forschung zu zunehmend wichtigen gesellschaftlichen Ressourcen und zu zentralen Faktoren im internationalen Wettbewerb. Ein leistungsfähiges Bildungssystem ist die wesentliche Grundlage dafür, dass individuelle Zukunfts- und Arbeitschancen verbessert werden und dass die gesellschaftliche und wirtschaftliche Entwicklung, auch im internationalen Wettbewerb, erfolgreich bleibt."[9]

Schulische Bildungs- und Lernprozesse sind durch diese Entwicklung zu einem Kapital geworden, das kompetitiv erworben wird und das permanent optimiert werden muss, um im Wettbewerb bestehen zu können. Internationale Vergleichsstudien wie PISA (Programm for International Student Assessment), TIMSS (Trends in International Mathematics and Science Study) und PIRLS (Progress in International Reading Literacy Study), die von der OECD (Organisation for Economic Co-operation and Development) in Auftrag gegeben wurden und die die Entwicklung europäischer Bildungsstandards vorantrieben und beeinflussten[10], erstellen Rankings, die

---

8 Böttcher/Dicke/Ziegler (2009): „Erziehungswissenschaft, Bildungspolitik und Bildungspraxis", S. 7.

9 Bundesministerium für Bildung und Forschung (BMBF): Förderrichtlinien zur Nachwuchsförderung, www.bmbf.de/foerderungen/14166.php (abgerufen am 4. August 2015); vgl. auch Kokemohr, Rainer/Schmidt, Tim/Wulftange, Gereon (2010): „Globalisierte Bildung im Dickicht der Kulturen? Vorbereitende Überlegungen zu einem verdeckten Problem", in: Pazzini, K.-J./Schuller, M./Wimmer, M. (Hrsg.): Lehren bildet? Vom Rätsel unserer Lehranstalten, S. 57–81, hier S. 57 f.

10 Dass Bildung sich von einer Weltbeziehung im Medium der Kultur zu einer kompetitiven Ressource verwandelt hat, belegt die Tatsache, dass maßgeblich die OECD (Organisation für wirtschaftliche Zusammenarbeit und Entwicklung) für die europäische Bildung zuständig ist und nicht etwa, wie Peter Euler anmerkt, die UNESCO (Organisation der Vereinten Nationen für Bildung, Wissenschaft und Kultur); vgl. Euler, Peter (2010): „Verstehen als Menschenrecht versus Kapitalisierung lebenslangen Lernens oder: Lehre als

beabsichtigt oder unbeabsichtigt Verlierer und Gewinner voneinander scheiden und somit für die Schule einen Konkurrenz-, Wettbewerbs- und Optimierungsdruck erzeugen. Die Evaluationskultur ist in nahezu alle Bereiche der Schulorganisation vorgedrungen und Evaluationen dieser Art sind, wie Gert Bieste anführt

> „[...] generally competitive in their outlook as there can only be one ‚number one'. Findings from such studies are utilised by national governments to inform educational policy, often under the banner of ‚raising standards' or ‚keeping ahead in the global economy'."[11]

Aus resonanzpädagogischer Perspektive lassen sich daraus mehrere Folgen ableiten. Zunächst kann ein leistungs- und wettbewerbsorientiertes Bildungssystem die Weltbeziehung junger Menschen belasten, indem es diese überlastet. Wie eine Gymnasialschülerin in einem Interview berichtet, hat sie den Eindruck, ihr Leben gehe an ihr vorbei, weil sie permanent damit beschäftigt sei, ihre Lebenschancen zu optimieren und ihr Bildungskapital zu vermehren:

> „Oft merke ich, ich hab keine Zeit mehr für mich. Ich komme heim, esse was, bin total fertig, ausgelaugt irgendwie, mache vielleicht noch was für die Schule und setz mich dann vor den Fernseher und gehe schlafen. Das ist so mein Leben unter der Woche. [...] Ich habe das Gefühl, dass die Schule nicht mein richtiges Leben ist. Ich warte quasi nur, bis ich aus der Schule raus bin, damit mein richtiges Leben anfangen kann. Und da hab ich schon gemerkt, ok, ich kann nicht mehr. Wenn ich mit 19 Burnout kriege, wäre das nicht so toll."[12]

Anders als die Produktion von Ressourcen lassen sich resonante Weltbegegnungen nicht linear vermehren. Wie jeder weiß, nimmt die Resonanzsensibilität, die Antwortfähigkeit und Ansprechbarkeit von Menschen in dem Maße ab, in dem ihre Erschöpfung zunimmt. Selbst- und Weltbegegnungen sind zudem zeitintensive Vorgänge: Lernende und Lehrende, die sich gezwungen sehen, stets effektiver und effizienter Wissen zu vermitteln

---

Initiierung lebender Verhältnisse von Sache und Subjekt", in: Pazzini, K.-J./Schuller, M./Wimmer, M. (Hrsg.): Lehren bildet? Vom Rätsel unserer Lehranstalten, S. 125–146, hier S. 128.

11 Bieste, Gert (2010): „Valuing what we measure or measuring what we value", in: Böttcher, W./Dicke, N. J./Hohgrebe, N. (Hrsg.): Evaluation, Bildung und Gesellschaft. Steuerungsinstrumente zwischen Anspruch und Wirklichkeit, S. 35–46, hier S. 36.

12 Das Interview wurde am 13.08.2014 im Rahmen meiner wissenschaftlichen Begleitung der „Deutschen SchülerAkademie" geführt, vgl. dazu ausführlich Kap. IV.4. Die dort geführten Interviews liegen als teiltranskribiertes Audiomaterial vor.

und zu erwerben, werden kaum so viel Zeit aufbringen können, die für vertiefende Begegnungen mit Lehrenden und Mitschülern oder einer Sache notwendig sind.[13]

Hinzu kommt, dass der dominante Ressourcenansatz der Motivation schadet: Es liegt nahe, dass sich junge Menschen über ein Jahrzehnt hinweg, das sie durchschnittlich in der Schule verbringen, nicht dauerhaft positiv durch den Verweis motivieren lassen, dass ihnen der Erwerb von Wissen und Können später einmal viel für ihr Leben bringen wird („Ich warte quasi nur, bis ich aus der Schule raus bin, damit mein richtiges Leben anfangen kann"). Da die Frucht ihrer Anstrengung unbestimmt ist und in weiter Ferne liegt, kann die Schule junge Menschen oft nur dadurch zum ressourcenvermehrenden Lernen bewegen, dass sie *Angsträume* erzeugt, in denen die Schulwelt als hart, abweisend und bedrohlich (Repulsion) oder als kalt und gleichgültig (Indifferenz) erlebt wird. Schüler lernen dann buchstäblich um ihr Leben. Sie dürfen im Kampf um ihre Lebenschancen nicht abgehängt werden. Da in einem Wettbewerbssystem nicht alle als Sieger hervorgehen können, gibt es notgedrungen Verlierer. Die Abgehängten sehen keinen Sinn mehr darin, sich weiter anzustrengen.

Verfehlt scheinen Schuldzuweisungen zu sein, etwa wenn ein Lehrer seine Schüler dafür verantwortlich macht, nicht genügend Leistungsmotivation aufzubringen. Solche Klagen sind zwar verständlich, sie würden aber nur dann vollends Sinn machen, wenn Menschen über ihre motivationalen Energien instrumentell verfügen könnten. Da Motivation aber stets auch pathisch, d.h. erleidend erlebt wird, liegt es nicht vollständig in unserer Hand, was uns interessiert und berührt oder was uns „unter die Haut" geht und somit, was uns lockt, antreibt oder eben antriebslos werden lässt. Anstatt die Motivation dem Willen des Einzelnen zuzuschreiben, lassen sie sich als das Ergebnis von Resonanzererfahrungen verstehen[14], ebenso, wie Vermeidungsverhalten und Antriebslosigkeit als Folge von Entfremdungserlebnissen interpretiert werden können. Um Schüler und auch Lehrer zu

13 Rosa führt als Beispiel an, dass wir die Resonanzerfahrung beim Hören unseres Lieblingsliedes gerade nicht steigern können, sondern schädigen, wenn wir sie vermehren wollen: „Wer versucht, seine Lieblingsmusik immer öfter zu hören, um seine Lebensqualität zu steigern, wird bald keine Resonanzerfahrungen mit ihr mehr machen."; Rosa (2016): Resonanz, S. 295.

14 So führt Rosa an, dass die Such- und die Vermeidungsrichtung in der Lebensführung eines Menschen durch den Versuch definiert werden, „Resonanzoasen" aufzusuchen und „Entfremdungswüsten" zu vermeiden, vgl. ebd., S. 35: Die „Lebensführung entwickelt sich [...] aus der Suche nach jenen konstitutiven Resonanzoasen und dem komplementären Bestreben, die Wiederholung der Wüstenerfahrungen zu vermeiden."

motivieren, müsste die Schule demnach motivationserzeugende Resonanzräume öffnen.

Ebenso kann die Beziehung zwischen Lehrern und Schülern belastet werden, wenn sie einseitig dem Ressourcenansatz unterworfen wird: So haben Lehrende in überwältigender Mehrheit ihren Beruf gerade nicht ergriffen, weil sie unternehmerische, wettbewerbsorientierte und somit resonanzfreie Dienstleistungsbeziehungen eingehen wollten. Wie Kap. III.1.1[15] zeigt, entspringt der Wunsch, den Lehrberuf zu ergreifen, vielmehr einem sozialen *Beziehungs-* und *Resonanzmotiv*: dem intrinischen Interesse am Wachstum junger Menschen. Diesen Sachverhalt verkennt die Bildungsökonomie, wenn sie die Lehrer-Schüler-Beziehung als ein Dienstleistungsverhältnis konzipiert. Während in einer pädagogischen Beziehung eine Lehrerin anteilnehmend auf die Ansprüche und Resonanzbedürfnisse ihrer Schülerinnen und Schüler antwortet, sodass die Lernenden daran wachsen können[16], ist das Dienstleistungsverhältnis des New Public Managements, bei dem der Lehrer zu einem Anbieter, der Schüler zu einem Klienten und die Sache zu einem Produkt wird, vertragsrechtlich und dadurch resonanzfrei angelegt. In einem profitorientierten Unternehmen sind Menschen schlicht anders in die Welt gestellt als in einer Schule. Wie Rosa schreibt, sind wir anders auf die Welt bezogen, je nachdem, ob wir uns im Klassenraum oder etwa an der Börse befinden:

> „Die über Bildschirme flimmernden Kursverläufe sind der Inbegriff resonanzfreier Unbestechlichkeit – sie folgen einer ‚kalten', ausschließlich ökonomisch operierenden Rationalität. Bildungsprozesse scheinen dagegen dadurch gekennzeichnet, dass sie die *Begegnung*, das wechselseitige Berührt- und Begeistertwerden, aber auch die genuine Anteilnahme voraussetzen, wenn sie erfolgreich sein sollen."[17]

Der Ressourcenansatz übersieht, dass es sich beim Unterrichten nicht nur um eine funktionale Dienstleistung handelt, sondern um eine Beziehungsarbeit; und diese Beziehungsarbeit basiert auf einem Resonanzgeschehen, das sich nicht unentwegt steigern, optimieren und berechnen lässt. Ein Wettbewerbssystem kann aus sich heraus nur schwer jene psychischen,

---

15 Im Folgenden werde ich die Teile eins bis vier dieses Buchs mit römischen Ziffern angeben.

16 Ich folge Max van Manens Verständnis der pädagogischen Beziehung, wie er sie beispielsweise in "The Tact of Teaching. The meaning of Pedagogical Thoughtfulness" (2012) definiert.

17 Rosa (2016): Resonanz, S. 28 f.

physischen und moralischen Energien freisetzen, deren es bedarf, um eine intensive Beziehungsarbeit zu bewältigen.

Doch auch wenn, wie Richard Münch argumentiert[18], die Umstellung des Lehrer-Schüler-Verhältnisses nur formaler Natur ist und das Selbstverständnis der praktizierenden Lehrerinnen und Lehrer unberührt lässt, weil diese durch die Erfahrungen im Schulalltag wissen, dass pädagogisches Handeln nicht in nutzenmaximierendem Handeln aufgeht, so kann es immer noch die Beziehung zwischen den Lehrenden und ihrer Institution empfindlich schädigen. Dadurch, dass die formal-institutionelle Struktur (profitorientiertes Dienstleistungsunternehmen) und die Aktivitätsstruktur (pädagogisches Selbstverständnis) nicht die gleiche „Sprache" sprechen, können die Institutionen auch nicht auf die Bedürfnisse und Anliegen der Akteure antworten und responsiv aufeinander eingehen.[19] Die Institution Schule und die in ihr Praktizierenden arbeiten dann eher gegeneinander und erleben sich wechselseitig als rücksichtslos, widerborstig, starr oder gleichgültig.

Zwar kann nicht geleugnet werden, dass die Ressourcenausstattung (der Input) und die Ressourcenvermehrung (der Output) einer Schule zur Schulqualität beitragen können, allerdings scheint das Gelingen von Schule und Unterricht in weitaus größerem Maße davon abzuhängen, ob die Atmosphäre im Klassenraum, auf dem Schulhof und im Lehrerkollegium durch repulsive und indifferente Beziehungsstörungen charakterisiert ist oder nicht. So lässt sich der bei Lehrerinnen und Lehrern besonders häufig auftretende Burnout als eine *Pathologie in den Weltbeziehungen* interpretieren. Burnout droht insbesondere dann, wenn sich im Kollegium und in der Schule ein Wettbewerbs- und Konkurrenzklima ausbreitet, das resonante Begegnungen dämpft und blockiert. Im Kapitel III.1.4 werde ich zeigen, wie Burnout bei Lehrern mit einem vollständigen Verstummen aller Resonanzbeziehungen und Resonanzachsen einhergeht, wobei die Betroffenen zunehmend von einer Resonanz- in eine Dienstleistungsorientierung wechseln und schließlich ihre komplette Resonanzsensibilität und Resonanzfähigkeit einbüßen. Lernen und Lehren kann etwa auch durch Mobbing verhindert werden. Das Mobbing lässt sich als eine tiefe und schmerzhafte Entfremdungserfahrungen beschreiben, in denen die Beziehung zu den Mitschülern feindlich und repulsiv oder aber durch soziale Isolation und

18 Vgl. Münch, Richard (2009): Globale Eliten, lokale Autoritäten. Politik unter dem Regime von PISA, McKinsey & Co., S. 9 f.

19 Aus institutioneller Sicht hat Richard Münch eine scharfsinnige Analyse dieses Widerspruchs geliefert; vgl. ebd., Teil I. Nach Münch führen der Widerspruch und das fehlende Passungsverhältnis zwischen effizienzorientierter Formalstruktur und pädagogisch orientierter Aktivitätsstruktur zu dysfunktionalen institutionellen Hybriden.

Ausschluss stumm und gleichgültig wird. Entfremdung kann aber nicht nur im zwischenmenschlichen Bereich zum Ausdruck kommen, sondern auch in Bezug auf die Dinge: Was im sozialen Bereich das Mobbing ist, ist im Objektbereich der Vandalismus. Schuleigentum zu zerstören, ist der materialisierte Ausdruck dessen, dass die Schule einem egal ist oder dass sie gehasst wird. Burnout, Mobbing und Vandalismus werden dann wahrscheinlich, wenn die Schule zu einer Entfremdungszone geworden ist. Hingegen besteht der beste Schutz vor diesen Entfremdungszeichen darin, schulische Resonanzräume zu schaffen, in denen Konflikte und Störungen nicht totgeschwiegen, sondern in einem Resonanzmodus angesprochen und bearbeitet werden (dazu ausführlich Kap. III.2.3).

Jene Differenz in den motivationalen und zwischenmenschlichen Beziehungen lässt sich ebenso in dem lernenden Weltbezug identifizieren. Oben wurde angeführt, dass es einen Unterschied macht, ob wir uns Wissen, Fertigkeiten und Fähigkeiten mit dem Ziel aneignen, Welt zu beherrschen und zu kontrollieren, oder ob wir uns Welt aneignen, indem wir sie anverwandelnd „zum Sprechen" bringen. Dieser Unterschied kann noch einmal am Spielen eines Instrumentes verdeutlicht werden: Zwei Musiker spielen nacheinander ein und dasselbe Stück, technisch perfekt und fehlerfrei. Doch die Zuhörer machen die Erfahrung, dass sie von dem Spiel des einen Musikers zutiefst berührt waren, während das Spiel des anderen sie wenig oder gar nicht berührt hat, obwohl beide ihr Instrument kompetent beherrschten. Abermals wird deutlich: Ein Instrument zum „Klingen" zu bringen, basiert auf etwas anderem als auf bloßer Kompetenz, im Sinne des Beherrschens. Eine Schule, deren Qualitätskriterium allein auf der Vermehrung von Kompetenzen basiert, tendiert zu beherrschenden und kontrollierenden Aneignungsformen, während sie das wirkliche Spielen übersieht.

Wenn Bildung als ein Produktionsprozess verstanden wird, dann legt dies de facto ein technisches Verständnis von Lernen und Lehren nahe. Technische Dinge können kontrolliert werden. Wenn sich Menschen kontrollierend und beherrschend auf Weltausschnitte beziehen (auf andere Menschen, Sinnprovinzen, Materialien, Natur oder ihren eigenen Lernprozess), dann behandeln sie diese Weltausschnitte wie leblose Dinge. Sie befinden sich, mit Martin Buber gesprochen, in einer verdinglichten Ich-Es-Beziehung, nicht in einer lebendigen Ich-Du-Beziehung.[20] Im Sinne von Niklas Luhmann macht die Stoff beherrschende Aneignungsform die Schülerinnen und Schüler dann zu „Trivialmaschinen"[21]. Das Wissen und Kön-

20 Buber, Martin (1994): Ich und Du; Buber, Martin (1994): Das dialogische Prinzip.

21 Luhmann, Niklas (2002): Das Erziehungssystem der Gesellschaft, S. 77.

nen wird beherrscht, wenn es erfolgreich in einem Test angewendet wird oder wenn die richtige Antwort auf eine Frage gegeben wird:

> „Trivialmaschinen sind solche, die auf einen bestimmten Input mit Hilfe einer eingebauten Funktion (der ‚Maschine') einen bestimmten Output produzieren. Ein anderer Input würde, sofern im Resonanzbereich der Maschine liegend, zu einem anderen Output führen. 2 mal 2 ist ..... 4; 2 mal 3 ist ...... 6."[22]

Luhmann verwendet den Begriff „Resonanz" hier nicht im Sinne der Resonanzpädagogik. Es handelt sich in diesem Zitat gerade nicht um eine Resonanzbeziehung, sondern um eine mechanische Beziehung: Der Lernende antwortet nicht im Sinne von Resonanz, er reagiert lediglich wie eine Art *Echo*, indem er die richtige Antwort gibt. Ein solch technischer Vorgang basiert gerade nicht auf Anteil nehmenden Resonanzen, in denen sich zwei verschiedene Stimmen begegnen, sondern auf einer resonanz- und störungsfreien Funktionalität. In den Tests der internationalen und nationalen Vergleichsstudien, die die Bildungs- und Schulreformen entscheidend beeinflussen, wird eben jene störungsfreie Funktionalität abgefragt, geht es in ihnen doch um das richtige Beantworten von Fragen sowie um das richtige Lösen von Problemen, nicht aber darum, interessante Fragen zu stellen oder neue Perspektiven auf ein Phänomen aufzuzeigen. „Learning and teaching for the test" wird dies in der erziehungswissenschaftlichen Literatur genannt.[23] Umgangssprachlich wird diese instrumentelle und entfremdete Form des Lernens auch als „Bulimie-Lernen" bezeichnet. Beim Bulimie-Lernen verwandeln sich die Lernenden den Weltstoff gerade nicht sinn- und bedeutungsgenerierend an, sodass dieser Spuren in ihnen hinterlässt. Vielmehr nehmen sie das Wissen instrumentell wie einen Fremdstoff auf, wenden es nutzbringend an und scheiden es dann „unverdaut" wieder aus. Auch Andreas Gruschka macht darauf aufmerksam, dass die Krise schulischer Aneignung nicht darin besteht, die falschen Methoden, Didaktiken oder Programme anzuwenden, sondern dass die schulischen Vermittlungsversuche die Lernenden nicht erreichen und berühren, weil sie „inzwischen schlicht ins Leere [zielen]. Sie kommen nicht nur anders, sondern oft überhaupt nicht an"[24]. Ebenso führt Michael Winkler das Verstummen der Sache auf instrumentelle Lernpraktiken zurück, die gegenwärtig den Schulbetrieb dominieren. In diesen Lernpraktiken geht es nicht um prägende

---

22 Ebd.

23 Z.B. Kokemohr/Schmidt/Wulftange (2010): „Globalisierte Bildung im Dickicht der Kulturen".

24 Gruschka, Andreas (2001): „Bildung: unvermeidbar und überholt, ohnmächtig und rettend", in: Zeitschrift für Pädagogik 47 (5), S. 621–639, hier S. 633.

Weltberührungen durch die Begegnung mit einer Sache, sondern vermehrt nur noch um inhaltsleere Lernprozeduren und Lernprozesse.[25]

Die Evaluationskultur scheint somit jene Stoff beherrschenden Aneignungsformen zu prämieren, während sie ein anverwandelndes Lernen in Resonanzbeziehungen entwertet. Kokemohr und andere führen jedoch an, dass die globale Situation gerade nach anverwandelnden Lernformen verlangt, in denen es zu berührenden Begegnungen kommt, die die Grenzen zwischen Lernenden und Weltausschnitt verflüssigen:

> „Angesichts dynamischer Kulturen und Lebenslagen, die dazu herausfordern, Wissen zu dynamisieren, Konventionen zu überschreiten, *Welt- und Selbstverhältnisse zu verflüssigen, zu modifizieren oder zu transformieren*, bieten testbezogene Wissensformen, in Lehr- und Studienplänen standardisiert, Lehrenden und Lernenden nur beschränkt Hilfe. Durch solche Standardisierung schwächen PISA- und Bologna-Reformen Sensibilität und Kreativität im Sinne verantwortlicher, nicht nur technokratisch selektiver und utilitaristisch ausgerichteter Teilnahme am gesellschaftlichen Prozess."[26]

Die Bedeutung nicht-instrumenteller Lern- und Lehrformen ist in einer weiteren Hinsicht bedeutsam, denn ein rein instrumentelles Lernen (Stoff auswendig lernen und kontrollieren) kann auch zu Entfremdung in der werthaft evaluativen Schulweltbeziehung führen. Diese Störungen lassen sich als Entfremdung in den Beziehungen zu den intrinsischen Zwecken von Schule und Bildung beschreiben. Der Erwerb von kompetitiven Ressourcen und Bildungskapital ist ein instrumenteller Wert, d.h. der Erwerb von Ressourcen, wie Bildungsabschlüssen, guten Noten, Auszeichnungen oder Zertifikaten, ist lediglich das Mittel zur Verwirklichung anderer Zwecke, nicht aber selbst schon ein Endzweck. Liegt der Zweck eines Schulsystem allein in der Produktion von Bildungskapital, um im internationalen Wettbewerb bestehen zu können, so führt dies dazu, dass andere wichtige Werte, wie Empathie, Kritikfähigkeit oder Gerechtigkeit usw., die sich nicht hinreichend mit dem Verweis auf ihren instrumentellen Wert begründen und rechtfertigen lassen, ins Hintertreffen geraten können. Jene nicht in-

25 Winkler, Michael (2006): Kritik der Pädagogik. Der Sinn der Erziehung, S. 209: „Die Aufmerksamkeit verschiebt sich von Themen und Gegenständen, um die es inhaltlich gehen könnte, hin zu Prozeduren eines mnemotechnischen Umgangs mit ihnen, bei dem gleichsam die Festplatte immer wieder neu formatiert wird: Man muss und darf nichts mehr dauerhaft wissen und können, sondern muss lernen, es für den aktuell gegebenen Zusammenhang bei sich behalten zu können, um sich gegebenenfalls sofort wieder lösen zu können."

26 Kokemohr/Schmidt/Wulftange (2010): „Globalisierte Bildung im Dickicht der Kulturen", S. 60 f. (Hervorhebung von mir, J. B.)

strumentellen Werte lassen sich nur in dichten Interaktionen, schöpferischen Begegnungen und in responsiven Antwortbeziehungen zwischen Menschen und Dingen verwirklichen, die nicht wettbewerbs- und konkurrenzförmig, sondern solidarisch organisiert sind. Auch Martha Nussbaum registriert eine globale, Besorgnis erregende Zunahme an profitorientiertem Denken und Handeln in der schulischen und universitären Ausbildung. Durch das instrumentelle Profitdenken droht eine Krise in der Bildungsarbeit, die, so Nussbaum, verheerender sein könnte als die Finanzkrisen, weil sie all jene nicht-profitorientierten Werte, die für eine gesunde Demokratie nötig sind, verdrängt:

> „Wenn sich dieser Trend fortsetzt, werden Nationen überall auf der Welt bald Generationen von nützlichen Maschinen produzieren statt allseits entwickelte Bürger, die selbstständig denken, Kritik an Traditionen üben und den Stellenwert der Leiden und Leistungen anderer Menschen begreifen können. Die Zukunft der Demokratie steht weltweit auf der Kippe."[27]

Da motivationale, zwischenmenschliche, lernende und evaluative Weltbegegnungen in der Schule stets in Hinsicht auf eine Unterrichtssache stattfinden, ist die sachliche Weltbeziehung ebenso zentral. Wenn Erziehungswissenschaftler und Bildungsphilosophen auf das Eigenrecht, die Würde oder den Anspruch der Sache hinweisen, so drückt sich in dieser Äußerung die Sorge vor einem *Verstummen der Sachbeziehung* im Unterricht aus (vgl. dazu Kap. III.3). Die Beziehung zur Sache oder zum Weltausschnitt wird gegenwärtig durch das Kompetenzmodell definiert. Kompetenzen zeichnen sich dadurch aus, dass sie abstrakte, formale und nahezu inhaltsleere Problemlösefähigkeiten sind. Eine Kompetenz zu erwerben heißt, eine instrumentelle Strategie zu Erlernen, die beim Lösen eines Problems hilft. In dieser Eigenschaft offenbart das Kompetenzkonzept bereits seinen instrumentellen und stummen Charakter. Über ästhetische Kompetenz beispielsweise verfüge ich schon dann, wenn ich mich in einem Bewerbungsgespräch schön präsentieren kann. Widerum geht es um die Beherrschung eines Weltausschnittes, nicht um das Vernehmbarmachen einer fremden Stimme, die in uns Resonanzen auslösen kann. Soziale Kompetenz lässt sich beispielsweise sowohl beim Lesen von Goethes Werther als auch beim Einrichten eines Chatrooms oder etwa beim Sport erlangen. Was diese Ansicht zu übersehen scheint, ist der Sachverhalt, dass wir im künstlerischen, computerbasierten oder sportlichen Weltbezug jeweils anders *in die Welt gestellt* und *auf die Welt bezogen sind*, sofern wir nicht nur instrumentell Weltbe-

27 Nussbaum, Martha (2012): Nicht für den Profit. Warum Demokratie Bildung braucht.

ziehungen mit diesen Bereichen eingehen. Eine Analyse der Differenzen in den Schulweltbeziehungen muss deshalb auch die fachspezifischen Resonanzachsen in den Blick nehmen (Kap. III.3.2).

Bildung bedeutet innerhalb des Ressourcenansatzes natürlich nicht nur, kognitives Wissen über die Welt zu erwerben, sondern auch Körperkapital zu erlangen, das sich in Ausdauer, Leistungs- und Konzentrationsfähigkeit und Gesundheit ausdrückt. Wenn die Kompetenzen einen problemlösenden Weltbezug definieren, so ist der Körper jenes funktionale Werkzeug, das die Operation ausführt. Wenn Lernen allein auf der kognitiven Aneignung von Wissen basiert, gerät der Körper schnell in die Position, zu einem stummen Objekt der Optimierung zu werden: In rein kognitiven Weltbeziehungen muss das Eigenleben des Körpers, seine Begrenztheit, die von ihm ausgehenden Störungen kontrolliert und beherrscht werden. Wie John Dewey gezeigt hat, ist Lernen aber ein ebenso kognitiver wie leiblicher Vorgang.[28] Dewey warnt davor, dass der Körper in der Schule zum Verstummen gebracht wird, indem er allzu leicht zu einem Objekt der Disziplinierung und zum Träger eines rein geistigen Lernvorganges degradiert wird. Durch das Verstummen des Leibes im Klassenraum wird das leibliche Resonanzphänomen, das etwa in den leuchtenden Augen zum Ausdruck kommt, wenn der Funke der Begeisterung übergesprungen ist, kaum ernsthaft Beachtung finden.

Da Resonanz ein leiblicher Vorgang ist, stellen sich aus resonanzpädagogischer Sicht Anverwandlungsprozesse nur dort ein, wo der Leib als *antwortender Resonanzkörper* erlebbar wird (Kap. IV.1). Resonanz in Form von Weltberührungen ist ein leiblicher Vorgang, bei dem sich Menschen nicht nur geistig, sondern auch körperlich berührt, ergriffen, bewegt oder irritiert erfahren. Für ein Lernen in Resonanzbeziehungen sind leibliche Empfindungen wie Neugier, Entdeckerfreude, Spaß, Überraschung, aber auch Verunsicherung oder Beunruhigung zentrale Elemente. Die Resonanzpädagogik befasst sich deshalb nicht nur mit dem kognitiven Weltwissen, sondern ebenso mit dem leiblichen Weltempfinden.

Weil die Ressourcenfixierung im Bildungsbereich auf rein instrumentellen und somit stummen Weltbeziehungen basiert, kann die Frage, ob und wie es möglich ist, die Schule zu einem besseren Ort des Lernens und Lehrens zu machen, auch nicht innerhalb desselben Ressourcenansatzes beantwortet werden. Um Schulqualität zu erkunden, müssen die Differenzen in den Schulweltbeziehungen in den Mittelpunkt rücken. Das Problem der Schule lautet somit nicht allein Ressourcenvermehrung und Ressourcenausstattung, sondern *Entfremdung*: dem Repulsivwerden oder Stummbleiben

28 Vgl. dazu ausführlich Kap. I.2.7.

der Schule. Resonanz als Gegenkonzept zu Entfremdung zielt auf ein aneignendes Weltverhältnis, in dem Lernende und Lehrende der Welt nicht nur gegenüberstehen, sondern sich mit ihr als organisch verbunden erleben und dadurch in eine dialogische, begegnende, antwortende oder resonante Wechselbeziehung eintreten können, in der sich die Grenzen zwischen Selbst und Welt verflüssigen. Erst dadurch, so lautet die These, kann sich Bildung vollziehen, kann sich, wie es Axel Kunze schreibt, der „Beziehungsreichtum" entfalten, der zu einem neuen Selbst- und Weltverhältnis führt:

> „Bildung führt den Menschen zu einem tieferen Verständnis seiner selbst, seiner Mitmenschen und Umwelt. Wer sich um Bildung bemüht, erfährt ganz neu die Bedeutung vieler Dinge für sein eigenes Ich. Sein Leben gewinnt an Lebendigkeit und Beziehungsreichtum – ein wichtiger Grund, dass Bildung nicht zuletzt als Bereicherung und als Lebensgenuss erfahren werden kann."[29]

Wenn es richtig ist, dass der Ressourcenansatz allein die Qualität einer Schule nicht hinreichend beleuchten kann, stellt sich sogleich die Frage, wie es ihm überhaupt gelingt, einen so großen Einfluss auf unser Bildungssystem zu erlangen. Wie ich im folgenden Abschnitt darlege, transportiert der Ressourcenansatz eine Vorstellung des guten Lebens, die durchaus an die Lebenskonzepte und Identitäten der Menschen anschlussfähig ist.[30]

Schule und das gute Leben

Um diese These plausibel zu machen, will ich zunächst erkunden, was das Leben von Schulgängern zu einem guten Leben macht. Ist eine Definition des guten Schüler- und Lehrerlebens gefunden, kann bestimmt werden, wodurch eine Schule dieses gute Leben fördert oder verhindert. Daraus ergeben sich sogleich mehrere Schwierigkeiten: Zum einen lässt sich in einer pluralistischen Gesellschaft wie der unsrigen nur sehr schwer eine allgemeinverbindliche Definition abgeben, was das Leben von Menschen zu einem guten Leben macht. Aufgrund der Pluralität von Lebenskonzepten ist die Schule dem Neutralitätsgebot verpflichtet. Das Neutralitätsgebot besagt, dass die Schule der Lebensführung und den Lebenskonzepten gegenüber

29 Kunze, Axel B. (2009): „Bildung als Freiheitsrecht – Zum Zusammenspiel von freier Persönlichkeitsentfaltung, Sicherung realer Freiheit und pädagogischer Wahlfreiheit", in: Heimbach-Steins, M./Kruip, G./Kunze, A. (Hrsg.): Bildungsgerechtigkeit. Interdisziplinäre Perspektiven, S. 143–164, hier S. 145 f.

30 Ich folge der Idee von Taylor, Charles (1996): Quellen des Selbst. Die Entstehung der neuzeitlichen Identität.

neutral sein muss, dass sie beispielsweise nicht vorgibt, welche politische Partei ein Schüler wählt oder welcher Religion eine Lehrerin angehört, ob sie in einer hetero-, homo- oder transsexuellen Beziehung lebt und ob sie der Familie, dem Genuss, der Arbeit oder der Natur den höchsten Stellenwert in ihrem Leben einräumt. Andererseits kann die Schule der Frage nach dem guten Leben nicht einfach entkommen: Zum einen hat sie einen erzieherischen Auftrag, der stets auch Lebensformen „zuschneidet". Die Schule soll Werte wie Autonomie, Solidarität, Gerechtigkeit, Leistungsbereitschaft oder Empathie vermitteln, die nicht mit jeder Lebensform kompatibel sind. Auch die Auswahl der Fächer und der Inhalte sowie die Besonderheiten des Schullebens, zum Beispiel das Verhalten in der Klassengemeinschaft, greifen in die Vorstellung ein, worauf es im Leben ankommt und worauf nicht. In diesen Hinsichten formt und definiert die Schule durchaus Lebensformen. So wenig die Schule eine enge allgemeinverbindliche Definition der richtigen Lebensform vorschreiben kann, so wenig überlässt sie es somit ausschließlich den subjektiven Vorlieben und Präferenzen der Lernenden, wie diese ihr Leben führen wollen.[31] Aus diesem Grund kann auch das subjektive Wohlbefinden oder das persönliche Glück allein kein verbindlicher und objektiver Maßstab eines guten Schullebens sein: Auch wenn jede pädagogisch vertretbare Intervention in der Schule auf das Wohlergehen und das Wachstum von Kindern und Jugendlichen gerichtet ist, wäre ein Schulleben, in dem alle uneingeschränkt glücklich sind und sich immerzu wohlfühlen keine Garantie für Schulqualität. Zum einen kann nicht geleugnet werden, dass die Schule, etwa durch die Schulpflicht, objektive Ansprüche an die Lernenden stellt, die den momentanen Interessen und Bedürfnissen der Schüler nicht immer entsprechen und diese glücklich machen. Zugleich folge ich der Ansicht, dass Bildung auch dort stattfindet, wo Menschen auf Unsicherheiten, Widerstände, krisenhafte Rebellionen treffen und mit Anstrengung und Konflikten konfrontiert sind: Unser Weltverhältnis (unsere Denk, Deutungs- und Erlebensmuster) können durch Bildungsprozesse ins Wanken geraten und ebenso können Krisen Bildungsprozesse auslösen.[32]

---

31 Kirsten Meyer hat überzeugend dargelegt, dass sich ein Bildungssystem an der Vorstellung von einem guten Leben orientieren muss, um nicht nur die Mittel, sondern auch die Zwecke von Bildung bestimmen zu können. Nach Meyer müssen diese Zwecke allerdings ihre Geltung über rein persönliche Präferenzen hinaus erweisen; vgl. Meyer, Kirsten (2011): Bildung, S. 3.

32 Diese krisenhaften Momente im Bildungsprozess hat Bollnow als „unstetige Formen der Erziehung" beschrieben; vgl. Bollow, Otto Friedrich: (2014): „Existenzphilosophie und Pädagogik", in: Ders.: Schriften, Boelhauve, U./Kühne-Bertram, G./Lessing, H.-U./Rodi, F. (Hrsg.), Bd. 7., S. 5–132. – Gelegentlich wird eine glücksorientierte Pädagogik, die die Krise ignoriert, auch abfällig als „Kuschel-" oder „Wohlfühlpädagogik" bezeichnet. In

Um weder inhaltlich eng definieren zu müssen, worin ein gutes Schülerinnen- und Schülerdasein besteht, und damit die Schulgänger zu bevormunden, noch die Frage nach dem guten Leben in den Bereich subjektiver Präferenzen zu verschieben und somit über keinen objektiven Maßstab für Bildungsprozesse zu verfügen, stimme ich Hartmut Rosa zu, dass wir zwar nicht inhaltlich definieren können, worin ein gutes Leben besteht, wir können sehr wohl aber etwas über die Voraussetzungen eines solchen Lebens sagen: Entsprechend den vorherigen Ausführungen trägt eine Schule dann nicht zum guten Leben der Schüler bei, wenn sie zu einer Entfremdungszone wird, in der systematisch und dauerhaft Repulsion und Indifferenz vorherrschen. Umgekehrt gelingt Schule dort, wo sie zu einem Resonanzraum wird. Diesem Ansatz liegt die Überzeugung zugrunde, dass ein menschliches Leben nicht allein durch die Verbesserung der Ressourcenlage gelingt, sondern dort, wo Menschen Resonanzbeziehungen eingehen. Ein Leben kann nicht deshalb als gut bezeichnet werden, weil der Betroffene eine Arbeit, ein hohes Einkommen, eine Familie, viele Freunde und ein Haus hat, sondern durch die Art der Beziehung zu diesen Weltaspekten, ob wir uns mit diesen Weltaspekten verbunden fühlen.

Wenn es stimmt, dass die Frage nach der Schulqualität eng verknüpft ist mit der Frage nach dem guten Leben, so muss auch dem gegenwärtig dominanten Leistungs- und Ressourcenmaßstab für Schulqualität eine Vorstellung von einem guten Leben zugrunde liegen, zu dem die Schule beiträgt. Diese Vorstellung könnte wie folgt ausformuliert lauten: Wenn ihr heute fleißig lernt, wenn ihr Kenntnisse, Kompetenzen, Wissen und Fertigkeiten erwerbt und wenn ihr einen guten Abschluss macht, dann werdet ihr später ein gutes Leben haben. Dieses Leben wird deshalb gut sein, weil ihr durch das erworbene Bildungskapital Zugang zu besseren Lebenschancen, und ein höheres Einkommen, einen besseren Arbeitsplatz, mehr Gesundheit haben werdet sowie mehr Anerkennung erlangen, und über mehr Optionen verfügen könnt. Wenn eine Schule auf dieser Grundlage Ressourcen produziert und Optionen vermehrt, trägt sie zu einem guten Leben der Schülerinnen und Schüler bei. Folgt man dieser Vorstellung, wird man also alles daran setzen, die Schule zu einem effizienteren Ort der Bildungsproduktion zu machen.

Nun lässt sich nur schwer etwas dagegen einwenden, dass Menschen über bestimmte Ressourcen und Kompetenzen verfügen müssen, um die

---

dieser Bezeichnung schwingt der Vorwurf mit, eine solche Pädagogik könne der Realität von Schule und Bildung nicht gerecht werden.

Chance auf ein gutes Leben zu haben. Die UNESCO[33] hat sich beispielsweise das Ziel gesetzt, allen Menschen Zugang zu einer Basisbildung zu ermöglichen. Durch Basisbildung erwerben Menschen aller Altersstufen dasjenige Bildungskapital, dass sie im mindesten benötigen, um am gesellschaftlichen Leben teilzunehmen: Lesen, Rechnen, Schreiben und neuerdings auch Grundkenntnisse im Umgang mit dem Computer. Ebensowenig lässt sich bestreiten, dass das Eingehen und Mitschwingen in bestimmten Resonanzbeziehungen ein bestimmtes Wissen und Kompetenzen erfordert (etwa beim Hören bestimmter Musik, beim Debattieren über die Stadtgestaltung oder dem Lesen eines Buches), ohne dass das Wissen und die Kompetenzen selbst schon Resonanzen garantieren können. Sogleich aber lässt sich die Frage stellen, was eine Schule so attraktiv erscheinen lässt, die sich der *steigerungsförmigen Vermehrung* von Ressourcen und Optionen verschrieben hat und ob dadurch tatsächlich ein gutes Leben ermöglicht wird.

Rosa führt an, dass diesem Optimierungs- und Vermehrungsmaßstab die einfache Annahme zugrunde liegt, über mehr Ressourcen zu verfügen, sei prinzipiell besser, als über weniger zu verfügen[34]: Danach wäre es prinzipiell besser, noch eine Theater-AG zu besuchen, in noch einem Chor zu singen oder noch einen Informatik-Kurs zu belegen, es wäre besser, noch ein Instrument zu spielen, noch eine Fremdsprache zu beherrschen, noch ein Zertifikat zu erlangen und noch weitere Preise in der Mathe-Olympiade zu gewinnen. Zu dieser Strategie hat sich die oben zitierte Schülerin offensichtlich gedrängt gefühlt. Dass sie sogleich fürchtet, einem Burnout zu erliegen, sowie von dem Eindruck berichtet, ihr wirkliches Leben gehe an ihr vorbei, ist ein Indiz dafür, dass die Vermehrung von Ressourcen nur sehr eingeschränkt einen Beitrag zum guten Leben von Schülerinnen und Schülern leistet. Dass dies keine Einzelerfahrung ist, zeigt das Beispiel des polnischen Schulsystems. Zwar sind polnische Schulen in der Bildungsproduktion außergewöhnlich effektiv und leistungsstark, was der Spitzenplatz bei den PISA-Tests belegt, allerdings weist eine UNICEF-Studie darauf hin, dass die Schülerschaft aufgrund des enormen Leistungsdrucks von Eltern und Lehrern sowie durch den hohen Konkurrenzdruck an extrem starken Stressbelastungen leidet, was kaum als Ausdruck eines guten Lebens verstanden werden kann. Leistungsstarke Schulsysteme können unglücklich machen.[35] Auch das Versprechen, die Schule trage dadurch zu einem guten

33 United Nations Educational, Scientific and Cultural Organization (UNESCO) (1997): International Standard Classification of Education (ISCED 1997), www.uis.unesco.org/Library/Documents/isced97-en.pdf (abgerufen am 4. August 2015).

34 Rosa, Hartmut (2016): Resonanz, S. 50.

35 United Nations Children's Fund (UNICEF) (2013): Leistungsstark, aber unglücklich? Internationaler Vergleich zeigt Fortschritte, aber auch geringe Lebenszufriedenheit.

Leben bei, dass sie ihren Schülerinnen und Schülern ein freies und selbstbestimmtes Leben ermöglicht, scheint in solchen Verhältnissen gerade nicht umsetzbar zu sein.

Alle diese Hinweise laufen auf den Gedanken hinaus, dass nicht die Ausstattung mit Ressourcen und deren Vermehrung entscheidend für die Lebensqualität und die Zufriedenheit eines Schülers, aber auch einer Lehrerin ist, sondern die Resonanzbeziehungen. Entscheidend ist nicht allein, was wir haben und erwerben, sondern die Art und Weise, wie wir mit diesen Dingen und Weltaspekten verbunden sind. So schreibt Rosa:

> „Das Leben aber gelingt [...], nicht per se dann, wenn wir reich an Ressourcen und Optionen sind, sondern, so banal, ja tautologisch dies zunächst klingen mag: *wenn wir es lieben*. Wenn wir eine geradezu libidinöse Bindung an es haben. *Es*, das sind dabei die Menschen, die Räume, die Aufgaben, die Ideen, die Dinge und Werkzeuge, die uns begegnen und mit denen wir es zu tun haben."[36]

Die Grundthese der Resonanztheorie ist, dass der kompetitive Ressourcenerwerb im Bildungssystem auf instrumentellen und somit stummen Weltbeziehungen basiert, während das Leben und die Schule nur dort gelingen, wo Menschen intrinsische Antwort- und Resonanzbeziehungen eingehen können.[37] Ein Indiz dafür liefert die bereits angeklungene Klage über die Trennung von Leben und Lernen. Schülerinnen und Schüler äußern immer wieder, die Schule habe im Grunde gar nichts mit *ihrem Leben* zu tun. So schrieb die 15-jährige Schülerin Yakamoz Karakurt in einem offenen Brief, der am 23. August 2011 in Die Zeit veröffentlicht wurde:

> „Ich gehe in die 9. Klasse eines Hamburger Gymnasiums und habe ein Problem: Ich habe kein Leben mehr [...] Jeder weiß, dass die Schule nicht das Leben ist. Mein Leben aber ist die Schule, was heißt, dass da etwas falsch gelaufen sein muss."[38]

Die große Resonanz, die dieser Brief ausgelöst hat, ist ein Hinweis darauf, dass sich viele Schülerinnen und Schüler in diesem Leiden wiedererkannt haben. Unabhängig von der Art der Schule und auch davon, ob die Lehrpläne überfrachtet sind oder nicht, scheint der Grund für diese Trennung

---

UNICEF-Bericht zur Lage der Kinder in Industrieländern 2013, www.unicef.de/blob/18782/7417138f1edd5058dce29dde29d01c8b/unicef-bericht-2013-zusammenfassung-data.pdf (abgerufen am 4. August 2015).

36 Rosa (2016): Resonanz, S. 24.

37 Ausführlich dazu die Einleitung in ebd., S. 13–69.

38 Vgl. Karakurt, Yakamoz (2011): „Mein Kopf ist voll!", in: Die Zeit, Nr. 34.

von Leben und Lernen aus resonanzpädagogischer Sicht darin zu liegen, dass die Weltbeziehung in der Schule dazu tendiert, instrumenteller, nutzenmaximierender und funktionaler Natur oder kurz: stumm zu sein. Während die Welt im Klassenraum tendenziell schweigt, verblasst und farblos wird, vermag sie außerhalb der Schulmauern zu antworten und zu „singen". Im Kapitel I.1 werde ich dieser Erfahrung weiter auf den Grund gehen.

Antwortende- oder „singende" Resonanzbeziehungen im Klassenraum stellen sich dort ein, wo Schüler und Lehrer einen „vibrierenden" und „libidinös aufgeladenen Draht"[39] zur Sache entwickeln. Ein solcher Draht zur Sache zeichnet sich nach Rosa durch *intrinsisches Interesse* (der Liebe zu einer Sache) und *Selbstwirksamkeitserwartungen* (der Erwartung, andere und anderes erreichen zu können sowie von anderen und anderem erreicht zu werden) aus. Vermutlich machen die meisten Menschen im Laufe ihrer Schulzeit die Erfahrung, dass sich zu einem oder mehreren Fächern ein solcher Draht ausbildet. Diese Fächer werden oft als Lieblingsfächer bezeichnet. Laut dem oben offengelegten Versprechen, in Bezug auf ein gutes Leben müsste der Ressourcenansatz nun behaupten, die erlebte Zufriedenheit, die Erfüllung und das Glück, das Menschen in ihrem Lieblingsfach erfahren, basiere darauf, dass sie in diesem Fach besonders erfolgreich sind und besonders gute Leistungen erbracht haben. Plausibler aber scheint die umgekehrte Ansicht zu sein: Nicht weil wir in Physik, Geschichte oder Kunst erfolgreich sind, sind diese Fächer unsere Lieblingsfächer, sondern umgekehrt, wir sind besonders gut in diesen Fächern, weil es unsere Lieblingsfächer sind, weil wir einen Draht zu diesen Fächern haben und uns für sie begeistern können.

Nun könnte man anführen, dass Resonanz und Ressourcenfixierung eben Hand in Hand einhergehen: Resonanz als Liebe zum Fach wäre dann eine Zutat und ein Instrument, um die Ressourcenproduktion anzutreiben. Dagegen spricht zum einen, dass sich die Liebe zum Fach nicht einfach instrumentell herstellen lässt. Zum anderen scheinen der leistungs- und ressourcenorientierte Ansatz sowie die resonanzpädagogische Herangehensweise jeweils verschiedenen Logiken zu folgen. So ist vorstellbar (und, wie informelle Gespräche mit Schülerinnen und Schülern belegen, durchaus auch der Fall), dass Lernende ein Fach sehr mögen, obwohl sie in diesem Fach keine hervorragenden Leistungen erbringen. Umgekehrt können Menschen über eine Begabung verfügen und ohne große Widerstände etwa in Mathe oder Chemie Spitzennoten erreichen, obwohl ihnen diese Fächer egal sind. Sehr wahrscheinlich aber werden es die Lieblingsfächer sein, die Spuren in uns hinterlassen und die junge Menschen als eine Bereicherung

39 Rosa (2016): Resonanz, S. 24, 139.

in ihrem (Schul-)Leben erfahren und in Erinnerung behalten. Diese Differenz und das Verhältnis beider Ansätze zu untersuchen, ist das Hauptanliegen des Buches.

Resonanz als Alternative

Die Problemdiagnose hat sich nun herauskristallisiert: Das primäre Problem der Schule ist nicht zu geringe Effektivität und Effizienz in der Stoffbeherrschung und Stoffvermehrung, sondern es sind die indifferenten und repulsiven Weltbeziehungen und somit Entfremdung. Die Lösung der oben benannten Schulkrisen liegt demnach nicht in der steigerungsorientierten und effektiveren Aneignung von Welt, sondern darin, schulische Resonanzräume zu erschließen.

Der resonanzpädagogische Ansatz geht davon aus, dass das Gelingen von Schule weniger von den äußeren objektiven Faktoren abhängt als von der Qualität, der Atmosphäre oder dem Geist der Schule. Unterrichtstheorie und Schultheorie sind deshalb eng miteinander verwoben: Ob der Unterricht im Klassenraum gelingt, ist von der Schulatmosphäre außerhalb des Klassenraumes abhängig und umgekehrt ist das Klima einer Schule abhängig davon, was im Unterricht geschieht. Weltbeziehungen haben stets eine atmosphärische Qualität, die sich nicht allein in den physischen und materialen Eigenschaften einer Schule bemisst: Die Qualität der Weltbeziehung hängt nicht von der Schulform, dem Unterrichtsfach, den verwendeten Materialien, den didaktischen Methoden und pädagogischen Programmen ab, sondern davon, wie die Anwesenden jeweils praktisch, mental, emotional und evaluativ zur Welt der Schule *Stellung beziehen* und wie sie sich *in die Schulwelt gestellt* erleben.[40]

Da die Subjekte in erster Linie mit ihrem Körper bzw. ihrem Leib in die Welt gestellt sind, kann das Weltverhältnis eines Menschen nicht, wie in der Erziehungswissenschaft üblich, als ein gedachtes und sprachlich verfasstes Weltverständnis beschrieben werden.[41] Vielmehr wird die Beziehung zwischen Selbst und Welt durch ein verkörpertes, praktisch-gelebtes und existenzielles *Weltempfinden* definiert und moduliert. Beim Weltempfinden und Welterfahren spielt der Leib eine zentrale Rolle, insofern mit Leiblichkeit eine vorsprachliche und emotional-affektive Dimension gemeint ist, die

---

40 Vgl. ebd., S. 28.

41 So z. B. Koller, Hans-Christian (2012): Bildung anders denken. Einführung in die Theorie transformatorischer Bildungsprozesse.

im Leben der Subjekte stets mit präsent ist und die die Welthaltung als eine gespürte konstituiert.

Wenngleich deshalb die Erfahrensweise von Schülerinnen und Schülern sowie von Lehrerinnen und Lehrer im Mittelpunkt der Analyse von Schulweltbeziehungen steht, geht es nicht nur um die Beschreibung von subjektiven Eindrücken und Empfindungen. Die Welt tritt den erfahrenden Subjekten immer auch als eine objektive Tatsache entgegen, als eine Wirklichkeit, an der sie sich „stoßen", mit der sie fertig werden müssen und gegen die sie nicht immer etwas ausrichten können. In diese Wirklichkeit können Subjekte zwar aktiv gestaltend eingreifen, gleichzeitig aber können sie niemals über alle Aspekte ihrer Selbst- und Weltbeziehung verfügen. Die Welt wird deshalb immer auch passiv als das entgegenkommende und antwortende, sich verschließende, abweisende oder gleichgültige Andere erlebt.

Dass die Welt zu antworten vermag, setzt somit eine Andersheit und Fremdheit voraus. Resonanz stellt sich nur dort ein, wo es eine Differenz zwischen Selbst und Welt gibt: Resonanz ist kein Echo, sondern ein Antwortgeschehen, bei dem beide Resonanzpole mit *eigener Stimme* sprechen. Erst die Differenz zwischen Selbst und Welt ermöglicht es Lernenden, nicht dem Eigenen und Bekannten, sondern dem Anderen und Neuen zu begegnen. Erst die Begegnung mit etwas Anderem oder Fremden, vermag Lern-, Entwicklungs- und Wachstumsprozesse anzuregen. Dieses Andere kann zu Beginn als „sperrig", unzugänglich und repulsiv oder als nichtssagend und indifferent erscheinen. Es muss im anverwandelnden Unterricht erst zum Sprechen gebracht werden. Folglich ist Bildung nicht gleichzusetzen mit Resonanz. Bildung lässt sich vielmehr als eine prozesshafte und dynamische Dialektik zwischen Entfremdung und Resonanz beschreiben. Da Selbst-Welt-Beziehungen bedeuten, dass ein erfahrendes und erlebendes Selbst auf eine begegnende Welt trifft, kann Lernen aus resonanzpädagogischer Sicht nur als Erfahrungslernen verstanden werden. Während in Stoff beherrschenden Aneignungsformen die Welt und das Selbst immer schon gegeben sind, sich als gegebenes (lernendes) Subjekt und als gegebene zu (lernende) Welt gegenüberstehen, werden Selbst und Welt durch Erfahrungslernen im Sinne von Anverwandlung *generiert*.[42]

42 Vgl. Rosa (2016): Resonanz, S. 61–69. Auch Waldenfels betont die Selbst und Welt generierende Wirkung von Erfahrungslernen; vgl. Waldenfels, Bernhard (2010): Sinne und Künste im Wechselspiel. Modi ästhetischer Erfahrung, S. 21. Nach Waldenfels sollte eine Erfahrung nicht so verstanden werden, dass ein gegebenes Subjekt die Erfahrung eines gegebenen Objektes macht. Bei einer Erfahrung kommt es nicht zum Zusammenspiel von subjektiven Akten auf der einen Seite und objektiven Daten auf der anderen. Vielmehr gehen in einer „leiblichen" Erfahrung der Erfahrende und das Erfahrene, das „Jemand" und das „Etwas", aus der Erfahrung erst hervor.

Dieses Erfahrungslernen durch Selbst-Welt-Begegnungen kann nach Rosa an mehreren Schaltstellen gestört sein.[43] Störungen und Pathologien in den Weltbeziehungen können zum einen den *Subjekten* entspringen. Ist die leiblich-affektive oder kognitive Resonanzsensibilität und Resonanzfähigkeit der Subjekte gestört, kann sich der Betroffene für die Beziehungsangebote beispielsweise nicht öffnen und somit Resonanzbeziehungen zu den Mitschülern, den Lehrpersonen, zu den Räumen und zum Unterrichtsstoff eingehen. Nicht selten scheinen pädagogische Beziehungen an eben solchen inneren Resonanzblockaden der Beteiligten zu scheitern: Lehrende und Schüler erscheinen dann möglicherweise als verschlossen, unsicher, kühl, farblos oder auch als zurückgezogen und übermäßig schüchtern. Nicht unwesentlich für die individuellen Unterschiede in den Resonanzsensibilitäten sind die biografischen Vorerfahrungen, aber sicherlich auch physiologische Aspekte wie zum Beispiel Hormone und das jeweilige Temperament. Ebenso werden die subjektiven Resonanzeigenschaften durch die Beziehung zu den Eltern sowie zur Peergroup moduliert. Die Resonanzsensibilitäten der Subjekte entwickeln und bilden sich somit aus den jeweiligen Beziehungserfahrungen.

Zum anderen aber können Störungen in den Weltbeziehungen auch durch das *institutionelle Setting* verursacht werden. Wenn Schulen in unternehmensgleiche und resonanzfeindliche Orte transformiert werden, kann es kaum zur Ausbildung von sensiblen Resonanzbeziehungen kommen.

Doch auch wenn die Schüler und die Lehrer mit ihren spezifischen physiologischen, hormonellen, affektiven und mentalen Veranlagungen resonanzfähig und resonanzsensibel sind und auch wenn die Schule ausreichend Räume für personale Begegnungen, schöpferischen Austausch und wechselseitige Interaktionen bietet, so kann schließlich noch die Beziehung zwischen beiden, etwa zwischen Schüler und Schule, der Grund für Entfremdung sein. Hier handelt es sich um ein gestörtes *Passungsverhältnis* zwischen den Subjekten untereinander oder zwischen den Subjekten und den institutionellen Rahmen, das Resonanzen verhindert.

Nicht zuletzt haben auch *kulturelle Faktoren* Einfluss darauf, ob Lernen in resonanten, repulsiven oder indifferenten Weltbeziehungen erfolgt. Die Resonanzpädagogik, wie ich sie verstehe, widerspricht der derzeit weit verbreiteten Ansicht, dass Lernen als ein Prozess verstanden werden kann, der unabhängig von der historischen und kulturellen Situationen erfolgt; der sich also unabhängig von spezifischen Weltbildern, Selbstverständnissen und Werten etwa als ein biologischer und neurologischer Vorgang be-

---

43 Rosa, Hartmut (2016): Resonanz, S. 35 f.

schreiben lässt. Demgegenüber sieht die Resonanzpädagogik Lernen auch als ein kulturelles Phänomen an. Was eine Kultur unter Lernen versteht und wie sie dieses Verständnis in ihren Institutionen verankert sowie in ihren Praktiken umsetzt, hängt von dem Selbstverständnis der jeweiligen Kultur ab. Auch eine Kultur kann bildende Resonanzräume unterdrücken oder eröffnen. Schließlich hängen Welthaltungen und Weltverhältnisse auch von der *gesellschaftlichen Weltbeziehung als Ganzer* ab, von den sozialen Institutionen, den Praktiken und den Ritualen, die es neben der Schule gibt und diese einbetten.[44]

Wie Rosa deutlich macht, entgeht das Resonanzkonzept damit der Annahme, es gäbe eine essenziell oder substanziell richtige Seinsweise der Subjekte oder der Institutionen. Indem es die Beziehung zwischen beiden in den Blick nimmt, die „jene Subjekte und Objekte selbst mit hervorbringen“[45], ist Resonanz ein relationales, kein essentialistisches Konzept. Schul- und Bildungssysteme lassen sich somit in ihren Resonanz- und Entfremdungssignaturen als kulturell und historisch wandelbar beschreiben.

Weil Resonanz ein kontextsensibles und multifaktorielles Phänomen ist, kann eine Resonanzpädagogik nicht darauf hinauslaufen, eine oder mehrere richtige pädagogische Maßnahmen, Methoden oder Programme zu entwickeln. Da Resonanz in der Schule, erstens, von den beteiligten Menschen und ihren individuellen Veranlagungen abhängt und zweitens davon, wie das jeweilige Umfeld beschaffen ist, sowie drittens von der Beziehung beider Pole zueinander, kann Resonanz nur situativ eröffnet und ermöglicht, nicht aber instrumentell hergestellt bzw. produziert werden. Eine Analyse der Differenzen in den Schulweltbeziehungen ist deshalb darauf angewiesen, einige zentrale Aspekte schulischer Selbst-Welt-Beziehungen herauszugreifen und mit den Mitteln der sozialwissenschaftlichen und pädagogischen Theorie zu beleuchten.

Verlauf der Untersuchung

Das Ziel der Untersuchung ist es, einen alternativen resonanzpädagogischen Katalog von Indikatoren zu skizzieren, anhand dessen die Qualität einer Schule neu bewertet werden kann. In den folgenden Seiten erarbeite

---

44 Rosa (2016): Resonanz, S. 33 f.: „In jedem Falle ist es offensichtlich, dass Weltbeziehungen und Weltverhältnisse im Ganzen immer auch und in einem erheblichen Maße kollektive soziale Verhältnisse sind; sie bilden sich in Institutionen und Praktiken heraus und sind in den vorherrschenden Weisen des Seins, Denkens und Handelns im Sinn dispositiver Formationen tief verankert.“

45 Ebd., S. 36.

ich die Grundlage dazu. Aus dieser wird sich schließlich der Umriss einer wissenschaftlich fundierten Resonanzpädagogik abzeichnen, die nicht nur zum Weiterdenken einladen soll, sondern auch Impulse für die praktische Umsetzung diskutiert.

Um die Beziehungsqualität der zentralen Schulweltaspekte zu erkunden, werde ich in vier Schritten vorgehen. Zu Beginn soll die Idee einer Resonanzpädagogik deutlich konturiert werden. In Teil I werde ich zeigen, dass die Sorge um das Verstummen der Schulweltbeziehungen und die Sehnsucht nach einer Resonanzpädagogik in der Moderne stets präsent war. Die Sorge um Entfremdung und die Sehnsucht nach Resonanz in der Schule lässt sich zum einen in künstlerischen Werken aus der Literatur-, Musik- und Filmgeschichte nachverfolgen (I.1). Zum anderen durchzieht die Idee einer Resonanzpädagogik wie ein roter Faden die pädagogische und bildungsphilosophische Geistesgeschichte der Moderne (I.2). In diesem Teil, der sich als Beitrag zur historischen Bildungsforschung versteht, wird Bildung als Antwort der Moderne auf eine problematisch werdende und vom Verstummen bedrohte Weltbeziehung interpretiert. Im zweiten Teil sollen diese Traditionslinien im Resonanzkonzept zusammengeführt und aktualisiert werden. Es wird sich zeigen, inwiefern Resonanz und Entfremdung als Kriterien für Unterrichtsqualität konzeptualisiert werden können (II.1). Von diesem Verständnis für resonanzpädagogische Unterrichtsqualität ausgehend werde ich sondieren, wie Lern-, Lehr- und Bildungsprozesse aus Sicht des Resonanzkonzeptes verstanden werden können. Bildung wird dabei als Anverwandlung beschrieben. Besonderes Augenmerk muss auf die Dynamik zwischen Resonanz und Entfremdung in formierenden (II.2.1) und transformierenden (II.2.2) Bildungs- und Anverwandlungsprozessen gelegt werden.

In Teil III wende ich mich dem Unterrichtsgeschehen im engeren Sinne zu. Hier werde ich die jeweiligen Resonanzpole, die Lehrperson (III.1), die Schülerin bzw. Schüler (III.2) und die Sache (III.3) im Hinblick auf ihre jeweilige Beziehung zu den anderen Polen gesondert betrachten. Kapitel III.1.6. wird im Konzept des pädagogischen Taktes und des pädagogischen Tons einige praktische Hinweise zum resonanzpädagogischen Lehrerhandeln geben.

In Teil IV sollen drei Kernaspekte der Schulweltbeziehung gesondert betrachtet werden. Im Kapitel über den leiblichen Weltbezug (IV.1) wird der Leib als lernender und lehrender Resonanzkörper interpretiert. Die räumliche Beschaffenheit des Leibes steht in enger Beziehung zum tatsächlichen Schulraum. Schulräume können sich buchstäblich als Resonanzräume erweisen, die Resonanzen und Anverwandlung katalysieren oder aber blockieren und dämpfen (IV.2). Schließlich bilden Menschen nicht nur leibliche und räumliche Weltbeziehungen aus, sondern auch zeitliche. Die

Differenzen in den bildenden Weltverhältnissen lassen sich deshalb auch anhand der temporalen Schulrhythmen und der Synchronisation im Unterricht identifizieren (IV.3). Dass es sich bei der Resonanzpädagogik nicht nur um ein geistiges und theoretisches Konstrukt handelt, soll der Teil IV.4 belegen. Hier werde ich eine Resonanzoase in der deutschen Bildungslandschaft vorstellen und sogleich austesten, inwiefern sich die Qualität von Bildungsprozessen resonanzpädagogisch an einem konkreten Beispiel belegen lässt. Das Fallbeispiel ist die „Deutsche SchülerAkademie", die ich im Jahr 2014 wissenschaftlich begleitet habe (IV.4). Erst dann können die Indikatoren für eine gelingende Schule aus resonanzpädagogischer Sicht zusammengetragen werden.

Da ich mich in diesem Buch kritisch mit der Schule auseinandersetze, indem ich die Resonanztheorie von Hartmut Rosa konstruktiv aufgreife und weiterentwickle, hat es sich als unerlässlich erwiesen, weite Teile des Resonanzkonzeptes zu rekonstruieren. An einigen Stellen (etwa in Teil II oder in Kap. IV.1) folge ich dazu bewusst der Argumentationslinie Rosas, die er in seiner Soziologie der Weltbeziehungen vorgelegt hat[46]. Aufgrund der Tatsache, dass sich Resonanz und Entfremdung in den Weltverhältnissen primär im Erleben der Subjekte manifestieren, gehe ich zu großen Teilen phänomenologisch vor. Ich folge dabei insbesondere einer Vorgehensweise, wie sie Max van Manen entwickelt hat. Darüber hinaus habe ich für die Erkenntnisse und Belege der Thesen auf eigene und fremde Ergebnisse der empirischen Sozialforschung zurückgegriffen, auf quantitative Studien, qualitative Interviews und teilnehmende Beobachtungen. Zudem habe ich Texte und Kunstwerke hermeneutisch interpretiert.

46 Gemeint ist Rosa (2016): Resonanz.

Teil I
Vom Schweigen der Schulwelt und der Sehnsucht nach Resonanzpädagogik

Kapitel 1
Die Trennung von Leben und Lernen

Zeugnisse aus Literatur, Musik und Film

„[...] indes das Feuer und der Ton der Qualität nicht an die Ellen und in die Waage der Quantität zu bringen ist."
Jean Paul

Die Annahme, dass es die Resonanzbeziehungen und nicht allein die Ressourcenverhältnisse sind, die über das Gelingen von Schule entscheiden, setzt voraus, dass Schule mehr ist und mehr sein kann als eine „institutionalisierte Lernfabrik"[1]. Ob ein Lernen in Resonanzbeziehungen stattfindet, kann nicht aus den Techniken des Lernens und Lehrens sowie aus ihrem Outcome allein abgeleitet werden. Vielmehr kommt mit dem Resonanzkonzept das Schulleben als Ganzes in den Blick. Allein die Tatsache, dass die meisten Kinder und Jugendlichen im Durchschnitt zehn bis zwölf Jahre in der Schule verbringen, macht evident, dass Leben und Lernen nicht voneinander getrennt werden können.

Was das Leben von Schülern zu einem guten Leben macht und wie Lehren und Lernen als Beitrag zu einem guten Leben verstanden werden können, hat sich in der Einleitung bereits angedeutet: Es ist nicht der Verweis auf den instrumentellen und später eintretenden Nutzen, nicht allein die Vermehrung von kulturellem, ästhetischem, sozialem und materiellem Bildungskapital. Eher scheinen es Resonanzerfahrungen zu sein, die das Schülerinnen- und Schülerdasein, aber auch das Leben von Lehrenden bereichern und zu einem guten Leben machen. Die vorwiegend instrumentelle und funktionale Ausrichtung des Bildungssystems hingegen, mit dem Ziel, das Bildungskapital zu vermehren, scheint die schulischen Resonanzbeziehungen zu belasten.

Die Frage nach dem Verhältnis von Leben und Lernen gewinnt an Brisanz durch eine Schulerfahrung, die in der Moderne immer wieder zum Ausdruck gebracht wird: Es ist die Erfahrung einer Trennung von Lernen und Leben

1 Precht, Richard D. (2013): Anna, die Schule und der liebe Gott. Der Verrat des Bildungssystems an unseren Kindern, S. 106.

bzw. einer Trennung von Schule und Leben.[2] Zunächst zeigt sich, dass die Differenz von Leben und Lernen in der Schule resonanztheoretisch rekonstruiert werden kann: Wie literarische und künstlerische Dokumente bekunden, lässt sich die Kluft zwischen Leben und Lernen als eine Differenz zwischen einer lebendigen, antwortenden, tönenden und bunten Außenwelt und einem im Gegensatz dazu stummen, schweigenden, farblosen und nichtssagenden Klassenzimmer interpretieren. Um diese Erfahrung zu verstehen, ist es sinnvoll, sich zunächst bei den künstlerischen Ausdrucksformen umzusehen und literarische, filmische und musikalische Werke zu befragen. Da die Trennung von Leben und Lernen in der Schule primär eine *empfundene Differenz* ist, können rein kognitive und konzeptuelle Ansätze den Zugang zum Kern dieser Erfahrung verbauen. Wie Klaus Mollenhauer anhand von Gemälden und Bildern zeigt oder auch Axel Honneth vorschlägt[3], lassen sich anhand künstlerischer Werke ganzheitliche Weltverhältnisse, kollektive Stimmungen und soziale Leidenserfahrungen aufspüren, die nur unausgesprochen gespürt werden. Soziale Leidenserfahrungen und Mentalitäten sind aufgrund ihres affektiv-empfundenen Charakters oft verschwommen und diffus und dadurch in konventionellen Begriffen schwer zu greifen. Sie können sich somit dem bekannten konzeptionellen Denken entziehen. Aus diesem Grund sollen in den folgenden Abschnitten einige ausgewählte künstlerische Werke im Mittelpunkt stehen. Sie können als Zeugen für das Verstummen der Schulwelt und einer Sehnsucht nach Resonanzpädagogik interpretiert werden.

Bereits 1794 thematisiert der englische Dichter, Schriftsteller und Maler William Blake die Erfahrung einer Trennung von Schule und Leben in seinem Gedicht „Der Schulknabe" (The Schoolboy[4]) folgendermaßen:

> Ich lieb's, am Sommermorgen aufzustehn,
> wenn Vögel singen im Geäst,
> fern der Hörner Klänge wehn
> und sich die Lerche hören lässt.
> Oh, welch süßes Freudenfest!

2 Auf dieser Erfahrung baut die Schulkritik von Peter Fratton auf; Fratton, Peter (2014): Lass mir die Welt! Verschule sie nicht! Warum Leben und Lernen unzertrennlich sind.

3 Vgl. z. B. Mollenhauer, Klaus (2008): Vergessene Zusammenhänge, S. 40 f. („Was Bilder sagen können"); Mollenhauer, Klaus (1997): „Methoden erziehungswissenschaftlicher Bildinterpretation", in: Friebertshäuser, B./Prengel, A. (Hrsg.): Handbuch Qualitativer Forschungsmethoden in der Erziehungswissenschaft; Mollenhauer, Klaus (1983): „Streifzug durch fremdes Terrain. Interpretation eines Bildes aus dem Quattrocento in bildungstheoretischer Absicht", in: Zeitschrift für Pädagogik 30 (2), S. 173–194; Honneth, Axel (2011): Das Recht der Freiheit. Grundriss einer demokratischen Sittlichkeit, S. 158.

4 Blake, William (1998): „Der Schulknabe", in: Ders.: Zwischen Feuer und Flamme, S. 115.

Doch sommers in die Schule gehn,
oh! Da will alle Freude fliehn;
Von kalten Augen angesehen,
gehet unser Tag dahin
in Seufzern und in trübem Sinn.

Die Differenz von Schule und Leben manifestiert sich für Blake deutlich in dem Unterschied einer singenden, tönenden und klingenden Welt („fern der Hörner Klänge wehn", „die Lerche hören"), die ihn mit Liebe und Freude erfüllt („welch süßes Freudenfest") und die im krassen Gegensatz steht zur Schulwelt, aus der nicht nur alle Freude flieht, sondern in der auch die antwortende Qualität der tönenden Welt eliminiert wurde. Das Schweigen der Schulwelt kulminiert für Blake nicht nur sinnbildlich, sondern buchstäblich in den „kalten Augen", die hier nicht einem bestimmten Lehrer zugeschrieben werden, sondern in ihrer entpersonalisierten Form auf das Empfinden der Schulatmosphäre insgesamt hindeuten. Dass Blake seine eigenen Gedichte oftmals nicht vorgetragen, sondern vorgesungen hat und dass er sie oft auch als Lieder (Songs) bezeichnete, deutet darauf hin, dass er über ein sensibles Resonanz- und Entfremdungssensorium verfügte.[5]

Mehr als hundert Jahre später bringt Rilke 1906 eine ähnliche Erfahrung in seinem Gedicht „Kindheit"[6] zum Ausdruck:

Da rinnt der Schule lange Angst und Zeit
mit Warten hin, mit lauter dumpfen Dingen.
O Einsamkeit, o schweres Zeitverbringen ...
Und dann hinaus: die Straßen sprühn und klingen
und auf den Plätzen die Fontänen springen
und in den Gärten wird die Welt so weit –.
und durch das alles gehn im kleinen Kleid,
ganz anders als die andern gehn und gingen –:
O wunderliche Zeit, o Zeitverbringen.

Auch in diesen Zeilen wird die schulische Selbst-Welt-Beziehung, vor allem in ihrem temporalen Aspekt, als ein „dumpfer" und „schwererer" Angstraum beschrieben. Die Schule wird hier zu einem schwingungsunfähigen Medium, das keine Resonanzen zulässt. Demgegenüber ist die Weltbeziehung außerhalb der Schule offen und „weit" („in den Gärten wird die Welt so weit"). Außerhalb der Schulmauern „sprühn und klingen" die Straßen.

5 Vgl. Ackroyd, Peter (1995): William Blake. Dichter, Maler, Visionär, S. 94.
6 Rilke, Rainer M. (2008): „Der Schulknabe", in: Ders.: Gedichte. Das Buch der Bilder (1902–1906), S. 121.

Auch bei Rilke lässt sich die Differenz zwischen einer lebendigen, klingenden, antwortenden, resonanten Welt und einer dumpfen und schweigenden Schule aufspüren.

Es handelt sich bei diesen Entfremdungs- und Leidenserfahrungen, die einer schweigenden Schulweltbeziehung geschuldet sind, keineswegs um ein Einzelphänomen und nicht nur um die Wahrnehmung hochsensibler Dichterpersönlichkeiten. Dies lässt sich vielleicht am deutlichsten anhand der Rock- und Popmusik und der Filmgeschichte zeigen. Während in der Rock- und Popmusik vor allem die schulischen Entfremdungserfahrungen verarbeitet werden, artikuliert sich in der Filmgeschichte immer wieder eine nahezu *existenzielle Sehnsucht nach Resonanz im Klassenraum.* Die Beliebtheit der folgenden Musikstücke, Filme und Romane, die ich anführen werde, und die Resonanz, die sie erzeugt haben und immer noch erzeugen, ist ein deutlicher Hinweis darauf, dass sie Erfahrungen widerspiegeln, in denen sich viele Menschen wiedererkennen. Erneut lassen sich dabei die drei Weltbeziehungsmodi der Repulsion, der Indifferenz und der Resonanz identifizieren und voneinander unterscheiden.

In der Schule sind Erfahrungen der Repulsion von großer biografischer Bedeutung: Subtile Gesten der Ab- und Zurückweisung, die etwa in Blicken oder durch Körperhaltungen zum Ausdruck kommen, können die Schulweltbeziehung vergiften. Oftmals ist Lehrenden nicht bewusst, wie deutlich ihre Körpersprache zum Ausdruck bringt, wie sie zu den Schülerinnen und Schülern und ihren Leistungen stehen. In der Musik hat niemand diese repulsive Weltbeziehung im Klassenraum deutlicher und radikaler zum Ausdruck gebracht als Alice Cooper. 1972 veröffentlichte Cooper das Album „School's Out", das ihm den Durchbruch brachte und ihn weltberühmt machte. In dem gleichnamigen Lied „School's Out" wird die Freude über das Ende der Schule besungen. Im Refrain singt der Chor:

> No more pencils
> No more books
> No more teacher's dirty looks

Abgesehen davon, dass Coopers musikalische Absage an die Institution Schule vorsieht, diese in Stücke zu sprengen („School's been blown in peaces"), verweist die Zeile „No more teacher's dirty looks" darauf, dass Schule ein angstbesetztes Feld sein kann, voller potenzieller Verletzungen, Beschämungen, Missachtungen und Zurückweisungen. In dem Blick des Lehrers, der bei Blake „kalt", bei Cooper „schmutzig" oder „entwertend" ist, manifestiert sich eine schulische Weltbeziehung, bei der sich Selbst und Welt feindlich und repulsiv gegenüberstehen. Selbstverständlich können entwertende, missachtende und „schmutzige" Blicke nicht nur von Lehrenden, sondern auch von Schülerinnen und Schülern ausgehen. Die zwischenleibliche Kommunikation spielt im Klassenraum eine entscheidende Rolle, weil der Körper als Ausdrucksmedium anzeigt, wie die Subjekte zu den Dingen der Welt stehen.

Resignativer ist das 1970 erschienene Lied von John Lennon, „Working Class Hero", das ebenfalls eine repulsive und feindliche Weltbeziehung in der Schule thematisiert, wie Lennon sie insbesondere Kindern der Arbeiterklasse zuschreibt:

> As soon as you're born, they make you feel small
> By giving you no time instead of it all
> Till the pain is so big, you feel nothing at all
> A working class hero is something to be
> They hurt you at home and they hit you at school

Lennon besingt in dem sehr persönlichen Lied den nur scheinbar starken Helden („working class hero"), dessen zur Schau getragene Stärke aus einer früh erfahrenen Zurückweisung resultiert. Diese Zurückweisung beschreibt Lennon als eine Art des repulsiven Kleinmachens („they make you feel small") und einer harten, schmerzenden Weltbeziehung („they hit you at school"), durch die der Betroffene schließlich selbst verhärtet, bis er nichts mehr fühlt und somit in eine entfremdete, affektlose Welthaltung gezwungen wird („Till the pain is so big you feel nothing at all"). Interessanterweise verortet Lennon die Ungleichheiten, die mit dem Klassenunterschied einhergehen, nicht in der Ressourcenausstattung, sondern just in diesem Erfahrungs- oder Weltbeziehungsmodus. Ebenso interessant ist, dass Lennon wie Rilke an entscheidender Stelle die Zeitdimension thematisiert, auf die ich in Kapitel IV.3 gesondert eingehen werde.

Gänzlich verstummt ist die Weltbeziehung im Klassenraum in dem weltberühmten Lied „Mad World" der Band Tears for Fears aus dem Jahr 1982. Das Lied wurde 2003 von Gary Jules und Michael Andrews für den Soundtrack zum Film „Donnie Darko" gecovert. Beide Versionen wurden sehr bekannt und haben viele Menschen berührt und erreicht. In einer Strophe heißt es:

> Went to school and I was very nervous
> No one knew me, no one knew me
> Hello teacher tell me what's my lesson
> Look right through me, look right through me

Der Texter Roland Orzabal erklärte in einem Interview in der Zeitung The Guardian[7], er habe in diesem Lied seine Entfremdungserfahrungen („feelings of alienation“) und seine Depression einfangen wollen, an der er als Kind gelitten hatte. Die Schule erscheint hier nicht als ein feindlicher Ort, sondern als ein Ort der Indifferenz und Gleichgültigkeit. Der Lehrer wirft dem Schüler keine missachtenden oder beschämenden „kalten Blicke“ oder „dirty looks“ zu, sondern er blickt buchstäblich durch den Schüler hindurch. Was hier beschrieben wird, ist keine feindliche Schulweltbeziehung, sondern die Abwesenheit einer Beziehung.

Auch in dem Roman „Spieltrieb“ von Juli Zeh kann auf mehreren hundert Seiten nachverfolgt werden, wie eine ganze Schule, wie Lehrer und Schülerinnen, Freunde und Familienmitglieder sich nicht wahrnehmen, nicht ansehen und anhören und stets aufs Neue verpassen, sich in einem Resonanzmodus zu begegnen. In erschütternder Direktheit zeichnet Zeh die Entfremdungssignatur einer Schule, in denen die Weltbeziehungen scheitern und stumm bleiben. Als an einer frühen Schlüsselstelle eine Schülerin mit Wunden im Gesicht andeutet, sie habe ernsthafte Probleme, reagiert ihr Lehrer mit Gleichgültigkeit. Zeh macht klar, dass sich ein Pädagoge von einem Nicht-Pädagogen gerade dadurch unterscheidet, dass der Pädagoge auf diesen Anspruch der Schülerin, Anteil nehmend antworten würde:

> „Smutek verstand, nickte und wusste nicht, wie er zum Ausdruck bringen sollte, dass es ihm gleichgültig war, was ihr zustieß, ob ihr Vater sie verprügelte oder ihr Freund oder ob sie tatsächlich gestolpert war, auf der Treppe oder beim Laufen – es war ihm egal. Sie kannten sich nicht. Sie führte ihr Leben, er führte seins. Wenn sie Hilfe benötigte, konnte sie es sagen, und er würde sehen, was sich machen ließ. To wszystko, das war alles. Er war kein Pädagoge, er war Dienstleister.“[8]

Auch Zeh bringt die Trennung von Leben und Schule schmerzhaft auf den Punkt: „Sie führte ihr Leben, er führte seins.“ Dass diese tragische Entfremdungsgeschichte mehr als nur einen Funken Wahrheit enthält, offenbart ein Blick in die diversen Schülerforen: Dort berichten Schülerinnen und Schüler nicht nur häufig von der Sorge, ihr Lehrer würde sie hassen, sondern mindestens ebenso oft von dem Eindruck, eine Lehrerin oder ein Lehrer würde sie ignorieren (etwa, weil der Lehrer ihre Wortmeldungen nicht zu bemerken scheint oder auf ihre Fragen nicht eingeht). Solche Einträge fin-

---

7 Orzabal, Roland (2013): How we made Mad World. Interview, geführt von Dave Simpson am 10. Dezember 2013, auf: the Guardian online, www.theguardian.com/music/2013/dec/10/how-we-made-mad-world-tears-fears.

8 Zeh, Juli (2006): Spieltrieb (Roman), S. 91.

den sich unter Titeln wie: Lehrer ignoriert mich (ohne ersichtlichen Grund/ oder geht mir aus dem Weg/Hilfe, was soll ich tun?). Nicht gesehen und nicht beachtet zu werden ist für viele Schülerinnen und Schüler eine verstörende und leidvolle Erfahrung. Aber auch Lehrende können daran leiden, dass Schüler ihre Beziehungsangebote ablehnen, im Unterricht nicht mitmachen und Aufforderungen, Fragen oder Motivationsangebote ignorieren.

In die Liga der Schulkritiker aus Rock und Pop reiht sich schließlich eine weitere Band ein, die mit ihrer Musik enorme Resonanzen ausgelöst hat: Pink Floyd. In einem ihrer größten Welterfolge thematisiert Pink Floyd nicht nur das Verstummen der Welt *in* der Schule, sondern zugleich das Verstummen der Welt *durch* die Schule. Die Schulwelt eröffnet nicht nur eine Weltbeziehung, sie prägt und moduliert auch den Weltbezug ihrer Schülerinnen und Schüler über ihre Mauern hinaus. In dem Lied „Another Brick in the Wall" kulminiert das Misslingen von Schule in der Feststellung, dass die Schule die gesamte Weltbeziehung schädigen kann, sodass die Welt auch außerhalb der Schulmauern zu schweigen beginnt. Pink Floyd machen darauf aufmerksam, dass Schule in entscheidendem Maße zum Misslingen des Lebens beitragen kann:

> We don't need no education
> We don't need no thought control
> No dark sarcasm in the classroom
> Teachers leave the kids alone
> All in all it's just another brick in the wall
> All in all you're just another brick in the wall

Das Lied ist Teil einer Rockoper mit dem Titel „The Wall". In dieser Oper begleiten wir den Protagonisten Pink, wie er zu einem kalten Diktator wird und sich schließlich vollkommen von der Welt abwendet und isoliert. Wir verfolgen, wie sich in Pinks Leben aufgrund von Repulsions- und Indifferenzerfahrungen in seiner Kindheit und Jugend eine undurchdringliche Mauer („The Wall") aufbaut, die sich zwischen ihn und die Welt schiebt. In den einzelnen Liedern erzählt Pink, wie diese Mauer entstanden ist. Dabei erweist sich die Schule als ein weiterer Stein in der Mauer („just another brick in the Wall").

Die Mauer steht für Taubheit, Kontakt- und Beziehungsverlust, für den Verlust an innerer Anteilnahme und für Isolation. Sie steht sinnbildlich für das was Andreas Gruschka die „Kälteproduktion" des Bildungswesens nennt. Aufgrund dieser Mauer vermag die Welt nicht mehr zu antworten, sie schweigt. In einem späteren Lied wird der Protagonist verzweifelt hinter seiner Mauer rufen „Is there anybody out there?".[9] Pinks Rufen bleibt in seinen Mauern eingeschlossen unbeantwortet. Infolge dieses Kontaktverlustes zur Außenwelt verkümmert und entleert sich auch Pinks Innenleben. Komplementär zu seinem Rufen „Is there anybody *out* there?" richtet ein Nervenarzt die Frage an ihn: „Is there anybody *in* there?"[10]

Aus den Ausführungen lässt sich ableiten, dass das Misslingen von Schulweltbeziehungen mit Verhärtungen oder Entleerungen des Selbst sowie der Welt einhergeht: Während eine als hart, abweisend und repulsiv erlebte Weltbeziehung (wie Cooper und Lennon sie beschreiben) zu einer komplementären *Verhärtung des Selbst* führt, resultiert aus einer Welt, die als indifferent, gleichgültig und nichtssagend erfahren wird (wie Orzabal und Pink Floyd sie besingen) eine komplementäre *Schrumpfung* und *Ausdünnung des Selbst*. Im Gegensatz zur Verhärtung oder zur Ausdünnung der Weltbeziehung führen resonante Weltberührungen zu einer Anreicherung und Öffnung, möglicherweise auch zu einer „Erweichung" im Sinne einer *Verflüssigung* des Selbst.

Dass bildende Weltbeziehungen auf resonante Weltbeziehungen angewiesen sind, zeigt ein Roman, der als der Bildungsroman schlechthin bezeichnet werden kann. „Wilhelm Meisters Lehrjahre" von Johann Wolfgang von Goethe beginnen mit einer Resonanzerfahrung, die als eine Art Initialzündung Wilhelm ein Leben lang inspirieren wird, indem sie ihn für das Theater aufschließt und begeistert: Vom weihnachtlichen Puppenspiel im Haus der Eltern ist Wilhelm als Kind so sehr berührt, dass sich auf der Stelle eine lebenslange Resonanzachse etabliert, weshalb die Mutter viele Jahre später sagt: „Es wundert mich nicht, dass du dich dieser Dinge so lebhaft erinnerst: denn du nahmst gleich den größten Anteil daran."[11]

Auch in der Rock- und Popgeschichte artikulieren sich vereinzelt Hinweise auf eine Sehnsucht nach Resonanz in den Schulweltbeziehungen. Resonanz kann auch hier als eine Gegenerfahrung zu einer entfremdeten Schulwelt verstanden werden. Eine solche Sehnsucht bringt die Band 38 Special in dem Lied „Teacher, Teacher" zum Ausdruck, das zumindest in den USA sehr bekannt war. Im Refrain hofft oder fleht der Sänger, seine Lehrer und Lehrerinnen mögen ihn erreichen:

> Teacher, teacher, can you teach me?
> Can you tell me all I need to know?

9 Dazu auch Rosa (2011): „„Is There Anybody Out There?""

10 In dem Lied „Comfortably Numb" heißt es: „Hello, is there anybody in there? Just nod if you can hear me! Is there anyone at home?"

11 Goethe, Johann W. v. (2009): Wilhelm Meisters Lehrjahre, Zweites Kapitel.

Teacher, teacher, can you reach me?
Or will I fall when you let me go?

Davon, dass der Lehrer oder die Lehrerin den Sänger erreicht, dass er oder sie den Schüler zu „fesseln" vermag und für die Sache entzünden kann, sieht der Sänger seine Zukunft abhängen („Can you reach me? Or will I fall when you let me go?"): Es ist der Kontakt zwischen Schüler, Lehrer und Sache, der den Schüler später im Leben nicht „untergehen" lässt. Im Mittelpunkt dieser Hoffnung steht also eine Art des geistigen und emotionalen Berührtwerdens oder der Resonanz. Im folgenden Kapitel (II.1) wird eben jene Resonanzbeziehung zwischen Lehrer, Schüler und Sache als Bedingung für gelingenden Unterricht definiert.

In der Rock- und Popmusik finden sich kaum Lieder, die die Schule als einen solchen Resonanzraum besingen. Geht man danach, müssten die meisten Menschen die Schule als einen Ort der Repulsion und Indifferenz und somit der Entfremdung erlebt haben. Die Filmgeschichte allerdings ist voll von Figuren begnadeter Lehrerinnen und Lehrer, denen es gelingt, Schülerinnen und Schüler für die Sache zu begeistern und ihnen einen Zugang zum Unterrichtsstoff zu eröffnen, der die Schüler, aber auch den Lehrer selbst innerlich berührt. Solche Resonanzpädagogen stellen das her, was Otto Friedrich Bollnow eine „pädagogische Atmosphäre"[12] genannt hat. Lernen vollzieht sich in einer solchen Atmosphäre nahezu von allein und ohne große Widerstände; es muss nicht kontrolliert und beherrscht werden, sondern lässt sich durch kleine *Resonanzgesten* anregen.

Einen solchen Resonanzpädagogen verkörpert beispielsweise Robin Williams als John Keating in dem Film „Der Klub der toten Dichter" von 1989.[13] Keating gelingt es mit unkonventionellen Mitteln, die Schüler der aristokratischen und konservativen Eliteschule zu begeistern und sie persönlich in ihrem Inneren anzusprechen. Dadurch bringt er den sonst leblosen, leistungsbasierten Unterricht zum „Sprechen". Keating eröffnet in seinem Unterricht einen Raum für intensive Selbst-Welt-Berührungen, in dem die Eliteschüler ihre wirklichen Neigungen, Interessen und Begabungen oder kurz: ihre Resonanzverhältnisse erkunden können. Schließlich aber scheitert Keating an der Härte der Schule und an den Elternhäusern, die nicht zulassen wollen, dass die Schüler ihren Resonanzbeziehungen nachgehen. Der Film endet mit dem Selbstmord eines Schülers, der es nicht

---

12 Bollnow, Otto F. (2001): Die pädagogische Atmosphäre. Untersuchungen über die gefühlsmäßigen zwischenmenschlichen Voraussetzungen der Erziehung. Ausführlich zur pädagogischen Atmosphäre, vgl. Kap. I.2.6.

13 Das Drehbuch des Films, das Tom Schulman verfasst hatte, diente Nancy H. Kleinbaum als Grundlage für den im selben Jahr erschienenen Roman „Dead Poets Society."

ertragen kann, auf seine Leidenschaft, das Theaterspiel, verzichten zu müssen. Vom „Fliegenden Klassenzimmer" über „Dangerous Minds", „Die Kinder des Monsieur Mathieu", „Fack ju Göhte" und die „Harry Potter"-Filme und -Romane – stets geht es im Kern dieser Geschichten um die tiefe Sehnsucht nach Resonanz in den pädagogischen Beziehungen; und zwar insbesondere auch dort, wo die Klasse, wie in „Dangerous Minds" oder „Fack ju Göhte", als hoffnungslos verloren gilt.[14]

Die angeführten Zeugnisse aus Literatur, Musik und Film geben eindeutige Hinweise darauf, dass Schule dort misslingt, wo sie auf repulsiven oder stummen Weltbeziehungen basiert und dadurch zu einem weiteren „Stein in der Mauer" wird. Schließlich artikuliert sich in den Werken ebenso eine Sehnsucht nach Resonanzpädagogik – ganz so, wie sie auch Max van Manen versteht. Max van Manen zeigt, dass Pädagogik, auch in der Schule, ihrem Wesen nach dort stattfindet, wo Lehrerinnen und Lehrer auf das „Rufen" junger Menschen Anteil nehmend antworten. Van Manen nennt das „The Call of Pedagogy as the Call of Contact"[15].

Damit aber will ich den Bereich der Kunst verlassen und den Boden der Theorie betreten. Auch im Hinblick auf die moderne pädagogische Geistesgeschichte erweist sich die Resonanzpädagogik als trag- und anschlussfähig. Tatsächlich zieht sich der Gedanke, Bildung erfolge durch Resonanzen und Weltberührungen, wie ein roter Faden durch die pädagogische und bildungsphilosophische Geschichte der Moderne. Das folgende Kapitel, das sich als Beitrag zur historischen Bildungsforschung versteht, wird einige zentrale Punkte dieser Geschichte aufzeigen.

---

14 Insbesondere der Erfolg von „Fack Ju Göhte" lässt sich als Indiz für eine Resonanzsehnsucht in der Schule interpretieren. Der Film zog mehr als drei Millionen Besucher in die Kinos und wurde somit der erfolgreichste deutsche Film im Jahr 2013.

15 Van Manen, Max (2012): „The Call of Pedagogy as the Call of Contact", in: Phenomenology & Practice 6 (2), S. 8–34.

Kapitel 2
Bildung als Antwort auf das Verstummen von Selbst und Welt

Geistesgeschichtliche Wurzeln bildender Weltbeziehungen

> „Eine Bestimmung theilen Sie alle auf gleiche Weise mit einander, diejenige, welche Sie auf die Welt mitbrachten – sich als Menschen auszubilden – und zu dem Menschen eben redet die Geschichte."
>
> Friedrich Schiller

In einer posthum veröffentlichten Aufsatzsammlung setzt sich der früh verstorbene Erziehungswissenschaftler und Pädagoge Günther Buck mit den geistesgeschichtlichen Wurzeln der Bildungsidee auseinander.[1] Buck stellt fest, dass unser heutiges Verständnis von Bildung in einer sehr wichtigen Hinsicht verkürzt ist. Heute wird Bildung oft unter rein optimistischer Perspektive als vorteilhafte Potenzialentfaltung und überschwängliche Entwicklung eines Menschen verstanden, als eine Lernform, in der man den Lernenden mit Werkzeugen, Gütern und möglicherweise auch mit „Schmuck" zur Veredelung seiner Person, oder kurz: mit Ressourcen und Kapital ausstattet. Bildung bedeutet dabei Optimierung, Perfektionierung und die Erschließung von Ressourcen und ungenutzten Reserven in einem gegebenen Zustand. Tatsächlich ist diese Ansicht nicht neu. Nach Buck geht sie auf die Goethezeit mit der Betonung auf Persönlichkeitsentfaltung und Persönlichkeitsverfeinerung zurück. Buck zufolge ist diese optimistische Perspektive auf Bildung nicht falsch, sie übersieht allerdings etwas Wesentliches: Bildung wurde zu Beginn der Moderne nicht so vehement und hartnäckig thematisiert, weil ein gegebener Zustand verbessert, optimiert oder perfektioniert werden sollte. Vielmehr entsprang das Interesse an Bildung zum Großteil einer Negativerfahrung. Bildung war eine Antwort auf eine moderne Krisenerfahrung. Diese Krisenerfahrung beschreibt Buck als „Entfremdung". Nach Buck muss sich eine Theorie der Bildung deshalb stets

---

1 Buck, Günther (1984): Rückwege aus der Entfremdung.

auch mit den Rückwegen aus der Entfremdung befassen. Auch bei Buck steht Entfremdung für eine Störung in der Selbst- und Weltbeziehung. Viele Bildungsphilosophen, die Buck untersucht, sahen die Weltbeziehung des Menschen als zerbrochen, zerstückelt, zersplittert und auseinandergerissen an:

> „Es ist das Schema der realen Erfahrung vom Ende einer Lebenseinheit, vom Leiden an einem geschichtlichen Unglück, und der Zuversicht auf die Möglichkeit der Wiedergewinnung des Verlorenen, das in der Unglückserfahrung erst bewusst geworden ist. Das Bewusstsein des Verlustes, nur es, liefert den Maßstab für das Ziel, das im Schema säkularisierten Heilsdenkens durch die Arbeit der ‚Bildung' zu erreichen ist."[2]

Buck macht in seinen Aufsätzen zweierlei deutlich: Erstens, ohne ein Bewusstsein dafür, dass Bildung ursprünglich als Antwort auf eine Krisenerfahrung und ein modernes Leiden verstanden wurde, droht Bildung auf ein reines ressourcenorientiertes Optimierungs-, Perfektionierungs- und Entfaltungsgeschehen reduziert zu werden. Da dies heute vorwiegend der Fall ist, erscheint es als folgerichtig, nicht mehr von Bildung, sondern von Kompetenzerwerb zu sprechen. Zweitens, wenn man über Bildung nachdenkt, muss dieser pessimistische Ursprung des Bildungsbegriffs mit reflektiert werden. Wie Buck andeutet und wie ich zeigen möchte, kann der Kern dieser Krisenerfahrung als eine *Störung in der modernen Weltbeziehung* rekonstruiert werden. Insofern war das Nachdenken über Bildung stets getrieben von der Sorge und der Angst, die Welt könne in der Moderne verstummen, kalt oder mechanisch werden.

Pathologien und Leidenserfahrungen wurden aus der Bildungsphilosophie verdrängt und entweder der Psychologie überlassen, sofern es um eine *defekte Selbstbeziehung* geht, oder aber von der Sozialphilosophie und Soziologie übernommen, sofern es um eine *beschädigte Welt* geht. Die Stärke der Bildungsidee liegt nun darin, dass sie in ihrer reichhaltigen geistesgeschichtlichen Tradition stets die *Beziehung* zwischen Selbst und Welt thematisierte – und eben diese Kraft gilt es wiederzugewinnen. Dazu kann sich die Theorie der Bildung sowohl an der Psychologie orientieren als auch von der Sozialphilosophie bzw. der Soziologie inspirieren lassen. Die These, dass Bildung in der Geistesgeschichte stets als eine Antwort auf eine problematische Selbst-Welt-Beziehung entworfen wurde, soll in den folgenden Abschnitten anhand einiger ausgewählter Autoren und Strömungen nachverfolgt werden. Dabei werden bereits die Umrisse einer aktualisierten resonanzpädagogischen Theorie bildender Weltbeziehungen sichtbar. Die

2 Ebd., S. 10.

Ausführungen zu den einzelnen Autoren orientieren sich an dem resonanzpädagogischen Prinzip des personalen Taktes, das ich in Kapitel III.1.6 beschreibe, d.h. ich versuche so weit wie möglich, die theoretischen und praktischen Bemühungen der Autoren auf ihre jeweilige Weltbeziehung und ihre Lebensumstände zurückzuführen und herauszuarbeiten, was die Betroffenen bewegt hat, was sie antrieb, was sie bedrängte und woran sie manchmal auch verzweifelten.

2.1 Bildung durch Berührung mit Gott: Die Geburt des Bildungsbegriffs (Meister Eckhart)

Meister Eckhart (1260–1328) hätte es beinahe die Sprache verschlagen. Mit seinen mystischen Praktiken hatte er sich in Gefilde der menschlichen Erfahrung begeben, die nicht nur jenseits von dem lagen, was die spätmittelalterlichen Menschen im 13. Jahrhundert in ihren alltäglichen Geschäften, auf dem Markt, auf dem Felde und in ihren Wohnstuben erfahren konnten. Seine Meditation hatte ihn weit darüber hinaus in spirituelle Sphären befördert, die jenseits der Sprache selbst lagen. Jeder Versuch, die mystische Gotteserfahrung in Worte zu fassen, drohte den lebendigen Gehalt dieser Erfahrung zu töten, zu verstümmeln und zu beschneiden. Gegossen und eingezwängt in sprachliche Begriffe, wäre es vielleicht sogar unmöglich, diese spirituelle Erfahrung nachzuvollziehen. Dennoch, um über seinen inneren Weg reden zu können, um andere Menschen auf ihrem Weg der mystischen Einkehr zu begleiten und um ihnen die Richtung zu weisen, die zu einer Berührung mit Gott führt, einer Berührung, die den Menschen aus seinem entfremdeten Dasein herausholen und seiner wahren Bestimmung zuführen würde, dazu brauchte Meister Eckhart Worte – und dazu erschuf er den Begriff „Bildung".[3]

Mit diesem Begriff konnte er den inneren Weg des Mystikers beschreiben. Nach Meister Eckhart besteht der mystische Bildungsweg aus drei Stufen.[4] In der ersten Stufe muss sich der Mensch „entbilden": Um mit Gott in Berührung zu kommen, ist es zunächst nötig, sich zu entleeren. Man muss ein ungefülltes, inhaltsloses Gefäß werden. In der tiefen inneren Versenkung kann sich der Mensch von den Bildern, Konzepten und Vorstellungen, die sein bisheriges Leben geleitet haben, frei machen; er löst sich dadurch von seinem

3 Vgl. Lichtenstein, Ernst (1966): Zur Entwicklung des Bildungsbegriffs von Meister Eckhart bis Hegel.

4 Ich beziehe mich hier auf das immer noch lesenswerte Buch von Schaarschmidt, Ilse (1931): Der Bedeutungswandel der Worte „bilden" und „Bildung" in der Literatur-Epoche von Gottsched bis Herder.

menschlichen Weltbezug. „Entbilden" heißt auch, sich zu „entbildern". Zweite Stufe: Ist man leer und inhaltslos, kann man damit beginnen, sich zu „inneblibenne" oder zu „innbilden". Dabei versucht der Mystiker nun aktiv, sich Gott anzunähern, sich in ihn ein-zu-bilden. Indem der Mystiker seine innere Leere mit Gott anfüllt, geht er auf Gott zu und schafft den inneren Erfahrungsraum für die göttliche Berührung, die seine Selbst- und Weltbeziehung verwandeln soll. Doch nun kommt der wichtigste Schritt, die dritte Stufe: Hat man sich auf diese Weise Gott angenähert, ist man auf ihn zugegangen, kann man nichts weiter tun als zu hoffen, dass auch Gott auf einen zukommen werde, dass er dem Mystiker antworten und ihn berühren werde. Diese Berührung, die alles verändert, die den Mystiker weg vom Menschlichen und zum Göttlichen hin transformiert, diese transformatorische Berührung ist es, die Meister Eckhart als „Bildung" bezeichnet. Bildung meint bei Meister Eckhart nicht Selbstbildung, sondern Fremdbildung durch Gott. Für diese bildende Berührung mit Gott aber muss man sich aktiv vorbereiten.

Auch wenn sich die Wege zur Bildung, die andere nach Meister Eckhart gehen und suchen werden, entmystifizieren und enttheologisieren und auch wenn die Fremdbildung zu einer Selbstbildung wird, so ist es doch diese dritte Stufe, das passive Berührtwerden von Welt nach einer aktiven Öffnung und Suche des Menschen, nach einem Zugehen des Menschen auf die Welt, es ist diese *antwortende Weltberührung*, die weiterhin ein zentraler Bestandteil des modernen Bildungsbegriffs bleiben wird. Dazu aber verließ der Bildungsbegriff das mystisch-theologische Spielfeld.

2.2 Das Problem bildender Weltbeziehungen: Die Ausgangslage in Aufklärung und Romantik

Viele Kultur- und Sozialwissenschaftler sind sich darin einig, dass die Gestalt der neuzeitlichen Kultur – ihre Sinn- und Lebenskonzepte, ihre kulturellen Praktiken und Rituale sowie ihr institutionelles Gefüge – von keinem anderen Wert so nachhaltig und tiefgreifend geprägt wurde und wird wie von dem, der individuellen Freiheit und Selbstbestimmung. Teil dieser *Kultur der Selbstbestimmung* sind auch die Bildungs- und Erziehungspraktiken, die Vorstellungen davon, was Lernen und Lehren ist und wie, etwa in der Schule, Welt vermittelt und angeeignet wird. Das Ziel der modernen Pädagogik, individuelle Freiheit zu verwirklichen, kann man als das „Projekt der Pädagogik"[5] bezeichnen. Dieses pädagogische Projekt wurde und wird aus

5 Mollenhauer, Klaus (1987): „Korrekturen am Bildungsbegriff?", in: Zeitschrift für Pädagogik 33 (1), S. 1–20.

zwei Quellen gespeist: einer aufklärerischen und einer romantischen Quelle. Allerdings standen Aufklärung und Romantik nicht widerspruchsfrei nebeneinander.[6] Die Aufklärung und die Romantik basieren auf zwei unterschiedlichen Weltbeziehungsmodellen und sie haben jeweils unterschiedliche Vorstellungen davon, wie durch ihren spezifischen Weltbezug Freiheit verwirklicht werden soll. Beide Quellen erheben zugleich Anspruch darauf, den Menschen in der Welt zu verorten und ihm eine verlässliche Lebensorientierung zu geben. Die Spannung zwischen dem aufklärerischen und dem romantischen Weltverhältnis hat das Nachdenken über Bildung bis in unsere heutige Zeit hinein geprägt. Zunächst soll die Aufklärung genauer betrachtet werden.

Um etwa 1500, in der Zeit der Frühaufklärung und Renaissance, begann sich etwas im Selbstverständnis der Menschen zu verändern. In den Köpfen einer kleinen Elite begann der Gedanke zu reifen, dass der Mensch nicht länger als ein Wesen verstanden werden konnte, das sich durch Geburt passiv in eine kosmisch oder göttlich gegebene Ordnung einfügt. Die Bildung bzw. Bestimmung des Menschen sollte nicht länger fremdbestimmt erfolgen. Der Mensch sollte nicht länger ein ohnmächtiger Spielball religiöser oder adeliger Autoritäten und blinder Naturmächte sein, getrieben vom Glauben an Geister und Dämonen, an helle und dunkle Magie und der Macht der Tradition. Um diese Freiheit zu verwirklichen, musste der Mensch ein spezifisches Weltverhältnis eingehen: eines, durch das er zunächst, wie im Deismus durch Gottes Vorsehung, dann zunehmend ohne Gott,[7] kontrollierend, beherrschend und gestaltend in die Welt eingreifen konnte.

Diesem neuen Weltbezug lag die Ansicht zugrunde, dass die Welt eine komplizierte Maschine sei, deren Gesetze und Funktionsweisen durch mathematische und naturwissenschaftliche Methoden erkannt werden können. Nach Descartes etwa, gab es in dem mechanistisch-physikalischen Weltbild – bis auf den menschlichen Geist – nichts anderes als maschinenartige Dinge. Descartes sah Tiere, Pflanzen, menschliche Körper, den Himmel, die Erde und die Planeten als ausgetüftelte Apparate und Automaten an. Die Welt: ein von Gott gemachtes, mechanisches Meisterwerk. Und weil der Mensch Gott ähnlich war, konnte er die Gesetzmäßigkeiten dieser Maschine erkennen. Er konnte den mechanischen Aufbau der Welt verstehen lernen und er konnte dadurch die Welt – in Gottes Sinne – mitgestalten. Die

---

6 Vgl. Berlin, Isaiah (1999): The Roots of Romanticism, insbesondere Kap. 1. u. 2.; Taylor (1996): Quellen des Selbst, Kap. V.25; Ilien, Albert (2009): Grundwissen Lehrerberuf. Eine kulturkritische Einführung, Kap. 3.3. und 3.4.

7 Vgl. Taylor, Charles (2009): Ein säkulares Zeitalter, Teil II u. III.

menschliche Beteiligung an der Gestaltung und Einrichtung der Welt diente auch einem humanen Zweck, denn dadurch würde sich nicht nur das Leben vieler, sondern möglicherweise das Leben aller erheblich verbessern.

Für das mechanistisch-physikalische Weltbild der Frühaufklärung standen die Dinge der Welt in Kausalbeziehungen zueinander. Diese Kausalbeziehungen musste man erkennen, um herauszufinden, wie die Weltmaschine zum Nutzen aller zu bedienen war. Das aber war wiederum nur möglich, wenn man die universalen, objektiven Gesetze erkannte, und dies gelang nur, wenn man eine *distanzierte*, *rationale* und *neutrale* Haltung der Welt gegenüber einnahm. Die Frühaufklärung führte somit zu einer desengagierten, beobachtenden und neutralen Haltung, wie sie dem Naturwissenschaftler zu eigen ist. Durch diese neutrale und distanzierte Welthaltung konnte man die objektiven Gesetze erkennen, die die Welt regelten. Und da die Welt vermittels dieser einfachen objektiven Gesetze funktionierte, konnte man mit dieser Haltung die Antwort auf jede mögliche Frage des Lebens finden. Wissen wurde Macht (Francis Bacon), weil es den universalen Schlüssel lieferte, um die Weltmaschine zu steuern. Auch wenn der Einzelne nicht in der Lage war, dieses Wissen allumfassend zu erwerben, so würde doch die gemeinsame Anstrengung der Aufklärung dieses Wissen zutage fördern. Der wissende Weltbezug war die Voraussetzung dafür, dass das Leben gerechter, glücklicher, freier und erfüllter sein würde.

Die distanzierte aufklärerische Welthaltung und ihr Glaube an die universal geltende menschliche Vernunft ging einher mit einer pädagogischen Haltung. Kinder galten etwa bei John Locke als „empty cabin“ oder „tabula rasa“[8]: eine leere Kammer, die man beliebig befüllen könne oder ein weißes, unbeschriebenes Blatt, das mit der Welt noch unverbunden war und dem man durch Erziehung alles einschreiben konnte. Diese pädagogische Haltung gab ebenfalls den dominanten Modus von Lernen und Wissensaneignung vor. Prinzipiell galt, wie Isaiah Berlin formulierte:

> „[…] dass all diese Antworten gewusst werden können, dass sie mit Mitteln entdeckt werden können, die erlernbar sind und die man andere Menschen lehren kann; dass es Techniken gibt, durch die es möglich wird, die Wege zur Erkenntnis zu lehren, woraus die Welt besteht, in welcher Beziehung wir zu den Dingen stehen, was wahre Werte sind, und die Antwort auf jede andere ernsthafte Frage zu finden, die beantwortet werden kann.“[9]

8 Locke, John (1718): An Essay Concerning Human Understanding, Kap. 2, § 15.

9 Berlin (1999): The Roots of Romanticism, S. 27. Übersetzung von mir, J. B. Original: „[…] that all these answers are knowable, that they can be discovered by means which can be learnt and taught to other persons; that there are techniques by which it is possible to

In dieser Zeit blühten zum ersten Mal die Naturwissenschaften auf. Medizin und Heilkunde wurden vorangetrieben, erste demokratische Verfassungen und die Menschenrechte entstanden.

Zugleich aber scheint die Aufklärung mit einem Weltbezug einherzugehen, der spätestens am Ende des 18. Jahrhunderts zu offenem Protest und scharfer Kritik seitens der Romantik führte: Die Aufklärung zerstöre den lebenswichtigen Kontakt zur Welt, zur Natur, zur Kunst, zu den Mitmenschen und zum eigenen Selbst, weil sie die Welt und das eigene Selbst verdingliche, um ihr maschinenhaftes Funktionieren unter Kausalbeziehungen zu betrachten. In der Romantik formierte sich eine Gegenbewegung, die eine ursprünglichere, innigere und umfassendere Weltbeziehung zurückzugewinnen versuchte. Dies tat sie durch eine *Hinwendung zur Innerlichkeit*: Die Welt erfahre im Subjekt einen konstitutiven Widerhall, ebenso, wie die subjektive Innerlichkeit in der Welt einen expressiven Widerhall erzeugen könne. Die Beziehung zur Welt war demnach nicht nur durch „kalte“ mechanische und kausale Gesetze definiert, sondern durch organische und intrinsische Verbindungen moduliert, wobei es zu einer Aufwertung des subjektiven Welterlebens und Weltempfindens kam. Die romantischen Denker warfen der Aufklärung vor, sie trenne jene organische Selbst-Welt-Beziehung, indem sie das Denken vom Fühlen, die Vernunft von der Sinnlichkeit scheide und dadurch den schöpferischen, fantasievollen, kreativen und gefühlsmäßigen Selbst- und Weltbezug unterdrücke.

Für die Romantiker konnte der Mensch nur Mensch werden, weil und indem er in eine natürliche, soziale, kulturelle und politische Welt eingebunden und mit ihr verbunden ist. Diese Verbundenheit gehe jeder objektiven und verdinglichenden Bezugnahme voraus. Damit richtete sich die romantische Kritik gegen den universalistischen Anspruch der Aufklärung. Was in der einen Kultur als wahr gilt, muss für eine andere Kultur nicht ebenfalls als wahr gelten. Der Blickwinkel des Menschen auf die Welt und sein Standpunkt in der Welt, das, was ihm wichtig oder unbedeutend erscheint und was er zu erkennen trachtet, ist immer auch das Resultat eines ganzheitlichen Weltbezuges. Dieser wird geprägt durch einen spezfisischen Zeitgeist, die jeweilige Kultur, ja sogar durch das Klima und das nationale Temperament. Kappt man diese ursprüngliche Verbindung zur Welt, indem man ihr von außen aufklärerische Vernunftgesetze überstülpt, so entfremdet man die Menschen von ihrer organischen Einheit mit der Welt und dadurch schließlich auch von sich selbst. Unter solchen Bedingungen ist die

learn and to teach ways of discovering what the world consists of, what our relation is to things, what true values are, and the answer to every other serious and answerable question.“

Verwirklichung von Freiheit niemals möglich; und zwar deshalb nicht, weil die aufklärerisch gewonnenen Vernunftgesetze dem Menschen und seiner Innerlichkeit gleichgültig gegenüberstehen und dadurch wiederum Zwänge erzeugen. Aus diesem Grund schreibt Jean Paul: „Ich erziehe nicht Kinder zu etwas, sondern in etwas"[10]; was abgewandelt so viel heißen könnte wie: Ich erziehe Kinder nicht *für* die Welt, sondern *in* der Welt.

Die Romantik versuchte der drohenden Entkopplung von Selbst und Welt neue Kontakt- und Verbindungsmöglichkeiten entgegenzusetzen. Dabei erschloss und vertiefte sie, wie Rosa anführt[11], die Beziehung zu den Bereichen der Kunst, der Religion und der Natur; konzipierte diese gleichsam als moderne *Resonanzsphären* und erschuf eine beispiellose Resonanzsensibilität und Resonanzsehnsucht. Außerdem erschloss die Romantik eine weitere Resonanzsphäre: die Kindheit. Die Kindheit ist aus Sicht der Romantiker ein Lebensabschnitt, in dem wir auf eine ursprüngliche Weise mit der Welt und mit uns Selbst verbunden sind. Die Pädagogik der Romantik[12] zielt nun darauf ab, diese ursprüngliche Resonanzbeziehung nicht zu zerstören, denn durch sie wird der Resonanzboden für unser späteres Leben erzeugt. Die Anteilnahme an den Dingen, die Tiefe unserer Verbindungen und die Bereiche, mit denen wir uns organisch verbunden fühlen, werden in der Kindheit geprägt. Deshalb ist die romantische Pädagogik bestrebt, die unmittelbaren und unverfälschten Eindrücke der Dinge in der Kindheit zu bewahren. So schreibt Jean Paul: „[...] die erste Farbe, die erste Musik, die erste Blume malen den Vorgrund seines Lebens aus"[13]. Auch der Romantiker Ernst Moritz Arndt betont, dass die Unterbrechung oder Zerstörung des kindlichen Weltbezuges zu Taubheit und Entfremdung im Erwachsenenleben führe: „Wer die früheren Lebenszustände nicht frisch und natürlich durchlebt hat, der tritt in die folgenden wie ein Lahmer und Blinder."[14]

Anders als die Aufklärung, die die Vernunftfähigkeit betont, geht die Romantik von einer ganzheitlichen Sicht auf die kindliche Entwicklung aus. Die romantische Pädagogik ist, ebenfalls im Gegensatz zur Pädagogik der Aufklärung, weniger durch aktive Belehrung und Erziehung geprägt, sondern dadurch, dass sich das Kind in der Welt *auszudrücken* vermag und in der Welt eine *Antwort* und einen *Widerhall* erfährt. Das, was im Leben

---

10 Richter, Jean Paul F. (1863): „Gedanken und Bemerkungen über die Menschen", in: Denkwürdigkeiten aus dem Leben von Jean Paul Friedrich Richter, S. 66.

11 Vgl. Rosa (2016): Resonanz, z. B. S. 293.

12 Grundlegend für die folgenden Abschnitte ist Bollnow, Otto F. (1977): Die Pädagogik der deutschen Romantik. Von Arndt bis Fröbel.

13 Richter, Jean Paul F. (1807): Levana oder Erziehungslehre, Bd. 1, Drittes Bruchstück, Erstes Kap., § 42.

14 Arndt, Ernst M. (1904): Fragmente über Menschenbildung, S. 53.

wirklich wichtig ist, etwa Tugend und Moral, lernen Kinder nicht durch abstrakte Worte, sondern durch gelebte Resonanzbeziehungen, durch Freundschaften und Familienbande, nicht im Klassenzimmer, sondern auf dem Spielplatz und auf dem Schulhof. Nicht allein die Vernunft, sondern die Erfahrens-, Erlebens- und Empfindensweisen stehen im Mittelpunkt der romantischen Erziehungsauffassung. Das Kind wird deshalb auch nicht als eine „unbeschriebene Wachstafel" betrachtet, auf der man beliebig schreiben und über die man instrumentell verfügen kann. Vielmehr vollzieht sich die Entwicklung des Kindes in und durch die organische, unverstellte und ungebrochene Einheit und Wechselwirkung mit der Welt. Dieser „naiven" Form der resonanten Weltbeziehung entspricht eine ganz eigene Entwicklungslogik, die gestört wird, wenn Kinder genötigt werden, sich objektivierend und distanzierend auf ihr eigenes Selbst und die Welt zu beziehen. Folglich wertet die Romantik nicht nur die Kindheit, sondern auch das kindliche Lernen auf: Der romantischen Hinwendung zur Innerlichkeit entspricht in Bezug auf die Kindheit eine *Hinwendung zum inneren organischen Entwicklungsgesetz des Kindes*, das vor erzieherischen Eingriffen von außen geschützt werden muss. Hier liegen die Wurzeln einer modernen „Pädagogik vom Kind aus" sowie einer „Pädagogik des Wachsenlassens". Die unmittelbare, lebendige und organische Selbst- und Weltbeziehung der Kinder galt der Romantik als ein Idealzustand. Das Kind war ein Weltbeziehungs- und Resonanz-Genie. Im Gegensatz dazu war der aufgeklärte Erwachsene ein Weltbeziehungs-Dilettant.

Die pädagogische Kritik der Romantik setzt genau dort an, wo dieser ursprüngliche kindliche und resonante Weltzugang durch die Aufklärung bedroht scheint. Den instrumentellen Lernbeziehungen, bei denen man Kindern ein Versprechen für die Zukunft macht, setzen die Romantiker intrinsische Lernbeziehungen entgegen, deren Anreize in der Gegenwart liegen: Die Freude des Kindes an seiner eigenen inneren Erlebenswelt, der Selbstgenuss wie Arndt meint, öffnet es erst für intrinsische Berührungen mit der Außenwelt. Um solche freudvollen Weltberührungen im Inneren erleben zu können, benötigen Kinder unbedingte Liebe, Wertschätzung und Respekt. Hingegen kritisiert Arndt scharf den anzulernenden Wissensstoff, der, weil er äußerlich bleibt, nicht nur überflüssig ist, sondern auch nachhaltig die Reinheit der ursprünglichen Weltbeziehung belastet.[15] Nicht dem toten Wissen, sondern lebendigen Parabeln, Märchen und lebensnahen Lernstoffen sollten sich Kinder zuwenden.

Nicht selten kam es in der Romantik zu einer Übersteigerung und Heiligung der Kindheit. Da der kindliche Weltbezug für den Erwachsenen nicht

15 Bollnow (1977): Die Pädagogik der deutschen Romantik, S. 51.

aufrechterhalten werden kann, bleibt nur eine Möglichkeit: Man muss die Welt ein Stück weit „verkindlichen" und romantisieren, man muss sie dem Weltbezug des Kindes wieder annähern. Die Sehnsucht nach dem heiligen Zustand der Kindheit und seinem unverstellten Weltbezug führte nicht nur zu einer enormen Aufwertung der Familie, sondern steht auch in engem Zusammenhang mit der von Rosa beschriebenen Vertiefung und Erschließung der Resonanzsphären der Kunst, Religion und Natur.

Weil Erziehungsmaßnahmen unter Verdacht standen die natürliche Resonanzbeziehung des Kindes zu stören, war etwa für den radikalpädagogischen Romantiker Friedrich Schlegel Erziehung nur dort gut, wo sie nicht stattfand.[16] Schlegel verachtete alle erzieherischen Eingriffe, die, unter dem Deckmantel der moralischen Förderung der Sittlichkeit, nichts weiter als verdinglichende und instrumentelle Eingriffe in das kindliche Seelenleben seien. Erzieherische Eingriffe schnüren die Weltbeziehung des Kindes ein, fragmentieren und entfremden das Kind von der Welt und von seinem eigenen Selbst. Schlegel zufolge kann die Seele des Kindes durch erzieherische Eingriffe nicht sittlich oder vernünftig geordnet werden, wie es die Absicht der Aufklärer war. Weil sich das kindliche Seelenleben nur selbst affizieren kann, und zwar durch die kindliche Fantasie und Kreativität, entspringt die Entwicklung des Kindes auch nur dem Kind selbst. Deshalb müsse man das Erleben der Kinder so weit wie möglich in seiner Natürlichkeit belassen. Das Kind vermag es, sich durch das ihm eigene Weltverhältnis gewissermaßen selbst in Resonanz zu versetzen.[17]

Damit ist zugleich ein schwerwiegendes Problem angesprochen, dass die romantische Bewegung nicht aus sich selbst heraus zu lösen vermag. Es ist das Problem des radikalen Subjektivismus. In der Aufklärung droht der Mensch seinen Weltbezug zu schädigen, indem er sich von der Welt und sich selbst zu weit distanziert, Selbst und Welt gleichsam verdinglicht und objektiviert, um einen affektfreien und neutralen Standpunkt einnehmen zu können. Im Gegensatz dazu liegt in der radikalen romantischen Haltung die Gefahr darin, dass der Mensch die Fähigkeit zur Distanzierung verliert. In der Romantik droht das Selbst mit der Welt zu verschmelzen. Wenn die Welt zum bloßen Abbild der subjektiven Innenwelt wird, wenn sie nicht mehr ist als der Ort der tiefsten eigenen Sehnsüchte, Schwärmereien und Wünsche, dann kann sich das Selbst in der Welt verlieren, es droht von der

16 Vgl. z. B. Schlegel, Friedrich von (1868): Lucinde (1799), S. 118.

17 Insofern sind Ansätze, die betonen, dass das Kind aus sich heraus einen natürlichen Lernwillen und eine ursprüngliche Begeisterungsfähigkeit besitzt, die nicht gestört werden darf, romantisch inspiriert; vgl. z. B. Hüther, Gerald/Hauser, Uli (2014): Jedes Kind ist hoch begabt. Die angeborenen Talente unserer Kinder und was wir aus ihnen machen.

Welt aufgesogen und verschluckt zu werden. In einer solchen Situation befindet sich beispielsweise Tiecks Held Christian aus dem „Runenberg": Christians Wünsche, Sehnsüchte und sein Verlangen spiegeln sich in den Bergen und Wäldern wieder, die an das Dorf angrenzen, in dem er ein Zuhause und eine Familie gefunden hat. Der Runenberg ruft nach Christian, und dieser Ruf hallt so stark in Christians Innerem wider, dass er ihm schließlich nicht widerstehen kann. Christian verlässt Haus, Hof und Familie und verschwindet für immer im Runenberg. Entfremdung droht hier nicht durch *Entkopplung von der Welt*, sondern durch *Verschmelzung mit der Welt* (vgl. dazu auch Kap. II.2.2, unten). Christian wird vom Runenberg verschluckt. Er löst sich auf und verstummt für immer. Resonanzen erfordern demnach eine Differenz zwischen der Welt „da draußen" und unserer Innenwelt.

Während das pädagogische Projekt der Aufklärung Freiheit durch eine rationale Distanzierung von der Welt ermöglichen will, die den Menschen von seinen Schranken und Grenzen sowie aus seinen Verwicklungen des alltäglichen Lebens löst, befürchtet die Romantik den Verlust eines innigen, organischen und Sinn generierenden Weltkontaktes. Der Romantik zufolge kann individuelle Freiheit ohne die Verbundenheit mit der Welt nicht verwirklicht werden, weil eine schranken- und somit bindungslose Freiheit vollkommen leer wäre oder aber, weil eine allein auf Vernunftgesetzen basierende Lebensorientierung wiederum Zwänge erzeugen würde, die den Menschen äußerlich wären.

Wie die folgenden Abschnitte verdeutlichen, zielt „Bildung" auf eine gelingende Weltbeziehung ab, die den Gefahren einer Selbst- und Welt-Entkopplung auf der einen Seite sowie einer Selbst- und Welt-Verschmelzung auf der anderen Seite zu entgehen sucht. Damit bildet das Problem der Weltbeziehungen den Kern der modernen Bildungsidee.

In groben Zügen habe ich zu skizzieren versucht, welche (pädagogischen) Welthaltungen sich in der Moderne mit der Aufklärung und der Romantik entwickelt haben. Beide Haltungen prägen auch heute noch die neuzeitliche Kultur[18] und sie prägen auch heute noch, wie Ilien zeigt[19], das Nachdenken über schulische Weltaneignung und Weltvermittlung. Wie deutlich wurde, stehen beide Ansichten nicht harmonisch und widerspruchsfrei nebeneinander. In seiner Auseinandersetzung mit Taylor zeigt Ilien, dass eine rein aufklärerisch-utilitaristische Welthaltung die Menschen zu kausalen und instrumentellen Weltbeziehungen drängt. Dies kann zur

18 Vgl. Taylor (1996): Quellen des Selbst, Kap. 25; sowie Taylor (2009): Ein säkulares Zeitalter, z. B. Kap. 13.

19 Ilien (2009): Grundwissen Lehrerberuf, Kap. 3.4.

Vorherrschaft von nutzenkalkulierenden, ressourcenmaximierenden und profitorientierten Haltungen im Bereich Bildung und Schule führen, die die schöpferischen, sinn- und bedeutungsgebenden, intrinsischen Begegnungen mit Welt belasten, auf die die Romantiker pochten. Eine rein romantische Haltung wiederum kann zu einer einseitigen Subjektzentrierung führen, die allein die Innerlichkeit des Subjektes ernst nimmt und dadurch subjektivistisch und schwärmerisch wird. Der radikale Subjektivismus negiert die objektiven Ansprüche und Appelle der Welt, die junge Menschen benötigen, um in der Auseinandersetzung mit ihnen eine Innenwelt auszubilden und somit erst ein Selbst zu werden und eine Identität auszubilden. In beiden Extremfällen bleibt die Weltbeziehung defizitär. Wie Ilien schreibt, können daraus ganz konkrete Missstände entstehen:

> „Nehme das aufklärerisch-utilitaristische Denken und Handeln überhand, führe das zu einem Gewinnstreben aller, das die ökologischen Grundlagen rücksichtslos vernutze und dabei gleichzeitig maßlosen Wohlstand der Einen im Angesicht sinnloser, weil grundsätzlich überwindbarer Armut der Anderen häufe. Radikalisiere sich hingegen das romantische Moment des Gespürs für die eigenen Antriebskräfte zu Praxen der bindungslosen Selbstverwirklichung, würde damit den nachfolgenden Generationen die Möglichkeit der Entwicklung von Identitätsmöglichkeiten entzogen, die das gesellschaftliche Zusammenleben benötige."[20]

In den folgenden Unterkapiteln sollen Autoren betrachtet werden, die die Bildungsidee der Moderne maßgeblich beeinflusst haben. All diese Autoren haben Bildung direkt oder indirekt als ein Resonanzgeschehen entworfen und mit jeweils anderer Akzentsetzung als eine Antwort auf das drohende Verstummen der Welt verstanden. Durch Bildung soll der gefährdete Kontakt zwischen Selbst und Welt aufrechterhalten werden.

Wie sich zeigt, ist das Resonanzkonzept selbst durch die Epoche der Romantik inspiriert; und so verwundert es nicht, dass einer der ersten modernen Resonanzpädagogen die romantische Bewegung zugleich vorbereitete und tief beeinflusste. Die Rede ist von Johann Gottfried Herder.

2.3 Schule vom Meer: Der Mensch als Resonanzwesen (J. G. Herder)

Johann Gottfried Herder (1744–1803) hatte es satt. Er hatte es satt, als Prediger die Zuhörer von der Kanzel herab zu belehren. Er hatte es satt, als Lehrer

20 Ebd., S. 68. Ilien bezieht sich auf Taylors „Quellen des Selbst".

Wissen zu vermitteln, das tot und weltfremd war. Er hatte sein bürgerliches Leben satt, das ihn dumpf und faul machte. Er hatte die Menschen satt, mit denen er sich umgab und zu denen er keine wirkliche Beziehung aufbauen konnte. Und er hatte es satt, ein weltfremder Autor zu sein, in Büchern lebend, falsche Menschenkenntnisse ansammelnd. Er war ein „Tintenfass von gelehrter Schriftstellerei [...] ein Repositorium voll Papiere und Bücher [...] das in die Studierstube gehörte."[21] Zu viele Stunden seines Lebens hatte er bereits mit betäubtem Kopf und empfindungslosem Leib durch die Beschäftigung mit abstrakten Worten verloren. „Alles also war mir zu wider"[22]. Die Gelehrtenwelt schien ihm stumm zu sein und sie machte ihn selbst dumpf und taub – hatte die Welt jemals zu ihm gesprochen? Es kam ihm vor, als wäre er in einer erdrückenden „üblen Falte"[23] gefangen. Herder wollte leben. Er wollte mit der Welt in lebendige Beziehung treten. Er wollte nicht länger belehren und belehrt werden. Er wollte kein Gelehrter mehr sein, er wollte sich bilden. Deshalb begab er sich auf eine Reise:

> „Den 23. Mai reiste ich aus Riga ab, und den 25. Mai ging ich in See, um, ich weiß nicht wohin, zu gehen."[24]

Im „Journal meiner Reise im Jahr 1769" entwarf Herder in revolutionärer Weise das, was man als die erste moderne Resonanzschule bezeichnen kann: eine Schule, die nicht über die Welt und das Leben belehren sollte, sondern in der Lernen und Lehren durch die lebendige Berührung mit der Welt stattfindet. Von seiner Reise brachte Herder dazu drei Dinge mit. Er brachte eine *Einsicht* mit. Er brachte eine *Vision* mit. Und er brachte *Welt* mit.

Die Einsicht fiel ihm gleich zu Beginn seiner Reise zu. Kaum hatte Herder das Schiff betreten, kaum war er aufs Meer hinaus gesegelt, da stellte er fest, dass sich im Gegensatz zu seinem alten, beengten und stummen Leben, das er in der „Falte" geführt hatte, etwas veränderte: Sein Weltbezug weitete sich. Auf dem Schiff erfuhr sich Herder plötzlich anders in die Welt gestellt:

> „[W]as gibt ein Schiff, das zwischen Himmel und Meer schwebt, nicht für weite Sphären zu denken! Das flatternde Segel, das immer wankende Schiff, der rauschende Wellenstrom, die fliegende Wolke, der weite unendliche Luftkreis! Auf der Erde ist man an einen toten Punkt angeheftet und in den engen Kreis

21 Herder, Johann G. (1978): „Journal meiner Reise im Jahr 1769", in: Herders Werke in fünf Bänden, Bd. 1, S. 275. Die biografischen Anmerkungen sind diesem Text entnommen.

22 Ebd.

23 Ebd.

24 Ebd., S. 273.

> einer Situation eingeschlossen. Oft ist jener der Studierstuhl in einer dumpfen Kammer, der Sitz an einem einförmigen, gemieteten Tische, eine Kanzel, ein Katheder [...]. Wie klein und eingeschränkt wird da Leben, Ehre, Achtung, Wunsch, Furcht, Haß, Abneigung, Liebe, Freundschaft, Lust zu lernen, Beschäftigung, Neigung – wie enge und eingeschränkt endlich der ganze Geist! Nun trete man mit einmal heraus, oder vielmehr ohne Bücher, Schriften, Beschäftigungen und homogene Gesellschaft werde man herausgeworfen – welch eine andre Aussicht!"[25]

Herders Weltverhältnis auf dem Meer ließ plötzlich wieder etwas zu, dass man resonanztheoretisch Beschreiben kann: Im „rauschende(n) Wellenstrom" begann die Welt zu *tönen*, im „flatternde(n) Segel" zu *atmen*, in den „fliegende(n) Wolken" und in dem wankenden Schiff zu *fließen*. Die Grenze zwischen Selbst und Welt schien sich buchstäblich zu verflüssigen. Später wird Herder immer wieder betonen, dass das Leben ein „Strom" sei, dass es sich in einem „Ozean" von Eindrücken und Empfindungen vollziehe und dass Erkenntnis bedeutet, eine „Welle" in einem Wort zu ergreifen.[26] Die Schiffsgemeinschaft, durch äußere Not in Wind, Wetter, Strömungen, Klippen und dunkelster Nacht zusammengeschweißt, erzwingt enge und persönliche Begegnungen: „Die ersten Unterredungen sind natürlich Familiengespräche, in denen man Charaktere kennenlernt, die man vorher nicht kannte".[27]

Das Weiten des Weltbezuges und der neue Weltkontakt machten Herder bewusst, dass sein eigener Weltzugang bislang viel zu eng gewesen war: Hatte er die Welt bisher lediglich aus der Ferne distanziert beobachtet und über sie gegrübelt, so wollte er sie nun bemerken, er wollte aufmerken und anmerken[28], nicht *über* die Welt und das Leben reflektieren, sondern *in* der Welt und *mit* der Welt philosophieren. Er wollte seine Philosophie durch Weltkontakte bilden. Kurz: Herder wollte ein „Philosoph der Natur" werden:

> „Philosoph aber, der es noch schlecht gelernt hatte, ohne Bücher und Instrumente aus der Natur zu philosophieren. Hätte ich dies gekonnt, welcher Standpunkt, unter dem Maste auf dem weiten Ocean sitzend, über Himmel, Sonne,

---

25 Ebd., S. 276.

26 Vgl. Herder, Johann G. (1987a): „Über den Ursprung der Sprache", in: Herders Werke in fünf Bänden, Bd. 2, S. 89–200, hier S. 115: „Der Mensch beweist Reflexion, wenn die Kraft seiner Seele so frei würket, daß sie in dem ganzen Ozean von Empfindungen, der sie durch alle Sinne durchrauschet, *eine* Welle, wenn ich so sagen darf, absondern, sie anhalten, die Aufmerksamkeit auf sie richten und sich bewußt sein kann, daß sie aufmerke."

27 Herder (1978): „Journal meiner Reise im Jahr 1769", S. 278.

28 Ebd., S. 292.

> Sterne, Mond, Luft, Wind, Meer, Regen, Strom, Fisch, Seegrund, philosophieren und die Physik alles dessen aus sich herausfinden zu können! Philosoph der Natur, das sollte dein Standpunkt sein mit dem Jünglinge, den du unterrichtest! Stelle dich mit ihm aufs weite Meer und zeige ihm Fakta und Realitäten und erkläre sie ihm nicht mit Worten, sondern lass ihn sich alles selbst erklären!"[29]

Es dauerte nicht lange, da überkam Herder eine Vision. Diese Vision war das Zweite, was er von seiner Reise mitbrachte. War es nicht möglich, so fragte er sich, diese Art der lebendigen Weltbeziehung auch in einer Schule zu ermöglichen? War es nicht möglich, in lebendigen Weltbeziehungen zu lernen und zu lehren, keinen toten Gelehrtenunterricht zu erteilen, sondern Bildung durch die Berührung mit Welt zu ermöglichen? Herder bejahte dies und er fragte sich, wie eine solche Schule aufgebaut sein müsste. Die gängigen Latein- und Gelehrtenschulen seiner Zeit, in denen die Dressur und das Auswendiglernen abstrakter Sprachen im Vordergrund standen und die auf ein unzusammenhängendes Fachwissen hinausliefen, waren von einem Unterricht, der auf lebendigen Erfahrungen beruhte, weit entfernt. Weil der Reiz der Schule oftmals nicht in ihr selber lag, so Herder, weil sie die Jugend nicht zu fesseln vermochte, entschlossen sich die Schüler, ohne innere Beteiligung „zu lernen, um aufzusagen und nachher den Becher der Vergessenheit drüberzugießen."[30] Auch als Lehrer in Riga war Herder unzufrieden gewesen. Er klagte über Gefühle der Entfremdung und das fehlende Passungsverhältnis zwischen ihm und der Schulwelt:

> „Ich gefiel mir nicht als Schullehrer; die Sphäre war [für] mich zu enge, zu fremde, zu unpassend, und ich für meine Sphären zu weit, zu fremde, zu beschäftigt."[31]

Um Herders Vision von Schule zu verstehen, muss man seine Vorstellung des (lernenden) Menschen kennen. Das Mittelalter und die Aufklärung gingen davon aus, dass die Seele des Neugeborenen eine Art Wachstafel (Aristoteles), eine „empty cabin" und „tabula rasa" (Locke) sei[32], in die man durch Erziehung nach Belieben Dinge einprägen, die man füllen oder beschreiben könne. Im Gegensatz dazu stellte sich Herder den Menschen als eine Art Musikinstrument vor. Was den Menschen prägt, was ihn zu demjenigen macht, der er ist, was ihm eine Identität und einen Standpunkt in

29 Ebd., S. 278.
30 Ebd., S. 247.
31 Ebd., S. 273.
32 Aristoteles (1995): Über die Seele, III 4, 429b 29–430a 2; Locke (1718): An Essay Concerning Human Understanding, Bd. 1, Kap. 2, § 15.

der Welt verleiht, ist nicht das, was ihm von außen aufgeprägt wird, sondern das, was diese inneren Saiten zum Klingen bringt, das also, was ihn berührt und bewegt. Dabei sind es Weltberührungen und Weltbegegnungen, die die Saiten im Menschen zum Klingen bringen, Berührungen und Begegnungen mit Menschen, Dingen, Orten, Zeiten, mit Kunst und Natur. Die Verarbeitung dieser inneren Berührungen charakterisiert nach Herder Bildung. Alles Nachdenken, Analysieren und Reflektieren ohne diesen inneren Weltstoff muss nach Herder leer, tot, stumm und taub bleiben. Deshalb schreibt Herder:

> „Ein Schüler, der von Künsten und Handwerk ohne lebendige Anschauung allgemeinhin schwatzt, ist noch ärger, als einer, der von allem nichts weiß".[33]

Der Verlust des Kontaktes zwischen Selbst und Welt sei der Kern des Übels seiner Zeit, wie Herder in seinem Reisejournal anhand seiner Vision der Schule diagnostiziert.

Zugleich stellt er fest, dass die inneren Saiten des Menschen, die gleichsam einen Resonanzraum darstellen, nur durch sympathetische Anteilnahme an der Welt zum Klingen gebracht werden können.[34] Weltberührungen sind nur möglich, wenn sich Menschen der Welt öffnen, sich ihr bejahend zuwenden und wenn sie die Welt lieben. Deshalb schreibt Herder:

> „Die Innigkeit, Tiefe und Ausbreitung, mit der wir Leidenschaft empfangen, verarbeiten und fortpflanzen, macht uns zu den flachen oder tiefen Gefäßen, die wir sind. Oft liegen unter dem Zwerchfell Ursachen, die wir sehr unrichtig und mühsam im Kopf suchen; der Gedanke kann dahin nicht kommen, wenn nicht die Empfindung vorher an ihrem Ort war. Wiefern wir an dem, was uns umgiebt, teilnehmen, wie tief Liebe und Haß, Ekel und Abscheu, Verdruß und Wollust ihre Wurzeln in uns schlagen, das stimmt das Saitenspiel unsrer Gedanken, das macht uns zu denen Menschen, die wir sind."[35]

Ohne den Kontakt zur Welt kann der Mensch nach Herder auch keine zuverlässige und selbstbestimmte Orientierung im Leben erlangen, weil es ihm schlechthin nicht möglich ist, sein inneres Saitenspiel harmonisch und kohärent zu stimmen und somit sich selbst in der Welt zu bestimmen. Wie

---

33 Herder (1978): „Journal meiner Reise", S. 301.

34 Vgl. Thomä, Dieter (2011): „Leben als Teilnehmen. Überlegungen im Anschluss an Johann Gottfried Herder", in: Deutsche Zeitschrift für Philosophie 59 (1), S. 5–32.

35 Herder, Johann G. (1978): „Vom Erkennen und Empfinden der menschlichen Seele (1774)", in: Ders.: Herders Werke in fünf Bänden, Bd. 5, S. 353.

Herder später in den „Ideen zur Philosophie der Geschichte der Menschheit“ schreiben wird:

> „Jeder Mensch hat ein eignes Maß, gleichsam eine eigne Stimmung aller sinnlichen Gefühle zueinander.“[36]

In dem Anspruch, sich über seine innere Stimmung zu bestimmen und sich dadurch in der Welt zu verorten, liegt der Ursprung des modernen Authentizitätsideals, das Herder erstmals kulturprägend ausbuchstabierte. Freiheit lässt sich nach dieser Ansicht nicht allein dadurch verwirklichen, dass wir freie Entscheidungen treffen, sondern dadurch, dass diese Entscheidungen auch wirklich *zu uns passen.* Somit erweist sich das Authentizitätsideal als notwendige Ergänzung zum Autonomieideal. Weltberührungen und Selbst- und Weltresonanzen bilden dazu die Voraussetzung.[37]

Die ganz eigene Gestimmtheit des inneren Saitenspiels macht jeden Menschen zu einem Individuum. Diese Originalität gilt es nach Herder nicht nur anzuerkennen, sondern auch zu befördern, und zwar deshalb, weil Menschen nur so, durch die Vielzahl der Weltperspektiven und Welterfahrungen, im Anderen, Fremden und nicht Eigenen vielfältig Welt begegnen und somit voneinander lernen können. Für Weltberührungen, die das innere Saitenspiel zum Klingen bringen, bedarf es nach Herder „Raum, Zeit und Gelegenheit“[38] – und eben diesen Raum, diese Zeit und diese Gelegenheit will Herder in seinem Schulkonzept als einen bildenden Resonanzraum ermöglichen. Herder entwirft damit als einer der ersten ein modernes Schulkonzept, das auf lebendigen Selbst-Welt-Berührungen basiert.

Das Leitwort in Herders idealer Schulkonzeption heißt *Lebendigkeit.* In jeglicher Hinsicht möchte Herder gewährleisten, dass die Beziehungen in der Schule, dass Lernen und Lehren lebendig sind. Die Lehrer dürfen ihre Fächer frei wählen, sodass jeder in seinem Lieblingsfach unterrichten kann und die Konkurrenz sowie der Rangstreit wegfallen. Wie auf einem Schiff müssen die Lehrenden so ausgewählt werden, dass sie an einem Strang ziehen, nicht gegeneinander arbeiten und sich mit dem Schulkonzept identifizieren können. Herders Konzeption sieht drei Klassenstufen vor. Jeder Lehrer soll in jeder Stufe unterrichten, damit er einen Bezug zur ganzen Schule erhält und um ein „größeres Band unter Lehrern und Schülern zu knüpfen.“[39]

---

36 Herder, Johann G. (1978): „Ideen zur Philosophie der Geschichte der Menschheit (1791)“, in: Herders Werke in fünf Bänden, Bd. 4, Achtes Buch, S. 141.

37 Zum Verhältnis von Resonanz, Autonomie und Authentizität, vgl. unten, Kap. II.2.2.

38 Herder (1978): „Journal meiner Reise“, S. 292.

39 Ebd., S. 300.

Die Inhalte der drei Klassenstufen sollen sich nach Herders Vorstellung wie eine Welle in konzentrischen Kreisen ausbreiten: In der ersten Stufe werden diejenigen Dinge vermittelt, die den Kindern am nächsten sind, sodass sie im Unterricht an ihre eigenen Erfahrungen anknüpfen können und ihr inneres Saitenspiel berührt wird. In der ersten Klassenstufe werden deshalb ausschließlich Realien behandelt, die das Interesse der Schüler wecken:

> „[...] mehr von sich als von Entferntem, Fremden, von Körper, Seele, merkwürdigen Sachen, die man täglich braucht und siehet und nicht kennet, Kaffee und Tee, Zucker und Gewürze, Brot und Bier und Wein usw.“[40]

Dieser Sachhorizont erweitert sich mit dem Erfahrungskreis der Lernenden in den folgenden Klassen. Grundlegend ist für Herder die Arbeit an greifbaren, sinnlich erfahrbaren Realien: Töne, Farben, Wasser, Luft, Figuren, Erscheinungen, Maschinen, Erzählungen, Denkwürdigkeiten, Instrumente, Orte, Karten, Bilder und Menschen sollen als Weltmaterialien greifbare Weltbegegnungen ermöglichen. In der zweiten und dritten Klassenstufe kommt auch die Vermittlung von abstrakten Begriffen, Konzeptionen und Theorien hinzu (wie Recht, Liebe, Gott usw.), aber auch hier geht alles von der lebendigen Beziehung aus.

Ganz besonderen Wert aber legt Herder auf sein eigenes Selbst als Lehrperson und deshalb benötigt er noch etwas Drittes, das ihm seine Reise vermittelt hat: Welt. Nur wenn er als Lehrer selbst Weltbeziehungen eingegangen ist und eingeht, wenn er sich der Welt öffnet, sich auf sie einlässt und von ihr berühren lässt, kann er die „Grazie“[41] erlangen, die er bereits in seinen Rigaer Schulreden forderte und die es ihm ermöglicht, durch seine Person seine Schüler zu berühren. Nur dann kann der Ton seines Saitenspieles auch auf die Schüler überspringen. Dazu muss Herder der „Falte“ entfliehen, unter der er in Riga begraben lag. Er musste dem Verstummen seiner Welt entgehen:

> „Aber was sorge ich für die Welt, da ich für mich und meine Welt und mein Leben zu sorgen und also aus meinem Leben zu schöpfen habe.“[42]

Dazu will er reisen und sich in eine „Bemerkungslage“ versetzen; er will, wie er schreibt, „Bemerkungen sammeln [...], mich in der lebendigen Anwen-

---

40 Ebd.

41 Herder, Johann G. (1978): „Schulreden. Von der Grazie in der Schule (1765)“, in: Herders Werke in fünf Bänden, Bd. 5, S. 241–254.

42 Herder (1978): „Journal meiner Reise“, S. 293.

dung dessen, was ich sehe und weiß, was ich gesehen und gewesen bin üben!“[43] Herder will ein Menschenkenner werden, und dazu macht er sich auf, sein Saitenspiel zum Klingen zu bringen: Er sammelt Geschichten, Erzählungen, Anekdoten von Seefahrern, Schiffern, Odysseen, Argonauten, Stürmen, fremden Ländern, Geschichten von Schiffern, Kindern und Narren, und er will dies nicht abstrakt tun, nicht distanziert-beobachtend und grübelnd, sondern Anteil nehmend und miterlebend. Herder will erfahren, wie Menschen denken, fühlen und wahrnehmen. Er will sich in sie hineinleben und wissen, wie es sich anfühlt, als ein anderer Mensch zu denken, zu fühlen und zu handeln. Er will erkunden, was die Menschen verschiedener Kulturen bewegt und antreibt, wen oder was sie anbeten und wovor sie sich fürchten, um als einer wirken zu können, der das, was er lehrt, auch gelebt hat, der die Welt in der Schule, für die Schüler zum Leben erwecken kann.

Herder betont, die Grazie des Lehrens beruhe nicht darauf, dass eine Lehrperson über eine unendliche Menge an Wissen verfügt. Bildung geht nicht im Wissen allein auf. Zwar müsse der Lehrer sich seiner Sache sicher sein und sich in seinem Gebiet auskennen, aber: „Nein! – eine unendliche Menge Kenntnisse würde ihm in Ansehung der Bildung der Jugend mehr entgegen als nutzbar sein.“[44] Auch der Versuch, die Lernenden dadurch zu motivieren, dass ihre Anstrengungen einen künftigen Nutzen haben, hält Herder für schädlich: „O zum Unglück, daß aber der Nutzen nur *künftig* ist, daß der Jüngling aus seinem Alter gehen muß, um ihn zu fühlen; etwas, das er so ungern tun will.“[45] Wichtiger als Wissen und der Verweis auf die Nützlichkeit sind für die Grazie (oder den Reiz) der Lehrperson das Talent, dem Lernenden zu begegnen und ihm spielend die Wissenschaft einzuzaubern, der Anstand, Schülerinnen und Schülern wertschätzend, respektvoll und väterlich-liebend gegenüberzutreten[46] und die Fähigkeit den Unterrichtsstoff lebhaft vorzutragen. All dies bringt der Lehrer „in der Stimme, im Schulton, den er in die Gespräche bringt, in den Mienen“[47] zum Ausdruck.

Sprache und Rhetorik sind für Herder besonders wichtige Mittel, junge Menschen mit Welt in Berührung zu bringen:

> „Beim Lehrer wird's ein muntrer Vortrag, eine Gegenwart seines Geistes gleichsam in Mitte seiner Klasse auf alle und über alle sein, die ihn hören; denn

43 Ebd., S. 295.

44 Herder (1978): „Schulreden. Von der Grazie in der Schule“, S. 246.

45 Ebd., S. 248.

46 Dieser Vorschlag Herders hat das Prinzip des familialen Taktes inspiriert, vgl. unten, Kap. III.1.6.

47 Herder (1978): „Schulreden. Von der Grazie in der Schule“, S. 251.

Flamme steckt Flamme an, Gegenwart des Geistes erweckt Gegenwart des Geistes.“[48]

Im folgenden Zitat beschreibt Herder die Wirkung eines kalten und entfremdeten Unterrichts, der die Schüler nicht berührt. Sogleich betont er, dass es auch für den Lehrer ein Glück sei, wenn dieser seine Schüler erreiche und in Resonanz versetzen könne. In jenen gelingenden Momenten, in denen sich die Klasse und der Lehrer wechselseitig entzünden, erfolgt der Unterricht wie von selbst:

> „Was so lässig, kalt, unteilnehmend gehört wird, wird im Grabe des Gedächtnisses begraben und steht selten wieder auf, da im Gegenteil, sobald der Lehrer das Glück hat, seine Klasse in rege Aufmerksamkeit, ja in einen Wettstreit von Aufmerksamkeit, von eignen, sich übenden Seelenkräften seiner Schüler zu setzen und darin zu erhalten, alles sich gleich von selbst macht und fördert.“[49]

Schließlich fasst Herder seine Einsicht für die Schule zusammen indem er auf ein bildhaftes Gleichnis von Plato verweist:

> „Das Gleichnis des Plato, daß sich Seelen einander anfeuern, ziehen und begeistern, wie der Magnet das Eisen an sich zieht, ist wahr und sollte insonderheit in Schulen, in dieser heiligen Versammlung junger, munterer, leicht entzündbarer Gemüter nie bezweifelt werden.“[50]

Die Fähigkeit, zu den Lernenden Kontakt herzustellen, ist nach Herder weniger eine technische Methode als eine Beziehungskompetenz:

> „Methode, Methode ist's, meine Herren, die die Aufmerksamkeit fesselt: wenn ich lebhaft und nicht für Greise rede, jedes auf seiner neuesten Seite zeige, die Mannigfaltigkeit und Einheit glücklich verbinde, jeden Augenblick ganz die Seele anfülle, jede Saite der Aufmerksamkeit treffe, jedem Schlupfwinkel der Zerstreuung zuvorkomme, wenn ich nicht in einer fieberhaften Methode walle, die bald fliegt, bald kriecht, sondern stets mit einem gleichen Auge alle bemerke – so kann ich die Blume meiner Saat abbrechen.“[51]

---

48 Herder, Johann G. (1978): „Schulreden. Von Schulübungen (1781)“, in: Ders.: Herders Werke in fünf Bänden, Bd. 5, S. 257.

49 Ebd.

50 Ebd.

51 Herder (1978): „Schulreden. Von der Grazie in der Schule“, S. 250.

Wie keiner vor ihm, hat Herder in seinem Reisejournal die Schule unter dem Aspekt lebendiger Weltbeziehungen konzipiert und – so kann man seine Vision interpretieren – Resonanz als Gegengift dem drohenden Verstummen, Eng- oder Taub-Werden der Welt entgegengehalten. Während Lernen ohne lebendige und resonante Weltbeziehungen nach Herder auf ein reines Gelehrtentum hinausläuft, findet Bildung nur dort statt, wo der Lehrer und die Unterrichtsdinge das Selbst auf eine solche Weise berühren, dass die inneren Saiten der Lernenden zum Klingen gebracht werden.

Herder bezieht sich vor allem auf den Lehrer als einen Resonanzpol und Resonanzinitiator, der die Unterrichtsstoffe anschaulich machen und für die Schüler zum Leben erwecken soll. Wilhelm von Humboldt hingegen wird über den Schulkontext hinaus das Verständnis des Bildungsprozesses als einer wechselseitigen Berührung von Selbst und Welt vertiefen.

2.4 Bildung als Wechselwirkung zwischen Ich und Welt: Bildende Weltbeziehungen (W. v. Humboldt)

Eigentlich wollte Wilhelm von Humboldt (1767–1835) nichts lieber als nach Rom zurückkehren. Er wollte zurück in seine Wohnung in der Villa di Malta am Monte Pincio, die er 1802 mit seiner Frau und seinen Kindern bezogen hatte. Er konnte sich keinen besseren Ort vorstellen, um ungestört und auf vielfältige Weise seinem großen Interesse nachzugehen: sich selbst zu bilden. Nirgendwo konnte er lebendiger und anschaulicher mit dem in Berührung kommen, was er als den Bildungsstoff schlechthin ansah: die antike Welt, die Wurzel der europäischen Kultur. Humboldts Posten in Rom, den er im diplomatischen Dienst Preußens ausführte, war zugleich gut bezahlt und unbedeutend genug, dass er ihn nicht von seinen Studien abhielt.[52] Fernab von den Wirren der politischen Weltlage konnten Humboldt und seine Frau Caroline in dem damals unbedeutenden Rom das Leben einer wohlhabenden und unabhängigen Privatfamilie genießen, was sie in vollen Zügen taten. In einem Kreis von Künstlern und Wissenschaftlern, meist aus Deutschland kommend, führten sie Gespräche über Kunst, Architektur, Literatur und Philosophie, über Dramen, Theater und Musik, über Goethe und Schiller und über die deutsche Klassik und Romantik. Überall fand Humboldt Anregungen für seine geistige und emotionale Welt. Er suchte nach Spuren der Antike in der römischen Gesellschaft, sog

52 Ich beziehe mich hier auf Gall, Lothar (2011): Wilhelm von Humboldt. Ein Preuße von Welt, S. 104 f.

ihren Geist auf in den Stätten und Ruinen des antiken Roms, in den Sammlungen der Päpste und Kardinäle, auf den Kunstmärkten und in den Schriften des klassischen Altertums. Ende des Jahres 1808, da er nach sechs Jahren zum ersten Mal wieder Deutschland bereiste, wurde ihm klar, dass er nicht nach Rom zurückkehren konnte. Am 10. Februar 1809 wurde Wilhelm von Humboldt zum Geheimen Staatsrat und Direktor der Sektion des Kultus und des öffentlichen Unterrichts im preußischen Ministerium des Inneren ernannt. Sein Auftrag lautete: die Reformierung des preußischen Unterrichtswesens – und das gefiel ihm gar nicht.

Freilich, Humboldts Situation in Rom war nicht mehr ganz so unbeschwert und angenehm, wie sie es zu Beginn seines Aufenthaltes gewesen war. Auf seinem Herzen lastete der plötzliche Tod seines ältesten Sohnes, der ihm sehr am Herzen lag; ein Ereignis, dass sein Zutrauen in die Welt und das Leben erschüttert hatte. Auch der Tod Friedrich Schillers im Jahr 1805, seines engen Freundes und geistigen Vorbilds, beschwerte sein Weltverhältnis. Auch Humboldts Ehe hatte gelitten. Seine Frau Caroline war nach dem Verlust des Sohnes 1803 für mehrere Jahre aus Rom abgereist, weil sie, wie sie meinte, die Hitze nicht länger ertrug. Zwar führten Caroline und Wilhelm eine offene Beziehung, die Kontakte zu anderen Frauen und Männern nicht verbot, doch diese Distanz zu seiner Frau war Humboldt zu viel. Das alles belastete seine Weltbeziehung sehr. Sein Weltverhältnis begann zu verstummen. Er selbst spürte dies: Eine innere Leere begann ihn zunehmend zu bedrängen. Wie er selber schrieb[53], hing dieses Gefühl der Leere damit zusammen, dass er zwar allerhand Welt in sich aufnahm, sich von der Welt berühren ließ, und dies auch genoss, dass er selber aber die Welt nicht gleichsam berührte, dass er nichts Bedeutendes schuf und deshalb auch keine Spuren hinterließ. Humboldt litt an Selbstzweifeln. Er schrieb nichts. Er bewegte nichts.

Und nun, da Napoleon in Deutschland siegreich eingefallen war, drohte Preußen zusammenzubrechen. Preußen wieder zu erneuern, so lautete die Annahme Humboldts und vieler seiner Zeitgenossen, konnte durch die Abhängigkeit von Frankreich nicht politisch oder wirtschaftlich erfolgen. Es musste eine kulturelle Erneuerung sein; und genau dafür brauchte man ihn. Humboldt selber sah für diese kulturelle Erneuerung jedoch nur wenig Chancen: „Ich leugne dir nicht, liebe Li“, schrieb er wenige Tage vor der Berufung an Caroline, „daß es mich sehr trüb macht. Kann man Gutes zu wirken hoffen in dieser Lage? Opfert man nicht blos sich ohne reellen, viel weniger ohne großen, Nutzen?“[54] Doch diesem befürchteten Opfer konnte

53 Ebd., S. 106.
54 Zitiert nach ebd., S. 136.

Humboldt nicht entkommen. Durch die Notlage Preußens und den Befehl des Königs stand sein Ansehen auf dem Spiel und das war zu seiner Zeit keine geringe Gefahr.

Humboldt hat nicht geahnt, dass er als Direktor der Sektion für Kultus und öffentlichen Unterricht, vor allem durch seine Gründung der Berliner Friedrich-Wilhelms-Universität, die im Jahr 1949 in die Humboldt-Universität zu Berlin umbenannt wurde, endlich auch in der Welt etwas bewegen würde. Wer sich heute kritisch mit dem Bildungssystem auseinandersetzt, kommt kaum umhin, Humboldt zu erwähnen, wenn nicht gar in seinem Geiste zu argumentieren. In seiner Tätigkeit als Sektionsleiter konnte Humboldt sein Bildungsideal in die Praxis umsetzen und zumindest einen Teil davon in die institutionelle Struktur der Moderne einschreiben. Dieses Bildungsideal hatte er bereits 1794/95 und 1797 in den zwei kurzen Fragmenten „Theorie der Bildung des Menschen“[55] und „Über den Geist der Menschheit“[56] skizziert. Erst durch Humboldt wurde Bildung zu einem kulturell wirksamen Ideal:

> „Durch die ausdrückliche und gedanklich geklärte Idealsetzung Humboldts wurde das Bildungsprinzip für breitere Schichten überhaupt erst mitteilbar und erfahrbar, so daß die Ansicht Platz greifen konnte, W. von Humboldt sei nicht nur der ‚klassische Repräsentant‘ der Bildung, sondern auch der theoretische Begründer des besonderen deutschen Bildungsprinzips gewesen.“[57]

Humboldt, der nun für den öffentlichen Unterricht verantwortlich war, hatte selber nie eine Schule oder eine Universität besucht. In seinen frühen Jahren wurde er, gemeinsam mit seinem Bruder Alexander, von dem begnadeten Pädagogen und Privatlehrer Joachim Heinrich Campe erzogen und unterrichtet. Später basierte seine Bildung auf Begegnungen mit Menschen, Orten und kulturellen Artefakten oder kurz gesagt, sie vollzog sich in lebendigen Weltbeziehungen, wie in Rom. Diese Form der bildenden Weltbeziehung, die Humboldt selbst erfahren hatte und praktizierte, sollte auch den Geist der Berliner Universität durchdringen. Bildung vollzieht sich nach Humboldt in intrinsischen, ja in innigen Weltbegegnungen, in denen der Mensch versucht, „soviel Welt, als möglich zu ergreifen, und so eng, als er nur kann, mit sich zu verbinden“[58]. Zu diesen Weltbegegnungen bedarf

---

55 Humboldt, Wilhelm von (1980): „Theorie der Bildung des Menschen“, in: Ders.: Werke in fünf Bänden, Bd. 1, S. 234–240.

56 Humboldt, Wilhelm von (1980): „Über den Geist der Menschheit [1797]“, in: Ebd.: S. 506–518.

57 Weil, Hans (1930): Die Entstehung des deutschen Bildungsprinzips, S. 85.

58 Humboldt (1980): „Theorie der Bildung des Menschen“, S. 235.

es nach Humboldt der *Freiheit*, der *Individualität* und der *Vielfalt an Weltbezügen*. Bildung erfolgt dann

> „[...] durch die Verknüpfung unseres Ichs mit der Welt zu der allgemeinsten, regesten und freiesten Wechselwirkung."[59]

Dass Humboldt unter Bildung eine Wechselwirkung zwischen Selbst und Welt verstand, hat mehrere Gründe. Zum einen fürchtete er, die Moderne könne Weltverhältnisse produzieren, die die Beziehung des Menschen zur Welt zerstören. Immer wieder äußert Humboldt die Sorge, die Menschen könnten innerlich „erkalten" und zu „Maschinenmenschen" werden. Insbesondere in Hinsicht auf die politische Gemeinschaft sorgt sich Humboldt etwa darum, dass die französische Staatsverfassung nach der Französischen Revolution auf Vernunftprinzipien basiere, die den Menschen selbst äußerlich seien und somit eine repressive, Gewalt und Widerstand erzeugende Wirkung haben könnten, weil sie keinen Anklang im Inneren der Menschen finden: „Alles was im Menschen gedeihen soll, muss aus seinem Innren entspringen, nicht ihm von aussen gegeben werden"[60]. Wo die äußeren Verhältnisse, die Politik, aber auch die Kunst, die Natur, die Mitmenschen, die Zukunft und die Vergangenheit keinen sympathetischen Widerhall im Inneren der Subjekte erzeugen, ist die Weltbeziehung gestört: „Wo diese ihr noch fremd sind, da ist alles todt und kalt"[61], schreibt Humboldt mit Blick auf eine versprochene Zukunft, die im Inneren der Subjekte nichts zum Antworten bringt.

Ebenso kommt die Sorge vor einem Verstummen oder Erkalten der Weltbeziehung dort zum Ausdruck, wo Humboldt der Aufklärung vorwirft, sie zerstückele den Weltbezug des Menschen, indem sie einen rein rationalen, vernunftgeleiteten und desengagierten Weltzugang erzeuge; einen Weltzugang in dem sich der Mensch bloß analytisch, zergliedernd und berechnend auf sich selbst, die Natur, die Gesellschaft und die Dinge beziehe. Zugleich ist das analytische Denken unabhängig und befreit vom Fühlen: Dadurch trenne es die Anteil nehmende Verbindung und entfremde den Menschen von sich selbst sowie von der Natur, den Materialien und Objekten, der Kunst und der Sprache usw.

Wie für Herder, so basiert auch für Humboldt Bildung nicht allein auf einem denkenden, reflexiven und rationalen Weltzugang, sondern erfordert

59 Ebd.

60 Humboldt, Wilhelm von (2010): „Ideen über Staatsverfassung, durch die neue französische Constitution veranlasst. Aus einem Brief an einen Freund vom August 1791", in: Trabant, J. (Hrsg.): Wilhelm von Humboldt. Das große Lesebuch, S. 34.

61 Ebd.

ebenso fühlende, affektive und sinnliche Weltberührungen. Bildung ist nach Humboldt keine reine Geistesbildung, sie ist eine ganzheitliche Charakterbildung und Personengenese.[62] Die Genese der Person aber kann sich nur vollziehen, wenn der Mensch sich als Ganzer angesprochen erfährt; wenn er sich sowohl denkend und fühlend als auch wertend und handelnd auf die Welt bezieht. Wenn die sinnliche Berührung mit der Welt zugunsten eines rationalen Weltbezuges um die affektive Dimension verkürzt wird, droht dem Menschen nicht nur der Verlust von Sinnlichkeit, sondern auch der Verlust von Sinn und Bedeutung. Humboldt war kein Vernunftgegner, dennoch war er der Meinung, dass die analytische Vernunft allein Welt nur als gegeben hinnehmen kann, um diese zu strukturieren und zu formen (Humboldt meinte, dass Ideen nur Formen sind), dass die Vernunft aber selber keine Welt (oder wie Humboldt sagt, keine „Materie") hervorbringen und schöpferisch generieren kann.[63] Ohne einen sinnlich generierenden, affektiven und erzeugenden Bezug zur Welt entleert sich auch das Ich; die Menschen werden buchstäblich leer, kalt und „maschinenhaft", weil sie an nichts mehr Anteil nehmen. Durch Bildung will Humboldt beide Momente in einer Weltbeziehung integrieren: Bildung ist ein affektives und ein denkend-reflektierendes Weltverhältnis, das sowohl durch das sinnliche Affiziert- und Berührtwerden welt*generierend* als auch durch die Vernunft welt*formierend* wirkt.

Das Medium, in dem sich bildende Weltbeziehungen entfalten, ist für Humboldt die Sprache. Indem das subjektiv Erlebte und Empfundene mit den allgemeinen Mitteln der Sprache artikuliert wird, erhält die individuelle Innenwelt des Menschen einen Ausdruck in der objektiven Außenwelt. Dazu aber darf die Sprache selbst nicht erstarren und verhärten. Vielmehr muss sie selbst ein schwingungsfähiges oder „flüssiges" Medium sein. Die Worte der Sprache müssen die Erfahrung lebendig halten, sie müssen in uns einen Anklang erzeugen. Sprache hat deshalb für Humboldt keine abbildende Funktion, sie spiegelt nicht die objektiven Verhältnisse wider, sondern ihr kommt eine expressive Bedeutung zu: Durch die jeweilige sprachliche Formulierung beschreiben wir nicht nur die Welt, wir erzeugen sie sogleich: „Das nun ist es, was ich die eigentliche Kraft der Sprache nen-

62 Ausführlich dazu auch Benner, Dietrich (2003): Wilhelm von Humboldts Bildungstheorie. Eine problemgeschichtliche Studie zum Begründungszusammenhang neuzeitlicher Bildungsreform.

63 Humboldt, Wilhelm von (1980): „Ideen zu einem Versuch, die Grenzen der Wirksamkeit des Staates zu bestimmen [1792]", in: Ders., Werke in fünf Bänden, Bd. 1, S. 56–233, hier S. 66–69.

nen möchte, ihre Fähigkeit [...] mehr Welt mit sich zu verknüpfen, oder aus sich zu entwickeln."[64]

Für Humboldt ist Bildung ein Weltbeziehungsmodus, bei dem sich Selbst und Welt wechselseitig durchdringen, indem sie einander antworten, berühren, bewegen und schließlich beiderseitig verwandeln. Bildung zeichnet sich durch die innere Haltung aus, dass uns die Welt „da draußen" etwas zu sagen hat, dass es in der Begegnung mit Menschen, Dingen, Kunstwerken, Natur, Lebensweisen und Orten etwas zu lernen gibt. Solche Beziehungen verwandeln sowohl das Subjekt als auch die begegnende Welt, weil sie weltgenerierend und weltformierend zugleich sind.

Humboldt sah eine solche bildende Wechselwirkung in der griechischen Antike verwirklicht, die er, wie viele seiner Zeitgenossen, idealisierte. Humboldt hoffte, dass die Wiederbelebung (nicht das Kopieren!) der Antike zu einer kulturellen Erneuerung Preußens und Deutschlands beitragen könne. Wie Dietrich Benner argumentiert, muss dieser bildende Weltbeziehungsmodus allerdings nicht auf die Antike und auf die nationalen Erneurungsbestrebungen begrenzt bleiben. Unabhängig von dem „Weltstoff" handelt es sich um eine allgemeine und formale Struktur von Bildung.

Bildung ist eine konstitutive Weltbeziehung, weil die Wechselwirkung zwischen Ich und Welt schöpferisch-generierend wirkt. In bildenden Weltbeziehungen steht der Mensch der Welt nicht kontrollierend, berechnend, instrumentell und beherrschend gegenüber. Die Welt ist weder, wie Fichte behauptet, vom Menschen als das andere des Ichs, als stummes Nicht-Ich gesetzt. Noch ist die Welt das Produkt unserer eigenen Tätigkeit und somit tote und schweigende Materie. Vielmehr kommt der Welt ein Mitspracherecht zu, weil sie für uns immer schon da ist, bevor wir uns beherrschend, kontrollierend und nutzenmaximierend auf sie beziehen. Die verschiedenen Selbst- und Weltaspekte sind sich stets überschüssig: Unsere affektive Weltbeziehung übersteigt stets unseren kognitiven Weltbezug, ebenso wie der kognitive Weltbezug den affektiven Weltbezug übersteigt (so können Menschen mehr fühlen, als sie reflexiv in Worte fassen können, und umgekehrt). Selbst und Welt können niemals zur Deckung gebracht werden; sprachlich-konzeptionell lässt sich immer nur ein Bruchteil der Welt einfangen. Selbst und Welt sind durch eine *konstitutive Differenz* ausgezeichnet. Wie Benner anführt, bleibt zwischen beiden stets ein Überschuss, ein „unbekanntes Etwas"[65] übrig. Diese Differenz, das unberechenbare, unkontrollierbare „unbekannte Etwas" ermöglicht erst, dass Selbst und Welt in

64 Humboldt, Wilhelm von (2010): „Brief an Schiller (Anfang September 1800)", in: Trabant, J. (Hrsg.): Wilhelm von Humboldt. Das große Lesebuch, S. 117.

65 Benner (2003): Wilhelm von Humboldts Bildungstheorie, S. 82.

eine Antwortbeziehung eintreten, in denen das Selbst nicht nur dem Eigenen und schon Bekannten begegnet. Wo diese Differenz getilgt wird, etwa in beherrschenden und kontrollierenden Weltbeziehungen, kommt auch die Wechselwirkung zwischen Selbst und Welt zum Erliegen. Aus diesem Grund sind bildende Weltbeziehungen intrinsische und nicht instrumentell-ergebnisorientierte Weltbeziehungen:

> „Jede Beschäftigung vermag den Menschen zu adeln, ihm eine bestimmte, seiner würdige Gestalt zu geben. Nur auf die Art, wie sie betrieben wird, kommt es an; und hier lässt sich wohl als allgemeine Regel annehmen, dass sie heilsame Wirkungen äußert, so lange sie selbst, und die darauf verwandte Energie vorzüglich die Seele füllt, minder wohltätige, oft nachtheilige hingegen, wenn man mehr auf das Resultat sieht, zu dem sie führt, und sie selbst nur als Mittel betrachtet."[66]

Um die Innigkeit der nahezu libidinösen Wechselwirkung zwischen Ich und Welt zu erläutern, vergleicht Humboldt Bildung mit der Beziehung von Mann und Frau.

> „Durch Verbindungen also, die aus dem Innren der Wesen entspringen, muss einer den Reichthum des andren sich eigen machen. Eine solche charakterbildende Verbindung ist, nach der Erfahrung aller, auch sogar der rohesten Nationen, z. B. die Verbindung der beiden Geschlechter."[67]

Entgegen der Auffassung, dass Humboldt hier vor allem die sexuelle Vereinigung im Sinn hatte, zielt diese Analogie auf einen eigentümlichen Modus der Verbindung, in dem sich das Männliche und das Weibliche als zwei unterschiedliche Pole wechselseitig anregen und bereichern können. Humboldt betont dabei, dass „Liebe" nicht das richtige Wort ist, die eigentümliche Verbindung zu beschreiben, die er meint.[68] So definiert er die bildende und (so kann man sagen) resonante Verbindung von Selbst und Welt nicht als Verschmelzung. Im Gegenteil, sie findet dort statt, wo die Verbindung die Eigenständigkeit und die Autonomie und somit auch die Verschiedenartigkeit der beiden (Resonanz-)Pole stärkt. Bildende Wechselwirkungen oder Resonanzen sind nur dort möglich, wo beide Pole verschieden genug sind, um ihre Selbstständigkeit zu bewahren. Zugleich aber können Weltbeziehungen nur dort bildend sein, wo sich die Pole nicht so sehr voneinander unterscheiden, dass sie sich nichts mehr zu sagen haben:

---

66 Humboldt (1980): „Ideen zu einem Versuch", S. 78.

67 Ebd., S. 64 f.

68 Ebd., S. 65.

„Der bildende Nutzen solcher Verbindungen beruht immer auf dem Grade, in welchem sich die Selbstständigkeit der Verbundenen zugleich mit der Innigkeit der Verbindung erhält. Denn wenn ohne diese Innigkeit der eine den andren nicht genug aufzufassen vermag; so ist die Selbstständigkeit notwendig, um das Aufgefasste gleichsam in das eigne Wesen zu verwandeln. Beides aber erfordert Kraft der Individuen, und eine Verschiedenheit, die, nicht zu gross, damit einer den andren aufzufassen vermöge, auch nicht zu klein ist, um einige Bewundrung dessen, was der andre besitzt, und den Wunsch rege zu machen, es auch in sich überzutragen.“[69]

„Innigkeit“ in der Begegnung mit den Weltausschnitten ist somit nötig, um diese denkend und fühlend aufzufassen: Der Selbst-Bildende eignet sich den Weltausschnitt – den Anderen, das Kunstwerk, die Natur etc. – nicht an, indem er ihn zu beherrschen lernt, sondern, indem er sich ihm zunächst annähert und anähnelt:

„Der Auffassende muss sich immer dem auf gewisse Weise ähnlich machen, das er auffassen will.“[70]

Die Selbstständigkeit wiederum ist nötig, damit der Betroffene das Aufgefasste seinem Wesen anverwandeln kann. Beides erfordert Kraft und Aktivität, die wiederum nur dann zugänglich sind, wenn wir uns bereits bejahend der Welt zugewendet haben. Bildung strebt nach Humboldt ebenfalls nicht danach, den Anderen zu beherrschen oder ihn zu leiten, sondern dessen Individualität zu stärken. Humboldt beschränkt die pädagogischen Zugriffsrechte auf das Gegenüber. Die Wirkung, die von Bildung als einer Weltbeziehung auf Andere ausgehen soll, ist Begeisterung und Inspiration. Sie fördert die Individualität des Gegenübers.

Dass es sich dabei um einen Modus der Weltbeziehung und der Weltanverwandlung handelt, bei dem es nicht nur zu Resonanzen zwischen zwei Subjekten kommen kann, sondern auch zwischen einem Subjekt und der Natur, macht Humboldt deutlich, wenn er schreibt, dass die Natur einen Widerhall in unserem Selbst erzeugen kann:

„Selbst die leblose Natur, welche nach ewig unveränderlichen Gesetzen einen immer gleichmässigen Schritt hält, erscheint dem eigengebildeten Menschen eigenthümlicher. Er trägt gleichsam sich selbst in sie hinüber, und so ist es im höchsten Verstande wahr, dass jeder immer in eben dem Grade Fülle und

69 Ebd.

70 Humboldt, Wilhelm von (1986): „Über das Studium des Alterthums, und des griechischen insbesondere [1793]“, in: Ders.: Werke in fünf Bänden, Bd. 2, S. 1–24, hier S. 7.

> Schönheit ausser sich wahrnimmt, in welchem er beide im eignen Busen bewahrt."[71]

Ein Anzeichen dafür, dass Bildung für Humboldt fehlgeschlagen ist, scheint dort auf, wo Menschen die Natur nur als eine „leere" und leblose Masse wahrnehmen und erfahren, wo die Natur nur noch eine tote Ressource ist und ihre Resonanzeigenschaft und Antwortqualität verliert. Ähnlich interpretiert Benner Humboldts Bemerkungen zur Naturbeziehung:

> „Wer in den Bewegungen der Himmelskörper und der Selbsterhaltung des Lebens nur das zu erblicken weiß, was klassische Mechanik, neuste Astronomie und naturwissenschaftliche Biologie über sie aussagen, der gehört nach Humboldt nicht zu den Gebildeten im Zeitalter wissenschaftlich aufgeklärter Rationalität."[72]

Das Ziel von Bildung kann damit nach Humboldt als *Resonanzfähigkeit* und *Anverwandlung von Welt* definiert werden. Humboldts Bildungstheorie lässt sich somit einerseits als eine intrinsische und resonante Weltbeziehung rekonstruieren. Zudem hat sich angedeutet, dass Humboldt Bildung als eine Antwort auf das drohende Verstummen der Welt verstanden hat. Bildung meint bei Humboldt in erster Linie Selbstbildung, die sich unvermittelt und in der direkten Begegnung zwischen Selbst und Welt vollzieht. Die Schule sollte den jungen Menschen jenes Wissen und jene Fähigkeiten lehren, die ihn für diese bildenden Selbst- und Weltbeziehungen öffnen. Weil für Humboldt die Schule auf bildende Weltbeziehungen, wie er sie für die Universität gefordert hatte, lediglich vorbereitet, finden sich in seinen Texten nur wenige resonanzpädagogische Anmerkungen zur Schule.[73] Es war Friedrich Schleiermacher, der das Prinzip der bildenden Selbst-Welt-Beziehung auf die Schule übertrug.

---

71 Humboldt (1980): „Ideen zu einem Versuch", S. 65 f.

72 Benner (2003): Wilhelm von Humboldts Bildungstheorie, S. 90.

73 Vgl. z.B. Humboldt, Wilhelm von (2010): „Der Königsberger und der Litauische Schulplan (1809/10)", in: Trabant, J. (Hrsg.): Wilhelm von Humboldt. Das große Lesebuch, S. 343–349.

2.5 Die vier bildenden Weltsphären: Ausströmende und aufnehmende Selbst-Welt-Beziehungen (F. Schleiermacher)

Friedrich Daniel Ernst Schleiermacher (1768–1834) sitzt im Kerzenschein an seinem Schreibtisch und greift nach einem Brief. Vorsichtig reißt er einen schmalen und unbeschriebenen Streifen am unteren Ende des Papiers ab. Er taucht die Feder in das Tintenfass und notiert, klein und eng aneinandergedrängt, die wichtigsten Themen und Gedanken, die er in der bevorstehenden Vorlesung ansprechen will. Dann rollt er den Papierstreifen zusammen und begibt sich um 5 Uhr morgens in den Vorlesungssaal. Dass Schleiermacher vor den Studenten nahezu ohne Aufzeichnungen spricht, lediglich „eine kleine, zusammengedrehte Papierrolle [...] oder ein beschriebenes Papierstreifchen oder auch gar nichts“[74] bei sich hat, weist auf seine besondere Vorlesungspraxis hin. Während die meisten seiner Kollegen mechanisch aus ihren Büchern vorlesen und die Studenten mitschreiben lassen, spricht Schleiermacher frei. Ganz untypisch für seine Zeit, sucht er die direkte Begegnung, den lebendigen Dialog und die offene Interaktion mit seinen Hörern.

Auch in der Theorie spiegelt sich dieses dialogische Bedürfnis wider. Hatte zuvor Wilhelm von Humboldt Bildung als eine Wechselbeziehung zwischen Ich und Welt fragmentarisch skizziert, so lässt sich bei Schleiermacher diese Wechselbeziehung detailliert rekonstruieren. Da Schleiermacher Humboldts Ideen nahe stand, ist es kein Zufall, dass er ab 1810, auf dessen Wunsch, in der Sektion des Kultus und des öffentlichen Unterrichts sowohl an dem Ausbau der Berliner Universität mitarbeitete als auch für die Reform des preußischen Schulsystems verantwortlich war.

In seiner Erziehungslehre verfasste Schleiermacher den resonanzpädagogischen Gedanken:

74 Diesterweg, Friedrich Adolph Wilhelm (1959): „Über die Lehrmethode Schleiermachers“, in: Ders.: Sämtliche Werke, Bd. 3, S. 254. Gemeinsam mit Dorothea Meier und wechselnden Mitarbeitern ediere und kommentiere ich die Bände der Pädagogik-Vorlesungen (II/12) und der Psychologie-Vorlesungen (II/13) für die Kritische Gesamtausgabe der Werke Schleiermachers (KGA), die im de Gruyter-Verlag erscheint. Im Folgenden beziehe ich mich sowohl auf noch unveröffentlichte Manuskripte Schleiermachers und studentische Vorlesungsmitschriften als auch auf bereits im Druck vorliegendes Material. Die Manuskriptseiten sind als „MS“ angegeben.

„Die Erziehung setzt den Menschen in die Welt, insofern sie die Welt in ihn hineinsetzt; und sie macht ihn die Welt gestalten, insofern sie ihn durch die Welt läßt gestaltet werden.“[75]

Es ist eines von Schleiermachers Verdiensten, den Erziehungs- und Bildungsprozess nicht nur zwischen einzelnen Individuen bzw. zwischen einem Individuum und den Weltbereichen zu verorten, sondern als ein Geschehen zu beschreiben, das durch die Interaktion und die Begegnung einer jüngeren mit einer älteren Generation stattfindet. Die unmissverständliche Leitfrage, die dieses Generationenverhältnis prägt, lautet nach Schleiermacher:

„Was will denn eigentlich die ältere Generation mit der jüngeren?“[76]

Sogleich definiert Schleiermacher vier Weltsphären, die er auch als gemeinschaftliche Güter bezeichnet. Diese Güter zu erhalten, sie weiterzugeben und neu zu beleben, ist das Ziel der Begegnung der Generationen in der familiären wie der schulischen Erziehung und Bildung. In der Schule soll die Weltbeziehung der jüngeren Generation gebildet werden, in dem diese Kontakt bekommt zu den Sphären der Geselligkeit, der Religion, der Politik und der Wissenschaft. Das Ziel der Erziehung, die für Schleiermacher sowohl in der Familie als auch in der Schule stattfindet, lautet:

„[…] daß nämlich der Mensch für die vier organischen Sphären tüchtig soll ausgebildet werden, da seine Beziehung auf sie am Anfang so gut als Null ist.“[77]

Bereits der Ausdruck „organisch“ verweist darauf, dass die Lernenden keine mechanische und primär auch keine instrumentelle Beziehung zu den Sphären entwickeln, sondern ein Antwortverhältnis ausbilden sollen, durch das sie ihre Mitmenschen erreichen können und sich von ihnen erreichen lassen (Geselligkeit), gemeinsam etwas bewegen können (Politik), mit Gott in Berührung kommen und die Welt im Ganzen als ein lauschendes und antwortendes Du erfahren (Religion) und an den Formen der Erkenntnisgewinnung teilhaben können (Wissenschaft). Die vier Weltsphären lassen sich vor diesem Hintergrund als Resonanzsphären interpretieren.

---

75 Schleiermacher (2000): Texte zur Pädagogik, Bd. 1, Winkler, M./Brachmann, J. (Hrsg.), S. 209, Aphorismus 72.

76 Ebd., Bd. 2, S. 9 (Vorlesung 1826).

77 Ebd., Bd. 1, S. 248 (Vorlesung 1813/14).

Erziehung und Bildung kann somit nur dann gelingen, wenn die nachwachsende Generation rein instrumentelles und lebloses Verhältnis zu diesen Sphären erlangt, sondern ein gestaltendes und Anteil nehmendes, eines, in dem sie durch diese vier Sphären sowohl die Erfahrung macht, aktiv Welt berühren und bewegen zu können als auch von Welt passiv berührt und bewegt zu werden. Ein Moment dieses Prozesses beschreibt Schleiermacher resonanzpädagogisch als: „daß es innerlich in einem bilde und singe“[78]. Dabei geht es Schleiermacher nicht um eine Verfeinerung, Vollendung und Veredelung des Menschen, nicht um Selbstbildung allein, sondern um eine Bildung der Weltbeziehung. In Abgrenzung zu einem Ideal der harmonischen Bildung, das nach Schleiermacher lediglich auf eine Verfeinerung der Selbstbeziehung hinausläuft, definiert er Bildung konsequent als Wechselwirkung zwischen Selbst und Welt:

> „Daß man diese gleichmäßige harmonische Bildung aber als das Höchste angesehen hat, das liegt darin, daß man den Menschen bloß für sich allein betrachtet hat; denn wirken kann doch solcher Mensch so sehr viel nicht, nicht mehr als ein anderer, empfänglich wird er auch sein, aber immer nur abspiegelnd die Productivität außer ihm. Ein solches Dasein macht einen leichten und schönen Eindruck, und wer sich daran genügen läßt, der mag es als Ideal aufstellen. Aber vom Begriff der menschlichen Gattung ausgegangen, ist dies ein relativer Tod, denn da ist nur Leben in der *Wechselwirkung zwischen dem Einzelnen und dem Ganzen.*“[79]

Berührungen mit den vier Weltsphären, die jeweils kulturell und historisch wandelbar sind, gehören Schleiermacher zufolge zu einem gelingenden Leben dazu, sowohl in Hinsicht auf das gute Leben des Einzelnen als auch in Hinsicht darauf, dass der Erhalt dieser Sphären die kollektiven Voraussetzungen für ein gutes Leben aller sichert. Bevor ich auf die gesellige, religiöse, politische und wissenschaftliche Weltbeziehung bei Schleiermacher einzeln eingehe und diese grob skizziere, muss zuvor Schleiermachers Psychologie-Vorlesung betrachtet werden; denn erst aus dieser kann das Grundprinzip bildender Selbst- und Weltberührungen herausdestilliert werden.

Während Schleiermacher in der Pädagogik das erzieherische Generationenverhältnis in den Blick nimmt, erkundet er in seiner Seelenlehre (Psy-

78 Ebd., S. 255.

79 Anonymus Hamburg 1818, MS 504 f. (bislang unveröffentlicht) (Hervorhebung von mir, J. B.).

chologie) den individuellen Bildungsprozess.[80] Schleiermacher beschreibt die Seele als eine dynamische Beziehung zwischen einem bewussten Selbst, das in „Wechselwirkung mit allem übrigen Dasein"[81] steht. Erst wenn die Seele in eine wechselseitige Beziehung mit der Welt eintritt, kann sich ein bewusstes Selbst bilden, „denn die Seele tritt [...] in das Wechselverhältniß mit der Welt, in wiefern sie ein Bewußtes wird und umgekehrt. Die Seele ist ein Weltsuchendes und darin ein Ichwerdendes."[82]

Dies ist Schleiermachers Grundeinsicht. Von hier aus schreibt er der Seele zwei zentrale Eigenschaften zu: Die Seele strebt sowohl danach, Welt aufzunehmen, was Schleiermacher als „Rezeptivität" bezeichnet, als auch danach, in die Welt hinauszuströmen, was Schleiermacher „Spontaneität" nennt. Während Rezeptivität die Fähigkeit des Selbst bzw. der Seele meint, sich von Welt *passiv* berühren, bewegen und beeindrucken zu lassen, meint Spontaneität die Eigenschaft des Selbst, sich in die Welt hin auszudrücken und somit *aktiv* Welt zu berühren sowie in der Welt selbsttätig Eindrücke zu hinterlassen. Die Wechselwirkung zwischen Spontaneität und Rezeptivität ist dabei weder instrumenteller noch kausaler Natur. Es handelt sich um eine organisch-lebendige Antwortbeziehung:

> „Alle Lebensthätigkeiten nämlich sind *lebendig auffassende* und *lebendig ausströmende*. Jedes Lebendige ist nun nichts Anderes als eine Reihe solcher mit einander wechselnden Thätigkeiten."[83]

Bildung lässt sich also als das gemeinsame Produkt von beiden Bewegungs- und Berührungsrichtungen bestimmen. Eine bildende lebendige Wechselwirkung wird nach Schleiermacher dort umso intensiver stattfinden, wo die Welt aufnehmende und die Selbst ausströmende Tätigkeit gesteigert sind und in eine produktive und oszillierende Spannung eintreten: Je mehr Welt ich aufnehme, desto mehr bin ich bestrebt, mich in die Welt hin auszudrücken. Dies wiederum steigert mein Bedürfnis, mehr Welt aufzunehmen usw. Das Vorhandensein einer solchen oszillierenden Spannung in der „Duplizität von Tätigkeiten"[84] ist es, das für Schleiermacher lebendige Weltbeziehungen von toten und stummen, nur Welt aufnehmenden bzw. nur in Welt eingreifenden Verhältnissen unterscheidet:

80 Diese These habe ich gemeinsam mit Dorothea Meier entwickelt, der ich an dieser Stelle für die vielen wichtigen Hinweise und Gespräche zur Resonanzpädagogik danke.

81 Nachschrift Eyssenhardt 1821, MS 120 (bislang unveröffentlicht).

82 Ebd.

83 Ebd., MS 11 f.

84 Ebd., MS 21.

„Je mehr zwischen beiden ist, desto größer das Leben. Sind beide Arten so gering gesteigert, daß man sie kaum unterscheiden kann, so ist das Leben beinahe Null. Könnten wir alles als eine Activität ansehn, und gar keine Einwirkung unterscheiden, so fiele die Gränze weg, und umgekehrt bleibt die andere, dazwischen folglich nichts. An der bloßen Rezeptivität können wir das Leben nicht messen, denn die finden wir beim Todten auch. [...] Je stärker der Gegensatz gespannt ist, desto weiter wird beides auseinander liegen. Der Umfang des Lebens beruht also auf zwei Punkten, dieser Spannung und der Zirkulation, welche darin stattfindet.“[85]

Interessanterweise bestimmt Schleiermacher ein bildendes Wechselverhältnis zwischen Selbst und Welt als ein Verhältnis der „Oscillation“, was im Wesentlichen als „Resonanzbeziehung“ übersetzt werden kann.[86] Dabei verschränken sich die „großen Oszillationen“ des Weltganzen, etwa das Aufnehmen und Reagieren auf das Klima, die Jahreszeiten, die nationalen Temperamente, die historischen Ereignisse oder aber die vier Spähren mit den „kleinen Oszillationen“, etwa des alltäglichen Berufs- und Familienlebens.[87] Dieser bildende Oszillations- und Resonanzvorgang hängt zum einen von der Beschaffenheit und Stimmung des Selbst ab, etwa von Gefühlen, Stimmungen, Sorgen, Temperamenten, Talenten, Interessen usw., zum anderen wird die Seele durch spezifische Weltberührungen und Begegnungen mit einer entgegenkommenden Welt gestimmt, wodurch die jeweilige Selbst-Welt-Beziehung stets verschieden und individuell ist. Die Verschiedenheit der Kulturen, als auch der Individuen kann somit als das Ergebnis eines Resonanzgeschehens und Anverwandlungsprozesses bestimmt werden:

„Indem wir eine Bestimmtheit in der Seele annehmen, in welcher ein Prinzip liegt, so müssen wir sagen, diese besondere Bestimmtheit macht auch, daß die Bestimmung durch die umgebende Welt für sie eine andere wird. [...] Allein wir können das auch eben so gut umkehren. Setzten wir zwei gänzlich gleichgestimmte Seelen in zwei ganz verschiedene Klimata, so würden nicht nur die Handlungen, sondern die innern Faktoren selbst sich auf ganz verschiedene Weise modifizieren. Eine Seele ist eine andere als eine andere vermöge ihres

85 Ebd., MS 22.

86 Zum Konzept der „Oscillation“ vgl. auch Erhardt, Christiane (2005): Religion, Bildung und Erziehung bei Schleiermacher. Eine Analyse der Beziehungen und des Widerstreits zwischen den „Reden über die Religion“ und den „Monologen“, Kap. III.2.2.

87 Vgl. Nachschrift Eyssenhardt 1821, MS 126 (bisher unveröffentlicht).

Temperaments. Denken wir uns dasselbe Temperament in verschiedenen Weltgegenden so wird das Resultat ein anderes. Aber so auch umgekehrt."[88]

Dies führt Schleiermacher zu der Einsicht, dass aufnehmende und ausströmende Weltberührungen, ganz im Sinne von Resonanz, niemals ganz voneinander getrennt werden können und voneinander abhängen, sodass:

„[...] das Fürsichgesetztsein der Seele und Entgegengesetztsein der Welt immer nur ein relatives ist."[89]

„Tote" Weltbeziehungen basieren nun darauf, dass unsere spontane Selbsttätigkeit bereits vordefiniert oder determiniert, wie die Welt antworten und reagieren wird (instrumentelle und kausale Weltbeziehungen). Weltbeziehungen verstummen aber auch dann, wenn das Selbst zum Schweigen gebracht wird, indem das Selbst die Welt ausschließlich passiv spiegelt:[90]

„Dabei erscheint die Seele als ein rein Passives, die Welt spiegelt sich in jedem Moment darin ab, ohne daß eine Reaktion gesetzt wäre. Die Seele verhält sich dabei rein mechanisch. Setzt man eine Selbstthätigkeit der Seele, so kann man ein solches einseitiges Bestimmtsein von außen nicht annehmen. Also aus demselben Grund, aus dem man bei der einen Annahme nicht stehn bleiben kann, kann man es auch bei der andern nicht, und es bleibt daher nichts übrig als was in der Mitte liegt." [91]

Das zentrale Organ für diese oszillierende und anverwandelnde Selbst-Welt-Beziehung ist der Leib, der, anders als etwa bei Sokrates, für Schleiermacher kein Störfaktor und auch kein Hindernis reiner Erkenntnis ist, sondern einen „Durchgang zwischen Seele und Welt"[92] darstellt und somit für

---

88 Ebd., MS 122. In Übereinstimmung mit diesen Ausführungen bestimmt Schleiermacher die vier Temperamente (melancholisch, cholerisch, sanguinisch und phlegmatisch) anhand ihrer Offenheit oder Geschlossenheit der Welt gegenüber.

89 Ebd. An anderer Stelle heißt es: „Die Menschen die dem Einzelnen gegenüberstehn erscheinen uns sowohl als einwirkend, als Einwirkungen empfangend. Wir werden unterscheiden die empfangenen und ausübenden Einwirkungen in Beziehung auf das übrige Menschliche und das Außermenschliche von und auf den Einzelnen. Jeder Zustand, in welchem wir das einzelne Leben betrachten können, hat immer zweierlei in sich, etwas von dem Leben, welches wir betrachten, etwas von dem, auf welches es einwirkt." (Ebd., MS 20).

90 Ebd., MS 14: „Also eine Selbstthätigkeit, welche nur die Rezeptivität vorbereitet, und eine Selbstthätigkeit, welche die Gegenwirkung schon hervorlockt und darüber hinausgeht, das sind die beiden Grenzen."

91 Ebd., MS 121.

92 Ebd., MS 119, 192.

den Erkenntnisgewinn Voraussetzung ist. In resonanzpädagogischem Duktus ist der Körper für Schleiermacher gleichsam ein *schwingungsfähiges Resonanz-* und *Oszillationsorgan.* Komplementär zu den zwei Richtungen, der ausströmenden und aufnehmenden Tätigkeit der Seele, ist der Körper einerseits das Organ des Selbst, wenn das Selbst ausströmt und in der Welt Eindrücke hinterlässt. Andererseits ist der Körper das Organ der Welt, wenn die Welt mithilfe leiblicher Resonanzen das Selbst berührt.[93]

Auch Schleiermacher sieht deutlich, dass es nicht eine Weltbeziehung gibt, sondern viele Weltbeziehungsaspekte, die sich erst in Hinsicht auf den jeweiligen Weltbereich untersuchen lassen:

> „Ferner kommt es nun hier auch auf den Gegenstand der Beschäftigung an, und weiter noch auf die besonderen Beziehungen[,] auf das Verhältniß zur Welt bei jedem einzelnen Gegenstand."[94]

Dieser Gedanke führt wieder zurück zu den vier Weltsphären (oder Resonanzachsen), die Schleiermacher in Bezug auf Erziehung und schulisches Lernen als richtungsweisend angeführt hatte. Wie lassen sich bildende Selbst-Welt-Beziehungen in den Sphären der Geselligkeit, der Religion, der Politik und der Wissenschaft beschreiben?

Meine Ausführungen haben gezeigt, dass Schleiermacher Bildung als Anverwandlung versteht und nicht als beherrschende und kontrollierende Aneignung. So hatte er ausgeführt, dass die oszillierende und resonierende Selbst- und Weltbeziehung und somit Bildung dort zum Erliegen kommt, wo sich das Selbst nur eingreifend (und somit selbsttätig beherrschend und kontrollierend) auf die Weltbereiche bezieht, aber auch dort, wo die Welt einseitig auf das Selbst zugreift (und die Selbsttätigkeit unterdrückt). Somit kann es nicht darum gehen, die vier Weltsphären zu beherrschen und auch nicht darum, von den Weltsphären beherrscht zu werden, sondern darum, im Medium der Geselligkeit, der Politik, der Religion und der Wissenschaft in eine wechselseitige Antwortbeziehung einzutreten.

---

93 Vgl. ebd., MS 12: „Bleiben wir bei der allgemeinen Vorstellung, daß, wenn wir auf das ganze Subject des Lebens sehn, wo sich Seele und Leib wie ein Inneres und Äußeres verhalten, so trit der Leib zwischen die Seele und die Welt, und zwar auf zwiefache Weise. Einmal ist er das Organ der Seele auf die Welt. [...] Im zweiten Falle ist es umgekehrt, da ist der Leib Organ der Welt für die Seele". Schleiermachers Definition des Leibes als einer organischen Verbindung zwischen Seele und Welt entspricht in der Resonanztheorie dem Konzept des Leibes als Resonanzkörper zwischen Selbst und Welt. Vgl. dazu ausführlich unten, Kap. IV.1, sowie Rosa (2016): Resonanz, Teil 1, Kap. II. Einmal mehr zeigt sich, dass zentrale Elemente einer Resonanzpädagogik bereits in der humanistischen Bildungsphilosophie des 18. Jahrhunderts zu finden sind.

94 Nachschrift Eyssenhardt 1821, MS 124.

Zunächst soll die Schule auf den „freien geselligen Verkehr“ bzw. das „gesellige Leben“ vorbereiten und somit die soziale Weltbeziehung vertiefen, „weil der Mensch ein geselliges Wesen ist, und alles in ihm gesellig werden soll.“[95] Geselligkeit stellt dabei gleichsam einen Resonanzraum „der unmittelbaren persönlichen Einwirkung“[96] dar, in dem wir unser Gegenüber nicht verdinglichen, sondern in dem „wir einander Rede stehen, und unsre Erfahrungen und Kenntnisse auf einander übertragen“[97]. Die Geselligkeit stellt bei Schleiermacher einen Resonanzraum zwischen den intimen affektiven Familienbeziehungen und der oft affektfreien und sachlichen Berufssphäre dar. In diesem Zwischenraum ist es die Aufgabe der Geselligkeit, vielfältige Berührungspunkte und zwischenmenschliche Begegnungen zu ermöglichen. Soziale Isolation und Ausschließung bezeichnet Schleiermacher als „Rohheit und Barbarei“[98]. Dementsprechend definiert er die Geselligkeit als einen Zustand,

> „[…] der die Sphäre eines Individui in die Lage bringt, daß sie von den Sphären Anderer so mannigfaltig als möglich durchschnitten werden, und jeder seiner eigenen Grenzpunkte ihm die Aussicht in eine andere und fremde Welt gewähre, so daß alle Erscheinungen der Menschheit ihm nach und nach bekannt, und auch die fremdesten Gemüter und Verhältnisse ihm befreundet und gleichsam nachbarlich werden können.“[99]

Um eine Gesellschaft (wie diejenige der literarischen Salons, die Schleiermacher regelmäßig besuchte) in eine Resonanzsphäre zu verwandeln, ist es sowohl notwendig, dass die nachwachsende Generation sich in den Umgangsformen des geselligen Verkehrs übt, was ihnen ermöglicht, sich einzubringen, als auch, dass sie die von den Anderen vorgebrachten Eindrücke in sich aufzunehmen vermag. Nur durch diese Oszillation von ausströmender und aufnehmender Tätigkeit ist gewährleistet, dass die Einzelnen ihre Individualität bewahren (und sie selbst bleiben) und dass sie zugleich sich als Teil der Gemeinschaft erleben können. Die Schule kann die Umgangsformen des geselligen Lebens vermitteln, indem sie den Schülern beispielsweise Aufgaben stellt, durch die sie sich als Gemeinschaft erfahren können, weil sie es erforderlich machen, dass sich die Anwesenden aufeinander ab-

95 Schleiermacher, Friedrich (2008): Pädagogik (1820/21), Ehrhardt, Ch./Virmond W. (Hrsg.), S. 76.

96 Ebd., S. 77.

97 Ebd., S. 95.

98 Ebd., S. 77.

99 „Versuch einer Theorie des geselligen Betragens“, in: Schleiermacher (2000): Texte zur Pädagogik, Bd. 1, S. 15.

und einstimmen, indem sie kooperieren. Gewaltsame und repulsive Umgangsformen und Feindschaften hingegen, ebenso wie Egoismus, Launenhaftigkeit und Willkür, schaden der Geselligkeit, wobei Schleiermacher betont, dass solche Verhaltensweisen oft durch Lehrer provoziert werden.[100]

In seinen Überlegungen zum Unterricht der Religion äußert Schleiermacher immer wieder die Angst vor dem toten Buchstabendienst, dem abstrakten Symbol und dem leeren Ritual. Schleiermacher selbst betont immer wieder, dass junge Menschen mit der Sphäre der Religion durch die lebendige Erfahrung in Kontakt kommen sollen. Religion lässt sich nicht lehren, sie lässt sich nur erwecken, indem das religiöse Gefühl entzündet wird. Die Bildung zur Religion beschreibt Schleiermacher als einen *musikalischen Resonanzvorgang*: Durch Menschen, die ihre Religiosität (gewaltfrei und ohne Zwang) äußern, kann die „Musik der Religion"[101] andere bewegen und in Resonanz versetzen. Der religiöse Weltbezug ist nach Schleiermacher eine paradigmatische Antwortbeziehung, durch die die Welt als Ganze zum Klingen gebracht wird. Bildung zur Religion bedeutet somit, sich durch den religiösen Ton des Gegenübers, sei es durch den eines Menschen, eines Rituals, eines Symbols, in Resonanz versetzen zu lassen und dadurch den Klang in sich selbst zu erleben und zu empfinden. So beschreibt Schleiermacher, wie die Anlage zur Religion geweckt werden könne, folgendermaßen:

> „Zu jenem Endzweck kennt die Religion kein anderes Mittel, als nur dieses, daß sie sich frei äußert und mitteilt. Wenn sie sich mit aller ihr eigenen Kraft bewegt, wenn sie alle Vermögen des eigenen Gemüts in dem Strom dieser Bewegung zu ihrem Dienst mit fortreißt: so erwartet sie auch, dass sie hindurchdringen werde bis ins Innerste eines jeden Individuums, welches in ihrer Atmosphäre atmet, daß jedes homogene Teilchen werde berührt werden, und von derselben Schwingung ergriffen zum Bewußtsein seines Daseins gelangend, durch einen antwortenden, verwandten Ton das harrende Ohr des Auffordernden erfreuen werde."[102]

Die Schule hat bei Schleiermacher eine Vermittlungsposition zwischen der Familie und der Gemeinde, die den eigentlichen Ort und Resonanzraum für die religiöse Bildung darstellen. Deshalb argumentiert Schleiermacher auch gegen die Aufnahme des Religionsunterrichts in den Bildungsplan, weil Religion dann gerade nicht durch Resonanzen vermittelt werden könne.[103]

---

100 Vgl. Nachschrift Sprüngli, MS 127.

101 Vgl. „Über die Bildung zur Religion", in: Schleiermacher (2000): Texte zur Pädagogik, Bd. 1, S. 35.

102 Ebd.

103 Ehrhardt (2005): Religion, Bildung und Erziehung bei Schleiermacher, Kap. V.1.3.

Das resonanzpädagogische Misstrauen in Bezug auf schulischen Religionsunterricht kommt etwa dort zum Ausdruck, wo Schleiermacher fordert, die Andacht in der Schule solle nur diejenigen Lehrer ausführen, für die das Ritual selbst eine Wahrheit ist. Nur so kann das religiöse Prinzip belebt werden. Keinesfalls aber darf die Andacht in der Schule die religiöse Weltbeziehung zum Verstummen bringen, indem sie zu einem nichtssagenden „toten Buchstabendienst und Mechanismus“[104] wird.

Die Weltsphäre der Politik ist für Schleiermacher von Bedeutung, damit der Mensch einen Gemeingeist verinnerlichen kann sowie dadurch befähigt wird, ins bürgerliche Leben, etwa der Gesetzgebung, einzugreifen, und nicht einer starren, untergeordneten oder stummen bürgerlichen Welt gegenübersteht. Um am bürgerlichen Leben, etwa der Berufsarbeit, oder am Staatsleben teilzunehmen, müssen Kinder und Jugendliche in der Schule Lesen und Schreiben lernen. Der bürgerliche Weltbezug verhilft den Menschen darüber hinaus, sich in der Welt zu *verorten* und sich zu *positionieren*. Die Gesetze und die Unterschiede im bürgerlichen Leben sollen keine äußeren (repulsive) Notwendigkeiten oder willkürliche (stumme) Begebenheiten sein. Vielmehr sollen die Gesetze in ihrem lebendigen Zusammenhang erkannt werden. Dass es sich auch bei der bürgerlichen Sphäre der Politik um eine Resonanzsphäre handelt und nicht um einen instrumentellen zu kontrollierenden Weltbezug, deutet Schleiermacher an, wenn er das Bürgertum, das sich selbst Gesetze des Zusammenlebens gibt, als eine „erweiterte Familie“[105] bezeichnet.

Schließlich ist Wissen eine Weltsphäre, in die die Schule einführt. Die Ausbildung auf wissenschaftlichem Gebiet dient nach Schleiermacher dazu, die Beziehungen der Weltbereiche und Weltgegenstände untereinander nachvollziehen zu können. In Bezug auf die einzelnen Fächer betont Schleiermacher immer wieder, dass die einzelnen Wissensbereiche durch Resonanzbeziehungen anverwandelt werden sollen und nicht durch stumme oder repulsive Weltbeziehungen zu einem „tote(n) Gedächtniswerk“[106] werden dürfen.

Obwohl ich an dieser Stelle die These nicht weiter verfolgen kann, dass Bildung bei Schleiermacher als anverwandelnde Einführung in die vier Weltsphären verstanden werden muss, so konnte deutlich werden, dass schulisches Lehren bei Schleiermacher nicht die Beherrschung von totem Wissensstoff bedeutet, sondern die Initiierung lebendiger, oszillierender und resonierender Selbst-Welt-Beziehungen.

104 Schleiermacher (2000): Texte zur Pädagogik, Bd. 2, S. 371 (Vorlesung 1826).
105 Vgl. Schleiermacher (2000): Texte zur Pädagogik, Bd. 1, S. 247 (Vorlesung 1813/14).
106 Vgl. ebd., S. 270.

Schleiermacher zeigt zudem, wie Resonanzen durch lebendige Anregungen in einem Weltbereich (der bürgerlichen, religiösen, geselligen oder wissenschaftlichen Weltsphäre) die oszillierende Spannung der vier Sphären untereinander intensivieren und somit zu Resonanzen in den anderen Weltbereichen führen. Das Beleben des geselligen Verkehrs wird ebenso die politische Sphäre beleben, wie es auch den wissenschaftlichen Austausch intensivieren und die religiöse Gemeinschaft berühren kann. Eine funktionierende Schule bemisst sich somit nach Schleiermacher nicht allein an der Produktion von Wissen, sondern daran, ob sie eine lebendige Beziehung zu den vier Weltsphären ermöglicht. Schleiermachers Pädagogik-Vorlesungen können uns zudem lehren, dass eine gute Schulpädagogik stets auf bereits bestehende Weltverhältnisse antwortet: Ob es gelingt, die Oszillation von ausströmender und aufnehmender Selbst-Welt-Tätigkeit in Gang zu setzen und somit Bildung zu ermöglichen, hängt davon ab, ob Schule an die Beschaffenheit der unterschiedlichen Weltverhältnisse der Individuen und Gruppen anzuknüpfen vermag; an Weltverhältnisse, die wiederum geformt werden, sei es durch den historischen und politischen Zustand, die Beschaffenheit der Kultur oder durch natürliche Einflüsse wie das Klima und die geografische Lage.

Der resonanzpädagogische Gedanke einer Anverwandlung von Welt im Resonanzraum Schule kann bei weiteren Autoren nachverfolgt werden. Dazu sollen drei Autoren herausgegriffen werden, die jeweils einen Weltbeziehungsaspekt aufgegriffen und das resonanzpädagogische Verständnis im Kontext Schule vertieft haben. Es handelt sich um den *affektiven* Weltbezug bei Otto Friedrich Bollnow, den *kognitiven* bzw. *praktischen* Weltbezug bei Dewey und den *wertenden* Weltbezug bei Andreas Gruschka.

2.6 Bildung als affektiver Weltbezug: Weltbegegnung und pädagogische Atmosphäre (O. F. Bollnow)

Was Herder, Humboldt und Schleiermacher in ihrer Theorie der Bildung entwarfen und praktisch umzusetzen strebten – nämlich Bildung als ein Geschehen zu konzipieren, das auf lebendigen, antwortenden Weltbeziehungen basiert –, erfährt eine weitere Vertiefung bei Otto Friedrich Bollnow (1903–1991). Auch Bollnow geht davon aus, dass das Gelingen oder Scheitern von Schule in erster Linie nicht von dem objektiven Geschehen oder den materialisierten Ergebnissen abhängt, sondern von der Qualität der Beziehungen – genauer: von der affektiven Qualität der Weltbeziehung. Nicht die verwendeten Unterrichtsmaterialien, die didaktischen Methoden und Programme oder die Klassengröße und nicht einmal der gegebene

Unterrichtsinhalt entscheiden, ob schulisches Lehren und Lernen, ob das Schulleben gelingt oder scheitert. Alle diese Faktoren erlangen ihre pädagogische Wirkung nur innerhalb eines affektiven, gefühlsmäßigen „seelischen Klimas“[107]. Das seelische Klima wird durch die zwischenmenschlichen Voraussetzungen der Antipathie und Sympathie erzeugt. Unterrichtliches und pädagogisches Verhalten findet stets in einem affektiven Medium statt, das der Situation eine gefühlte Bedeutung verleiht und sie für die Beteiligten existenziell einfärbt. Bollnow bezeichnet diesen gefühlsmäßigen Hintergrund, in den die Betroffenen eingebettet sind, als *pädagogische Atmosphäre.* Mit der pädagogischen Atmosphäre ist keine dialogische, sondern vielmehr eine „musikalische“ Beziehung gemeint, in der die Anwesenden sich aufeinander einstimmen.

Die pädagogische Atmosphäre entfaltet sich im zwischenmenschlichen Bereich: Um eine solche Atmosphäre zu erzeugen, müssen Lehrende und Lernende, wie Bollnow sagt, wechselseitig aufeinander abgestimmt und eingestimmt sein:

> „Das eine ist die gefühlsmäßige Einstellung des Kindes zum Erwachsenen, das andre jene entsprechende Haltung, die der Erwachsene von seiner Seite aus dem Kind entgegenbringt.“[108]

In der pädagogischen Atmosphäre steht die wechselseitige Anteilnahme und Bejahung im Zentrum. Bejahen heißt bei Bollnow nicht, dass wir lediglich akzeptieren, dass der Andere da ist; dies könnten wir auch dann tun, wenn wir einen repulsiven Groll gegen ihn hegen oder ihn aus einer Haltung der Gleichgültigkeit und Indifferenz heraus nicht beachten. Bejahung ist in einem existenziellen Sinn gemeint: Das Dasein des Anderen stellt einen Anspruch an uns, und dieser Anspruch muss bejaht werden. Bejahen heißt also, dass wir uns dem Erleben, Erfahren und Verstehen des Anderen in einer offenen und positiven Weise zuwenden, dass wir daran innerlich Anteil nehmen und auf dieses Erleben und Verstehen des Anderen antworten; und zwar nicht nur verbal, sondern affektiv. Um diese affektive Antwortqualität entstehen zu lassen, bedarf es eines konkreten Gegenübers, das uns anspricht, von dem wir uns ansprechen lassen und das uns somit „in Anspruch nimmt“.[109] Die pädagogische Atmosphäre erweist sich als ein

107 Bollnow (2009): „Die pädagogische Atmosphäre“, in: Ders.: Schriften, Bd. 7, S. 39–46, S. 39.

108 Bollnow, Otto F. (2001): Die pädagogische Atmosphäre. Untersuchungen über die gefühlsmäßigen zwischenmenschlichen Voraussetzungen der Erziehung, S. 15.

109 Dies bringt im Wesentlichen auf den Punkt, was Martin Buber als „Umfassung“ bezeichnet; vgl. Buber, Martin (1986): Reden über Erziehung, S. 38.

responsives Medium. Wo sie fehlt, ist zwar eine stumme Stoffbeherrschung möglich, anverwandelnde Lern- und Erziehungsprozesse, die ein wechselseitiges aufeinander Ein- und Abstimmen erfordern, können sich ohne eine solche Atmosphäre allerdings nicht vollziehen. Atmosphären, die pädagogische Prozesse begünstigen, sind dadurch geprägt, dass sich die Anwesenden *umeinander sorgen.* So beschreibt auch Michael Winkler in resonanzpädagogisch-musikalischer Terminologie die sorgende Qualität einer pädagogischen Atmosphäre:

> „Sie [die Sorge, J. B.] schafft eine Atmosphäre, welche die Beteiligten umgibt; sie muss nicht materialisiert sein. Das sorgende Moment spricht sich eher in einem Klang aus, der die Beteiligten zusammen stimmen lässt – sie agieren mit einem gemeinsamen Stil, einem Ton, in welchem die pädagogische Praxis zum Klingen kommt."[110]

Bollnow erkundet einige Aspekte der pädagogischen Haltung beim Erzieher und der komplementären Gefühle beim Kind. Diese sind sowohl das Resultat als auch die Voraussetzung für ein tonales wechselseitiges Abstimmen und aufeinander Einstimmen. Dabei ist es vor allem die affektive Haltung des Erziehers, die zum Entstehen einer solchen resonanzsensiblen Atmosphäre beiträgt.

Der erste Aspekt ist das *Vertrauen.* Die Welt begegnet dem Kind als ein vertrauensvoller Ort dadurch, dass der Erzieher (als Teil der Welt) dem Kind jenes Vertrauen entgegenbringt. Vertrauen adressiert die Entwicklungskräfte des Kindes und muss vom Pädagogen vor jeder konkreten Interaktion vorausgezahlt werden. Erst durch das spürbare Zutrauen des Gegenübers, traut sich das Kind zu, an der Welt Anteil zu nehmen und sich auf neue Weltbereiche einzulassen. Wo das Vertrauen in das Kind, den Schüler oder die Schülerin versiegt ist, ist auch der sensible Resonanzdraht zwischen Lehrenden und Lernenden gestört. Das Vertrauen speist sich für Bollnow aus der *erzieherischen Liebe.* Damit meint Bollnow keine ausschließende Liebe und schon gar keine erotische Liebe, sondern eine Liebe, die sich auf den Sachverhalt der Erziehung und das pädagogische Wirken selbst bezieht: Wo Lehrende es lieben, die Weltaneignung und Weltanverwandlung von Kindern und Jugendlichen zu begleiten und zu fördern, kann jener libidinöse Draht zu den Kindern entstehen, der eine Resonanzbeziehung entstehen lässt. Während das Vertrauen und die Liebe aus der Welt der Pädagogen von außen auf die Lernenden zukommen, ziehen oder locken die *Erwartungen* von Lehrenden die Schüler in die Welt hinaus. Die

110 Winkler, Michael (2006): Kritik der Pädagogik, S. 166 f.

Erwartungshaltung des Lehrers vermag dies jedoch nur dann, wenn sie resonanzsensibel ist und für die Fähigkeiten, Talente und Kräfte der Schüler anschlussfähig bleibt. Während die Schüler überhöhte Erwartungen als repulsive Überforderung und Zurückweisung erfahren können, führen unterfordernde Erwartungen zu einer indifferenten Beziehungsqualität, weil sie nicht die erforderliche Spannung und den notwendigen Sog erzeugen können, um eine Erwartung als einen „Ruf" vernehmbar zu machen; einen Ruf, der die Angerufenen im Inneren bewegt und somit in Bewegung versetzt. Grundlegend für eine pädagogische Atmosphäre ist zudem die Erwartung der Lehrperson, im Anderen etwas Neuem, noch nicht Bekanntem und Vordefiniertem zu begegnen. Durch diese Haltung kann ein Resonanzpädagoge sein Antwortregister offenhalten und erweitern.[111] Resonanzsensible pädagogische Erwartung charakterisiert Bollnow deshalb als „die Fähigkeit, sich ohne Voreingenommenheit vom unerwarteten Neuen der Entwicklung ansprechen zu lassen."[112]

Eine pädagogische Atmosphäre entfaltet sich nach Bollnow auch in einer zeitlichen Dimension: *Geduld* als die Fähigkeit des Wartenkönnens stellt sicher, dass der Pädagoge das Eigentempo der Entwicklung des Gegenübers achtet. Sind Entwicklungs- und Lernprozesse durch externe Kriterien, wie z.B. ein drückendes Zeitregime oder einen überfüllten Lehrplan determiniert, wird die pädagogische Atmosphäre zerstört. Geduld ist dabei nicht gleichzusetzen mit Indifferenz. Geduldige Pädagogen lassen die Forderungen und den Anspruch, welcher den Lernenden von der Sache her entgegentritt, gerade nicht los, sondern halten geduldig an ihm fest.[113] Durch *Hoffnung* schließlich vermag der Pädagoge offen zu bleiben für anverwandelnde Weltberührungen und zukünftige Weltbegegnungen, sowohl in der Beziehung zu seinem Gegenüber als auch in der Beziehung zur Unterrichtssache.

Da Bollnow, wie sich noch zeigen wird, ein starkes Gespür für die pädagogische Bedeutung von belasteten und entfremdeten Weltbeziehungen hatte, führte er Eigenschaften eines Erziehers oder einer Lehrerin an, die dabei helfen können, den Kontakt zum Gegenüber und zur Welt auch in schwierigen Lebenssituationen nicht abreißen zu lassen. *Humor* kann die Schwere oder Last einer repulsiven und indifferenten Welt erleichtern und dem Kind auch dann helfen, eine Antwortbeziehung zu erfahren oder zu aktualisieren, wenn der Draht zur Welt einmal gerissen oder verstummt ist:

111 Vgl. ebd., S. 166: „Sorge und Aufmerksamkeit finden ihr Gegenbild, wo nicht mit Unwägbarkeiten gerechnet wird, sondern Kontrolle und Evaluation stattfindet."

112 Bollnow (2001): Die pädagogische Atmosphäre, S. 56.

113 Ebd., S. 60.

Von jemandem zum Lachen gebracht zu werden, ist eine Erfahrung der Weltberührung. Allerdings macht Bollnow auch deutlich, dass Humor einen entfremdenden Charakter annehmen kann, wenn er ausgrenzend ist oder sich gegen das Kind richtet. Im Gegensatz zu einem entfremdenden und verletzenden Lachen, bei dem das Gelächter auf Kosten eines Anderen erfolgt, meint Humor im resonanzpädagogischen Sinn ein gemeinsames Lachen, in das die Anderen einbezogen werden. Zuletzt ist nach Bollnow *Güte* eine essentielle Eigenschaft, die verhindert, dass der Kontakt zum Anderen abreißt, weil dieser uns vielleicht als schwach und kompliziert erscheint oder weil er einem Anspruch nicht gerecht wurde.

Auf der Seite des Kindes (der Schülerin bzw. des Schülers) zeigt sich die pädagogische Atmosphäre im Erleben von *Geborgenheit*. Geborgenheit in der familiären Atmosphäre ist jener existentielle Hintergrund, vor dem ein Kind die Welt nicht nur als einen Ort der instrumentellen Bedürfnisbefriedigung erlebt, sondern als einen Ort der Geborgenheit und des Getragenseins erfährt. Geborgenheit gibt dem Kind jenes angstfreie Zutrauen, das es benötigt, um mit der Welt vielfältig in Beziehung zu treten. Gleichsam erweist sich der bergende Ort als ein sicheres Resonanzzentrum, in dem das Kind andere und anderes anzusprechen vermag, in dem es sich aber auch selbst als angesprochen erfährt. Während junge Kinder darauf angewiesen sind, dass sie Geborgenheit von außen empfangen, lernt das ältere Kind, nach Bollnow, zunehmend Geborgenheit auch aktiv zu erzeugen und zu suchen. Resonanzpädagogisch betrachtet, erleben sich Kinder und Jugendliche in Klassenräumen, in denen repulsive oder indifferente Schulweltbeziehungen vorherrschen, gerade nicht als von der Welt getragen und in der Welt geborgen, sondern als in die Welt *geworfen*. Sie erleben, dass „ihnen die Welt feindlich und kalt gegenübertritt“[114]. Eine weitere situations- und interaktionsübergreifende Qualität der pädagogischen Atmosphäre ist die *fröhliche Stimmung*, die in den freudigen Gefühlen des Kindes zum Ausdruck kommt. Nach Bollnow gilt es, eine fröhliche Stimmung unbedingt zu fördern und zu unterstützen. Erst durch die Freude erlebt das Kind seine Weltbeziehung als einen Genuss, wodurch es sich auf weitere Begegnungen und Berührungen mit der Welt einlässt und sich für sie öffnet. Wo die Stimmung durch Repulsion bedrückt ist, können sich pädagogische Beziehungen nicht positiv entfalten, weil eine als drückend und bedrückend (und somit tendenziell als hart und verschlossen) erfahrene Welt das Selbst verschließt. Auch wer *Dankbarkeit* vonseiten eines Kindes erhält, befindet sich nach Bollnow in einer pädagogischen Atmosphäre. Insbesondere bei kleinen Kindern entspringt Dankbarkeit natürlicherweise aus der Erfahrung

114 Rosa (2016): Resonanz, S. 35.

des „Sich-getragen-Wissens“[115]. Wenn Kinder keine Dankbarkeit empfinden oder ausdrücken, könnte dies somit auf den Verlust einer tragenden, resonanten Weltbeziehung hinweisen und somit auf Gefühle des Geworfenseins. Während die *kindliche Liebe* einen Ausdruck für die *subjektive* gefühlsmäßige Zuwendung und existenzielle Bejahung seitens des Erwachsenen darstellt, drückt Achtung, oder wie Bollnow schreibt, *Verehrung* aus, dass der Lehrer für den Schüler einen *objektiven* Wert hat und als ein Vorbild zur Orientierung in der Welt angesehen wird.

Unmissverständlich gilt für Bollnow, dass diese Gefühle beim Kind nicht einfach instrumentell erzeugt, eingefordert oder erzwungen werden dürfen, sondern dass sie nur in einer pädagogischen Atmosphäre entstehen können und anwesend sind. Die pädagogische Atmosphäre ist also immer durch ein Moment der Unverfügbarkeit gekennzeichnet. Da eine pädagogische Atmosphäre nach Bollnow auf „gefühlsmäßigen Voraussetzungen“ basiert, ist ebenso offenkundig, dass die Qualität von Unterricht nicht von den materiellen, kognitiven und nicht einmal von dem dialogischen Geschehen allein abhängt. Ob Unterricht im Sinne einer pädagogischen Atmosphäre gelingt oder scheitert, lässt sich eher am Bauchgefühl ablesen.

Auch Bollnow ist sich bewusst, dass der Ansatz der pädagogischen Atmosphäre (als Kriterium für die Qualität von Schulweltbeziehungen) in einem Spannungsverhältnis zu den gängigen technizistischen und ressourcenfixierten Vorstellungen von Lernen, Lehren, Bildung und Erziehung steht. Bollnow behauptet nicht, dass die pädagogische Atmosphäre einen gegebenen pädagogischen Vorgang begünstige oder in Hinsicht auf dessen Effektivität optimiere, sondern dass diese gefühlsmäßigen Voraussetzungen die Basis für alles erzieherische, unterrichtliche und pädagogische Handeln sind. Erziehung, Bildung und Lernen kann ohne eine pädagogische oder bildende Atmosphäre in Form resonanter, entgegenkommender oder antwortender Weltbeziehungen nicht stattfinden. Bollnow wundert sich zu Recht, dass dieser Umstand in Praxis und Theorie so wenig Beachtung und Anerkennung findet. Auch er schreibt dies einem Sachverhalt zu, den ich in der Einleitung, im Anschluss an Hartmut Rosa, als Ressourcenfixierung im Bildungsbereich identifiziert habe:

> „Es ist erstaunlich, daß dieses Problem bisher so wenig in das Blickfeld der pädagogischen Besinnung eingetreten ist, so daß man es auch kaum in seiner Tragweite erkannt hat. Das liegt wohl im wesentlichen daran, daß man sich über die Eigenart des erzieherischen Handelns nicht hinreichend Rechenschaft ablegt und dieses in einer (mehr oder weniger deutlichen) Analogie zum hand-

115 Bollnow (2001): Die pädagogische Atmosphäre, S. 39.

werklichen Tun zu begreifen sucht. Solange man aber die Erziehung nach dem Vorbild der Herstellung eines vorgegebenen Ziels durch einen zweckmäßig arbeitenden Handwerker sieht, mögen gefühlsmäßige Bedingtheiten wohl als förderliche oder hinderliche Begleitumstände in Erscheinung treten, grundsätzlich aber ist der planmäßige Vollzug der Arbeit nicht von solchen gefühlsmäßigen Voraussetzungen abhängig. Auch wenn ich schlecht gestimmt bin, kann ich schließlich doch mein Ziel erreichen; ich brauche mich nur hinreichend zusammenzunehmen."[116]

Bollnow merkt an, dass weder die Aufklärung, welche Erziehung als ein Herstellen von außen her verstand, noch die Romantik, welche Erziehung als eine Art Wachsenlassen von innen her begriff, die konstitutive, antwortende Wechselseitigkeit pädagogischer und bildender (Welt-)Beziehungen – oder kurz: die Resonanzverhältnisse – hinreichend in den Blick nahm. Ebenso merkt Bollnow an, dass das Konzept der pädagogischen Atmosphäre die grundsätzliche Tragweite und existenzielle Bedeutung dieser Wechselseitigkeit in den Weltbeziehungen nicht in seinem ganzen Umfang erschließen kann – möglicherweise kann eine Resonanzpädagogik hier Abhilfe schaffen.

Während Bollnows Konzept der pädagogischen Atmosphäre seinen lebensphilosophischen Wurzeln zugeordnet werden kann, bei dem die positiven, lebensbejahenden und resonanten Momente im Vordergrund stehen, so stoßen ihn seine Studien zur Existenzphilosophie auf die Bedeutung der negativen, verneinenden und entfremdenden Momente für Erziehungs- und Bildungsprozesse. Den *stetigen Formen* der Erziehung, die auf beständige Vervollkommnung, Bereicherung oder ein kontinuierliches Wachstum und Anfüllen des Betroffenen hinauslaufen, stellt Bollnow die *unstetigen Formen* der Erziehung gegenüber, die sich durch unbeständige Brüche, beängstigende Erschütterungen, diskontinuierliche Unstimmigkeiten und tiefe Entfremdungsmomente auszeichnen, wie es bei der „Krise", der „Ermahnung", der „Beratung" oder der „Begegnung" der Fall ist.[117] Auch die unstetigen Formen der Erziehung lassen sich nicht als ein rein äußeres Geschehen analysieren, sondern anhand der Art und Weise, *wie den Betroffenen Welt entgegenkommt* und *wie sie von Welt berührt werden*. Diese negativen Weltkonfrontationen, die mit Angst, Verzweiflung, Erschütterung einhergehen können, haben nicht nur deshalb einen pädagogischen Wert, weil sie neuerliche Anverwandlungsprozesse in Gang setzen können, son-

116 Bollnow, Otto F. (1961): „Die pädagogische Atmosphäre", in: Das Studienseminar 6 (1), S. 2–20, hier S. 3.

117 Vgl. die entsprechenden Kapitel in Bollnow (2014): „Existenzphilosophie und Pädagogik".

dern auch deshalb, weil ihnen die latente Gefahr eines dauerhaften Verstummens von Welt innewohnt: Durch die unstetigen Formen der Erziehung können junge Menschen ihre Resonanzsensibilität und Resonanzfähigkeit verlieren.

In der *Krise*[118] geht das Andere und das Fremde der Welt nicht indifferent an unserem Leben vorbei und es wird auch nicht durch repulsive Abstoßung von unserem Leben ausgeschlossen, vielmehr bricht es unverhofft in unser Leben ein. Der Pädagoge sollte nicht versuchen, darüber zu entscheiden, ob der oder die Betroffene einem solchen „Welteinbruch" ausweicht oder sich ihm stellt. Sehr wohl aber sollte er als Begleiter und möglicherweise letzter Resonanzpol dem Kind oder Jugendlichen durch seine Anteilnahme Weltberührungen ermöglichen, wenn der Kontakt zur Welt durch die Krise abzubrechen droht. Pädagogik heißt in diesem Fall, dem endgültigen Verstummen oder Repulsiv-Werden der Welt entgegenzuwirken.

Auch in dem Konzept der *Begegnung* stehen Weltberührungen im Zentrum des Bildungsprozesses. In Begegnungen kommt es nach Bollnow zu existentiellen Erschütterungen, die unser bisheriges Weltverhältnis grundlegend in Frage stellen. Begegnungen können nach Bollnow nicht nur mit Menschen, sondern auch mit Landschaften, Literatur, Geschichtsepochen, mit Technik, Mathematik und Kunst stattfinden. Sie zeichnen sich durch zwei Merkmale aus: Zum einen sind Begegnungen nicht berechenbar, sie treten zufällig und unberechenbar ein – genauso, wie man einem Menschen zufällig auf der Straße begegnet. Zum anderen sind Begegnungen gegenläufig: In ihnen prallen zwei Realitäten oder Weltverhältnisse frontal aufeinander.

Die Verbreitung und zeitweilige Popularität des Begegnungsbegriffs in den 1960er-Jahren, war das Resultat einer Akzentverschiebung innerhalb des Bildungsbegriffs. Das klassische Bildungsverständnis, wie es etwa von Goethe oder auch von Wilhelm von Humboldt verkörpert wurde, lief in den Augen vieler Autoren[119] zu stark auf einseitige Selbstbildung hinaus: Das Subjekt eignet sich den Bildungsstoff an, indem es ihn assimiliert. Aus dieser Assimilation gehe es bereichert, erweitert und veredelt hervor, wodurch es dem Bildungsstoff, nun auf neuer und höherer Stufe stehend, neuerlicher begegnen könne. Im Gegensatz dazu betont das Begegnungskonzept stärker die Gleichwertigkeit von Selbst und Welt:

118 Ebd., Kap. VI.

119 Vgl. z.B. Loch, Werner (1960): „Zur Vorgeschichte des pädagogischen Begegnungsbegriffs", in: Pädagogische Arbeitsblätter 12, S. 16–30.

„Das Begegnende bleibt dagegen in seiner Selbstständigkeit bestehen und verlangt darum vom Menschen ein ganz andres Verhalten. Ja erst hier können wir von einer Reaktion im strengen Sinn sprechen: Das Subjekt soll auf den Anspruch, der ihm in der Begegnung entgegentritt, antworten, es soll in einer angemessenen Weise antworten, und was angemessen ist, das bestimmt nicht das Subjekt, sondern das Begegnende. Der Bildungsstoff als solcher stellt keine Ansprüche, aber das Begegnende tritt ihm als etwas Forderndes gegenüber; es fordert eine angemessene Antwort. Und in einer solchen angemessenen Antwort geht es um ganz etwas andres als um seelische Bereicherung. Es ist eine Prüfung der letzten seelischen Echtheit. In dieser Erschütterung muß sich das Subjekt bewähren. Es kann bestehen oder nicht bestehen."[120]

Ich verstehe die Begegnung, wie Bollnow sie entwirft, als eine Weltkonfrontation, die uns zwingt, zu unserem eigenen Weltverhältnis grundsätzlich Stellung zu beziehen. Die Begegnung wird unser Weltverhältnis verändern, aber diese Veränderung kann in alle drei Richtungen erfolgen: In Begegnungen können sich die beiden fremden Realitäten (beispielsweise zwei Anhänger sehr unterschiedlicher politischer Positionen) voreinander verschließen, sich voneinander abwenden und „wegschauen" (Indifferenz) oder aber versuchen, sich gegenseitig zu unterwerfen, zu dominieren und zu kontrollieren (Repulsion). Andererseits können beide Realitäten aber auch bestrebt sein, sich wechselseitig zu erreichen und offen zu sein für eine wechselseitige (An-)Verwandelung, indem sie vernehmen, was ihnen die andere Realität zu sagen hat (Resonanz). Dass Begegnungen mit Menschen, aber etwa auch mit Dingen eine richtungsweisende Positionierung erzwingen, liegt in ihrer Unausweichlichkeit:

„‚Begegnung' mit einem Gegenstand aber bedeutet, daß jetzt beide Seiten mit dem gleichen Realitätsgewicht aufeinanderstoßen. Der Mensch wird hier also im eigentlichen Sinn ‚erschüttert' in der Begegnung mit einer Wirklichkeit, die auf ihn trifft und die nicht vor ihm ausweicht. Die Begegnung gewinnt von hier aus ihre eigentümliche Härte, eine Unerbittlichkeit und Unausweichlichkeit."[121]

Solche unausweichlichen Erschütterungen können sich beispielsweise vollziehen, wenn Schülerinnen und Schüler mit der Scheidung ihrer Eltern konfrontiert sind oder erfahren, dass sie sitzen bleiben werden. Zu Begegnungen kann es kommen, wenn Lehrerinnen und Lehrer erfahren, dass sie schwer krank sind, ein Schulangehöriger gestorben ist, aber auch im Zusammenstoßen mit Schülern und Weltstoffen, etwa Texten oder mathema-

120 Bollnow (1955): „Begegnung und Bildung", in: Zeitschrift für Pädagogik 1 (1), S. 10–32.
121 Ebd., S. 5.

tischen Wirklichkeitsbeschreibungen, die das bisherige Selbstverständnis in Frage stellen. Durch Begegnungen lernen Menschen nicht, einen Stoff einseitig zu beherrschen, sondern sie erleben einen Gegenstand, die Natur, eine historische Epoche, ein Gedicht usw. als eine eigenständige lebensgestaltende Kraft:

> „Begegnung mit der Mathematik beispielsweise soll dann besagen, daß dieser Stoff nicht nur äußerlich gelernt, sondern innerlich als eine wirklich lebensgestaltende Macht erfahren werden soll."[122]

Wie angedeutet scheinen in Begegnungen die Resonanzverhältnisse im Ganzen auf der Kippe zu stehen. Begegnungen bergen immer die Gefahr die Resonanzbeziehungen dauerhaft zum Verstummen zu bringen. Der Mensch kann im Angesicht der entgegenkommenden und gegenläufigen Realität buchstäblich verstummen. Andererseits können Begegnungen aber auch Initialzündungen sein, die den Menschen für eine Sache entflammen lassen:

> „Die Begegnung bezeichnet so den Vorgang, in dem sich das innerste Sein des Menschen allererst entzündet."[123]

Wenn Lernende „entzündet" worden sind, lassen sie sich nach Bollnow mit ihrem ganzen Wesen auf eine Sache ein. In der Nähe, die das Begegnungskonzept zwischen Resonanz und Entfremdung herstellt, liegt eine besondere Herausforderung sowohl für die Resonanztheorie als auch für die pädagogische Theorie und Praxis. Bollnows eigene Vergangenheit als Nazi-Anhänger und aktives Mitglied der NSDAP[124] mahnen eindringlich dazu, sich mit den ideologischen Gefahren von Weltbegegnungen und Weltberührungen auseinanderzusetzen (vgl. dazu Kap. II.2.2, unten).

Wie die zuvor behandelten Autoren macht auch Bollnow das Gelingen und Misslingen von Erziehung und Bildung nicht allein vom Ergebnis, dem Outcome oder der Leistung abhängig, sondern von der Qualität und der Dynamik in den Beziehungen. Bollnow wurde in diesem Kapitel als ein Autor vorgestellt, der sich intensiv mit den gefühlsmäßigen und affektiven Voraussetzungen bildender Weltbeziehungen beschäftigt hat. Bei John

122 Ebd., S. 13.

123 Bollnow, Otto F. (1955): „Begegnung und Bildung", S. 20.

124 Bollnow gehörte seit 1933 dem antisemitischen „Kampfbund für deutsche Kultur" an, wurde im selben Jahr Unterstützer des „Bekenntnisses der Professoren an den deutschen Universitäten und Hochschulen zu Adolf Hitler und dem nationalsozialistischen Staat" und war seit 1940 Mitglied der NSDAP.

Dewey hingegen lässt sich die Kritik am Verstummen der Welt im Klassenraum anhand des denkenden bzw. praktischen Weltbezuges rekonstruieren.

2.7 Bildung als praktischer Weltbezug: Schule und Weltisolation (J. Dewey)

Auch John Dewey (1859–1952) verfasste seine Schultheorie in einem resonanzpädagogischen Geist. Der Motor für Deweys „progressive education" war die Beobachtung, dass die moderne Weltbeziehung den Menschen von seinen Mitmenschen, von der Natur, der Kunst, der Politik und von sich selbst entfremde und zu isolieren drohe. Dafür sah Dewey mehrere Anzeichen: Die zunehmende Spezialisierung der Gesellschaft und der Kultur führt dazu, dass essenzielle und integrative Erfahrungsräume geschlossen werden und die Weltbeziehung fragmentiert und in ihre Bestandteile aufgelöst wird. So werden beispielsweise Sport und Politik in professionelle Sphären verbannt, diese wiederum sind gesondert und abgetrennt vom Geldverdienen und den alltäglichen Geschäften. Überall spürt Dewey das Phänomen der Absonderung und Fragmentierung auf, die den Weltbezug des Menschen im Ganzen belasten und „die unser gegenwärtiges Leben verwirren und zunichte machen."[125] Kunst wird von Wissenschaft geschieden, Religion auf Sonn- und Feiertage verbannt, Vergangenheit, Gegenwart und Zukunft stehen unverbunden und resonanzlos nebeneinander. Die Moderne, so Dewey, trennt den Geist vom Leib, das Denken vom Fühlen und beides wiederum vom Handeln. Eine fatale Lücke („gap") entstehe zwischen dem Menschen und der Welt, die alle intrinsischen Weltbeziehungen zerstöre und keinen Raum mehr lasse, „für ein Leben um des Lebens willen, für ein volles, reiches und freies Leben"[126]. Nach Dewey hat die Moderne den Menschen von vielen Weltbereichen sowie von sich selbst isoliert, obwohl das ursprüngliche Anliegen der Moderne auf eine Intensivierung der Selbst- und Weltbeziehung abzielte:

> „Men were not actually engaged in the absurdity of striving to be free from connection with nature and one another. They were striving for greater freedom in nature and society. They wanted greater power to initiate changes in the world of things and fellow beings; greater scope of movement and consequently

125 Dewey, John (2003): „Affektives Denken (1926)", in: Ders.: Philosophie und Zivilisation, S. 117–124, hier S. 124.
126 Ebd., S. 117.

greater freedom in observation and ideas implied in movement. They wanted not isolation from the world, but a more intimate connection."[127]

Wie ist diese Störung in den Weltbeziehungen bei Dewey zu verstehen? Für Dewey wird Entwicklung durch eine Dynamik in den Weltbeziehungen ausgelöst. Das Selbst strebt Dewey zufolge nach einem Gleichgewicht zwischen seinen Bedürfnissen und der Umwelt: Menschliche Wesen folgen in ihrem Verhalten angelernten und gewohnheitsmäßigen Handlungsskripten („habits"), die sie ausführen, um in einer gegebenen Umwelt ihre Bedürfnisse zu befriedigen. Solange die gewohnheitsmäßigen Handlungen zur Umwelt passen, erfolgen sie unbewusst und selbstverständlich. Tritt eine Störung auf und werden die Handlungen plötzlich als unpassend erlebt, ist das Gleichgewicht zwischen Subjekt und Welt gestört. In einem solchen Fall beginnt das Subjekt darüber nachzudenken, was es tut und was es möglicherweise anders tun müsste, um ein neuerliches Gleichgewicht zwischen Selbst und Welt zu erlangen. Reflexion und intelligentes Denken entspringen bei Dewey also Erfahrungen, in denen Menschen von der Welt irritiert und herausgefordert werden oder in denen die Welt abweisend oder indifferent auf vormals geglückte Interaktionsversuche reagiert. Das reflektierende und handelnde Selbst und die begegnende Welt begeben sich sodann in einen wechselseitigen Anverwandlungsprozess, in dem sich sowohl das Selbst an die Welt als auch die Welt an das Selbst anpasst, bis ein neuerliches Gleichgewicht entstanden ist. Wie bereits bei Schleiermacher, so vollzieht sich auch bei Dewey das Leben als eine Oszillation zwischen einem solchen integrativen Gleichgewicht und einem desintegrativen Ungleichgewicht:

„[...] wenn ein Organismus irgendwie in seinem ‚Gleichgewicht' mit seiner Umwelt gestört ist, erscheinen seine Bedürfnisse als ruhelose Aktivitäten des Sich-Sehnens und Begehrens, die so lange fortdauern, bis die so induzierten Akte zu einer erneuten Integration des Organismus und seiner Beziehung zur Umwelt geführt haben."[128]

Von entscheidender Bedeutung für die Oszillation zwischen Desintegration und Integration ist, dass Selbst und Welt sich nur dann wechselseitig aufeinander abstimmen und aneinander anpassen können, wenn sie in einer Antwort- und Resonanzbeziehung stehen: Weltbeziehungen können nach Dewey als gestört und entfremdet bezeichnet werden, wenn einerseits eine vollständige Anpassung *erzwungen* wird, die keine Irritationen durch die Umwelt mehr erlaubt, oder aber, wo andererseits die Weltverhältnisse *zer-*

127 Dewey, John (2008): Democracy and Education, S. 254.
128 Dewey (2003): „Affektives Denken", S. 118 f.

rissen, desintegriert, unverbunden und *chaotisch* nebeneinanderstehen – und eben davon sieht Dewey die Weltverhältnisse der Moderne bedroht. Dewey bringt diese Sorge in seiner oben angedeuteten Angst vor einer steigenden Isolation der Weltbereiche zum Ausdruck, die schließlich die Zivilisation zerreißen könne, weil sie, so könnte man den Gedanken weiterführen, die integrierende Resonanz- und Antwortbeziehung zwischen Selbst und Welt durch Zwang blockiert oder isolierend trennt:

> „Wenn nicht irgendeine Integration erreicht werden kann, zerreißen die stetig wachsenden Isolierungen und Gegensätze im Gefolge des Wachstums der Spezialisierung auf allen Gebieten am Ende unsere Zivilisation."[129]

Interessanterweise entspringt nach Dewey die denkende Weltbeziehung des Menschen jenem oszillierenden Anverwandlungsprozess. Dabei sind sinnliche und affektive Welteindrücke und Weltberührungen fundamental wichtig: Die sinnlichen und affektiven Welteindrücke werden vom Subjekt nicht einfach neutral und stumm registriert, sondern haben einen Aufforderungscharakter; sie fordern uns dazu auf, auf ein wahrgenommenes Gleichgewicht oder Ungleichgewicht stabilisierend oder integrierend einzuwirken. Kurz gesagt: Die sinnlichen und affektiven Eindrücke fordern uns auf zu handeln. Das Handelnwollen wiederum erzeugt Reflexionsimpulse, die die Subjekte dazu anregen, über die Situation (die Welt) und ihr Verhalten (sich selbst) nachzudenken.

Nun hat nach Dewey insbesondere die Erkenntnishaltung des modernen rationalen Subjektes das Denken durch die Subjekt-Objekt-Trennung von jenen affektiv-sinnlichen Impulsen losgelöst. Anders formuliert: Die Moderne hat nach Dewey das *Denken* vom *Fühlen* und *Handeln isoliert*, sie hat den kognitiven Weltbezug von dem fühlenden und handelnden getrennt. Lernen erfolgt somit nicht mehr im Medium von integrativen Erfahrungen, d.h. in Selbst- und Weltbegegnungen, in denen Denken, Fühlen und Handeln ineinander verwoben sind. Hingegen bleibt das Wissen abstrakt. In der Erkenntnishaltung des rationalen Beobachters distanziert sich der Mensch von der Welt und von sich selbst, indem er Selbst und Welt als Objekte betrachtet und streng vom subjektiven Erleben scheidet: Um objektives Wissen zu generieren, muss der neutrale Beobachter seine affektiv-emotionale und handlungsleitend-sorgende Verbindung zur Welt kappen und ausschalten. Nach Dewey aber ist diese affektiv-emotionale Weltverbundenheit die ursprünglichere Form der Weltbeziehung, die jeglicher

129 Ebd., S. 124.

objektiver Distanzierung vorausgehen muss, um ein Gespür für die Bedeutung des Wissens entwickeln zu können.

Dewey will diese qualitative Weltbeziehung, durch die unser Erkenntnisdrang geweckt wird, für die Schule wiedergewinnen. Deshalb entwirft er Lernen strikt als ein Erfahrungslernen. Durch Erfahrungen kommt es zu Selbst- und Weltberührungen, die sowohl einen *kognitiven* als auch einen *affektiven* und einen *voluntativen* Aspekt integrieren. Wie Axel Honneth herausarbeitet, zeigt Dewey, dass jedem Begreifen von Welt eine holistische und umfassende Welt-Erfahrung vorausgeht.[130] Wir sind ursprünglich durch existentielle Distanzlosigkeit und praktisches Engagement mit der Welt verbunden; erst durch diese ursprüngliche Verbundenheit, in der wir affektiv auf die Welt (auf andere Menschen, Natur, Kunst, Dinge, Materialien usw.) bezogen sind, sind wir in der Lage, die Bedeutung der Dinge „da draußen" zu erkennen, deshalb nämlich, weil sie uns in einem pragmatischen Sinn *etwas angehen*. Weltberührungen und Resonanzen erweisen sich bei Dewey somit als Voraussetzung für Welt- und Selbsterkenntnis.

Das primär erfahrene und empfundene Weltverhältnis bezeichnet Dewey als *qualitativen Weltbezug*. Hingegen verengen Menschen in quantitativen Weltbezügen ihr Weltverhältnis auf die kognitive Dimension, indem sie die affektive und die voluntative Dimension ausschalten. Bei einem qualitativen Weltbezug sind wir Anteil nehmend (fühlend), interessiert und sorgend (handlungsmotivierend) auf Andere, auf Dinge, Natur, Kunstwerke oder uns selbst bezogen. Erst diese umfassende Zuwendung des sorgenden und Anteil nehmenden Subjektes verleiht den Dingen der Welt seine Qualität: Wenn wir beispielsweise eine Lehrerin schätzen, auf sie wütend sind oder um sie trauern, dann ist unsere Wertschätzung, unsere Wut oder unsere Trauer nach Dewey nicht etwas, was zu dem objektiven Menschen hinzukommt. Vielmehr zeichnet es diesen Menschen in seiner *Qualität* für uns aus. Mehr noch: Es zeichnet aus, was es heißt ein menschliches Wesen zu sein. Erst nachher können wir von dieser qualitativen Erfahrung abstrahieren. Diesen umfassenden (Anteil nehmenden und affektiv-sorgenden) Weltbezug auf einen rein kognitiven zu verengen und somit die Unterrichtssache von der Erfahrung und gleichsam von der Welt zu abstrahieren, würde nach Dewey den Grund unserer ursprünglichen Zugewandtheit zerstören und, wie ich Dewey verstehe, auch unseren Erkenntnisdrang unterminieren. Nicht nur, weil dies voraussetzt, dass Menschen sich allein aus einem intellektuellen Interesse und Motiv die Welt aneignen, sondern auch, weil dies zugleich unsere Fähigkeit zerstört, das Selbst und die Beziehung zur Welt durch ganzheitliche Erfahrungen zu integrieren.

---

130 Honneth, Axel (2005): Verdinglichung. Eine anerkennungstheoretische Studie, Kap. 2.

Wie ich Dewey verstehe kann ihm zufolge ein qualitativer Weltbezug nicht in einen denkenden, fühlenden und handelnden Aspekt zerlegt werden. Vielmehr handelt es sich um einen Modus der Welterfahrung, der dieser Trennung vorausgeht. In meiner Wertschätzung, Wut oder Trauer der Lehrerin gegenüber sind kognitive, emotionale und voluntative Aspekte des Weltbezuges ineinander verwoben. Indem die moderne Kultur das subjektive Erleben scharf von den objektiven Erkenntnissen scheidet und beides voneinander isoliert, begünstigt sie ein Weltverhältnis, das zerstückelnd und entfremdend wirkt, aber nicht Integration und Anverwandlung ermöglicht.

Dewey ist sich bewusst, dass die Schule die Weltbeziehung in besonderem Maße prägt und moduliert. Sein gesamtes Schulkonzept ist durchdrungen von der Idee qualitativer Weltbeziehungen. Schulisches Lernen ist bei Dewey deshalb ein zutiefst sozialer Vorgang, der die explizite Kommunikation weit übersteigt. Dewey beschreibt Lernen als ein Erfahrungs- und Resonanzgeschehen, weil es in teilnehmenden und Anteil nehmenden qualitativen Weltbeziehungen erfolgt, die uns sowohl kognitiv als auch emotional und voluntativ berühren:

> „When we experience something we act upon it, we do something with it; then we suffer or undergo the consequences. We do something to the thing and than it does something with us. […] When an activity is continued into the undergoing of consequences, when the change made by action is reflected back into a change made in us, the mere flux is loaded with significance. We learn something.“[131]

Stets aufs Neue setzt Dewey an, die lediglich kognitive Stoffbeherrschung im Unterricht zu kritisieren, bei der die Sache abstrakt bleibt und Lernen nicht in qualitativen und resonanten Weltbeziehungen erfolgt. Ohne die Rückbindung an konkrete Erfahrungen und an Situationen, die problemlösendes Verhalten fordern, verstummt nach Dewey der Unterricht, und der Unterrichtsstoff wird als leer empfunden. In einem solchen quantitativen und entseelten Lernen verlieren die Schülerinnen und Schüler, wie Dewey formuliert, schließlich selbst ihre Seele:

131 Dewey (2008): Democracy and Education, S. 255. Weiter heißt es hier: „To ‚learn from experience‘ is to make a backward and forward connection between what we do to things and what we enjoy or suffer from things in consequence. Under such conditions, doing becomes a trying; an experiment with the world to find out what it is like; the undergoing becomes instruction-discovery of the connection of things.“

„What avail is it to win prescribed amounts of information about geography and history, to win ability to read and write, if in the process the individual loses his own soul: loses his appreciation of things worth while, of the values to which these things are relative; if he loses desire to apply what he has learned and, above all, loses the ability to extract meaning from his future experiences as they occur?“[132]

Ein schädliches Resultat des (im resonanzpädagogischen Sinne) entfremdeten und isolierten lernenden Weltbezuges ist nach Dewey auch das *Verstummen des Leibes*. Der Isolation von Subjekt und Objekt entspricht die Isolation von Körper und Geist. Da Lernen bei Dewey nur dann gelingt, wenn es ein Erfahrungslernen ist, legt er besonderen Wert auf den leiblichen Weltbezug, den er ebenfalls in Gefahr sieht. Dewey kritisiert wie kaum jemand vor ihm die „Leibvergessenheit“ der Schule in seiner Zeit. In einem kognitiven, Stoff beherrschenden und Stoff kontrollierenden Unterricht muss der Körper neutralisiert und diszipliniert werden.[133] Seine Regungen müssen, sofern sie nicht der Stoffvermittlung dienen, unterdrückt und neutralisiert werden, gelegentlich durch Selbstkontrolle, öfter durch strafende und repressive Maßnahmen der Lehrenden. Müdigkeit, Bewegungsdrang, Nervosität müssen unterdrückt werden, um den Körper zu einem gefügigen Gefäß des intellektuellen Interesses an der Welt zu machen, bei dem wir nicht merken, „how half dead our mental action is“[134]. Der Körper wird somit verdinglicht und zum Schweigen gebracht, indem er in der Schule für einen rein geistigen Weltbezug instrumentalisiert wird. Die Sorge am Verstummen des Körpers greife ich im Kapitel IV.1 auf und stelle ihr eine leibliche Weltbeziehung gegenüber, in der der Leib als Resonanzkörper fungiert.

2.8 Bildung als wertender Weltbezug: Schule und Kälteproduktion (A. Gruschka)

Für Schleiermacher war die Seele oder das Wesen des Menschen durch ein doppeltes Bedürfnis gekennzeichnet: Menschliche Wesen sehnen sich danach, Welt in sich aufzunehmen, und sie haben das Bedürfnis in die Welt auszuströmen. Was aber geschieht, wenn sich durch Kälteempfindungen die „Poren zur Welt“ im Menschen zusammenziehen, wenn sich beim Frie-

132 Dewey, John (2008): „Experience and Education“, in: Boydston, J. A. (Hrsg.): The Later Works, S. 1925–1953, Volume 13: 1938–1939, S. 29.

133 Vgl. Kap. „Experience and Thinking“, in: Dewey (2008): Democracy and Education.

134 Ebd., S. 128.

ren die „Welt-Kanäle“ verschließen? Was zunächst wie eine metaphorische Frage klingt, ist das ambitionierte und wissenschaftlich präzise Forschungsprogramm von Andreas Gruschkas Kältestudien.[135]

Im alltäglichen Sprachgebrauch drückt Kälte oft ein Unbehagen aus: So sprechen wir z.B. von „kaltem Verhalten“ oder „kühlen Menschen“, von einer „eisigen Atmosphäre“ oder davon, dass es uns „kalt den Rücken herunterläuft“ oder uns „schaudert“. Kälte ist somit nicht nur eine Körperempfindung, die durch das Abfallen der physischen Temperatur verursacht wird, sondern auch ein Unbehagen, das entsteht, wenn die zwischenmenschliche, die *soziale* Temperatur sinkt. Als soziales Gefühl, das auf bestimmten Voraussetzungen basiert und spezifische Wirkungen hervorruft, lässt sich Kälte nach Gruschka mit den Mitteln der sozialwissenschaftlichen Theorie exakt erfassen. Kälte steht dann für eine Weltbeziehung, in der Berechnung und Kalkül das Grundverhältnis des Menschen zur Welt definieren.[136]

Auf der Grundlage von Gruschkas Erkenntnissen möchte ich die These aufstellen, dass Kälte immer dann entsteht, wenn die werthaften Weltbezüge verstummen. Kalte Weltbeziehungen entstehen, so Gruschka, durch Entfremdung im evaluativen Selbst-Welt-Verhältnis. Menschliche Wesen sind dadurch gekennzeichnet, dass ihre Weltbeziehung nicht nur voluntativ, durch ihr *Wollen*, sondern auch evaluativ, durch ein *Sollen* konturiert wird. Unabhängig von den jeweils gewollten Weltbezügen, treten Menschen auch deshalb mit bestimmten Dingen in Kontakt, weil sie es wert sind. Wertungen sind nicht nur Teil unserer Identität, sie sind auch als Ideale und normative Ansprüche, in Form von Werten, den sozialen Praktiken und Institutionen und somit der objektiven Welt eingeschrieben. Die evaluativen Ansprüche geben Auskunft darüber, was in einer jeweiligen Situation geboten ist, was gut oder schlecht, gerecht oder ungerecht, vernünftig oder unvernünftig ist, was Glück oder Unglück bedeutet, und was als angemessen oder als unangemessen anzusehen ist. Dass unsere Weltbeziehung eine werthafte Struktur hat, wird zumeist dann spürbar, wenn Menschen in eine Situation geraten, in der es zu Spannungen und Konflikten zwischen ihren Werten und ihrer Realität kommt. Kalt reagieren Menschen dann, wenn sie

135 Gruschka, Andreas (1994): Bürgerliche Kälte und Pädagogik. Moral in Gesellschaft und Erziehung; Bremer, Rainer/Gruschka, Andreas (1987): „Bürgerliche Kälte und Pädagogik“, in: Pädagogische Korrespondenz 1, S. 19–33.

136 Vgl. ebenso die Rezension von Christoph Türcke (1994): „Frieren für das Kalkül“, in: Die Zeit, Nr. 43: Kälte steht „[...] für einen Zustand, in dem das Kalkül das Grundverhältnis des Menschen zur Welt geworden ist. Nicht nur die moderne Ökonomie verlangt jedem ein solches Kalkül dauernd ab – auch die Seelenökonomie. Wer sich nicht mit Kälte panzert, hielte es in der kalten Welt nicht aus.“

diese Spannungen und Konflikte freiwillig oder gezwungenermaßen verdrängen: Wenn eine Lehrerin einen weinenden Schüler kommentarlos aus dem Klassenraum verweist, weil der Unterricht weitergehen müsse; wenn ein Lehrer die fatalen Folgen, die eine nichtbestandene Prüfung für eine Schülerin hat, mit einem kalten Schulterzucken kommentiert; wenn Schüler regungslos zusehen, wie ein Anderer verprügelt oder gemobbt wird, und vielleicht sogar ihre Handys zücken, um Aufnahmen zu machen, anstatt helfend einzugreifen. Mit Kälte panzern wir unser Selbst aber auch dann, wenn wir etwa als Passanten gehetzt an einem bettelnden Menschen vorbeigehen, obwohl wir den „Ruf" vernehmen ihm zu helfen; wenn wir in den Nachrichten hören, dass Flüchtlingsheime in Brand gesteckt werden und wegschauen; wenn wir an einer Freundschaft nur noch festhalten, um gegen schlechte Zeiten abgesichert zu sein. In all diesen Fällen ist Kälte anwesend, da die Betroffenen einen moralischen Anspruch, den sie eigentlich spüren, ignorieren. Kälte vermag es, die eigenen moralischen Affekte zu neutralisieren. Sie bringt den werthaften Weltbezug zum Verstummen.

Kaltes Verhalten ist nicht nur die Schuld der Subjekte allein. Es ist die Verfassung der Gesellschaft, es ist der gesellschaftliche Weltbezug im Ganzen, der die Anforderungen der Realität beständig in Widerspruch bringt zu dem, was Menschen als wertvoll, als geboten und gut erleben: So kann ich es als Lehrer zwar für ungemein wichtig halten, Schüler individuell zu fördern, zugleich aber zwingen mich die selektive Notengebung, der Leistungsdruck und verwaltungstechnische Notwendigkeiten dazu, Kinder zu entindividualisieren; zwar will ich meinem verzweifelten Mitschüler helfen, werde aber bestraft, wenn ich ihn jetzt abgucken lasse; zwar erkenne ich einen moralischen Anspruch darin, den Hunger in der Welt zu bekämpfen, mit ärmeren Menschen zu teilen oder gegen den Klimawandel und die Ausbeutung der Natur anzugehen, gleichzeitig aber nehme ich tagtäglich an gesellschaftlichen Praktiken teil, die diese Missstände mit hervorrufen. Kälte ist nach Gruschka eine Reaktion auf diese Diskrepanz zwischen Anspruch und Realität, es ist die Art und Weise, wie menschliche Wesen mit diesen Widersprüchen umgehen: Sie reagieren oft mit Kälte, um in der modernen Gesellschaft funktionsfähig zu bleiben.[137]

Kaltes Verhalten hilft, die erlebten Widersprüche zwischen Anspruch und Realität zu entschärfen und ertragbar zu machen. Kälte nimmt den Widersprüchen ihren Stachel. Dabei erfasst Kälte das menschliche Weltverhältnis als Ganzes, sie durchzieht und durchwebt es und wird durch Indiffe-

137 Gruschka (2001): „Bildung: unvermeidbar und überholt, ohnmächtig und rettend", S. 636: „Der verzweifelte und hoffnungslose Wunsch, dass es anders sein möge, produziert wohl allgemein schwere psychische Belastungen."

renz aufrechterhalten, und zwar durch Indifferenz in der *kognitiven Welterklärung* („Der ist selbst schuld.", „So läuft die Welt nun einmal.", „Die ist zu sensibel.", „Das ist doch gar nicht so schlimm." usw.), im *affektiven Weltempfinden* (im gefühlsmäßigen Taub-werden und Sich-nicht-berühren-Lassen) und im *praktischen Welteingreifen* (im Wegsehen, Ignorieren, Ausschließen, Über- oder Herunterspielen, Totschweigen usw.).[138]

Durch diese Welthaltung vermögen uns die moralischen Ansprüche nicht mehr zu berühren und zu bewegen, zu verunsichern und an uns zu appellieren. Sie rufen uns auch nicht mehr dazu auf, auf die gegebenen Missstände zu antworten: Kälte herrscht dort, wo wir zuschauen, ohne erschrocken zu sein; wegschauen, um gar nicht erst betroffen zu werden; „bewusst übersehen, was vordem noch wahrgenommen wurde."[139] Kälte heißt, dass ungerechte, defizitäre, unvernünftige Situationen trotz besseren Wissens toleriert und hingenommen werden, ohne dass wir Einspruch erheben und auf die Missstände reagieren.

In Anbetracht des unermesslichen Leids, das es in der Welt gibt, ist Gruschka äußerst skeptisch, ob ein menschliches Leben ohne Kälte überhaupt auszuhalten sei: Nicht nur zwingt uns die Gesellschaft zum kühlen Berechnen, etwa in der Arbeitswelt, der Bürokratie, der Ökonomie und der Schule. Zugleich wären auch die psychischen Kosten, wenn wir all das Leid der Erde an uns heranließen, erdrückend hoch. Dennoch, so sorgt sich Gruschka, könne die Kälte überhand gewinnen und die sozialen Beziehungen im Ganzen schädigen und auskühlen lassen.

Resonanzpädagogisch interessant ist der Sachverhalt, dass Gruschka mit seinen zutiefst humanistischen Kältestudien nun gerade nicht darauf abzielt, der Kälte durch eine Erwärmung der Herzen pädagogisch entgegenzuwirken. Vielmehr besteht sein Ziel darin, das Antwortverhältnis in der evaluativ-wertenden Weltbeziehung, das durch Kälte verstummt ist, wieder zum „Sprechen" zu bringen. Dazu muss er die Differenz zwischen der gegebenen Wirklichkeit, wie sie ist, und der Wirklichkeit, wie sie sein könnte, nachverfolgen und offenlegen. Nur indem die Menschen die Diskrepanz wieder wahrnehmen und spüren, kann das appellative, anrufende, Ansprü-

---

138 Gruschka (1994): Bürgerliche Kälte und Pädagogik, S. 73: „Mit Kälte sollen diese drei Dimensionen (der Handlung, der Erklärung und der Gefühle) in ein Bild gefaßt werden. Kälte stiftet das Kontinuum zwischen theoretischer Einsicht/Orientierung, praktischen Verhaltensweisen und emotionaler Integrationsleistung. Insofern ist es nicht, wie dies traditionell geschieht, meine Absicht, ‚Vernunft und Leidenschaft', ‚rationales und affektuelles Verhalten', ‚kognitive und normative Reaktionen' gegeneinander auszuspielen oder sie isoliert voneinander zu betrachten, sondern zu zeigen, daß und wie sie sich gegenseitig bedingen: das eine ist im jeweils anderen vorhanden."

139 Ebd., S. 262.

che stellende Weltverhältnis wieder belebt werden: Gruschka will die Menschen deshalb nicht erwärmen, er will sie kältesensibel machen.[140]

Kaltes Verhalten ist nach Gruschka nicht naturgegeben, sondern wird erlernt. Aus diesem Grund und auch weil er betont, dass insbesondere die Schule die Weltbeziehung von Menschen prägt, richten sich Gruschkas Kältestudien vor allem auf die Institution Schule. Kälte ist die Manifestation von Indifferenz im Klassenraum. Nicht das repulsiv-hitzige oder hitzköpfige Verhalten von Lehrenden und Schülern, die den jeweils anderen aktiv demütigen, bloßstellen, mobben oder gar physisch schädigen, ist mit Kälte gemeint. Hitze im Sinne von Repulsion lässt sich nach Gruschka als eine verzweifelte Reaktion auf kalte und indifferente Weltverhältnisse in der Schule verstehen. Kälte ist, wie Gruschka betont, deshalb auch nicht die negative Seite der Moral: Wer sich kalt verhält, verhält sich nicht böse oder feindlich: „Der kalte ist nicht der böse Mensch“[141]. Kälte steht buchstäblich nicht für eine negative Weltbeziehung, sondern für die Abwesenheit einer Beziehung und somit für Entfremdung im Sinne eines Verstummens von Welt. Somit könnte das obige Zitat abgewandelt werden in: Der kalte Mensch ist der indifferente Mensch. Man erfreut oder belustigt sich nicht an dem Leid des Anderen, man trachtet auch nicht danach, es auszulösen, es geht einen schlicht und einfach nichts an, es berührt einen nicht:

> „Mit Kälte tendieren die Menschen zur Gleichgültigkeit gegenüber den erlebten Widersprüchen.“[142]

Für eine Kritik der Schule stünden somit die subtilen Phänomene der Indifferenz und Gleichgültigkeit im Mittelpunkt. Interessant für die Schule ist weiterhin der Sachverhalt, dass Kälte nach Gruschka erlernt wird, und zwar durch Erfahrungen und Erlebnisse der Indifferenz und Gleichgültigkeit.

Es ist in der Erziehungswissenschaft, aber auch in der Alltagserfahrung von Lehrenden und Lernenden ein bekanntes Phänomen, dass es eine Dis-

---

140 So schreibt Gruschka in Hinsicht auf eine Kälte produzierende Pädagogik: „Erst wenn es gelänge, sie [die Widersprüche] voll bewußt zu machen, eröffnete sich der Pädagogik der Ausweg aus der letztlich blinden Reproduktion ihrer Widersprüche oder, bescheidener formuliert, ließe sich der Anspruch unverkürzt aufrechterhalten, sie zu überwinden.“ Vgl. Gruschka (1994): Bürgerliche Kälte und Pädagogik, S. 312. Dass es einen engen Zusammenhang zwischen Kälte- bzw. Entfremdungssensibilität und Resonanzfähigkeit gibt, zeige ich in Kap. II.2.2 Kältesensibilität ist dabei allerdings nur die negative Seite – um Anverwandlung zu ermöglichen, bedarf es auch positiver Resonanzräume).

141 Ebd., S. 78.

142 Ebd., S. 75.

krepanz gibt zwischen Anspruch und Wirklichkeit.[143] In der Schule wird die Diskrepanz zwischen dem Ideal und der Wirklichkeit, zwischen gelingendem Schulleben, „wie es sein sollte, um lebendig genannt zu werden“[144], und misslingender Praxis, die als tot, kalt und leer beschrieben werden kann, besonders deutlich spürbar.[145]

Real geht es in der Schule nach Gruschka in der Moderne vor allem um das kalte Funktionieren, um kühle Berechenbarkeit und rationale Kosten-Nutzen-Rechnung, um Leistungsfähigkeit und Verwaltung zum Zwecke des konkurrenzbasierten Erwerbs von Lebenschancen. Demgegenüber sind der modernen Pädagogik der Anspruch und das Selbstverständnis eingeschrieben, jungen Menschen auf warme, herzliche, wertschätzende, liebevolle und nicht-kalte Weise zu begegnen:

> „Die Pädagogik orientiert sich an Normen, die mehrheitlich verlangen, gerade nicht kalt gegenüber Kindern aufzutreten, für die Verantwortung übernommen worden ist. Pädagogen dürften nur selten ohne eine Idealisierung ihrer Praxis auskommen, und eine ihrer Zentralen besteht in der Vorstellung, ein warmes, d. h. ein persönliches, engagiertes, empathisches Verhalten zu jedem Kind sei nicht nur erstrebenswert, sondern im Grundsatz auch möglich.“[146]

Schülerinnen und Schüler sind im Klassenraum mit dieser unvereinbaren Diskrepanz konfrontiert und spüren sie sehr deutlich. Um nun Verletzungen durch diesen Widerspruch zu vermeiden, übernehmen die Schülerinnen und Schüler ein Stück der Kälte und Gleichgültigkeit, die ihnen in der Schule entgegengebracht wird. Dabei nehmen sie hin, dass der Anspruch und die Erwartung an die Schule mit der realen Schulwelt nicht übereinstimmen.[147] Schülerinnen und Schüler lernen somit eine Weltbeziehung der Kälte, die darin besteht, die offenkundige Diskrepanz hinzunehmen und die moralischen Ansprüche sowie die Erwartungen an eine gelingende Schulwelt zu dämpfen:

143 Paradigmatisch erwähnt Gruschka hier die für moderne pädagogische Verhältnisse typische Diskrepanz zwischen Freiheit und Zwang: Wie soll man Menschen zur Freiheit erziehen, wenn man dies nur durch Zwang ermöglichen kann (Kant)?

144 Bremer/Gruchka (1987): Bürgerliche Kälte und Pädagogik, S. 28.

145 Gruschkas Kältestudien stehen im Kontext einer Kritik der verwalteten Schule, die seit den 70er-Jahren vermehrt vorgetragen wurde. Vgl. dazu die Beiträge in Geiss, Michael/De Vincenti, Andrea (Hrsg.) (2012): Verwaltete Schule. Geschichte und Gegenwart.

146 Gruschka (1994): Bürgerliche Kälte und Pädagogik, S. 68.

147 An dieser Stelle sei noch einmal an den offenen Brief von Yakamoz Karakurt erinnert, die eine Diskrepanz bewusst machte, indem sie protestierte: „Jeder weiß, dass die Schule nicht das Leben ist. Mein Leben aber ist die Schule.“ Vgl. Karakurt (2011): Mein Kopf ist voll! Vgl. dazu auch die Einleitung.

> „Die Macht der Integration ist dann verschleiert, wenn individuelle Erwartungen und die Erfahrungen mit der gesellschaftlichen Wirklichkeit nicht mehr konfligieren, wenn man sich nur noch wünscht, was sich sowieso ereignet. Dieser robuste Realismus rechtfertigt sich mit dem Allgemeinplatz, nicht das Versprechen der Gesellschaft zähle, sondern nur die Realität."[148]

Wärme, so Gruschka, könne die Kälte in der Schulwelt nur zeitweise verringern. Kälte verschwindet nicht, indem wir netter zueinander sind; und zwar deshalb nicht, weil warmes und herzliches Verhalten selbst schnell in den Dienst der Kälte gerät. Oft zielen warme Beziehungen darauf ab, das kalte Funktionieren so schnell wie möglich wieder herzustellen.[149] So zeigt Gruschka beispielsweise, wie eine gut gemeinte Aufgabenstellung, die der Leistungsfähigkeit und dem Lernstand der Schüler in drei Stufen angepasst wurde, zwar den individuellen Schülerleistungen gerecht werden sollte und somit auf die Schüler einging, faktisch aber zur Zerstörung des Wir-Gefühls in der Lerngemeinschaft führte.[150] Wärme ist deshalb nach Gruschka auch nicht das Gegengift gegen Kälte:

> „Die kühle Kalkulation von Kosten-Nutzenrechnungen oder Konstruktion von Gegenständen z. B. läßt sich nicht durch Wärme normativ überhöhen."[151]

Wenn nun Kälte gleichbedeutend ist mit Indifferenz, so kann nicht Wärme, sondern nur Resonanz das angemessene Gegenkonzept sein. Resonanz geht nicht in warmem Verhalten auf, obgleich warmherzige Wertschätzung ein Indiz für Resonanz sein kann. Resonanz meint aber nicht einfach warmherzige Zuwendung, sondern die Qualität einer Beziehung, die als *antwortend* (responsiv) charakterisiert werden kann, im Gegensatz zu stummen oder feindlichen Weltverhältnissen. Gruschka kann somit die These untermauern, dass Resonanz auf werthafte Weltbeziehungen angewiesen ist. Wie Rosa herausarbeitet, können Menschen nur dort Resonanzerfahrungen machen, wo sie mit einer werthaften Quelle in Berührung kommen. Selbst-

148 Bremer/Gruschka (1987): „Bürgerliche Kälte und Pädagogik", S. 22. Yakamoz berichtete auf der Veranstaltung „Theater träumt Schule" am 14. Februar 2014, drei Jahre nach der Veröffentlichung ihres Briefes, sie habe Antworten von anderen Schülerinnen und Schülern erhalten, in denen ihr gelegentlich geraten wurde, sie solle sich mit den Umständen in der Schule abfinden, die Schule sei eben so, wie sie ist, und dass es helfen würde, sich damit zu arrangieren. Antworten wie diese zeugen von dem, was Andreas Gruschka „Kälte" nennt: dem Hinnehmen oder dem Verdecken des Widerspruchs.

149 Diese Strategie deckt Gruschka auch in den neueren Schulmethoden auf, vgl. Gruschka (2011): Verstehen lehren!

150 Gruschka (1994): Bürgerliche Kälte und Pädagogik, S. 191–199.

151 Ebd., S. 68.

Welt-Verhältnisse eröffnen Resonanzen dadurch, dass Menschen mit Weltbereichen in Berührung kommen, die sie als wichtig erachten bzw. die etwas als wichtig Erachtetes enthalten. Kälte erweist sich somit als genuin resonanzfeindlich, weil sie verhindert, dass Menschen sich von diesem kategorial Wichtigen als angerufen und angesprochen erleben. Während Gruschka sich in seinen Kältestudien hauptsächlich mit der Krise der Schule befasst und sich dadurch auf die Gründe für das Misslingen von Schule konzentriert, kann die Resonanzpädagogik diese negative Sicht durch einen positiven Ansatz gelingender Schulweltbeziehungen ergänzen. Das Gelingen evaluativer Schulweltbeziehungen werde ich im Kapitel II.2.1 behandeln.

Es hat sich gezeigt, dass die Theorie der schulischen Weltbeziehungen an die pädagogische und bildungsphilosophische Geistesgeschichte der Moderne anknüpft. Anhand der dargestellten Autoren und Geistesströmungen habe ich versucht zu zeigen, dass mit Bildung ursprünglich eine Weltbeziehung gemeint war, und nicht eine Ressource. Zugleich hat sich gezeigt, dass Bildung als Möglichkeit verstanden wurde, dem drohenden Verstummen von Selbst-Welt-Beziehungen in der Moderne entgegenzuwirken. Diese Erfahrung einer verstummenden Welt, auf die die Bildungsidee und die hier vorgestellten pädagogischen Konzepte reagierten, kann mit Käte Meyer-Drawe auch als Erfahrung der „grassierenden Weltnichtung“[152] bezeichnet werden. Vor diesem geistesgeschichtlichen Hintergrund kann die Resonanzpädagogik die bildungstheoretischen Ideen nun aktualisieren und genauer definieren, was mit Resonanz und Entfremdung gemeint ist. Zuvor aber soll geprüft werden, inwiefern sich das Resonanzkonzept zur Beschreibung von gelingendem und misslingendem Unterricht eignet.

152 Meyer-Drawe, Käte (1999): „Kritik der grassierenden Weltnichtung“, in: Vierteljahresschrift für wissenschaftliche Pädagogik 75, S. 428–437.

Teil II
Resonanz und Entfremdung als Kriterien für Unterrichtsqualität

Kapitel 1
Gelingender und misslingender Unterricht

Das Indifferenz-, Repulsions- und Resonanzdreieck

> „Lernen als Erfahrung meint eine eigentümliche Verwicklung in eine Welt, auf die wir antworten, indem wir ihre Artikulationen aufnehmen."
>
> Käte Meyer-Drawe

Eine Eigenheit der Resonanzperspektive besteht darin, dass sie die Unterrichtstheorie nicht getrennt von der Schultheorie behandelt. Wie in den späteren Kapiteln deutlich wird, ist die Qualität des Unterrichts eng verwoben mit der Qualität des Schullebens und der Schulkultur. Nicht nur im Klassenraum, sondern auch auf dem Schulhof, in den Schulgängen, auf Schulausflügen und im Ferienlager wird die Beziehung der Schüler zu den verschiedenen Weltbereichen geformt. Ob Schüler Zugang zu einem Weltbereich wie Musik, Literatur, Mathematik oder Geografie erlangen und ihn „zum Sprechen" bringen können oder aber, ob die Weltausschnitte für den Betroffenen schweigen (Indifferenz), er sie vielleicht sogar zu hassen lernt (Repulsion), hängt nicht nur von dem einzelnen Fach ab, sondern vom gesamten Schulkontext. So schreibt Rosa:

> „*Ob* uns Musik etwas ‚zu sagen' hat und *welche* Musik uns anspricht und welchen Raum wir dieser Resonanzachse geben, entscheidet sich an den Erfahrungen, die wir im Musikunterricht, vielleicht im Chor oder in der Geigenstunde, und ganz gewiss mit den Gleichaltrigen machen. Haben wir einen uninspirierten Musiklehrer und vielleicht verhassten elterlichen Druck, der uns an die Geige zwingen will, während wir für unsere Lieblingslieder von den Klassenkameraden ausgelacht werden, kommen wir vermutlich rasch zu dem Ergebnis, dass wir *nicht so der musikalische Typ* sind. Und so verhält es sich auch mit allen anderen Fächern: Mit dem Sport und den dort gemachten oder nicht gemachten Körper- und Interaktionserfahrungen, mit der Literatur, der Mathematik, den Naturwissenschaften, der Politik, der Religion. Der Bildungsprozess besteht im Kern darin, dass wir uns zu diesen Lebens- und Handlungssphären, zu

diesen potentiellen Resonanzachsen verhalten und positionieren lernen, oder eben: positionieren müssen."[1]

Dennoch geschieht die Bildung der Weltbeziehung vornehmlich im Unterricht. Der Unterricht basiert dabei auf zwei Beziehungs-Achsen: Die eine Achse beschreibt das zwischenmenschliche Geschehen. Unterrichtsqualität hängt von der Lehrer-Schüler-Beziehung ab bzw. von der Beziehung zwischen dem Lehrer und der Klasse. Insofern kann diese Achse als die *soziale* Resonanzachse bezeichnet werden. Anders als in der Liebe oder in der Freundschaft entsteht die soziale Achse allerdings nicht zweckfrei, allein des Anderen wegen. Schüler und Lehrer kommen zum Zweck eines gemeinsamen Sachbezuges zusammen. Dieser Sachbezug definiert die zweite Achse. Die soziale Achse kann als eine horizontale Beziehung, die *sachliche* Achse als eine jeweils diagonale Beziehung dargestellt werden. Soziale und sachliche Achsen zusammen ergeben eine Dreierbeziehung, ähnlich wie in dem didaktischen Dreieck, das in Abbildung 1 dargestellt ist.

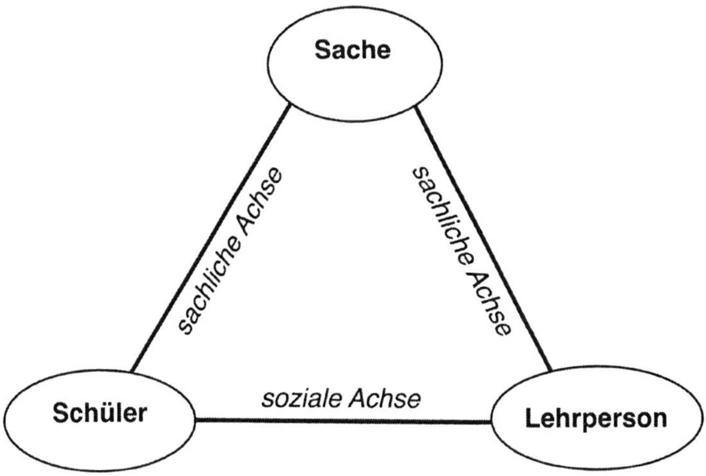

Abb. 1: Das didaktische Dreieck

Das Gelingen oder Misslingen des Unterrichts hängt also sowohl von der Qualität der zwischenmenschlichen Beziehungen als auch von der Beziehung zum Schulstoff (den Sinnprovinzen, Materialien, Weltausschnitten) ab. Wer auf der sozialen Achse im Unterricht von seinen Mitschülern gemobbt und ausgegrenzt oder von einer Lehrperson ignoriert und gedemütigt wird, kann kaum eine positive Resonanzbeziehung zur Unterrichtssa-

1 Rosa (2016): Resonanz, S. 404.

che ausbilden. Ebenso werden diejenigen, die in Mathematik nicht hinterherkommen oder dieses Fach hassen, vermutlich im Unterricht kaum positive zwischenmenschliche Erfahrungen mit ihrem Mathelehrer machen können.

Wenn es richtig ist, dass Bildungsprozesse nur dort gelingen, wo sie mit Selbst-Welt-Berührungen einhergehen, so lassen sich all jene Verhältnisse kritisieren, die diese resonante Wechselwirkung auf der sozialen und auf der sachlichen Achse *dauerhaft* stören, dämpfen und blockieren. Rosa rekonstruiert die Qualitätsunterschiede in diesen Achsen idealtypisch anhand eines Entfremdungs- und Resonanzdreiecks.[2] Ich werde dieses Konzept aufgreifen, es aber in leicht erweiterter Form rekonstruieren: Während Rosa nur ein Entfremdungs- und ein Resonanzdreieck beschreibt, werde ich das Entfremdungsdreieck noch einmal untergliedern in ein Repulsions- und ein Indifferenzdreieck. Dadurch lassen sich die zirkulären, sich wechselseitig verstärkenden Dynamiken im Unterricht detaillierter darstellen.[3]

Der Unterricht kann durch Entfremdung misslingen, wenn die beiden Achsen im Unterricht schweigen. Schweigende oder stumme Achsen im Klassenraum lassen sich als ein *Indifferenzdreieck* rekonstruieren. Das Indifferenzdreieck ist eine Beziehungskonstellation, in der Lehrer und Schüler die Erfahrung machen, einander nicht zu erreichen, keinen Draht zueinander zu haben und sich nichts zu sagen zu haben (vgl. Abbildung 2). Entfremdung, in Form von stummen Sozial- und Sachbeziehungen, äußert sich darin, dass das Geschehen leblos und tot erscheint. Der Unterricht wird als eintönig oder monoton erfahren. Der Eindruck der Leblosigkeit entsteht auch dadurch, dass es keine Reibungen, Widerstände oder Spannungen gibt: Schüler und Lehrer durchdenken und diskutieren den Stoff nicht und bringen ihn somit auch nicht zum Sprechen. Der Schulstoff kann uninteressant wirken; er spricht die Schüler nicht an. Gleichsam spürt der Lehrer, dass der Stoff, dem er verpflichtet ist, sich nicht dazu eignet, die Schüler zu begeistern und anzusprechen. Dem Lehrer kann der Stoff somit als künstlich, trocken oder weltfremd erscheinen. Was im Klassenraum geschieht, geht scheinbar an den Schülern vorbei; es entzieht sich ihnen, als würde es sie im Grunde nichts angehen. Die Stunde kann von beiden Seiten als zäh, langweilig und monoton empfunden werden. Die Schüler können sich nicht zur Mitarbeit motivieren, sie nehmen innerlich keinen Anteil am Unterrichtsgeschehen, vielleicht, weil sie vom Stoff unter- oder überfordert sind. Sie haben den Eindruck, es wäre die Anstrengung nicht wert, ihre Aufmerk-

2 Ebd., S. 408–410.

3 Weil sich meine Darstellungen dennoch im Wesentlichen mit denen von Rosa decken, werden ich Rosas Dreiecke hier nicht gesondert abbilden.

samkeit zu mobilisieren. Durch Indifferenz kann es zu typischen Entfremdungssituationen kommen, etwa, dass die Schüler vollkommen meinungslos sind und auf die Frage der Lehrperson, ob sie den Stoff verstanden haben, weder bejahend nicken noch verneinend den Kopf schütteln. Weil sich die Schüler nicht mehr zeigen, kann es der Lehrperson schwerfallen zu erkennen, wo die Lernenden gerade stehen, und vielleicht interessiert es den Lehrer auch nicht mehr, ob seine Schüler den Anschluss verloren haben oder nicht („Hauptsache, ich kriegen den Stoff durch."). In einem Indifferenzdreieck können die zwischenmenschlichen Begegnungen auf das Nötigste reduziert sein. Weil nichts zurückkommt, interessieren sich Lehrer und Schüler immer weniger füreinander, sie tauschen keine Meinungen aus.

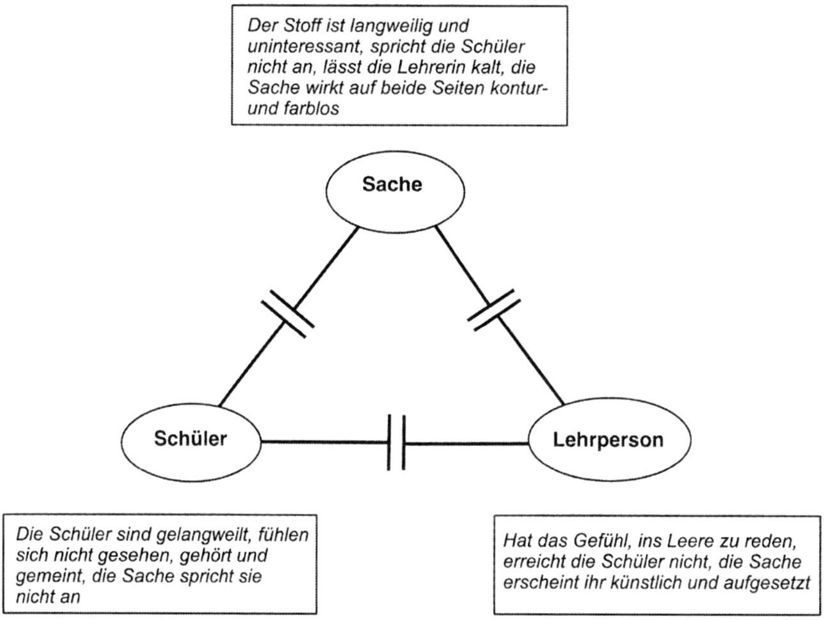

Abb. 2: Das Indifferenzdreieck

Stumme Sozial- und Sachbeziehungen im Klassenraum können dann eine sich wechselseitig und zirkulär verstärkende Dynamik auslösen, wenn die Lehrperson und die Schüler immer öfter die Erfahrung machen, dass nichts zurückkommt, sodass das Gefühl immer stärker wird, ins Leere oder gegen eine Wand zu reden. Wie Rosa anführt[4], werden unter diesen Indifferenz-

4 Rosa (2016): Resonanz, S. 410.

Erfahrungen sehr wahrscheinlich die *Selbstwirksamkeitserwartungen* von Schülern und Lehrern leiden, die für die Resonanzfähigkeit bedeutsam sind. Es können Gedanken auftauchen wie: „Egal, was ich tue, die erreiche ich eh nicht." „Mit denen ist doch nichts los." „Vielleicht bin ich für den Lehrberuf einfach nicht gemacht." Oder aber: „Ich verstehe eh nicht, was die Lehrerin da erklärt." „Hier gehts nicht um mich." „Die Schule bringt nichts." Weil Selbstwirksamkeitserwartungen dafür sorgen, dass Menschen sich zutrauen, Andere und Anderes zu bewegen und zu berühren, kann sich der Verlust dieser Erwartung verstärkend auf das Verstummen der Resonanzachsen im Klassenraum auswirken. Ohne die Erwartung Andere geistig berühren und erreichen zu können, wird die Lehrperson sich immer weniger zutrauen, ihre Klasse zu adressieren, zu kontaktieren, zu begeistern und zu motivieren. Im gleichen Zuge werden sich die Schüler immer weniger als gesehen, gehört und gemeint erleben und ihrerseits die Lehrerin nicht mehr kontaktieren.

Zugleich nimmt mit dem Verlust der Selbstwirksamkeitserfahrung auch das *intrinsische Interesse* am Unterricht ab. Während Selbstwirksamkeit dafür sorgt, dass wir uns trauen, andere Menschen zu adressieren und zu berühren, markiert das intrinsische Interesse das Bedürfnis, sich von Anderen und Anderem berühren und erreichen zu lassen. Sinkt in dem sich selbst verstärkenden Zirkel das intrinsische Interesse an der Weltvermittlung und der Weltaneignung, kann es geschehen, dass Schüler nur noch äußerlich am Unterricht teilnehmen, etwa um die nächste Prüfung zu bestehen oder um Konflikte zu vermeiden. Ebenso kann die Lehrperson jedes intrinsische Interesse am Unterrichten verlieren: Vielleicht beginnt sie den Unterricht nur noch mechanisch abzuhalten und zieht sich vollkommen auf ihre Amtspflicht als Dienstleisterin zurück, eine Haltung, die man im Rückgriff auf Juli Zehs Roman Spieltrieb als die Smutek-Haltung bezeichnen könnte[5]. Im Indifferenzdreieck manifestiert sich Entfremdung, mit den Worten von Rahel Jaeggi, als eine „Beziehung der Beziehungslosigkeit"[6].

Wenn Lehrer und Schüler nicht innerlich kündigen, sondern auf die Frustration ihres Resonanzverlangens mit Kampf reagieren, kann ein sich selbst verstärkendes *Repulsionsdreieck* entstehen (vgl. Abbildung 3). In einem repulsiven Klassenklima stehen Lehrer, Schüler und Sache in einer negativen, abweisenden und feindlichen Beziehung zueinander. Lehrer und Schüler fühlen sich jeweils vom Anderen verachtet, gedemütigt und abgestoßen, sie fühlen sich nicht verantwortlich füreinander und sind vielleicht

5 Vgl. Kap. I.1, oben.

6 Jaeggi, Rahel (2005): Entfremdung. Zur Aktualität eines sozialphilosophischen Problems, S. 18.

sogar angeekelt: „Herr K. denkt, ich bin zu dumm für Mathe.“ „Die Schüler müssen mich für einen Idioten halten.“ „Ich kann den Typen nicht ausstehen.“ „Die sind doch selber dran schuld, wenn sie nicht hinterherkommen.“ Dies sind Gedanken, die in einem Repulsionsdreieck auftreten können. Unter den Schülern kann es verstärkt zu Konflikten und Streitereien kommen, und die Lehrperson kann das Gefühl haben, ständig gegen Störungen, Ablenkungen und Provokationen im Unterricht ankämpfen zu müssen. Auch hier spürt sie vermutlich, dass der Stoff, an den sie durch den Lehrplan gebunden ist, nicht geeignet ist, ihre abtrünnigen Schüler wieder für den Unterricht zu gewinnen. In einer repulsiven Atmosphäre kann es zu subtilen wechselseitigen Demütigungen kommen, wie dem Auslachen, Auflaufenlassen oder Lächerlichmachen. Auf Nachfragen des Lehrers reagieren Schüler vielleicht genervt und nur widerwillig. Vielleicht geht der Lehrer auch absichtlich nicht mehr auf die Bitten der Schüler ein, er möge das eben Gesagte noch einmal wiederholen. Konzentration und Aufmerksamkeit zu mobilisieren, wird zum Kampf. Der Klassenraum erscheint als ein Ort voller potenzieller Bedrohungen, Verletzungen und Beschämungen, die in subtilen Gesten der wechselseitigen Ablehnung zum Ausdruck kommen.

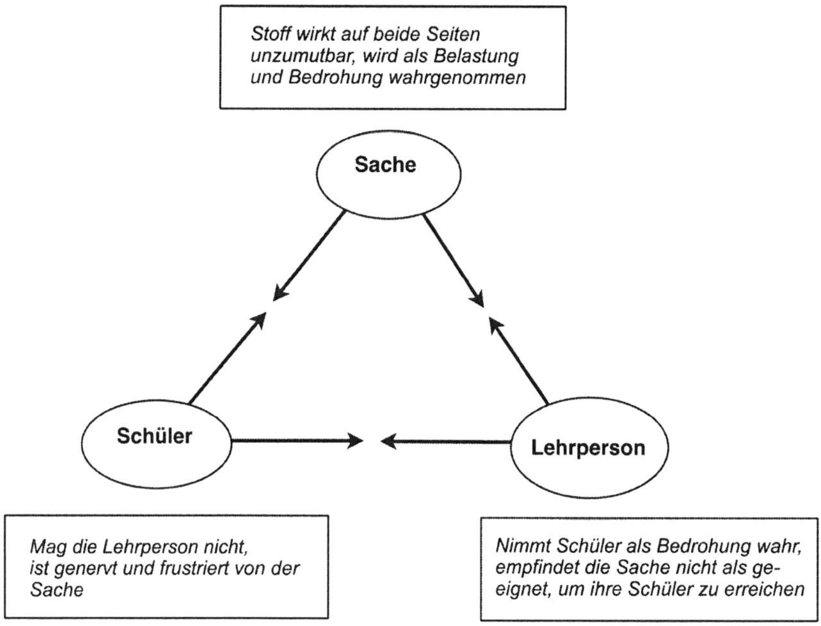

Abb. 3: Das Repulsionsdreieck

Verlieren Lehrer und Schüler aufgrund anhaltender Repulsionserfahrungen ihre *Selbstwirksamkeitserwartungen* und ihr *intrinsisches Interesse* an schulischer Stoff- und Weltanverwandlung, kann es auch hier zu einem sich wechselseitig verstärkenden Repulsionszirkel oder sogar zu einer Gewaltspirale kommen: Die Anwesenden verlieren die Überzeugung, sich wechselseitig erreichen zu können. Man versteht die andere Seite nicht mehr und reagiert nur noch gereizt, vielleicht mit gegenseitigen Schuldzuweisungen. Aus Angst vor Verletzungen und Demütigungen verschließen sich die Beteiligten immer mehr voreinander und bauen eine schützende Mauer um sich herum auf. Während der durch Indifferenz geprägte Unterricht frei von jeglichen Widerständen ist, können sich in einem Repulsionszirkel zunehmend die Fronten verhärten. Durch den wachsenden Widerwillen steigen auch Erschöpfung und Frustration auf beiden Seiten. Um die Situation unter Kontrolle zu bringen, greift der Lehrer möglicherweise zu immer repressiveren Mitteln, verteilt schlechte Noten, straft und lässt seine Schüler auflaufen, was diese wiederum als feindlichen Übergriff erleben. Aufgrund des Machtgefälles gehen Schülerinnen und Schüler wahrscheinlich nur selten direkt auf Konfrontationskurs; wenn es aber geschieht und sie ihre Wut und Abneigung offen zeigen, kann der Klassenraum zur Kampfzone werden.

Da die Trennung in einen Indifferenz- und einem Repulsionszirkel eine vorwiegend analytische Unterscheidung ist, können im Unterricht auch indifferente und repulsive Momente aufeinanderfolgen und sich ablösen. Dabei muss das Auftreten von Indifferenz und Repulsion nicht automatisch zu sich wechselseitig verstärkenden Dynamiken führen. Wie in Kapitel II.2.2 dargestellt wird, besteht eine wesentliche Aufgabe der Lehrperson darin, den Schülerinnen und Schülern zu ermöglichen, sich den zunächst indifferent und repulsiv erscheinenden Schulstoff im Unterricht anzuverwandeln und somit erst resonant zu machen. Negative Zirkeleffekte entstehen vor allem dort, wo die Resonanzbeziehungen nachhaltig und dauerhaft gestört sind, wo sich Lehrer, Schüler und Sache so gleichgültig oder feindlich gegenüberstehen, dass es keine Möglichkeit zur Anverwandlung mehr gibt. Wie im Kapitel III.1.4 und III.2.3 dargelegt wird, steigt in solchen schulischen Entfremdungsräumen die Wahrscheinlichkeit von Schulversagen bei Schülern und Burnout von Lehrpersonen stark an.

Es ist offensichtlich, dass der Unterricht in diesen Situationen scheitern muss. Albert Ilien geht sogar so weit zu behaupten, dass Arrangements im Klassenraum, in denen sich Lehrer, Schüler und Sache nicht wechselseitig berühren und erreichen, kein Unterricht ist:

> „Nicht jedes schulorganisatorisch-szenische Arrangement, das wie Unterricht aussieht (vorne agiert der Lehrer, hinten sitzen Schüler) ist Unterricht. Es kann sich [...] um resonanzlose Bemühungen von Seiten des Lehrers und gegebe-

nenfalls um die unauffällige Weigerung der Annahme eines Angebotes von Seiten der Schüler in Schulräumen handeln."[7]

Im Gegensatz zu solchen misslingenden Stunden gibt es allerdings auch solche Momente, in denen der Funke im Klassenraum überspringt und ein Resonanzgeschehen entzündet: Wenn Schüler, Lehrer und Sache sich plötzlich erreichen und sich wechselseitig etwas zu sagen haben, kann es im Klassenraum ganz still werden. Während die Augen der Schüler sich weiten oder zu leuchten beginnen und sie an den Lippen ihres Lehrers oder ihrer Lehrerin hängen, kann der Eindruck entstehen, im Klassenraum fange es an zu „knistern".[8] Oder aber die Klasse wird plötzlich lebendig, bringt sich durch rege Anteilnahme in den Unterricht ein, lässt sich begeistern und inspirieren, während die Lehrperson durch die Resonanz der Schüler dem Schulstoff selbst noch einmal ganz neu begegnet.

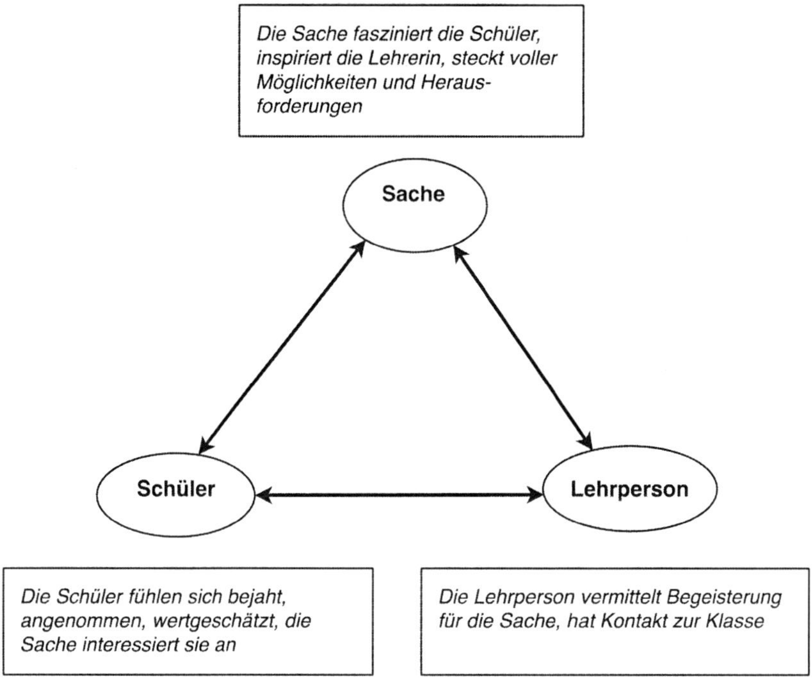

Abb. 4: Das Resonanzdreieck nach Rosa

7 Ilien (2009): Grundwissen Lehrerberuf, S. 56.

8 Vgl. dazu auch Rosa/Endres (2016): Resonanzpädagogik.

In solchen gelingenden Momenten scheinen die Aufmerksamkeits- und Motivationssysteme der Beteiligten aneinander anzudocken, sodass sich der Unterricht nahezu von selbst vollzieht. Es entsteht ein Resonanzdreieck (vgl. Abbildung 4). Weil sich Lehrer, Schüler und Sache wechselseitig füreinander öffnen, vermag die Sache die Schüler zu fesseln und den Lehrer zu inspirieren. In einer resonanten Lerngemeinschaft erleben sich Schüler und Schülerinnen als gemeint und somit auch als bejaht, während Lehrerinnen und Lehrer sich in ihrer Arbeit respektiert und wertgeschätzt fühlen. Da Schüler, Lehrer und Sache sich wechselseitig erreichen, bewegen und inspirieren, steigt die Selbstwirksamkeitserwartung sowohl des Lehrers als auch der Schüler. Ebenso nimmt durch das Resonanzerleben das intrinsische Interesse an Weltanverwandlung und Stoffvermittlung zu. Somit kann es auch in einem Resonanzdreieck zu wechselseitigen Verstärkungseffekten kommen.

In der Geschichte der Pädagogik standen insbesondere die Sozialbeziehungen im Zentrum gelingenden Unterrichts: Als „pädagogischer Bezug" (Nohl), „pädagogische Atmosphäre" (Bollnow) oder auch als Formen des „Kontaktes" (van Manen)[9] wird die Fähigkeit begabter Lehrerinnen und Lehrer bezeichnet, eine soziale Resonanzachse zwischen sich und den Lernenden zu etablieren. Entgegen dieser historischen Überbetonung der sozialen Achse, argumentiert Michael Winkler[10], dass die Beziehung auf der sachlichen Achse im Mittelpunkt stehen sollte. Winkler zeigt, dass gelingender Unterricht insbesondere dort erfolgt, wo die sachliche Resonanzachse zum Vibrieren gebracht wird. Durch das gemeinsame Sachinteresse kann eine pädagogische Beziehung gelingen, selbst wenn sich der Pädagoge und der Zögling nicht sonderlich mögen. Die Resonanzpädagogik geht hingegen von einer gleichwertigen Bedeutung beider Achsen aus: Unterricht gelingt dort, wo die soziale und die sachliche Achse intakt sind, wo Begegnungen mit Lehrenden und Berührungen mit den Stoffen und Sinnprovinzen der Welt erfolgen. Erst, wenn beide Achsen resonant sind, kann es zu einem sich wechselseitig verstärkenden Resonanzdreieck kommen.

Zwar ist es denkbar, dass eine der beiden Achsen schweigt, während die andere resonant ist („Ich hasse Astronomie, aber die Lehrerin finde ich toll." oder „Ich liebe Literatur, aber die Lehrerin kann ich nicht ausstehen."), allerdings tendieren solche instabilen Verhältnisse meines Erachtens dazu, früher oder später in Richtung eines Entfremdungsdreiecks zu kip-

9 z. B. Nohl, Hermann (1914): „Das Verhältnis der Generationen in der Pädagogik"; Bollnow (2009): Die pädagogische Atmosphäre; van Manen (2012): The Tact of Teaching. The Meaning of Pedagogical Thoughtfulness.

10 Winkler (2006): Kritik der Pädagogik, S. 114 f.

pen, etwa wenn der gehasste Deutschlehrer einem die Literatur vergrault („Früher habe ich gerne gelesen, aber jetzt ödet es mich nur noch an.“) oder wenn meine Abneigung der Astronomie gegenüber auch die Beziehung zum Lehrer belastet („Ich mochte die Lehrerin, aber seitdem sie mich in Astronomie prüft, kann ich sie nicht mehr ausstehen.“). Ein Verhältnis, indem nur eine Achse resonant ist, die andere aber schweigt, scheint auf Dauer instabil zu sein.

Beide Achsen können sich sowohl gegenseitig destabilisieren als auch wechselseitig stützen und stabilisieren: Nur wenn beide Resonanzachsen intakt sind, wenn der Draht zur Sache vibriert und die sozialen Beziehungen als tragend erlebt werden, kann sich ein stabiles Resonanzdreieck einstellen. So schreibt auch Ilien:

> „Für den Lehrer, der seinen Beruf erfüllen will, darf es deshalb keine Wahl geben in dem Sinne, ob ihm nun die Wissensinhalte oder die Schüler wichtiger seien. Vielmehr gilt: Weil ihm die Schüler wichtig sind, sind ihm die Inhalte wichtig, und das gilt durchaus auch umgekehrt. Für den Lehrer bedeutet dies, dass er zwei Fähigkeiten aufbringen muss: einen hinreichend guten Sach-Bezug und hinreichend gute Schüler-Beziehungen.“[11]

Wie ich im Kapitel über Takt und Ton (III.1.6) zeige, lassen sich die Fähigkeiten, Kontakt zu den Schülern herzustellen und den Unterrichtsstoff zum Klingen oder zum Sprechen zu bringen, durchaus unabhängig voneinander analysieren, wenngleich unterrichtsbezogene Resonanz in Anverwandlungsprozessen oft, vielleicht sogar immer, die soziale und die sachliche Achse zusammen ergreift. Um diesen Vorgang näher zu beleuchten, muss zunächst genauer definiert werden, worum es sich bei Resonanz und Entfremdung im Kontext von Unterricht und Schule handelt.

11 Ilien (2009): Grundwissen Lehrerberuf, S. 61.

Kapitel 2
Resonanz und Entfremdung
Die Anverwandlung von Selbst und Welt

> „Gewisse Hemmungen gleichen den Griffen eines Flötenspielers, der um verschiedene Töne hervorzubringen, bald diese, bald jene Öffnung zuhält, und willkürliche Verkettungen stummer und tönender Öffnungen zu machen scheint."
>
> Novalis

Im Unterricht kommen gegenwärtig vor allem Lerntheorien aus der pädagogischen Psychologie zur Anwendung.[12] Psychologische Lerntheorien, wie der Behaviourismus, der Kognitivismus oder der Konstruktivismus, gehen, wie der Name schon sagt, davon aus, dass Lernen vor allem ein psychischer Vorgang ist. Lernende verändern ihre Verhaltensdispositionen und Einstellungen, erweitern ihr Wissen, ihre Fähigkeiten und ihre Kompetenzen, indem sie lernend ihre Verhaltens-, Denk- und Konstruktionsmuster von Welt modifizieren. Zuletzt hat der Konstruktivismus erneut deutlich gemacht, dass Lernen ein konstruktiver und selbsttätiger Vorgang ist, der sich in jedem Individuum unterschiedlich vollzieht und somit voraussetzt, dass das Subjekt sich aktiv am Lernen beteiligt. Damit wurde einmal mehr bestätigt, dass Schülerinnen und Schüler keine leeren Fässer sind, die man im Stil des Nürnberger Trichters beliebig füllen kann. Kritisch wurde und wird den Lerntheorien der pädagogischen Psychologie jedoch vorgeworfen, sie tendierten zum Reduktionismus, weil sie Lernen einseitig als einen Vorgang definieren, der im Subjekt, und meist nur in dessen Kopf, stattfindet. Dieser Kritik stimme ich zu. Im Gegensatz zu den psychologischen Lerntheorien betonen die pädagogischen und bildungsphilosophischen Ansätze, die in der Tradition von Wilhelm von Humboldt stehen, immer wieder, dass Lernen eine Selbst-Welt-Beziehung sei, ein Vorgang, der zwischen einem erlebenden Selbst und einer begegnenden Welt stattfindet.

---

12 Vgl. Faulstich, Peter (2014): Lerndebatten: Phänomenologische, pragmatische und kritische Lerntheorien in der Diskussion, S. 7.

So hat Winfried Marotzki die Leistung pädagogischer Lerntheorien wie folgt beschrieben:

> „Die grundsätzliche Leistung von Lerntheorien ist m. E. nicht nur darin zu sehen, Aussagen über Gesetzmäßigkeiten oder Typen menschlichen Lernens zu machen, sondern vor allem darin, Aussagen über die *Beziehung des Menschen zur Welt*, also über *Welthaltungen* im weitesten Sinne und deren *Veränderung* zu machen. Lernend verhalten wir uns zur Welt und wir verhalten uns immer zur Welt, insofern wir lernen. In philosophischer Terminologie kann man also sagen, daß Lerntheorien eine spezifische *Explikationsebene von Subjekt-Objekt-Beziehungen* darstellen."[13]

Als Selbst-Welt-Beziehung betrachtet, lässt sich sogleich ein Lernen, das bildend ist, von einem Lernen, das nicht bildend ist, unterscheiden. Während nicht bildende Lernprozesse das Verhältnis des Lernenden zur Welt unverändert bzw. unberührt lassen, kommt es in Bildungsprozessen zu einer Transformation des Selbst-Welt-Verhältnisses, das sich als Wachstum beschreiben lässt:

> „We may notice this growth in a new relationship, a changed way of looking at things, different connections, altered affinities, the pursuit of an exciting idea, critique of established notions, distancing from what was close and familiar, or the support of a new cause. In other words, growth is visible in the new relations we establish to the world outside and inside of us. This growth may manifest itself through all the expressive media of the person's being: language and voice, intonation and facial expression, demeanor and gesture, ways of moving and walking, manner of dress and self-presentation. We see such changes of self occurring in adults who may have experienced a crisis or turning point in their career or life style, their religious or philosophical awareness, their marriage, their health or age."[14]

Die Resonanzpädagogik vermag nun sogleich eine wesentliche Voraussetzung für bildendes Lernen zu identifizieren, die bisher kaum beachtet wurde: Transformationen des Selbst- und Weltverhältnisses erfolgen nur in und durch resonante Weltbeziehungen. In Resonanzverhältnissen öffnen sich Selbst und Welt wechselseitig füreinander, sodass es zu Berührungen und Begegnungen kommen kann, hingegen erstarrt oder verhärtet sich die Beziehung zwischen Selbst und Welt in Repulsionsverhältnissen. Repulsion kann die gegebene Selbst- und Weltbeziehung auf eine solche Weise verfes-

---

13 Marotzki, Winfried (1990): Entwurf einer strukturalen Bildungstheorie, S. 32.
14 Van Manen (2012): Tact of Teaching, S. 33.

tigen, dass Veränderungen gerade nicht mehr möglich sind, sondern abgewehrt werden; Selbst und Welt verschließen sich gleichsam voreinander. Indifferenzverhältnisse wurden demgegenüber als solche bestimmt, in denen das Verhältnis zwischen Selbst und Welt unangetastet bleibt. In indifferenten Weltbeziehungen kommt es nicht zu Transformationen, sondern zum Ausdünnen und Verblassen der gegebenen Weltbeziehung. In Resonanzbeziehungen hingegen können sich menschliche Selbst- und Welt-Beziehungen formieren und transformieren, weil sich beide Pole, sowohl das Selbst als auch die Welt, wechselseitig füreinander öffnen. Menschliche Wesen bilden sich somit in Begegnungen und durch Interaktionen mit Weltbereichen, d.h. mit anderen Menschen, Dingen, Orten, Ereignissen, Tätigkeiten oder auch Gefühlen, die sie *etwas angehen* und denen sie nicht abwehrend oder gleichgültig gegenüberstehen.

Um die doppelseitige Beziehung von Selbst und Welt einzufangen, eignet sich der Begriff der *Aneignung* nur bedingt, meint Aneignung doch vorwiegend, dass sich die Subjekte die Welt zu eigen machen, indem sie Weltausschnitte assimilieren. Anverwandlung betont hingegen die wechselseitige Verwandlung, in der sich sowohl das erlebende Selbst als auch die begegnende Welt verändert. Bildung ist somit nicht nur eine Selbstwerdung, sondern auch eine Weltwerdung. Um diesen Bildungsvorgang nun nicht nur metaphorisch, sondern auch analytisch schärfer zu fassen, muss zunächst definiert werden, was mit Resonanz und Entfremdung im Kontext von Bildung gemeint ist.

2.1 Bildung durch Resonanz: Formierende Anverwandlung

Resonanz stammt von dem lateinischen Wort *re-sonare* ab und bedeutet zurücktönen, widerhallen oder mitklingen. In der Physik entsteht Resonanz zwischen zwei schwingungsfähigen Körpern, wenn die Schwingungen des einen Körpers den anderen Körper zum Mitschwingen anregen. Eine zentrale Voraussetzung für diesen Vorgang ist, dass beide Körper nicht mechanisch oder starr aneinander gebunden sind, sondern sich in einem freien und schwingungsfähigen Medium befinden. Zugleich können nur solche Körper in Resonanz miteinander treten, die über eine Eigenfrequenz verfügen, wobei die jeweiligen Frequenzen nicht zu weit auseinanderliegen dürfen, um Berührungen zu ermöglichen, aber auch nicht so vollständig zur Deckung kommen dürfen, dass sich die Frequenzen auslöschen oder zu einer Resonanzkatastrophe aufschaukeln, in der ihre Schwingungseigenschaften zerstört werden.

Die physikalische Analogie macht mehrere Eigenschaften des hier verwendeten Resonanzkonzepts deutlich: Zum einen setzen Resonanzbeziehungen voraus, dass die Resonanzpole (Lehrer, Schüler, Sache) über eine Eigenfrequenz oder wie Rosa schreibt, über eine je *eigene Stimme* verfügen.[15] Um mit eigener Frequenz zu tönen bzw. mit eigener Stimme zu sprechen, müssen die Resonanzpole füreinander sowohl ausreichend offen als auch autonom geschlossen sein. Resonanzen werden dort unmöglich, wo sich die Subjekte voreinander verschließen und verhärten und somit nicht mehr wechselseitig aufeinander Anteil nehmend und empathisch antworten. Gleichermaßen werden Resonanzverhältnisse durch zu viel Offenheit verhindert. *Resonanz ist kein Echo*: Resonanz entsteht nicht durch die Spiegelung oder das Kopieren des Anderen, seines Verhaltens, seiner Gedanken und Empfindungen, sondern durch eine eigene empathische Antwort auf diese. Resonanzbeziehungen stellen sich deshalb mit hoher Wahrscheinlichkeit nicht dort ein, wo der Lehrer beim Anblick eines weinenden Kindes ebenfalls zu weinen beginnt oder die Lehrerin auf den wütenden und verletzenden Kommentar eines Schülers ebenso barsch und verletzend reagiert, wo der Referendar den Faden verliert, weil die Schüler signalisieren, sie hätten den Anschluss verloren, und wo die Referendarin verzweifelt, weil eine Schülerin über ein Projektergebnis traurig ist. Aber auch Schülerinnen und Schüler können zum Echo des Lehrers werden. Wenn dieser beispielsweise Wissensfragen stellt („Wann fand die französische Revolution statt?" „Was steht auf Seite X des Buches Y?" „Wie lautet der Paragraf 11 des Grundgesetztes?" „Definiere Schwerkraft!") eröffnet er keine Resonanzbeziehungen, weil er bereits vordefinierte richtige Antworten erwartet, die der Schülerin und dem Schüler die eigene Stimme nehmen und sie somit zu seinem Echo machen. Ähnlich wie Adornos Konzept der *Zueignung* verlangt Anverwandlung ein Mitspracherecht des Lernenden und der Sache (der mathematischen Formel, des Romans, des Natursystems usw.) sowie der Lehrenden.[16]

Auf der anderen Seite können Resonanzverhältnisse trotz der Resonanzfähigkeit von Lehrern und Schülern daran scheitern, dass der institutionelle Rahmen der Schule den Betreffenden kalt und hart gegenübersteht und somit kein resonanz- und schwingungsfähiges Medium darstellt. Diese Form des Resonanzverlustes wurde der Schule insbesondere in den 70er-

---

15 Rosa (2016): Resonanz, S. 191.

16 Ebd., S. 107: Ein Resonanzverhältnis wird „[...] aber auch dadurch verunmöglicht, dass sich das Subjekt zu radikal öffnet oder an die Welt verliert: Es büßt dann gleichsam seine ‚Eigenfrequenz' ein, es spricht nicht mehr mit eigener Stimme, sondern wird konturlos, indem es nur noch als ‚Echo' fungiert."

Jahren unter dem Topos der verwalteten, bewegungsunfähigen und in Regeln erstarrten Schule vorgeworfen.[17] Resonanzverhältnisse werden aber auch dort unmöglich, wo das institutionelle Bildungssetting so chaotisch und konturlos ist, dass keine stabilen Eigenfrequenzen mehr vernommen werden können. Auf diesen neuralgischen Punkt scheint die gegenwärtige Kritik am ziellosen Reformeifer, wie Dirk Kutting sie vorträgt[18], abzuzielen. Auch eine sich ständig im Wandel befindliche Gesellschaft, die keine stabilen Kontexte des Aufwachsens und der Aneignung mehr zur Verfügung stellt, kann chaotische, konturlose, desychronisierende und resonanzfeindliche Aneignungsräume hervorbringen, in denen keine Eigenfrequenzen mehr wahrgenommen werden können. So schreibt Winkler:

> „Besonders aber trifft diese Desynchronisation das Aufwachsen von Kindern und Jugendlichen [...] Weil die Veränderungsdynamik so stark geworden ist, weil Wirklichkeit sich so rasch verändert, erleben schon Heranwachsende den Wechsel. Sie erfahren keine stabile Welt, mit der sie sich vertraut machen, sondern sehen schon als Kinder eine Welt im Wandel. Dies zerstört jene Orientierungslinien, die sie sich beim Aufwachsen aneignen, um sie für ein Leben lang als Hintergrundwissen zu nutzen."[19]

Resonanz als Antwortgeschehen (und nicht als assimilierende Aneignung) zu verstehen, setzt weiterhin voraus, dass die beteiligten Resonanzpole (Schüler, Lehrer, Sache) durch eine *Differenz* und ein *Moment der Fremdheit* voneinander geschieden sind, was sie dazu befähigt, mit einer je eigenen Stimme zu antworten. Wenn wir einen Stoff vollständig beherrschen und kontrollieren, wird diese Differenz getilgt. Der Musiklehrer, der nur deshalb erklärt, was ein Motiv ist, damit die Schülerinnen und Schüler in ein Arbeitsblatt eintragen können, wie oft dieses in einem Lied vorkommt, kappt den sensiblen Resonanzdraht zwischen Schüler und Musikstück, weil nicht das antwortende Berührtwerden durch das Musikerleben im Vordergrund steht, sondern die verdinglichende Bezugnahme auf ein tonales Objekt, die von jenem Musikerleben abstrahiert. Weil in diesem objektivierenden, Wissen beherrschenden Bezug keine Differenzerfahrung mehr gemacht werden kann, können sich die Schüler das Stück auch nicht anverwandeln.[20]

---

17 Vgl. Steffens, Ulrich (2009): „Schulqualitätsdiskussion in Deutschland. Ihre Entwicklung im Überblick", S. 22 ff.

18 Kutting, Dirk (2010): Missbrauchte Schule!? Die Institution neu erden, z. B. S. 25.

19 Winkler (2006): Kritik der Pädagogik, S. 209.

20 Ich danke dem Musiklehrer Lorenz Heimbrecht für dieses Beispiel.

Schließlich meint Anverwandlung einen Prozess, in dem sich Selbst und Welt wechselseitig *verwandeln*. Indem wir erkunden, ob uns ein Musikstück bewegt und was es uns zu sagen hat, formen sich sowohl unsere Perspektive und unser Bezug zu dem Stück als auch die Erscheinung des Stückes selbst. In einem Resonanzdreieck erfolgt diese wechselseitige Verwandlung etwa dann, wenn in der Interaktion zwischen Lehrer, Schüler und Sache plötzlich neue Perspektiven, Expressionen, Artikulationen, Affinitäten, Ideen und Verständnisse entstehen. Eine behandelte Sinnprovinz kann sich in ihren Konturen, ihrer Bedeutung und den möglichen Zugängen verändern, aber auch neue Ansprüche stellen, indem plötzlich Fragen aufkommen, die nach einer Klärung verlangen. Auf solche Weise kann eine Sache, der wir vormals gleichgültig oder abwehrend gegenüberstanden, plötzlich an Bedeutung gewinnen, wir erlangen einen Zugang zu ihr, und es stellt sich eine wechselseitige Antwortbeziehung ein. Bildung, so lautet die zentrale These des Buches, vollzieht sich somit in Weltbegegnungen, auf die das Subjekt antwortet und responsiv reagiert; ein Vorgang, in dem sich das erfahrende Selbst als auch die begegnende Welt generieren. Bildung durch Resonanz kann deshalb als ein *formierender* Anverwandlungsprozess beschrieben werden, weil aus ihm Selbst und Welt gleichermaßen hervorgehen und sich aneinander verwandeln. Dieser Ansicht liegt die anthropologische Annahme zugrunde, dass

> „[…] Menschen Wesen sind, die gleichsam als Resonanzkörper zu fungieren vermögen, ja mehr noch, dass sie ihre sensomotorischen und sprachlichen, ihre kognitiven und moralischen Qualitäten dadurch entwickeln, dass sie auf Anstöße und ‚Anrufungen' aus der Welt antwortend *reagieren*."[21]

Resonanz kann zudem strikt unterschieden werden von allen Formen der instrumentellen oder kausalen Beziehung, in denen die Wechselwirkung linear und mechanisch erfolgt. Resonanzen finden nicht statt, wenn die Frequenzübertragung durch Reiz-Reaktions-Verhältnisse oder Ursache-Wirkungs-Ketten erzwungen wird: Die Räder einer Lokomotive, die durch einen Stangenantrieb miteinander verbunden sind, stehen somit in keiner Resonanzbeziehung, sondern in einer mechanischen, linearen und erzwungenen Kausalbeziehung. Aus diesem Grund sind Resonanzbeziehungen auch keine Belohnungsbeziehungen. Auch Belohnungsbeziehungen müssen nämlich als Kausalbeziehungen verstanden werden. Eine Belohnung zu

21 Rosa (2016): Resonanz, S. 269. Wie ich in Kap. I.2.3. zeige, war es Johann Gottfried Herder, der diese Idee für das moderne menschliche Selbstverständnis ausbuchstabierte bzw. aktualisierte.

erhalten, setzt die Trennung von Aktion und Reaktion, von Ursache und Wirkung voraus. Als Reaktion oder Wirkung folgt die Belohnung einer erbrachten Leistung, die die Ursache oder die Aktion darstellt. Resonanz jedoch geht der Trennung von Aktion und Reaktion, von Ursache und Wirkung voraus. In Resonanzbeziehungen wie zum Beispiel einer mitreißenden Diskussion, einem spannenden Vortrag, einem lehrreichen und inspirierenden Gespräch oder einem Experiment, das unsere Neugier weckt und uns begeistert, lassen sich Ursache und Wirkung nicht scharf voneinander trennen. Die empathischen Antworten fließen im Resonanzerleben ineinander, sodass Aktion und Reaktion, Ursache und Wirkung miteinander verwoben sind. Tatsächlich stehen Belohnungs- und Anreizsysteme (ebenso wie Strafsysteme) unter dem Verdacht, Resonanzbeziehungen zu untergraben, weil sie die ursprüngliche intrinsische Beziehung in eine Kausalbeziehung überführen: Der Effekt, der das intrinsische Interesse eines Menschen an der Welt (ausgelöst etwa durch Neugier, Inspiration, Freude oder Begeisterung) durch externe Anreize und Belohnungen zerstört, ist als *Korrumpierungseffekt* bekannt. Die Belohnung kann als externer Motivator eine vormals intrinsische Resonanzbeziehung in eine indifferente Entfremdungsbeziehung verwandeln. Wer für sein Geigespielen stets mit Geldgaben belohnt wird, verliert, sobald die Belohnung wegfällt, schnell das Interesse und die Freude beim Spielen.

Weil Resonanzbeziehungen keine instrumentellen Beziehungen sind, lassen sie sich auch nicht instrumentell herstellen oder kontrollieren: *Resonanz ist unverfügbar*. Wie jeder Lehrer und jede Lehrerin wissen, kann eine gleich abgehaltene Stunde in der einen Klasse zu reger Anteilnahme führen, in der anderen aber resonanzlos bleiben. Auch jede Schülerin und jeder Schüler kennt ähnliche Situationen: Da fällt beispielsweise eine Lehrerin aus und wird von einem Referendar vertreten, der den bisher trockenen Unterricht plötzlich belebt und den Resonanzdraht der Klasse zum Vibrieren bringt. Dass wir über unser Lernen nicht vollständig verfügen, betont auch Käte Meyer-Drawe:

> „Lernen kann sich mir verweigern, auch dann, wenn ich motiviert bin. Die Sache erschließt sich mir nicht. Lernen, Vergessen und Erinnern sind keine bloße Maximierung oder Minimierung von Gedanken- oder Informationsbeständen. Sie meinen spezifische Artikulationen unseres Erfahrungshorizontes, die nicht vollständig in unseren Händen liegen und denen wir nicht auf die Spur kommen, wenn wir sie lediglich nach dem Muster der Informationsverarbeitung begreifen."[22]

22 Meyer-Drawe, Käte (2008), Diskurse des Lernens, S. 29.

Da Resonanz unverfügbar ist, lässt sie sich im Unterricht und in der Schule auch nicht instrumentell vermehren: Menschliche Wesen können Resonanz suchen, provozieren, aufgreifen, beschwören, erbeten und manchmal auch mit Sätzen wie Hör mir zu![23] einfordern; sobald sie Resonanz aber erzwingen, wird eine Grundlage von Resonanzerfahrungen zerstört, nach der beide Pole mit eigener Stimme sprechen können müssen.

Doch auch eine andere wesentliche Bedingung für Resonanzverhältnisse wird durch erzwungene Maßnahmen blockiert: *Resonanz bedarf eines freischwingenden Mediums* bzw. *eines Resonanzraumes.* Die Schule kann ein solches Resonanzmedium sein, sie kann aber auch zur starren und stummen Entfremdungszone werden. Schulen können sich vor den Resonanzimpulsen und den Resonanzbedürfnissen der Lehrenden und Lernenden verschließen, indem sie Resonanzräume für Begegnungen blockieren. Sie können durch zu starke Wettbewerbs-, Konkurrenz- und Beschleunigungszwänge die Beteiligten in die Haltung von Gegenspielern und Einzelkämpfern zwingen und somit das Zusammenkommen und die schöpferische Interaktion erschweren. Schule kann gleichsam ein Medium der Indifferenz werden, das keine Impulse aufnimmt: So kann sie sich wortwörtlich vor den Subjekten verschließen, indem sie die Türen zu den Musikzimmern, den Theaterräumen oder Ruhebereichen verschlossen hält.[24] In der umgangssprachlichen Beschreibung einer Schule als *Anregungs-* und *Ermöglichungsschule* kommt das Bedürfnis deutlich zum Ausdruck, die Schule möge auf die Resonanzimpulse der Anwesenden antworten sowie selbst Resonanzimpulse aussenden. Eine Schule, die auf die kreativen Ideen und Wünsche nicht reagiert oder allen Versuchen, die Schule aktiv mitzugestalten, systematisch verschließt, wird über kurz oder lang Repulsions- und Indifferenzverhältnisse schaffen. Denn Resonanz wird blockiert, wo die Umsetzung von Ideen prinzipiell an den harten und festen institutionellen Rahmenbedingungen oder der ignoranten „Obrigkeit" scheitert. Ebenso werden sich dort kaum Resonanzen einstellen, wo eine Schule Konflikte totschweigt, Reibungen vermeidet und für Widerspruch nicht empfänglich ist. Die Schule wird zu einem harten und abweisenden oder gleichgültigen Entfremdungsmedium, wo sie für Kritik, Feedback und Unzufriedenheit persistent ist. Konzepte wie die „Schule als Polis"[25] versuchen, die Schule als einen Resonanzraum zu konzipieren, den sich Lernende und Lehrende durch demokratische Mittel gestal-

---

23 Vgl. Barthes, Roland (1985): „Listening", in: Ders.: The Responsibility of Forms. Critical Essays on Music, Art and Representation, insbesondere S. 251.

24 Zum Thema Schulräume als Resonanzräume vgl. unten, Kap. IV.2.

25 Der Entwurf einer „Schule als Polis" wurde von Hartmut von Hentig entwickelt; vgl. Hentig, Hartmut von (2003): Die Schule neu denken. Eine Übung in pädagogischer Vernunft, Kap. 5.

tend und interaktiv anverwandeln können. Sogleich aber darf die Schule auch hier nicht zu einem bloßen Echo der Schülerbedürfnisse werden. Resonanz und Anverwandlung setzen voraus, dass die Räume *offen genug* sind, um sich gestalten zu lassen, zugleich aber auch *autonom geschlossen* genug, um einen eigenen Anspruch zu stellen.

Herrschen Resonanzräume vor, können resonante Weltbeziehungen von zwei Seiten ausgehen bzw. in zwei Richtungen weisen. Zum einen kann die Welt auf das Subjekt zukommen. Menschen erfahren sich dabei als *pathisch-erleidend*, indem sie passiv von der begegnenden Welt berührt werden. Beim Vortrag eines Mitschülers, der uns mitreißt, oder in der Beschäftigung mit einem historischen Ereignis, dass unsere Neugier weckt oder unseren Widerspruch provoziert, erleben wir uns von außen in Resonanz versetzt und somit von Welt ergriffen und berührt. Es sind Momente, in denen wir von der Welt in Resonanz versetzt werden, durch die unser *intrinsisches Weltinteresse* geweckt und unser Draht zur Welt libidinös aufgeladen wird – und es scheint dieses Geschehen zu sein, das, in einem klassischen pädagogischen Terminus, die „Bildsamkeit" genannt werden kann.[26] Bildsamkeit entsteht hier durch entgegenkommende Weltberührungen, die das intrinsische Interesse an der Welt wecken. Oder anders gesagt: die uns für die Welt öffnen und eben bildsam machen.

Lehrende und Lernende mit einem vorwiegend pathisch-erleidenden Weltbezug können das Schulleben jedoch auch als ein schicksalhaftes und verhängnisvolles Unterfangen empfinden: Die Klassen oder die Lehrer scheinen sich unvorhergesehen zu verhalten. Im Unterricht Spaß zu haben oder interessiert zu sein, scheint ausschließlich von den Umständen abzuhängen. In einem vorwiegend pathisch-erleidenden Weltbezug erlebt sich das Subjekt zumeist ausschließlich als reagierend.[27]

Um stabile Resonanzverhältnisse zu etablieren, genügt der pathisch-erleidende Weltbezug nicht. Auch Bildsamkeit entfaltet sich deshalb nur im Zusammenspiel mit einem weiteren Aspekt. Menschen suchen nämlich stets auch *aktiv* und *intentional* in die Welt einzugreifen, Andere und Anderes zu berühren und zu bewegen. Im intentionalen Weltbezug sind Menschen bestrebt, Dinge, Natur oder Tätigkeiten aktiv zum Reagieren und Antworten zu bringen. Bildungstheoretisch muss deshalb die Bildsamkeit des Subjektes durch seine „Selbsttätigkeit" ergänzt werden.[28] Selbsttätig und

26 Mollenhauer (2008): Vergessene Zusammenhänge, Kap. 3.

27 Vgl. Rosa (2016): Resonanz, S. 211.

28 Mollenhauer (2008): Vergessene Zusammenhänge, Kap. 4. Die Rekonstruktion von Bildsamkeit und Selbsttätigkeit als zwei komplementäre Richtungen bildender Weltbeziehungen, ist durch Mollenhauer inspiriert.

intentional erleben sich Menschen als Wesen, die Welt aktiv erkunden, gestalten, bewegen und beherrschen können. Die Welt selbst erscheint ihnen dabei als ein „Feld von (attraktiven) Chancen und (repulsiven) Hindernissen“[29]. Schülerinnen und Schüler mit einem starken intentionalistischen Weltbezug fällt es oft schwer, die gegebenen Verhältnisse zu akzeptieren, möglicherweise lehnen sie sich häufiger auf oder engagieren sich als Klassen- und Schulsprecher.

Ob wir uns zutrauen, die Welt zu adressieren und zum Antworten und Reagieren zu bringen, ob wir somit selbsttätig werden, hängt im Wesentlichen von unseren Selbstwirksamkeitserwartungen ab. Wie die Ausführungen zu den Entfremdungsdreiecken gezeigt haben, wird die Lehrperson an ihrer Fähigkeit zweifeln, ihre Schüler zu erreichen, wenn diese stets abweisend oder gelangweilt und gleichgültig auf Beziehungsangebote reagieren. Ebenso kann ein Schüler kaum Selbstwirksamkeitserwartungen ausbilden, wenn ihm niemals jemand zuhört, wenn sich niemand für seine Ideen, Gedanken und Taten interessiert und wenn es niemanden und nichts gibt, der oder das für ihn eine responsiv antwortende oder Widerspruch herausfordernde „Reibefläche“ ist.

Bildende Anverwandlung, so lautet die daraus abgeleitete These, kann nur dort erfolgen, wo beide Richtungen gemeinsam existieren: Bildung ist nur dort möglich, wo Bildsamkeit und Selbsttätigkeit zusammen vorherrschen. Das Eine existiert nicht ohne das Andere. Es liegt nahe, dass Menschen sich nur dann für Lernerfahrungen passiv öffnen und somit bildsam werden, wenn sie die Erfahrung machen, durch ihr Lernen selbsttätig in der Welt etwas bewegen zu können. Ebenso gilt umgekehrt, wir werden in dem Maße selbsttätig und aktiv Lernerfahrungen herbeiführen, in dem wir durch passive Weltberührungen bewegt oder inspiriert werden, wo wir also spüren, dass wir bildsame Wesen sind. Die *zweifache* Richtung resonanter Weltbeziehungen besagt also, dass Menschen sich passiv-erleidend von Welt berühren lassen (was ihr intrinsisches Interesse und ihre Offenheit für Lernerfahrungen, ihre Bildsamkeit erzeugt), und dass sie gleichsam aktiv versuchen, in die Welt einzugreifen und etwas zu bewegen oder jemanden zu erreichen (was die Selbstwirksamkeitserfahrungen und das aktive Lernen, ihre Selbsttätigkeit stärkt). Wie Rosa ausführt, lassen sich menschliche Wesen damit als *doppelte Stimmgabeln* beschreiben: Eine Stimmgabel kann durch ihre Eigenfrequenz eine andere Stimmgabel zum Mitschwingen anregen (aktiv-intentionalistischer Weltbezug), sie hat aber auch die Eigenschaft, sich durch eine von außen kommende Frequenz zum Mitschwingen anregen zu lassen (pathisch-erleidender Weltbezug).

---

29 Rosa (2016): Resonanz, S. 211.

Für eine Analyse von schulischen Bildungsprozessen besonders interessant ist die von Rosa aufgegriffene und von Joachim Bauer inspirierte Unterscheidung von „Response-„ und „Synchronresonanz“:

> „Tatsächlich lassen sich [...] zwei Momente des Resonanzgeschehens differenzieren, die man als *Synchronresonanz* und *Responseresonanz* bezeichnen könnte: Zwei Körper reagieren oder ‚antworten‘ auf die Schwingungsimpulse des jeweils anderen (*Responseresonanz*), was zur Folge haben kann, dass sie nach einer gewissen Zeit im Gleichklang schwingen (*Synchronresonanz*).“[30]

Gelingender Unterricht und Bildung scheint grundlegend auf diese beiden Resonanzmodi – Response- und Synchronresonanz – angewiesen zu sein. So schrieb bereits Wilhelm von Humboldt, dass Bildung nur dort erfolgen kann, wo sich zwei oder mehrere Individuen, etwa ein Lehrer und ein Schüler oder eine Klasse (durch Responseresonanz) auf eine solche Weise einander „anähneln“ und aufeinander einstimmen, dass sie sich (in Synchronresonanz) in einem gemeinsam geteilten Bedeutungsraum wechselseitig erreichen. Erst durch die „Anähnelung“ können alle Beteiligten, die über eine je eigene Stimme verfügen, in Bezug auf einen Weltausschnitt voneinander lernen.[31] Ebenso betont Max van Manen die Bedeutung einer resonanten und sympathetischen Beziehung zwischen Lehrer und Schüler:

> „To have a sympathic capacity means that one is able to discern the subtle signs in a child’s voice, glance, gesture, or demeanor. Sympathically we sense what an experience is like for the child, or what mood the child is in – frustrated, stimulated, sad, bored, joyful, adventurous, fearful, gloomy, interested. In maintaining a sympathic orientation to children we are infected by the same mood, the same feeling, so that an even closer relation is formed between ourselves and this child. With this interpretation I assign greater significance to sympathy than we ordinarily do in everyday life where it is often merely used to express a sentimental feeling of external support or distant concern.“[32]

Allerdings darf es in schulischen Bildungs- und Lernprozessen nicht nur um das subjektive Wohlergehen und Resonanzerleben von Lehrenden und Lernenden gehen. Dies würde eine radikale und subjektivistische Schülerzentrierung nach sich ziehen. Bildung hingegen bedarf eines kulturell etablierten, objektiven Gegenübers, das einen Anspruch an das Subjekt stellt, unabhängig von dessen Befindlichkeiten, Bedürfnissen und Neigungen.

---

30 Ebd., S. 284.

31 Zu Wilhelm von Humboldt vgl. Kap. I.2.4, oben.

32 Van Manen (2012): The Tact of Teaching, S. 97.

Dieses objektiven Anspruchs bedarf es auch deshalb, weil erst dadurch, dass Subjekte von etwas angesprochen und bewegt werden, das nicht bereits ihr bekanntes Eigenes ist, sondern ihnen von außen entgegentritt, Transformationen des Selbst-Welt-Verhältnisses möglich werden. Diesem Umstand wird die Resonanztheorie auf zweifache Weise gerecht: zum einen durch das Konzept der *Resonanzachsen* und zum anderen durch das Konzept der *starken Wertungen*.

Den Unterschied zwischen einer momentanen Resonanzerfahrung und einer stabilen und belastbaren Resonanzachse, entlang derer Menschen Resonanzerfahrungen machen können, definiert Rosa wie folgt:

> „Resonanz*erfahrungen* beschreiben einen bestimmten Modus der Beziehung zwischen einem Subjekt und einem spezifischen Weltausschnitt. Diese Beziehung lässt sich [...] vom Standpunkt des Subjekts aus als ein vibrierender Draht verstehen, der [...] durch die doppelseitige Bewegung des Affiziertwerdens und der (aktiven) Bezugnahme, gebildet wird. Von Resonanz*achsen* lässt sich dagegen dann und dort reden, wo sich zwischen dem Subjekt und diesem Weltausschnitt eine Form der Bezugnahme etabliert und stabilisiert, die solche Erfahrungen immer wieder möglich macht. Es sind solche Resonanzachsen, entlang derer sich Subjekte ihrer Resonanzbeziehung zur Welt stets von Neuem zu vergewissern vermögen; und (individuelle) Resonanzachsen bilden sich charakteristischerweise in kulturell etablierten *Resonanzräumen*. [...] Die Herausbildung und Veränderung von Resonanzachsen vollzieht sich dabei dynamisch in Abhängigkeit von sowohl kulturellen als auch individuellen Entwicklungsprozessen.“[33]

Während Lern- und Bildungsprozesse mit Resonanzerfahrungen einhergehen, stellen die *Schulfächer* die objektiv fixierten und kulturell gesicherten Resonanzachsen dar, zu denen sich die Schülerinnen und Schüler anverwandelnd verhalten und denen gegenüber sie sich zu positionieren lernen. Resonanzachsen bezeichnen dabei jene Weltbereiche, die in der Moderne konzeptionell so angelegt sind, dass Menschen in ihnen intrinsische Antwort- und Resonanzbeziehungen eingehen können. Der Kontakt zu einer oder oft auch mehrerer solcher Resonanzachsen muss deshalb als Bestandteil des guten Lebens verstanden werden: So begegnen Schülerinnen und Schüler im Musik-, Kunst- und Literaturunterricht der Resonanzachse Kunst, im Geschichtsunterricht der Vergangenheit, im Politikunterricht der Politik, im Biologieunterricht der Natur, im Religionsunterricht der Religion, im Sportunterricht der leiblichen Resonanzachse. Fächer wie Kunst, Geschichte, Sport, Politik, Natur, Religion und andere lassen sich in der Moderne als konzeptionell angelegte Resonanzachsen beschreiben, entlang derer

33 Rosa (2016): Resonanz, S. 296.

Menschen die Welt als antwortend und reagierend erfahren können. Die Schule moduliert die Weltbeziehung junger Menschen, indem sie Begegnungen mit diesen Achsen provoziert und es damit Kindern und Jugendlichen ermöglicht, oder besser abverlangt, sich diesen Resonanzachsen gegenüber zu positionieren. Zugleich vermittelt die Schule jene Techniken, Praktiken (des Malens, Singens, Rechnens, der Bewegung usw.) und Verständnisse (Bild- und Bewegungssprache, Hintergründe usw.), durch die sie sich den Weltbereichen anähneln, um sowohl auf die Ansprüche dieser Achsen antworten und reagieren zu können als auch selbst die Achsen zum Sprechen bringen zu können. Im Kapitel über „Fächer als Resonanzachsen" (III.3.2) gehe ich ausführlicher auf die fachspezifische Weltbeziehung ein.

Wenn Menschen transformative Bildungsprozesse durchmachen, in denen sich ihre Selbst- und Weltbeziehung verflüssigt und verwandelt, dann genügt es jedoch nicht, diesen Vorgang allein als eine Verortung und Positionierung gegenüber den Resonanzachsen zu beschreiben. Offen bleibt nämlich dabei, was Menschen dazu antreibt, ihre jeweils aktuellen Resonanzbeziehungen (beim Kind etwa zur Mutter, zum Vater und zum Spielzeug) zu überschreiten und sich neue Weltbereiche anzuverwandeln, zu denen vorher keine Beziehung bestand. In der Schule geht es ja nicht nur darum, das subjektive Resonanzbedürfnis zu befriedigen, sondern darum Anverwandlungsprozesse mit Weltbereichen zu initiieren, die einen objektiven Anspruch stellen. Warum sollten wir uns Politik, Kunst, Religion, Geschichte und Sport anverwandeln, wenn uns diese Resonanzachsen im Grunde nichts angehen und wir Resonanz möglicherweise einfacher beim Fernsehen, im Kino, am Strand, beim Eisessen oder im Vergnügungspark erleben können? Nun könnte man versucht sein, die Frage zu beantworten, indem man verschiedene Qualitätsstufen von Resonanz unterscheidet. Das Fernsehen und der Vergnügungspark würden dann möglicherweise banale, oberflächliche oder kurzweilige Resonanzformen ermöglichen, während Resonanzerfahrungen in der Kunst, in der Politik, an historischen Schauplätzen oder beim Sport tiefere, anhaltendere Resonanzformen darstellen. Entgegen einer solchen essentialistischen Unterscheidung verschiedener Resonanzformen liegt der Grund, warum Menschen ihr Resonanzbedürfnis nicht nur auf subjektivistischem Wege (etwa durch die Unterhaltungsindustrie) dauerhaft befriedigen können, in den *starken Wertungen*.

Das von Charles Taylor entwickelte und von Rosa aufgegriffene Konzept der schwachen und starken Wertungen[34] besagt, dass menschliche Wesen

34 Vgl. Taylor, Charles (1985): „What is human agency?", in: Ders.: Philosophical Papers 1, S. 15–44, sowie Taylor (1996): Quellen des Selbst. Vgl. auch Rosa, Hartmut (1998): Identität und kulturelle Praxis. Politische Philosophie nach Charles Taylor, Kap. II, 2.d.

nicht nur durch ihr Wollen Beziehungen zur Welt eingehen, sondern dass Weltbeziehungen immer auch durch eine Dimension des *Sollens* moduliert werden. Die Wollens- und die Sollens-Dimension menschlicher Weltverhältnisse lässt sich mit den schwachen und starken Wertungen erfassen: Die schwachen Wertungen besagen, dass Menschen stets durch aktuelle Bedürfnisse, persönliche Neigungen und individuelle Wünsche auf die Welt bezogen sind (durch ihr Wollen). Starke Wertungen hingegen werden als weltliche Ansprüche erfahren, die die Menschen unabhängig von ihrem Befinden, ihren Neigungen, Wünschen und Vorlieben *etwas angehen*, weil sie diese Ansprüche als kategorialen Teil eines guten Lebens erachten. Solche Weltbeziehungen gehen Menschen nicht allein deshalb ein, weil sie es wollen, sondern, weil sie es wert sind, eingegangen zu werden.

Meist treten im Erleben der Subjekte schwache und starke Wertungen dann gesondert hervor, wenn sie in Widerspruch zueinander geraten: So kann ich als Lehrer den aufmüpfigen neuen Schüler vielleicht nicht leiden (schwache Wertung), spüre aber den (moralischen) Anspruch als Pädagoge, jedem Kind mit Respekt und Wertschätzung gegenüberzutreten (starke Wertung). Möglicherweise ist die Wollens-Landkarte einer Lehrerin dadurch gekennzeichnet, dass sie einen Schüler attraktiv und anziehend findet (schwache Wertung), zugleich stellt diese Neigung auf ihrer Sollens-Landkarte ein absolutes Verbot dar (starke Wertung). Vielleicht will ich mich derzeit lieber nicht mit Kunst, Politik oder Geschichte befassen (schwache Wertung), zugleich aber erkenne ich diese Bereiche für ein gutes Leben als kategorial wichtig an (starke Wertung). Vielleicht will ich mich als Direktor nicht mit der Schulbehörde anlegen, um mehr Resonanzräume an meiner Schule zu ermöglichen (schwache Wertung), vernehme aber den Ruf, die Schule zu einem besseren Ort des Lehrens und Lernens zu machen (starke Wertung). Zentral für eine resonanzpädagogische Theorie bildender Weltbeziehungen ist der Sachverhalt, dass starke Wertungen im Erleben der Subjekte stets als Anspruch, Forderung oder als Ruf empfunden werden. Dieser Ruf geht nicht von den Betroffenen selbst aus, sondern von Weltbereichen, die sie etwas angehen. Wir erfahren starke Wertungen somit als von außen an uns gerichtet.[35]

Ob und welche starken Wertungen wir für unser Leben anerkennen, hängt nun aber sowohl *vom Subjekt* ab (welche werthaften „Weltanrufungen" es für sich anerkennt) als auch *vom sozialisatorischen Umfeld* (welche Weltbereiche diese werthaften Anrufungen aussenden). Starke Wertungen können dabei sowohl in den *gesellschaftlichen Praktiken* verkörpert sein und von diesen Ausgehen (etwa wenn uns durch die Praktik des Meldens in der

35 Vgl. Rosa (2016): Resonanz, S. 227 f.

Schule vermittelt wird, dass es unabhängig von unserem Redebedürfnis ebenso wichtig ist, Anderen zuzuhören und sie ausreden zu lassen, oder in den Wahlen eines Schülersprechers oder einer Klassensprecherin die starke Wertung der demokratischen Mitbestimmung zum Ausdruck kommt), als auch in den *Institutionen* (etwa, wenn die Auswahl des Fächerkanons nahelegt, ein Mensch müsse sich mit Musik, Literatur, Mathematik usw. beschäftigen). Auch *Lebensformen* und *Verhalten* anderer bringen starke Wertungen zum Ausdruck: So können der beliebte Biologielehrer, der sich aktiv für den Umweltschutz einsetzt, oder die sympathische Kunstlehrerin, die es liebt, in Museen zu gehen, ihre Schüler dahingehend beeinflussen, dass auch sie Umweltschutz oder den Besuch von Museen unbedingt als werthaft erachten. Schließlich können werthafte Anrufungen auch von *Schulräumen* ausgehen: Ein gut ausgestattetes Musikzimmer, eine stets offene Werkstatt, ein Schullabor, der Sportplatz oder gemütliche Ecken zum Reden und Spielen können die symbolische Nachricht aussenden, dass es wertvoll ist, sich auf Kunst und Musik, auf Werken, Chemie und Sport, auf gemeinsamen Dialog und Spaß einzulassen, auch wenn wir uns diesen Dingen bisher noch nicht öffnen konnten. Das bisher Gesagte soll allerdings nicht heißen, dass Kino, Strandaufenthalte und Eis essen nicht ebenfalls starke Wertungen in unserem Leben darstellen können – natürlich können auch solche Bereiche für uns ein essenzieller Teil eines guten Lebens sein. Lebensgenuss und Lebensfreude werden für die wertenden Subjekte dabei als kategorialer Bestandteil eines guten Lebens angesehen.

Neben dem Unterhaltungs- und Freizeitbereich verkörpert also auch der Fächerkanon die starken Wertungen einer Gesellschaft. Erst als starke Wertungen nötigen sie die Heranwachsenden dazu, ihre jeweiligen gegebenen Resonanzverhältnisse zu überschreiten, um auf die fachlichen und neuen weltlichen Anrufungen zu antworten. Bildungstheoretisch bedeutsam ist dabei der Umstand, dass sich Resonanz scheinbar nur dort einstellen kann, wo die schwachen und die starken Wertungen (temporär) in Einklang gebracht werden können und sich nicht dauerhaft widersprechen[36]: Wenn ich

36 Ebd., S. 231 f.: „Resonanzerfahrungen [...] stellen sich (nur) in Weltbegegnungen ein, bei denen starke und schwache Wertungen (oder Bewertung und Begehrung) momenthaft übereinstimmen beziehungsweise wo beide Dimensionen unseres normativen Bezogenseins zugleich angesprochen werden und sich in einer Balance befinden. [...] Wer stets nur seinen starken Wertungen folgt und seine schwachen Wertungen ignoriert oder bekämpft, riskiert daher, seine vitalen Beziehungsenergien zu verlieren; ihm fehlt just jener (auch libidinös aufgeladene) vibrierende Draht zur Welt, den ich [...] als essentielle Bedingung für Resonanzverhältnisse identifiziert haben.
Wer umgekehrt jedoch stets nach Maßgabe der schwachen Wertungen handelt, *hat kein mit eigener Stimme sprechendes Gegenüber*, zu dem er eine Resonanzbeziehung aufbauen könnte; er kann nicht *berührt, bewegt, ergriffen* werden."

mit Kindern zusammenarbeiten *will* (schwache Wertung) und dies auch an sich, unabhängig von mir, als *wichtig* erachte (starke Wertung), kann die Lehrarbeit zu einer vitalen Resonanzachse werden. Hingegen können Resonanzverhältnisse verhindert werden, wo die Schule zwar signalisiert, es sei wertvoll, sich mit Mathematik, Politik, Kunst und Geschichte zu beschäftigen (starke Wertung), gleichzeitig aber die schwachen Wertungen (die Bedürfnisse, Neigungen, Befindlichkeiten und Wünsche der Schüler) übergeht. Schulen können auch dann zu resonanzfeindlichen Orten werden, wenn Lehrerinnen und Lehrer systematisch gezwungen sind, ihre starken pädagogischen Wertungen zu verleugnen: Sachzwänge wie Zeitdruck und Stofffülle oder Optimierungsimperative, wie sie Wettbewerbs- und Konkurrenzsituationen erzeugen, können Lehrende daran hindern, dem von ihnen vernommenen Ruf nach empathischer und individueller Förderung der Kinder zu folgen und stattdessen leistungsorientiert und selektierend vorzugehen.[37]

Obwohl Resonanz nur dort entstehen kann, wo die Wollens- und die Sollens-Struktur der Weltbeziehung momenthaft in Einklang gebracht werden kann, darf die Diskrepanz zwischen schwachen und starken Wertungen nicht per se als bildungsfeindlich verstanden werden. Wie Klaus Mollenhauer gezeigt hat, liegt just in dem Auseinanderfallen von *dem, der ich bin* (mit meinen Wünschen, Neigungen, Vorlieben, Bedürfnissen, meinen aktuellen Handlungs- und Verhaltensrepertoire) und *dem, der ich* vermittels des werthaften Anspruchs der Weltbereiche *sein könnte*, ein Motor für Bildungsbewegungen. Bildungsprozesse kommen hingegen dort zum Erliegen, wo diese Diskrepanz unüberwindbar erscheint – die Weltbeziehung zeichnet sich dann durch harte, unerbittliche und rücksichtslose Ansprüche aus und wird somit repulsiv –, oder aber dort, wo die Diskrepanz zum Verschwinden gebracht wird – Menschen können dann, wie Gruschka beschreibt, taub, unsensibel und kalt gegenüber den weltlichen Ansprüchen werden; die Weltbeziehung verstummt dann in ihrer werthaften Dimension. Wie noch ausgeführt wird, deutet sich hier bereits an, dass das Ausbleiben von Entfremdungsmomenten ebenso verdächtig ist wie das Ausbleiben von Resonanzen.

Die Bedeutung stark wertender Weltbezüge im menschlichen Leben macht Rosa in Bezug auf Taylor an folgendem Bild deutlich: Ähnlich wie im physischen Raum orientieren sich nach Rosa und Taylor menschliche Wesen auch in der moralischen Welt mithilfe einer Landkarte. Diese Landkarte

37 Andreas Gruschka hat gezeigt, dass Schulen durch diese Diskrepanz zu Orten werden können, die kalte und somit stumme Weltbeziehungen produzieren; vgl. Gruschka (1994): Bürgerliche Kälte und Pädagogik. Ausführlicher dazu vgl. Kap. I.2.8, oben.

hat sowohl eine kognitive als auch eine evaluative Dimension. Die kognitive Dimension dieser Landkarte – das Weltwissen bzw. das gedachte Weltbild – beantwortet die Frage: *Was gibt es da draußen?* Wäre der Weltbezug nun aber rein kognitiv, so würde die Karte flach bleiben. Erst der evaluative Weltbezug fügt den verzeichneten Weltbereichen diejenigen Höhen und Tiefen hinzu, die manche Orte als erhöht und somit als herausgehoben und anstrebenswert definieren, andere hingegen als flach, banal und zu vermeidend. Die werthaften „Höhen" stellen gleichsam Berge dar, zu denen es uns im Leben zieht, weil sie uns als wertvoll, bedeutsam und anstrebenswert erscheinen. Die wertlosen „Tiefen" hingegen können als dunkle Täler verstanden werden, die wir zu vermeiden suchen, weil wir sie als gemein, nebensächlich, abstoßend oder oberflächlich, mithin auch als unverständlich erachten. Erst die Höhen- und Tiefenkontur der Landkarte vermag eine Auskunft darüber zu geben, *was uns etwas angeht*, und erst durch sie stellen Menschen eine Beziehung zu den kognitiv verzeichneten Weltbereichen her:

> „Wenn kognitive Landkarten verzeichnen, *was es gibt* in der Welt, dann sind es diese starken Wertungen, welche die *Beziehung* zwischen den Subjekten und der Welt beziehungsweise den Weltausschnitten bestimmen, weil sie definieren, *worauf es jeweils ankommt* und damit welche Bedeutung und Relevanz die Dinge und insbesondere die Seins- und Handlungsmöglichkeiten haben. Nach dieser Konzeption bedeutet *in die Welt gestellt zu sein* für ein Subjekt stets, seine *Beziehung* zur Welt, das heißt zu den Mitmenschen, zur umgebenden Natur, aber auch zur Zeit beziehungsweise zur Geschichte und zum Weltganzen (oder ‚Kosmos'), zur eigenen Sterblichkeit, zur Zukunft, und seine Position im Hinblick auf Entwürfe des guten Lebens bestimmen zu müssen."[38]

Zu der gewussten und der gesollten Dimension der Landkarte kommt noch eine dritte Dimension hinzu: die affektive bzw. emotionale Dimension. Die affektive Dimension verzeichnet Bereiche und Orte, die wir emotional begehren oder verabscheuen. Sie definiert somit eine Wollensrichtung. Resonanzpädagogisch stellen sich Bildungserfahrungen dann ein, wenn es zu einem Dreiklang von gewusster, gewollter und gesollter Dimension kommt, bei der sich diese Aspekte wechselseitig durchstimmen.

Damit wird deutlich, warum eine Schule nicht nur auf die kognitive Vermittlung von Wissen abzielen kann: Durch die allein kognitive Ausrichtung würde der Wissensstoff beziehungslos und somit entfremdet bleiben. Die Bildungsidee kam am Ende des 18. Jahrhunderts gerade in Abgrenzung

38 Rosa (2016): Resonanz, S. 226 f.

zu einer Gelehrsamkeit auf, die bloß darin bestand, dass sich der Gelehrte „totes“ Wissen aneignete. Der Kern von Bildung scheint demgegenüber vor allem in der Beziehung zu diesen Wissensbereichen zu liegen, in der affektiv-emotionalen und der evaluativ-werthaften Beziehung zu den kognitiv-gewussten Weltbereichen. Bildung erfolgt erst dort, wo der oder die Lernende eine emotionale und evaluative Beziehung zu den Weltstoffen aufbaut; erst dadurch kann er oder sie sich *in der Welt verorten* und den Dingen der Welt gegenüber *Position beziehen*, etwa der Religion, der Kunst, der Natur, dem Sport usw. – eine Stellung, die im Sinne der Aufklärung nicht von der Natur, vom Klerus oder von einer Autorität erzwungen ist. Eine Schule, die Bildung zum Ziel hat, muss deshalb vor allem Räume eröffnen, in denen Schülerinnen und Schüler erkunden können, auf welche Art und Weise die Weltbereiche sie *etwas angehen*. Wie Ilien festhält, kommt der Lehrperson als einer *kognitiv*-wissenden, *affektiv*-verstehenden und *evaluativ*-wertenden Person eine zentrale Rolle zu: Der oder die Lehrende wird erst dadurch zu einer responsiv antwortenden und widersprechenden Reibefläche, mittels der die Lernenden die Bedeutung eines Weltstoffes für sich erkunden können:

> „Das von ihm [dem Lehrer, J. B.] vermittelte Wissen muss er als subjektiv und damit sozial bedeutsam erfahrbar machen. [...] [I]n seinem Engagement, die Schüler für den Inhalt zu interessieren, tritt der Lehrer kommunikativ in Vorleistung, er bietet den Schülern an, etwas *auf seine potentielle Bedeutung zu erkunden*, das ihm selbst irgendwie *wichtig geworden ist oder bedeutsam erscheint*.“[39]

Lehrerinnen und Lehrer wirken als eine Art „Kompass“ im Welt-Raum. Als Kompass helfen sie Schülerinnen und Schülern eine geistige, moralische und affektive Landkarte auszubilden, mittels der sie sich verlässlich in der Welt orientieren können, indem sie sich ihrer Resonanzverhältnisse versichern und sich den verschiedenen Weltbereichen gegenüber zu verorten lernen.[40]

Schließlich aber werden werthafte Weltberührungen bzw. Selbst-Welt-Resonanzen nur dann spürbar, wenn wir von ihnen leiblich affiziert werden. Der Leib erweist sich von daher als ein weiteres zentrales Element von Resonanz: *Resonanz ist ein leiblicher Vorgang*. Wie bereits Friedrich Schlei-

39 Ilien (2009): Grundwissen Lehrerberuf, S. 75 u. 80 (Hervorhebung von mir, J. B.).

40 Zum Konzept des Pädagogen als Kompass im moralischen Raum vgl. Beljan, Jens (2013): „Identitätsbildung zwischen Sozialstruktur und kultureller Substanz. Ideen zur Aktualisierung einer pädagogischen Leitkategorie“, in: Zeitschrift für Sozialpädagogik 11 (3), S. 292–320.

ermacher in seiner Psychologie-Vorlesung pointiert feststellte[41], schiebt sich der Leib als Resonanzorgan zwischen die Seele (bzw. das Selbst) und die Welt. Der Leib ist *Organ der Seele* bzw. *des Selbst*, weil die Seele bzw. das Selbst durch den leiblichen Ausdruck in die Welt hin ausströmt. Zugleich aber ist der Leib auch das *Organ der Welt*, indem er Welt aufnimmt und dadurch im Selbst Eindrücke erzeugt und somit Begegnungen zwischen Selbst und Welt erst ermöglicht. Schleiermacher beschreibt diesen dynamischen Vorgang als eine „oszillierende Verbindung" von Selbst und Welt, wobei der Körper nicht ein abgegrenztes Objekt in der Welt ist, sondern als Leib die Grenze zwischen Selbst und Welt „verflüssigt":

> „Die Trennung von Leib und Seele kann nicht fest bestimmt werden, weil in der Verbindung eine Oscillation ist; andres wird dem Leibe angerechnet sofern er Organ der Seele auf die Welt und anderes, sofern er Organ der Welt auf die Seele ist."[42]

Dieser Oszillationsprozess lässt sich, wie im Kapitel I.2.5 skizziert, als das Grundprinzip von Bildung rekonstruieren. Den Leib als ein Organ zu betrachten, durch den das Selbst in die Welt ausströmt und durch das die Welt zugleich aufgenommen wird, setzt allerdings voraus, dass der Leib nicht nur ein bloßer Körper, im Sinne eines Dinges, eines Werkzeuges oder eines zu bearbeitenden und manipulierbaren Objektes ist, sondern als ein antwortender und tönender Resonanzkörper verstanden wird. In Kapitel III.1. erkunde ich die leibliche Weltbeziehung im Kontext von Schule und Unterricht.

Wenngleich der Leib das zentrale Resonanzorgan ist, geht Resonanz über den leiblichen Weltbezug hinaus: Resonanz lässt sich als ein (momentaner) *Dreiklang von Leib, Geist und Welt* beschreiben. Stets sind in Anverwandlungsprozesse alle drei Resonanzpole eingebunden, sodass es zu einer wechselseitigen Durchstimmung kommt, die, wie der Pädagoge Otto Friedrich Bollnow schreibt, das gesamte Dasein des Menschen einfärbt, grundiert und durchdringt.[43] Dabei können Resonanzerfahrungen sowohl vom Leib als auch vom Geist oder von der Welt initiiert und ausgelöst werden, ebenso wie jeder dieser drei Pole Resonanz blockieren kann.

So kann der Leib Resonanz initiieren, wenn etwa Schülern eine schwierige Passfolge im Fußball gelingt oder wenn einer Schülerin eine anspruchsvolle Übung am Reck glückt. In diesen Momenten kann Resonanz durch

---

41 Vgl. Kap. I.2.5, oben.

42 Manuskript Schleiermacher 1818, Notiz zwischen der 2. und 3. Stunde (bislang unveröffentlicht).

43 Bollnow, Otto F. (2009): „Das Wesen der Stimmungen", in: Ders.: Schriften, Bd. 1.

eine Körperpraktik ausgelöst werden, die auch die anderen Pole durchstimmt: So wird wahrscheinlich auch die Welt plötzlich in einem positiveren Licht erscheinen sowie sich unsere Art ändern kann, wie wir uns fühlen und über die Dinge denken. Manchmal erleben sich Menschen auch von einen Gefühl durchströmt und somit in leibliche Resonanz versetzt, ohne dass der oder die Betroffene sogleich bewusst sagen kann, was sie bewegt. Das leibliche Empfinden kann zum Resonanzinitiator werden, indem es unseren Geist zum Nachdenken bringt und sogleich unser Erleben von Welt verändert. Andererseits kann der Leib auch Resonanzverhältnisse blockieren, etwa wenn es in schulischen Situationen zu übermäßigem Stress kommt: Die daraus folgenden körperlichen Symptome wie Kopfschmerzen, Bauch- oder Magenbeschwerden, aber auch psychosomatische Erscheinungen wie der stressinduzierte Tinnitus, Bluthochdruck, Nervosität oder Schlaflosigkeit können uns selbst den interessantesten Unterricht verderben und Resonanzen blockieren.

Resonanzimpulse können aber auch vom *Geist* ausgehen: Eine neue Erkenntnis oder Sicht auf die Dinge, beispielsweise durch ein Gedicht, eine Theorie oder ein Buch, kann plötzlich zur Durchstimmung unserer gesamten Weltbeziehung führen. Erweist sich der Streit mit meinem besten Freund als ein Missverständnis, kann auch dies zu geist-induzierter Resonanz führen. Hingegen sind wir dann, wenn wir im Unterricht oder in der Projektarbeit geistig nicht mehr hinterherkommen, sehr wahrscheinlich auch von anderen Resonanzverhältnissen im Klassenraum ausgeschlossen. Gelegentlich müssen Lernende auch einen Stoff erst geistig hinreichend durchdringen, um die Faszination ihrer Lehrerin oder ihres Lehrers für diesen Stoff selbst leiblich spüren zu können.

Vielleicht am häufigsten aber ist es der Fall, dass die *Welt* Resonanzen auslöst: Dies zeigt sich bereits an der Stimmungsänderung, die sich einstellen kann, wenn an einem grauen Tag plötzlich die Sonne herauskommt und die Beziehung zu unseren Mitmenschen, den Dingen oder unseren Aufgaben plötzlich aufhellt und spürbar leichter macht oder wir uns selbst wohlwollender betrachten können und unsere Sorgen vertrieben werden. In der Schule wird es oftmals ein begabter Lehrer oder eine resonanzsensible Lehrerin sein, der oder die es vermag, Schülerinnen und Schüler für ein Gedicht, ein mathematisches System oder eine historische Epoche zu begeistern. Ebenso können Menschen von einer Debatte oder einer Diskussion so gefesselt sein, dass sie als leibliche und geistige Wesen vollkommen davon eingenommen sind. Bildung und Anverwandlung lassen sich in dieser triadischen Hinsicht als ein Prozess verstehen, in dem Geist, Leib und Welt sich wechselseitig irritieren und Durchstimmungsbewegungen anstoßen, in denen der Betroffene bestrebt oder aufgefordert ist, ein bestimmtes Erlebnis allein oder mithilfe einer Bezugsperson, wie z.B. eines Lehrers oder einer

Pädagogin, auf seiner kognitiven, affektiven, evaluativen und voluntativen Landkarte zu verorten.

Wenn wir uns bei einem Menschen oder an einem Ort leiblich wohlfühlen, wird dies sehr wahrscheinlich auch positive Gedanken aktivieren sowie zu einem positiveren Weltempfinden und Welterleben führen, in dem wir uns dem Unterrichtsgeschehen, z.B. einem physikalischen Experiment, einem Gedicht oder einer mathematischen Aufgabe, offener zuwenden können und dieses uns eher ansprechen kann.

Da das Resonanzgeschehen stets alle drei Elemente betrifft, kann Bildung nur ungenügend als eine Transformation der sprachlichen Weltbeziehung verstanden werden, wie Christian Koller dies behauptet.[44] Anverwandelnde und aneignende Bildungsprozesse können zwar damit einhergehen, dass neue Begriffe, veränderte sprachliche Ausdrucksweisen unser Weltverständnis verwandeln, ebenso wie das Festhalten an alten verbalkonzeptuellen „Schubladen“ diesen Wandel blockieren kann. Doch es lässt sich nicht eindeutig bestimmen, ob das Aneignen neuer sprachlicher Ausdrucks- und Artikulationsmittel das leibliche Weltempfinden und das geistige Welterleben verwandelt oder umgekehrt: Der Wandel in der leiblichen Weltbeziehung, wie er sich drastisch in der Pubertät vollzieht, ist auch die Ursache dafür, dass junge Menschen ein ebenso neues *sprachliches* Weltverhältnis suchen. Die Jugendsprache ist ein Indiz dafür. Die sprachliche Weltbeziehung ist nur ein Teil eines Ensembles von Weltbeziehungsaspekten. Deshalb kann es auch vorkommen, dass wir etwas spüren oder etwas zu sagen versuchen und dafür zunächst um die passenden Worte ringen. Die sprachliche Formulierung bildet dabei die Weltbeziehung nicht nur ab, sondern sie erschafft sie zum Teil expressiv[45]: Wie wir das, was wir erleben, in Worte fassen, wird die Art und Weise unseres Erlebens prägen und umgekehrt wird unser Welterleben die Auswahl der sinnvollen und passenden Formulierungen begrenzen. Der sprachliche Weltbezug erweist sich somit als Teil eines umfassenderen Weltverhältnisses, in dem leibliche, affektive, wertende, soziale und materiale Aspekte unauflöslich miteinander verwoben sind. Die Sonderung in einen rein sprachlichen Weltbezug stellt eine Abstraktion dar, während Resonanz und Anverwandlung oft, vielleicht immer, all diese Weltbeziehungsaspekte zugleich betreffen. Das Ergebnis von Bildung besteht somit nicht in einem neuen sprachlichen Selbst- und Weltverständnis, sondern in einem *verwandelten Resonanz- und Antwort-*

44 Koller (2012): Bildung anders denken.

45 Zur Stellung der Sprache innerhalb der Resonanztheorie vgl., Rosa (2016): Resonanz, insbesondere S. 265–268.

verhältnis zwischen Selbst und Welt, in dem der sprachliche Weltbezug einen Teilaspekt darstellt.

In Hinsicht auf den triadischen Durchstimmungseffekt betont Rosa zudem, dass eine negative Betroffenheit von Geist, Leib und Welt nicht als resonante Durchstimmung, sondern als repulsive Verstimmung verstanden werden muss: Wenn wir an Bauchschmerzen leiden, während ein genervter und ungerechter Lehrer vor uns sitzt, und wir uns Sorgen wegen der anstehenden, schwierigen Prüfung machen, sind zwar alle drei Elemente (Geist, Leib und Welt) gleichermaßen betroffen und von ein und derselben Erlebensqualität durchzogen, dennoch kann dies aus Sicht der Resonanztheorie nicht als eine Art negative Resonanz verstanden werden, sondern als Entfremdung. Dies ist deshalb der Fall, weil

> „[...] es sich dabei gerade nicht um eine Form der Selbst- und Weltübereinstimmung handelt – auf allen drei Ebenen wird das betroffene Subjekt vielmehr in eine Haltung des Widerspruchs und der Abwehr gehen".[46]

Noch entscheidender aber ist der Sachverhalt, dass eine solche Verstimmung (der genervte und ungerechte Lehrer, Bauchschmerzen und Prüfungsangst) auf der moralischen Landkarte sehr wahrscheinlich ein dunkles Tal darstellt, das nicht als essenzieller Bestandteil eines guten Lebens verstanden wird. Wenn es richtig ist, dass Resonanz nur dann entsteht, wenn wir in Kontakt mit den starken Wertungen bzw. den als wertvoll erachteten Höhen oder Bergen unserer moralischen, kognitiven und affektiven Landkarte kommen, können solche Formen der Betroffenheit nicht als Resonanz verstanden werden.

Wenn betont wird, bei Resonanz handele es sich um einen leiblichen Vorgang, so kann dies dazu verleiten, Resonanz als ein Gefühl zu verstehen.[47] Dass Resonanz kein Gefühl ist, belegt die Tatsache, dass sich Resonanzverhältnisse dort einstellen können, wo Menschen Freude, Trauer oder Wut teilen. Nicht die jeweiligen Gefühle definieren also Resonanz, sondern die *Qualität der Beziehung*. Die emotional-affektive Empfindungsfähigkeit stellt dazu allerdings eine wesentliche Voraussetzung dar. Ist der affektive Weltbezug blockiert oder geschädigt, wird dies mit Sicherheit zu Blockaden im Resonanzerleben führen. Nach Rosa beginnt der Draht zur Welt immer dann zu vibrieren, wenn wir uns durch *Affekte* als von der Welt berührt erleben und wenn diese Weltberührung zugleich einhergeht mit einer vom Selbst ausgehenden und auf die Welt gerichteten *Emotion*:

---

46 Ebd., S. 290 f.

47 Ebd., S. 287–289.

„Tatsächlich lässt sich [...] die Idee des vibrierenden Drahtes zwischen Subjekt und Welt emotionssoziologisch formalisieren als eine Erfahrung beziehungsweise als ein Zustand, in dem das Subjekt einerseits von einem Weltausschnitt affiziert, also berührt und bewegt wird, während es andererseits mit einer entgegenkommenden, nach außen gerichteten emotionalen Bewegung, mit intrinsischem Interesse (*Libido*) und entsprechenden Wirksamkeitserwartungen reagiert. *Affekt* (von lat. ad*facere* bzw. af*ficere* – antun) und *Emotion* (von lat. *e*movere – *hinaus*bewegen) bilden dann also den ‚Draht', dessen bidirektionale Schwingung sich in spielerischer Form vielleicht als Af←fekt und E→motion darstellen ließe."[48]

Wie in der Einleitung erwähnt, kann Bildung allerdings nicht gleichgesetzt werden mit Resonanz. Bildung als Anverwandlung erfolgt durch eine dialektische Bewegung zwischen Entfremdung und Resonanz. Um dies zu verdeutlichen, muss zunächst geklärt werden, was mit Entfremdung im Kontext von Schule gemeint ist und in welchem Verhältnis Entfremdung zu Resonanz steht.

2.2 Bildung durch Entfremdung: Transformierende Anverwandlung

In dem Buch „Die Welle"[49] aus dem Jahr 1981, das auf einer wahren Begebenheit basiert, erzählt Morton Rhue von einem vermeintlichen Resonanzexperiment an einer US-amerikanischen Schule. Der Geschichtslehrer Ben Ross hat im Unterricht einen Film über den Holocaust im Zweiten Weltkrieg gezeigt. Die Schüler, die von diesem Film außerordentlich berührt sind, stellen die Frage, wie es zur Naziherrschaft und zu den Konzentrationslagern kommen konnte. Sie sind der Meinung, dass sich eine solche Manipulation der Massen nicht noch einmal wiederholen könne. Da der Geschichtslehrer die Fragen der Schüler nicht präzise beantworten kann, überlegt er, ob ein Verständnis für diesen Sachverhalt überhaupt sprachlicher und geistiger Natur sein kann. Soll er diesen Stoff nicht lieber in einem anderen Weltbeziehungsmodus vermitteln?

„Er fragte sich, ob es sich hier um etwas handelte, was die Historiker zwar wussten, aber nicht mit Worten erklären konnten. Konnte man es überhaupt

48 Ebd., S. 279.
49 Ich beziehe mich auf folgende Ausgabe: Rhue, Morton (1997): Die Welle (Roman).

> nur an Ort und Stelle richtig verstehen? Oder vielleicht dadurch, daß man eine ähnliche Situation schuf?"[50]

Im Sinne eines anschaulichen Unterrichts entscheidet sich der Geschichtslehrer Ben Ross für ein Experiment: Um den Schülerinnen und Schülern ein Gefühl dafür zu vermitteln, was es bedeutet in Nazideutschland gelebt zu haben, schafft er eine ähnliche Situation. Ben Ross verfolgt ein Resonanzmotiv, er will die Sache für seine Schülerinnen und Schüler zum Klingen bringen:

> „Wenn es ihm gelang, eine treffende Situation zu erfinden, konnte er damit die Schüler wirklich weit stärker beeindrucken als mit allem, was Bücher erklären konnten."[51]

Damit dies gelingt, muss er sie zunächst anders in die Schulwelt stellen, er muss sie eine andere Weltbeziehung einnehmen lassen.

Ross schafft drei einfache Regeln die das Verhältnis der Schüler zum Lehrer, das Verhältnis der Schüler untereinander und das Verhältnis der Schüler zur Sache umdefinieren. Die drei Regeln lauten: 1. *Macht durch Disziplin:* Diese Regel legt fest, dass die Schülerinnen und Schüler in einem engen Verhaltenskodex auf die Aufforderungen des Lehrers im Unterricht reagieren müssen. *2. Macht durch Gemeinschaft*: Die zweite Regel soll ein starkes und solidarisches Gemeinschaftsgefühl erzeugen. 3. *Macht durch Handeln*: Die dritte Regel legt fest, dass neue Mitglieder gefunden werden sollen.

Zu Beginn des Buches scheinen diese drei Regeln eine gewaltige Resonanzwirkung unter den Schülern zu erzeugen, die auch diejenigen ergreift, die bisher vom Geschichtsunterricht gelangweilt waren:

> „‚Mann, das war toll!', sagte Brian in einer für ihn ganz untypischen Begeisterung."[52]

Unter den Schülern verbreitet sich eine

> „[...] seltsame Energie, die sie während des Unterrichts empfunden hatten."[53]

---

50 Ebd., S. 37.
51 Ebd., S. 38.
52 Ebd., S. 51.
53 Ebd.

Die Teilnahme am Unterricht nimmt zu, Konflikte unter den Schülern nehmen ab und selbst die Außenseiter werden plötzlich zu geachteten Mitgliedern der Gruppe. Weil die Klasse, die sich den Namen „Die Welle" gegeben hat, eine kollektive Identität entwickelt, entstehen eine starke Bindung und ein Unterstützungssystem sowie eine Hingabe an die Sache. So sagt ein Schüler beispielsweise:

> „Ich fühle zum ersten Mal, dass ich Teil von etwas bin und finde das großartig!"[54]

Was sich zunächst wie das Entstehen eines Resonanzraumes liest, schlägt allerdings schnell ins Gegenteil um: Die Welle ist nicht das Resonanzexperiment eines anschaulichen Geschichtsunterrichts, sondern erweist sich durch und durch als ein Entfremdungsexperiment. Schnell nämlich beginnt sich der vermeintliche Resonanzraum der Welle zu verhärten und zu einem Ort der Repulsion und Indifferenz zu werden. Im weiteren Verlauf des Buches setzen die Mitglieder der Welle andere Schülerinnen und Schüler mehr und mehr unter Druck, ihrer Bewegung beizutreten, wobei sie nicht nur verbal, sondern auch physisch aggressiv werden. Ein jüngerer Schüler äußert sich dazu:

> „Er sagte, es würde nicht mehr lange dauern, dann würden Mitglieder der Welle nicht mehr mit Leuten befreundet sein wollen, die nicht dazugehören."[55]

Auch gegenüber Widerspruch und Kritik an der Welle reagieren die Mitglieder zunehmend feindlich repulsiv. Schließlich wird ein jüdischer Schüler verletzt. Angst und Gewalt breiten sich an der Schule aus. Ben Ross bricht das Experiment ab.

Im Experiment „Die Welle" deutet sich bereits an, dass das Verhältnis zwischen Resonanz und Entfremdung komplexer ist, als bisher deutlich gemacht wurde. Der vermeintliche Resonanzraum, der sich den Mitgliedern der Welle auftut, lässt sich, mit Rosa, als ein *simulierter Resonanzraum* beschreiben[56]: Resonanzräume wie im Experiment „Die Welle" können vor dem Hintergrund einer fundamental entfremdeten Weltbeziehung simuliert werden; sie erhalten sich dann nur durch die permanente, systematische und stets sich steigernde Erzeugung von Repulsion und Indifferenz aufrecht.

---

54 Ebd., S. 81.
55 Ebd., S. 109.
56 Rosa (2016): Resonanz, insbesondere S. 319.

Tatsächlich ist nicht nur das Vorhaben, Jugendlichen zu zeigen, wie es sich *anfühlt*, ein Nazi zu sein, pädagogisch fragwürdig.[57] Bereits die drei Regeln und ihre Umsetzung sind ihrem Wesen nach resonanzfeindlich. Regel 1, *Macht durch Disziplin*, stellt durch disziplinarische Maßnahmen (das Einnehmen einer ganz bestimmten Sitzhaltung und das streng regulierte Frage-Antwort-Ritual) die erste Stufe der Gleichschaltung und des Stummmachens der Resonanzachse dar. Der Unterricht verliert seine Antwortqualität, indem die Schülerinnen und Schüler nur noch mechanisch die Regeln ausführen, auf Fragen reagieren und somit zum Echo des Lehrers und der Vorschriften werden. Regel 2, *Macht durch Gemeinschaft*, basiert von Anfang an darauf, dass die einzelnen Schüler in einem überindividuellen Gemeinschaftsgefühl mundtot gemacht werden, dass die Gemeinschaft ihnen ihre eigene Stimme nimmt und sie somit zum Verstummen bringt (Kritik wird vehement abgewehrt). Regel 3, *Macht durch Handeln*, lässt die Suche nach neuen Mitgliedern schnell zu einer Rekrutierung durch Zwang entarten. Die Gemeinschaft erhält ihren Resonanzraum also nur dadurch aufrecht, dass sie sich repulsiv durch aggressive Abgrenzung nach außen hin abschließt und die „Schotten dicht macht".

Die Art und Weise, wie die Jugendlichen in dem Experiment „Die Welle" in die Welt gestellt sind, spiegelt sich im Lernverhalten der Schüler wider:

> „Ben bemerkte, dass die häusliche Vorbereitung und die Beteiligung am Unterricht sich verbessert hatten, doch es fiel ihm auch auf, dass die Schüler weniger nachdenklich an den Stoff herangingen. Sie sprudelten die erwarteten Antworten nur so hervor, doch sie analysierten und fragten nicht mehr. [...] Die Hausarbeiten der Klasse waren besser geworden, doch man schrieb nicht mehr ausführlich, sondern gab nur noch sehr knappe Antworten. In einem Test, bei dem es nur darauf ankam, richtige Antworten anzukreuzen, würden die Schüler jetzt sicher sehr gut abschneiden, aber Ben hatte dann seine Zweifel, wenn es darum ging, in einem Aufsatz das Für und Wider einer Sache abzuwägen."[58]

Das Experiment „Die Welle" wirft die wichtige Frage nach dem Verhältnis von Resonanz und Entfremdung auf. Wie es zeigt, können Resonanzräume

---

57 Und zwar deshalb, weil bereits die Unfähigkeit, das Handeln der Nazis rational zu beschreiben (die Fragen machten den Lehrer stumm und sprachlos), deutlich zum Ausdruck bringt, dass das Experiment einen für Bildungsprozesse wesentlichen Resonanzpol systematisch blockiert: den Geist. Der Geist darf als essenzieller Bestandteil moderner schulischer Bildungsprozesse nicht einfach ausgeklammert werden, sofern bildende Anverwandlung als ein Dreiklang zwischen Geist, Leib und Welt verstanden wird.

58 Rhue (1997): Die Welle (Roman), S. 87.

durch die aggressive und feindlich-repulsive Abgrenzung nach außen hin simuliert werden, ein Mechanismus, der auch dem Mobbing zugrunde liegt (vgl. dazu Kap. III.1.4, unten, und III.2.3). Auch wenn simulierte Resonanz auf einer grundlegend entfremdeten Weltbeziehung basiert, wäre es im Gegenzug dennoch falsch, Bildung am Fehlen von Entfremdung festzumachen und mit Resonanz gleichzusetzen. Wenn Bildung ein reines Resonanzgeschehen wäre, würde das Ziel, Menschen zu bilden, in eine zügellose „Resonanzsucht" ausarten. Eine solche Resonanzsucht, die keine stummen, abweisenden oder widersprechenden Weltbereiche mehr anerkennt, kann totalitäre Züge annehmen – nicht nur, weil sie Resonanz simuliert, sondern weil sie sich panisch gegen stumme und widersprechende Welt-Einsprüche zur Wehr setzt und diese zu eliminieren sucht. Auch die Mitglieder der Welle bekämpfen mit allen Mitteln jegliches Aufscheinen von Entfremdung, sei es als Kritik von innen, sei es als Widerspruch von außen. So schreibt Rosa:

> „Die Vorstellung, die Umwelt müsse in allen ihren Erscheinungsformen in Resonanz gebracht werden, ist [...] nicht nur irreführend und potentiell gefährlich, weil sie [...] zu dem totalitären Unterfangen motivieren könnte, alles Nicht-Resonante, Stumme oder Störende auszuschalten oder auszumerzen, sondern sie ist konzeptuell inkohärent. Eine Antwortbeziehung lässt sich nur zu einem Gegenüber herstellen, das nicht vollständig anverwandelt oder angeeignet ist, das uns im Ganzen fremd und unverfügbar bleibt."[59]

Vielmehr stellt das Bestreben, alles, was auf Entfremdung hindeutet, auszublenden, den Versuch einer

> „[...] zwanghafte[n] Resonanz*simulation* auf der Basis eines tiefenentfremdeten Weltverhältnisses [dar]: Sie wird erkauft mit der verdinglichenden Resonanzunterdrückung gegenüber allem, was als Anderes begegnet – und am Ende [...] mit progressivem Resonanzverlust bezahlt."[60]

Bildung hingegen kann nur als ein *dynamisches* Geschehen verstanden werden, das sowohl auf Resonanz als auch auf Entfremdung angewiesen ist. Rosa definiert Entfremdung zunächst allgemein als Gegenkonzept zu Resonanz – nämlich als

> „[...] eine spezifische Form der Weltbeziehung, in der Subjekt und Welt einander indifferent oder feindlich (repulsiv) und mithin innerlich unverbunden ge-

59 Rosa (2016): Resonanz, S. 317.
60 Ebd., S. 181.

genüberstehen. Daher kann Entfremdung auch als Beziehung der Beziehungslosigkeit (Rahel Jaeggi) bestimmt werden."[61]

Menschen stehen also zu all jenen Weltbereichen in einer entfremdeten Beziehung, die sie sich nicht anverwandelt haben:

> „Entfremdung definiert damit einen Zustand, in dem die ‚Weltanverwandlung' misslingt, so dass die Welt stets kalt, starr, abweisend und nichtresponsiv erscheint. *Resonanz* bildet daher ‚das Andere' der Entfremdung – ihren Gegenbegriff."[62]

Zugleich stellt Entfremdung nur dann eine kritikwürdige Störung in den Weltbeziehungen dar, wo jene als Resonanzsphären konzipierten Weltbereiche Anverwandlungsprozesse systematisch und dauerhaft verhindern, abwehren oder sich ihnen widersetzen. Im Bildungsprozess hingegen stellt Entfremdung ein konstitutives Übergangsstadium dar. So haben bereits Hegel und Humboldt[63] die These vertreten, dass Bildung sich nur dort vollziehen kann, wo Phasen der Entfremdung angenommen und bejaht werden: In Bildungsprozessen treten menschliche Wesen aus ihrem gewohnten Weltverhältnis heraus, sie entfremden sich von sich selbst, indem sie sich in einen ihnen fremden Weltstoff vertiefen. Erst durch diese Entfremdungserfahrung können Selbst und Welt anverwandelnd und durch Ausbildung neuer Resonanzverhältnisse in eine neue Beziehung eintreten. Anders als der formierende Bildungsprozess durch Resonanz stört oder zerstört Entfremdung zunächst die gewohnte Weltbeziehung. Im Bildungsprozess kann Entfremdung deshalb als Voraussetzung für eine *transformierende Anverwandlung* von Selbst und Welt interpretiert werden. Auch Rosa bestimmt das Stumm- und Repulsivwerden der Welt als „Durchgangsstadien und Voraussetzungen für die Ausbildung neuer Resonanzbeziehungen und schließlich für die Etablierung stabiler Resonanzachsen"[64].

Jeder, der ein Instrument zu spielen gelernt hat oder lernt, wird Momente kennen, in denen sich dieses allen Versuchen widersetzt, ihm eine „klingende" Melodie zu entlocken. Mitunter sind viele Stunden des entfremdeten Übens nötig, bevor man die Erfahrung macht, dass man zu seinem Instrument einen „Draht" hat, dass man es zum Klingen bringen kann. In den Übungsstunden werden sich Phasen widerwilliger oder monotoner

---

61 Ebd., S. 316.

62 Ebd.

63 Vgl. Hegel, Georg W. F. (2011): Phänomenologie des Geistes, Kap. VI, B; Humboldt (1980): „Theorie der Bildung des Menschen".

64 Rosa (2016): Resonanz, S. 323.

Fingerübungen mit Phasen ablösen, in denen das Üben leicht von der Hand geht, wir im „flow" sind, in denen es Spaß macht und mit dem Gefühl einhergeht, mit dem Instrument im Einklang zu sein. Ebenso stellt jedes neue Unterrichtsthema zunächst eine Entfremdungszumutung dar, weil es den Schülerinnen und Schülern noch nichts sagt oder sogar als ein bedrohlicher Objektbereich entgegentritt. Auch die Weltbeziehung eines Lehrers, der einer neuen und ihm unbekannten Klasse gegenübersteht, wird von der unsicheren Frage durchdrungen sein, ob es ihm gelingen wird, zu der zunächst stummen Klasse eine Beziehung aufzubauen, oder ob diese seine Lehr- und Beziehungsangebote repulsiv zurückweisen bzw. mit Indifferenz und Desinteresse abspeisen. Schließlich kann die Schulwelt selbst zu einer Entfremdungszone werden, etwa wenn durch die physische Entwicklung, etwa in der Pubertät, die Resonanzachsen von Jugendlichen komplett zusammenbrechen: Der Körper reagiert plötzlich fremd und ungewohnt, zu den Lehrern und Mitschülern und insbesondere zu den Eltern kann eine schier unüberwindliche Distanz entstehen, man fühlt sich nicht mehr verstanden und versteht die Anderen nicht mehr. Diese entwicklungsbedingten Entfremdungserfahrungen scheinen notwendig zu sein, um, unabhängig von dem elterlich und schulisch vorgegebenen Weltbezug, durch neuerliche und eigenständige Anverwandlung ein eigenes Weltverhältnis auszubilden oder, wie Rosa schreibt, während eines „Subjektivierungs- und Individualisierungsschubes"[65] zu finden und zu erkämpfen. Einige Schulen antworten auf diese natürliche Entwicklungsentfremdung in der Pubertät damit, dass sie den Schülerinnen und Schülern in der prä- und frühadoleszenten Phase (meist zwischen dem 12. und dem 14.–15. Lebensjahr) mehr Freiräume zur Anverwandlung gewähren.[66]

---

65 Ebd., S. 323. In der Pubertät machen sich die Heranwachsenden auf, „in Auseinandersetzung mit der Welt eigenständig resonante Weltsegmente zu finden und zu erschließen, das heißt herauszufinden, zu welchem Personenkreis, zu welchen Tätigkeitsformen, zu welchen politischen und religiösen Ideen und Haltungen, zu welchen kulturellen Ausdrucksformen, Körperpraktiken usw. sie tragende Beziehungen aufzubauen vermögen, wer oder was *sie anspricht* oder ihnen *etwas sagt*.
Die Pubertät erscheint aus dieser Perspektive als eine in lebensgeschichtlicher Hinsicht grundlegende Transformation der Resonanzverhältnisse von diffusen und basalen, quasi naturgegebenen, fraglosen und porösen Weltbeziehungen hin zu gewählten oder, besser: *gefundenen*, *reflektierten* und *erkämpften* Resonanzbeziehungen. Ohne die Phase der Entfremdung, so steht zu vermuten, kann auch der Prozess der Anverwandlung, des *Resonantmachens* oder *Zum-Sprechen-Bringens* nicht recht gelingen" (S. 323 f.).

66 Vgl. Helsper, Werner/Ullrich, Heiner/Stelmaszyk, Bernhard/Höblich, Davina/Graßhoff, Gunther/Jung, Dana (2007): Autorität und Schule, S. 70, sowie Fend, Helmut (2000): Entwicklungspsychologie des Jugendalters, S. 218 ff.

Schulisches Lehren und Lernen lässt sich zudem als ein dynamischer Vorgang verstehen, bei dem Entfremdung provoziert wird, um Anverwandlung zu induzieren. An kaum einem anderen Punkt kommt der bildungstheoretische Gehalt der Resonanztheorie deutlicher zum Vorschein wie in diesem dialektischen Vorgang zwischen Resonanz und Entfremdung.

Nun kann auch deutlich werden, dass Resonanz nicht gleichzusetzen ist mit Harmonie. Wie am Beispiel des Experiments „Die Welle" deutlich wurde, hat die Sucht nach gemeinschaftlicher Harmonie, verbunden mit dem Verlangen nach Widerspruchsfreiheit und Kritiklosigkeit, gerade ein Entfremdungsverhältnis gekennzeichnet. Widerspruch und Kritik sind nicht dasselbe wie verletzende oder feindliche Zurückweisung. Vielmehr macht Rosa deutlich, dass

> „[…] irritierender und erschütternder Widerspruch Element einer Resonanzbeziehung sein kann und nicht mit verletzender oder feindlicher Repulsion verwechselt werden darf. Widerspruchsfähigkeit und -bereitschaft, nicht die blinde Übereinstimmung, sind geradezu eine Voraussetzung für Resonanzbeziehungen, erst sie ermöglichen es dem Subjekt, einen *Widerhall* in der Welt zu finden, der mehr ist als ein Echo."[67]

Harmonie gilt aus der Perspektive der Resonanzpädagogik potenziell als verdächtig, weil dies bedeuten kann, dass es zu keinen Weltberührungen im Sinne responsiver Reibungen kommt. Lehrerinnen oder Lehrer, die ihren Unterricht stets reibungs- und störungsfrei gestalten, laufen deshalb Gefahr, eine harmonische Funktionalität herzustellen, die auf stummen Weltbeziehungen basiert. Ebenso müssen Lehrende aber auch Lernende über eine gewisse Entfremdungstoleranz verfügen, um Bildungsprozesse durchlaufen zu können. Wer Entfremdung kategorisch aus seinem Leben auszuklammern versucht, wird kaum offen sein für Einsprüche, Unverstandenes, Reibungen, Widerstände, ja sogar Rebellion seitens der Lernenden:

> „Die aus Indifferenz und Repulsion gebildete Entfremdung muss erst spürbar werden, bevor sich resonante Weltbeziehungen ausbilden können. Resonanzfähigkeit und Entfremdungssensibilität erzeugen und verstärken sich daher wechselseitig, so dass die Tiefe der Repulsionserfahrung oder des Leidens an Indifferenz gleichsam die mögliche Verflüssigungstiefe der Resonanzbeziehung bestimmt."[68]

67 Rosa (2016): Resonanz, S. 185.
68 Ebd., S. 322.

Resonanzsensibilität setzt somit ein Gespür für entfremdete Schulweltverhältnisse voraus. Resonanzpädagogen sind deshalb alles andere als „harmoniesüchtige Kuschelpädagogen", die taub sind für Gesten des Widerstandes, der Rebellion und der Missverhältnisse, die Wachstums-, Bildungs- und Entwicklungsprozesse anstoßen und begleiten. Lehrerinnen und Lehrer mit einer Haltung der Indifferenz oder der frustrierten Abwehr werden offenkundig eher in die „Smutek-Haltung" geraten und taub sein für die Probleme und Schwierigkeiten ihrer Schülerinnen und Schüler. Eine resonanzsensible Lehrperson wird aufgrund der komplementären Entfremdungssensibilität Entfremdungszeichen eher spüren und wahrnehmen: Sie wird ihren Schülern helfen, wieder Anschluss im Unterricht zu finden, wenn diese abgehängt wurden; sie wird Verstimmungen und Konflikte in der Klasse eher ansprechen und sie wird dies wahrscheinlich auch dann tun, wenn es, wie Rosa schreibt, um Drogen-, Gewalt- und Misshandlungserfahrungen geht.[69]

Resonanzpädagogen müssen zudem ein feines Gespür dafür haben, welcher Rahmen es bedarf, um Resonanz zu ermöglichen, und welche Aspekte im Schulleben das Entstehen von Resonanzräumen verhindern:

> „Zugleich wird sie [die Lehrperson, J. B.] jedoch [...] auch ein Sensorium für die Bedingungen entwickeln, welche die Ausbildung und Aufrechterhaltung von Resonanzbeziehungen verhindern – für Lehrpläne und Zeitregime beispielsweise, welche die Möglichkeit dafür untergraben, im Klassenzimmer einen Resonanzraum entstehen zu lassen oder Familienbeziehungen als Resonanzbeziehungen zu leben. Gerade deshalb wird sie bereit sein, dagegen anzugehen und die erforderlichen Kämpfe auszufechten, wo immer dies möglich ist – und womöglich feststellen, dass Resonanzerfahrungen sich oftmals just als Folge von Kämpfen und Entfremdungserfahrungen einstellen."[70]

Wie Edgar Schmitz und Peter Voreck in ihrer Studie zum „Einsatz und Rückzug an Schulen"[71] belegen, sind nicht diejenigen Lehrerinnen und Lehrer, die sich in ihrem Beruf besonders engagieren, nach zehn Jahre enttäuscht, ausgebrannt, zynisch und somit der Schulwelt entfremdet, sondern diejenigen, die unrealistische, harmonistische und „resonanzsüchtige" Ansprüche an die Schule stellen. Den Autoren zufolge zeichnen sich die stabilen Lehrpersonen durch ein realistisches und entfremdungssensibles Bild der Schule aus, während die ausgebrannten Lehrpersonen dadurch charak-

69 Vgl. ebd.
70 Ebd., S. 320.
71 Schmitz, Edgar/Voreck, Peter (2011): Einsatz und Rückzug an Schulen. Engagement und Disengagement bei Lehrern, Schulleitern und Schülern, S. 16.

terisiert sind, dass sie schulischen Missständen und Konflikten aus dem Weg gehen, diese nicht anzusprechen und auszutragen versuchen, sondern in einen lautlosen bzw. stummen Protest eintreten, der schließlich zur inneren Kündigung führt.[72]

Schließlich werden resonanzsensible Lehrende wahrscheinlich auch über den spezifischen Schulkontext hinaus eher zu Empörung und zu Engagement fähig sein, weil sie die gesellschaftlichen, wirtschaftlichen, kulturellen und sozialen Voraussetzungen des Umfelds wahrnehmen, in das die Schule eingebettet ist.[73]

Dennoch scheint Resonanz- und Entfremdungssensibilität nur dann zustande kommen zu können und nicht in dauerhafte Entfremdung umzuschlagen, wenn Menschen eine Haltung einnehmen, die nicht davon ausgeht, die Welt sei im Grunde böse, feindlich, taub, ignorant, rücksichtslos und stumm. Wie auch Bollnow schrieb, benötigen Pädagogen einen heiteren und hoffnungsvollen Weltbezug, um eine welt- und selbstöffnende Atmosphäre zu schaffen.[74] In Abwandlung des Konzeptes des Urvertrauens bedarf es nach Rosa deshalb eines „vorgängigen oder tiefgründigen, dispositionalen Resonanzvertrauens“[75]. Um ein Bildungsgut wie z.B. einen Text (oder ein historisches Ereignis, ein astronomisches Phänomen) „zum Sprechen“ zu bringen, müssen wir dem Unterrichtsstoff mit der „positiven Erwartung begegnen, *dass er uns etwas Bedeutungsvolles zu sagen hat*, [...] dass er ein (resonierendes) Wiedererkennen erlauben wird, aus dem ein horizonterweiterndes ‚anderes Verstehen‘ werden kann“[76]. Das Resonanzvertrauen scheint auch die Voraussetzung dafür zu sein, um als Lehrer oder Lehrerinnen, die, wie Ilien schreibt, essenzielle Aufgabe bewältigen zu können, beim Unterrichten in „Vorleistung“[77] gehen zu müssen: Lehrende

---

72 Ebd., S. 35. Vgl. Rosa (2016): Resonanz, S. 321: „Resonanz entsteht also niemals dort, wo alles ‚reine Harmonie‘ ist, und auch nicht aus der Abwesenheit von Entfremdung, sondern sie ist vielmehr gerade umgekehrt *das Aufblitzen der Hoffnung auf Anverwandlung und Antwort in einer schweigenden Welt*.“

73 Rosa (2016): Resonanz, S. 321.

74 Bollnow (2009): „Die pädagogische Atmosphäre“.

75 Rosa (2016): Resonanz, S. 325.

76 Ebd., S. 324 f.

77 Vgl. Ilien (2009): Grundwissen Lehrerberuf, S. 75, 80. Vgl. dazu ausführlich Kap. III.1.2, unten und III.1.3. Nach Rosa erwächst dieses „Resonanz(ur)vertrauen“ aus Erfahrungen der „Tiefenresonanz“; vgl. Rosa (2016): Resonanz, S. 325: „Resonanzbeziehungen können daher aus Entfremdungserfahrungen nur und erst dann entstehen, wenn die existentielle Grundierung des Weltverhältnisses zumindest ein Moment der Tiefenresonanz kennt und so etwas wie *dispositionale Resonanz* zulässt. Eine resonanzsensible Grundhaltung ist die Bedingung dafür, auch dem ganz Fremden und zunächst völlig Unverstehbaren und Irritierenden nicht in der verdinglichenden Haltung des Ablehnens, Zurückweisens oder gar Vernichtenwollens entgegenzutreten, sondern mit der Bereitschaft zur Öffnung und

müssen nach Ilien stets Beziehungsangebote an die Schüler machen, aber auch Bezugsmöglichkeiten zur Sache aufzeigen, wobei sie sich öffnen müssen, dabei zugleich aber angreifbar und verletzbar werden. Ohne Resonanzvertrauen scheint der tragende Boden zu fehlen, um diese Vorleistung zu erbringen.

Schließlich hilft das Konzept des Resonanzvertrauens und der Tiefenresonanz, die Bedeutung von Entfremdung für bildenden Unterricht zu verdeutlichen. Bildung erfolgt dadurch, dass Lernende zunächst den Boden ihrer vertrauten Welt verlassen und sich von bestimmten Aspekten ihrer Weltbeziehung reflexiv distanzieren. Diese Entfremdung initiiert der Lehrer im Unterricht durch die Konfrontation mit neuen und bisher unbekannten Weltaspekten und Weltbereichen. Diese neuen Weltbereiche sind dem Schüler noch unbekannt, und sie sagen ihm gewöhnlich aus diesem Grund oft noch nichts. Wenn Menschen Neuland betreten und den Boden ihrer vertrauten Welt verlassen, kann dies zu Unsicherheiten, Orientierungslosigkeit und Unbehagen führen. Um solche Entfremdungserfahrungen einzugehen, müssen sich Schülerinnen und Schüler ein Stück weit der Lehrperson hingeben – sie *machen* in diesem Fall keine Erfahrung, sondern *lassen sich auf eine Erfahrung mit neuen Sinn- und Stoffprovinzen ein*. Sie können sich aber nur dann auf diese notwendige Entfremdungserfahrung einlassen (und das heißt etwas anderes und mehr, als das Geschehen distanziert und teilnahmslos zu registrieren), wenn sie das Gefühl haben, vom Lehrer *getragen* und *geleitet* zu werden. Der Lehrer wird dabei zu einer Art Kompass, der den Lernenden mögliche Wege aufzeigt, wie sie die entfremdeten Weltaspekte anverwandelnd zum Sprechen bringen können bzw. wie sie sich das fremde Terrain vertraut machen können. Die Erfahrung von Tiefenresonanz und Resonanzvertrauen in der Lehrer-Schüler-Beziehung scheint somit die Voraussetzung dafür zu sein, dass Schülerinnen und Schüler sich den Entfremdungserfahrungen im Unterricht hingeben und sie durchlaufen.

Andererseits aber können Schülerinnen und Schüler auch ganz eigene Wege finden, einen zunächst fremden Weltausschnitt zum Klingen zu bringen. In diesem Fall ist es der Lehrer, der den Weltaspekt mit neuen Augen sieht und sein vertrautes Terrain verlassen muss, um den Resonanzdraht der Schülerinnen und Schüler aufzugreifen und nicht zu durchtrennen. Dadurch kann er den Weltausschnitt mit den Augen der Schüler sehen und ihn sich neu anverwandeln. Auf diese Entfremdungserfahrung wird sich der

---

zur eigenen Verwandlung." Mit Michael Winkler kann man die Tiefenresonanz als *vorpädagogisches Moment* bezeichnen, das gegeben sein muss, damit Erziehung und Bildung erfolgen kann; vgl. Winkler (2006): Kritik der Pädagogik, Kap. II.12.

Lehrer nur dann einlassen, wenn er selbst wiederum das Gefühl hat, getragen zu sein, sowie darin vertrauen kann, dass die Welt schließlich antworten werde. Im Leben können beide Richtungen miteinander einhergehen, sodass Bildung als eine wechselseitige Anverwandlung von Schüler, Lehrer und Sache im dialektischen Pendeln zwischen diesen Entfremdungs- und Anverwandlungsprozessen aufgefasst werden kann.

Rosa fasst die Dialektik von Resonanz und Entfremdung, die ich aus der Perspektive schulischer Bildungsprozesse interpretiert habe, folgendermaßen zusammen:

> „*Dialektik* von Resonanz und Entfremdung meint hier also, dass einerseits Resonanz nur möglich ist vor dem Hintergrund eines fremd und stumm bleibenden Anderen, während sich umgekehrt das Noch-Stumme erst anverwandeln oder ‚berühren' lässt auf der Basis eines vorgängigen oder tiefgründigen, dispositionalen Resonanzvertrauens, aus dem sich die Hoffnung und (Selbstwirksamkeits-)Erwartung speist, die Dinge beziehungsweise den betreffenden Weltausschnitt zum Sprechen bringen zu können. Tiefenresonanz oder basale Getragenheit in diesem Sinne ist die Voraussetzung für einen nicht aneignend *nostrifizierenden*, sondern *anverwandelnden* Umgang mit dem zunächst als stumm oder repulsiv Erscheinenden."[78]

Um nun bestimmen zu können, inwiefern Anverwandlung ein Bildungsziel der Schule sein kann, muss dieses zunächst zu anderen zentralen Werten des Bildungssystems schulischer Aneignung verortet werden.

Der zentrale Wert von Bildung in der Moderne ist *Autonomie*[79]. Im Rahmen der Autonomiedebatte wird schulische Bildung als ein Beitrag zum guten Leben verstanden, weil sie den Menschen hilft, ein selbstbestimmtes Leben zu führen. Die zentrale Bedeutung, die der Wert der Autonomie im Schulsystem hat, kristallisiert derzeit in dem verstärkten Bestreben, Bildung als ein selbstreguliertes und selbstgesteuertes Lernen zu konzipieren. *Selbstgesteuertes Lernen* meint, dass Schülerinnen und Schüler ihr Lernen selbst planen, bewerten, organisieren und sich dazu auch motivieren.[80] Lehrende bieten dazu lediglich Hilfe und Unterstützung an. Das selbstgesteuerte Ler-

78 Rosa (2016): Resonanz, S. 325.

79 Vgl. Meyer (2011): Bildung, Kap. 2.

80 Vgl. Knowles, Malcolm (1975): Self-directed learning sowie Straka, Gerald A. (2009): „Motivation und selbstgesteuertes Lernen", in: Neue Didaktik 1, S. 1–6. Knowles, der den Begriff des selbstgesteuerten Lernens eingeführt und geprägt hat, definiert das selbstgesteuerte Lernen „als Prozess, in dem Individuen die Initiative ergreifen, um mit oder ohne Hilfe anderer ihren Lernbedarf festzustellen, ihre Lernziele zu formulieren, menschliche und materielle Lernressouren zu ermitteln, angemessene Lernstrategien auszuwählen und umzusetzen und ihre Lernergebnisse zu beurteilen"; vgl. Knowles: Ebd., S. 18.

nen nimmt die Erkenntnis ernst, dass Lernen ein aktiver und individueller Vorgang ist. Die Lernenden sollen deshalb selbst entscheiden, wann sie sich mit welchem Stoff und mit welchen Weltbereichen beschäftigen.

Allerdings scheinen Autonomie und Selbstbestimmung nicht mit Resonanz gleichgesetzt werden zu können. Jeder hat in seinem Leben wohl schon die Erfahrung gemacht, dass er oder sie von den Erklärungen und Ausführungen eines begnadeten Pädagogen in Bann gezogen oder von einer spannenden Unterrichtsstunde gefesselt und eingenommen wurde. Solche Erlebnisse, in denen Lernen gerade nicht autonom und selbstgesteuert stattfindet, können tiefe Spuren im Subjekt hinterlassen: Nicht selten behaupten Menschen, dass sie von einer Lehrerin oder einem Lehrer dermaßen für eine Sache begeistert wurden, dass diese Erfahrung ihren späteren Ausbildungs- und Studienwunsch und somit ihre Biografie entscheidend mitbestimmt hat.

Ein Lernen in Resonanzbeziehungen lässt sich nicht einfach als Autonomieerfahrung verstehen. Lernende erleben sich in solchen Momenten oft als „bei sich", obwohl sie ihr Lernen nicht willentlich und frei selbst organisiert haben. Vielmehr haben sie die Erfahrung gemacht, von einem Menschen oder einer Sache *passiv* in Resonanz versetzt worden zu sein. Überdies kann die permanente Ausweitung von Handlungs- und Lernoptionen zeitintensive resonante Weltbeziehungen belasten, die es erfordern, dass man sich vertiefend auf sie einlässt. Dass das Phänomen der Wahlfreiheit und der Optionenvielfalt auch zu Überforderung, Frustration und Lernabbrüchen führen kann, ist in der Psychologie als die *Choice-Overload-Hypothese* bekannt[81]. Auch die implizite Annahme, junge Menschen sollten und könnten sich aus sich selbst heraus zum Lernen motivieren, scheint aus resonanzpädagogischer Sicht nur eingeschränkt zu gelten. Wer sich permanent in Eigenresonanz versetzen muss, kann davon schnell überfordert sein. Diese Ansicht übersieht, wie wichtig andere Menschen, z. B. Lehrer oder Eltern sind, aber auch ein interessanter Unterrichtsstoff, um Lernende in Resonanz zu versetzen. Anverwandlung erfolgt in Weltbegegnungen, die die Lernenden oft pathisch-erleidend erleben. Anverwandlung ist auf entgegenkommende Resonanzräume angewiesen, die etwas Wichtiges und Bedeutsames enthalten und über die wir nicht gänzlich autonom verfügen können, weil sie ein Moment des Unbeherrschbaren und Unberechenbaren enthalten.[82]

---

81 Vgl. z. B. Wild, Elke/Möller, Jens (Hrsg.) (2009): Pädagogische Psychologie, S. 76.

82 Auch Klaus Prange argumentiert, dass Lernen nur in entgegenkommenden Resonanzräumen in Erscheinung treten kann. Das „Zeigen", das Prange als Grundstruktur der Erziehung definiert, stellt einen solchen entgegenkommenden Resonanzimpuls dar, der so-

Man muss Autonomie nicht gleich als Illusion abtun, wie es der postmoderne Diskurs vorgeschlagen hat[83]. Ohne Selbstbestimmung kann kein Lernender frei „schwingen" und mit seiner eigenen Stimme sprechen und antworten, weshalb Rosa Zwang und Heteronomie bildlich auch als „Festhalten des Resonanzdrahtes"[84] beschreibt. Allerdings lässt sich aus resonanzpädagogischer Sicht Selbstbestimmung und Autonomie lediglich als eine Voraussetzung bestimmen, auf deren Grundlage bildende Selbst-Welt-Begegnungen erfolgen können.[85]

Das Bildungssystem verfolgt außerdem die Verwirklichung eines zweiten Ideals der Moderne, dem der *Authentizität*. Johann Gottfried Herder hatte das Authentizitätsideal definiert als ein jedem individuell zukommendes „Maß, gleichsam eine eigene Stimmung aller sinnlichen Gefühle zueinander"[86]. Authentizität meint, dass die Fähigkeiten und Talente, die wir durch Bildung entwickeln, nicht irgendwelche sind, sondern, dass sie *unserem Wesen* entsprechen. Mit dem Authentizitätsideal ist die Ansicht verbunden, dass jeder Mensch über einen festen wesenhaften Kern verfügt, den es durch Bildung freizulegen und zu fördern gilt. Heute versteht man authentisches Lernen und Lehren oft als *Selbstverwirklichung*: Beim Lernen sollen wir unser Selbst verwirklichen, indem wir unseren eigenen Weg gehen und uns selbst treu bleiben. Bildung soll dabei helfen, den eigenen inneren Kern aufzudecken und zu entfalten, indem die eigenen Begabungen, Neigungen und Antriebe schlummern; und dies gelingt nur in einer Schule und später in einem Lebenszusammenhang, der *zu uns passt*. Sofern unter Authentizität ein fester, statischer und starrer Identitätskern verstanden wird, wird das Konzept dann problematisch, wenn man davon ausgeht, dass menschliche Wesen, aber auch das „passende" Umfeld wandelbar sind. Versteht man Bildungsmomente als Transformationen des Selbst-Welt-Verhältnisses, geht man ja ganz augenscheinlich davon aus, dass sich auch die Bedürfnisse, Begabungen, Neigungen und Talente in verschiedenen

---

gleich einen Resonanzraum zu eröffnen vermag. Lernen erfolgt immer dann, wenn Kinder auf diesen zeigenden Resonanzimpuls antworten. Vgl. Prange, Klaus (2005): Die Zeigestruktur der Erziehung. Grundriss der Operativen Pädagogik, insbesondere Kap. 4.

83 Vgl. Ricken, Norbert (1999): Subjektivität und Kontingenz: Markierungen im pädagogischen Diskurs.

84 Rosa (2016): Resonanz, S. 313.

85 Auch Kirsten Meyer führt an, dass sich mit dem Wert der Autonomie zwar einige wichtige Bildungsziele begründen lassen, nicht aber alle, wie etwa die ästhetische Bildung; vgl. Meyer (2011): Bildung, S. 38: „Wieso sollte eine Beförderung der Fähigkeiten, einem guten Buch oder einer Oper etwas abgewinnen zu können, die Autonomie der zu Erziehenden vergrößern?"

86 Herder, Johann Gottfried (1978): „Ideen zur Philosophie der Geschichte der Menschheit", Zweiter Teil, Achtes Buch, 2.1.

Kontexten wandeln können. Bildungsprozesse zeichnen sich ja oft gerade dadurch aus, dass wir nicht dieselben bleiben, sondern verändert aus ihnen hervorgehen.

Anverwandlung und Resonanz sind deshalb auch nicht gleichzusetzen mit Authentizität. Vielmehr definiert Rosa Resonanz als ein relationales Konzept; es erfordert nicht die Annahme eines festen Identitätskerns bzw. eines wahren Selbst. Während Vertreter des Authentizitäts- und des Identitätskonzeptes

> „[...] Weltbeziehungen nur dann als nichtentfremdet verstehen können, wenn sie zu einem gegebenen Selbst oder einer Gemeinschaft passen, diesen entsprechen oder diese verstärken, begreift die Resonanzidee beide Seiten der Beziehung als wandelbar: Selbst und Welt können sich fortgesetzt verändern und doch in Resonanz bleiben, und mehr noch, es sind just Resonanzerfahrungen und -beziehungen, durch die sie sich wechselseitig (im Sinne einer *Anverwandlung*) transformieren. Die Antwortbeziehung besteht dabei gerade *nicht* zwischen Gleichen oder Identischen (das entspräche einer *stummen Echo-Beziehung*), sondern zwischen *Differentem, aber Antwortenden*."[87]

Im Kontext von schulischem Lernen und Lehren heißt dies, dass es im Unterricht und Bildungsgeschehen nicht darauf ankommt, dass die Lernenden und Lehrenden (in ihrem authentischen Sein und in ihrem jeweiligen Selbstverständnis) sowie die Sache (die aus einem realen und authentischen Lebenszusammenhang entnommen ist), so, wie sie gegeben sind bzw. in ihrem wahren Sein zueinander passen müssen, sondern dass sie sich wechselseitig aufeinander einstimmen und einander anverwandeln, um Resonanz zu ermöglichen. Viele popkulturelle und künstlerische Werke befassen sich mit dem Motiv einer wechselseitigen Anverwandlung in der Schule: Jugendliche und Erwachsene stehen sich zunächst gleichgültig und feindlich gegenüber, verwandeln sich im Laufe des Geschehens aber allmählich zu einer Lerngemeinschaft, wobei auch der Erwachsene erst zu einem Lehrer wird.[88] Nach Rosa entsteht das Resonanzverlangen der Menschen aus dem Bedürfnis nach einem affirmativen und identitätsdefinierenden Angesprochensein. Diese affirmative Antwortbeziehung lässt in den Betroffenen das Gefühl der Authentizität entstehen: Sie fühlen sich im Anderen ganz bei sich.[89]

Man kann weiter anführen, dass ein Ziel von Bildung auch darin besteht, dem Menschen ein sinnvolles Leben zu ermöglichen. Doch auch die

---

87 Rosa (2016): Resonanz, S. 312 f.

88 Ich denke hier etwa an Filme wie „Dangerous Minds" (1995) oder „Fack ju Göhte" (2013).

89 Vgl. Rosa (2016): Resonanz, S. 313.

Kategorie des *Sinns* erfasst nach Rosa nicht, was mit Resonanz gemeint ist.[90] Zwar wird das Leben in entfremdeten Zuständen oft als leer, sinn- und bedeutungslos erlebt, in Resonanzbeziehungen müssen sich aber nicht die Sinnbezüge zur Welt ändern. Was sich verändert, ist die Erfahrung, dass *da draußen* oder *da drinnen* etwas antwortet, anders als bei stummen oder feindlichen Weltausschnitten. Wenn der neue Lehrer die vormals als langweilig und dröge erlebte Geschichte des ägyptischen Volkes im Unterricht zum Sprechen bringt, verändert sich nicht der Sinnbezug bzw. wird die Geschichte dadurch nicht sinnvoller. Was sich verändert, ist nicht unbedingt die sinnhafte Deutung der historischen Welt, sondern die Beziehung zu dem historischen Sinnzusammenhang, der uns plötzlich anzusprechen vermag. Die sinnhaften Weltbezüge, d.h. unser Weltbild, ist für unsere Beziehung zur Welt zwar nicht bedeutungslos, tatsächlich aber scheint es dem Resonanzgeschehen untergeordnet zu sein: Wenn mich der Geschichtsunterricht neugierig macht und mein Interesse weckt, werde ich eher bestrebt sein, einen historischen Sinnzusammenhang weiterführend zu verstehen, zu vertiefen, zu deuten und auszubauen, als wenn der Unterricht mich kalt und unberührt lässt oder starke Ablehnung in mir erzeugt. Schließlich vermögen auch sinnfreie Weltbereiche zu berühren. Wie Albert Camus in seinen Erzählungen immer wieder andeutet, erlebte er sich stets in Resonanz versetzt, wenn er das Funkeln des Lichtes auf dem Meer beobachtete oder aber die Sonnenstrahlen wahrnahm, die durch das Fenster in sein Zimmer fielen.[91] Auch beim Singen, Lachen, Tanzen, beim Verliebtsein oder bei gemeinsamen Aktivitäten mit Freunden muss sich unsere sinnhafte Deutung der Welt nicht verändern, obwohl wir uns in Resonanz versetzt erleben.

Schließlich unterscheidet sich das Resonanzkonzept auch von dem Bildungsziel und den Bildungsvoraussetzungen der *Anerkennung*.[92] Wie die Ausführungen zum Resonanzdreieck (Kap. II.1) gezeigt haben, genügt es nicht, gelingenden Unterricht anhand von sozialen Anerkennungsbeziehungen wie Liebe, Respekt und Wertschätzung zu rekonstruieren. Wenngleich Anerkennung eine substanzielle Voraussetzung für soziale Resonanzerfahrungen ist und bereits kleine Missachtungserfahrungen Resonanz zum Verstummen bringen können, eröffnet Unterricht nur dann stabile Resonanzbeziehungen, wenn neben den sozialen Anerkennungsbeziehungen

90 Zum Verhältnis von Resonanz und Sinn vgl. ebd., S. 303 f.

91 Camus, Albert (2005): Licht und Schatten, in: Ders.: Kleine Prosa, S. 35–84.

92 Anerkennung ist etwa in der „Pädagogik der Vielfalt", wie Annedore Prengel sie entwirft, ein ausgewiesenes Bildungsziel. Vgl. Prengel, Annedore (2006): Pädagogik der Vielfalt. Verschiedenheit und Gleichberechtigung in Interkultureller, Feministischer und Integrativer Pädagogik, insbesondere S. 186.

auch der Draht zur Sache (zu einer historischen Epoche, einer mathematischen Formel, einer politischen Institution usw.) durch intrinsisches Interesse und Selbstwirksamkeitserfahrungen zum Vibrieren gebracht wird. Diese sachliche Resonanzachse lässt sich nicht hinreichend als Anerkennungsbeziehung beschreiben. Deshalb kann eine Schülerin von ihren Lehrern geachtet, von ihren Freunden wertgeschätzt und von ihrer Familie geliebt werden und dennoch die Erfahrung machen, dass der Unterricht sie nicht mehr anspricht, dass beim Lernen nichts zurückkommt und dass sie sich bei Lehrern, Freunden und Familie nicht mehr zu Hause fühlt.[93]

Lern- und Bildungskonzeptionen, die Bourdieus Habitustheorie folgen, entwerfen Lernen und Bildung als eine *Transformation des Habitus*. So hat der Sportsoziologe Thomas Alkemeyer theoretische wie empirische Belege dafür geliefert, dass erfolgreiches Lernen mit „Resonanzen“ und „Affordanzen“ zwischen dem Habitus des Schülers und dem Schulfeld einhergeht.[94] Alkemeyer argumentiert, dass Resonanzerfahrungen im Klassenraum blockiert werden, wenn die Schülerin oder der Schüler (etwa aus einer bildungsfernen Familie) nicht über die habituellen und gewohnheitsmäßigen Voraussetzungen im Denken, Fühlen und Handeln verfügt, um im Feld der Schule „anzudocken“ und mitzuspielen. Alkemeyers Forschungen haben gezeigt, dass schulischer Erfolg davon abhängt, ob es den Schülerinnen und Schülern gelingt, mit dem Unterrichtsgeschehen sowie mit der Lehrerin, den Lernmaterialien und dem Lernumfeld (wie z. B. dem Klassenraum) habituell in Resonanz zu treten.[95] Dabei wurde deutlich, dass die Anknüpfungspunkte für Resonanz selektiv sind; nur solche Schüler bekommen einen Draht zum Unterrichtsgeschehen, deren Habitus vom Schulsetting angesprochen wird, weil er bereits den engen schulisch geforderten und

93 Vgl. Rosa (2016): Resonanz, S. 305.

94 Alkemeyer, Thomas (2006), „Lernen und seine Körper. Habitusformungen und -umformungen in Bildungspraktiken“, in: Friebertshäuser, B./Rieger-Ladich, M./Wigger, L. (Hrsg.): Reflexive Erziehungswissenschaft. Forschungsperspektiven im Anschluss an Pierre Bourdieu, S. 119–140.

95 Alkemeyer definiert Lernen als eine „Praktik“; vgl. ebd., S. 122: „Praktiken gehen nicht von einem autonomen intentionalen Subjekt aus, sondern entstehen situativ im *Dazwischen* von Akteuren und ihrer jeweiligen materiell-symbolischen Umgebung, d. h. innerhalb von Relationen und Kräfteverhältnissen. An ihrer Entstehung und Dynamik sind somit unterschiedliche Entitäten beteiligt: Menschen, Körper, Architekturen, Räume, Zeitstrukturen, Artefakte wie Möbel, technische Geräte oder Werkzeuge usw. Im Unterschied zu Handlungen, die nach einem Impuls bzw. einem sinnstiftenden Zentrum verlangen, emergieren Praktiken im Wechselspiel all dieser Partizipanden, ohne dass die Verantwortung dafür allein einem autonom handelnden Subjekt zugeschrieben werden kann. Sie tauchen auf, wenn ein Habitus auf andere Habitus oder Umweltbedingungen (Habitate) trifft, die seine Dispositionen aktivieren, so dass sich Resonanzen bzw. Affordanzen zwischen den aufeinandertreffenden Entitäten entwickeln.“

funktionalen Verhaltens- und Bedeutsamkeitscodes entspricht. Weil Kinder aus bildungsnahen Familien über diesen Habitus verfügen, sind sie, im Gegensatz zu ihren Altersgenossen aus bildungsfernen Milieus, die Gewinner des Systems. Alkemeyer schlägt deshalb vor, durch eine wechselseitige Habitus- und Feldtransformation, die man als Bildung verstehen kann, Anpassungs- und Synchronisationsprozesse zu ermöglichen, die die Anknüpfungspunkte für Resonanzen oder, wie Alkemeyer auch schreibt, für „Affordanzen“[96] erweitern und für alternative Habitus öffnen. Wenngleich dieser Ansatz wichtige Einsichten liefert in die habituellen Voraussetzungen von Resonanz und Anverwandlung, kann ein wie auch immer herbeigeführtes Passungsverhältnis von Habitus und Feld allein Resonanz nicht garantieren. Wie Rosa schreibt, können Menschen in extremen Formen der Entfremdung von ihrem eigenen Habitus entfremdet sein[97]: So kann ein erfolgreicher Schüler mit Schulabstinenz und Schulverweigerung reagieren, weil er sein Dasein als „Hochbegabter“ satt hat. Wenngleich all diese Bildungsziele wichtige Einsichten in die Bedingungen und Voraussetzungen von Anverwandlungsprozessen beschreiben, geht das Resonanzkonzept auch im Bildungsbereich über das Autonomie-, das Authentizitäts-, das Anerkennungs- sowie über das Sinn- und Habituskonzept hinaus.

Dabei ist es allerdings von entscheidender Bedeutung, Bildung von anderen Formen der Selbst- und Weltformation zu unterscheiden. In Bildungsprozessen setzen sich Menschen *reflexiv* mit ihrem Weltverhältnis auseinander. In der Sozialisation hingegen wird das Weltverhältnis primär *prä*-reflexiv von außen geformt. Durch Sozialisation ist Kindern der Weltbezug zunächst fraglos gegeben:

> „Kinder leben in der Regel zunächst in gleichsam symbiotischen Wechselbeziehungen mit ihrer Nah- und Umwelt, die ihnen als fraglos gegeben erscheint, so dass sie ihre Beziehung zu dieser in ihrer Beziehungsqualität nicht reflektieren müssen: Das Haus, die Eltern, die Bäume, die Grundschule, die Stadt, sie sind einfach *da* und auf ein (im Selbst- und Welterleben) durchaus *magische* Weise mit dem kindlichen Selbst verbunden.“[98]

Bevor sich das Kind in der Schule reflexiv mit der Welt auseinandersetzt, sind es neben sozialisatorischen Einflüssen insbesondere die Eltern die durch Erziehung das kindliche Weltverhältnis formen. Eltern behüten, zeigen, leiten an, bewahren, unterstützen, und sie denken über das, was sie erzieherisch beabsichtigen oder bewirkt haben, allein oder im Gespräch mit

96 Ebd.
97 Vgl. Rosa (2016): Resonanz, S. 304.
98 Ebd., S. 322.

Anderen nach. Erziehung lässt sich somit, wie Bildung, als eine *reflexive Praxis* begreifen, die allerdings *von den Eltern ausgeht*.[99] Da sich Kinder und Jugendliche in der Schule stets mit einem prä-reflexiven, durch Sozialisation und Erziehung erworbenen Selbst-Welt-Verhältnis auseinandersetzen, habe ich Bildung nicht nur als einen formativen, sondern als einen transformativen Prozess bezeichnet.

In Bildungsprozessen leben wir nicht nur mit einer gegebenen Welt, d.h. mit Menschen, Geschichte, Natur, Kunst, Politik, Religion, Materialien und Sinnprovinzen, sondern die Schule macht diese Weltbereiche bewusst, um Schülern zu ermöglichen bzw. sie zu drängen, sich jenen Weltbereichen gegenüber erstmalig oder neu zu positionieren und zu verorten.

Die kulturellen, gesellschaftlichen und wissenschaftlichen Weltbereiche stellen dabei den konstitutiven Sachbezug bildender Weltbeziehungen dar. Ohne den Bezug zu einem objektivierten kulturellen Weltbereich würde es sich nicht um eine pädagogische Schulbeziehung handeln. Der Sachbezug definiert jeweils die Beziehung: Die therapeutische Beziehung zum Beispiel wird nicht, wie in der Schule, durch einen kulturellen Sachbezug gestiftet, sondern durch den gemeinsamen Bezug auf die Biografie des Klienten. Fällt der Sachbezug weg und ist die Beziehung eine reine Sozialbeziehung, handelt es sich hingegen um eine Freundschafts- oder eine Liebesbeziehung.

Ausgestattet mit diesem resonanztheoretischen Rüstzeug, soll im folgenden Teil das Unterrichtsgeschehen anhand der drei konstitutiven Resonanzpole – nämlich die Lehrperson, die Schüler und die Sache – analysiert werden.

---

99 Vgl. Winkler (2006): Kritik der Pädagogik, Kap. I.4.

Teil III
Lernen und Lehren in Resonanzbeziehungen

Kapitel 1
Die Lehrperson

„Menschen sind wie Musikinstrumente; ihre Resonanz hängt davon ab, wer sie berührt."
Constancio Carlos Vigil

Die Schule ist vor allem ein sozialer Erfahrungsraum. In der Schule wird das kulturelle Wissen und Können von Menschen für Menschen vermittelt. Einer Sache zu begegnen, heißt deshalb in der Schule immer auch, einem Menschen zu begegnen. Die zentrale Rolle der Lehrperson und die große Bedeutung der Beziehung zu ihr werden in der erziehungswissenschaftlichen Literatur immer wieder betont. So schreibt etwa Helmut Fend:

> „Der schulische Erfahrungsraum erschöpft sich [...] nicht in Inhalten. Diese werden von Personen, von Lehrerinnen und Lehrern in persönlichen Begegnungen, in ‚face-to-face'-Interaktionen vermittelt. Der schulische Kontext besteht somit im Kern aus Personenerfahrungen und aus Beziehungserfahrungen. [...] Somit liegt es nahe, neben den Inhalten, den personalen Begegnungen in der Schule als kontextuellen Erfahrungsbereichen einen hohen, wenn nicht den höchsten Stellenwert zuzuschreiben."[1]

Es war insbesondere John Hattie, der die Lehrperson wieder ins Zentrum der Aufmerksamkeit gerückt hat. Hattie hat in seiner enorm bekannten Studie „Lernen sichtbar machen"[2] nachgewiesen, dass die Qualität des Unterrichts nicht von materiellen oder objektiven Größen abhängt, nicht von der Schulart, der Klassengröße, der medialen Ausstattung oder dem Fachinhalt, sondern von der Beziehung zur Lehrperson: Wenn Lehrerinnen und Lehrer die Beziehung zu ihren Schülerinnen und Schülern pflegen, führt dies signifikant zur Verbesserung der Lernmotivation, der Lernleistung und des psychischen Wohlbefindens im Klassenraum.[3]

Hattie liefert auch Hinweise, dass nur diejenigen Lehrpersonen einen wirklich bleibenden Eindruck hinterlassen, die über die soziale Resonanz-

1 Fend (2008): Neue Theorie der Schule, S. 63.
2 Hattie (2013): Lernen sichtbar machen.
3 Ebd., S. 141–143.

achse hinaus auch die Sachbeziehung zum Klingen bringen. Hattie führt an, dass von den vierzig bis sechszig Lehrpersonen, die ein Mensch im Laufe seiner Schullaufbahn erlebt, lediglich vier bis sechs Prozent bei den Schülern einen nachhaltig positiven Eindruck hinterlassen, weil sie „[...] den Lernenden die Liebe für ihr Fach vermittel(t)“[4] haben. Auch John Hattie bekräftigt damit die These, dass gelingender Unterricht innerhalb eines Resonanzraumes stattfindet, in dem die Lehrpersonen sowohl soziale als auch sachbezogene Resonanzen ermöglichen.[5] Ob Lehrende Resonanzräume eröffnen, in denen sich Schülerinnen und Schüler Weltausschnitte anverwandeln können, oder ob sie ihren Unterricht rein technisch durchführen und somit in stummen Weltbeziehungen unterrichten, hängt von ihrer Motivation ab.

1.1 Lehrmotivation: Das Glück der Lehrenden

Wie die Forschung zur Lehrermotivation belegt, ergreifen junge Menschen zu Beginn ihrer Laufbahn vor allem aus einem sozialen Resonanzinteresse bzw. wegen eines sozialen Resonanzverlangens den Lehrberuf:

> „Trotz unterschiedlicher Anlagen der einzelnen Studien (offene und geschlossene Verfahren) und diverser verwendeter Instrumentarien entsprechen sich die Befunde zum Hauptmotiv für die Wahl des Lehrerberufs im Wesentlichen: Das *Interesse* bzw. die *Freude am Zusammensein und der Zusammenarbeit mit Kindern und Jugendlichen* ist der am häufigsten genannte Grund über alle Untersuchungen hinweg. Generell dominieren die *intrinsischen* und hier insbesondere die *personen- und beziehungsorientierten* Motive.“[6]

Ebenso weist Peter Brenner darauf hin, dass „die Faszination, die von der Vorstellung der Schule als einer lebendigen Gemeinschaft statt eines kalten

---

4 Ebd., S. 129.

5 Deutliche Belege für die zentrale Bedeutung der Lehrperson finden sich auch in Cornelius-White, Jeffrey (2007): „Learner-Centered Teacher-Student Relationships Are Effective: A Meta-Analysis“, in: Review of Educational Research 77 (1), S. 113–143, hier S. 134. Cornelius-White konnte ebenso zeigen, dass die meisten Schüler nicht gerne zur Schule gehen, weil sie ihre Lehrpersonen nicht mögen.

6 Rothland, Martin (2011): „Warum entscheiden sich Studierende für den Lehrerberuf? Interessen, Orientierungen und Berufswahlmotive angehender Lehrkräfte im Spiegel der empirischen Forschung“, in: Terhart, E./Bennewitz, H./Rothland, M. (Hrsg.): Handbuch der Forschung zum Lehrerberuf, S. 268–295, hier S. 277 (Hervorhebung von mir, J. B.).

bürokratischen Apparates ausgeht"[7], auch heute noch enorm wirksam ist. Brenner warnt allerdings davor, dass diese Sehnsucht in der gegenwärtigen Schulrealität zu großen Enttäuschungen und Frustrationen führen kann, weil diese Sehnsucht oft nicht gestillt werden kann. Dennoch scheinen Lehramtsstudenten das Resonanzmotiv nicht aus der Luft zu greifen. Vielmehr entspringt es oft eigenen Resonanzerfahrungen während der Schulzeit. So schreibt der Lehrer Arne Ulbricht in seinem „Insiderbericht":

> „Vielleicht bin ich ja – intuitiv – wegen meiner Leistungskurse, beziehungsweise wegen meiner Leistungskurslehrer Lehrer geworden: Es war offensichtlich, dass es den LK-Lehrern Spaß gebracht hatte, in unsere Kurse zu gehen. Der eine Kurs war wie eine kleine Familie, der andere heiter wie ein Kegelclub während eines Ausfluges."[8]

Das Lehren scheint somit ein spezifisches Resonanzversprechen zu enthalten. Der im Kapitel II.2.1 formulierten These zufolge, dernach Resonanzerfahrungen nur dann möglich sind, wenn die schwachen Wertungen mit den starken Wertungen temporär in Einklang gebracht werden können, ermöglicht Lehren Resonanzbeziehungen dort, wo es sowohl als eine befriedigende, lust- und freudvolle sowie als eine wichtige und bedeutungsvolle Tätigkeit erfahren wird. Lehren trägt dann intrinsisch zum guten Leben bei, wenn Menschen begehren zu lehren *und* das Unterrichten als eine wertvolle Tätigkeit ansehen.

Lehrende, die in ihrem Unterricht Resonanzerfahrungen machen (in denen sie das Unterrichten als Beitrag zu einem guten Leben erfahren), scheinen sich just dadurch auszuzeichnen, dass ihr Begehren und Werten durch das Lehren in Einklang gebracht wird. Das zeigt sich daran, dass solche Pädagogen nicht nur Spaß und Freude beim Lehren empfinden, sondern dass sie das Lehren auch als eine Tätigkeit erfahren, die es an sich wert ist getan zu werden. Diese motivationale Mischung erzeugt Lehrerengagement:

> „Wesentliche Kennzeichen des Lehrer-Engagements sind Verantwortung und Einsatzbereitschaft statt Rückzug, verbunden mit dem Gefühl der Verpflichtung für die amtliche Aufgabe des Unterrichtens, des Lernerfolgs und der charakterlichen Förderung der Schüler. Wichtige Begleitemotionen des Engagements sind

7 Brenner, Peter J. (2009): Wie Schule funktioniert: Schüler, Lehrer, Eltern im Lernprozess, S. 90.

8 Ulbricht, Arne (2013): Lehrer. Traumberuf oder Horrorjob? Ein Insiderbericht, S. 30.

die Freude am Unterrichten, die Begeisterung für die schulische Tätigkeit und gelegentlich – bei Erfolgen mit den Schülern – eine gewisse Hochstimmung.“[9]

Wer nur wegen seiner schwachen Wertungen Lehrer wird, etwa aus rein pragmatischen Gründen, z. B. eines sicheren Einkommens, des Beamtenstatus, der vermeintlich vielen Freizeit, der Freude an der Beschäftigung mit seinem Fachbereich oder des sicheren Arbeitsplatzes wegen, der wird das Lehren sehr wahrscheinlich weniger als einen intrinsischen Beitrag zum guten Leben erfahren können.[10] Der Betreffende kann zwar die Begleitumstände des Lehrens schätzen, dem Unterrichten selbst aber indifferent gegenüberstehen, indem er es als nebensächlich, unwichtig oder als notwendiges Übel ansieht. Wer sich umgekehrt nur noch aus einer rein idealistischen Helfermotivation heraus (starke Wertungen) motivieren kann, an der Schule zu bleiben, und sich für seine Schüler aufopfert, wird durch die dauerhafte Verleugnung seines Begehrens vermutlich bald Frustration, Ärger und Wut spüren und somit in repulsive Weltbeziehungen geraten.[11] Während im ersten Fall der werthafte Anspruch der Welt verstummt, verstummt im zweiten Fall das begehrende Selbst der Lehrperson.

Doch selbst wenn das Unterrichten eine als wertvoll und bedeutsam erachtete „Höhe“ auf der moralischen Landkarte darstellt und auch wenn der oder die Betroffene gleichzeitig begehrt, diesen Berg zu besteigen, so stellt sich dennoch die Frage, was der Kern der somit eröffneten Resonanzerfahrung ist.

Zum einen kann die schulische Lerngemeinschaft als eine spezifische Resonanzgemeinschaft verstanden werden. Im Zusammensein mit jungen Menschen kann sich die eigene Weltbeziehung wieder verflüssigen. Anders als der Erwachsene, der gelernt hat, die Welt durch vielfältige affektfreie rationale „Filter“ zu betrachten, stehen Kinder in einer noch ursprünglichen und umfassenden Antwort- und Resonanzbeziehung mit der Welt. Autoren

9 Schmitz, Edgar/Voreck, Peter (2011): Einsatz und Rückzug an Schulen, S. 15.

10 Ich folge hier einer Argumentation von Christopher Higgins. Higgins geht der Frage nach, was das Leben von Lehrenden zu einem guten Leben macht: „Jene unter uns, die einen großen Teil ihrer Identität um die Praxis des Lehrens gewoben haben, werden immer wieder fragen: Was ist ein gutes Leben und wie kann das Lehren einen Teil eines solchen Lebens ausmachen? Was schätze ich am meisten, und bringt mich das Lehren zu diesen Gütern in Verbindung? Wie trägt das Lehren zu meinem eigenen Wachstum bei?“ Vgl. Higgins, Christopher (2002): „Das Glück des Lehrers“, in: Zeitschrift für Pädagogik 48 (4), S. 495–513, hier S. 509.

11 Higgins (ebd.) argumentiert, dass weder pragmatische noch idealistische Gründe allein die intrinsische Motivation zu lehren begründen sollten.

wie Thomas Fuchs, Martin Dornes oder Horst Rumpf[12] haben gezeigt, dass die eigentümliche Weltbeziehung eines Kindes auf affektiver Anteilnahme basiert. In dieser primären sympathetischen Weltbeziehung erleben sich Kinder von ihrer Umwelt als unmittelbar angesprochen, herausgefordert, gelockt, begeistert, inspiriert, aber auch abgestoßen, verängstigt, bedroht usw. Kinder sind gewöhnlich von den Dingen, den Personen und Geschehnissen um sie herum noch sehr viel stärker betroffen und berührt als Erwachsene. So hat Thomas Fuchs das kindliche Weltverhältnis als ein „beseeltes" bezeichnet, von dem aus die Erziehung zum Erwachsenen als eine „Entseelung" erscheint.[13] Kinder sind natürliche Resonanzwesen.

Vor dem Hintergrund dieser Überlegungen lässt sich die These formulieren, dass im Zusammensein mit Kindern etwas von dieser ursprünglichen Weltbeziehung auf die Erwachsenen überspringen kann. Die Welt mit Kinderaugen zu sehen, heißt, sich wieder für die Welt zu interessieren, das Selbstverständliche wieder zu hinterfragen und das Wundersame zu erkennen.[14] Kinder (und Jugendliche) können als Resonanzkatalysatoren oder Resonanzverstärker wirken. Durch und mit ihren Kindern nehmen Eltern intensiv Anteil am Leben Anderer: Sie bangen und hoffen mit ihren Kindern, sie trösten und ermuntern sie, sie freuen sich mit ihnen und manchmal verzweifeln sie auch an ihnen.

Allerdings unterscheidet sich die Eltern-Kind-Beziehung von der Lehrer-Schüler-Beziehung dahingehend, dass in der Schule nicht nur die Menschen und Personen im Mittelpunkt stehen, sondern auch eine Sachbeziehung: Der Zweck des schulischen Zusammenkommens besteht in der gemeinsamen Anverwandlung von objektiven Weltausschnitten – und auch hier kann Lehren spezifische Resonanzbeziehungen ermöglichen.

---

12 Vgl. Fuchs, Thomas (2000): Leib, Raum, Person; Dornes, Martin (2007): Die emotionale Welt des Kindes; Rumpf, Horst (1988): Die übergangene Sinnlichkeit. Drei Kapitel über die Schule.

13 Fuchs (2000): Leib, Raum, Person, S. 206: „Es [das Kind, J. B.] erfährt, daß es unbelebte Dinge gibt, daß nicht alles was böse oder bedrohlich aussieht, sich auch so verhalten muß, usw. Primär ist alles Wahrgenommene Ausdruck; ‚Lernen ist in diesem Sinne zunehmende Entseelung – nicht Beseelung' (Scheler). Damit ist freilich auch eine Verarmung an seelischem Erleben verbunden, die von der gegenwärtigen Pädagogik zumeist übersehen wird." Zur leiblichen Weltbeziehung nach Fuchs, vgl. unten, Kap. IV.1.

14 Damit ist nicht gemeint, dass die Grenze zwischen Kindern und Erwachsenen völlig verschwindet oder verschwinden muss, was als die „Infantilisierung der Gesellschaft" thematisiert und kritisiert wird (vgl. z.B. Postman, Neil [1997]: Wir amüsieren uns zu Tode: Urteilsbildung im Zeitalter der Unterhaltungsindustrie). Dass wir die Welt ein Stück weit durch die Augen eines Kindes erfahren, heißt nicht, dass wir mit dieser Erfahrung auch kindisch umgehen müssen und infantil auf sie zu antworten gezwungen wären.

In ihrem 1958 gehaltenen Vortrag „Die Krise der Erziehung“[15] sprach Hannah Arendt über das *Problem der Natalität.* Ihre Überlegungen können helfen zu verstehen, was mit der Idee, Lehren sei eine intensive Form der Weltberührung, gemeint ist.

Grundlegend ist für Arendt der Sachverhalt, dass Menschen als Säuglinge in eine Welt hineingeboren werden, die zu einem großen Teil von Sterblichen gemacht ist, eine Welt, die deshalb auch selbst sterben kann. Die Indizien für dieses Welt-Sterben und die Welt-Zerstörung sind Kriege, globale Konflikte, die den Frieden und die Kooperation bedrohen, Naturzerstörung, das Erodieren sozialer Bindungen usw. Nach Arendt kann das Sterben der Welt nur dann aufgehalten werden, wenn Menschen die Welt fortführen und stets erneuern. Diese Welterneuerung kann laut Arendt aber nur dann gelingen, wenn Kinder und Jugendliche auch eine Welt aus den Händen der Erwachsenen erhalten, der sie zugewandt sind, auf die sie sich einlassen und der sie sich öffnen können, eine Welt, die sie so sehr lieben, dass sie Verantwortung für sie übernehmen wollen. Die Aufgabe, diese Liebe zur Welt zu vermitteln, liegt nach Arendt maßgeblich in den Händen der Lehrenden. Es ist die Aufgabe der „Natalität“. Natalität bedeutet

> „[…] daß wir alle durch Geburt in die Welt gekommen sind und daß diese Welt sich ständig durch Geburt erneuert. In der Erziehung entscheidet sich, *ob wir die Welt genug lieben*, um die Verantwortung für sie zu übernehmen und sie gleichzeitig vor dem Ruin zu retten, der ohne Erneuerung, ohne die Ankunft von Neuen und Jungen, unaufhaltsam wäre.“[16]

Durch die Natalität, die Erneuerung und Fortführung von Welt, können Lehrende die Erfahrung machen, durch ihr Tun *Spuren in der Welt* zu hinterlassen: In einem jungen Menschen etwas zu bewegen, heißt, in der Welt etwas zu bewegen. Möglicherweise sind es gerade die Momente, in denen Lehrende das Gefühl haben, in ihren Schülern etwas bewegt zu haben, die das Lehren zu einer intrinsisch wertvollen und erfüllenden Tätigkeit machen.

Arendt weist allerdings darauf hin, dass Lehrende nur dann Schülerinnen und Schüler der Welt zuwenden können, wenn sie dieser Welt selbst nicht feindlich oder gleichgültig gegenüberstehen. Das heißt, sie müssen über intakte Resonanzachsen verfügen; und das hängt nicht nur, aber auch von der Beschaffenheit der Welt selbst ab. Wenn Lehrende in ihrem Beruf

---

15 Arendt, Hannah (1994): „Die Krise der Erziehung“, in: Dies.: Zwischen Vergangenheit und Zukunft. Übungen im politischen Denken 1, S. 255–276.

16 Ebd., S. 276.

zu bloßen Funktionsträgern ökonomischer oder verwaltungstechnischer Imperative und somit zu Dienstleistern werden oder wenn ihre Bedeutung, im Unterricht Weltbeziehungsstifter zu sein, unterschätzt wird (vgl. Kap. III.1.1, unten), dann haben sie möglicherweise nicht mehr die Chance, bedeutende Resonanzerfahrungen beim Lehren zu machen. Sie sind dann selbst der Welt nicht mehr zugewandt. Die Wertschätzung von Beziehungen wird in der Folge möglicherweise durch eine kühle Ergebnisorientierung ersetzt.

Aus resonanzpädagogischer Sicht wirkt jedoch weniger das Ergebnis der Lehrarbeit motivierend als vielmehr die spezifische Qualität der Weltbeziehung, die Lehrende mit Schülerinnen und Schülern eingehen. Resonanzbeziehungen sind keine Belohnungsbeziehungen, weil in ihnen Leistung und Belohnung nicht voneinander getrennt werden können. Deshalb motivieren Resonanzerfahrungen auch nicht aufgrund einer kausal erbrachten Leistung oder eines bewirkten Erfolges, sondern durch „die *Erfahrung* der sich im Prozess ergebenden *Wechselwirkung*“[17]. Diese Wechselwirkung wird dann wahrscheinlich, wenn Lehrende ein intrinsisches Interesse an der Welt, am Lehren und an den Schülern haben. Ob Lehrpersonen eine intrinsische Motivation ausbilden bzw. aufrechterhalten können, hängt wiederum von ihren Selbstwirksamkeitserwartungen ab. Sofern Selbstwirksamkeitserwartungen als Resonanzerwartungen verstanden werden können[18], scheinen Lehramtsstudenten über jenes intrinsische Interesse zu verfügen, wie die Motivationsforschung gezeigt hat. Ob sie die entsprechenden Selbstwirksamkeitserfahrungen in der Schule machen können, hängt allerdings davon ab, ob die Schule Resonanzräume eröffnet. Von wesentlicher Bedeutung ist dabei die Frage, ob Lehren und Unterrichten als eine Weitergabe von Wissen verstanden wird oder als ein komplexes Beziehungsgeschehen.

17 Rosa (2016): Resonanz, S. 274.

18 Ebd., S. 154: „Selbstwirksamkeitserwartungen, so ergibt sich daraus, können gleichsam als ‚Resonanzerwartungen‘ verstanden werden, als die Erwartung, durch eigenes Handeln die Welt (oder die Menschen, die Räume, die Dinge in ihr und auch den eigenen Körper oder den Geist) ‚zum Sprechen‘ und Antworten zu bringen. Je ausgeprägter sie sind, umso größer ist *das Interesse an*, *die Energie für* und *die Lust auf* ‚die Weltdinge‘. [...] In ähnlicher Weise hat die Unterrichtsforschung deutlich gemacht, dass der entscheidende Faktor für die Qualität des Unterrichtsgeschehens darin liegt, dass Lehrer davon überzeugt sind, *ihre Schüler erreichen zu können.*“

1.2 Pädagogisches Ethos: Resonanzverantwortung und Entfremdungstoleranz

Ob Lehrende resonanzfähig und resonanzsensibel sind, hängt weniger von den eingesetzten erzieherischen Mitteln und didaktischen Techniken ab als von ihrer pädagogischen Haltung. Im Kontext der Resonanzpädagogik kann eine Haltung als eine Welthaltung interpretiert werden, weil sie eine Auskunft darüber gibt, wie der oder die Betroffene zu den Dingen da draußen steht. Dabei ist mit Haltung durchaus auch die Körperhaltung gemeint: Lehrende, die ihren Unterricht auf vitalen Resonanzachsen aufbauen, werden dies bereits durch subtile leibliche Gesten zum Ausdruck bringen, etwa durch eine offene und den Schülern zugewandte Körperhaltung, durch Blickkontakt oder durch ihr Lächeln. Während im Kapitel IV.1 die leiblichen Resonanzzeichen erkundet werden, soll an dieser Stelle allerdings die immaterielle normative Dimension einer inneren Haltung im Vordergrund stehen.[19]

Wie die Ausführungen im vorherigen Abschnitt gezeigt haben, besteht Lehren nicht allein aus der Weitergabe von Wissen, sondern aus einem komplexen Beziehungs- und Begegnungsgeschehen. Die Vermittlung von Wissen kann durch technische Mittel, wie z.B. Tests, Evaluationen und Rankings, sichtbar gemacht werden, es ist das objektive Geschehen, das sich anhand der Leistungen und des Erfolgs messen lässt. Das immaterielle Beziehungs- und Resonanzgeschehen spielt sich hingegen auf der unsichtbaren „Hinterbühne“ ab und definiert von dort aus den „heimlichen Lehrplan“ und den Geist des Unterrichts. Wie hinlänglich deutlich gemacht wurde, geht die Resonanzpädagogik davon aus, dass das Beziehungsgeschehen auf der Hinterbühne – genauer: die Art der Wechselwirkung zwischen Selbst und Welt – ausschlaggebend ist für das Gelingen und Misslingen auf der Vorderbühne.

Daraus ergeben sich sogleich zwei normative oder ethische Ansprüche an die Resonanzpädagogik – man kann sie als „Resonanzverantwortung“ und als „Entfremdungstoleranz“ bezeichnen. Die Missachtung dieser bei-

19 Ich greife hier auf das Konzept des „pädagogischen Ethos“ zurück, um mich von der Debatte zur „pädagogischen Professionalität“ abzugrenzen. Das Ethos-Konzept thematisiert m. E. die pädagogische Beziehung unabhängig von den technischen Erfordernissen, während in der Professionalitätsdebatte der Beziehungsaspekt oft unter dem technischen Aspekt behandelt wird. Dass das „pädagogische Ethos“ eine Weltbeziehung zum Thema macht, schreibt auch Norbert Meder. Meder zufolge ist das Ethos das Medium, in welchem „ein Mensch sein ganzes Menschsein mit einer Sache verbindet“. Vgl. Meder, Norbert (2006): „Ethos und Habitus als Medien von Bildungsprozessen“, in: A. Dörpinghaus, K. Helmer (Hg.), Ethos. Bildung. Argumentation, S. 161–176, hier S. 171.

den ethischen Ansprüche führt unweigerlich zu Entfremdung im Klassenraum.

Die Resonanzverantwortung ergibt sich aus dem einfachen Umstand, dass Lehrer-Schüler-Beziehungen keine freundschaftlichen Beziehungen sind: Anders als Freundschaften, in denen die Beteiligten in einer gleichwertigen oder symmetrischen Position zueinander stehen, sind Lehrer-Schüler-Beziehungen asymmetrische Beziehungen. Der Lehrer hat im Klassenraum mehr Macht über den Schüler als der Schüler über den Lehrer. Zwar können beide zum Misslingen des Unterrichts beitragen, das Machtgefälle weist dem Lehrer allerdings eine höhere Verantwortung für die Resonanzverhältnisse zu. Resonanzpädagogisches Ethos kann deshalb zunächst heißen, dass der Lehrer sich als eine *doppelte Stimmgabel* versteht, wie sie in Kapitel II.2.2.1 vorgestellt wurde. Als eine solche versucht er, die Schüler mit seinem eigenen Interesse und seiner Begeisterung für die Sache anzustecken und sie zum affektiven wie kognitiven „Mitschwingen" anzuregen. Er wirkt dann als Resonanz*initiator*. Zugleich hat er die Aufgabe, die Resonanzen in der Klasse aufzugreifen und zu verstärken, indem er sich von den Schülern anstecken und begeistern lässt. Hier wirkt er als Resonanz*verstärker* oder als Resonanz*katalysator*. Der ethische Knackpunkt besteht nun darin, dass der Lehrer jene Resonanzangebote stets in Vorleistung erbringen muss. Es ist der Lehrer, nicht der Schüler, der die Aufgabe hat, im Unterricht Beziehungsangebote zu machen und sowohl den anwesenden Personen als auch zur Sache affektiv und kommunikativ in Vorleistung zu gehen.[20]

Wer als Lehrerin oder Lehrer diese Vorleistung nicht zu erbringen vermag, wer nicht als doppelte Stimmgabel auf seine Klasse zugehen kann, trägt mit hoher Wahrscheinlichkeit zum Entstehen eines Indifferenzdreiecks bei, wie es in Kapitel II.1 beschrieben wurde. Der Grund dafür ist die asymmetrische Beziehung: Zum einen haben Lehrende die Entscheidungsmacht über Inhalt und Ablauf ihres Unterrichts, den sie sich innerhalb eines gewissen Spielraumes nach Belieben anverwandeln können. Der Schüler muss dies zunächst hinnehmen. Anders als der Lehrer ist der Schüler auch nicht aus freier Wahl in der Schule. Schüler sind durch die Schulpflicht dazu gezwungen, in die Schule zu gehen. Dies muss der Schüler ebenfalls zunächst hinnehmen.

Schülerinnen und Schüler befinden sich deshalb oft in einer *natürlichen Entfremdungssituation*. Durch die Asymmetrie entsteht zunächst ein „Entfremdungsgraben", in Form einer Lücke oder eines Leerraumes zwischen den subjektiven Interessen des Schülers und den objektiven Interessen der

---

20 Vgl. Ilien (2009): Grundwissen Lehrerberuf, S. 80.

Schule bzw. des Lehrers. Dieser Entfremdungsgraben umfasst seitens des Schülers meist mehrere Dimensionen: die kognitive Dimension – kein unmittelbarer Anschluss an Wissensinhalte wegen fehlenden Vorwissens, die affektive Dimension – keine affektive Anteilnahme am Unterricht durch geringe Vorerfahrung und die voluntative Dimension – fehlende intrinsische Motivation für eine Sache. Wer als Lehrer diesen Leerraum nicht durch Resonanzangebote zu füllen vermag, läuft Gefahr, einen Indifferenzzirkel zu erzeugen, weil es aufgrund des natürlichen Entfremdungsgrabens unwahrscheinlich ist, dass die Schüler dauerhaft Beziehungs- und Resonanzangebote von sich aus machen.

Resonanzfähigkeit setzt zudem „Entfremdungstoleranz" voraus. Resonanzsensible Lehrende werden ein Gespür für diese natürliche Schulentfremdung entwickeln, und sie werden bestrebt sein, Entfremdungsgräben aktiv mit Fingerspitzengefühl zu überwinden. Dies aber kann nur gelingen, wenn das (gelegentliche) Desinteresse, das Unverständnis und die Demotivation nicht als ein Defizit des Schülers angesehen werden, sondern als eine natürliche Reaktion auf die asymmetrische Schulbeziehung, die den Lehrer dazu auffordert, als doppelte Stimmgabel zu agieren:

> „So gehört es zu seinem Professionsethos, das Nicht-Wissen, Nicht-Können und Nicht-Wollen des Kindes bzw. des Klienten nicht zum Gegenstand einer negativen Einschätzung zu machen. Vielmehr ist es demnach professionelle Aufgabe, Kindern und Jugendlichen Lern- und Deutungsangebote zu unterbreiten, mit denen Wissens-, Könnens- und Motivationsdefizite überwunden werden können."[21]

Werden Schülerinnen und Schüler für ihre Entfremdung selbst verantwortlich gemacht, oder schlimmer noch: Glauben Lehrende, die Entfremdung des Schülers sei eine Abwertung ihrer Person, verkennen sie den ethischen Anspruch, der sich aus dem natürlichen Entfremdungsgraben ergibt. Ein Zeichen für eine solche Lehrerhaltung ist der Zynismus[22]. Der Zynismus kann als eine resonanzfeindliche Haltung verstanden werden. Die zynische Schulwelthaltung zeichnet sich dadurch aus, dass der Lehrer seine Resonanzverantwortung, in kommunikative und affektive Vorleistung zu gehen, verleugnet oder an ihr verzweifelt ist. Die Schüler werden dann beispiels-

---

21 Gaus, Detlef/Drieschner, Elmar (2011): „Pädagogische Liebe. Anspruch oder Widerspruch von professioneller Erziehung?", in: Dies. (Hrsg.): Liebe in Zeiten pädagogischer Professionalität, S. 7–28, hier S. 22.

22 Vgl. Ilien (2009): Grundwissen Lehrerberuf, S. 74 und 147.

weise einseitig als willenlos, dumm oder desengagiert wahrgenommen, was weitere Resonanz- und Beziehungsangebote erschwert.[23]

Wann aber übernehmen Lehrende die Verantwortung für die Entfremdung ihrer Schülerinnen und Schüler? Nach Max van Manen[24] entsteht ein Verantwortungsgefühl immer dann, wenn Menschen wahrnehmen und spüren, dass der Andere verletzbar ist. Verletzungen können in der Schule sehr schnell und subtil erfolgen. Jedes Mal, wenn sich Schüler melden, birgt dies für sie die Gefahr, ignoriert, abgewiesen oder lächerlich gemacht zu werden. Resonanzpädagogen zeichnen sich durch ein sensibles Gespür für solche verletzenden Momente und Situationen aus. Sie werden sowohl bestrebt sein, peinliche und beschämende Momente im Klassenraum aufzufangen, als auch jede Meldung und Teilnahme zunächst ernst zu nehmen und positiv zu verstärken, auch wenn sie banal oder einfältig ist. Man kann dies als „Entfremdungssensitivität" bezeichnen. Wo Schülerinnen und Schüler nicht als verletzbare Wesen anerkannt werden, droht ein Repulsionsdreieck. Wer im Klassenraum verletzt wird, dem wird die Schulwelt feindlich, hart und repulsiv.

Allerdings birgt das resonanzpädagogische Ethos stets auch für den Lehrenden ein Risiko. Menschen sind in Resonanzbeziehungen verletzlich und angreifbar, weil sie sich öffnen. Bei einer entfremdeten Klasse in kommunikative und affektive Vorleistung zu gehen, erfolgt stets auf die Gefahr hin, dass von der Klasse keine Resonanz zurückkommt. Der Lehrer droht selbst abgewiesen oder nicht beachtet zu werden, und dies kann für ihn eine sehr verletzende Erfahrung sein. Tatsächlich zeigt sich, dass Lehrende ihre Arbeit immer dann als stark belastend erleben, wenn die Resonanzachsen im Klassenraum beschädigt sind; wenn trotz hohen emotionalen Engagements von den Schülerinnen und Schülern nichts zurückkommt oder wenn es im Klassenraum zu aggressiven Konflikten und Streitereien kommt.[25] Das Entstehen eines Resonanzdreiecks wird auch in diesem Fall davon abhängen, ob sich die Lehrperson zutraut, dieses Risiko stets von Neuem einzugehen und den Resonanzgraben zwischen ihr, den Schülern und der Sache durch kommunikative und affektive Vorleistung zu überwinden.

---

23 Lehrer können ihre zynische Haltung etwa dadurch kundtun, dass sie ihrer desengagierten Klasse vorwerfen, sie sei faul und begriffsstutzig. Eine resonanzpädagogische Haltung hingegen würde nahelegen, dass der Lehrende den Grund für das Desinteresse der Kinder nicht automatisch diesen zuschreibt, sondern sowohl bei sich als auch in der Beziehung zu verorten vermag. Schuldzuweisungen können in einen Entfremdungszirkel führen; vgl. Kap. II.1, oben.

24 Van Manen (2012): Tact of Teaching, S. 164.

25 Vgl. Ilien (2009): Grundwissen Lehrberuf, S. 72 ff.

1.3 Lehren als Selbst-Welt-Vermittlung: Die Lehrperson als doppelte Stimmgabel

Lehrerinnen und Lehrer stehen im Unterricht in einer doppelten Beziehung: Auf der einen Seite haben es Lehrende mit einem *objektiven Weltausschnitt* oder einer Sache zu tun, die sie den Schülern zunächst von außen entgegenbringen. Die Sache erscheint im Unterricht tendenziell zunächst als ein fremdes, nichtssagendes und stummes Ding bzw. als ein äußerlicher Objektbereich, etwa in Form eines Textes, eines Kunstwerkes, eines historischen Ereignisses, einer mathematischen Formel usw.[26]

Auf der anderen Seite haben es Lehrende mit Kindern und jungen Erwachsenen zu tun, die über ein vielschichtiges *subjektives Innenleben* verfügen. Dieses Innenleben ist geprägt durch individuelle Lebenserfahrungen, biografische Spuren, den Einfluss des Elternhauses, die biologische und physische Ausstattung und sogar die Tagesform. Nicht immer, vielleicht nur selten, sind die objektiven Ansprüche der Schule mit dem subjektiven Erleben, Wollen und Empfinden der Schüler synchronisiert. Die Verbindung zwischen Schüler und Sache ist zunächst bloß äußerlicher Natur: Die Schüler sitzen im Klassenraum, weil sie *müssen*. Wie im vorherigen Kapitel gezeigt wurde, gibt es deshalb oft einen Entfremdungsgraben zwischen den Wünschen, Bedürfnissen und Absichten der Schüler und den objektiven Ansprüchen des Unterrichts.

Hinsichtlich dieser beiden Pole, der objektiven Welt und des subjektiv erlebenden Selbst, haben Lehrende im Unterricht die Rolle eines „Selbst-Welt-Vermittlers“. Ihre Aufgabe besteht darin, zwischen der objektiven Kultur und dem subjektiven Innenleben der Schülerinnen und Schüler zu vermitteln, damit sich die Lernenden die Sache aneignen können. So schreibt Helmut Fend:

> „Für die operative Realisierung der Schulziele stellt sich damit die Aufgabe, Verfahren zu erfinden und zu entwickeln, die die Inhalte (den Stoff) und Bildungsziele an die psychischen Vorgaben der Kinder und Jugendlichen *anschlussfähig* machen und helfen, diese Ziele zu realisieren. Diese Aufgabe ist den operativen Akteuren, den Lehrpersonen, gestellt.“[27]

---

26 Den dinglichen Charakter und den objektiven Anspruch behält die Sache zunächst auch dann noch, wenn Schulbehörden, Lehrplangestalter, Didaktiker und Schulbuchautoren die Sache bereits so aufbereitet haben, dass sie den Lernenden entgegenkommt und sie anspricht.

27 Fend, Helmut (2008): Schule gestalten. Systemsteuerung, Schulentwicklung und Unterrichtsqualität, S. 240.

Die Aufgabe, die subjektiven und „eigenprozessierenden" Heranwachsenden mit der objektiven Kultur in Berührung zu bringen, hat man in der Geschichte der Pädagogik auf zwei extreme Arten zu bewältigen versucht. Im einen Extrem bringt man den objektiven Anspruch der Sache radikal gegen das subjektive Erleben der Schüler zur Geltung, im anderen Extrem geht man allein von der subjektiven Innenwelt der Schülerinnen und Schüler aus.

Im ersten Extrem, dem *autoritären* oder *autokratischen* Lehrstil, übergeht der Lehrer die Stimme oder Eigenfrequenz der Subjekte. Eine autokratische Lehrerpersönlichkeit versucht, die Lernenden bei der Sache zu halten, indem sie repressiv und äußerlich reguliert, diszipliniert und dominiert. Autokratische Lehrer nehmen nur wenig Rücksicht auf die kognitiven, emotionalen und voluntativen Befindlichkeiten der Schüler, die durch resonanzpädagogische Motivation und Inspiration auf die Sache ausgerichtet werden könnten. Die Stimme des Anderen wird durch einen autoritären und autokratischen Lehrstil zum Verstummen gebracht.

Autokratische Lehrer können durchaus eine Resonanzbeziehung zur Sache haben. Indem sie diese aber gegen die Schülerinteressen mit allen Mitteln durchsetzen, erzeugen sie Repulsionserfahrungen aufseiten der Schüler und dämpfen damit die Schwingungseigenschaften der sozialen Achse. Je weniger sich die Schüler von sich aus für die geliebte und geschätzte Sache begeistern können, desto stärker können Gefühle der Abneigung, Zurückweisung und Missachtung im Lehrer entstehen. Wenn Schülerinnen und Schüler sich in einer solchen Beziehung auf der sozialen Achse nicht taub machen und eine indifferente Haltung einnehmen, kann es zu einem sich selbst verstärkenden Repulsionsdreieck kommen. Dass dieses Szenario nicht aus der Luft gegriffen ist, belegen die für Lehrerinnen und Lehrer ausgearbeiteten Strategien und Handlungsanweisungen zur „Kriegsführung" im Klassenraum, die in der Geschichte der Pädagogik auftauchen.[28]

Die sich zirkulär verstärkende Dynamik im Klassenraum entsteht durch *Spiegelungs-* und *Echoeffekte* (nicht durch Resonanzeffekte): So wurde mehrfach gezeigt[29], dass das Lehrerverhalten ein Echo oder einen exakten Widerhall in der Klasse erfährt. Das Lehrerverhalten und der Lehrstil erzeugen ein komplementäres Schülerverhalten und einen komplementären Lernstil. Wer seine Schüler oft repulsiv übergeht, wird ebenso oft von seinen Schülern repulsiv übergangen, weil sich die subjektfeindliche Haltung des Lehrers in der Klasse und im Schülerverhalten widerspiegelt. Schüler

28 Waller, Willard (1932/1965): The sociology of teaching; vgl. auch Fend (2008): Neue Theorie der Schule, S. 63.

29 Vgl. Fend (2008): Neue Theorie der Schule, S. 64 ff., 75.

reagieren auf die autoritäre und autokratische Zurückweisung ihres subjektiven Innenlebens mit allgemeiner Reaktanz. Repulsiv autoritärer Unterricht führt dazu, dass die Lernenden selbst eine repulsive Haltung dem Lehrer und seinem Unterricht gegenüber einnehmen. Schüler leisten dann öfter Widerstand, und es kommt signifikant häufiger zu aggressiven Konflikten und Streits zwischen den Schülern. Weiterhin lässt sich zeigen, dass durch autokratische und autoritäre Lehrer die Schule zu einem negativen Vorbild wird. Schülerinnen und Schüler identifizieren sich dann negativ mit ihrer Schule: „So wie der oder die, will ich nie werden" bzw. „Ein gutes Leben ist genau das Gegenteil von dem hier", könnten Äußerungen lauten.[30]

Repulsiv autoritäre Lehrerinnen und Lehrer erliegen dabei einem fundamentalen Selbstmissverständnis. Sie glauben, von der Resonanz der Schülerinnen und Schüler unabhängig zu sein.[31] Bis in die 1960er-Jahre hinein war die autoritäre Lehrerpersönlichkeit als Ideal allgemein anerkannt. Heute sind viele Menschen mit einem repulsiv-autoritären Stil im Klassenraum nicht mehr zufrieden, was sich etwa in der Gesetzgebung spiegelt, die eine Vielzahl von negativ autoritären Maßnahmen, wie z. B. das Züchtigen, Schlagen oder Beleidigen von Schülerinnen und Schülern, unter Strafe gestellt hat.[32] Heute müssen Lehrende Ordnung in einem resonanzpädagogischen Autoritätsmodus erzeugen, positiv und gewaltfrei, etwa indem sie Schüler motivieren, überzeugen oder gemeinsame Absprachen mit ihnen treffen.

Die Prügelstrafe wurde in der Schule in den 1960er- und 1970er-Jahren im Zuge einer Gegenreaktion abgeschafft. Der Rohrstock galt für die 68er Generation als das Symbol des Obrigkeitsstaates. Als Reaktion auf diese autoritären Verhältnisse hatten Teile der antiautoritären Bewegung eine radikale Orientierung am Schüler gefordert. Dies ist das andere Extrem. Auch eine ausschließliche Schülerorientierung enthält eine Entfremdungsgefahr. Resonanz kann nämlich nur dort entstehen, wo Selbst und Welt

---

30 Das spricht nicht dagegen, dass Lehrende auch Regeln und Ansprüche gegen die Schülerinteressen durchsetzen müssen. Die Frage scheint vielmehr zu sein, ob Lehrende dies in einem Repulsions- oder in einem Resonanzmodus tun. Ein Unterschied liegt m. E. darin, dass Repulsionspädagogen Autorität in Form von äußeren Mitteln haben und anwenden, während Resonanzpädagogen durch demokratische Vermittlung und Beziehungsgestaltung formen und somit eine Autorität sind.

31 Vgl. Ilien, Albert (2009): Grundwissen Lehrerberuf, S. 59.

32 Der Rohrstock wurde erst 1969 aus den Hamburger Klassenzimmern verbannt. Bis dahin war es gesetzlich erlaubt, Schüler und Schülerinnen innerhalb eines gewissen Ermessensspielraumes körperlich zu züchtigen. Bundesweit wurden erst 1973 (!) die körperlichen Strafen in der Schule gesetzlich verboten. In der DDR wurde die körperliche Züchtigung bereits 1949 abgeschafft, während sie in Bayern als „gewohnheitsrechtliches Züchtigungsrecht" sogar bis 1980 erlaubt war.

durch eine Differenz unterschieden sind: In Resonanzbeziehungen kommt ein Menschen mit etwas in Berührung, das nicht er selbst ist und das deshalb mit eigener Stimme antworten kann. Reformpädagogische Ansätze, die nur die subjektiven Bedürfnisse der Lernenden anerkennen, tilgen diese Differenz, indem sie den objektiven Anspruch der Sache zum Verstummen bringen.

Im Modus der radikalen Schülerzentrierung müssen Schülerinnen und Schüler aus sich heraus Resonanz zu den schulischen Weltausschnitten herstellen. Der Lehrer fungiert hier nicht als doppelte Stimmgabel, sondern ist lediglich der Lernbegleiter bzw. der Lernmanager. Die Schüler müssen sich dann permanent in Eigenresonanz versetzen, sie sind dabei mit sich allein gelassen. Das sorgt für mehr Konflikte und kann insbesondere schwächere Schüler schnell überfordern.[33] Darüber hinaus ist Resonanz auf ein eigenständiges antwortendes Gegenüber angewiesen. Dieses Gegenüber ist im Unterricht die Lehrperson oder die Sache, und beide müssen als eigenständig antwortende Resonanzpole und widersprechende bzw. widerständige „Reibeflächen" fungieren können. Radikal schülerzentrierte Ansätze laufen deshalb Gefahr, den Lehrer und die Sache als Resonanzpole zum Verstummen zu bringen.[34]

Der repulsiv-autoritäre sowie der indifferent-schülerzentrierte Lehrstil können also, anstatt Resonanzbeziehungen zu stiften, Repulsion (dessen Folge das Verstummen des Schülers ist) und Indifferenz (die im Verstummen der Sache und des Lehrers zum Ausdruck kommt) erzeugen.

Eine Resonanzpädagogik muss deshalb zwischen diesen beiden Extrempositionen verortet werden. Lehren lässt sich resonanzpädagogisch als ein Vorgang beschreiben, in dem der Lehrer oder die Lehrerin die Subjektivität der Schüler und die Objektivität der Schulwelt synchronisiert. Während der repulsiv-autokratische und der indifferent-schülerzentrierte Ansatz jeweils einseitig und direkt auf die Beziehung zwischen Schüler und Sache abzielen, kann der Resonanzpädagoge nur indirekt Synchronisation und begegnende Anschlüsse zwischen Schüler und Sache ermöglichen. Er kann nur indirekt auf die Beziehung zwischen Schüler und Sache einwirken, indem er durch die eigene Resonanz *zur Sache* sowie durch den Kontakt *zu den Schülern* zwischen beiden Polen vermittelt und Berührungspunkte schafft. Helmut

---

33 Vgl. Fend (2008): Neue Theorie der Schule, S. 66.

34 Vgl. auch Ilien (2009): Grundwissen Lehrerberuf, S. 69: „Wo ‚Schülerorientierung' fundamental mehr zu sein vorgibt als das, was jeder gute Lehrer alltäglich ohnehin tut, entzieht sie den Schülern, was ihr angeblich so wichtig ist. Sie lässt das Bedürfnis der Schüler nach Erwachsenen, die ihnen ein sinnvolles und mit sinnvollem Wissen versehenes Leben vorleben, unterbelichtet, wenn nicht unbeachtet."

Fend hat diese Position als konvergenztheoretisch bzw. als „ko-konstruktivistisch“ bezeichnet:

> „In der […] ko-konstruktiven bzw. konvergenztheoretischen Perspektive wird sichtbar, dass die Subjektivität der Lernenden allein nicht ausreicht, um ein gemeinschaftliches verantwortbares Bildungsprogramm zu konzipieren. Zu flüchtig sind die kindlichen Interessen, zu historisch zufällig die lebensweltlichen Umstände, zu unspezifisch die intellektuellen Möglichkeiten. Erst durch die Erprobung des Individuums in einem Kulturprogramm, wie es die Schule bereithält oder bereithalten sollte, kann die ‚seelische Gestaltwerdung‘ produktiv werden. Als Gegengewicht müssen also die Maßstäbe der Kultur und der in sie eingewobenen sachlichen Strukturen (z.B. Kompetenz in Fremdsprachen, historisches Wissen, gute Grammatik) zur Geltung kommen.“[35]

Synchronizität, die Berührungen und Resonanzen zwischen Schüler und Weltausschnitten eröffnet, wird möglich, indem Lehrende potenzielle Entfremdungsgräben abbauen und im Sinne des resonanzpädagogischen Ethos Resonanzen auf Vorschub induzieren. Auch Fend führt aus, dass es drei potenzielle „Bruchstellen“ gibt, durch die Schülerinnen und Schüler im Unterricht desynchronisiert werden und Entfremdung erleben können. Diese Bruchstellen befinden sich im *kognitiven*, *emotionalen* und *voluntativen* Weltbezug[36]. Entfremdung durchzieht meist, wenn nicht immer, alle drei Dimensionen.

Ob Schüler einen Zugang zur Sache haben und im Unterricht Kontakt zum Lehrer erfahren, hängt zum einen von ihrem *kognitiven* Weltbezug ab, d.h. von ihrem gedachten und gewussten Weltbild. Das gedachte Weltbild beantwortet die Frage, was es da draußen gibt. Entfremdungsgräben können im Unterricht immer dann entstehen, wenn Schüler nicht in der Lage sind, den neuen Welt- und Wissensbereich auf ihrer kognitiven Landkarte zu verorten. In der kognitiven Dimension fungiert der Lehrer als Weltbeziehungsstifter, indem er an das Weltwissen der Schüler anknüpft oder den nötigen Kontext und das Vorwissen vermittelt, um jene Verortung vornehmen zu können. Indifferenzverhältnisse können dort entstehen, wo der Lehrer keine Rücksicht auf das Vorwissen seiner Schüler nimmt, wo er die Schüler abhängt und wo diese aus dem Unterrichtsgeschehen gelangweilt aussteigen. Repulsion hingegen entsteht im kognitiven Weltbezug, wenn die Lernenden den Wissensstoff dauerhaft als bedrohlich und überfordernd erleben. Resonanzpädagogen müssen also über ein feines Gespür verfügen, wo sich die Schülerinnen und Schüler gerade befinden, ob sie kognitiv hin-

35 Fend (2008): Schule gestalten, S. 261.

36 Vgl. ebd., S. 333 ff. Ich interpretiere die Ergebnisse von Fend resonanzpädagogisch.

terherkommen oder abgehängt zurückbleiben und ob sie den Stoff auf ihrer kognitiven Weltkarte verorten können oder nicht.

Ein Gespür für den kognitiven Weltbezug ihrer Schülerinnen und Schüler können Pädagogen jedoch nur dann erlangen, wenn sie zugleich die Entfremdungsgräben im *emotionalen* Schulweltbezug überwinden: Zu wissen und zu spüren, wo sich der oder die Andere gerade befindet, was in ihm oder ihr vorgeht und wie er oder sie die Situation erlebt, kann nicht allein aus den expliziten kognitiv-verbalen Äußerungen abgelesen werden[37]. Deutlich wird dies in solchen Momenten, wenn eine Lehrerin auf die Frage, „ob das jetzt alle verstanden haben", eisiges Schweigen oder uneindeutiges Gemurmel entgegenkommt. Wo sich ein Schüler oder eine Klasse gerade befindet, zeigt sich also primär an den vor-sprachlichen, affektiven und leiblichen Äußerungen, wie z.B. einem skeptischen oder interessierten Blick, einer zu- oder abgewandten Körperhaltung oder der Stimmlage. Um dieses emotionale zwischenleibliche Resonanzgeschehen spürbar werden zu lassen, bedarf es einer positiven und vertrauensvollen zwischenmenschlichen Atmosphäre, in der der Andere das Vertrauen hat, sich zeigen zu können. Eine emotionale Atmosphäre der Wertschätzung, des Respektes und der Anerkennung ist somit nötig, um im Unterricht Antwort- und Resonanzbeziehungen zu ermöglichen, die den Anwesenden helfen, sich füreinander zu öffnen und etwas von sich zu offenbaren. Erneut wird deutlich, dass die soziale und die sachliche Resonanzachse im Unterricht verschränkt sind und voneinander abhängen. Fehlt diese positive emotionale Atmosphäre und müssen Schülerinnen und Schüler mit repulsiver Missachtung oder indifferenter Ignoranz rechnen, werden sie ihr Nicht-Wissen und Nicht-Können als Risiko empfinden. Schülerinnen und Schüler können sich dann bewusst verstecken, verbergen und verstellen, um sich nicht zeigen zu müssen.

Missachtungserfahrungen im zwischenmenschlichen Bereich, etwa abwertende Blicke, beleidigende Kommentare oder Nichtbeachtung, sind äußerst wirkungsvolle Mittel Resonanzverhältnisse zu blockieren. Eine besonders effektive Form der Missachtung ist ein unberechenbares und nicht nachvollziehbares Strafverhalten seitens der Lehrperson. Scheinbar ertragen es Schüler eher, wenn der Lehrer sie einmal verbal beleidigt, als dass er willkürlich bestraft. Scheinbar haben Schüler meist keine hohe Resonanzerwartung an ihre Lehrenden, dafür aber haben sie eine hohe Gerechtigkeitserwartung in Bezug auf das Lehrerhandeln.[38]

---

37 Vgl. Mollenhauer (2008): Vergessene Zusammenhänge, S. 159 f.

38 Vgl. Maschke, Sabine/Stecher, Ludwig (2010): In der Schule. Vom Leben, Leiden und Lernen in der Schule, S. 34.

Der dritte Weltbeziehungsaspekt, in dem Bruchstellen und Entfremdungsgräben auftreten können, ist die *voluntative* Dimension: In Schulen scheint es eher der Normalfall zu sein, dass der Schülerwille nicht dem Willen des Lehrers entspricht. Dieses fundamentale Entfremdungsmoment, das zu repulsiven Widerwillen oder aber indifferenter Gleichgültigkeit bei Schülern führen kann, bezeichnet Helmut Fend als den „clash of wills“[39]. Entfremdung zeigt sich auch an Erscheinungen der Desynchronisation in den willentlichen Weltbeziehungen zwischen den Lehrenden und der Klasse oder einzelnen Schülerinnen und Schülern. Resonanzen hingegen gehen mit einer Synchronisation der voluntativen Weltbeziehungen einher. So schreibt Fend:

> „Schüler können sich ‚verweigern‘, Schwierigkeiten machen, nicht das tun, was man erwartet. Auch das Gegenteil ist möglich: kindliche Seelen, die Lehrpersonen zufliegen, lern- und wissbegierig sind, mit hoher Bereitschaft, das zu tun, was die geliebten und verehrten Erwachsenen erwarten.“[40]

Fend weist darauf hin, dass in dem „clash of wills“ das wohl größte Leidenspotenzial für Lehrerinnen und Lehrer liegt. Nun ist allerdings nicht entscheidend, ob es zu einem solchem „clash of wills“ kommt oder nicht – das Ausbleiben von Entfremdung in den voluntativen Weltbeziehungen ist ebenso verdächtig wie das Ausbleiben von Synchronizität und Resonanz zwischen Schüler- und Lehrerwillen. Entscheidender ist, wie die Lehrperson auf die unterschiedlichen und manchmal gegenläufigen Intentionen reagiert und antwortet, und ob sich die Unterrichtsstoff als ein Resonanzmedium erweist, die Willen zu bündeln und auf eine gemeinsame Sache hin auszurichten.

Während repulsiv-autoritäre Lehrerpersönlichkeiten dazu tendieren, die motivationalen und intentionalen Energien der Schüler durch Zwang mit denen des Lehrers zu synchronisieren, neutralisieren radikal schülerzentrierte Ansätze den Willen des Lehrers und der Sache und überlassen es ganz den Lernenden, ihre voluntative Energie auf die Aneignung und Anverwandlung bestimmter Weltausschnitte zu zentrieren. Resonanz hingegen kann nur dort entstehen, wo die Schülerinnen und Schüler für ihren Unterricht *gewonnen* werden, indem sich die Lehrperson als Inspirator, Impulsgeber und Anreger die Resonanzachsen zwischen Schüler und Sache zum Klingen bringt; aber auch davon, ob die Schüler sich auf diese Angebote einlassen und der Unterrichtsstoff sie zu begeistern vermag. Lehrer und

39 Fend (2008): Schule gestalten, S. 333.
40 Ebd., S. 288.

Lehrerinnen wirken dabei wie eine Stimmgabel, deren Funktionsweise Rosa wie folgt beschreibt:

> „Bringt man zwei Stimmgabeln in physische Nähe zueinander und schlägt eine davon an, so ertönt die andere als Resonanzeffekt mit.“[41]

Wie in der Einleitung bereits angemerkt, kann der Effekt einer Stimmgabel in doppelter Richtung erfolgen. Der Lehrer wirkt zunächst als erste Stimmgabel, indem er Resonanzimpulse aussendet, Inspiration versprüht und durch seine Begeisterung und sein intrinsisches Interesse das Interesse des Schülers weckt:

> „Der Bildungsvorgang als Welterschließungsvorgang beginnt mit der Begeisterung des Lehrers, der quasi als erste Stimmgabel die Resonanzbereitschaft seiner Schüler weckt, so dass im Resonanzgeschehen zwischen Schüler und Lehrer der Stoff (sei es das antike Drama, die mathematische Formel, die fremdsprachliche Grammatikregel oder das zu studierende Parteiprogramm) zum Sprechen gebracht beziehungsweise zum Leben erweckt wird.“[42]

Dabei bleibt der Lehrer von der Resonanz der Schüler abhängig: Er versucht nicht nur, aktiv die Schüler zu berühren und zu erreichen, sondern lässt sich umgekehrt auch von diesen erreichen und bewegen. Hierbei greift etwa eine Lehrerin den „Ton“ ihrer Schüler auf. Sie lässt sich von den Schülerinteressen begeistern und inspirieren und wirkt dabei als Resonanzverstärker bzw. als Resonanzkatalysator. Resonanzachsen entstehen im Unterricht nur dort, wo sich Lehrerinnen und Lehrer sowohl im Sinne einer ersten Stimmgabel zutrauen, intentional auf Schülerinnen und Schüler zuzugehen, diese zu begeistern und geistig zu berühren, als auch davon, sich passiv von den Lernenden in Resonanz versetzen zu lassen.[43] Während Lehrende sich nur dann zutrauen als erste Stimmgabel Andere zu berühren, wenn sie Selbst-

---

41 Rosa (2016): Resonanz, S. 211 f.

42 Ebd., S. 412 f. Vgl. auch Ilien (2009): Grundwissen Lehrerberuf, S. 95: „Der Lehrer muss [...] begegnungsfähig bleiben, indem er den Inhalte-Bezug in die Schüler-Beziehung hinein öffnet: Der Ausdruck ‚lebendig‘, so vieldeutig und unpräzise er ist, hält das Ineinander von Ansprache und Resonanz bei gleichzeitigem Zugewinn an Inhalte-Bezug und Lehrer-Schüler-Beziehung in seinem wichtigsten Charakteristikum fest, eben in seiner ‚Lebendigkeit‘.“

43 Rosa (2016): Resonanz, S. 270: „Eine *Resonanzachse* existiert daher erst und nur dort, wo das Subjekt durch die Welt ‚zum Klingen‘ gebracht wird, aber umgekehrt auch Welt ‚zum Klingen‘ oder, weniger blumig formuliert: zum entgegenkommenden *Reagieren* oder *Antworten* zu bringen vermag. Subjekte wollen Resonanzen gleichermaßen *erzeugen* wie *erfahren*.“

wirksamkeitserwartungen ausgebildet haben, lassen sie sich nur als zweite Stimmgabel passiv berühren, wenn sie ein intrinsisches Interesse am Wachstum der Schülerinnen und Schüler sowie am Lehren eines Weltausschnittes haben. Wie Rosa argumentiert, scheint den Ansätzen des selbstgesteuerten und autonomen Lernens die zentrale Bedeutung der Lehrperson als einer doppelten Stimmgabel zu entgehen:

> „Aus der richtigen Einsicht heraus, dass das frontale, autoritäre, uniforme ‚Eintrichtern' des Stoffes den Bildungsprozess eher unterdrückt als fördert, weil dabei, metaphorisch gesprochen, weder die eigene Stimme des Schülers noch die Antwort des Stoffes hörbar wird, und aufgrund der einseitigen Überbetonung von Autonomie und Individualität wurden in den letzten Dekaden Bildungskonzepte entwickelt, welche Lernen als eigenständigen, weitgehend autonomen Prozess begreifen. Schüler, so der Grundgedanke, sollen in einem möglichst offenen Unterricht Dinge selbst und eigenständig ausprobieren; sie sollen selbst bestimmen, auf welche Weltausschnitte sie sich in welcher Form einlassen – den Lehrkräften fällt dann (nur) die Aufgabe zu, Hilfestellung zu leisten und Know-how zur Verfügung zu stellen. Resonanztheoretisch liegt dem die gewiss richtige Erkenntnis zugrunde, dass die Welt zu jedem Kind auf eine eigene und je andere Weise zu sprechen beginnt, dass materiale Resonanzen nicht in uniformierter und generalisierter Form zu wecken sind. Dies unterschätzt aber [...] die Bedeutung eines als erste Stimmgabel, das heißt als Inspirator und Impulsgeber, fungierenden Lehrers: Durch die Berührung des Lehrers beginnt die Welt für die Lernenden zu singen, die Schwingung der horizontalen Resonanzachse ist, wenn nicht eine Voraussetzung, so doch eine mächtige Antriebsquelle für das Vibrieren der materialen Achse. Zugleich bildet der Lehrer in der Auseinandersetzung mit dem Stoff aber natürlich auch eine zentrale *Antwort- und Widerspruchsinstanz*, eine Reibefläche, und auf die Qualität der Antwortbeziehung kommt es in entscheidendem Maße an. Eine gute Lehrkraft fungiert deshalb nicht nur als erste, ‚inspirierende' Stimmgabel, sondern ist als zweite Stimmgabel, als ‚Rezeptoren', auch in der Lage, feinfühlig auf die Bedürfnisse, Stimmungen und Interessen der Schüler zu reagieren."[44]

In jenen Momenten, in denen es einer Lehrerin als doppelter Stimmgabel gelingt, eine Berührung zwischen Schüler und Sache zu initiieren, kann auch sie das Unterrichten als eine persönliche Bereicherung erfahren. Auch Ilien schreibt, dass nicht das Ergebnis oder die erbrachte Leistung der Erfolg des Lehrers ist, sondern die Qualität der Antwortbeziehung:

> „Seltsamerweise findet dann eine beiderseitige Bereicherung statt. Während sich die Schüler neue Inhalte erschließen, indem diese sich ihnen erschließen,

---

44 Ebd., S. 415 f.

tritt die Bemühung des Lehrers in das Stadium ihres Erfolges. Der Sinn-Gewinn im neuerworbenen Wissens-Bezug der Schüler ist auch, auf einer subtilen Beziehungs-Ebene, der des Lehrers."[45]

Was in diesem Kapitel über das Lehren als Weltvermittlung gesagt wurde, bestätigt die These von Michael Felten, dass es zwar nicht nur, aber doch wesentlich auf die Lehrerin und den Lehrer ankommt.[46] Doch auch Lehrende können unter bestimmten Bedingungen resonanzunfähig werden. Um einige dieser resonanzfeindlichen Schulbedingungen soll es im folgenden Kapitel gehen.

1.4 Die Angst der Lehrenden: Stress, Gewalt, Mobbing, Burnout

Da Lehrende nur vordergründig Wissen weitergeben, während ihre eigentliche Aufgabe in der Beziehungsarbeit und im Stiften von Selbst- und Weltbeziehungen besteht, geht der Lehrberuf mit besonderen affektiven und emotionalen Anforderungen einher, die durch Entfremdungserfahrungen schnell zu physischen und psychischen Leiden führen können.

Lehrerinnen und Lehrer stellen die größte Patientengruppe in psychosomatischen Kliniken dar. 48 Prozent der Lehrenden schieden 2004 wegen Krankheit vorzeitig aus dem Berufsleben aus.[47] Nachdem der Arbeitsmediziner Andreas Weber 7000 Gutachten zur Dienstunfähigkeit von Lehrenden ausgewertet hat, kommt er zu dem Ergebnis, dass ganze 52 Prozent der Lehrkräfte an psychischen oder psychosomatischen Erkrankungen leiden.[48] Eine andere Studie stellt fest, dass 22 Prozent der Beschäftigten im Bereich Unterricht und Erziehung an körperlicher oder emotionaler Erschöpfung leiden, was Lehrenden den zweiten Platz in der Liga der Burnout-gefährdeten Berufsgruppen beschert.[49] Lehrende gehen nach Weber ca. fünf

---

45 Ilien (2009): Grundwissen Lehrerberuf, S. 59.

46 Felten, Michael (2010): Auf die Lehrer kommt es an! Für eine Rückkehr der Pädagogik in die Schule.

47 Kretschmann, Rudolf (2004): „Präventive Selbsthilfe von Lehrern: Stressmanagement, Zeitmanagement, berufsbezogene Supervision", in: Hillert, A./Schmitz, E. (Hrsg.): Psychosomatische Erkrankungen bei Lehrerinnen und Lehrern, S. 207–222, hier S. 207.

48 Vgl. Hagemann, Wolfgang (2003): Burn-Out bei Lehrern. Ursachen, Hilfen, Therapie, S. 17.

49 Vgl. Scheuch, Klaus/Haufe, Eva/Seibt, Reingard (2015): „Lehrergesundheit", in: Deutsches Ärzteblatt 112 (20), S. 347–356. Es sei angemerkt, dass Burnout nach der ICD-Diagnoseklassifikation nicht als eigenständige Krankheit anerkannt ist. Aufgrund der unterschiedlichen Interpretationen ist Burnout zudem nur schwer messbar. Ich beziehe

Jahre vor dem eigentlichen Rentenalter in den Ruhestand. Die Ursache für diese hohe Zahl an Erkrankungen lässt sich nicht etwa auf Umweltgifte oder physische Erkrankungen zurückführen, sondern auf *Störungen in den Weltbeziehungen*. So hat Wolfgang Hagemann den Versuch unternommen

> „[…] nachzuweisen, dass die spezifische Beziehungsarbeit, die der Pädagoge zu leisten hat, einen nicht unerheblichen Stressfaktor darstellt, der zur Entwicklung von *Beziehungskrankheiten* disponiert. Diese entstehen als Reaktion […] auf ungelöste seelische Konflikte in der Vergangenheit und Gegenwart, die sich als körperliche Krankheit zeigen, sogenannte psychosomatische Krankheiten."[50]

Ein Großteil der Krankheiten und Leiden von Lehrerinnen und Lehrern lassen sich auf gestörte Resonanzbeziehungen zurückführen. Wenn es richtig ist, dass Menschen Resonanzwesen sind, die sich nach antwortenden Weltbeziehungen sehnen und zugleich versuchen, Entfremdung zu vermeiden, dann stellt *Anerkennung durch Andere* eine zentrale Resonanzquelle dar. So können Störungen in den sozialen Anerkennungs- und Resonanzbeziehungen zu Überlastung und Überforderung führen.

Wie die Lehrerin Elke Willink aus ihrer eigenen Erfahrung berichtet, erhalten Lehrende nur selten direkt durch ihre Lehrtätigkeit Anerkennung. Lehrende fühlen sich in ihrer Anstrengung von „der Elternschaft, den Schülern, Kollegen, Vorgesetzten und vor allem der Öffentlichkeit"[51] oft nicht gesehen. Infolgedessen versuchen viele Lehrerinnen und Lehrer, diesen Mangel an Anerkennung, Wertschätzung und Resonanz durch andere Tätigkeiten auszugleichen, in denen *etwas zurückkommt*. Diese zusätzlichen Tätigkeiten können die Weltbeziehung der Betroffenen allerdings noch mehr belasten:

> „Viele versuchen dann, sich durch andere Tätigkeiten Anerkennung zu verschaffen (Chorleitung, Vereinsarbeit, soziale Aufgaben, politische Aktivitäten usw.). Das belastet zwar noch zusätzlich, doch irgendwo braucht der Mensch ‚Ansehen'. Das erwirbt man sich ja erst, wenn man von anderen angesehen wird. Nicht so einfach in diesem Job."[52]

---

mich auf eine alltagspraktische Verwendung des Begriffs als ein Ausgebranntsein, das mit Symptomen wie lang anhaltender Erschöpfung, Depression, Antriebslosigkeit und dem Gefühl der inneren Leere einhergehen kann.

50 Hagemann (2003): Burn-Out bei Lehrern, S. 11 (Hervorhebung von mir, J. B.).

51 Diese Aussage stammt von Elke Willink; vgl. ebd., S. 27.

52 Ebd.

Interessanterweise berichtet Elke Willink auch, dass Resonanz ausbleibt, weil die Erfolge im Unterricht schwer messbar sind. Anders als der Tischler, der am Ende seines Arbeitsprozesses ein fertiges Produkt vorweist, das man loben oder tadeln kann, gibt es beim Unterrichten kein fertiges Produkt, sodass auch an dieser Stelle oft *nichts Sichtbares zurückkommt*. Einerseits kann dies auf eine fehlende Feedback-Kultur hinweisen. Möglicherweise aber ist diese Feststellung ein weiterer Hinweis darauf, dass der ressourcenorientierte Maßstab, der messbaren Erfolg erzielen will, etwa durch bestandene Prüfungen, Notendurchschnitte und erfolgreiche Evaluationsverfahren, für Lehrende stumm bleibt, weil er nicht *ihren* Erfolg misst. *Ihr* Erfolg, so lautet die These, ist nicht die Ressourcenvermehrung, sondern es sind Resonanzbeziehungen: Erfolg würde sich dann daran bemessen, dass von Schülern und Eltern kleine Zeichen und Gesten der Freude, des Lobes oder des Dankes für einen gelungenen Unterricht zurückkommen oder aber daran, dass Resonanzen im Klassenraum spürbar werden. Wenn diese positiven Resonanzgesten und Resonanzsymbole ausbleiben, könnten Lehrende versucht sein, dies auszugleichen, indem sie sich bei den Schülern um jeden Preis beliebt machen. Dies bringt sie allerdings wiederum in eine starke persönliche Abhängigkeit, was sie für psychische Verletzungen anfälliger macht.

Beschädigte Sozialbeziehungen können die Schulweltbeziehung von Lehrenden stark belasten. Dazu zählen auch stumme oder repulsive Verhältnisse im Kollegium sowie im privaten Bereich – in der Familie und bei Freunden. So berichtet Hagemann von einer schüchternen Referendarin, die psychisch erkrankte, weil sie von den Verwaltungs- und Planungsaufgaben in der Schule überfordert war. Ihre Erkrankung verschlimmerte sich in dem Maße, in dem sie keine Zeit mehr für Resonanzbeziehungen hatte: Sie konnte keine Freundschaften mehr pflegen, hatte keine Zeit, einen Lebenspartner zu finden, und traute sich auch nicht, die erfahreneren Kollegen anzusprechen, „weil diese selber überlastet seien und ständig über die hohen Anforderungen schimpfen würden."[53]

Harte, treibende oder kalte institutionelle Rahmenbedingungen, denen die Subjekte ohne Rücksicht ausgesetzt sind, können ebenso Beziehungsstörungen auslösen wie eine beschädigte Selbstbeziehung. So verfügen möglicherweise nicht alle Lehrerinnen und Lehrer über die entsprechende Persönlichkeitsstruktur, um die anspruchsvolle Beziehungsarbeit bewältigen zu können. Ungelöste Beziehungskonflikte aus der Vergangenheit oder der Gegenwart können durch ängstlich-repulsives oder strafend-kontrollieren-

53 Ebd., S. 24.

des Verhalten kompensiert werden, in der jede negative Äußerung der Schüler als ein persönlicher und verletzender Angriff erlebt wird:

> „Eine Physik- und Mathematiklehrerin berichtet nach fast dreißigjähriger Unterrichtserfahrung am Gymnasium davon, dass sie erst im Rahmen ihrer eigenen Psychotherapie gelernt habe, den Schüler zu verstehen, wenn er sich in einer Krise befindet. Und dass es ihr möglich sei, dessen Fehlverhalten nicht als gegen sie gerichtet zu verstehen. Ein Schüler lehne sie selten in ihrer Persönlichkeit ab, sondern habe oft ‚einfach keine Lust, Null Bock auf Unterricht, Schule usw. '. Sie fühle sich viel weniger häufig angegriffen, nehme sich weniger zu Herzen. Es falle ihr leichter, selbst auf Schüler zuzugehen, wenn diese den Aufstand proben, und ihre Leistungsanforderungen durchzusetzen."[54]

Dass Überlastungen in den Selbst- und Weltbeziehungen in der Schule auch *räumlicher* Natur sein können, belegt die Klage vieler Lehrerinnen und Lehrer, durch fehlende Ruheräume könnten die permanenten Beziehungsangebote und Beziehungsanforderungen zu Überforderung führen. Insbesondere Lehrerinnen und Lehrer mit psychosomatischen Leiden wie z.B. Tinnitus, vegetativer Reizbarkeit, Bluthochdruck und Magen-Darm-Problemen äußern das Bedürfnis nach Ruheräumen.[55] Vorstellbar ist, dass der Raummangel an Schulen eine bedrückende Enge erzeugt, die Anspannung und Aggressivität hervorrufen kann und die das Bedürfnis nach Abstand und Distanz weckt.

Die Bedeutung der sozialen Anerkennungs- und Resonanzbeziehungen für das physische und psychische Wohlergehen von Lehrenden ist offenkundig. Angst auslösende Missachtungserfahrungen müssen deshalb auch als primäre „Resonanzkiller"[56] angesehen werden: Missachtung bringt die Resonanzachsen augenblicklich zum Verstummen.

Repulsive Missachtungen sind etwa Gewalterfahrungen. Vermutlich gibt es kaum einen Lehrer, der im Schulalltag nicht schon einmal direkt oder indirekt mit Aggressionen und Gewalt seitens der Schüler konfrontiert war.[57] Repulsive Missachtungs- und Gewalterfahrungen, ob verbale Beleidigungen, Entwertungen, Bedrohungen oder physische Attacken (wie Unterrichtsstörungen, mit Sachen beworfen werden, Schlagen, Würgen oder Sachbeschädigungen), stellen für Lehrende, abhängig von Intensität, Bewertung und eigenen biografischen Gewalterfahrungen, eine enorm starke

54 Ebd., S. 22.

55 Ebd., S. 25. Zur räumlichen Dimension von Resonanz vgl. Kap. IV.2, unten.

56 Vgl. Rosa (2016): Resonanz, S. 206.

57 Hierzu und im Folgenden vgl. den Forschungsüberblick in Varbelow, Dirk (2003): Lehrer als Opfer von Schülergewalt: Eine quantitative Studie, Kap. 3.1.

seelische Belastung dar. Dass Gewalt und Aggressionen von Schülern, aber auch von Eltern und Kollegen zu einer tiefen *Weltunsicherheit* führen können, zeigen die immer wieder von Lehrenden geäußerten Gefühle von Hilflosigkeit und Ohnmacht. Solche repulsiven Schulweltverhältnisse können zum Nervenzusammenbruch führen und somit die physischen Voraussetzungen für affektive Resonanzfähigkeit temporär zerstören.

Gewalt muss nicht immer, und nicht einmal primär, physischer Natur sein. Eine Atmosphäre der psychischen Gewalt entsteht und verstärkt sich durch Störungen in den psychosozialen Beziehungen. So nehmen Gewalt und Aggression zu, wenn essenzielle Resonanzachsen in der Schule blockiert sind: Lehrende, die auf ihren verzweifelten Hilferuf weder von der Schulleitung noch von ihren Kollegen eine Antwort erfahren und keinen Rückhalt bekommen, können aufgrund dieses Schweigens der Umwelt Angststörungen und posttraumatische Belastungsstörungen entwickeln. So berichtet eine Lehrerin:

> „Ich erhielt von einem Schüler, den ich eigentlich gar nicht so gut kannte, Morddrohungen, weil ich ihn wegen eines Fehlverhaltens zum Klassenlehrer geschickt habe. Diese Morddrohungen wurden immer wieder wiederholt, und das hat mich in Panik versetzt. Ich habe nicht mehr schlafen können und habe alles versucht, irgendwo Hilfe zu finden, habe aber nicht sehr viel Hilfe bekommen. Es hieß, ich müsse den Schüler weiter unterrichten, ob der Morddrohungen macht oder was auch immer. Jeder Schüler hat das Recht auf Unterricht. Und da habe ich mich gefragt: Wo bleibt mein Recht, wo bleibt jetzt meine Person? Es sind ja schon Morde passiert. 1999, als ein Rektor ermordet wurde, das hat mich auch sehr aufgewühlt."[58]

Für die Entstehung von Angsträumen durch Missachtung und Gewalt an Schulen ist zumeist nicht ein einzelner Faktor verantwortlich. Resonanzpädagogisch kann eine Schule (aber auch eine Gesellschaft und eine Kultur), deren Weltbeziehungen schweigen und keine Resonanzen ermöglichen, in den Menschen das Verlangen entstehen lassen, die Welt gewaltsam *zum Antworten zu zwingen*. So liegt auch für Rosa eine Ursache der anhaltenden Faszination für extreme Gewaltdarstellungen in Filmen, aber auch in Computerspielen, in der Resonanzsehnsucht die schweigende Welt wieder spürbar zu machen.[59]

Angst und Weltunsicherheit haben sich im Lehrberuf verstärkt durch die bitteren Fälle, in denen Schüler zu Attentätern wurden. Nach der schmerzlichen Tragödie von Erfurt im April 2002, als ein Schüler 16 Men-

---

58 Vgl. Hagemann (2003): Burn-Out bei Lehrern, S. 122.

59 Rosa (2016): Resonanz, S. 96 f.

schen tötete, betonte ein anderer Schüler in einem offenen Brief die Bedeutung tragender und resonanter Beziehungen in der Schule:

> „Wie auch immer der Schutz vor solchen Tragödien aufgebaut wird, er kann nicht in Bodyguards und Panzerglas gesucht werden. Solcher Schutz ist auf Sand gebaut. Ein Attentäter spürt nicht den Schmerz, den er den Opfern und ihren Hinterbliebenen zufügt. Er schaut seinen Opfern nicht in die Seele [...] Einen sicheren Ort finden wir nur in tragenden verlässlichen Beziehungen. Wie erfährt ein Mensch, dass ihm seine Mitmenschen ins Gesicht, den Spiegel seiner Seele, schauen? Wie erfährt er Achtsamkeit für seine Empfindungen und Bedürfnisse? Wie erlebt er Beziehungen, in denen er sich sicher und geborgen fühlen kann? Antworten hierauf zu entwickeln ist die große pädagogische Herausforderung, für die es kein allgemeingültiges Rezept gibt."[60]

Der Schüler plädiert hier explizit für Resonanzräume, in denen sich Menschen zutrauen, einander „in die Seele zu schauen". Das pädagogische Mittel, um schulisches Scheitern zu verhindern, besteht für diesen Schüler darin, Resonanzräume für Begegnungen zu ermöglichen und Entfremdungs- sowie Angsträume zu verringern.

Lehrende könnten zum Entstehen solcher Resonanzräume einen wichtigen Beitrag leisten, etwa durch das Prinzip der Vertrauenslehrer:

> „Es sollte jeder Schüler [...] einen Lehrer seines Vertrauens haben und jeder Lehrer und jede Lehrerin wissen, welche Kollegin bzw. welcher Kollege für einen Schüler diese Vertrauensperson ist. [...] Die Schule als Beziehungssystem, in welchem sich Lehrer und Schüler in ihrem pädagogischen Wir-Bildungsprozess aufeinander einlassen, bildet so den sicheren Ort. Die Schule hat so das Menschenmögliche getan, dass dem einzelnen der Raum für Rache so klein wie möglich gemacht wird."[61]

Eine weitere Form der Missachtung, die die Resonanzräume einer Schule stark beschädigen kann, ist das *Mobbing*. Wie der Mobbing-Report 2002[62] zeigt, muss auch hier die Schulweltbeziehung als Ganze in den Blick genommen werden: Nicht einzelne Faktoren führen zum Mobbing, vielmehr ist es die Veränderung der Arbeitsatmosphäre im Ganzen und die Belastung der Beziehung zur Arbeitswelt, die die Menschen auf eine solche Weise in

60 Ebd., S. 157.

61 Ebd.

62 Meschkutat, Bärbel/Steckelbeck, Martina/Langenhoff, Georg (2002): Der Mobbing-Report. Eine Repräsentativstudie für die Bundesrepublik Deutschland, Dortmund und Berlin: Bundesanstalt für Arbeitsschutz und Arbeitsmedizin; www.baua.de/cae/servlet/contentblob/682700/publicationFile/46973/Fb951.pdf (abgerufen am 30. August 2015).

die Schulwelt stellt, dass Mobbing wahrscheinlich wird. In der Schule sind solche belastenden Faktoren etwa zu hoher Termin-, Zeit- und Konkurrenzdruck, Leistungsverdichtungen durch zu hohe und starre Ansprüche von Schulleitung und Ministerien, zu hohe Verantwortung und Selbstorganisation im Team und bei den einzelnen Lehrenden, Angst vor Arbeitsplatzverlust und wieder: fehlende Anerkennung und Wertschätzung. Die kaum zu erfüllenden Anforderungen können in der Schule und im Kollegium ein „Klima der Angst"[63] erzeugen, wenn dort Repulsion oder Indifferenz vorherrscht. Ein solches Klima kann die Lehrenden in eine Konkurrenzsituation drängen, in der jeder zum Einzelkämpfer wird. Unzufriedenheit, Frustration und Ärger über das Ausbleiben von Resonanz können die Folge sein. Fehlt an dieser Stelle der Raum für ein kluges Konfliktmanagement seitens der Schulleitung, in dem die verhärteten oder erkalteten Beziehungen im Kollegium wieder „verflüssigt" werden, ist der Nährboden für Mobbing bereitet.

Mobbing kann als Versuch verstanden werden, das Opfer systematisch und dauerhaft aus den Resonanzsphären der Schule auszuschließen und gewaltsam dessen Resonanzbeziehungen zu zerstören. Durch subtilen Psychoterror wird das Mobbing-Opfer in eine repulsive, schließlich schweigende und potenziell tödliche Weltbeziehung gedrängt. Mobbing erfolgt dabei in einer Mischung aus repulsiven Angriffen und indifferenter Isolation des Opfers: Repulsive Missachtungen, Entwertungen und Verletzungen erfolgen durch das Verbreiten von Lügen, Gerüchten und Unwahrheiten, durch die Entwertung der Arbeitsleistung, das Bloßstellen und Lächerlichmachen von persönlichen Problemen und Krisen, massive ungerechte Kritik, Beleidigungen und das Absprechen von fachlicher und sozialer Kompetenz. Ebenso wird das Opfer durch Indifferenz aus Resonanzsphären ausgeschlossen: Es wird vom kollegialen Informationsfluss isoliert und von sozialen Aktivitäten ausgeschlossen. Da die Zugehörigkeit zu einer sozialen Resonanzgemeinschaft für menschliche Wesen essenziell ist, führt der aktive Ausschluss aus einem gemeinsam geteilten Bedeutungsraum zu körperlichen Schmerzen (soziale Isolationserfahrungen aktivieren den Gehirnbereich für physisches Schmerzerleben).[64]

Die repulsiven und indifferenten Angriffe führen schließlich dazu, dass das Opfer die Fähigkeit verliert, einfühlsam und empathisch auf Andere zuzugehen. Die von Mobbing Betroffenen können sich das Verhalten der

---

63 Meschkutat, Bärbel/Stackelbeck, Martina/Langenhoff, Georg (2002): Mobbing Report (Kurzfassung), S. 2.

64 Vgl. Bauer, Joachim (2006): Warum ich fühle, was du fühlst. Intuitive Kommunikation und das Geheimnis der Spiegelneuronen, Kap. 7.

Mobbenden oft nicht erklären. Gleichzeitig bringen sie ihre Stresssymptome oft nicht mit den Erfahrungen der Ausgrenzung und Isolation am Arbeitsplatz in Verbindung.[65] Aus diesem Grund gehen viele davon aus, dass sie selber die Schuld am Verstummen oder Repulsiv-Werden der Resonanzachsen trifft, weshalb sie mit einer gesteigerten Arbeitsbereitschaft reagieren, um die Resonanzverhältnisse zwanghaft aufrechtzuerhalten. Dies kann schließlich zu völliger Erschöpfung und Überlastung führen.

Die soziale Isolation und die repulsiven Missachtungen schädigen die psychische und physische Gesundheit von Lehrenden und können zu Schlaflosigkeit, Kopfschmerzen, Magen-Darm-Erkrankungen und zu Depression und Angstzuständen führen. Der Verlauf dieser Störungen lässt sich als ein zunehmendes *Verstummen von Antwortbeziehungen* beschreiben: Das Mobbing-Opfer wird aus dem Kreis der Kollegen isoliert oder zieht sich zurück, die Beziehung zum Partner und zur Familie wird belastet, was einem Verlust essentieller Resonanzsphären gleichkommt. Die Betroffenen verlieren schließlich den Glauben an ihre fachliche und soziale Kompetenz und somit ihre Selbstwirksamkeitserwartungen, in der Folge oft auch das intrinsische Interesse an der Welt. Interessanterweise folgt auf die Zerstörung der Resonanzfähigkeit und der Resonanzsensibilität sehr häufig eine ressourcenfixierte Haltung im Unterricht, die sich allein auf Wissensvermittlung beschränkt:

> „Der betroffene Lehrer versteht es immer weniger, eine positive Grundstimmung und damit eine günstige Lernatmosphäre zu schaffen. Er schafft es angesichts der eigenen Verunsicherung nur mit immer größerem inneren Aufwand, für einen Schüler auf der Beziehungsebene einen sicheren Ort zu bilden. Er fühlt sich leichter überfordert von den Beziehungsanforderungen und läuft Gefahr, diese zum Selbstschutz nicht wahrzunehmen, sondern sich auf die Wissensvermittlung zu konzentrieren. [...] Der Mensch verliert [...] seine nach außen gerichtete Sensitivität."[66]

Diese Entfremdungsspirale kann nur gestoppt werden, wenn die Resonanz- und Antwortbeziehungen (so schnell wie möglich) wieder hergestellt werden, entweder mithilfe der Schulleitung oder durch das Opfer selbst: Das

65 Dies liegt möglicherweise daran, dass Störungen in den zwischenmenschlich-immateriellen Beziehungen am Arbeitsplatz, aufgrund eines vordergründig funktionalen Verständnisses, gesellschaftlich nicht sonderlich anerkannt sind. Hingegen kann Burnout in einer materialistischen Arbeits- und Leistungsgesellschaft durchaus Anerkennung einbringen; steht er doch dafür, dass der Betroffene zu viel gearbeitet hat und zu viel leisten wollte.

66 Hagemann (2003): Burn-Out bei Lehrern, S. 132 f.

Opfer muss die Vorfälle so früh wie möglich gegenüber Kollegen oder Vertrauten offen ansprechen. Erfolgt dies nicht, kann der Psychoterror im schlimmsten Fall das Opfer in den Selbstmord treiben.

Wird der oder die Betroffene beim Mobbing durch Repulsion *von außen* in entfremdete Weltverhältnisse gedrängt, erfolgt der Verlust der Resonanzfähigkeit beim Burnout *von innen* her, durch indifferente Weltverhältnisse. Auch dem Burnout geht das Verstummen essenzieller Resonanzachsen voraus. Obwohl der Burnout mit einer diffusen Symptomatik einhergeht, wird er in den letzten Jahrzehnten im Lehrberuf zunehmend häufiger diagnostiziert. So gaben in einer Befragung von Birgitt Besser-Scholz 41,6 Prozent der Lehrenden an, gelegentlich an Burnout-Symptomen zu leiden, während 25 Prozent sogar äußerten, ein Burnout trete bei ihnen kontinuierlich oder immer stärker auf.[67] Dass es sich beim Burnout nicht um einen rein physischen Erschöpfungszustand handelt, also nicht um einen „leeren Akku", sondern um eine Störung in der Weltbeziehung, wird daran deutlich, dass es nicht genügt, die Betroffenen eine Zeit lang durch Krankschreibung oder Urlaub von der Arbeit zu entlasten. Im Gegensatz zum leeren Akku, den man durch Ruhe und Erholung aufladen kann, bezeichnet der Burnout ein inneres „Ausbrennen" und somit den Verlust der libidinösen Beziehung zur Welt: Burnout-Betroffene haben ihr „inneres Feuer" verloren, dass sie für die Welt und ihre Sache brennen ließ.[68]

Kaum ein anderes Phänomen vermag deutlicher zu machen, in welchem Ausmaß die Ressourcenfixierung in der Moderne die Weltbeziehung von Menschen belasten und ein gutes Leben verhindern kann:

> „Im alltäglichen Erleben von Arbeit, Bildung und Beruf macht sich die Wettbewerbsgesellschaft insbesondere in der Erfahrung geltend, dass sich die zeitlichen Abstände erheblich verkürzt haben, in denen man Wettbewerben ausgesetzt ist oder sich für sie vorbereiten muss. [...] In der Erfahrungsweise des Berufslebens schlägt sich dies als permanent empfundener Druck nieder, außergewöhnliche Leistungen vollbringen zu müssen, um die eigene Beschäftigung zu rechtfertigen, und die Qualität der eigenen Arbeit möglichst sichtbar zu inszenieren. [...] Immer weniger können sich sicher sein, für diese Anstrengungen überhaupt etwas zu erhalten. Die Wettbewerbsgesellschaft, die bean-

67 Besser-Scholz, Birgitt (2011): Burnout – Gefahr im Lehrerberuf?, S. 23. In ihrer (allerdings nicht repräsentativen) Studie hat die Autorin 60 Gymnasiallehrer in NRW befragt.

68 Bröckling, Ulrich (2013): „Der Mensch als Akku, die Welt als Hamsterrad. Konturen einer Zeitkrankheit", in: Neckel, S./Wagner, G. (Hrsg.): Leistung und Erschöpfung. Burnout in der Wettbewerbsgesellschaft, S. 179–200.

sprucht, die subjektiven Ressourcen von Leistung vermehren zu wollen, vernutzt jene menschlichen Potentiale, die sie zu steigern vorgibt."[69]

Die Betroffenen, die oft eine leidenschaftliche Beziehung zu ihrem Beruf hatten, berichten, dass Burnout unmittelbar mit Erfahrungen einhergehe, die Welt verhärte sich, erkalte oder beginne zu schweigen. Sie beschreiben das Gefühl, sich in einem Leerlaufmodus zu befinden und von ihrer Arbeitswelt nichts zurückzubekommen.[70] Unmittelbar vor einem Burnout beginnen die Resonanzachsen zu schweigen: So berichten Burnout-Betroffene, dass die Wertschätzung und Anerkennung beruflicher Leistungen ausgeblieben sei, dass das Lehrerkollegium zerstritten gewesen sei, wodurch es keine gemeinsamen Kaffeetrinken oder Mittagspausen mehr gegeben habe, bei denen man sich austauschen konnte, und dass ein Gemeinschaftsgefühl oder eine verbindende Vision gefehlt habe. Durch die oftmals erhöhte Arbeitsbelastung und Verantwortung leiden schließlich die Freizeitaktivitäten, in denen vorher Resonanz erlebt wurde, sowie die Beziehung zum Partner und zu Freunden. Das Verstummen der Resonanzachsen kann schließlich zu einem Gefühl der inneren Leere führen – ein weiterer Hinweis darauf, dass sich das Selbst nur durch intrinsische Weltberührungen füllt und bildet –, sodass die Betroffenen sich permanent in Eigenresonanz versetzen mussten, um den Kontakt zur Arbeitswelt aufrechterhalten zu können. Durch den Verlust antwortender Weltbeziehungen verliert der Betroffene schließlich sein eigenes Selbst: Burnout-Patienten erzählten beispielsweise, dass sie nicht mehr wussten, was ihnen gut tat.

Elin Thunman berichtet von einem schwedischen Hauptmann, der an Burnout litt. Auf einer Betriebsfeier wurde er ohnmächtig – eindeutiger können Selbst-Welt-Beziehungen kaum verstummen. Nachdem der Mann erwacht war, stieß er einen lauten Schrei aus, der symbolisch als letzter Versuch interpretiert werden kann, die schweigende Welt wieder zum Antworten zu bringen.

Um dem Burnout in der Schule entgegenzuwirken, macht Hagemann Vorschläge, die sich einmal mehr als Stärkung der schulischen Resonanzbeziehungen und Resonanzachsen verstehen lassen: Wenn Menschen sich in der Schule zu Hause fühlen (sich „einhausen") und ein Zugehörigkeitsgefühl entwickeln, weil sie in eine Schulgemeinschaft eingebunden sind („dazugehören"), in der sie Selbstwirksamkeitserfahrungen machen („handeln

69 Neckel, Sighard/Wagner, Greta (2013): „Einleitung: Leistung und Erschöpfung", in: Dies. (Hrsg.): Leistung und Erschöpfung, S. 15 f.

70 Im Folgenden beziehe ich mich auf die Ergebnisse in Thunman, Elin (2013): „Burnout als sozialpathologisches Phänomen der Selbstverwirklichung", in: Neckel, S./Wagner, G. (Hrsg.): Leistung und Erschöpfung, S. 58–85.

wollen"), wird die Burnout-Wahrscheinlichkeit geringer. Eine solche Strategie läuft darauf hinaus, Angst- und Entfremdungsräume zu verringern. Vor allem das Kollegium kann sich dabei als ein schulischer Resonanzhafen erweisen.

1.5 Schulische Resonanzhäfen I: Das Kollegium

In der Moderne erfolgt die Verteilung von materiellen und immateriellen Ressourcen und Gütern wie Reichtum, Lebenschancen, Macht, Anerkennung usw. vornehmlich über Wettbewerbs-, Leistungs- und Konkurrenzprinzipien und somit durch das Eingehen von stummen und instrumentellen Weltbeziehungen. Um das Resonanzbedürfnis der Menschen dennoch zu befriedigen, sind Welt- und Lebensbereiche nötig, in denen Menschen genuine Resonanzbeziehungen eingehen und sich ihrer versichern können. Solche „Resonanzhäfen" stellen Inseln oder Oasen in einer potenziell wüstenhaften indifferenten oder feindlichen Welt dar. Ein Resonanzhafen ist nach Rosa ein „essentielles Kontrastfeld und unverzichtbarer Ausgleich zur Befriedigung des Resonanzbedürfnisses und -verlangens" und eine „zentrale Gegensphäre [...] in einer ansonsten indifferenten oder sogar feindlichen Welt des Kampfes und der Konkurrenz."[71] Ein solcher Resonanzhafen ist, der Idee nach, die moderne Familie: Sie basiert sowohl auf dem Konzept der romantischen Liebe zwischen Mann und Frau als auch auf der Idee einer liebenden Resonanzbeziehung zu den Kindern. Das Konzept der modernen Familie basiert also auf zwei Resonanzachsen und somit auf Beziehungen, die Menschen nicht aus instrumentellen Gründen eingehen, sondern aus intrinsischen Motiven aufsuchen: aus der Sehnsucht nach antwortenden Beziehungen.

In der Arbeitswelt des Lehrers und der Lehrerin lässt sich das Kollegium als ein solcher Resonanzhafen konzeptualisieren: Durch das asymmetrische Machtgefälle zwischen Lehrenden und Lernenden müssen Lehrpersonen als doppelte Stimmgabel fungieren, indem sie die Resonanzverhältnisse der Schüler in Vorleistung dirigieren und verstärken, während sie Resonanzangebote seitens der Schüler nicht in gleichem Maße erwarten können. Das Kollegium hingegen ist der Ort, an dem die Resonanzverhältnisse gleichwertig sind. Stets aufs Neue belegen empirische Studien[72], dass Lehrende,

---

71 Rosa (2016): Resonanz, S. 341.

72 z. B. Janke, Nike (2006): Soziales Klima an Schulen aus Lehrer-, Schulleiter- und Schülerperspektive; sowie Köker, Anne (2012): Bedeutungen obligatorischer Zusammenarbeit

die ihr Kollegium als eine antwortende Resonanzsphäre erfahren, in der sie sich als gesehen und gehört erleben sowie als bejaht und getragen, seltener an Burnout und psychosomatischen Belastungen leiden. Ebenso verbessern resonante und kooperative kollegiale Beziehungen signifikant das Schulklima, die Lernleistungen der Schülerinnen und Schüler und somit auch die Schulqualität. Wie im Kapitel zur Angst der Lehrenden (III.1.4) gezeigt wurde, stehen eine kompetitive Atmosphäre und der Verlust kollegialer Resonanzachsen im Lehrerzimmer in engem Zusammenhang mit Belastungsstörungen von Lehrpersonen, wie etwa Burnout, Stress und Mobbing.

Entgegen diesen Befunden zeigt sich jedoch, dass Lehrerkollegien eher selten Resonanzräume sind, in denen sich die Lehrenden angenommen und getragen fühlen.[73] Sehr viel öfter scheint das Kollegium ein Ort der Geworfenheit oder des indifferenten Nebeneinanders zu sein, in denen Lehrende Erfahrungen der Isolation machen und zu Einzelkämpfern werden: Anstatt von einem reichhaltigen sozialen Leben getragen zu sein, das auch in den privaten Lebensbereich ausstrahlt und in dem auch über Konflikte und Schwierigkeiten offen gesprochen wird, gehen Lehrende aus entfremdeten Kollegien nach dem Unterricht oft fluchtartig nach Hause, akzeptieren neue Kollegen nur schwer, und es kommt zu Grüppchenbildung, während die sozialen Beziehungen untereinander auf gerade so viel Kooperation reduziert bleiben, wie zur Bewältigung der beruflichen Aufgaben absolut erforderlich ist.

Die Gründe für diesen Widerspruch sind vielfältig. Wie Terhart und Klieme[74] vermuten, erschweren die institutionellen Rahmenbedingungen die Möglichkeiten für Lehrende, sich in der Schule zu begegnen und kooperative Resonanzbeziehungen einzugehen. Die „zellulare Struktur der Schule“[75], die bereits im abgeschlossenen Klassenraum zum Ausdruck komme, zerstückele und fragmentiere den Arbeitsablauf und verringere somit Kontakt- und Berührungspunkte, an denen Resonanzen entstehen könnten.

Ein resonantes Kollegium ist nicht nur ein funktionierendes Kollegium. Es ist ein Resonanzhafen. Zu einem Resonanzhafen wird das Lehrerkolleg nicht allein und nicht einmal primär durch berufliche Kooperation, also

von Lehrerinnen und Lehrern. Eine neue Perspektive auf Professionelle Lerngemeinschaften.

73 Vgl. Fend (2008): Schule gestalten, S. 171; Fussangel, Kathrin/Gräsel, Cornelia (2012): „Lehrerkooperation aus der Sicht der Bildungsforschung“, in: Baum, E./Idel, T.-S./Ullrich, H. (Hrsg.): Kollegialität und Kooperation in der Schule: Theoretische Konzepte und empirische Befunde, S. 29–40, hier S. 30.

74 Terhart, Ewald/Klieme, Eckhard (2006): „Kooperation im Lehrerberuf: Forschungsproblem und Gestaltungsaufgabe“, in: Zeitschrift für Pädagogik, 52 (2), S. 163–166.

75 Ebd., S. 164.

dadurch etwa, dass Lehrerinnen und Lehrer gegenseitig im Unterricht hospitieren, gemeinsam unterrichten oder Material austauschen. Wie Fend zeigt,[76] sind es nicht die materiell erbrachten Leistungen, die ein Lehrerkollegium kooperativ funktionieren lassen. Kooperatives Handeln ist in diesem Sinne sowohl an „guten" wie an „schlechten" Schulen zu finden. Entscheidend sind vielmehr die Resonanzbegegnungen jenseits der „engen" beruflichen Praxis. Diese entfalten sich über rein funktionale Beziehungen hinaus in freundschaftlichen Begegnungen, etwa bei privaten Treffen. Nicht die funktionalen fachlichen Beziehungen knüpfen positive zwischenmenschliche Resonanzräume, sondern umgekehrt: Freundschaftliche und „zweckfreie" Begegnungen in einem Resonanzmodus bereiten den Boden, auf dem die fachlichen und funktionalen Kontakte gedeihen.[77] Da Resonanz oft ein diffuses und stimmungsbasiertes Erleben ist, das auf andere Lebens- und Weltbereiche ausstrahlt, wundert es nicht, dass die positive Atmosphäre resonanzfähiger Kollegien in die Klassenzimmer ausgreift und auch einen positiven Einfluss auf die Beziehung der Schüler untereinander hat.

Ein funktionierendes Lehrerkolleg ist vor allem für beginnende Lehrerinnen und Lehrer, die mit Unsicherheiten zu tun haben und von den Erfahrungen ihrer älteren Kollegen profitieren, ein zentraler Ort für die Anverwandlung ihrer Arbeit. Dieser Resonanzraum für Anverwandlungen entsteht nicht durch die materiell erbrachten Leistungen allein, etwa durch Hinweise und Erfahrungsaustausch, sondern durch das Gefühl der Zusammengehörigkeit und der Verbundenheit in einer Lehr- und Resonanzgemeinschaft. So schreibt Arne Ulbricht, dass er in einem solchen Kollegium zu einem wirklichen Lehrer werden konnte:

> „Im Kollegium hatte ich Freunde. Freitags spielten wir Fußball. Ich duzte den stellvertretenden Schulleiter und den Oberstufenleiter. Ich denke, dass ich in diesem zweiten Jahr Lehrer geworden bin."[78]

---

76 Fend (2008): Schule gestalten, S. 171 ff.

77 Ebd., S. 172: „Die Erweiterung der Kontakte über die beruflichen Aufgaben hinaus ist offensichtlich ein strategischer Indikator für funktionierende Kollegien."

78 Ulbricht, Arne (2013): Lehrer. Traumberuf oder Horrorjob, S. 49. Umgekehrt beschreibt eine Lehrerin die Entfremdung in ihrem Kollegium als eine Atmosphäre mit ungelösten Konflikten, einer belastenden Kommunikationskultur, Gruppenbildungen und fehlenden Entlastungsmöglichkeiten. Anstatt ein Lebensraum zu sein, wurde die Schule für sie dadurch zu einer bloßen Arbeitsstelle: „Eigentlich bin ich mit Leib und Seele Lehrer. Aber mit Leib und Seele Lehrer sein, kann ich hier nicht."; Vgl. Meister, Gudrun (2012): „Kooperation in fusionierten Kollegien", in: Baum, E./Idel, T.-S./Ullrich, H. (Hrsg.): Kollegialität und Kooperation in der Schule: Theoretische Konzepte und empirische Befunde, S. 167–180, hier S. 175.

Wie der familiäre Resonanzhafen, so zeichnet sich auch das Lehrerkollegium als Resonanzhafen *nicht* durch die Abwesenheit von Spannungen oder Differenzen und auch *nicht* durch das Ausbleiben von Streit und Konflikten aus. Ein Resonanzraum entsteht gerade dort, wo die Differenzen wahrgenommen und mit dem Ziel einer gemeinsamen Vision oder eines Konsenses besprochen werden und zwar so, dass sich die Anwesenden als gehört und gesehen erleben. Die Abwesenheit von Differenzen und Spannungen ist ein Anzeichen für Entfremdung. Fehlt die responsiv-antwortende Qualität, können indifferente oder feindliche Atmosphären entstehen, an denen die Kooperation in Lehrerkollegien scheitert. Eine solche Atmosphäre hat in der Lehrerin Frau Schmidt tiefe Entfremdungsgefühle ausgelöst und sie, wie sie angibt, beinahe in den Wahnsinn getrieben: Durch die Einführung neuer Medien im Unterricht spaltete sich das Kollegium, dem Frau Schmidt angehörte, in zwei Lager, die sich teilweise feindlich, teilweise indifferent gegenüberstanden. Frau Schmidt berichtet, dass ihre Entfremdung gerade durch die Abwesenheit einer konstruktiven und kritischen Gesprächsatmosphäre entstanden sei, dadurch, dass sich die Anwesenden gegenseitig *nichts mehr zu sagen* hatten und sich auf keinem gemeinsamen Resonanzboden begegnen konnten:

> „Im Lehrerzimmer ist es inzwischen kaum mehr auszuhalten. Auf der einen Seite diejenigen, die alles mitmachen und geradezu darum wetteifern, wer sich am besten auskennt, und auf der anderen Seite diejenigen, die zu faul sind, sich das Neue anzueignen, und ... dann gibt es noch mich. [...] Im Kollegium fühle ich mich inzwischen selbst dann einsam, wenn in der zweiten großen Pause fast alle Kollegen im Lehrerzimmer herumhängen."[79]

Da Resonanzbeziehungen nicht allein durch physische Anwesenheit entstehen, sondern vielmehr durch geteilte emotionale und kognitive Aufmerksamkeit, kann etwa das gemeinsame Fußballspielen, wie Arne Ulbricht schreibt, resonante Begegnungen fördern. Wenngleich Resonanzbeziehungen unverfügbar sind, können gemeinsame Ausflüge, das gemeinsame Kaffeetrinken oder Kochen, Lehrenden die Möglichkeit geben, sich in einem Resonanzmodus und nicht in einem Leistungsmodus zu begegnen. Solche Resonanzbegegnungen eröffnen und vertiefen zugleich die fachliche und funktionale Kooperation, die für das Gelingen von Schule entscheidend ist.

---

79 Das Zitat stammt aus Ulbricht, Arne (2015): Schule ohne Lehrer? Zurück in die Zukunft, S. 61.

1.6 Lehrerhandeln: Takt und Ton im Unterricht

Es bedarf kaum einer Erläuterung, dass Lehrende über ein gewisses Fingerspitzengefühl verfügen müssen, wenn sie Kinder und Jugendliche zum Lernen bewegen wollen. Aus resonanzpädagogischer Sicht misslingt Unterricht sowohl dort, wo der Lernwille durch autoritäre Maßnahmen erzwungen wird – weil dies feindliche Weltbeziehungen erzeugt –, als auch dort, wo der Lehrer dem sich selbst organisierenden Schüler lediglich instrumentelle Hilfe leistet – weil das Verhältnis zum Lehrer dadurch auf tendenziell stummen Weltbeziehungen basiert. Demgegenüber versuchen Resonanzpädagogen, in ihrer Funktion als erste und zweite Stimmgabel, eine pädagogische Atmosphäre zu erzeugen. Diese Atmosphäre eröffnet einen spezifischen lernenden bzw. bildenden Weltbezug.

Das Erzeugen eines pädagogischen Weltbezuges umfasst oder besser: grundiert die Professionalitätsdebatte. Während die Professionalitätsdebatte oft die instrumentell eingesetzten didaktischen Programme thematisiert, lässt sich ein pädagogisch-atmosphärischer Weltbezug nicht auf die Berechnung von Zweck-Mittel-Relationen reduzieren. Vielmehr ist der pädagogische Weltbezug der Hintergrund oder das Medium, in dem bestimmte Ziele und Mittel erst plausibel werden, weil er die Unterrichtssituation als Ganze umfasst. Die Fähigkeit, eine solche situationsumspannende Atmosphäre zu erzeugen, erfordert ein Gespür und ein Fingerspitzengefühl für angemessenes Lehrerhandeln. Dieses Fingerspitzengefühl bzw. das Gespür für Atmosphären und Stimmungen wurde in der pädagogischen Tradition als „pädagogischer Takt“ und „pädagogischer Ton“ beschrieben.[80]

Im sozialen Bereich bezeichnen „Takt“ und „Ton“ gelingende zwischenmenschliche Interaktionen. Takt meint oft ein ganzheitliches Verhalten, das sich sowohl verbal als auch in der Körpersprache manifestiert. Hingegen ist mit Ton oft eine verbal-sprachliche Sensibilität gemeint: Wenn Menschen im Umgang mit anderen Taktgefühl beweisen oder in einem Gespräch den richtigen Ton treffen, so gelingt es ihnen, durch die innere Anteilnahme am Erleben der Anderen die soziale Interaktion aufrechtzuerhalten und ihr Gegenüber zu erreichen.

---

80 Zur Geschichte des pädagogischen Taktes, vgl. Muth, Jakob (1962): Pädagogischer Takt. Monographie einer aktuellen Form erzieherischen und didaktischen Handelns; van Manen (2012): The Tact of Teaching; van Manen, Max (2003): The Tone of Teaching; van Manen (2012): „The Call of Pedagogy as the Call of Contact“; sowie James, William (1962): Talks to teachers on psychology, S. 29.

Für eine schulische Resonanzpädagogik, die es nicht nur mit einer sozialen Achse, sondern auch mit einer sachlichen Achse zu tun hat, schlage ich eine etwas andere Verwendungsweise vor. Takt meint dann eine Sensitivität für die sozialen Resonanzbeziehungen im Klassenraum. Durch taktvolles Verhalten kontaktieren Lehrende ihre Schüler; sie treten mit ihnen in Kontakt. Ton hingegen bezieht sich auf die sachliche Resonanzachse: Den richtigen Ton zu treffen, meint, die Sache für die Schüler zum Klingen zu bringen. *Taktvolles* und *tonales Verhalten* zusammen erlauben es einer Lehrperson, als Dirigentin und doppelte Stimmgabel den Klassenraum in einen Resonanzraum zu verwandeln.

In den folgenden Abschnitten sollen einige Formen des taktvollen und tonalen Lehrerhandelns erkundet werden. Auch wenn es durchaus möglich ist, den angeführten Formen und Aspekten weitere hinzuzufügen, scheinen mir die folgenden die wichtigsten zu sein.

Pädagogischer Takt

Die elementarste Resonanzerfahrung zwischen Lehrenden und Lernenden entspringt dem *familialen Kontakt*. Schon der Philosoph Hegel hatte die Schule als eine Institution beschrieben, die zwischen den intimen Familienbeziehungen und der sachlichen Berufssphäre angesiedelt ist und deshalb sowohl familiäre als auch sachliche Beziehungsqualitäten in sich vereinen muss.[81] Indem Lehrende ihre Schülerinnen und Schüler gelegentlich auf väterliche oder mütterliche Weise kontaktieren, erzeugen sie eine familiäre Atmosphäre der Geborgenheit, des Vertrauens, der Nähe und der Sicherheit. Aus einer solchen Atmosphäre, in der sich vor allem jüngere Kinder als geborgen und getragen erleben, erwächst das Zutrauen, sich für die Schulwelt zu öffnen, sich auf sie einzulassen und dadurch resonanzfähig zu bleiben.

Nach Max van Manen entspringt familialer Kontakt aus der Erfahrung von Fürsorge.[82] Im familialen Kontakt stehen die Gefühle, Sorgen, Ängste und Konflikte der Schülerinnen und Schüler im Mittelpunkt. Lehrer kontaktieren ihre Schüler familial, wenn sie beispielsweise mit ihnen mitbangen, sie trösten, wo Trost nötig ist, und ihnen in schwierigen Situationen

---

81 Vgl. Hegels dritte Rede zum Schuljahresabschluss am 2. September 1811; in: Hegel, Georg W. F. (1986): Nürnberger und Heidelberger Schriften 1808–1817, in: Ders.: Werke in 20 Bänden, Bd. 4.

82 Vgl. van Manen (2012): "The Call of Pedagogy", S. 25.

zur Seite stehen. Zugleich entsteht familialer Kontakt, wenn Lehrende und Schüler sich durch ihre eigene Familiengeschichte bewegen lassen.

Verletzungen des familialen Kontaktbedürfnisses können insbesondere bei jüngeren Kindern sehr schnell starke emotionale Wunden verursachen, durch die sie sich dauerhaft vom Unterrichtsgeschehen zurückziehen, sich vor den Lehrenden verschließen und somit in indifferente oder repulsive Schulweltbeziehungen geraten. So berichtet die Schülerin Lara-Luna Ehrenschneider, Mitautorin des Buches „Wie wir Schule machen“[83] von einer solchen schmerzhaften Verletzung des familialen Kontaktbedürfnisses. Aus Trauer um ihre Schwester, die wegen einer Lähmung im Krankenhaus lag, begann die Schülerin im Unterricht zu weinen, woraufhin ihr die Lehrerin den familialen Kontakt verweigerte. Lara-Luna berichtet:

> „[Meine Schwester] war richtig krank, ein gefühltes Jahr lag sie im Krankenhaus, mit einer Lähmung, ganz kompliziert. Richtig schlimm war das, und ich konnte mich nicht darauf konzentrieren, was die Lehrerin sagte. Erst kullerten mir langsam die Tränen runter, und ich weiß noch, wie ich versucht hatte, sie zu unterdrücken. Weil ich doch jetzt ein Schulkind war und eine von den Großen. Das hatte sie uns ja auch so erzählt. Aber die Tränen wurden immer mehr. Ich dachte an meine Schwester, sackte mit dem Kopf auf den Tisch und heulte. Ich weiß noch, wie meine Nachbarin mich an der Schulter streichelte, aber wir durften ja nicht reden, wegen dem Unterricht. Und dann kam meine Lehrerin und meinte, ich solle rausgehen und vor der Tür warten, bis sie mich wieder reinholt. Und dann saß ich den Rest der Stunde alleine auf einem Stuhl im Flur und wartete auf meine Lehrerin. Die kam aber nicht. Erst nach der Stunde ging die Tür auf, die Kinder kamen mir entgegen, und die Lehrerin sagte, ich könne jetzt wieder rein. Warum ich geweint habe, hat sie mich nicht gefragt. Sie hat nur gesagt, ich solle mir noch die Hausaufgaben von der Tafel abschreiben.“[84]

Das herzlose Verhalten der Lehrerin zeigt, dass diese sich weder durch die Familiengeschichte berühren lässt noch selbst familiär auf die Schülerin eingeht.

Kontakt entsteht nicht nur dort, wo Lehrende Schülerinnen und Schüler familiär kontaktieren, sondern auch dort, wo Lehrerinnen und Lehrer die Lernenden an ihrem eigenen Familienleben teilhaben lassen. Eine interessante oder witzige Anekdote über den Sohn oder die Oma, die beiläufig eingestreut wird, kann schnell Nähe und Resonanzen im Klassenraum er-

83 Zárate, Alma de/Tressel, Jamila/Ehrenschneider, Lara-Luna (2014): Wie wir Schule machen. Lernen, wie es uns gefällt, S. 20 f.

84 Ebd., S. 20 f.

zeugen, weil der Lehrer hierbei in einen Resonanzmodus eintritt, in dem er sich von einer anderen, menschlichen und persönlichen Seite zeigt.

Natürlich will ich nicht behaupten, dass Lehrerinnen und Lehrer für die Schüler wie Mütter oder Väter sein sollen. Dennoch können Momente, in denen familiäre Nähe entsteht, enorm starke Resonanzkatalysatoren sein, während die Verweigerung des familialen Kontaktbedürfnisses im Klassenraum schnell zu tiefen Entfremdungsgefühlen führen kann.[85]

Obwohl die pädagogische Beziehung asymmetrisch ist, scheinen Resonanzpädagogen hin und wieder Momente zu erzeugen, in denen sie den Schülern auf Augenhöhe begegnen. Resonanzen in solchen symmetrischen Beziehungsmomenten können als *jovialer* oder *freundschaftlicher Kontakt* bezeichnet werden. Jovialer Kontakt entsteht z.B. dort, wo eine Lehrerin und ein Schüler gemeinsam ein Interesse teilen und sich darüber austauschen, oder aber, wenn ein Lehrer mit seiner Klasse gemeinsam etwas unternimmt, etwa mit seinen Schülern Schlittschuhlaufen oder Eisessen geht. Ein paradigmatisches Feld jovial-kumpelhafter Begegnungen ist die Sportbegeisterung.

Wie Linda Weigelt feststellt[86], können sich Lehrer und Schüler beispielsweise in der gemeinsamen Fußballbegeisterung jovial begegnen. Der geteilte Verhaltenscode im Fußballspiel erzeugt einen Resonanzraum, der sogar solche leiblichen Berührungen ermöglicht, die außerhalb dieses Kontextes sehr wahrscheinlich zu starker Entfremdung führen würden:

> „Besonders die geteilte Fußballbegeisterung und das Vermögen, gut Fußball spielen zu können, gewinnen in diesem Rahmen an Bedeutung, indem es zum Kumpel verbindenden Element wird, was Herrn T., Ina und die fußballbegeisterten Schüler von den anderen Schülerinnen und den nichtfußballspielenden Schülern abgrenzt. So wissen die sportliche, fußballbegeisterte Ina und auch die Schüler, die von Herrn T. zu schulischen Fußballwettkämpfen begleitet werden, dass der spaßige, kumpelhafte Deutungskontext der richtige für die von ihm ausgehenden Berührungen ist. Herr T., Ina und die fußballbegeisterten Schüler sind alle Angehörige einer durch spezifische körperliche Gesten fußballgeprägten Sportwelt, in der diese Gesten, wie das Hochheben von Ina oder

85 Ich folge hier einer These von Max van Manen, nachdem Pädagogik in der Schule, neben dem professionellen Lehren, stets auch einen Moment des „parenting" enthalten muss. Lehren erfordert einen Beziehungsmodus, den van Manen als „in loci parentis" bezeichnet; vgl. van Manen (2012): Tact of Teaching, S. 5: „Professional educators, if possible, must try to assist parents in fulfilling their primary pedagogical responsibility. In other words, out of this primary responsibility of parents flows the teacher's charge as a responsibility *in loco parentis.*"

86 Weigelt, Linda (2010): Berührungen und Schule – Deutungsmuster von Lehrkräften. Eine Studie zum Sportunterricht.

> ein im Spaß gemeinter Tritt in den Hintern, den kumpelhaften Umgang miteinander prägen. Diese Gesten können von Nicht-Mitgliedern auch als körperliche Grenzüberschreitungen gedeutet werden, da ihnen die implizite Codierung dieser Geste in der Sportwelt nicht vertraut ist.“[87]

Da Resonanz stets damit einhergeht, dass sich Mensch und Welt füreinander öffnen, birgt jede Resonanzbeziehung zugleich die Gefahr, in dieser Offenheit verletzt zu werden. Auch der joviale Kontakt als eine Resonanzform kann Gefahr laufen, in Entfremdung umzuschlagen. Ob der kumpelhafte Lehrertyp bei den Schülern ankommt oder ob er dadurch seine Autorität als Lehrperson verliert, hängt von der jeweiligen Situation, den Schülerpräferenzen und den institutionellen Rahmenbedingungen ab. So könnte es Entfremdungsgefühle verstärken, wenn der Lehrer aus der Rolle des Kumpels plötzlich in die des wertenden Lehrers wechselt. In einem Interview berichtet der Lehrer Herr Flor über das kumpelhafte Verhalten:

> „[…] in dem moment wo wir das nicht mehr können weil wir ja als diensthabende eine funktion haben […] in dem moment reagieren die schüler irritiert […] teilweise enttäuscht dass sie dann sagen ich habe gedacht sie wären anders herr flor ich habe gedacht dass sie mensch wären und sie sind doch auch bloß lehrer.“[88]

Doch es muss nicht immer gleich der Gestus des Kumpels sein, der joviale Resonanzen erzeugt: Schon kleine Resonanzgesten wie ein Wort zur gemeinsamen Vorliebe für eine Musikgruppe, das geteilte Interesse an einem Buch oder einem Film, über das sich Lehrende und Schüler austauschen, ein signalisiertes Interesse am Hobby des Anderen oder ein gemeinsames Tischfußballspiel können behutsam joviale Resonanzmomente erzeugen, ohne das Risiko von Enttäuschung und Entfremdung allzu groß werden zu lassen.

Eine besonders wirksame Form jovialen Kontaktes stellt das gemeinsame Lachen dar. Es ist einmütig anerkannt, dass Lachen und Humor eine positive Wirkung auf den Unterricht und die Qualität von Schule haben.[89] Warum ist das so? Das Lachen ist eine leibliche Erfahrung, die verbindend

87 Ebd., S. 112.

88 Aus einer Interviewtranskription in Helsper, Werner/Böhme, Jeanette/Kramer, Rolf-Torsten/Lingkost, Angelika (2001): Schulkultur und Schulmythos. Rekonstruktionen zur Schulkultur I, S. 234.

89 Vgl. Hativa, Nira (2000): Teaching for Effective Learning in Higher Education, S. 273–287 (Kap.: „Using Humor in Teaching“).

und, wie Joris Vlieghe u.a. zeigen, demokratisierend wirkt[90]: Weil die Lachenden in ihren Leib (in the flesh) sinken, werden die expliziten und konzeptionellen Hierarchien sowie die Identitätsfixierungen temporär aufgehoben. Resonanzpädagogisch könnte man auch sagen, im gemeinsamen Lachen verflüssigt sich die Grenze zwischen Selbst und Welt. Dadurch begegnen sich die gemeinsam Lachenden als tendenziell gleichwertig und gleichgestellt. Das Lachen erzeugt bzw. findet in einem gemeinsam geteilten Bedeutungs- und Resonanzraum statt, in dem sich die Lachenden als wechselseitig voneinander berührt erleben.

In der schulpädagogischen Debatte hingegen wird das Lachen oft instrumentell – und somit auf stummen Weltbeziehungen basierend – thematisiert. Häufig fordern Pädagogen und Erziehungswissenschaftler vom Lehrer Humor in einem rein instrumentellen Sinn, und zwar als effektives Mittel zum „Classroommanagement“: Der Sinn des Lachens besteht nach dieser Ansicht darin, die Unterrichtseffektivität zu steigern. Instrumentell werden dann Ratschläge gegeben, wie zum Beispiel der, man solle im Unterricht gezielt drei bis vier Lacher einbauen, aber nicht mehr! Andererseits kann das Lachen der Schüler auch eine Reaktion auf repulsive Schulverhältnisse sein. Durch das Lachen machen sich die Schüler „Luft“ und befreien sich temporär von der Bürde und Last des harten und rücksichtslosen Schulgeschehens. Ob es sich beim Lachen um eine resonante Form des jovialen Kontaktes, um eine stumme und instrumentelle Form oder um eine Reaktion auf repulsive Schulweltbeziehungen (und somit um ein ausgrenzendes, abwertendes und zurückweisendes Lachen) handelt, kann durch das Taktgefühl erspürt werden.

In manchen Situationen wird es möglich sein, dass Lehrende ihre Schülerinnen und Schüler *kollegial kontaktieren*. In diesen Resonanz- und Kontaktmomenten erfahren sich die Schüler auf Augenhöhe mit den Lehrenden in Bezug auf eine Sache: Wenn sich die Lehrerin für die Theateridee einer Schülerin begeistert und diese unterstützt, wenn der Lehrer das Interesse eines Schülers an Zahlensymbolik aufgreift und beide eine Unterrichtsstunde zu diesem Thema organisieren, wenn die Lehrerin sich in einer Diskussion an der Meinung ihrer Schülerinnen und Schüler interessiert zeigt und zum Ausdruck bringt, dass sie von ihren Fragen und Perspektiven lernt, und wenn Schülerinnen und Schüler für ihr Schulleben und das Schulumfeld (wie im Konzept des „Service Learning“ in der USA) Verantwortung

90 Vlieghe, Joris/Simons, Maarten/Masschelein, Jan (2012): Corporeal experiences and equality. A new approach to the educational significance of the body, in: Zeitschrift für Pädagogik 58 (3), S. 371–388.

übernehmen dürfen[91], können Resonanzen zwischen Lehrenden und Lernenden in Form kollegialer Begegnungen stattfinden. Vor allem in höheren Klassenstufen kann der familiale Kontakt zunehmend durch den kollegialen Kontakt ergänzt und ersetzt werden.

In kollegialen Resonanzbeziehungen können Lernende Selbstwirksamkeitserwartungen ausbilden, weil sie die Erfahrung machen, eine eigene und gleichwertige Stimme zu haben. Schüler erleben in diesen Momenten, dass die Lehrenden ihnen etwas zutrauen, indem ihnen Verantwortung übergeben wird. Das Lernen in der „Deutschen SchülerAkademie", wie ich es in Kap. IV.4 beschreibe, basiert zu großen Teilen auf kollegialen Resonanzerfahrungen.

Wie in Kap. III.1.5 gezeigt wird, entstehen kollegiale Resonanzen allerdings vor allem vor dem Hintergrund von jovialem Kontakt, sie sind eingebettet und gehen einher mit komplementären freundschaftlichen Begegnungen. Kollegialer Kontakt kann deshalb auch in sein Gegenteil umschlagen, wenn diese freundschaftlichen Begegnungsmomente ausbleiben. Lehrende können dann, wie Löwisch schreibt, ihre Verantwortung unangemessen delegieren.[92] Dies geschieht vor allem in Schulen, die durch Leistungsansprüche stark belastet sind. Wenn der Zwang zur Vermehrung der Ressource Bildung Lehrende in einen instrumentellen Bewältigungsmodus zwingt, kann es geschehen, dass belastete Lehrende wiederum rein instrumentell ihre Verantwortung auf Schülerinnen und Schüler übertragen und dadurch deren Schulweltbeziehungen belasten.

Jeder Mensch hat seine eigenen persönlichen Grenzen. *Respektvoller Takt* heißt, die Schüler zu berühren, indem man ihre Grenzen ernst nimmt. Gehen Lehrende mit den Grenzen ihrer Schülerinnen und Schüler einfühlsam und respektvoll um, entsteht eine Kontaktform, in der Kinder Selbstrespekt lernen können. Kinder und Jugendliche müssen sich nicht nur als offene, sondern auch als autonom geschlossene Wesen erfahren, um mit eigener Stimme antworten zu können. Dazu müssen ihre Grenzen respektiert werden. Werden diese Grenzen repulsiv übertreten, können sie sich verhärten, werden sie hingegen indifferent missachtet, können sie sich auflösen.

Offenkundig kann ein Lehrer die persönlichen Grenzen eines Schülers oder einer Klasse repulsiv übertreten: Solche Weltangriffe können etwa

---

91 Vgl. Maulbetsch, Corinna (2010): Person und Verantwortung. Zur Grundlegung einer pädagogischen Handlungstheorie unter dem Aspekt der Erziehung zur Verantwortung im Kontext Schule.

92 Löwisch, Dieter-Jürgen (1995): Einführung in pädagogische Ethik. Eine handlungsorientierte Anleitung für die Durchführung von Verantwortungsdiskursen, S. 97.

wütende Gesten (das Donnern mit der Faust auf den Tisch oder das Werfen des Schlüsselbundes) oder ein abwertender Kommentar sein („Aus dir wird nichts mehr." „Du bist einfach zu dumm." „Kannst du nicht einmal etwas richtig machen?"). Ebenso können sich Lehrende gegenüber den Grenzen ihrer Schüler indifferent und gleichgültig verhalten, etwa wenn sie sie drängen, ihre Grenzen zu übergehen („Jetzt stell dich nicht so an!" „Mach schon, das ist doch nicht so schwer!"). Taktvolle und resonanzsensible Lehrende übergehen und verletzen die Grenzen ihrer Schüler nicht, sondern „verflüssigen" sie durch Resonanzimpulse. So führt van Manen das Beispiel von Stephen an[93], der im Schwimmunterricht ängstlich auf dem Sprungbrett verharrt, während ihn seine Freunde von unten aus anfeuern. Der Lehrer bemerkt, dass Stephen hier an eine persönliche Grenze gerät, weshalb er die Mitschüler ablenkt und auf einen stillen Moment wartet, in dem er Stephen einige Tipps gibt, wie er seine Angst überwinden kann. Durch den respektvollen Kontakt hilft er Stephens Grenzen, die sich durch Angst verhärtet haben, wieder „fluide" werden zu lassen. Wenig später steht Stephen auf dem Sprungbrett und springt.

Schüler können an ihre Grenzen geraten und diese ohne Hilfe manchmal nicht überwinden, etwa wenn sie vorne an der Tafel einen Blackout erleiden und sich eisiges Schweigen im Klassenraum ausbreitet. In solchen Momenten können sich die Grenzen auflösen, sodass der Schüler nicht mehr mit eigener Stimme sprechen kann. Eine resonanzsensible Lehrperson hat ein Gespür für solche Entfremdungsmomente, und sie wird bestrebt sein, auf solche Situationen zu antworten und durch ihren Kontakt zum Schüler diesem zu helfen, seine Grenze bzw. seinen Schutzraum aufrechtzuerhalten. Ein Beispiel: Für einen Vortrag ist der Schüler Corey an die Tafel vorgegangen.[94] Vor der Klasse jedoch verliert er plötzlich die Nerven. Es gelingt ihm nicht, auch nur ein einziges Wort herauszubringen. Augenblicklich breitet sich Schweigen im Klassenraum aus. Die Klassenkameraden halten dieses Schweigen nicht aus und wenden ihre Blicke von Corey ab. Einige überbrücken die drückende Stille, indem sie zu Tuscheln beginnen. Corey will im Boden versinken, um dem eisigen Schweigen zu entkommen; er will sich auflösen und seine Schulweltbeziehung annullieren. In diesem kalten Weltverhältnis erstarrt er schließlich vollkommen, er friert buchstäblich ein. Die Situation wird unerträglich, die Weltbeziehung erdrückend – bis der Lehrer eingreift und Corey zu „halten" beginnt. Er sorgt als Resonanzmediator dafür, dass Corey sich fangen kann und sein „Resonanzband" zum Stoff und zur Klasse wieder herstellen kann:

93 Van Manen (2012): Tact of Teaching, S. 164.
94 Ebd., S. 162 f.

„But then the teacher breaks the awkwardness by handing Corey a piece of chalk and asks if he would capture the main findings with two or three points. Corey has a chance to turn to the blackboard and collect himself while not facing the other kids. Meanwhile the teacher makes some comments to the class, which help Corey get back on track. Corey ends doing a decent presentation and the teacher says finally: ‚Thank you, Corey, you had a difficult moment. But we all have moments like that. You handled it well.'"[95]

Wie das Beispiel zeigt, macht es einen großen Unterschied, ob wir als Lehrende zurücktreten, um einem Schüler oder einer Schülerin in einer Resonanzbeziehung Raum zu lassen, sodass er oder sie mit eigener Stimme sprechen kann, oder ob wir den Schüler aus einer indifferenten Haltung heraus *allein lassen* oder sogar *repulsiv bedrängen*. Resonanzbeziehungen ermöglichen transformative Bildungs- und Lernprozesse, da in ihnen Grenzen weder übertreten noch ignoriert werden, sondern sich durch respektvollen Takt verflüssigen können.

Solche Grenzverflüssigungen benötigen nicht immer das aktive Eingreifen der Lehrperson, ebenso wichtig ist, dass Lehrende passiv Grenzen einhalten können. Während in Coreys Fall die Stille unerträglich war, weil die Weltbeziehung verstummte, kann eine „erfüllte" oder eine „sprechende Stille" sehr intensive Resonanzmomente erzeugen, wie sie etwa beim aktiven Zuhören entstehen. Auch wenn Lehrende beim aktiven Zuhören nicht sprechen, sind sie nicht sprachlos: Van Manen führt das Beispiel eines Schülers an, der in einer Pause an seinen Englischlehrer herantritt und ihm sagt, er habe Schwierigkeiten mit der Planung eines Projektes.[96] Der Lehrer lädt den Schüler ein, sich zu setzen, sodass sie während des Essens reden können. Während der Schüler sehr viel und ohne Unterbrechung erzählt, nimmt der Lehrer eine respektvolle, aufmerksame und offene Haltung des Zuspruchs und des geduldigen Wartens ein, in der er durch Nicken und gelegentliches Nachfragen kleine Resonanzimpulse der inneren Anteilnahme aussendet. Respektvoller Takt kann also auch heißen, einem Redebedürfnis *keine Grenzen zu setzen*. Damit schafft der Lehrer eine Atmosphäre der Offenheit und des Vertrauens, in der sich der Schüler mehr und mehr öffnet. Bevor die Pause vorbei ist, bedankt sich der sichtlich erleichterte Schüler bei seinem Lehrer für die Hilfe. Er hat, ohne das Zutun des Lehrers und ohne es selbst zu merken, in groben Zügen sein Englisch-Projekt umrissen. Durch respektvolles Schweigen hat der Lehrer den Schüler auf eine solche Weise berührt, dass dieser seine Gedanken beim Reden ordnen

95 Ebd.
96 Ebd., S. 177.

konnte. Auch im Schweigen manifestiert sich also ein resonanzsensibler Umgang mit Grenzen, durch den sich Schüler als respektiert erfahren können.

Schließlich können Schülerinnen und Schüler auch Resonanzen durch respektvollen Kontakt erfahren, wenn ein Lehrer seine eigenen Grenzen aufzeigt. Ganz anschaulich bringt er damit zum Ausdruck, dass jeder Mensch Grenzen hat und dass er eine gegenseitige Rücksichtnahme einfordert.

Durch *würdevollen Takt* lassen Lehrende ihre Schülerinnen und Schüler spüren, dass sie als Menschen wertvoll sind. Das pädagogische Ethos, das als eine Orientierung auf das Wachstum und das Wohlergehen junger Menschen ausgerichtet ist, verlangt, dass man grundlegend den Wert des ganzen Menschen wahrnimmt, bevor man den Wert des Menschen in seiner Rolle als Schülerin oder Schüler sieht. Resonanzen durch würdevollen zwischenmenschlichen Kontakt können durch kleine Gesten entstehen, etwa wenn Lehrende zum Ausdruck bringen (und dies ehrlich meinen), dass sie die Anwesenheit der Kinder und Jugendlichen freut.

Das Beispiel[97] einer australischen Schülerin lässt sich als eine Erfahrung verstehen, in dem die Schülerin mit Namen Mona zum ersten Mal durch den Kontakt zu einer Lehrperson ein Gefühl für ihre Würde erhielt. Nachdem die Unterrichtsstunde vorbei war und die neue Schülerin als Letzte den Raum verlassen wollte, hielt die Lehrerin sie auf und sagte:

> „Mona, I just want you to know that I am very happy that you are a student in my class."[98]

Diese Geste hallte in Mona lange nach, sodass sie sich auch nach 35 Jahren, nun selbst Lehrerin, noch lebhaft daran erinnern konnte:

> „That was the nicest thing that happened to me in high school. I was very messed up and most teachers paid no attention to me, an aboriginal girl with an alcoholic mother and father. They looked down on me. For them I was a lost cause. But my science teacher was friendly and fair. No teacher had ever said something like that to me, and that year I learned to love science. In this class I could learn to respect myself."[99]

97 Ebd., S. 26.
98 Ebd.
99 Ebd.

Dass Mona den Kurs dieser Lehrerin zu lieben lernte, besagt einmal mehr, dass die soziale und die sachliche Resonanzachse sich wechselseitig ergänzen und stabilisieren.

„Würde" hat jedoch noch eine weitere Bedeutung, die im Alltagsgebrauch eher in dem Begriff des „Würdenträgers" zum Ausdruck kommt. Demnach erleben sich Kinder von Lehrenden auch dann würdevoll berührt und kontaktiert, wenn sie die Erfahrung machen, in einem hohen Ansehen zu stehen. Zentral scheint hierfür zu sein, dass Lehrende das Positive in ihren Schülerinnen und Schülern sehen und fördern. Durch eine Negativ- oder auch Defizitorientierung, bei der Lehrende dazu neigen Schüler grundsätzlich für unfähig zu erklären, übertrieben kritisieren und nur deren Schwächen und Fehler wahrnehmen, kann die Weltbeziehung für die Lernenden schnell bedrückend (kleinmachend) und repulsiv werden. Hingegen schweigt die Weltbeziehung, wo Lehrende ihre Schüler würdelos abstempeln und allesamt in eine Schublade stecken, wodurch keine lebendige Begegnung mehr möglich wird.

Untersuchungen haben gezeigt, dass es Schülerinnen und Schülern sehr wichtig ist, von den Lehrenden gerecht und gleich behandelt zu werden. Durch *achtungsvollen Takt* entsteht im Klassenraum eine Atmosphäre der Gleichbehandlung, in der die Lehrperson alle Schüler (be)achtet. Indem Lernende die Schule als eine Welt erleben, in der sie beachtet und geachtet werden, können sie Selbstachtung entwickeln.

Auch hier kann Resonanz, wie so oft, bereits durch kleine Gesten initiiert werden, etwa, indem Lehrende die Schüler mit ihrem Vornamen ansprechen – und zwar ohne Ausnahme. Der Verlust des eigenen Namens im Klassenraum kann zu Entfremdungserfahrungen führen, wie die ruhige und schüchterne Schülerin Huxia Chung zu berichten weiß:

> „In one of my classes I am impressed by the teacher's ability to motivate students' participation in class discussions. The teacher learned everyone's name very quickly despite the large class size. He always calls students by their first name. However, he has never mentioned my name. I thought that I did not mind it that much. But one day, when he discussed each group project, calling each student's name as if he appreciated every member's effort, I found myself waiting for my name to be mentioned. At last it was our turn. There were four in our group.
> I concentrated on the teacher. He began to name the first two individuals in our group. Then, I saw him look at me, and hesitate for a moment, as if he did not really see me. Then he quickly skipped my name to the fourth member. I was unrecognized. I was a bit surprised at myself. I did not expect that I would be so

disappointed. I was embarrassed. I was painfully aware of my Chinese name, which makes me who I am. I realize that *I have become nameless, invisible, a nobody in this class.*“[100]

Das Wort „Achtung“ hat im Deutschen auch die Bedeutung „Aufmerksamkeit“. Resonanzpädagogen sind bestrebt, allen Schülerinnen und Schülern die gleiche Aufmerksamkeit zukommen zu lassen. Achtungsvoller Takt manifestiert sich in einem sensiblen Resonanzgespür – etwa dafür, ob ein einzelner Schüler oder die Klasse vom Unterrichtsgeschehen abgehängt wurde. Resonanz stellt sich nur dort ein, wo diejenigen, die den Anschluss verloren haben, nicht zurückgelassen werden, sondern Aufmerksamkeit erhalten. Nur wenn Lehrende die ganze Klasse als eine Lerngemeinschaft im Blick haben, können sie die Einzelnen wieder mit der Lerngemeinschaft synchronisieren. So berichtet ein Schüler der 8. Klasse, der an Matheangst litt:

„The new grade 8 math teacher took over three months into the school year. By that time I had already developed a serious case of math anxiety. During the math classes I had gotten lost in a fog. I gradually realized that I no longer could do the assignments. Meanwhile I tried to keep up a front that I knew what was going on. I was no longer able to understand the jokes of the math teacher. I felt like a fake, uncomfortable, and increasingly oppressed by past failings. I had given up hope that I could somehow catch up with the others. I distinctly remember our second class with this new teacher. She called on me to solve the math that she had explained the previous day. But I was totally confused and frustrated. Then she looked me straight in the face and she said something that I still remember almost two years later. This is what she said:
‚I am sorry, I must not have explained it very well. Let us go over it again. We'll do it a different way. ‘ Then we did go over it again.
That day it became clear to me that with this teacher I had become unbelievably smart overnight.“[101]

Menschen erfahren sich oft von anderen Menschen im Innersten berührt, wenn sie sich in ihrer Einzigartigkeit als wahrgenommen und gesehen erleben. *Wertschätzender Takt* kann im Unterricht und in der Schule Resonanzen auf der sozialen Achse erzeugen, weil sich die Lernenden in ihrer Einzigartigkeit als bejaht erleben.

Schulnoten messen in der Regel die Leistungen der Schülerinnen und Schüler anhand eines objektiven Kriteriums, das vom Individuum in seiner

100 Ebd.
101 Ebd., S. 28.

Einzigartigkeit abstrahiert: Der Bewertungsmaßstab ist dem Schüler selbst äußerlich. Man misst die Leistung anhand allgemeiner überindividueller Kriterien, nicht aber die *relationale* Leistung des Lernenden, die den individuellen Fortschritt einbezieht. Wenn diese individuelle Leistung nicht anerkannt wird, und wenn Schüler allein anhand eines ihnen äußeren Maßstabes Anerkennung und Wertschätzung erfahren, kann eine tiefe Entfremdung zur Schulwelt entstehen. In der Noten gebenden Weltbeziehung erleben sich Schülerinnen und Schüler dann als nicht gesehen, gemeint, gehört oder kurz: kontaktiert. So schreiben die Autorinnen des Buches „Wie wir Schule machen“:

> „Wir finden es schlimm, dass es für alles, was man in der Schule tut, Noten gibt. Jede Regung, jede Bewegung wird mit einer Zahl versehen. Wir kennen einen Schüler, der ist 1500 Meter gelaufen und war froh, am Ziel zu sein. Er hatte sich echt angestrengt und war überglücklich, er war jetzt im Sport nicht so der Bringer. Und dann hat ihm der Lehrer, anstatt ihn zu loben, ein ‚Ausreichend‘ gegeben. Also hat er für seine Spitzenleistung eine ‚Vier‘ bekommen, wie absurd. Die Note hat absolut nicht beschrieben, was er da hingekriegt hat.“[102]

Die relationale Anerkennung der Leistungen, die die Schülerinnen hier fordern, bedarf des wertschätzenden Taktes der Lehrperson: Es genügt nicht, dass Lehrende die relationale Leistung ihrer Schülerinnen und Schüler indifferent kommentieren. Wertschätzender Kontakt entsteht nur dort, wo die Schüler erfahren, dass sie die Lehrperson, in ihrer Funktion als zweite Stimmgabel, die sich von Anderen und Anderem passiv in Schwingung versetzen lässt, mit ihrer individuellen Leistung berühren, indem sie in ihr affektiv etwas auslösen. Eben diese Form der Wertschätzung erfährt der Läufer aus dem vorherigen Beispiel nicht.

In der folgenden Szene gelingt es der Lehrerin ebenfalls nicht, echte Wertschätzung zu vermitteln, woraufhin ein tiefer Entfremdungsgraben zwischen der Schülerin und der Schule entsteht:

> „I put the finishing touches on my art project. As I cast an appraisive glance at my creation, I am overwhelmed with relief at finally completing the piece. And I am aware of a growing sensation that faintly resembles pride. This is pretty good! I turn expectantly to the art teacher who is slowly making her rounds through the classroom. I am anxious to show her my finished work. She ambles over to my table and nods distractedly. ‚Very nice‘, she says, and that is that.

---

102 De Zárate/Tressel/Ehrenschneider (2014): Wie wir Schule machen, S. 83.

> She then turns her attention to others at my table who are intently working on much more intricate and more beautiful pieces than mine.
> ‚Very nice?!‘ A lump rises in my throat and a flush of embarrassment rushes through me. I am so taken aback at her response. I was at the point of asking her for suggestions, but was secretly hoping she would first say something positive about my work. I had not expected her utter disinterest.
> I let go of my breath and sink back in my chair. All of a sudden I am filled with frustration and disappointment at her curt comment. I want to throw a tantrum and cry at the same time. The vague nod with which she responded to my efforts stings in its dismissal. Her gesture leaves me conflicted and sullen. The fact that my teacher does not ‚see‘ my hard work and modest accomplishments leaves me deflated and helpless ... what more can I do?
> As if at a great distance, I watch her talking to my friends at my table–like I am missing out on something, like I am unworthy of my teacher's attention. I feel completely out-of-touch with my teacher and with my friends."[103]

Die Ausführungen zum wertschätzenden Takt sprechen nicht gegen eine objektive Notengebung, sondern vor allem dagegen, schulische Anerkennung und Wertschätzung allein anhand eines objektiven Maßstabes zu verteilen, der den relationalen Leistungen der einzelnen Schülerinnen und Schüler äußerlich ist.

Nach van Manen gibt es eine spezielle Form des Lehrer-Schüler-Kontaktes, den er als *auserwählenden Kontakt* (devotional contact) bezeichnet.[104] Diese Kontakt-Erfahrung entsteht dort, wo Lehrende eine besondere Beziehung zu einer Schülerin oder einem Schüler aufbauen. Schülerinnen und Schüler, die sich auf diese Weise angesprochen erfahren, können sich als herausgehoben, auserwählt und in besonderer Weise als gemeint erleben. Devotionaler oder auserwählender Kontakt kann deshalb auch in eine Spannung zum achtungsvollen Kontakt treten, in dem sich Schüler durch die Gleichbehandlung als kontaktiert und berührt erleben. Seinen Ursprung hat diese Form des auserwählenden Kontaktes vermutlich in den antiken Meister-Schüler-Beziehungen: Dort wählte der Meister einen Schüler aus, den er mit besonderer Hingabe in einer Sache unterrichtete, belehrte und ausbildete.

Das Motiv eines auserwählenden Kontaktes, ebenso wie die Sehnsucht danach, kommt in vielen popkulturellen Filmen zum Ausdruck: So ist etwa Harry Potter der Auserwählte, zu dem der Schuldirekor Dumbledore eine devotionale Beziehung aufbaut. Das Motiv des auserwählenden Lehrer-Schüler-Kontaktes ist ebenso in den diversen Star-Wars-Filmen präsent, in

---

103 Van Manen (2012): Tact of Teaching, S. 28.
104 Van Manen (2012): „The Call of Pedagogy", S. 28 f.

denen die Meister der hellen und dunklen Seite jeweils einen besonderen Schüler aussuchen, um ihn zu unterweisen. Möglicherweise ist das heutige Pendant zur antiken oder fiktiven auserwählenden Kontaktform das Prinzip der Vertrauenslehrer.

Interessanterweise muss eine solche auserwählende Kontaktform nicht notwendig durch die herausragenden Leistungen eines Schülers entstehen. Auserwählender Kontakt kann sich ebenso aus defizitärem oder negativem Verhalten heraus entwickeln. Van Manen berichtet von einer Episode, in der eine Lehrerin einen Schüler nach der Stunde zu sich bittet, weil dieser seine Hausaufgaben erneut nicht abgegeben hat. Die resonanzsensible Lehrerin kontaktiert den Schüler Mat zunächst wertschätzend und signalisiert ihm durch ein Lächeln, dass er willkommen ist. Sie sagt ihm, er habe eine ganz besondere Fähigkeit erlernt: „You are a pro! You are just excellent at avoiding work."[105] Mat kann sich daraufhin öffnen und erzählt von seiner Unlust, sich nach der Schule mit „Schulzeug" zu befassen. Viel lieber sitze er an seinem Computer, spiele Gitarre oder fahre im Wald Fahrrad.

> „While Mat talks about his music, the teacher regards him. She looks directly into Mat's face and suddenly she is struck by what she sees: an awkward looking youngster whose depth of emotions seems quite unfathomable. This youngster is so much more complex than the student she saw at the beginning of the lesson. [...] She feels moved because not only does she see him as if for the first time, she also sees his vulnerability. Here is a big boy with complex emotions who, like a young child, still seems caught in the present and for the present, without regard for things that lie ahead."[106]

Am Ende des Gesprächs verspricht Mat, sich in Zukunft mehr Mühe zu geben, doch die Lehrerin weiß, dass solche Versprechen meist nicht lange halten. Aber wenn Mat durch diesen Kontakt nicht effektiver oder effizienter lernt, so könnte man sich fragen, worin liegt dann der Wert dieses Kontaktes? Die Antwort lautet: in der Beziehung selbst. Der Wert dieser Kontakterfahrung besteht in der Resonanz:

> „Teacher-student talk is pedagogically good if it provides opportunities for further contact, for seeing this child or this young person, and for a personal relation to develop. A good talk creates a shared history. A good talk leaves a memory of affect. The affect is that the teacher has fallen for this youngster, as happens to teachers. [...] When later in the week the class reads a story about biking in the woods, the teacher glances at Mat. She gives him a quiet wink and

105 Ebd., S. 29.
106 Ebd.

he smiles back–the moral spark of contact. [...] So the good of the talk was that, in days and weeks to come, at appropriate time, the teacher can exchange a meaningful look–a look that has special significance just for Mat. [...] He has become a special student in her life."[107]

Durch die bedeutungsvollen Blicke und Gesten, die die Lehrerin Mat zuwirft, während sie einen bestimmten Unterrichtsstoff behandeln, entsteht eine soziale Resonanzachse zwischen ihr und Mat. Durch diese soziale Resonanzachse kann die Lehrerin möglicherweise auch die Sache für Mat zum Klingen bringen. Mit der sachbezogenen Form des resonanzsensiblen Lehrerhandelns wird aber bereits der Boden des pädagogischen Tons betreten.

Pädagogischer Ton

Wie bereits mehrfach angedeutet, sind soziale Resonanz- und Kontakterfahrungen im Klassenraum oft verwoben mit sachlichen Resonanzerfahrungen. Um schulische Selbst- und Welt-Anverwandlung zu initiieren, bedarf es deshalb auch der Fähigkeit, die Sache bzw. die materialen Weltausschnitte für die Schülerinnen und Schüler zum Klingen zu bringen. Resonanzsensible Lehrpersonen ermöglichen dies durch tonales Verhalten.

Der elementarste Schlüssel, um Lernenden den Unterrichtsstoff resonanzpädagogisch „aufzuschließen" und zum Klingen zu bringen, ist die eigene affektive Beziehung zur Sache.[108] Die enge Bindung zur Sache kann einen *motivationalen Ton* erzeugen. Durch ihre eigene Bindung zur Sache können Lehrende im Sinne einer ersten Stimmgabel den Funken überspringen lassen. Lehrende, die sich selbst für den zu vermittelnden Weltausschnitt begeistern können, die Freude ausstrahlen und deren Augen zu Unterrichtsbeginn „leuchten", haben es leichter, das Interesse und die Aufmerksamkeit der Klasse zu wecken. Ob es gelingt, eine Klasse für einen Weltausschnitt intrinsisch zu interessieren und nicht nur einer vermeintlich erfolgreicheren Zukunft oder einer Leistungssteigerung wegen, hängt nicht nur von der technischen Vorbereitung der Stunde ab (von klaren Fragestellungen und der Einordnung in die Gesamtstruktur des Faches), wichtiger ist vielmehr die Art und Weise, wie die Sache im Unterricht präsentiert wird.

107 Ebd., S. 29–31.
108 Ilien (2009): Grundwissen Lehrerberuf, Kap. 4.

In ihrer Videostudie konnten Sean Neill und Chris Caswell typische tonale Verhaltensweisen bei Lehrenden identifizieren.[109] Das herausragende Merkmal erfolgreicher Lehrpersonen war ihre *Begeisterung* und ihre *Entschlossenheit*. Durch seine eigene Begeisterung konnte z.B. Herr Wetter den „Resonanzfunken“ auf seine Klasse überspringen lassen:

> „Als Lehrer mit einer ganzen Reihe von Dienstjahren hatte er wahrscheinlich den Unterrichtsstoff über das Klima schon fünfzig- oder hundertmal vermittelt und kannte sich vielleicht schon seit dreißig Jahren mit dem Grundkonzept Klima aus. Jedoch konnte man bei seiner Reaktion auf die ersten Antworten der Jungen, als diese sich zu den Grundbegriffen vortasteten, den Eindruck gewinnen, als würde er gerade die spannendsten Enthüllungen zu diesem Thema hören, seitdem Noah zum ersten Mal an die Arche dachte. Er schien buchstäblich an jedem Wort der Schüler zu hängen – ein Charakteristikum beliebter und erfolgreicher Lehrer.“[110]

Neill und Caswell konnten zeigen, dass Resonanzpädagogen vor allem in den unteren Klassen ihrer Begeisterung oft übertrieben und lebendig Ausdruck verleihen, etwa indem sie jede Wortmeldung mit einem freudigen „Toll!“ kommentierten. Da der kindliche Weltbezug affektiv lebendiger ist als der des kontrollierten und rationalen Erwachsenen, wird eine erwachsene Zurückhaltung im Klassenraum insbesondere von jüngeren Schülerinnen und Schülern oft als „totlangweilig“ empfunden.[111]

Die Vermittlung von Begeisterung gelingt allerdings nur, wenn Lehrende auch in einer wirklichen Resonanzbeziehung zur Sache und zum Lernen ihrer Schülerinnen und Schüler stehen, d.h. wenn sie sich von diesen authentisch, im Sinne einer zweiten Stimmgabel, berühren lassen. Erfolgreiche Lehrende erzeugen eine lebhafte Atmosphäre, indem sie nicht nur verbal, sondern leiblich Beziehungen stiften – ihr Körper wird zu einem Resonanzkörper:

> „Wir haben bei unseren Analysen herausgefunden, dass erfolgreiche Lehrer im Verlauf der gesamten Stunde Gesichtsausdruck, Gestik und Stimme variantenreich einsetzten. Im Unterschied zu ihren weniger erfolgreichen Kollegen zeichneten sie sich besonders durch illustrierende Gesten und lebhafte, auf Nachahmung ausgerichtete Intonationen aus, die den Unterrichtsstoff für die Klasse interessanter und lebendiger gestalteten. Wir fanden ebenfalls heraus, dass er-

---

109 Caswell, Chris/Neill, Sean (2003): Körpersprache im Unterricht. Techniken nonverbaler Kommunikation in Schule und Weiterbildung, S. 128 f. Vgl. auch Neill, Sean (1991): Classroom Nonverbal Communication.

110 Caswell/Neill (2003): Körpersprache im Unterricht, S. 128.

111 Ebd., S. 130.

> folgreiche Lehrer ihre Klasse häufiger mit aufmerksamen Blicken fixierten als andere und auch Kopfbewegungen einsetzten, die das Engagement des Sprechers signalisieren; diese Lehrer zeigten so ihr starkes Interesse an den Wortbeiträgen der Kinder. Erfolgreiche Lehrer lächelten mehr und setzten häufiger den scherzhaften Tonfall ein; es machte den Schülern (und uns) mehr Spaß, in ihrem Unterricht zu sitzen."[112]

Gibt es einen deutlicheren Hinweis darauf, dass nicht nur das Wissen und die Leistung die Unterrichtsqualität eines Lehrers definieren, sondern ganz besonders seine Resonanzfähigkeit und Resonanzsensibilität?

Auch bei der inhaltlichen Stoffvermittlung erzeugten Lehrende einen antwortenden Resonanzraum, indem sie beispielsweise mehr Spaß daran hatten, die Thesen zu diskutieren und dementsprechend mehr Zeit darauf verwandten als ihre weniger erfolgreichen Kollegen. Resonanzpädagogen fördern in den Diskussionen Begegnungen, Interaktionen und Austausch und erzeugen somit ein anregendes intellektuelles Klima.

Resonanzräume zeichnen sich aber nicht nur durch Offenheit aus, sondern auch durch autonome Geschlossenheit. Ein zu offener Unterricht produziert chaotische und diffuse und somit potenziell indifferente Weltverhältnisse, in denen alles durcheinander klingt, sodass kein stabiler Ton vernommen werden kann. In der Forschungsliteratur finden sich deshalb immer wieder Belege[113], dass erfolgreiche Lehrpersonen entschlossen sind, den Unterricht auf eine solche Weise zu leiten und zu dirigieren, dass das Geschehen auf eine gemeinsame Sache bzw. einen gemeinsamen Ton hin ausgerichtet wird, ohne dabei autoritär-repulsive Schulweltbeziehungen zu erzeugen.

Dieser Befund wird auch in der Studie von Neill und Caswell angedeutet: Dass die Beschreibung der Lehrperson als eines Dirigenten nicht nur metaphorischen Gehalt hat, zeigt sich ganz konkret daran, dass erfolgreiche Lehrer das Geschehen durch Finger- und Handbewegungen anleiten und dirigieren, so bringen sie die Schüler durch immaterielle leibliche Bewegungen und Gesten zum Antworten, Aufmerken, Nachdenken und Widersprechen.[114]

Verfügt der Lehrer über keine affektive Bindung zur Sache und fehlen ihm die Freude und die Begeisterung für das Unterrichten und den fachlichen Weltausschnitt, vermag er jene tonalen Resonanzimpulse nicht auszusenden, was sich wiederum in der Art manifestiert, wie er die Sache präsentiert: Neill und Caswell konnten beobachten, dass die weniger erfolgreichen

---

112 Ebd.

113 Vgl. Fend (2008): Neue Theorie der Schule, S. 104 ff.

114 Caswell/Neill (2003): Körpersprache im Unterricht, S. 130.

Lehrer ihre indifferente oder repulsive Haltung im Unterricht auf die Klasse übertrugen. Im neutralen Gesichtsausdruck, der monotonen und farblosen Stimme, der neutralen Intonation kommt zum Ausdruck, dass der Lehrer der Sache anteilnahmslos gegenübersteht, während die Schülerinnen und Schüler den Unterricht als „fad" und „flach" und somit als stumm und resonanzlos beschrieben. Darüber hinaus konnten Neill und Caswell registrieren, dass Lehrende in weniger erfolgreichen Unterrichtseinheiten öfter repulsiv abwehrende und ängstlich nervöse Handbewegungen machten. Zudem interagierten weniger erfolgreiche Lehrer seltener direkt mit einzelnen Schülern und versäumten dadurch häufiger, zur Klasse Kontakt herzustellen. Fehlende Mimik, Gestik und Intonation sowie das Vermeiden von sozialen Resonanz- und Kontaktmomenten erwies sich dabei als ein sicherer Hinweis für fehlende wechselseitige Anteilnahme – die Signatur von Indifferenz und Entfremdung.

Auch Neill und Caswell vermuten, dass der Klassenraum stumm bleibt, wenn Lehrpersonen nicht genügend Selbstwirksamkeitserwartungen ausgebildet haben, um Beziehungsangebote im Sinne einer ersten und zweiten Stimmgabel in Vorleistung anzubieten, „was sie auch davon abhielt, in die warmherzige, aber dominante Rolle zu schlüpfen, die für den Umgang mit Schülern aus den unteren Klassenstufen der Sekundarstufe I notwendig zu sein scheint."[115] In Übereinstimmung mit der These, dass bildendes Lehren sowohl Resonanzfähigkeit als auch Entfremdungstoleranz voraussetzt, liefern auch Neill und Caswell Belege dafür, dass Unterricht durch die Resonanzsucht des Lehrers scheitern kann: Wenn Lehrende die anfängliche Unaufmerksamkeit und das Desinteresse (den natürlichen Entfremdungsgraben) der Schülerinnen und Schüler als persönliche Bedrohung wahrnehmen und nicht auch entfremdungstolerant sind, fällt es ihnen schwerer, sich für das Unterrichten einer Sache begeistern zu können.

Eine weitere Möglichkeit, die Sache für die Lernenden zum Klingen zu bringen, ist der *personale Ton*. Personaler Ton entsteht dort, wo Lehrer die Sache durch die Rückbindung an eine faszinierende, interessante oder skurrile Persönlichkeit interessant werden lassen, in die sich die Lernenden hineinversetzen können. So können etwa historische Fakten personal eingefärbt werden, wenn sie aus den Augen eines bestimmten Entdeckers, Erfinders, Königs oder Feldherren erzählt werden, der von den Ereignissen betroffen war. Ebenso können Experten, die in den Unterricht eingeladen werden, einen personalen Ton entstehen lassen, sowie die Lehrerin personal tönt, wenn sie die Sache im Medium einer persönlichen Erfahrung präsentiert.

115 Ebd., S. 131.

Resonanzbegabte Pädagogen referieren nicht nur neutrale Fakten, etwa zu einem historischen Ereignis, sondern lassen die Schüler in die Rollen der beteiligten Akteure schlüpfen, als Experten oder Politiker auftreten und die jeweiligen Standpunkte, Dilemmata, Schwierigkeiten und Herausforderungen der betreffenden Personen nachspielen. Dabei registrieren die Schüler nicht nur neutral die vorhandenen Standpunkte, sondern erleben sich auch selbst in der Rolle des Anderen als betroffen. Ein personaler Zugang zur Sache kann auch dadurch eröffnet werden, dass die Sache an die Schülerinnen und Schüler rückgebunden wird. So kann es z.B. helfen, wenn die Schülerinnen und Schüler eine persönliche Frage entwickeln, bevor ein neuer Weltausschnitt behandelt wird. An diese persönlichen Fragen können Lehrende im Unterricht anknüpfen und so kleine personale Resonanzen initiieren.

Resonanz durch einen personalisierten Sachbezug kann auch im Zusammenspiel mit familiärem Kontakt erfolgen; ein weiteres Indiz dafür, dass soziale und sachliche Resonanzachsen miteinander verwoben sind. Im folgenden Beispiel zeichnet sich die Unterrichtsstunde zunächst durch massive Entfremdung aus, doch plötzlich springt durch das Anschlagen eines personal-familialen Tons überraschend ein Funke auf die Klasse über und lässt einen Resonanzraum entstehen:

> „I clearly remember this one time when I walked into my class with a smile on my face. I looked forward to discussing with the students a captivating story by a famous author. However, as soon as I faced the students and started to introduce the lesson, the same thing happened that always happened. The students all turned their faces down and started writing notes. All I saw were fifty heads of black hair. As I continued analyzing the novel, I did not see a single face, not a single pair of eyes looking at me. I knew that the students were listening to me but their attention was passive. They simply jotted down notes to later memorize and then reproduce on the test or exam. I felt very unhappy with this inattentive attentiveness. I wanted to have real contact with my students, I wanted to touch them and make sure that the story really meant something to their lives. But even when I asked questions or tried to involve the students in a discussion, they answered politely and dutifully, but without a real spark of interest. They merely wrote down the question in case it would appear on the test.
>
> But that day something strange happened. As I was discussing the themes of the story that the students had read, I casually mentioned how my boyfriend disagreed with me about the meaning of the book. I said, ‚Last night I discussed the story with my boyfriend. But my boyfriend thinks that the book is not about sacrifice at all, but really about betrayal. So he and I started arguing about the meaning of the story and about the meaning of sacrifice and betrayal.‘ The strange thing is that when I uttered those words, an unbelievable thing

> happened: suddenly fifty black heads of hair turned upwards and fifty faces looked at me with expectation, interest, and curiosity.
> For a moment, I was taken aback with suddenly seeing all these eyes and faces facing me. But then my confusion turned into elation. And I felt that I had to clarify further my disagreement with my boyfriend. But in the instant of the moment I also realized that I had made real contact with my students. I felt totally thrilled."[116]

Eng verwandt mit dem personalen Ton ist der *biografische Ton*. So wie Lehrende die Sache an eine interessante Person binden können, so kann diese auch im Kontext einer interessanten Lebensgeschichte präsentiert werden. Resonanzsensible Lehrende scheinen, wo es möglich ist, die persönlichen Lebensgeschichten der Menschen zum „Sprechen" zu bringen. Biografischer Ton kann beispielsweise erzeugt werden, wenn Lehrende ein Verständnis für ein einschneidendes Lebensereignis vermitteln, dass einen Autor oder einen Forscher dazu bewog, nach einer Erkenntnis zu suchen oder sich mit einem bestimmten Fachbereich zu befassen.

Die Idee des biografischen Tons geht auf Herder zurück: Herder hatte vorgeschlagen, dass wir zunächst nicht die abstrakten Theorien, historischen Fakten oder Kunstwerke und Kunstrichtungen lernen – dies allein würde uns lediglich totes Gelehrtenwissen vermitteln –, sondern zunächst die Biografien der dahinterstehenden Menschen lesen. Herder vertritt die Idee, dass Bildung nur durch Selbst- und Weltberührungen stattfinden kann. Indem wir Biografien lesen, erlangen wir ein Gespür für diese Weltberührungen. Wir erfahren, was einen Forscher, einen Entdecker, einen Künstler, einen Politiker angetrieben hat, wovon er bewegt wurde, was er selbst in der Welt bewegen wollte usw.

Biografischer Ton kann jedoch nicht nur dadurch erzeugt werden, dass Lehrpersonen die Sache im Medium einer *fremden* Lebensgeschichte präsentieren. Ebenso bedeutsam für personalen Ton ist die *eigene* Biografie der Schülerinnen und Schüler. In der Unterrichtsforschung ist bekannt, dass Lernende sich eine Sache besser und tiefer erschließen können, wenn sie an biografische Lebenserfahrungen und lebensgeschichtliches Vorwissen rückgebunden wird. Dazu darf das biografisch erworbene Vorwissen den Schülerinnen und Schülern allerdings nicht egal sein. Um Resonanz zu initiieren, müssen die aktivierten Lebenserfahrungen tatsächlich bedeutsam oder irritierend sein, sodass sie die Schülerinnen und Schüler etwas angehen und ihre wirklichen Lebensinteressen ansprechen.

---

116 Van Manen (2012): „The Call of Pedagogy", S. 21 f.

In einer Randbemerkung hat Charles Taylor einen Hinweis gegeben, welche Bedeutung biografischer Ton im Geschichtsunterricht haben könnte: Nach Taylor befassen wir uns mit Geschichte oft so, als liefen wir neben einem Zeitstrahl her, was es uns ermöglicht, neutral und von außen auf die darauf verzeichneten Ereignisse zu schauen. Indem wir diese Ereignisse aber von außen betrachten, setzen wir uns nicht mit ihnen in Beziehung. Dazu müssten wir in diesen Zeitstrahl eintauchen und nach der Bedeutung dieser Ereignisse für unsere eigene oder eine fremde Identität fragen. Als Beispiel sei der persönliche Bericht eines Gymnasialschülers angeführt: Dieser erzählte, dass seine Geschichtslehrerin, bevor sie mit dem Unterrichtsblock zum Zweiten Weltkrieg begann, den Schülerinnen und Schülern die Frage stellte, ob sie stolz darauf sind, Deutsche zu sein. Wie sie erwartet hatte, waren die Antworten eher diffus und schwankend, weder ja noch nein. Diese Verwirrung der Gefühle im Zusammenhang mit der nationalen Identität konnte die Lehrerin nun in Beziehung setzen mit der Geschichte des Nationalsozialismus, mit dem schrecklichen Geschehen in den deutschen Vernichtungslagern und der Verantwortung, die auch heute noch daraus erwächst. Vorsicht scheint nur dort geboten zu sein, wo die Betroffenheit der Anwesenden zu groß ist. Ersetzt die Biografie der Schülerinnen und Schüler den Sachbezug, droht die Sache mit ihrem objektiven Anspruch zu verstummen – Bildung ist keine Selbstbegegnung, sondern Weltbegegnung.

Wenn eine resonanzpädagogische Forschung für den Unterricht relevant sein will, muss sie sich auch mit *curricularem Ton* beschäftigen. Curricularer Ton entsteht durch fachinterne Verknüpfungen und fächerübergreifende Resonanzen. Solche Resonanzen können innerhalb eines Faches entstehen, wenn Lehrende auf vergangene, interessante Diskussionen, spannende Beiträge und früher bedeutsame Erkenntnisse zurückkommen; aber auch dort, wo sie auf Zukünftiges verweisen. Wenn Lehrende auf den Inhalt eines Vortrages zurückkommen („...wie Ina uns gezeigt hat...", „...Paul hatte ja bereits die Frage aufgeworfen...", „...wie uns Susanne noch darlegen wird..." usw.), erzeugen sie nicht nur sachliche Anknüpfungspunkte, sondern auch soziale Resonanzen, indem sie deutlich machen, dass die Beiträge der Schüler Spuren in der Unterrichtswelt hinterlassen.

Darüber hinaus scheinen sich bestimmte Weltbereiche nur um den Preis von Entfremdung in eine 45 Minuten dauernde Unterrichtseinheit pressen zu lassen, was oft als Kritik am Fachunterricht vorgetragen wird.[117] Wenn im Biologieunterricht etwa Genmanipulation behandelt wird, dann berührt

117 Vgl. z.B. Gudjons, Herbert (2006): Methodik zum Anfassen. Unterrichten jenseits von Routinen, Kap. 5.1.

dies sowohl politische, ethische, umweltpädagogische als auch lebenspraktische Fragen, durch die verschiedene Fächer zueinander in Beziehung gesetzt werden können.

In der Debatte um den fächerübergreifenden Unterricht scheint aus resonanzpädagogischer Sicht wichtig zu sein, dass sich die Fächer wechselseitig füreinander öffnen, ohne jedoch ihre autonome Geschlossenheit zu verlieren: Die Abgrenzung von Fachbereichen scheint sinnvoll zu sein, um den jeweils fachspezifischen Weltbezug zu ermöglichen bzw. um einen stabilen fachlichen Ton erzeugen zu können. Nahe liegt allerdings auch, dass ein Lehrplan, dessen Fächer in keiner Beziehung zueinander, vielmehr nur lose und unverbunden nebeneinander stehen oder in denen die Fächergrenzen gar zu feindlichen „Fächergräben" werden, zu wenig Anknüpfungspunkte für curriculare Resonanzen bietet. Wie Herbert Gudjons argumentiert[118], darf deshalb der fächerübergreifende Unterricht, der von der Kultusministerkonferenz für die Oberstufe als verbindlich beschlossen wurde, die Fächergrenzen nicht gänzlich auflösen und zum Verschwinden bringen. Der Schlüssel für Resonanzen im Unterricht scheint in den Berührungen zwischen den Fächern zu liegen: In fachlichen Berührungspunkten verflüssigen sich die Grenzen zwischen den Fächern, ohne sich aufzulösen. Dabei können nicht nur starre Grenzen überschritten werden (etwa: Was hat die Ethik, die Politik, die Geschichte zum Thema Genmanipulation zu sagen), die Schüler können zugleich auch etwas über die Grenze des jeweils fachspezifischen Weltbezuges erfahren.

Wohl kaum eine pädagogische Lern- und Unterrichtstheorie kommt heute ohne den Hinweis aus, dass Lernen kein rein passiv aufnehmender Vorgang ist, sondern eine aktive und produktive Komponente enthält. Resonanzpädagogisch heißt dies: Lernende verwandeln sich die Welt an, indem sie auch aktiv auf die Welt einwirken. Der Effekt des praktischen Lernens, bei dem Schülerinnen und Schüler etwas selbst verfertigen, lösen, erkunden, in dem sie selbst experimentieren und forschen, besteht weniger in dem Umstand, dass sie die Welt instrumentell zu beherrschen lernen, als darin, dass die Welt beim Selbertun als antwortend und reagierend erfahren werden kann. Dieser Aspekt kann als *praxeologischer Ton* bezeichnet werden. Beim praktischen Selbermachen schreiben sich die Lernerfahrungen tiefer in den Leib ein und hinterlassen somit tiefere Spuren im Lernenden. Darauf weist auch der Neurowissenschaftler Wolf Singer hin:

118 Ebd., Kap. 5.

> „Das Selbermachen ist entscheidend. Sinnessignale können nur dann strukturierend auf die Hirnentwicklung Einfluss nehmen, wenn sie eine Folge von Interaktion mit der Umwelt sind."[119]

In praktischen Weltbeziehungen lernen Menschen durch Erfahrungen. Wie Dewey feststellte, können Erfahrungen nur in Antwortverhältnissen gemacht werden, in denen der oder die Lernende sowohl aktiv auf die Welt einwirkt als auch passiv eine Antwort oder Reaktion erfährt:

> „Durch Erfahrung lernen heißt, das, was wir den Dingen tun, und das, was wir von ihnen erleiden, nach rückwärts und vorwärts miteinander in Verbindung bringen."[120]

Diese passive Weltantwort kann sowohl freudvoll als auch leidvoll sein.[121] Wenn Helmut Fend Lernen als einen aktiven Vorgang beschreibt, bei dem die „kognitiven Entwicklungen von innen kommen", scheint dies just jene passiv erlebte Antwortqualität zu übersehen, auf die Anverwandlung angewiesen ist.[122] Resonanzsensible Lehrende regen ihre Schülerinnen und Schüler deshalb zu einem praktischen und aktiven Austausch mit der Welt an, indem sie praxeologische Resonanzen erzeugen.

Praxeologische Weltberührungen können auch dort initiiert werden, wo Weltausschnitte aus dem fachspezifischen Rahmen herausgelöst und auf solche Weltbereiche ausgeweitet werden, die die Lehrenden lebensweltlich etwas angehen, etwa indem sie auf das Schulleben übertragen werden. Im Konzept der „Schule als Polis", einer demokratisch selbstverwalteten Lerngemeinschaft, lernen Schülerinnen und Schüler nicht nur kognitiv etwas über Politik und Demokratie. Vielmehr lernen sie durch lebendige Interaktion die Bedeutung demokratischer Selbstverwaltung: Sie leben Demokratie.[123]

Aber nicht jedes praktische Selbertun hinterlässt auch Spuren im Lernenden. Resonanz entsteht nur in praktischen Weltbegegnungen, in denen die Tätigkeiten den Lernenden auch wirklich berühren, herausfordern, inspirieren oder Spaß bereiten. Das dumpfe Ausfüllen eines Arbeitsblattes

119 Singer, Wolf (2010): „Offene Fenster. Interview von Ralf Grauel", in: Lernen lassen. Abenteuer Bildung, S. 53.

120 Dewey, John (2000): Demokratie und Erziehung, S. 187.

121 Vgl. Göhlich, Michael/Zirfas, Jörg (2007): Lernen. Ein pädagogischer Grundbegriff, S. 90.

122 Fend (2008): Schule gestalten, S. 257.

123 Wobei sich die Schule natürlich als ein Schutz- und Schonraum auszeichnet, weil Schüler und Lehrer von der vollkommen autarken Selbstverwaltung entlastet sind, um sich dem Unterricht zuwenden zu können.

kann deshalb ebenso entfremdend sein wie das routinierte Verfassen eines Textes oder Durchführen eines Experimentes, in dem die Handlungsabfolge strikt vorgegeben ist.

Es ist eine bekannte pädagogische Einsicht, dass der Ort und der Raum die Qualität von Lehren und Lernen mitbestimmen.[124] Bildende Weltberührungen und Weltbegegnungen finden stets an und mit Orten sowie in und mit Räumen statt. Lehrende können Bildungsprozesse anregen, indem sie Orte zum „Sprechen" bringen und dadurch einen *verortenden Ton* erzeugen. Dabei präsentieren sie die Sache im Medium eines Ortes. Vor allem die im angelsächsischen Raum viel diskutierte „Place-Based Pedagogy" („Ortsbasierte Pädagogik") hat eine Vielzahl an Konzepten entwickelt, wie schulisches Lernen und Lehren durch Begegnungen und Resonanzen mit Orten erfolgen kann. Das Ziel dieser Bewegung ist es, den Unterricht über die engen Mauern des Klassenzimmers hinauszutragen und in der Lebenswirklichkeit der Schülerinnen und Schüler zu verorten. Dazu bringt der Unterricht die Lernenden mit den Orten, die sie umgeben, in Berührung:

> „[H]istory students research the stories of local places and people, perhaps interviewing elders in the community; language arts students document people and events in their places; social science students and government students observe their local governments in operation and the communities and people government decisions impact, science classes monitor local environmental conditions etc."[125]

Orte und Räume können eine subtile Resonanzwirkung auf das leibliche Welt- und Selbstempfinden entfalten. Kirchen, Wälder, Museen, Galerien, Konzert- und Theatersäle, Ruinen und historische Stätten können Menschen dazu bewegen, eine bestimmte äußere und innere Haltung einzunehmen. Durch das Einnehmen einer spezifischen Haltung stimmen sich Menschen auf bestimmte Welterfahrungen ein: Beim Betreten einer Kirche dämpft man nahezu automatisch die Stimme, während man in Anbetracht der räumlichen Symbole der Vergänglichkeit des Lebens eine andächtige oder ehrfürchtige Haltung einnimmt. Im Wald können wir durchatmen und zur Ruhe kommen. Der Besuch eines Kriegsschauplatzes oder eines Friedhofes kann uns bedrängen, bedrücken und traurig stimmen, während der Besuch einer historischen Stätte uns mit dem Strom der Zeit in Verbindung bringen kann. Museen und Galerien können durch ihre Atmosphäre die Sinne öffnen und uns anregen zu verweilen sowie uns auf ein Kunst-

124 Zum Raum als „dritten Resonanzpädagogen" vgl. Kap. IV.2, unten.

125 Edelglass, William (2009): „Philosophy and place-based pedagogies", in: Kenkmann, A. (Hrsg.): Teaching Philosophy, Kap. 5, S. 71.

werk einzulassen, Konzertsäle können durch ihre akustische Beschaffenheit als Resonanzraum die Wirkung von Musik verstärken.

Vor diesem Hintergrund ist die Frage durchaus berechtigt: „Warum eigentlich findet Biologie meistens drinnen statt? Und Religion nicht in Kirchen?“[126] Die Antwort auf die Frage, warum Unterricht oft in stummen und rein funktionalen Räumen stattfindet, könnte lauten, dass Unterrichtsqualität vornehmlich an Leistung, Erfolg, Effektivität und Effizienz gemessen wird, nicht an der Qualität bildender Weltbeziehungen.

Viele Lehrende kennen diese Situation: Man stellt seiner Klasse eine komplexe Frage mit dem Ziel, ein Gespräch bzw. eine Diskussion einzuleiten, und erhält eine Antwort, die aus einem einzigen Wort besteht. Wenn Schülerinnen und Schüler nur oberflächlich und kurz antworten, kann dies ein Entfremdungssignal sein. Im oberflächlichen Antwortverhalten der Klasse manifestiert sich fehlende Anteilnahme und Indifferenz. Die Lehrperson scheint ins Leere zu reden, sie *erreicht ihre Zuhörer nicht* und *es kommt nichts zurück*. Für dieses Problem hat die Forscherin und Wissenschaftspädagogin Mary Budd Rowe einen erstaunlichen Lösungsvorschlag gemacht, der resonanzpädagogisch als *temporaler Ton* bezeichnet werden kann. Dazu zeigt Rowe zunächst, dass der Grund für das Verstummen der Antwort- und Resonanzbeziehungen im Klassenraum in der Temporalstruktur des Unterrichts liegen könnte:

> „To put it briefly, when teachers ask questions of students, they typically wait 1 second or less for the students to start a reply; after the student stops speaking they begin their reaction or proffer the next question in less then 1 second. If teachers can increase the average length of the pauses at both points, namely, after a question (wait time 1) and, even more important, after a student response (wait time 2) to 3 seconds or more, there are pronounced changes (usually regarded as improvements) in student use of language and logic as well as in student and teacher attitudes and expectations.“[127]

Die Temporalstruktur als diejenige Zeit, die uns zur Verfügung steht, um mit einem Weltausschnitt in Kontakt zu kommen, bestimmt die Art und Weise, wie wir in die Welt gestellt sind. Die Vermutung liegt nahe, dass sich hinter der von Rowe ermittelten Frage- und Antwortzeit (weniger als eine Sekunde) ein Leistungs-, Effektivitäts- und Beschleunigungsimperativ verbirgt, durch den Lehrende das Warten als unerträgliche Zeitverschwendung erleben könnten. Dabei treten ganz erstaunliche Effekte auf, wenn Lehrende

126 De Zárate/Tressel/Ehrenschneider (2014): Wie wir Schule machen, S. 49.

127 Rowe, Mary (1986): „Wait Time: Slowing Down May Be A Way of Speeding Up!“, in: Journal of Teacher Education 37 (1), 43–50, hier S. 43.

die Wartezeit von einer auf drei Sekunden verlängern, nachdem sie eine Frage gestellt bzw. nachdem sie eine Antwort erhalten haben. Durch die längere Wartezeit können Räume für Anverwandlung und Resonanzen entstehen. Rowe hat gezeigt, dass sich durch eine längere Wartezeit die Stimmung im Klassenraum wandelt, was man als eine Transformation von einem Effizienz- in einen Resonanzraum interpretieren kann. Dies kommt sowohl in den veränderten Einstellungen und Beziehungen der Lernenden untereinander als auch in der Beziehung zwischen Schüler und Lehrer sowie in der Beziehung zur Sache zum Ausdruck.

Rowe zeigt, dass sich durch eine verlängerte Wartezeit (drei Sekunden) die Beziehungen der Schüler untereinander intensivieren und responsiver werden: Die Schüler wenden sich häufiger einander zu, tauschen sich öfter aus und beziehen sich stärker auf die Aussagen ihrer Mitschüler. Ebenso steigt die Anzahl derjenigen, die freiwillig an Diskussionen teilnehmen, und öfter machen Schüler unaufgeforderte, aber angemessene Beiträge. Entstehen im Klassenraum Resonanzen, nehmen die Widerstände ab, wodurch der Unterricht wie von selbst läuft. Auch dies belegt Rowe, wenn sie zeigt, dass Lehrende seltener nachfragen müssen, zugleich aber bereits durch geringe Denkanstöße Bewegung in die Schülerschaft bringen, sowie die Ideenentwicklung gezielter anstoßen und vorantreiben können. Durch das Auflösen von Widerständen verringern sich auch die disziplinarischen Maßnahmen. Interessanterweise kann die Resonanzwirkung im Klassenraum auch jene bisher stummen Schüler ergreifen, die vordem am Unterricht nicht teilgenommen hatten:

> „Under the longer wait time schedule, some previously ‚invisible' people become visible. Expectations change gradually, often signaled by remarks such as ‚He never contributed like that before. Maybe he has a special ‚thing' for this topic.' This effect was particularly pronounced where minority students were concerned."[128]

Durch die entschleunigte Wartezeit kann auch die sachliche Resonanzachse leichter zum Klingen gebracht werden: So fallen nach Rowe die Antworten um 300 bis 700 Prozent länger aus, es werden mehr Belege und logische Argumente an- und ausgeführt, und es werden mehr Vorschläge für Experimente und weiterführende Fragen vorgebracht.

Eine andere Möglichkeit, die Resonanzachsen im Unterricht durch temporalen Ton zum Klingen zu bringen, können Rituale sein, die den Verlauf des Unterrichts zeitlich strukturieren: So kann das gesungene, gehörte oder

128 Ebd., S. 45.

gespielte Musikstück (ein Rock- oder Poplied) als Klassenhymne den Unterricht einleiten und ausklingen lassen[129], eine Bewegungs- oder eine geleitete Entspannungsübung im Mittelteil den Unterricht in eine neue Phase überleiten usw. Durch gekonnt eingesetzte Rituale können sich die Anwesenden aufeinander sowie auf den Unterricht einstimmen. Rituale erzeugen Resonanzeffekte, weil sie die Anwesenden durch den praktisch-handelnden und leiblich-affektiven Weltbezug synchronisieren und sich aufeinander einstimmen. Die leibliche Komponente ist dabei dem im Unterricht oft vorherrschenden kognitiven Weltbezug entgegengesetzt.[130] Als Voraussetzung gilt allerdings, dass sich die Rituale durch ästhetische Lebendigkeit auszeichnen und nicht selbst entfremdend wirken, weil sie etwa, wie Hans-Ulrich Grunder schreibt, zum „erstarrten und leeren Zeremoniell"[131] werden.

Die ästhetische Lebendigkeit, wie sie einem gelungenen Schul- und Klassenritual innewohnt, kann einen *ästhetischen Ton* erzeugen, in den die Anwesenden einstimmen. Auch in der ästhetischen Bildung wird die Sache durch einen solchen ästhetischen Ton zum „Klingen" gebracht. Die Bezeichnung „ästhetische Bildung" enthält zwei Bedeutungen. In der ersten Bedeutung meint Ästhetik das *sinnlich Erfahrbare*: Um etwas besser zu begreifen, sollten Schüler es ergreifen, befühlen, mit den eigenen Augen sehen und den eigenen Ohren hören. Nicht immer muss dazu tatsächlich ein Gegenstand befühlt werden. So kann es in einem Vortrag bereits genügen, die sinnlichen Erfahrungen durch Formulierungen und Beispiele anklingen zu lassen, um diese sinnlich-weltberührenden Erlebensmodi zu aktivieren. In der zweiten Bedeutung meint Ästhetik das *Schöne*: Ästhetische Resonanzen können durch berührende Geschichten und Inszenierungen entstehen, wie z.B. im darstellenden Spiel, durch Bilder, Filme und Musikstücke.

Da die Literatur über ästhetische Bildung schier unüberschaubar ist, kann der ästhetische Ton im Rahmen einer Resonanzpädagogik vorerst nur als Forschungsdesiderat beschrieben werden. Dennoch leuchtet die Grundidee ein, die prominent Friedrich Schiller formulierte: Menschen befassen sich eher mit herausfordernden, komplexen und anspruchsvollen intellektuellen Aufgaben, wenn diese ästhetisch aufbereitet sind und somit sinnliche Weltberührungen ermöglichen.

---

129 Diese Idee geht auf Hartmut Rosa zurück.

130 So schreibt Hans-Ulrich Grunder: „Rituale reklamieren den körperlich-praktischen, sinnlich-handelnden Bezug zur Welt, und sie sind dem kulturdominanten Habitus des rationalen Akteurs entgegengesetzt." Vgl. Grunder (2001): Schule und Lebenswelt. Ein Studienbuch, S. 226.

131 Ebd., S. 225.

Ein beeindruckendes Beispiel, wie politische und historische Bildung durch eine ästhetische Inszenierung ermöglicht wurde, geben einmal mehr die Autorinnen des Buches „Wie wir Schule machen". In ihrem Geschichtsunterricht wurde die Trennung von Deutschland in einen Ostteil und einen Westteil behandelt, als die Lehrerin meinte, man müsse einmal versuchen wirklich verständlich zu machen, was diese Trennung bedeutete, woraufhin sie die Schule kurzerhand in zwei Teile trennte:

> „Und dann hatten wir Projektwoche, und wir waren baff, als wir montags in die Schule kamen. Denn da standen zwei Tische gleich am Eingang, und alle mussten sich in eine Reihe stellen. Und als man dran war, schauten die Lehrer auf eine Liste und haben dich eingeteilt. Entweder warst du jemand aus dem Westen oder aus dem Osten. Wir haben Pässe bekommen und neue Namen. Und in der Schulküche gab es zwei verschiedene Essen. Das eine war besser als das andere, denn viele Sachen wie zum Beispiel Südfrüchte gab es in der DDR damals ja nur selten. Das ganze Experiment hat fünf Tage gedauert, und ihr könnt euch vorstellen, dass wir heut noch daran denken. Das war wirklich spannend. [...] Die Lehrer hatten das Experiment vorbereitet, aber wir mussten es durchführen."[132]

Im Leben eines jeden Schülers und einer jeden Schülerin gibt es Momente, in denen sie vom Unterricht abgehängt werden und ohne äußere Hilfe keinen Anschluss mehr finden, sei es, weil sie unaufmerksam waren, weil ihr Vorwissen keine Anknüpfungspunkte zuließ oder weil sie einen Gedanken im Geiste weitergesponnen hatten. Schülerinnen und Schüler können sich in solchen Momenten nicht nur als „out of touch" mit dem inhaltlichen Unterrichtsgeschehen erleben, sondern auch als vom Rest der Klasse isoliert erfahren. Nichts liegt näher, als in einem solchen Moment den Lehrer zu bitten, die Ausführungen noch einmal zu wiederholen oder verständlicher zu erklären. Tatsächlich aber gehen Schülerinnen und Schüler damit jedes Mal ein Risiko ein, das sie vielleicht an ihrem plötzlich erhöhten Pulsschlag wahrnehmen: Indem sie ihr Nichtwissen zeigen, gehen sie das (oft gefühlte) Risiko ein, sich vor dem Lehrer bzw. der Lehrerin und den Mitschülern zu blamieren (Repulsion) oder aber übergangen und ignoriert zu werden – was z.B. auch dann der Fall ist, wenn der Lehrer eine Antwort gibt, die der Schüler erneut nicht versteht (Indifferenz).

Um in einem solchen Entfremdungsmoment den Abgehängten einen Anschluss zu ermöglichen und sie wieder mit „ins Boot" zu holen, bedarf es nicht nur der fachlichen Kompetenz. Ebenso wichtig ist die resonanzsensible Fähigkeit, durch tonales Verhalten das fachliche Wissen so zu erklären,

---

132 De Zárate/Tressel/Ehrenschneider (2014): Wie wir Schule machen, S. 58 f.

dass diejenigen, die den Anschluss verloren haben, wieder in Kontakt mit der Sache kommen. Diese Fähigkeit kann als *sachkompetenter Ton* bezeichnet werden. Einige Seiten zuvor hatte ich das Beispiel von Matt angeführt, der an Matheangst litt. Jenes Beispiel steht auch für einen responsiven Lehrer, der durch fachkompetenten Ton die zunächst repulsive und feindliche Schulweltbeziehung von Matt im Matheunterricht in eine tragende, antwortende und resonante Weltbeziehung verwandelte.

Wie die vielen Beispiele in diesem Abschnitt gezeigt haben, lässt sich das taktvolle und tonale Verhalten nicht immer, vielleicht nur sehr selten, trennscharf voneinander abgrenzen. Dies liegt daran, dass ein solches Verhalten vor allem Stimmungen und Atmosphären zwischen Menschen und Weltausschnitten erzeugt und somit auf die subjektiven Erlebensweisen abzielt. Diese Erlebensweisen werden als eine situationsumspannende Qualität spürbar und wahrnehmbar und können deshalb nicht gänzlich in einzelne Elemente aufgelöst werden. Es kann deshalb weitere und andere wichtige Aspekte und Kategorien des tonalen und taktvollen Verhaltens geben.

So bin ich beispielsweise nicht auf das Lehrerfeedback eingegangen, von dem John Hattie gezeigt hat, dass es einen wesentlichen Faktor für erfolgreichen Unterricht darstellt.[133] Ich bin deshalb nicht auf das Feedback eingegangen, weil Resonanz ein unmittelbares Feedback-Erleben ist: In der affektiven Reaktion des Anderen sehe ich, ob ich ihn erreicht habe oder ob er z.B. gelangweilt gähnt oder sich abwehrend und verschlossen zurückzieht. Die positive Wirkung des verbalen leistungsorientierten Feedbacks, das Hattie im Sinn hat, kann sich meines Erachtens nur dann entfalten, wenn bereits eine Resonanzatmosphäre im Klassenraum vorherrscht. Nur in einer Resonanzatmosphäre sind die Anwesenden offen genug, um Kritik oder Widerspruch als Anregung aufzufassen und nicht als feindliche Zurückweisung.[134] Ich begnüge mich an dieser Stelle damit, einige Richtungen skizziert zu haben, der eine resonanzpädagogische Unterrichtsforschung folgen könnte.

---

133 Hattie (2013): Lernen sichtbar machen, S. 206 f.

134 Vgl. dazu die Ausführungen zum Lob in Kap. II. 2.1. Vgl. auch Rosa (2016): Resonanz, S. 327.

Kapitel 2
Die Schüler

„I'm not growing up. I'm just burning out."
Green Day

Wie Ilien schreibt, ist jeder Lehrer beim Unterrichten von der Resonanz seiner Schüler abhängig. Entgegenkommende, lernwillige, aufgeschlossene und interessierte Kinder und Jugendliche scheinen ebenso eine Voraussetzung für Resonanz im Klassenraum zu sein wie eine resonanz- und entfremdungssensible Lehrperson. Was kann nun über die Resonanzbeziehungen von Schulgängern ausgesagt werden? Für die meisten Kinder ist die Schule anfangs ein Ort, den sie gerne besuchen und auf den sie sich freuen. Zwei Drittel aller Schulanfänger zwischen acht und neun Jahren geben an, dass sie sich in der Schule wohlfühlen. Ebenso bekannt ist die Tatsache, dass bereits mit dem neunten Lebensjahr die Schulzufriedenheit zu sinken beginnt. Mit 12 Jahren gibt nur noch die Hälfte aller Kinder an, sich in der Schule wohlzufühlen. So gut die Abnahme der Schulzufriedenheit bei Kindern auch dokumentiert ist, so wenig konnte sie bisher zufriedenstellend erklärt werden.[1]

Dass Kinder mit zunehmendem Alter weniger gerne zur Schule gehen, wird am häufigsten auf den vermeintlich steigenden Leistungsdruck zurückgeführt. Zwar kann nur schwer bestritten werden, dass überfordernder Leistungsdruck zu Erfahrungen der Unzufriedenheit führt; gegen die These einer prinzipiellen Steigerung des Leistungsdruckes lässt sich allerdings anführen, dass es noch nie eine Zeit gab, in der junge Menschen so lange vom Ernst des späteren Arbeitslebens befreit waren wie heute. Zwar kann auch die Schule intern zu hohe Leistungsanforderungen stellen, wenn sie etwa durch die Ökonomisierung von Bildung die Schulsphäre mit dem späteren Erfolg in der Arbeitswelt verknüpft, aber das erklärt wiederum nicht, weshalb selbst hochbegabte Schüler, die die schulischen Ansprüche mit Leichtigkeit erfüllen, die Schule als einen Ort der Entfremdung und des

1 Zu diesem Befund und den ungenügenden Erklärungsversuchen vgl. Dornes, Martin (2012): Die Modernisierung der Seele, S. 78 ff.; sowie Brenner, Peter J. (2009): Wie Schule funktioniert, S. 12.

Unwohlseins erleben können.[2] In unserer Erklärungsnot schieben wir nicht selten den Schülern die Schuld für ihre Unzufriedenheit zu: Schüler seien heute zu verwöhnt und deshalb leistungsunwillig.

Während die These, Schulstress und Schulunzufriedenheit entstehe durch gestiegenen Leistungsdruck bzw. gesunkenen Leistungswillen, einem Ressourcenansatz verhaftet bleibt, könnte eine Analyse der Resonanzverhältnisse mehr Aufschluss geben über das Abnehmen des Wohlergehens von Schülerinnen und Schülern in der Schule. Dementsprechend wären nicht die geforderten oder erbrachten Leistungen die Ursache für Schulunzufriedenheit, sondern Entfremdung: Entfremdung entsteht dadurch, dass die Schule einseitig auf den Erwerb von Ressourcen fixiert ist und somit instrumentelle und kompetitive Weltbeziehungen erzeugt, in denen Lernen nicht in der Begegnung und dem Austausch mit Welt erfolgt, sondern auf der stummen Beherrschung eines nichtssagenden Weltstoffes beruht. Das Wohlergehen der Schüler würde folglich in dem Maße sinken, wie die Schulwelt auf bloß instrumentellen, toten und schweigenden Weltbeziehungen basiert, die das anfänglich intrinsische Interesse der Kinder an der Welt belasten. Eine Schule als Entfremdungszone kann, wie Ellen Key vor etwas mehr als hundert Jahren schrieb, zu einem „Ort des Seelenmordes" werden:

> „Der Schule [...] ist etwas gelungen, das nach den Naturgesetzen unmöglich sein soll: die Vernichtung eines einmal vorhanden gewesenen Stoffes. Der Kenntnisdrang, die Selbstthätigkeit und die Beobachtungsgabe, die die Kinder dorthin mitbringen, sind nach Schluss der Schulzeit in der Regel verschwunden, ohne sich in Kenntnisse oder Interessen umgesetzt zu haben."[3]

2.1 Schülermotivation: Das Glück der Lernenden

Wann und unter welchen Bedingungen nehmen Schüler aktiv am Unterricht teil? Wann setzen sie sich mit dem Weltstoff auseinander und eignen sich die Matheformel, den Roman, das chemische Experiment an? Wann geben sie sich Mühe, das Gelernte zu behalten?

Nicht selten scheinen Fragen wie diese einem instrumentellen Zweck zu folgen: Zu verstehen, was Lernende motiviert, hilft zu verstehen, wie die

2 Dem entsprechen manche Aussagen der von mir interviewten hochbegabten Schüler und Schülerinnen; ausführlich dazu: Kap. IV.4, unten.

3 Key, Ellen (1905): „Die Seelenmorde in der Schule", in: Dies.: Das Jahrhundert des Kindes. Studien von Ellen Key, S. 221–232, hier S. 221.

Leistung der Lernenden gesteigert werden kann. Die Frage nach der Motivation ist somit selbst oft eine ressourcenfixierte Frage. So schreibt Reinhard Sprenger in seinem viel gelesenen Essay:

> „Leistungssteigerung – das ist das Ziel der Anstrengung. Es setzt voraus, dass da etwas zu steigern ist und dass es sinnvoll ist, dies zu tun."[4]

Sprenger bezeichnet das System der Motivierung als „methodisiertes Misstrauen"[5] gegenüber Menschen, die zu mehr fähig sein müssten. Und auch Sprenger geht davon aus, dass die Frage nach den impulsgebenden Motoren explizit nur dort gestellt werden kann, wo die motivationale Antriebsenergien bereits beschädigt sind:

> „In der Praxis ist allenthalben zu beobachten, dass dort, wo motiviert werden muss, es ohnehin oft zu spät ist."[6]

Aus resonanzpädagogischer Perspektive kann die These formuliert werden, dass das Sinken des Schulglücks und damit auch der Leistungsbereitschaft immer dann erfolgt, wenn das intrinsische Interesse an der Welt und die Selbstwirksamkeitserwartungen durch ein rein extrinsisches Belohnungs- und Bestrafungssystem ersetzt werden. Anders als ein intrinsisches Weltinteresse, bei dem die Beziehung, die durch die Tätigkeit entsteht, als wertvoll und bereichernd erfahren wird, liegt in vorwiegend extrinsischen Weltbeziehungen der Wert in etwas, dass der Beziehung (der Tätigkeit, dem Objekt oder Material, der historischen Persönlichkeit usw.) äußerlich ist. Weltbeziehungen, die wir nur deshalb eingehen, weil ihr Wert in etwas ganz und gar Anderem als ihnen selbst liegt, können als eher tot und stumm erfahren werden. Ein solch äußerliches „Anreiz-Ding" können Noten sein. Demnach entsteht Entfremdung in der Schule dann, wenn Lernende dazu gedrängt werden, die Notengebung als motivationales Anreiz- und Belohnungssystem zu internalisieren, während ihr intrinsisches Interesse an der Welt keine Rolle spielt oder sogar sanktioniert wird. In diesem Fall wird das Lernengagement von der Notengebung abhängig gemacht.

Die Folgen, die einem rein extrinsischen Motivations-, d. h. Belohnungs- und Bestrafungssystem entspringen, sind allgemein bekannt: Bleibt die externe positive Belohnung aus, scheint die Welt für den Betroffenen augenblicklich zu *schweigen* und *indifferent* zu sein, was die Leistungsbereit-

4 Sprenger, Reinhard K. (2010): Mythos Motivation. Wege aus einer Sackgasse, S. 22.

5 Ebd., S. 44.

6 Ebd., S. 35.

schaft und das Engagement schnell zum Erlahmen bringen kann. Ist man hingegen aus Angst vor einer strafenden, drohenden und sanktionierenden Welt leistungsbereit, befindet man sich in einer potenziell *repulsiven* Weltbeziehung, die auf Weltunsicherheit basiert und auf die der Lernende selbst mit Widerwillen, Rückzugs- und Schutztendenzen und somit feindlich und abwehrend reagieren wird.

Demgegenüber scheint eine stabile und dauerhafte Motivation und Leistungsbereitschaft zunächst überhaupt nicht durch den Erfolg in Hinsicht auf ein bestimmtes Ergebnis zu entstehen: Weil sich die einseitige Fixierung auf die Ergebnisse einer erbrachten Leistung (ob als Belohnung oder Bestrafung) negativ auf das Erleben von intrinsischen Weltbeziehungen und Resonanz auswirkt, ist das Entstehen von Motivation auch (zu einem großen Teil) unabhängig von der erbrachten Leistung. Wie der Psychiater und Spiegelneuronenforscher Joachim Bauer zeigt, ist es die *Qualität der Beziehung* selbst, die Motivation, Engagement und Leistungsbereitschaft entstehen lässt; und die motivierende Qualität besteht just in der Erfahrung, dass „da draußen" etwas oder jemand antwortet.

Nach Bauer entstehen Motivationen insbesondere in sozialen Antwort- und Resonanzbeziehungen:

> „Wir sind – aus neurobiologischer Sicht – auf soziale Resonanz und Kooperation angelegte Wesen. Kern aller menschlicher Motivation ist es, zwischenmenschliche Anerkennung, Wertschätzung, Zuwendung oder Zuneigung zu finden und zu geben."[7]

Als biologische Grundlage dienen dabei die sowohl im prämotorischen Kortex als auch im Insulären Kortex des Gehirns gelagerten Spiegelneuronen. Sie sind dafür verantwortlich, dass Menschen, wenn sie andere Menschen bei einer Tätigkeit oder in einem bestimmten Zustand beobachten, in denselben Zustand des erlebenden und fühlenden Gegenübers eintauchen können. Dabei ist es der gemeinsam erfahrene, geteilte Bedeutungsraum, der die Motivationssysteme in Aktivität versetzt. Jede Form von zwischenmenschlicher Resonanz, schreibt Bauer, bringt das Motivationssystem zum Klingen.[8] Dabei scheint gerade nicht die tatsächlich erbrachte Leistung oder das Ergebnis im Mittelpunkt zu stehen: Intrinsische Motivation und Leistungsbereitschaft kann nicht instrumentell erzeugt werden (etwa durch externes Belohnen oder Bestrafen), sondern entsteht durch soziale und

---

7 Bauer, Joachim (2008): Prinzip Menschlichkeit. Warum wir von Natur aus kooperieren, S. 23.

8 Ebd., S. 36: „Jede Form von zwischenmenschlicher Resonanz und erlebter Gemeinschaft scheint die Motivationssysteme zu erfreuen."

sachliche Resonanzerfahrungen, durch Kontakt zu den Lehrenden und die Liebe zum Fach. Solche Resonanzbeziehungen sind wiederum nur dort möglich, wo gerade nicht die vordefinierte Leistungserbringung im Zentrum steht. Es ist die gemeinschaftsbildende und zwischenmenschlich verbindende Erfahrung in einer gemeinsamen Sache *am gleichen Strang zu ziehen* und dabei *auf einer Wellenlänge zu sein*, durch die menschliche Wesen zum Handeln motiviert werden. Es sind die kleinen Resonanzimpulse, die uns zu motivieren vermögen: Jemand begeistert sich mit uns für eine Sache, jemand zeigt Interesse an dem, was wir tun oder sagen, eine Tätigkeit scheint sich uns zu erschließen usw.

Derartige Resonanzerfahrungen brauchen Räume, die von einem rigiden Leistungsdruck entlastet sind. Solche Räume entstehen nicht nur durch unmittelbare zwischenmenschliche Zuwendung, sondern auch durch sachliche Resonanzmedien, wie z.B. das Singen, Lachen oder Tanzen. So zeigt Joachim Bauer anhand der Arbeiten von Dean Mobbs und Allan Reiss:

> „Eine besondere Form der sozialen Resonanz ist das gemeinsame Lachen. Dean Mobbs und Allan Reiss aus Stanford konnten zeigen, dass Witze, Humor und das damit verbundene Lachen an eine Reaktion des Kernstücks der Dopamin-Achse gekoppelt ist. Kein Wunder, denn gemeinsames Lachen verbindet. [...] Auch Musik scheint dem Motivationssystem zu gefallen. Neben einer Mobilisierung verschiedener Emotionszentren beobachteten Hirnforscher bei Probanden, die schöner Musik zuhörten, eine ausgeprägte Reaktion des Dopamin-Systems. Dies ist deshalb interessant, weil Musik bekanntlich das Phänomen der Resonanz – allerdings in seiner physikalischen Dimension – zur Grundlage hat. Dass wir uns als biologische Wesen von dieser Resonanz nicht nur berühren lassen können, sondern auch unter dem Einfluss von Musik, die wir als schön empfinden, untereinander die psychologische Resonanz verstärken, ist ein bemerkenswertes, ja geradezu magisch anmutendes Parallelphänomen von Physik und Biologie. Musik ist – vor allem verbunden mit gemeinsamer Bewegung oder mit Tanz – in der Lage, kooperatives Verhalten in sozialen Gemeinschaften zu verstärken. Diese Bedeutung der Musik scheint auch der Körper zu empfinden. Es sind also nicht nur Akte unmittelbarer zwischenmenschlicher Zuwendung, die unser Motivationssystem anspringen lassen, sondern – neben dem Humor – auch andere Resonanzphänomene wie die Musik, welche mittelbar soziale Verbundenheit herstellen und verstärken."[9]

Neben dem gemeinsamen Lachen und Singen lassen sich auch gemeinsames Tanzen und Spielen als herausragende Formen der Resonanz- und

9 Ebd., S. 44 f. Vgl. ausführlich dazu auch Bauer, Joachim (2008): Lob der Schule. In seinem Programm einer „Neurobiologie der Schule" (Bauer 2008, S. 11) zieht Bauer ebenfalls das Resonanzkonzept heran.

Motivationserzeugung identifizieren. So schreibt Iris Leitz in ihrer Studie „Motivation durch Beziehung“:

> „Geglückte Resonanzerfahrungen wirken wie eine Droge: sie sorgen für Glücksgefühle und Energie und sie stärken unseren Selbstwert. Als universelle Form sozialer Resonanz gilt das gemeinsame Lachen. [...] Aber nicht nur Lachen verbindet; das Phänomen der Resonanz zeigt sich physikalisch wie emotional auch beim Musizieren [...]. In diesem Sinne sind gemeinsames Singen, Tanzen oder Instrumentalspiel regelrechte Trainingseinheiten, um Spiegelneurone aktiv und funktionsfähig zu halten. Des Weiteren sind Resonanzerfahrungen beim gemeinsamen Spielen bzw. bei sportlichen Betätigungen möglich; denn bei allen Teamaktivitäten sind wechselseitiges Einfühlen und die Anwendung intuitiver Strategien von Bedeutung.“[10]

Darüber hinaus deutet Joachim Bauer an, dass motivierende und aktivierende Resonanzerfahrungen nicht nur auf zwischenmenschliche Sozialbeziehungen reduziert sein müssen. Motivierend kann auch die Beziehung zum eigenen Auto oder Computer, zur Geige oder dem Schlagzeug sein, zu einer Skulptur oder einer mathematischen Theorie, und ebenso können Menschen zur Natur eine Antwort- und Resonanzbeziehung eingehen.

Die Bedeutung, die das gemeinsame Singen, Lachen, Tanzen (und Spielen) für die sozialen Resonanzerfahrungen und die Motivationssysteme von Menschen hat, macht Rosa zur Grundlage seines Vorschlags, das Gelingen des Lebens nicht, wie gewöhnlich, anhand der Ressourcenausstattung (anhand des Einkommens, der Größe des Freundeskreises, der Gesundheit, des beruflichen und gesellschaftlichen Status, der Bildungsabschlüsse usw.) zu bemessen.[11] Ob jemand ein glückliches und gelingendes Leben führe, könne vielmehr daran abgelesen werden, wie oft jemand in seinem Leben singt, lacht oder tanzt. Diese Idee könnte auch für die Schule fruchtbar sein: Ließe sich das Glück einer Schule nicht auch daran bemessen, ob in den Schulgängen, auf dem Pausenhof, in den Klassenzimmern und in der Aula gesungen, gelacht und getanzt wird?[12]

---

10 Leitz, Iris (2015): Motivation durch Beziehung, S. 78 f.

11 Vgl. Rosa (2016): Resonanz, S. 137.

12 Insofern ließe sich das gemeinsame Musizieren in der gleich folgenden Beschreibung als Qualitätsmerkmal einer gelingenden Schule anführen. Vgl. De Zárate/Tressel/Ehrenschneider (2014): Wie wir Schule machen, S. 104: „Jeden Freitag, am Ende der Woche, treffen wir uns um Viertel nach eins in der Aula. Alle, Schüler, Lehrer und manchmal Gäste. Denn dann ist Vollversammlung. Die Aula ist brechend voll, eigentlich ganz gemütlich. Wir sitzen auf Stühlen, die Lehrer stehen meist am Rand. Vorn auf der Bühne steht ein Mikrofon, an der Seite ein Klavier. Manchmal spielt jemand drauf, zur Einstimmung. Oder ein anderer stellt sich mit seiner Gitarre hin und stimmt ein Lied an. Wir ha-

Iris Leitz hat die Ergebnisse der Spiegelneuronen- und Motivationsforschung im Hinblick auf Schule zusammengefasst und ausgewertet. Sie betont, dass nicht der (schulische) Erfolg allein die Motivationssysteme aktiviert (und somit allein auch kein guter Indikator für Schulglück und Schulzufriedenheit ist), sondern es ist die gemeinsam geteilte Erfahrung des Erfolges, die den Kern motivierender Erfahrungen ausmacht:

> „Eine sehr intensive Resonanzerfahrung ist der gemeinsame Erfolg. Hier multipliziert sich die wechselseitige Anerkennung und spiegelt Optimismus ebenso wie Stärke. Man putscht sich gegenseitig auf und kann sogar über sich hinauswachsen. Die Motivationspsychologie spricht von Erfolgsmotivation bzw. Erfolgsorientierung“.[13]

Noch einmal wird deutlich: Es ist nicht der erbrachte Erfolg oder die Leistung an sich, die motivierend wirkt, sondern die damit verbundene Resonanzerfahrung. Eine solche gemeinsame Freude kann nur in kooperativen und solidarischen, nicht in wettbewerbs- und konkurrenzorientierten Lerngemeinschaften erfolgen: in der Theater AG z.B., in der es nicht um Notenerwerb geht, sondern um die gemeinsame Sache, in der Freude des Lehrers, der eine Schülerin für Physik begeistern konnte usw.

Da die Spiegelneurone durch das verbindende und Anteil nehmende leibliche Erleben, wie z.B. gemeinsam geteilte Freude oder auch Trauer, aktiviert werden, kann das verbal ausgesprochene Lob nur eine milde Form der sozialen Resonanz erzeugen.[14] Ein Lob stellt zunächst immer eine basale Resonanzanmutung dar, weil der Gelobte sich als gesehen erlebt. Die eigentliche Kraft des Lobes scheint aber darin zu liegen, dass ich die Resonanz, die ich hervorgerufen habe, mir selbst zuschreiben kann. Ein Lob hilft, die hervorgerufene Welt-Antwort, etwa die positive Resonanz auf einen Vortrag, eine Prüfung, eine Wortmeldung oder einen Diskussionsbeitrag mit der eigenen Person zu attribuieren. Ein ausgesprochenes Lob kann den Resonanzeffekt einer Anteil nehmenden Freude, Trauer, Sorge, Begeisterung, Neugier usw. allerdings nicht gänzlich ersetzen. Das Lob verstärkt eine Selbstwirksamkeitserfahrung, die aufgrund einer bestehenden Resonanzbeziehung erfolgt, es kann diese Resonanzbeziehung aber nicht substituieren. Deshalb kann ein Lob seine milde Resonanzwirkung nur in einer

---

ben so Hits, die können fast alle. ‚Boulevard of Broken Dreams‘ von Green Day zum Beispiel. Oder ‚Wonderwall‘ von Oasis. Es hört sich gut an, wenn alle in den Chor einstimmen.“

13 Leitz (2015): Motivation durch Beziehung, S. 79.

14 Vgl. ebd.

respektvollen und vertrauenswürdigen Atmosphäre entfalten, wenn zwischen den Beteiligten die „Chemie stimmt“.[15]

Fehlen diese Resonanzverhältnisse, kann das Lob seine Wirkung verlieren oder sich in sein Gegenteil verwandeln und indifferente oder repulsive Reaktionen im Klassenraum hervorrufen. Das Lob kann sich z.B. dann in sein Gegenteil verkehren, wenn wir mit unserem Gegenüber zerstritten sind oder der Lobende uns gleichgültig ist. In solchen Situationen kann ein unachtsam ausgesprochenes Lob eine starke repulsive Abwehrreaktion hervorrufen. Wenn sich die Klasse etwa mit dem Lehrer im Streit befindet, kann es geschehen, dass sich der vom Lehrer gelobte Schüler gegen das Lob verteidigt, um nicht als „Lehrerliebling“ aus der Schülergemeinschaft ausgeschlossen zu werden. Wenn eine Schülerin ihrer Klassenlehrerin indifferent gegenübersteht, weil beide sich nichts zu sagen haben, wird sie wahrscheinlich auch deren Lob kaltlassen.

In einer Resonanzbeziehung, in der das Lob zu berühren vermag, sind Lehrerinnen und Lehrer nicht selten auch Vorbilder. Durch ihren Vorbildcharakter erzeugen Lehrende motivationale Energien, weil Kinder und Jugendliche ihnen nacheifern wollen. Auch hier sind die Spiegelneurone eine der biologischen Grundlagen des Modelllernens[16]: Die Spiegelneurone ermöglichen spontan und nahezu automatisch das Nachahmen und Nachempfinden und somit auch das Anverwandeln eines beobachteten Verhaltens.

Die Aktivierung der Spielgelneurone beim Modelllernen, wie auch bei den anderen Formen von sozialer und sachlicher Resonanz, setzt allerdings voraus, dass das Gegenüber tatsächlich leiblich anwesend ist:

> „Die Spiegelzellen eines Beobachters verweigern […] jede Aktivität, wenn die beobachtete Handlung nicht von einem lebenden Individuum ausgeführt wird, sondern von einem Instrument, einem Apparat oder Roboter. Daraus ist zu schließen, dass die persönliche Unterweisung, auch das Zeigen und Vormachen durch die lehrende Person, eine entscheidende Komponente des Lehrens und Lernens ist.“[17]

Weil Lernende individuell, auf je eigene Weise, von den Weltstoffen angesprochen werden, wird in der Fachliteratur immer wieder gefordert, die Eigenmotivation der Lernenden durch einen offenen Unterricht und konstruktivistische Lernumgebungen anzuregen und zu erhalten. Wenngleich

---

15 Vgl. ebd., S. 134.

16 Rizzolatti, Giacomo/Corrado, Sinigaglia (2008): Empathie und Spiegelneurone. Die biologische Basis des Mitgefühls, Kap. 6.

17 Bauer (2006): Warum ich fühle, was du fühlst, S. 123.

es einen Zusammenhang zwischen Wahlfreiheit und intrinsischem Interesse gibt[18], so hat die Motivationsforschung aber auch hier gezeigt, dass der offene Unterricht allein (und somit die Wahlmöglichkeit an sich) nicht notwendig Leistungsmotivation erzeugt. Entscheidender ist, dass die Wahlmöglichkeiten die Lernenden tatsächlich ansprechen und ihr Interesse wecken und dass sie bei den Schülerinnen und Schülern auf einen bereits vorhanden Resonanzboden treffen.[19] Motivationale Resonanzimpulse können aber sowohl in offenen Formen des Unterrichts als auch vom klassischen Frontalunterricht ausgehen, sofern es dort ein antwortendes und ansprechendes Gegenüber gibt. Jedenfalls garantieren offene Lernarrangements nicht von sich aus die nötigen Resonanzimpulse; auch sie können das Resonanzbedürfnis von Menschen enttäuschen.[20]

Da die Resonanztheorie davon ausgeht, dass menschliche Wesen ein *fundamentales Bedürfnis nach Resonanz* haben, das sie zum Handeln motiviert, muss das Resonanzkonzept aufzeigen können, was Subjekte tun, um ihr Resonanzbedürfnis auch in potenziellen Entfremdungszonen zu befriedigen. Hierbei erweist sich insbesondere das Smartphone im Unterricht als ein zentraler Resonanzkanal zur Welt. Durch das Senden und Empfangen von Nachrichten über Facebook oder Twitter, durch SMS-Schreiben und das Aufsuchen von Chatrooms können sich Schülerinnen und Schüler des Kontakts zur Welt versichern, sei es, weil sie Weltnachrichten empfangen oder senden, sei es, um zu prüfen, wie viele „Likes“ und „Daumen hoch“ ihr letzter Beitrag auf Facebook oder Youtube erhalten hat. Das Internet erweist

---

18 Vgl. Hartinger, Andreas (2005): „Verschiedene Formen der Öffnung von Unterricht und ihre Auswirkungen auf das Selbstbestimmungsempfinden von Grundschulkindern“, in: Zeitschrift für Pädagogik 51 (3), S. 397–414; Grolnick, Wendy S./Ryan, Richard M. (1987): „Autonomy in children's learning: An experimental and individual difference investigation“, in: Journal of Personality and Social Psychology 52 (5), S. 890–898.

19 Vgl. Meyer-Ahrens, Inga/Wilde, Matthias (2013): „Der Einfluss von Schülerwahl und der Interessantheit des Unterrichtsgegenstandes auf die Lernmotivation im Biologieunterricht“, in: Unterrichtswissenschaft 41 (1), S. 57–71.

20 Hier scheint mir eine Schwäche in André Sterns Plädoyer für eine entdidaktisierte und entpädagogisierte Schulwelt zu liegen; vgl. z. B. Stern, André (2009): ... und ich war nie in der Schule. Geschichten eines glücklichen Kindes. Richtig ist an Sterns Einsicht, dass Schulen und pädagogische Einrichtungen heute oft übermäßig pädagogisch instrumentalisiert sind und dadurch stumme Weltbeziehungen erzeugen und keine freien und bildenden Wechselwirkungen zwischen Selbst und Welt. Andererseits ist eine entpädagogisierte und entdidaktisierte Umwelt keine Garantie für eine Welt, die reich an Resonanzimpulsen ist. Eine Umwelt, die vornehmlich auf Wettbewerb, instrumenteller Ressourcenvermehrung und Alltagsbewältigung basiert, könnte die Entfremdung in den Weltbeziehungen noch vermehren.

sich, wie Martin Altmeyer schreibt, als ein „Resonanznetz“[21]. Wie Rosa anmerkt, scheint im Gegensatz zu anderen Resonanzformen, wie z.B. einem interessanten Vortrag oder einem intimen Gespräch, die Halbwertszeit von Handy- und Internet-induzierter Resonanz allerdings durchaus kurz zu sein.[22] Weil in den meisten Schulen die Handynutzung verboten wurde, kann dies für Schülerinnen und Schüler bedeuten, einen weiteren Resonanzkanal in der Schulwelt zu verlieren.

Anders als ein Verbot könnte sich jedoch gerade die Dauer und Häufigkeit der Smartphonenutzung im Unterricht, auf den Schulgängen und Pausenhöfen als Indikator für die schulischen Entfremdungs- und Resonanzverhältnisse im Ganzen erweisen: Wo Schülerinnen und Schüler ihr Smartphone freiwillig in der Tasche lassen, scheint die reale Schulwelt, im Gegensatz zu dem virtuellen Weltkanal, attraktivere Resonanzerfahrungen zu ermöglichen.[23]

Jenseits der Mobiltelefonnutzung können starke Schäden in der voluntativen und motivationalen Schulweltbeziehung zu Schulverweigerung, innerer Kündigung und Schulabsentismus führen. Die Ursachen für diese Formen der Schulflucht können ebenfalls auf belastete Weltbeziehungen zurückgeführt werden. Die Beziehungsschäden können ihren Grund sowohl im *Inneren des Subjekts* haben (etwa durch die Übernahme repulsiven Schulverhaltens von Vorbildern und Bezugspersonen) als auch in den *äußeren Umständen* (wenn Schüler beispielsweise durch die Scheidung der El-

---

21 Altmeyer, Martin (2016): Auf der Suche nach Resonanz. Wie sich das Seelenleben in der digitalen Moderne verändert.

22 Rosa (2016): Resonanz, S. 159: „So ist es kein Wunder, dass wir bei jedem Vibrieren des Smartphones in der Tasche zusammenzucken, denn jede eingehende Nachricht stellt eine ‚Weltanrufung‘ dar.
Erstaunlich ist indessen, dass alle diese großen und kleinen Resonanzsignale keine Nachhaltigkeit zu entfalten scheinen: Wie nahezu jeder Surfer und Blogger und Twitterer, ja jeder PC- oder Smartphone-Nutzer weiß, scheint die Halbwertszeit der digitalen Resonanzvergewisserung umgekehrt proportional zur wachsenden Menge der eingehenden Resonanzsignale zu schrumpfen, was zu einem suchtförmigen, steigerungsorientierten Verhalten führt: Wir müssen uns in immer kürzeren Abständen über die Zahl unserer Freunde, unsere Wahrnehmbarkeit in der Welt und die Intaktheit unserer SMS- und E-Mail-Kanäle vergewissern, und wir fühlen uns vergessen in einer indifferenten Welt, wenn der Strom der Resonanzsignale auch nur vorübergehend abebbt oder gar abreißt.“

23 Eine ähnliche Idee äußern die Autorinnen des Buches „Wie wir Schule machen“, wenn sie vorschlagen, das Handy als „Stimmungsbarometer“ zu benutzen; vgl. De Zárate/Tressel/Ehrenschneider (2014): Wie wir Schule machen, S. 53. Die Schülerinnen schlagen weiterhin vor, die Smartphone-Benutzung im Unterricht nicht einfach zu verbieten, sondern den aktuellen Resonanzdraht des Schülers aufzugreifen (indem man erfragt, was den Schüler gerade mehr interessiert) und dessen aktuelles Interesse als „tonale Anregung“ (vgl. Kap. II.1.6, oben) in den Unterricht einzubinden, wodurch sich auch der Schüler gesehen, gehört und ernst genommen erfährt.

tern belastet sind, in der Schule gemobbt werden oder zu großem Leistungsdruck ausgesetzt sind), schließlich aber auch in der *Beziehung zwischen beidem*, dem fehlenden Passungsverhältnis (wenn der Schüler etwa mit seinen Lehrern, den Mitschülern oder einer Schulform nicht zurechtkommt).[24] Damit deutet sich bereits der Zusammenhang zwischen Schulerfolg und Resonanz sowie zwischen Schulversagen und Entfremdung an.

2.2 Schulerfolg: Soziale Herkunft und Resonanzfähigkeit

Die Ungleichheitsforschung belegt stets aufs Neue: Deutsche Schulen bewerten nicht nur die Schulleistungen, sondern auch die soziale Herkunft.[25] Die Hoffnung der Bildungsreformer, durch die Bildungsexpansion in den 70er-Jahren allen Kindern, unabhängig von ihrer Herkunft, gleiche Chancen auf Schulerfolg zu ermöglichen, hat sich nicht erfüllt. Das deutsche Bildungssystem verfestigt nicht nur die Benachteiligung von Kindern aus bildungsfernen Milieus, es verstärkt sie sogar. Die hohe Selektivität des Bildungssystems wird nahezu einhellig auf die Ressourcenausstattung der Schülerinnen und Schüler zurückgeführt. Wer durch sein Elternhaus über mehr materielles, soziales und kulturelles Kapital verfügt, ist in der Schule erfolgreicher.[26] Nun soll keinesfalls geleugnet werden, dass es Besorgnis erregende Unterschiede in der Ressourcenausstattung zwischen der Unterschicht auf der einen Seite und der Mittel- und Oberschicht auf der anderen Seite gibt, auf die die Ungleichheitsforschung aufmerksam machen muss.

Gleichzeitig aber könnte eine derart ressourcenfixierte Ungleichheitsforschung diese Differenzen noch verstärken: Indem die Ungleichheitsforschung immer wieder feststellt, dass die Ressourcen dasjenige Gut sind, mit

24 Vgl. Stamm, Margrit/Ruckdäschel, Christine/Templer, Franziska/Niederhauser, Michael (2009): Schulabsentismus. Ein Phänomen, seine Bedingungen und Folgen.

25 Maaz, Kai/Baeriswyl, Franz/Trautwein, Ulrich (2011): „Herkunft zensiert? Leistungsdiagnostik und soziale Ungleichheit in der Schule", in: Dreißner, D. (Hrsg.): Chancen bilden. Wege zu einer gerechteren Bildung – ein internationaler Erfahrungsaustausch, S. 185–188.

26 Vgl. Bauer, Ullrich/Grundmann, Matthias (2007): „Sozialisation und Selektion", in: Zeitschrift für Soziologie der Erziehung und Sozialisation 27 (2), S. 115–127, hier S. 117: „Wir sprechen also im engeren Sinne über Unterschiede in der Verfügbarkeit und Anwendbarkeit von Ressourcen. Diese bezeichnen eine Art Kapital, das nicht nur kumulativ, also in langen biografischen Entwicklungsverläufen, erworben werden kann. Entsprechende Ressourcenungleichheiten gehören schon zur – materiellen wie immateriellen – Grundausstattung in einem Sozialisationsgeschehen, das offenbar immer weniger alternative Pfade zulässt."

dem die Aussichten auf Erfolg und Lebenschancen steigen, trägt sie indirekt zu jener kritisierten Ressourcenfixierung bei. Wenn es die Ressourcen sind, die den Schulerfolg und dadurch die Lebenschancen erhöhen, dann müsse man die eigenen Kinder besser mit Ressourcen ausstatten oder zu deren Erwerb beitragen, so könnte der Schluss vieler Eltern lauten. Tatsächlich konnte gezeigt werden, dass die Eltern der Mittel- und Oberschicht immer mehr in die Förderung ihrer Kinder investieren, während die Mitglieder der Unterschicht resignieren, weil es ihnen an zeitlichen, monetären, sozialen, kulturellen und sprachlichen Voraussetzungen mangelt. Die Kluft zwischen Arm und Reich kann dadurch noch weiter auseinanderdriften.[27]

Ein anderer Ansatz versucht, nicht die Ressourcenlage für die Ungleichheit im Bildungssystem verantwortlich zu machen, sondern die unterschiedlichen Begabungen. Auch diese Ansicht hat eine problematische Seite. Wird davon ausgegangen, dass Schüler deshalb scheitern, weil sie naturgegeben weniger begabt sind, hat dies zur Folge, dass die Verantwortung für den schulischen Erfolg allein den Schülerinnen und Schülern zugeschrieben wird. Nach dieser Ansicht gibt es eine grundlegende Chancengleichheit im Bildungssystem, das für Aufstiege durchlässig ist – man muss diese Chance nur nutzen.[28] Problematisch an dem Begabungsansatz ist, dass er die Sozialisationsbedingungen ausklammert. Der Schulerfolg wird einseitig den Subjekten zugeschrieben (die gering oder hoch begabt sind). Dies läuft de facto auf eine „Negation des Sozialen"[29] hinaus, wodurch die institutionellen Selektionsmechanismen übersehen und indirekt akzeptiert werden. So schreiben Bauer und Grundmann:

> „Die Brille Eigenverantwortung vereinfacht Interventionslogiken kolossal. Damit besteht immer weniger Zweifel daran, wem Versagen zugeschrieben wird: dem individuellen Wollen und Können. Hierhinter verbirgt sich jedoch mehr. Eine Art Negation des Sozialen, eine konsequente Subjektivierungsstrategie, die sich

27 Wippermann, Katja/Wippermann, Carsten/Kirchner, Andreas (2013): Eltern – Lehrer – Schulerfolg, S. 9: „Durch die Steigerungsdynamik der Förderkultur bei den Eltern, vor allem in der Mitte, sowie die wachsende Resignation und Ohnmacht der Eltern aus den Milieus am unteren Rand verstärkt sich die Bildungskluft."

28 Dieser Ansicht waren die von Anette von Alemann interviewten Führungskräfte aus Unternehmen und Verbänden; vgl. von Alemann, Anette (2008): „Die Natur der sozialen Ungleichheit: soziale Ungleichheit und Ungleichheit der Geschlechter in der Wahrnehmung von Wirtschaftseliten in Deutschland", in: Rehberg, K.-S. (Hrsg.): Deutsche Gesellschaft für Soziologie (DGS): Die Natur der Gesellschaft. Verhandlungen des 33. Kongresses der Deutschen Gesellschaft für Soziologie in Kassel 2006, S. 281–296.

29 Bauer/Grundmann (2007): „Sozialisation und Selektion", S. 120.

vehement dagegen wehrt, die soziale Verursachung des Sozialen anzuerkennen."[30]

Dementsprechend kommt die jüngst erschienene OECD-Studie „The ABC of Gender Equality in Education"[31] zu dem Ergebnis, dass die Leistungsunterschiede zwischen Jungen und Mädchen in der Schule nicht auf angeborene unterschiedliche Begabung zurückgeführt werden können und auch nicht direkt auf die Ressourcenausstattung. Entscheidend ist vielmehr das Selbstvertrauen – oder resonanztheoretisch formuliert, die Selbstwirksamkeitserwartung –, die die Schule geschlechtsspezifisch ausbildet.

Mit diesem Befund übereinstimmend, bietet die Resonanztheorie eine alternative Interpretation von Ungleichheit im Bildungssystem, die weder allein die unterschiedliche Ressourcenausstattung, noch ausschließlich die verschiedenen Begabungen für die Differenzen beim Schulerfolg verantwortlich macht, sondern die Resonanz- und Entfremdungsverhältnisse: Während sich die Weltbeziehung von Kindern primär in der Familie formt, stellt die Schule einen spezifischen Resonanzboden dar, der diese familiär und subjektiv erworbenen Resonanzsensibilitäten und Resonanzfähigkeiten aufgreift und in bestimmte Richtungen (auf die Fächer als Resonanzachsen hin) kanalisiert. Dabei erzeugt die Schule anscheinend sozialstrukturelle Differenzen in den schulischen Resonanz- und Entfremdungsdispositionen der Schülerinnen und Schüler:

> „‚Bildungsbürgerlich' vorgeprägte Kinder (Mädchen derzeit mehr als Jungen), so legen die Studien zum divergierenden Bildungserfolg von Schülern aus unterschiedlichen sozialen Schichten nahe, bieten deutsche Schulen ein reichhaltiges Resonanzfeld (das etwa auch den Chor, die Theater-AG, die Leichtathletik-Gruppe etc. umfasst), in dem sie sich Welt anverwandeln und Selbstwirksamkeitserfahrungen machen können – Kindern aus bildungsfernen Schichten präsentiert sich die Schule dagegen vorwiegend als Entfremdungszone, in der sie sich *nichts sagen lassen*, in der sie *nichts anspricht* und in der sie sich nur in einem zwischen Indifferenz und Repulsion pendelnden Modus zu bewegen vermögen."[32]

Diese Differenz könnte natürlich auch Kinder unterschiedlicher ethnischer Herkunft betreffen, die durch ihre kulturelle Sozialisation einen Resonanzboden ausgebildet haben, vor dessen Hintergrund ihnen die deutschen

30 Ebd.

31 OECD (2015): The ABC of Gender Equality in Education. Aptitude, Behaviour, Confidence, PISA, OECD Publishing. http://dx.doi.org/10.1787/9789264229945-en.

32 Rosa (2016): Resonanz, S. 417.

Schulpraktiken fremd, bedrohlich oder nichtssagend erscheinen. Das Problem des deutschen Schulsystems könnte deshalb darin bestehen, dass es schulische Resonanzerfahrungen benachteiligter Kinder systematisch unterdrückt und für diese Kinder Entfremdungsräume erzeugt. Anders formuliert: die Schule erzeugt durch die Art und Weise, wie sie sich den Schülerinnen und Schülern unterschiedlicher Herkunft öffnet bzw. verschließt, eine Veranlagung, die als *Resonanz-* bzw. *Entfremdungsdisposition* bezeichnet werden kann:

> „*Dispositionale Resonanz* bedeutet [...], dem Fremden, Neuen und Anderen mit intrinsischem Interesse (*das könnte interessant/spannend/faszinierend sein*) und hoher Selbstwirksamkeitserwartung entgegenzutreten. Das wird natürlich nicht in allen Fällen und unter allen Bedingungen so sein, beschreibt aber doch den Grundmodus der Weltbeziehung. *Dispositionale Entfremdung* dagegen meint eine Welthaltung, die von der Erfahrung ausgeht, dass die meisten und insbesondere die (noch) unbekannten ‚Weltdinge' langweilig und nichtssagend oder sogar bedrohlich und verletzend sind und dass sie dies auch bleiben. [...] Der Grundmodus der dispositionalen Entfremdung äußert sich in latenter Aversion gegenüber dem oder den Anderen, die als störend und gefährlich oder aber als uninteressant wahrgenommen werden."[33]

Eine Schule, die der schichtabhängigen Entfremdungsdisposition entgegenwirken will, müsste nicht ihre Ressourcenausstattung verbessern, sondern Kindern der Unterschicht durch passenden Stoff, der ihr Interesse weckt und durch entsprechendes Lehrerverhalten Resonanzerfahrungen ermöglichen. In der Schul- und Unterrichtskultur könnten dann etwa nicht nur die „bürgerlich" geprägten Resonanzachsen (Kunst, Musik, Theater, Museum usw.) angeboten werden, sondern beispielsweise auch solche Weltbereiche, die Kinder der Unterschicht ansprechen (das Schulunternehmen, der Boxclub, Graffiti, HipHop-Musik, Mode, das Tattoo-Studio usw.). Indem die Schule zu einem Ort wird, der Wert darauf legt, die Resonanzfähigkeit und Resonanzsensibilität von benachteiligten Kindern zu fördern und ihnen Resonanzangebote zu machen, die nicht von den erbrachten Schulleistungen abhängen, könnte eine Bindung an die Schule entstehen. Alarmierend ist, dass die Bindungsqualität zur Schule in signifikantem Zusammenhang mit dem späteren Risiko- und Gewaltverhalten steht: Schüler, die eine resonante Bindung zu ihrer Schule hatten, lösen ihre Probleme später öfter durch Beziehungsarbeit, wie Reden und Verhandeln, während Schüler, die keine Bindung zu ihrer Schule aufbauen konnten, öfter zu beziehungslosen und beziehungsgestörten Lösungen greifen, wie

33 Ebd., S. 418.

z.B. Gewalt, Alkohol, Drogenmissbrauch und sexuell schädlichem Verhalten.[34]

Ist die These richtig, dass Schule in benachteiligten Kindern systematisch eine Entfremdungsdisposition erzeugt, so würde sie auf dramatische Weise jenen Kindern die Chance auf ein gutes Leben verbauen, sofern ein gutes Leben an den Resonanzbeziehungen gemessen wird. Mit den Worten von Pink Floyd würde die Schule damit „just another brick in the Wall“[35] sein.

2.3 Die Angst der Lernenden: Gewalt, Ausgrenzung, Schulversagen

Wenn sich Selbst und Welt nicht vollkommen gleichgültig und indifferent gegenüberstehen, ist *Angst*, ebenso wie *Begehren*, ein Grundelement des menschlichen Weltverhältnisses. Begehren und Angst können als basale menschliche Reaktionen auf die anziehenden, attraktiven (und somit Begehren auslösenden) sowie auf die abstoßenden und bedrohlichen (und somit Angst auslösenden) Weltaspekte verstanden werden.[36] In der Resonanztheorie, wie Rosa sie entwirft, sind Angst und Begehren Triebkräfte des menschlichen Lebens. Sie regen sowohl dazu an, sich kognitiv mit der Welt auseinanderzusetzen („Was gibt es da draußen?“) als auch dazu, wertend zu den Weltaspekten Stellung zu beziehen („Was bedeutet das?“) und schließlich prägen sie auch die voluntativen Antriebsrichtungen („Was will ich?“). Die Resonanztheorie fasst Angst als Grundelement der menschlichen Weltbeziehung allerdings sehr weit, und zwar „als *Angst vor Entfremdung*, das heißt vor einem Stumm- und/oder Feindlichwerden der Welt und einem korrespondierenden Beziehungsverlust“[37]. Begehren hingegen ist als ein „Resonanzbegehren“[38] konzipiert. Schulangst ist dann die Reaktion auf eine stumme und feindliche Schulwelt:

> „Angst erscheint als ein geradezu paradigmatischer ‚Resonanzkiller‘, denn sie verhindert – zumindest dort, wo sie übermächtig wird – das Sich-Öffnen und Einschwingen oder das Sich-Einlassen des Subjekts; sie macht es tendenziell *begegnungsunfähig*. Und sie macht es darüber hinaus auch *bewegungsunfä-*

34 Leitz (2015): Motivation durch Beziehung, S. 19.

35 Zur Schule als Resonanzraum und Entfremdungszone in Werken der Rock- und Popmusik vgl. Kap. I.1, oben.

36 Vgl. dazu ausführlich Rosa (2016): Resonanz, Teil 1, IV. 1.

37 Ebd., S. 194 f.

38 Vgl. ebd., S. 203.

> *hig*, weil sie die Bewegung des Subjektes *auf die Welt zu* erschwert oder verhindert, indem sie die anziehende und motivierende Kraft der ‚Attraktoren' wirkungslos macht. Im Zustand der Angst – gleichgültig, ob diese sich als Furcht vor den Schergen eines Repressionsregimes, vor Krankheit oder der Knappheit der Ressourcen oder als Furcht vor subtileren Formen sozialer Exklusion konkretisiert – ist das Subjekt notgedrungen darauf bedacht, sich *nicht berühren zu lassen* und damit Resonanz zu vermeiden.
> Angst ist die gleichsam natürliche Reaktion auf eine repulsive Welterfahrung, sie wird dort im Übermaß erzeugt, wo Subjekte sich in eine (latent oder manifest) feindliche Welt gestellt fühlen."[39]

Die schädlichen Folgen von Angst und Stress im Kontext von Schule und Lernen lassen sich auf neuronaler Ebene als ein Versagen der Spiegelneurone beobachten. Die Spiegelneurone, die aktiv sind, wenn wir uns mitfühlend und offen der Welt zuwenden, verweigern ihre Arbeit unter Angst und Stress; das heißt: Lernen unter Stress und Angst erfolgt ohne innere Anteilnahme und ohne intrinsisches Interesse, was resonanzpädagogisch gleichzusetzen ist mit einer stummen Wissensaneignung.[40]

Im Kontext von Schule scheint nicht jede Angstform sogleich in einen Zustand der Entfremdung umschlagen zu müssen. Sofern Angst den Weltbezug nicht vollkommen dominiert, kann sie auch zu proaktivem Verhalten motivieren: indem wir z.B. versuchen, die Entfremdungsgräben zu überwinden und Resonanzblockaden aus dem Weg zu räumen. Kritikwürdig wird Schulangst erst dann, wenn die Betroffenen grundsätzlich daran zweifeln, sich die schulischen Weltausschnitte anverwandeln zu können (weil der Lehrer unerbittlich und unnachgiebig ist, die Note den erwünschten Lebensweg zu verbauen droht, die Schule als eine kalte, unbewegliche und strafende Institution erscheint).[41]

Angst kann sich in zwei Richtungen auswirken: Sie kann sich einerseits auf die Schulwelt beziehen (die mobbenden Mitschüler, den ungerechten Lehrer, die bedrohliche Schule) oder aber auf das Selbst (auf das eigene Scheitern im sozialen, intellektuellen oder emotionalen Bereich). Gewöhnlich bezieht sich Angst auf beide Pole und verstärkt sich wechselseitig (etwa durch das eigene Versagen beim Blackout in einer feindlich reagierenden Schulwelt). Angst richtet sich somit „gerade auf die Möglichkeit einer unüberwindbaren ‚Dissonanz', eines Sich-Gegeneinander-Wendens von Selbst

39 Ebd., S. 206 f.
40 Vgl. Bauer (2006): Warum ich fühle, was du fühlst, S. 34 f.
41 Sieland, Bernhard (2004): „Schulangst", in: Wörterbuch Schulpädagogik, S. 279–380, hier S. 378.

und Welt."[42] Aus diesem Grund transformiert Angst die Weltbeziehung des schulängstlichen Schülers fundamental: Wer Schulangst hat, ist gänzlich anders in die Welt gestellt als jemand, der keine Schulangst hat.[43]

Die Angst von Schülerinnen und Schülern kann sich auf unterschiedliche Bereiche beziehen. Die meisten Kinder an deutschen Schulen, etwa 30 Prozent, haben Angst vor Gewalt in der Schule.[44] Das Ansteigen von Kinder- und Jugendgewalt, das die Medien und das Alltagsempfinden oft nahelegen, kann durch wissenschaftliche Studien zwar nicht belegt werden[45], dennoch ist Gewalt ein Thema, dem sich jede Schule stellen muss. Auch wenn Schulen keine „Horte der Gewalt" sind, so lassen sich doch folgende gegenwärtige Entwicklungen aufzeigen[46]: Zwar fühlen sich die meisten Schüler in der Schule sicher und aufgehoben, allerdings sinkt die Hemmschwelle, auf Provokationen mit verbaler und körperlicher Gewalt zu reagieren. Dem entspricht der Befund, dass es zwar nur selten zu extremen Gewaltakten, wie z.B. Körperverletzung, Erpressung oder sexueller Belästigung kommt, dafür aber umso häufiger zu verbalen Aggressionen (Beschimpfungen, Beleidigungen, Provokationen, jemanden lächerlich machen). Mehr als die Hälfte der Schüler (53 Prozent) und noch mehr Lehrer (63 Prozent) beobachten recht häufig Beschimpfungen und gemeine Ausdrücke von Schülern gegenüber anderen Schülern sowie von Schülern gegenüber Lehrenden. Verbale Aggressionen scheinen so verbreitet zu sein, dass manche Autoren der Meinung sind, es gehöre zum guten jugendkulturellen Ton, sich gegenseitig zu beleidigen und zu beschimpfen.[47] Gleichzeitig ist aber auch die Gruppe derjenigen, die auf Gewalt verzichten, größer geworden. Allerdings gibt es einen harten Kern (etwa 5 Prozent) von Schülern, die als Mehrfachtäter auftreten und auch zu extremen Formen der Gewaltausübung neigen. Schließlich sind mit den neuen Medien (E-Mails, Smartphones, Facebook, Chatforen usw.) neue Formen der Gewalt entstanden, wie das Cyber-Bullying oder das Happy-Slapping bzw. Handy-Slapping. Eine weitere Form radikaler Schülergewalt stellen die Amokläufe dar, die seit dem Jahr 2000 auch in Deutschland präsent sind.

Gewalt geht aber nicht nur von Schülern aus. Aggressives Verhalten ist oft die Antwort auf eine als repulsiv erfahrene Schulwelt. Und tatsächlich

---

42 Rosa (2016): Resonanz, S. 210.

43 Vgl. Jacobs, Bernhard/Strittmatter, Peter (1979): Der schulängstliche Schüler, S. 55.

44 Schubarth, Wilfried (2012): Gewalt und Mobbing an Schulen, S. 63.

45 Dornes (2012): Die Modernisierung der Seele, S. 20 ff.

46 Ich beziehe mich hier auf die Ergebnisse in Schubarth (2012): Gewalt und Mobbing an Schulen, S. 63 ff.

47 Vgl. z. B. Fuchs, Marek/Lamnek, Siegfried/Luedtke, Jens/Baur, Nina (2009): Gewalt an Schulen, S.26 f.

korreliert aggressives Schülerverhalten mit aggressivem Lehrerverhalten.[48] Wie an mehreren Stellen bereits ausgeführt, erfährt das repulsive Lehrerverhalten ein Echo seitens der Schülerschaft. So geben die Mehrzahl der Schülerinnen und Schüler an, von ihren Lehrern und Lehrerinnen ebenso häufig aggressiv behandelt zu werden, etwa in Form von Beschämungen, Kränkungen und Ungerechtigkeiten, wie von ihren Mitschülern. Schließlich kann Gewalt nicht nur die soziale Achse betreffen, sondern auch die sachliche – in Form von Vandalismus und Sachbeschädigung.

Angst vor Gewalt an Schulen geht mit einem Verstummen essenzieller Resonanzachsen einher. Viele Schüler fühlen sich von ihren Lehrpersonen im Stich gelassen, aber auch die Lehrenden erleben sich im Angesicht von Gewalt und Aggression als hilflos und ängstlich und nicht als selbstwirksam. So berichtet eine 13-jährige Hauptschülerin:

> „Manchmal, wenn wir Streit haben, habe ich Angst. Weil die beschimpfen sich mit Schlampe, Nutte. Ich hoffe, [...] dass ich bald die Schule überstanden habe. Manchmal hasse ich die Klasse, weil man wird in Sachen reingezogen, wo man erst nichts mit zu tun hatte, doch dann auf einmal hängt man voll drin. Wenn man zu den Lehrern in den Pausen geht, sagen die, wir sollen zu unserem Klassenlehrer gehen."[49]

An den meisten Schulen, in denen es häufig zu gewalttätigen Auseinandersetzungen kommt, herrscht ein *resonanzfeindliches Klima* des Wegschauens, der Gleichgültigkeit, des Bagatellisierens und der mangelnden Zivilcourage. Demgegenüber sind diejenigen Schulen seltener von Gewalt und Aggressivität betroffen, in denen eine Antwort- und Resonanzatmosphäre vorherrscht. An Schulen, in denen Lehrende bereits auf kleine Übergriffe und somit niederschwellig antworten und dadurch die Begegnungsfähigkeit reaktivieren, kommt es seltener zu gewaltsamen Auseinandersetzungen.[50] Resonanzerfahrungen können Frustration und Aggression in erheblichem Maße verringern. Wie aus Schubarths Zusammenfassung der Faktoren für Gewalt hervorgeht, fördern Entfremdungszonen im Unterricht und in der Schule agressives Verhalten: Solche Faktoren sind z.B. langweiliger, lebensfremder und methodisch einseitiger Unterricht, repulsiv strafendes Lehrerverhalten in der Klassenführung, das Ausbleiben von sozialen Resonanzmomenten durch fehlende Anerkennung prosozialen Verhaltens, keine Stärkung der Eigenverantwortung und somit der Selbstwirksamkeitserfah-

---

48 Vgl. z.B. Fend (2008): Neue Theorie der Schule, S. 64 ff.

49 Maschke/Stecher (2010): In der Schule. Vom Leben, Leiden und Lernen in der Schule, S. 60.

50 Schubarth (2012): Gewalt und Mobbing an Schulen, S. 61.

rungen, diffuse und chaotische Regeln und Erwartungen, in denen kein stabiler Resonanzton vernommen werden kann, sowie ein entfremdetes Lehrerkollegium, das in sich uneinig ist und somit nicht als kollegialer Resonanzhafen fungieren kann.[51]

Erleidet ein Schüler oder eine Schülerin psychische und/oder physische Gewalt über einen längeren Zeitraum hinweg, spricht man von Mobbing. Laut der WHO-Studie „Health Behaviour in School-Aged Children" sind in Deutschland ca. Fünf Prozent der gesamten Schülerschaft von Mobbing betroffen. Störungen in den immateriellen zwischenmenschlichen Beziehungen haben einen großen Einfluss auf die physische Gesundheit sowie auf die Resonanzfähigkeit der Betroffenen. Wenn Mobbing-Opfern nicht geholfen wird, können diese sich meist nur dadurch schützen, dass sie ihre „Welt-Fühler" einfahren, um sich vor weiteren schmerzhaften Weltübergriffen zu schützen. Dies ist in der Zwangsgemeinschaft Schule allerdings nur schwer zu bewerkstelligen. Das Leid der Opfer entspricht den Symptomen, die auch schon bei den Lehrpersonen genannt wurden (Kap. III.1.4): Angefangen von physischen Beschwerden wie Bauchschmerzen, Schlaflosigkeit, Herzrasen usw., kann es auf Dauer zu einem schleichenden Zusammenbruch aller Resonanzachsen kommen (dem Verlust von Schulfreundschaften, dem Verlust des Interesses am Unterricht und an Freizeitaktivitäten sowie dem Verlust der elterlichen Fürsorge durch Rückzug). In einem vorangeschrittenen Stadium kann dies zu Depression bis hin zu Selbstmord führen.

Die Mobbingtäter zerstören aber nicht nur die Resonanzfähigkeit des Opfers, sie untergraben zugleich ihre eigenen Resonanzverhältnisse. Durch die soziale Isolation und den Ausschluss eines oder mehrerer Schülerinnen und Schüler entsteht zwar eine dichte Gruppenzusammengehörigkeit der Täter und damit scheinbar ein funktionierender Resonanzraum. Tatsächlich aber basiert der Resonanzraum beim Mobben auf einer fundamental entfremdeten Weltbeziehung, die die Mitglieder nach außen hin hermetisch abriegelt: die vermeintliche Resonanzbeziehung, die nur dadurch entsteht, dass sie systematisch Entfremdung produziert und erzwingt, ist in Wahrheit eine *Resonanzsimulation* – eine zutiefst entfremdete und pathologische Resonanztäuschung.[52]

Nun scheint, wie Schubarth nahelegt, das wechselseitige Beleidigen und Beschimpfen unter Jugendlichen oft zum Alltag dazuzugehören. Tatsächlich ist vorstellbar, dass gerade über diesen negativen und vermeintlich repulsiven Code gemeinschaftsbildende Beziehungen und Resonanzen er-

---

51 Ebd., S. 75.

52 Zur „Resonanzsimulation" vgl. Kap. II.2.2, oben; sowie Rosa (2016): Resonanz, S. 319.

zeugt werden. Dabei kommt es nicht darauf an, *was* gesagt wird, sondern *wie* es gesagt wird und in welcher Beziehung die Interaktionspartner zueinander stehen. Nicht selten versichern sich etwa Männer ihrer Freundschaft, indem sie verbal das Gegenteil behaupten. Wenn sich Freunde etwa mit „Na, du Arsch!" begrüßen, so steht dies gerade nicht für Entfremdung, sondern für eine Resonanzbeziehung, in der es dem Freund, und *nur* dem Freund, erlaubt ist, eine solche Schein-Beleidigung zu äußern, ohne dass dies als repulsive Zurückweisung verstanden wird. Ob eine Beleidigung als Resonanzgeste oder als repulsive Zurückweisung erlebt wird, hängt von der bereits vorhanden affektiven Beziehungsqualität ab, die die Betroffenen als „Bauchgefühl" spüren, aber auch von einer subtilen kognitiven Umdeutung des Gesagten. In Schulen ist das häufige Äußern von verbalen Beleidigungen allerdings der beste Indikator für das Auftreten von physischer Gewalt.[53] Es ist deshalb nicht unwahrscheinlich, dass Beleidigungen und Beschimpfungen auf eine Entfremdungszone hinweisen.

Mobbing kann zum einen durch verletzende Zurückweisungen und feindliche Übergriffe erfolgen: etwa wenn über einen Schüler (beschämende) Unwahrheiten im Internet verbreitet werden, eine Hassgruppe auf Facebook eingerichtet wird oder demütigende Situationen mit dem Smartphone aufgenommen und im Internet veröffentlicht werden (Happy Slapping) – um einige der neueren Formen anzuführen. Mobbing kann zum anderen aber auch als eine verstörende Form der Resonanzverweigerung praktiziert werden: etwa, wenn Schüler oder Lehrer andere Schüler oder Kollegen isolieren, indem sie diese von gemeinsamen Gruppenaktivitäten ausschließen.[54] Egal in welcher Form Mobbing auftritt, die Befunde sprechen eine eindeutige Sprache: Mobbing, als eine verfestigte Form des sozialen Umgangs, ist nicht nur ein Resonanzkiller für vereinzelt Betroffene, vielmehr bringt es zum Ausdruck, dass die Schule zu einer Entfremdungszone für alle zu werden droht. Weil sich Mobbing negativ auf das Schulklima auswirkt und weil es oft das Resultat einer resonanzfeindlichen Schulatmosphäre ist, kann die Schule auch nur als Ganze auf Mobbing reagieren. Wie ich unten zeigen werde, gibt es bei dieser Reaktion allerdings auch wieder die Möglichkeit auf Anverwandlung und Resonanz.

Auch den extremen Fällen, in denen es zu Amokläufen kam, ging oft ein jahrelanger Prozess des Verlustes von Resonanzbeziehungen voraus. Was

---

53 Schubarth (2012): Gewalt und Mobbing an Schulen, S. 63.

54 Ein Schüler berichtete mir in einem informellen Gespräch von der Praxis des „Alleinestehenlassens". Beim Alleinestehenlassen schließt eine Gruppe von Mitschülern einen anderen Mitschüler von jeglicher Interaktion aus und ignoriert ihn im Schulalltag vollständig. In Anbetracht der Tatsache, dass Menschen resonanzbedürftige Wesen sind, bedeutet dies für die Betroffenen den sozialen Tod.

auch immer die Entstehung von Amokläufen im Einzelnen beeinflusst, stets sind es Indifferenz- und Repulsionserfahrungen, die mit der Eskalation einhergehen. Die Geschichte des Amokläufers ist oft gekennzeichnet durch eine lange Aneinanderreihung von repulsiven Erfahrungen, verursacht durch schulische Misserfolge und Demütigungen, aber auch durch Indifferenz in Form von sozialer und institutioneller Ausgrenzung, sowie einen umfassenden Kontaktverlust der schulischen Umgebung zum Täter.[55]

Die Schule wird aber nicht nur durch *äußere* Gewalterfahrungen zu einem Angst- und Entfremdungsraum, sondern auch durch *innere* Versagensängste – etwa durch Leistungsangst. Wer schlechte Noten bekommt und dies auf seine mangelnden Fähigkeiten zurückführt, wird bald keine Selbstwirksamkeitserwartungen mehr haben und zunehmend Schulangst entwickeln. Durch Leistungsangst ziehen sich die „Kanäle", die Selbst und Welt verbinden, schützend zusammen. Bildende Selbst-Welt-Berührungen werden dadurch weniger wahrscheinlich, weil ein Teil der kognitiven Aufmerksamkeit auf die Bewältigung der emotionalen Angstgefühle gerichtet ist: Leistungsangst beeinträchtigt nachweislich nicht nur die kognitive Informationsaufnahme und -verarbeitung, sondern lässt auch die affektive Weltbeziehung taub werden.[56] Oft geht die Angst einer bestimmten Sache oder Aufgabe nicht gerecht zu werden, einher mit der Angst vor sozialer Entfremdung, der Sorge, beim Versagen von den Mitschülern oder von der Lehrerin beschämt oder zurückgewiesen zu werden.

Leistungsängstliche Schüler erleben ihr Elternhaus oft nicht als einen bergenden Resonanzhafen, sondern als eine weitere leistungsbasierte und stumme Entfremdungszone. Wenn elterliche Liebe, Zuwendung und Aufmerksamkeit abhängig von den schulischen Leistunegn sind, dann kann der nächste Test für den Schüler, schnell zur existenziellen Bedrohung werden – Schüler lernen dann buchstäblich um ihr Leben, weil der Verlust der emotionalen Aufmerksamkeit den sozialen Tod bedeuten kann.[57]

---

55 Schubarth (2012): Gewalt und Mobbing an Schulen, S. 61: „Die Schüler erlitten meist eine Reihe schulischer Misserfolge und Demütigungen und ertrugen schweigend soziale wie institutionelle Ausgrenzungserfahrungen. Die Verletzungen des Selbstwertgefühls waren oft auch mit einer mangelnden Zukunftsperspektive verbunden. Hinzu kamen in vielen Fällen Medieneinflüsse (Computerspiele, Gewaltvideos) und der Zugang zu Waffen. Was besonders schwer wiegt, ist die Tatsache, dass die Lehrerschaft – ähnlich wie die Elternschaft – nichts wusste, nichts ahnte und von den Ereignissen umso mehr überrascht wurde. Für die Gewaltprävention bedeutet dies, eine Schulkultur zu entwickeln, die eine Beziehungs- und Kommunikationskultur der Wertschätzung und Anerkennung pflegt, die für persönliche Krisensituationen der Schüler sensibel ist und die auch die Unauffälligen in den Blick nimmt."

56 Vgl. Stein, Roland (2012): Förderung bei Ängstlichkeit und Angststörungen, S. 77 ff.

57 Vgl. Bauer (2006): Warum ich fühle, was du fühlst, Kap. 7.

Für das Gewaltverhalten ist auch die Familie entscheidend. Eltern wirken als der „schlagende Arm“ in die Schule hinein. Ein aggressives Schulkind ist meist selbst Opfer von familiärer und häuslicher Gewalt. Darüber hinaus ist nicht das soziale Milieu, sondern das *Erziehungsverhalten* der Bezugspersonen ausschlaggebend für die Gewaltbereitschaft eines Kindes. Ein harter, unerbittlicher und strafender Erziehungsstil, der die Stimme oder die Eigenfrequenz des Kindes gewaltsam unterdrückt, wird sehr wahrscheinlich dazu führen, dass sich auch das Kind anderen oder, wo dies nicht möglich ist, sich selbst gegenüber rücksichtslos und unterdrückend verhält. Im Gegensatz dazu kann eine Erziehung, die dem Kind unverhältnismäßig viele Freiräume lässt und keinerlei Grenzen aufzeigt, wird es in eine tendenziell diffuse und chaotische Welt stellen, in der keine stabilen Resonanzbeziehungen eingegangen werden können. Eine solche Umwelt kann Angst und Unsicherheit durch Orientierungsverluste erzeugen, auf die das Kind wiederum mit aggresiv beherrschendem und unterdrückend kontrollierendem Verhalten reagieren kann.

Schließlich prädestiniert die Ressourcenfixierung und die Verteilungsfunktion die Schule dazu, zu einem Hort der Leistungsangst zu werden. Kommt dem Kind in der Familie Anerkennung, emotionale Aufmerksamkeit und responsive Zuwendung durch seinen Status als Familienmitglied von selbst zu, so herrschen in der Schule oft Verteilungsmuster vor, in denen Anerkennung oft ausschließlich über Schulleistungen und Leistungsbereitschaft erworben wird.[58] Wie ich an mehreren Stellen gezeigt habe, zerstört eine ausschließlich leistungs- und ressourcenfixierte Anerkennungs- und Aufmerksamkeitsverteilung den Resonanzraum Schule. Anstelle tragender Resonanzbeziehungen entstehen durch Konkurrenzdruck und Wettbewerbsprinzipien Angsträume und Weltunsicherheit. Die „Attraktoren“, die in der Schule potentiell vorhanden sind (spannende Themen, der Austausch mit Menschen und die Bearbeitung von Materialien), verlieren dann ihre Wirkung und können das Interesse der Schüler nicht mehr wecken – sie werden zu stummen „Repulsoren“.

Dass Resonanz- und Entfremdungsverhältnisse nicht natürlich gegeben sind, sondern schichtspezifisch verteilt auftreten und erzeugt werden, belegt die Tatsache, dass das Ausmaß und die Art der Schulangst vom sozialen Status abhängen. Kinder aus der Mittel- und Oberschicht leiden öfter an der spezifischen Leistungsangst, während Kinder aus bildungsfernen Familien die Schule im Ganzen als einen bedrohlichen Ort erleben.[59]

58 Ebd., S. 178.
59 Jacobs/Strittmatter (1979): Der schulängstliche Schüler, S. 175.

Was kann getan werden, um Angsträume und repulsive Gewaltbeziehungen in der Schule zu verringern und an ihrer Stelle Resonanzräume zu eröffnen? Um dieser Frage nachzugehen, muss das Phänomen von Angst und Gewalt tiefer erkundet werden. Zu Beginn des Kapitels habe ich ausgeführt, dass 30 Prozent der Lernenden Angst vor physischer oder psychischer Gewalt in der Schule haben. Nun lässt sich allerdings argumentieren, dass nicht nur diejenigen Ängste verspüren, die potenziellen Aggressionen ausgesetzt sind, sondern auch diejenigen, die diese ausführen. Denn gewaltsames und aggressives Verhalten kann selbst als Reaktion auf eine *tiefsitzende Angst vor Resonanzverlust* bzw. als Antwort auf die Angst vor den Schmerzen, die ein *unerfülltes Resonanzbedürfnis* erzeugt, verstanden werden.

Wie gezeigt wurde, ist aggressives Verhalten von jungen Menschen tatsächlich oft eine Reaktion auf feindlich-repulsive oder rücksichtslos-indifferente Weltverhältnisse: Kinder und Jugendliche reagieren öfter aggressiv, wenn sie aus einem strafenden und gewaltbereiten Elternhaus kommen oder aber aus Familien, die keine Grenzen aufzeigen und das Kind somit einer konturlosen und chaotischen Welt aussetzen, in der alles durcheinanderklingt und in der das Kind keine stabilen und zuverlässigen Antwortbeziehungen mit seiner Umwelt eingehen kann. Ebenso gelten aggressive Lehrende als Ursache für aggressives Schülerverhalten und auch Indifferenzerfahrungen in der sachlichen Achse, etwa langweiliger, monotoner und lebloser Unterricht, können die Gewaltbereitschaft erhöhen. Es liegt deshalb nahe, dass sich im Innersten eines Gewalttäters selbst ein durch Repulsions- und Indifferenzerfahrungen verletztes und ängstliches Kind befindet. Der Gewalttäter versucht demnach verzweifelt, die stummen und repulsiven Resonanzachsen gewaltsam zum Antworten *zu zwingen*, mit der tragischen Folge, gerade durch dieses Verhalten seine Entfremdung zu verfestigen.

Die Angst vor einer gleichgültigen oder feindlichen Welt geht einher mit einer fundamentalen Weltunsicherheit. Diese erlebte Weltunsicherheit kann zu Rückzug und Resignation führen, sie kann aber auch den Wunsch entstehen lassen, die bedrohlichen und kalten Weltaspekte instrumentell kontrollieren, beherrschen und über sie verfügen zu wollen. Da Resonanz stets ein Moment der Unberechenbarkeit enthält, durch das der Andere oder die Sache erst mit eigener Stimme sprechen kann, erzeugt dieses Beherrschen- und Kontrollierenwollen wiederum stumme Weltverhältnisse.

In Anbetracht der Tatsache, dass auch in dem Gewalttäter ein verletztes Kind stecken könnte, scheint es folgerichtig zu sein, dem erfolgten Resonanzverlust neue Resonanzbeziehungen und Resonanzräume entgegenzusetzen. Resonanzräume für Begegnungen zu schaffen, in denen sich Kinder und Jugendliche als gesehen, gehört und getragen erleben können, ist das Merkmal eines *positiven Schulklimas*.

Das „Schulklima" ist diejenige Variable, von der am meisten abhängt, ob in einer Schule Gewalt und Angst oder aber Respekt, Wertschätzung, Empathie und Freude vorherrschen. Studien konnten zeigen, dass Mobbing umso seltener auftritt, wenn Lernende und Lehrende gerne zur Schule gehen und sich mit ihrer Schule identifizieren können, weil sie eine positive Bindung zu ihrer Institution haben („school bonding"); aber auch dann, wenn es eine lebendige Schulkultur gibt, in der sich Kinder und Jugendlichen aufgehoben fühlen und die über das bloße Unterrichtsgeschehen hinausgeht. Entscheidend ist auch der Klassenzusammenhalt sowie eine spezifische pädagogische Haltung der Lehrkräfte, aus der heraus sie Schülern aktiv zuhören, sich ihnen auch persönlich zuwenden, sich für ihre Belange, Bedürfnisse und Konflikte interessieren.[60] Insbesondere ein ressourcenfixiertes Konkurrenzverhalten innerhalb einer Klasse und in einer Schule wirkt als Resonanzblocker, weil es die Subjekte zu Einzelkämpfern macht.[61] Um Gewalt einzudämmen bzw. um sie in eine konstruktive Richtung zu lenken, scheint es darauf anzukommen Praktiken, Rituale und Umgangsformen zu finden und zu kultivieren, die die Schule als Ganze in ein „schwingungsfähiges" Medium verwandeln.

Wenngleich Resonanzräume Angsträume eindämmen können, lässt sich Angst jedoch weder aus der Schule, noch aus dem menschlichen Leben jemals ganz vertreiben. Angst scheint eine existenzielle Rolle im Leben von Menschen zu spielen, weil menschliche Wesen niemals gänzlich vor Unglück, Schaden und Leid bewahrt werden können. So schreibt auch Rosa:

> „Zu vermuten steht, dass jedes menschliche Weltverhältnis – das individuelle wie das kollektive – von einer existentiellen Grundangst geprägt wird, welche mit einem Gefühl des kategorialen Ungenügens, eines unaufhebbaren Makels, einer existentiellen Stigmatisierung einhergeht".[62]

---

60 Vgl. Oertel, Lars (2000): „Schulstress und Schulangst im Jugendalter", in: Hackauf, H./Ohlbrecht, H. (Hrsg.): Jugend und Gesundheit. Ein Forschungsüberblick, S. 185; Maschke/Stecher (2010): In der Schule, S. 61; Meier, Ulrich/Tillmann, Klaus-Jürgen (2000): „Gewalt in der Schule – importiert oder selbstproduziert?", in: Praxis der Kinderpsychologie und Kinderpsychiatrie 49 (1), S. 36–52; Wienke-Totura, Christine M. et al. (2009): „Bullying and victimization among boys and girls in middle school. The influence of perceived family and school contexts", in: The Journal of Early Adolescence 29 (4), S. 571–609.

61 Meier/Tillmann (2000): „Gewalt in der Schule – importiert oder selbstproduziert?"

62 Rosa (2016): Resonanz, S. 201 f.

Menschliche Wesen stehen stets auch in einer hilfebedürftigen Beziehung zur Welt, in der sie sich als abhängig, schwach und verletzlich und als *in die Welt geworfen* erfahren; und zwar allein schon deshalb, weil sie auf die Resonanz anderer angewiesen sind. Jede Begegnung, in der wir uns Anderen zeigen, öffnen und zuwenden, stellt ein Risiko dar, weil der Andere uns zurückweisen kann und wir uns ihm oder ihr gegenüber somit verletzbar machen. Die Angst vor Verletzung und das Begehren nach tiefen Resonanzbeziehungen scheinen an dieser Stelle ineinander verwoben zu sein.[63] Im Angesicht dieser existenziell begründeten Angst lautet die Frage nicht, wie wir Angst beseitigen können, sondern wie wir mit ihr umgehen sollen: An dieser Stelle kann die Schule eine entscheidende Rolle spielen.

Zunächst scheint der Umgang mit der eigenen Angst durch *gesellschaftliche Rollenbilder* geprägt zu sein, die die Schule verstärken oder denen sie entgegenwirken kann. Solche Angst unterdrückenden Rollenbilder sind etwa der „harte Mann“ oder die „alles still und leise ertragende Frau“. Die unterdrückte Angst kann in zwei Richtungen hin kompensiert werden[64].

Erstens: Um dem Rollenbild des starken Mannes oder der angstfreien Frau gerecht zu werden und uns selbst nicht als ängstlich, hilfsbedürftig und verletzbar erleben zu müssen – kann eine Kompensation *nach außen*, zur Welt hin, erfolgen. In einem solchen Modus sind wir bestrebt, unsere Umwelt restriktiv zu beherrschen, Andere herumzukommandieren, zu kontrollieren und zu dominieren. Allerdings können wir Andere und Anderes nur dann gänzlich beherrschen, wenn wir diese in unserer Wahrnehmung zu einem toten Ding bzw. zu einem leblosen und stummen Objekt degradieren. Durch eine solche beherrschende Kompensation nach außen hin wird die Welt zum Verstummen gebracht.

Zweitens: Die Angst kann, je nach Persönlichkeit und Situation, auch *nach innen* zum eigenen Selbst hin kompensiert werden und in eine Überkontrolliertheit münden. In der überkontrollierenden Haltung richten wir uns disziplinierend, manipulierend und optimierend auf unser eigenes Selbst, sodass von diesem keine Störungen, etwa in Form von Ängsten, mehr ausgehen können. Indem der Betroffene danach strebt, über sein eigenes Selbst, vor allem über dessen emotionalen und affektiven Anteil, zu verfügen, bringt er es zum Verstummen. Entfremdung entsteht hier durch

63 Vgl. ebd., S. 200.

64 Die folgenden Überlegungen sind von den Arbeiten Eckhard Roedigers zur Schematherapie inspiriert; vgl. z. B. Roediger (2009): Praxis der Schematherapie: Grundlagen, Anwendung, Perspektiven; vgl. auch Damm, Marcus (2010): Schemapädagogik. Möglichkeiten und Methoden der Schematherapie im Praxisfeld Erziehung.

eine schweigende Selbstbeziehung, in der uns unser Leib, unsere Gefühle und unsere Gedanken *nichts mehr zu sagen haben*.

Diesen resonanzblockierenden kulturellen und gesellschaftlichen Rollenbildern kann eine Schulkultur entgegenwirken, die zunächst anerkennt, dass menschliche Wesen verletzbar, ängstlich und gelegentlich auch aggressiv sind. Wie Martin Jäggle u.a. argumentieren, entsteht eine solche Schulkultur, wenn wir vor Gewalt, Aggressionen und Angst weder die Augen verschließen, noch diese resignierend und indifferent hinnehmen, sondern, so kann der Befund gedeutet werden, in einem Resonanzmodus auf sie antworten:

> „Vielmehr heißt es, sich zu positionieren – sowohl als Individuum als auch als Gemeinschaft und Gesellschaft. Der Gewalt ins Angesicht zu sehen, bedeutet, sich ihren widerständigen und widerwärtigen Ausformungen zu stellen und zu erkunden, welche notwendigen Umgangsformen mit ihr im Rahmen einer ‚Kultur der Anerkennung' und eben nicht ausgegrenzt aus ihr zu entwickeln sind".[65]

Schwäche und Verletzbarkeit zu begegnen und zu akzeptieren, ist eine Fähigkeit, die wir vermutlich eher in tragenden Resonanzatmosphären aufbringen, in denen wir uns sicher, angenommen und so geborgen fühlen, dass wir uns offenbaren können.

Neben einem responsiven Schulklima und einer Kultur der Anerkennung gibt es weitere Möglichkeiten, wie eine Schule mit Schwäche und Angst umgehen kann, ohne sie in Aggressionen und Gewalt umzuwandeln. Martha Nussbaum weist darauf hin, dass Menschen sich immer dann weniger hilflos und schwach fühlen, wenn sie davon überzeugt sind, ihre Umwelt gestalten zu können.[66] Nussbaum fordert im Rückgriff auf Rousseau deshalb, in der Schule die praktischen und gestaltenden Fähigkeiten zu fördern. Selbstverständlich gelingt dies nur, wenn Schülerinnen und Schüler Selbstwirksamkeitserfahrungen machen können, d.h. wenn die Schule zugleich ein gestaltbares und entgegenkommendes Resonanzmedium ist.

Eine naheliegende resonanzpädagogische Maßnahme, auf Schwäche, Abhängigkeit und Hilfsbedürftigkeit zu antworten, besteht im wechselseitigen Helfen und solidarischen Unterstützen. Dabei könnte eine „Kultur des Dankes" bzw. der Würdigung prosozialen Verhaltens entwickelt werden. Es wäre ein spezifisches Resonanzerleben, wenn die Schülerinnen und Schüler,

---

65 Lehnert-Hartmann, Andrea/Wieser, Renate (2013): „Der Gewalt ins Auge sehen", in: Jäggle, M./Krobath, Th./Stockinger, H./Schelander, R. (Hrsg.): Kultur der Anerkennung. Würde, Gerechtigkeit, Partizipation für Schulkultur, Schulentwicklung und Religion, S. 225–235, hier S. 233.

66 Nussbaum, Martha (2012): Nicht für den Profit, S. 50.

etwa im Klassenrat oder in der wöchentlichen Schulkonferenz in der Aula, sich für besondere Hilfen bedanken könnten, etwa wenn jemand mehrere Tage hintereinander die Tafel abgewischt hat, in der Mensa das Geschirr weggeräumt oder einem Anderen Nachhilfe gegeben hat. Wie sich während meiner wissenschaftlichen Begleitung der „Deutschen SchülerAkademie" gezeigt hat, können aus solchen Würdigungen regelrechte prosoziale Wettbewerbe um diese symbolischen Resonanzgesten entstehen.

Schließlich scheint es wichtig zu sein, dass eine Schule gegen ein einseitiges Schwarzweiß-Denken angeht. Menschliche Weltverhältnisse sind komplex und vielschichtig. Die Einteilung der Welt in Kategorien wie gut und böse, rein und unrein, stark und schwach, die bereits Kleinkinder ausprägen, sollte nach Nussbaum differenzierteren Bildern vom menschlichen Leben weichen; Bildern, die der Komplexität von Leid und Gewalt gerechter werden. Kinder lernen oft sehr früh und einseitig, dass Menschen in ausschließende Schubladen eingeteilt werden können: „Dicke Menschen sind dumm", „Mädchen bzw. Jungen sind doof" usw. Zwar scheint die Entwicklung der Fähigkeit, Kategorien und „Schubladen" zu konstruieren, ein essentieller Bestandteil menschlicher Weltbeziehungen zu sein, allerdings dürfen wir darüber hinaus nicht verlernen, die Welt differenziert zu betrachten und zu bewerten.

Nach Nussbaum sollten wir beispielsweise sensibel mit Kindergeschichten umgehen, die die Welt einseitig in Schwarz oder Weiß einteilen. So weist Nussbaum etwa auf die Märchen hin, in denen Kindern vermittelt wird, dass man nur eine Hexe zu verbrennen oder einen Riesen zu töten braucht, damit die Welt wieder in Ordnung ist. Nussbaum sieht hier die Gefahr, dass Kinder auch später als Erwachsene nach solchen einfachen Lösungen verlangen könnten. Natürlich geht es nicht darum, Kindern Märchen vorzuenthalten, vielmehr sollten wir ihnen im Gespräch ein Gespür dafür vermitteln, dass die Welt oft komplexer ist, weil es sich eben nur um ein Märchen und nicht um die Realität handelt.

Eine solche Polarisierung in ausschließlich *gut* und ausschließlich *böse* schadet oft Minderheiten und Randgruppen. Menschen können dazu neigen, ihre eigene Schwäche und Hilfsbedürftigkeit zu verneinen und sich von ihr rein zu waschen, indem sie sie auf andere projizieren: So werden oft Minderheiten aufgrund einer einzigen Eigenschaft stigmatisiert und ausgegrenzt. Eine Schülergruppe, die davon besonders stark betroffen ist, sind hochbegabte und „weniger begabte" Schülerinnen und Schüler, wenn diese etwa als Streber, Nerds oder als Dummköpfe abgestempelt und aus dem Resonanzraum der Klasse ausgeschlossen werden. Von solchen Fällen berichtet ein 12-jähriges Mädchen, das ein Gymnasium besucht. Für sie wird die entfremdete Schulwelt zum Gegenbild eines „guten" und „normalen" Lebens:

„Ich will [später in meinem Leben; J. B.] aber nicht Kinder, die zu klug oder zu dumm sind, denn in unserer Klasse habe ich die Erfahrung gemacht, dass beide gehänselt werden. Schreibst du gute Noten, hänseln sie dich und bedrohen dich manchmal sogar. Schreibst du schlechte Noten, behandeln sie dich als Prügelknaben, hänseln dich, lachen dich aus. [...] In unserer Klasse zum Beispiel gibt es ein Mädchen, das immer total angibt. Alle Mädchen, die Freundinnen von ihr waren und sind, fingen an, sich nur über Schminke und Anziehsachen zu unterhalten, und alle blieben sitzen. Ich will nicht, dass meine Kinder so werden. Mich zum Beispiel hänseln die Jungs aus meiner Klasse immer, nehmen mir Sachen weg [...] Ich will, wenn ich groß bin, ein ganz normales Leben führen. Und ich hoffe, dass das auch so wird."[67]

Nicht zuletzt ist auch die Förderung von Empathie und Verständnis hilfreich, um resonanz- und begegnungsfeindliches Verhalten abzuschwächen. Anstatt Kinder und Jugendliche für Fehlverhalten (etwa für die Aussage „Dicke Menschen sind dumm!") zu bestrafen, scheint es oft wichtiger zu sein, ihnen durch einen achtsamen Umgang zu zeigen, wie man die Eigenschaft „dick" noch deuten und bewerten könnte und was dieses Verhalten in anderen Menschen auslöst bzw. wie es ihnen selbst in dieser Situation ergehen würde. Beim Fehlermachen eröffnen sich spezifische Resonanzfenster, weil Lehrende oder Bezugspersonen sich dem Kind oder Jugendlichen als antwortende und widersprechende Reibefläche zuwenden können, um gemeinsam zu überlegen, wie sie besser mit der Situation umgehen können. Das Bestrafen hingegen wird vom Kind meist als ein repulsiver Akt erfahren, bei dem der Resonanzdraht zur Welt reißt. Kinder könnten daraus schnell den Schluss ziehen, dass auch Erwachsene ihre Probleme und Konflikte durch repulsives und nicht durch resonantes Verhalten lösen. Sie könnten daraus lernen, dass repulsives Verhalten eine adäquate und angemessene Lösungsstrategie für die eigenen Probleme ist.

Wenngleich die Angst in diesem Kapitel als Resonanzfeind Nummer eins beschrieben wurde, so ist die vollständige Abwesenheit von Angst je-

67 Vgl. Maschke/Stecher (2010): In der Schule, S. 60. Dass die Ausgrenzung von Hochbegabten eher der Normalfall ist, zeigen auch Pelker, Anna-Katharina/Günther, Ralf/Boehnke, Klaus (2002): „Die Angst vor sozialer Ausgrenzung als leistungshemmender Faktor. Zur Stellung guter mathematischer Schulleistungen unter Gleichaltrigen", in: Zeitschrift für Pädagogik (45. Beiheft). Bildungsqualität von Schule: Schulische und außerschulische Bedingungen mathematischer, naturwissenschaftlicher und überfachlicher Kompetenzen, S. 326–340, hier S. 327: „Wer in deutschen Schulen oft durch gute Leistungen auffällt und erkennen lässt, dass diese Schulleistungen Ergebnis intensiver Lernbemühungen und nicht ‚natürlicher Begabung' sind, wird schnell damit konfrontiert, von MitschülerInnen – in der Regel in der Sekundarstufe I die relevanteste Peergruppe – als Streber benannt und tendenziell ausgegrenzt zu werden."

doch ebenso entfremdungsverdächtig. Anverwandlung kann nur dort erfolgen, wo Menschen bestimmte Weltausschnitte zunächst als nicht antwortend, irritierend oder herausfordernd und manchmal auch bedrohlich erleben, was Angst auslösen kann. Wie in Kapitel II.2.2.2 gezeigt wurde, gibt es einen engen Zusammenhang zwischen der Tiefe der Resonanzerfahrungen und der Tiefe der Entfremdungssensitivität. Den Menschen als ein Wesen anzuerkennen, das auch ängstlich, verletzbar, hilfsbedürftig und gelegentlich schwach ist, kann deshalb zu einem starken Motor für Anverwandlung und Resonanz werden.

2.4 Schulische Resonanzhäfen II: Familie und Freundschaften

Ob eine Schule zu einem Resonanzraum oder aber zu einer Entfremdungszone wird, hängt nicht nur von schulinternen Faktoren ab. Eine zentrale Komponente des Beziehungsensembles sind die Familien der Schülerinnen und Schüler. Von den Müttern und Vätern hängt zum einen ab, mit welchem „Resonanzboden" die Kinder in die Schule kommen: ob Kinder musikalisch sind, hängt mitunter davon ab, ob in der Familie gesungen und musiziert wird; ob sie sich für Technik interessieren, davon, ob mit ihnen gebastelt wurde; ob Sport ihnen als eine attraktive Tätigkeit erscheint, davon, ob sie sich viel Bewegen konnten; ob sie Bücher lieben, davon, ob die Eltern vorgelesen haben usw. Die elterliche Weltbeziehung wird die Resonanzfähigkeit des Kindes prägen. Zum anderen werden die Eltern und Bezugspersonen beeinflussen, ob Lernen für das Kind eine lustvolle, herausfordernde und ansprechende Tätigkeit ist oder ob es auf Neues eher verschlossen, ängstlich und abweisend reagiert. Lernen kann Kindern als eine bedrohlich wirkende Notwendigkeit erscheinen, die mit vielen Frustrationen und schmerzhaften Rückschlägen einhergeht, weil das Kind familiär kaum positive und empathische Unterstützung erhalten hat, wenn es sich etwas Neues angeeignet hat oder schlimmer noch: weil es vielleicht physisch und emotional vernachlässigt, bestraft oder gar misshandelt wurde.

Wenngleich die Familie somit auch zu einem wüstenhaften Ort der tiefsten Entfremdung und Weltunsicherheit werden kann, an dem man zu überleben lernt, so stellt die Familie in der Moderne jedoch zumeist einen paradigmatischen Resonanzhafen dar. Die Familie ist der Idee nach diejenige liebevolle und bergende Resonanzoase, in der sich Kinder und Jugendliche ihrer Resonanzbeziehungen versichern können, selbst wenn der Draht zur Schulwelt einmal zu reißen droht:

„Die Resonanzsehnsucht der Moderne bündelt sich in ihrer Konzeption der intakten oder wohlbehüteten Kindheit wie in einem Brennglas: Die Familie wird als der Resonanzhafen konzeptualisiert, in dem sich Kinder geliebt, gemeint, getragen und geborgen fühlen können; sie verdienen alle Liebe der Eltern (und der übrigen Verwandten).“[68]

Die Beziehung zum Kind ist das emotionale Resonanzzentrum der Familie. Die Eltern leiten und kanalisieren die *diffuse* und *umfassende Resonanzfähigkeit* des Kindes und prägen seine Resonanzfähigkeiten und Resonanzbeziehungen schon sehr früh – selbst bei Säuglingen lässt sich schon eine Vorliebe für bestimmte Musikrichtungen, für bestimmte Geschmäcker oder Stimmlagen und Dialekte nachweisen. Erleben sich kleine Kinder zunächst in diffuser Weise von allen Weltbereichen angesprochen und unmittelbar betroffen, kanalisieren und filtern Eltern den „Resonanznebel“ (teilweise bereits im Mutterleib) auf bestimmte Dinge hin, die ihnen persönlich wichtig sind, oder die als gesellschaftlich und kulturell bedeutsam erachtet werden, indem sie einige kindliche Resonanzimpulse verstärken und aufgreifen, andere dämpfen und unbeantwortet lassen:

„Erlebt ein Kind Resonanz auf sein Erleben und seine damit verbundenen Gefühle, wird seine Weltsicht als wichtig und bedeutsam erachtet. Erlebte Resonanz kann die Bedeutung einer Erfahrung für ein Kind *verstärken*, kann ihr aber auch, wenn die Erfahrung sehr unangenehm war, *den Schrecken nehmen*. Für die Speicherung von Erinnerungen spielt die Resonanz ebenfalls eine wichtige Rolle. Erlebnisse ohne Resonanzerleben werden *leichter vergessen*.“[69]

Eltern und geliebte Menschen wirken durch die Spiegelneuronen als Vorbilder und somit als Resonanz- und Entfremdungsverstärker. Dabei verzeichnen sie nicht nur erste Resonanzoasen und Entfremdungswüsten auf der Weltkarte ihrer Kinder, sondern modulieren durch ihr eigenes Weltinteresse oder ihr Weltmisstrauen auch deren existentielles Grundgefühl: Allgemein interessierte, aufgeschlossene und begeisterungsfähige Eltern werden eher resonanzfähige Kinder haben, während Kinder mit eher misstrauischen, gleichgültigen und desinteressierten Bezugspersonen auch weniger resonanzfähig sind. Die familiäre Atmosphäre trägt zur Antwort- und

---

68 Rosa (2016): Resonanz, S. 350.

69 Wieczorek, Marion (2011): „Bedeutung und Ausgestaltung narrativen Lernens in der Entwicklung von Kindern mit Körperbehinderungen“, in: Hartung, O./Steiniger, I./Fuchs, Th. (Hrsg.): Lernen und Erzählen interdisziplinär, S. 149–158, hier S. 155 (Hervorhebung von mir, J. B.). Nach Wieczorek erfolgt ein Lernen durch Resonanzen insbesondere durch das Erzählen von Geschichten, was sie auch als „narratives Lernen“ bezeichnet.

Empathiefähigkeit des zukünftigen Schülers bei und sie prägt dessen Weltgrundierung in Form einer existentiellen *Weltsicherheit*, die es ihm erlaubt, sich schnell auf Neues einzulassen und sich dem Fremden zu öffnen, oder aber in Form von *Weltunsicherheit*, die den Schüler vor neuen Erfahrungen zurückschrecken lässt.[70]

In jedem Fall wird das Kind beim Eintritt in die Schule bereits über einen ausdifferenzierten Weltbezug verfügen, der sich durch abschreckende Wüsten und anziehende Oasen auszeichnet. In der Schule setzen sich die Lernenden mit ihrem jeweils gegebenen Weltbezug *reflexiv auseinander*, *erweitern* und *modifizieren* ihn. Indem sie sich aktiv durch Reflexion von ihrem gegebenen Weltbezug distanzieren, können sie sich die bekannten und noch unbekannten Weltbereiche neu anverwandeln.[71] Wiederum bleibt das Resonanz- und Entfremdungsgeschehen, das von den Lehrerinnen und Lehrern dirigiert wird, auch dann noch abhängig von dem Elternhaus. Wenn Eltern sich dafür interessieren, was ihre Kinder in der Schule lernen, mit ihnen darüber reden, diskutieren, wenn sie sich begeistern lassen, dann werden sie zu *sekundären* Resonanzverstärkern. Andererseits können Eltern der Schule gegenüber Abneigung und Misstrauen empfinden, z. B. aufgrund von eigenen negativen Erfahrungen. Mütter und Väter, die keinen Anteil am Schulleben ihrer Kinder nehmen, können Entfremdungverstärken, sei es, weil sie ihrem Kind signalisieren, dass sie dem Schulgeschehen gleichgültig gegenüberstehen oder dass sie die Schule sogar hassen. Der Einfluss der Eltern auf die Atmosphäre in der Schule ist so groß, dass Peter Brenner das Eltern-Schule-Verhältnis als „anwesende Abwesenheit“ bezeichnet: „Die Eltern gehören zur Schule, aber man sieht sie nicht.“[72]

Brenner argumentiert in dem hier beschriebenen Sinne, dass die Eltern auf die pädagogische Atmosphäre in der Schule einwirken, weil ihre Hal-

70 Diese Weltsicherheit bzw. Weltunsicherheit haben John Bolwby und Mary Ainsworth in der „Bindungsforschung“ untersucht; vgl. z. B. Bowlby, John (2014): Bindung als sichere Basis. Grundlagen und Anwendung der Bindungstheorie; Ainsworth, Mary (2009): „Bindung im Verlauf des Lebens (1985)“, in: Dies.: Bindung und menschliche Entwicklung, S. 341–366. Die Konzepte der „Weltunsicherheit“ und der „Weltsicherheit“ können auch als resonanzpädagogische Interpretation von Erik Eriksons Konzept des Urvertrauens bzw. des Urmisstrauens verstanden werden; vgl. Erikson, Erik (1992): Kindheit und Gesellschaft.

71 Rosa (2016): Resonanz, S. 403: „Die Weltbeziehungen eines Menschen werden ganz wesentlich in der und durch die Schule geformt, daran kann es keinen Zweifel geben. Natürlich sind die basalen und insbesondere auch die leiblichen Elemente der Weltbeziehung, die Grundmomente der Welthaltung und Welterfahrung beim Eintritt in die Schule durch die familiale Sozialisation bereits weitgehend entwickelt, aber erst im Schulgeschehen kommt es zur reflexiven, durch aktive Distanznahme und Anverwandlung geprägten Auseinandersetzung mit dem ‚Weltstoff‘“.

72 Brenner (2006): Wie Schule funktioniert, S. 158.

tungen und Einstellungen gegenüber Schule und Lernen sich auf die Haltungen der Kinder überträgt und sie somit als „verlängerter Arm“ in die Schulweltbeziehung hineinwirken. Auch nach Brenner hängt es von den emotionalen innerfamiliären Beziehungserfahrungen ab, ob Kinder ein vielseitiges, nach außen gerichtetes Interesse an der Welt entwickeln bzw. sich bewahren, ob sie Selbstwirksamkeitserwartungen und ein intrinsisches Interesse an der Welt ausbilden und auf Welt-Anrufungen im Unterricht aufgeschlossen antworten oder ob sie gelangweilt und mit Rückzug reagieren.[73] Die emotionalen nach innen gerichteten Beziehungen eines familiären Resonanzhafens ermöglichen es dem Kind, eine Identität auszubilden: Die Frage „Wer bin ich?“ beantworten Menschen u. a. dadurch, dass sie einen Sinn dafür erlangen, *woher sie kommen* und *wo sie zu Hause sind.* Die Familie ist der primäre Heimat-Ort des Kindes. Durch die Familie kann es sich in der Welt verorten, eine eigene Perspektive entwickeln und mit eigener Stimme zu sprechen lernen. So schreibt auch Max van Manen:

> „A young child usually stands in a very close relation to one or both parents. This is true especially in those family environments where the child experiences a profound shelteredness, security, trust. This inward-directed emotional climate of intimacy sponsors outgoing interests, curiosity, risk, and independence in the child. Especially because the child experiences the benefit of intimacy and caring, it can seek and assert its own growing identity.“[74]

Dem Kind Liebe zukommen zu lassen, heißt in resonanzpädagogischem Sinn allerdings nicht, das Eigene des Kindes, seine Bedürfnisse, Freuden, Ängste, Neigungen und Interessen, differenzlos zu spiegeln – Resonanz ist kein Echo. Vielmehr ist ein Antwortverhältnis gemeint. Dieses setzt ein elterliches Gegenüber voraus, das ebenfalls mit eigener Stimme antworten und widersprechen kann.

Drei Erziehungsextreme stehen im Verdacht, die Schulweltbeziehung zu belasten: Erstens kann die Resonanzfähigkeit und Resonanzsensibilität des Kindes gedämpft werden, wenn Eltern dessen Neigungen, Interessen, Gefühle und Bedürfnisse *differenzlos spiegeln.* Mitleid zu empfinden, bedeutet eben nicht, tatsächlich mitzuleiden; für ein Kind ist es nicht entwicklungsfördernd, wenn die Eltern nach einem Sturz mitweinen, sondern wenn sie

---

73 Volker Krumm vermutet sogar, dass die Eltern das Lernen des Kindes beträchtlich stärker beeinflussen als die Lehrer; vgl. Krumm, Volker (1996): „Über die Vernachlässigung der Eltern durch Lehrer und Erziehungswissenschaft. Plädoyer für eine veränderte Rolle der Lehrer bei der Erziehung der Kinder“, in: Leschinsky, A. (Hrsg.): Die Institutionalisierung von Lehren und Lernen. Beiträge zu einer Theorie der Schule, S. 119–137, hier S. 133.

74 Van Manen (2012): The Tact of Teaching, S. 25.

es beruhigen und ihm Halt geben. Ich möchte die These aufstellen, dass durch das rein mechanische Spiegeln der Innenwelt des Kindes das intrinsische Interesse am Anderen und Fremden und somit dessen „Bildsamkeit" gestört wird, weil das Kind stets dem Eigenen und nicht der (differenten, ansprechenden und berührenden) Welt begegnet.

Zweitens können Schulweltbeziehungen dort familiär belastet sein, wo Eltern *überbehütend* und *ängstlich* auf das Explorationsverhalten des Kindes reagieren. Eltern blockieren dadurch Selbst-Welt-Berührungen, durch die das Kind wachsen kann, indem es sich an den Widerständen der Welt abarbeitet und auf Weltanrufungen antwortet und reagiert. In diesem Fall werden insbesondere die Selbstwirksamkeitserfahrungen, Andere und Anderes berühren und erreichen zu können, und somit die Selbsttätigkeit leiden, weil das Kind nur sehr eingeschränkt Weltkontakte eingehen kann. Wie im Kapitel II.2.1 gezeigt wurde, wird der „Draht zur Welt" nur durch die Ausbildung von intrinsischem Interesse *und* von Selbstwirksamkeitserwartungen libidinös aufgeladen und resonanzfähig.

Eine dritte Form belastenden Erziehungsverhaltens liegt umgekehrt darin, dass nicht das Selbst gespiegelt, sondern die *Welt als absolut gesetzt wird*, etwa, wenn das Kind gezwungen wird, sich an die äußere Welt anzupassen und deren Ansprüchen zu genügen. Eine Szene, in der eine solche Erziehungsorientierung zu Schäden in der Schulweltbeziehung führt, schildert der Senior Professor, den van Manen zu Wort kommen lässt:

> „I don't remember much from my childhood but there is one event that I still distinctly remember from grade 1. It has stayed with me all my life, for more than fifty years. It was the end of the school year and the teacher had handed out rewards for all the students who had done well that year. Many students received prizes, and the teacher gave me a sweet stuffed bear. When I came home, I showed the bear to my father and told him that the teacher had given it to me because I had done such fine work. But my father did not smile. He remained quiet. Then he said, ‚Son, you received this prize because you are number 6 in your class.' And he looked at me, and then he inquired softly, ‚Do you remember what student was the first one to get up? Now THAT student is number 1.' I looked into my father's face and felt very strange. It seemed he was no longer seeing me with love in his eyes. From then on my prize was not sweet any longer. That day I had gained a whole different understanding of school and learning."[75]

In all diesen Fällen kann die Familie die Schulweltbeziehung belasten. Es wäre allerdings voreilig, wenn man die Schuld am Verstummen des familiä-

75 Van Manen (2012): „The Call of Pedagogy", S. 25.

ren Resonanzhafens allein den Eltern zuschreiben wollte. Vielmehr scheinen es die gesellschaftlichen Wettbewerbsimperative und Optimierungszwänge zu sein, die die Familie als Resonanzhafen stark unter Druck setzen. Dringen diese Imperative und Zwänge aus den gesellschaftlichen Sphären, etwa einer ressourcenfixierten Arbeits- und Schulwelt, in das Leben der Familie ein, ist es nahezu unvermeidlich, dass Eltern und Kinder sich nicht länger in einem Resonanzmodus begegnen können: Wenn es in der Schulwelt nur mehr um Wettbewerb, Kampf, Leistungssteigerung und Optimierung geht, können die schulischen Leistungszwänge die zwischenmenschlichen Beziehungen der Familienmitglieder belasten. Eine Familie hat dann damit zu kämpfen, die Optimierungs- und Wettbewerbszwänge instrumentell zu bewältigen, was Begegnungen im Resonanzmodus erschwert: „Wir sind nur noch hinterher: Hast du schon gelernt, fehlt dir da was?“[76], ist eine Aussage die den instrumentellen Charakter dieses Beziehungsmodus beschreibt. Es finden sich Belege, dass die Schule nicht nur das häufigste Gesprächsthema von 13–16-Jährigen ist, sondern, dass es auch das Thema ist, dass zu den stärksten Spannungen und Konflikten in der Familie führt:

> „Die Fokussierung auf Leistung und Noten in kurzen Zeitabständen lässt die Schule zu einem dominanten Thema in den Familien werden. Das hat konkrete Auswirkungen auf den Tagesablauf der Familie, die Berufstätigkeit der Mütter und die Beziehung der Eltern zu ihren Kindern.“[77]

Durch die Ressourcenfixierung der Schule kann die Familie in einen instrumentellen Bewältigungsmodus hineingeraten, der ihre Funktion als sicherer und bergender Resonanzhafen zerstört. Nach Rosa ist die Familie konzeptionell zwar eine letzte Resonanzinsel in einer ansonsten wettbewerbsförmigen, feindlichen und indifferenten „stürmischen See“[78], allerdings läuft sie stets Gefahr, diesen Status zu verlieren, weil sie dem Ansturm der gesellschaftlichen Imperative nahezu schutzlos ausgesetzt ist. Mehr

---

76 Dieses Zitat ist entnommen aus: Wippermann, Katja/Wippermann, Carsten/Kirchner, Andreas (2013): Eltern – Lehrer – Schulerfolg. Wahrnehmungen und Erfahrungen im Schulalltag von Eltern und Lehrern, S. 10. Die Autoren stützen die These, dass Familienbeziehungen durch einen schulischen Wettbewerbsmodus und eine Ressourcenfixierung stark belastet werden. Diese Belastung gilt übrigens auch für Lehrer und Lehrerinnen, die ihren Schülerinnen und Schülern nicht mehr in einem pädagogischen Resonanzmodus begegnen können, sondern ihnen im Modus eines instrumentellen Dienstleisters gegenübertreten müssen.

77 Ebd., S. 1. Vgl. auch Helsper, Werner/Kramer, Rolf-Torsten/Hummrich, Merle/Busse, Susann (2009): Jugend zwischen Familie und Schule. Eine Studie zu pädagogischen Generationsbeziehungen, S. 42.

78 Rosa (2016): Resonanz, S. 341 ff.

noch: Die Familie trägt in der Moderne nicht nur die Sorge um die intrinsischen Resonanzbeziehungen ihrer Mitglieder, sondern ist zugleich auch das Zentrum des ökonomischen Ressourcenerwerbs. Dadurch öffnet sie jenen wettbewerbs- und konkurrenzförmigen Zwängen Tür und Tor. Der instrumentelle Projektcharakter der Familie kann dadurch zum dominanten Beziehungsmodus werden, während die intrinsischen Familienbeziehungen in den Hintergrund geraten.[79] Van Manen rät dazu, sich die Resonanzverheißung der Familie immer wieder bewusst zu machen, vor allem dann, wenn es die Umstände verhindern:

> „In our daily lives with children at home or at school we often forget essential things. For example, as parents we are sometimes so busy that we do not have time for our children. Or we may have been so frustrated by our work or our personal problems that we have difficulty listening to our kids at home."[80]

Kleine Resonanzimpulse von Eltern können etwa darin bestehen, dass sie ihren Kindern interessiert und Anteil nehmend zuhören, wenn diese über ihren Schultag berichten, aber beispielsweise auch darin, dass sie die Schulaufführungen und Schulfeiern besuchen, Interessen fördern und bei Konflikten unterstützen oder ihnen einfach zuhören. Wie Martin Dornes gezeigt hat, wollen Kindern nicht mehr Zeit mit ihren Müttern und Vätern verbringen, wichtig ist ihnen, „dass die Eltern, wenn sie da sind, für sie da sind"[81] – sie sehnen sich dannach, ihren Eltern in einem Resonanzmodus zu begegnen.

Neben der Familie gibt es einen zweiten schulischen Resonanzhafen, der für das intrinsische Interesse und die Selbstwirksamkeitserwartungen von Schülerinnen und Schülern eine bedeutende Rolle spielt – die *Schulfreundschaften.* Während die Familie durch ihre nach innen gerichteten Beziehungen und ihre Abgeschlossenheit nach außen hin als ein primärer (externer) Resonanzhafen der Schule beschrieben werden kann, fungieren Freundschaften als Verbindungsstücke zwischen der geschlossenen Familienatmosphäre und der unbekannten Schulwelt. Roseth et al. haben sich in ihrer Studie die Frage gestellt, welche Bedeutung Schulfreundschaften für die

79 Vgl. dazu differenziert und ausführlich Winkler, Michael (2012): Erziehung in der Familie. Innenansichten des pädagogischen Alltags, insbesondere S. 128: „Das Kernproblem von Familienerziehung heute bilden weniger Defizite in der Erziehungskompetenz. Es gründet vielmehr in einem Projektdenken und der mit diesem verbundenen Optimierungsideologie! Kinder werden heute gemacht, an ihnen wird geschraubt, gedreht und gefeilt, sie sollen wohl vom Ausgangsmaterial bis zur Endabnahme im Test perfektioniert werden. Entsprechend wird Familie instrumentalisiert."

80 Van Manen (2012): Tact of Teaching, S. 192.

81 Dornes (2012): Die Modernisierung der Seele, S. 43–51, hier S. 46.

Unterrichtsleistung und die Lernqualität haben. Sie sind zu dem unmissverständlichen Ergebnis gekommen:

> „Wenn Sie die […] Leistung der Lernenden steigern wollen, geben Sie jeder bzw. jedem Lernenden einen Freund bzw. eine Freundin.“[82]

Entgegen der Annahme der Autoren, dass Freunde im Sinne einer Ressource oder eines Kapitals zur direkten Steigerung der Leistungen beitragen, wirken Freundschaften aus resonanzpädagogischer Sicht indirekt auf die Leistungsmotivation: Freundschaften fungieren als primäre Resonanzkatalysatoren. Die Leistung in der Schule verbessert sich nicht, weil Schulfreundinnen und -freunde füreinander eine Leistung erbringen, etwa indem sie einander helfen oder sich gegenseitig fachlich unterstützen. Freundschaften gehen über die engen Zweck- und Zielsetzungen, über die Wettbewerbs-, Optimierungs- und Leistungskalküle des Unterrichts hinaus. Sie sind keine Leistungs-, sondern Resonanzsphären, in der sich Schülerinnen und Schüler als gehört, gesehen und berührt erleben können – und deshalb steigern sie die Motivation zur Schule zu gehen und sich auf das Lernen einzulassen.

Freundschaften sind ebenso von Leistungszwängen wie von Optimierungszwängen entlastet, weil sie in erster Linie nicht über sachliche Resonanzachsen gestiftet werden, wie beispielsweise die Lehrer-Schüler-Beziehung. Sie entstehen dadurch, dass man einen Draht zueinander hat und auf einer Wellenlänge ist. Zudem haben spätmoderne Freundschaften häufig einen reflexiven Zug, durch den vibrierende Spannungen und responsive Reibungen entstehen können. Freundschaften

> „[…] reproduzieren sich in der und durch die Verbalisierung von Standpunkten und Positionen. In ihnen werden Lebensweisen und Praxisformen ‚verhandelt‘. Daher gehört es fast unvermeidbar zum freundschaftlichen Resonanzgeschehen, sich wechselseitig zu *irritieren* und auch zu *streiten*.“[83]

Schließlich sind Freundschaften von Leistungszwängen entlastet, weil sie nicht mit familiären Verpflichtungen einhergehen.[84] Schulfreundschaften

---

82 Roseth C. J./Fang, F./Johnson, D. W./Johnson R. T. (2006): Effects of cooperative learning on middle school students: A meta-analysis, S. 7; vgl. auch Hattie, John (2013): Lernen sichtbar machen, S. 253.

83 Rosa (2016): Resonanz, S. 359.

84 Rosa unterscheidet freundschaftliche von familiären Beziehungen anhand von drei Merkmalen, die als leistungsentlastend interpretiert werden können: Freunde sind a) nicht den familiären Verpflichtungen und Zwängen ausgesetzt, b) Freundschaften finden oft in außeralltäglichen Begegnungen statt (im Schwimmbad, auf dem Pausenhof, auf Konzerten usw.) und somit jenseits der alltäglichen Routinen und Zwänge, die der Bewäl-

beeinflussen die Schulleistungen positiv, weil sie zu einer positiven und resonanten, und nicht nur leistungsorientierten Schulatmosphäre beitragen. Die Resonanzeffekte für das Lernen und Lehren ergeben sich weiterhin aus dem Umstand, dass Menschen nicht nur deshalb Freundschaften eingehen, weil sie in ihnen anerkannt und wertgeschätzt werden wollen, sondern auch, weil sie Anverwandlungsprozesse auslösen und verstärken. In der Auseinandersetzung mit dem eigenen Selbst und der Welt gelingt dies Freunden, mit Rosa formuliert, „weil sie uns Antworten geben und zu berühren vermögen und weil wir sie erreichen können"[85].

Freunde spiegeln demnach nicht nur differenzlos unsere Gedanken, Ansichten, unser Wissen und unsere Gefühle in Hinsicht auf bestimmte anverwandelte oder nicht-anverwandelte Weltausschnitte, sondern sie vermögen uns auf eine Weise zu antworten und vor allem zu widersprechen, die uns berührt, bewegt, unter die Haut geht und ergreift. Freunde können unser Weltverständnis in Frage stellen und uns zum Nachdenken anregen. Einsprüche und Kritik von Freunden können besonders nahe gehen, weil sie uns gerade nicht egal sind. Es ist nach Rosa diese Eigenschaft des *antwortenden Widerspruchs*, die eine Freundschaft von einer Bekanntschaft unterscheidet:

> „Erst ein anverwandelter Weltausschnitt kann auf eine bedeutungsvolle Weise wider*sprechen* – was etwas kategorial anderes ist als ein bloß dingliches oder feindliches Sich-Wider*setzen*. Ebendeshalb besteht der Unterschied zwischen genuiner Freundschaft (als einer paradigmatischen Form eines Resonanzverhältnisses) und bloßer Bekanntschaft darin, dass Freunde sich trauen, einander Schmerzhaftes und Unangenehmes zu sagen, und sich damit zu erreichen vermögen, während Bekannte solche Themen vermeiden und sich an den neuralgischen Punkten zurückziehen – oder sich nur gegenseitig verletzen."[86]

Freunde können insbesondere dann von zentraler Bedeutung für den Resonanzdraht zur Welt werden, wenn die familialen und die schulischen Resonanzachsen blockiert sind.[87] Worum auch immer es in den berühmten Harry-Potter-Romane von J. K. Rowling noch gehen mag, die Geschichte scheint ein fulminantes Plädoyer für die Bedeutung von Schulfreundschaf-

---

tigung, Kontrolle und Beherrschung stummer Weltbeziehungen dienen, und c) Freundschaften sind im Gegensatz zur Familie zumeist durch eine physische Barriere gekennzeichnet, die signalisiert, dass es sich um keine Pflegebeziehung handelt, wie die zwischen Eltern und Kindern; vgl. ebd., S. 353 ff.

85 Ebd. S. 334.

86 Ebd., S. 326 f.

87 Vgl. ebd., S. 358.

ten zu sein: Stets sind es die Schulfreunde Ron und Hermine, die Harrys Draht zur Welt positiv aufladen und zum vibrieren bringen, während es um Harry Potter immer dunkler, bedrohlicher und gefährlicher wird.

Welch enormen Einfluss Freundschaften auf das Erleben von Schule haben, kommt ebenfalls in dem empirischen Befund zum Ausdruck, dass 60 bis 70 Prozent der von Maschke und Stecher befragten Schülerinnen und Schüler, auf die Frage, was ihnen an der Schule besonders gut gefällt, die Schulfreunde nannten.[88] Wenn es richtig ist, dass das Gelingen von Schule maßgeblich von der Schulatmosphäre, der Beziehungsqualität und der Bindung zur Schule abhängt, sprechen die Befunde eine eindeutige Sprache: Schulen sollten Schulfreundschaften fördern. Schulfreundschaften wirken sich, wie John Hattie gezeigt hat, nicht nur positiv auf das Wohlbefinden und die Zufriedenheit von Schülerinnen und Schülern aus, und sie erzeugen nicht nur ein Gefühl der Wertschätzung und Anerkennung, sondern stiften insbesondere auch ein Zugehörigkeitsgefühl zur Schule, was die Leistungsbereitschaft erhöht.[89]

Hattie weist nach, dass die stärksten Effekte beim Lernerfolg nicht durch kompetitive Lernformen und noch weniger durch individuelles Lernen entstehen, sondern durch das kooperative und solidarische Lernen.[90] Das kooperative Lernen in einer Lerngemeinschaft vermag jene Resonanzen im Klassenraum zu erzeugen, in denen sich die Kreativität, der Einfallsreichtum und der Leistungswille explosionsartig entfalten können, sofern sich die Anwesenden wechselseitig inspirieren und dem Unterricht nicht gleichgültig oder ablehnend gegenüberstehen. Dieser Effekt wird allerdings wiederum nicht allein dadurch bewirkt, dass das gemeinsame Handeln durch die Bündelung aller Kräfte schnellere Lösungen ermöglicht. Vielmehr stellt sich der Effekt der Zusammenarbeit nur dann ein, wenn die Kooperation in einem freundschaftlichen Medium erfolgt. In einem solchen Medium erfahren sich die Anwesenden als miteinander verbunden, weil sie sich wechselseitig zuhören, Ideen aufgreifen und fortführen. Es ist die freundschaftliche Qualität des kooperativen Lernens, durch die sich die Lernenden etwa in Diskussionen wechselseitig füreinander öffnen, sich bewegen, berühren und zum Nachdenken anregen lassen, aber auch einander wiedersprechen.

In einer Resonanzatmosphäre stellen Differenzen, etwa in der ethnischen Herkunft oder der physischen Disposition, keine Barrieren dar, die das Lernen und Lehren behindern. Im Gegenteil, sie wirken sogar fördernd

88 Maschke/Stecher (2010): In der Schule, S. 96 und S. 138.
89 Hattie (2013): Lernen sichtbar machen, S. 253.
90 Ebd., S. 250–254.

auf die Beziehungen der Lernenden untereinander und begünstigen den Lernerfolg.[91]

Die Befunde legen nahe, dass in einer guten Schule nicht nur die Beziehungen zwischen Lehrenden und Lernenden gepflegt werden, sondern auch Resonanzoasen entstehen, in denen Schulfreundschaften erblühen können. Dazu benötigen Kinder und Jugendliche nicht nur die Möglichkeit, zweckfrei miteinander zu spielen, Sport zu treiben oder etwa musizieren zu können, sondern auch die Möglichkeit, Konflikte und Streitereien austragen zu können. Resonanz ist *kein* harmonistisches Konzept der differenzlosen Einheit, sondern Teil eines dynamischen Geschehens, zu dem Entfremdung komplementär dazugehört. Deshalb bedarf eine Schule als Resonanzraum auch institutionalisierter Orte und ritualisierter Praktiken, in denen Konflikte angesprochen, beachtet, gehört und zu lösen versucht werden.

Rituale, die dem Verhärten oder Verstummen von Schülerbeziehungen entgegenwirken, stellen beispielsweise der „Klassenrat" oder der „Morgenkreis" dar, wie sie die Freinet-Pädagogik entwickelt haben. Hier können die Schülerinnen und Schüler einer Klassengemeinschaft in einer demokratischen Atmosphäre Themen besprechen, die sie bewegen, z. B. Mobbing, die Erkrankung eines Schulangehörigen, einen vorgefallenen Streit oder eine anstehende Entscheidung. Dabei verteilen die Schülerinnen und Schüler Ämter untereinander, bestimmen einen Moderator, einen Assistenten, einen Regel- und Zeitwächter und einen Protokollanten:

> „So ein Klassenrat kann schon mal ganz schön anstrengend sein [...], es können auch mal Tränen fließen, es ist nicht immer harmonisch, manchmal geigen wir uns ganz schön die Meinung. Der Klassenrat ist extra dafür da, um sich zu streiten und sich auseinanderzusetzen und mal unter sich zu sein. [...] Am besten funktioniert der Klassenrat, wenn wir über Beleidigen sprechen. Also Mobbing. [...] Ganz bewegend war mal, als einer von uns erzählte, dass er eine schlimme Krankheit hatte. [...] Das war so ein Moment, da haben wir richtig gespürt, wie die Klasse enger zusammenrückt."[92]

Was auf der objektiven Seite den Versuch darstellt, Räume in der Schule zu verankern, in denen sich festgefahrene zwischenmenschliche Beziehungen wieder verflüssigen können, erfordert auf subjektiver Seite die Fähigkeit des Verzeihens. Ohne die Fähigkeit, einem Menschen verzeihen zu können, ist die Begegnungs- und Freundschaftsfähigkeit dauerhaft gestört:

91 Ebd., S. 252.
92 De Zárate/Tressel/Ehrenschneider (2014): Wie wir Schule machen, S. 91 f.

> „Gerade weil sich Freunde wechselseitig zu berühren und zu bewegen vermögen, können sie einander aber auch rasch verletzen – beabsichtigt oder unbeabsichtigt.“[93]

Mit Bezug auf Klaus-Michael Kodalle beschreibt Rosa den Vorgang des Verzeihens als *Verflüssigung einer verhärteten Beziehung*: Stehen sich die Streitenden zunächst im Modus der repulsiven Abrechnung und des stummen Richtens gegenüber, so erlaubt es das Verzeihen, eine Haltung einzunehmen, in der wir auf unser Gegenüber wieder zugehen können. Auch für Martha Nussbaum ist die Fähigkeit zu verzeihen nicht nur eine essenzielle Voraussetzung für friedliches zwischenmenschliches Zusammenleben, sondern auch ein Puffer gegen Entfremdung in einer als unsicher und strafend erfahrenen Welt.[94] Indem Kinder und Jugendliche erfahren, dass andere Menschen sie um Verzeihung bitten, können sie lernen, ihre eigene menschliche Unvollkommenheit und die der Anderen zu akzeptieren und dadurch nicht zu verhärten. In dem Wissen darum, dass es in der Welt Orte des Verzeihens gibt, bleiben sie begegnungsfähig. Wenn Menschen um Verzeihung bitten und selbst verzeihen können, werden die Gefühle, die sie bei eigenen Schwächen erleben, weniger zu Angst, Sorge, entwertenden Gedanken, Druck, Schuld und Scham führen – also zu Gefühlen, die nach Nussbaum die Grundlage für feindliche Aus- und Abgrenzungen (Repulsion) sowie für gleichgültigen Rückzug (Indifferenz) bilden. Wird in einer Schule jedes Verhalten bewertet und gerichtet, ohne dass ein Ort bzw. Umgangsformen des Verzeihens kultiviert werden, dann untergräbt sie möglicherweise systematisch ihre Resonanzfähigkeit.[95]

Schließlich können Schulfreundschaften noch in einer weiteren Hinsicht zu einem guten Leben beitragen. Nach Rosa können langjährige Freunde identitätsstiftend sein:

> „Langjährige Freundschaftsbeziehungen, die oftmals bis in die Schulzeit zurückreichen, stiften darüber hinaus aber auch noch so etwas wie einen *biographischen* Resonanzdraht. Als Zeugen unseres Lebens haben alte Freunde die Fähigkeit, uns mit unserer eigenen Biographie in Verbindung zu bringen, wenn wir im Durchleben schwieriger Veränderungsphasen den Kontakt zu unserem früheren Selbst verloren zu haben scheinen; sie vermögen ein Moment der

---

93 Rosa (2016): Resonanz, S. 359 f.

94 Nussbaum, Martha (2001): Upheavals of Thought. The Intelligence of Emotions, S. 217: „Rather than making a forbidden and stifling demand for perfection, it holds the child in her imperfection, telling her that the world contains possibilities of forgiveness and mercy, and that she is loved as a person of interest and worth in her own right. She therefore need not fear that her human imperfection will cause the world's destruction.“

95 Vgl. Rosa (2016): Resonanz, S. 361.

> Kontinuität und Kohärenz zu stiften, wo das eigene Leben fragmentarisch zu werden droht."[96]

In den Klassenzimmern einer Schule können jedoch, entgegen den Befunden zur Bedeutung von Schulfreundschaften, durchaus freundschafts- und resonanzfeindliche Atmosphären herrschen. Hierbei sind vor allem die *kollektiven Selbstwirksamkeitserfahrungen* zentral: Wenn Lernerfolge ausschließlich dem Individuum als einem Einzelkämpfer zugeschrieben werden, können sich keine kollektiven Erfolgserlebnisse einstellen. Wo es nur Einzelkämpfer gibt, kann es keine Resonanz geben. Erst wenn Menschen in eine gemeinsame und übergreifende Sache einstimmen, etwa in einer klassenbasierten Projektarbeit, einem gemeinschaftlichen Engagement für eine soziale, politische oder ökologische Frage, einem Forschungsvorhaben oder einer gemeinsamen Konzert- oder Theateraufführung, können Resonanzräume entstehen, in denen die Klasse gemeinschaftsbildende kollektive Selbstwirksamkeitserfahrungen machen kann. Solche gemeinschaftsbildenden Effekte, in denen die Individuen die Erfahrung machen, in einer solidarischen Gemeinschaft durch kollektives Handeln miteinander verbunden zu sein, hat Durkheim als „kollektive Efferveszenzen" bezeichnet. In der kollektiven Efferveszens wird der Einzelne durch die Macht der Gruppe über seine individuelle Existenz hinausgehoben, sodass sich seine Selbst- und Weltgrenzen in einem gemeinschaftlichen Resonanzmedium verflüssigen.

Wie an den Beispielen von Morton Rhues Roman „Die Welle" und am Mobbing gezeigt wurde (vgl. oben, Kap. II.2.2), können vermeintliche Resonanzen durch Gruppenbildungsprozesse aber auch dadurch entstehen, dass sie sich hermetisch nach außen hin abriegeln und systematisch Entfremdung erzeugen. Dabei handelt es sich jedoch um eine simulierte Resonanzerzeugung, die sich vor dem Hintergrund eines fundamental entfremdeten Weltbezuges vollzieht, weil sie das Andere feindlich ausgrenzt oder zum Schweigen bringen muss. Zwar können erst autonom geschlossene (nicht feindlich und indifferent abgeriegelte) Resonanzgemeinschaften durch kollektives Handeln weltwirksam werden und mit einer gemeinsamen Stimme sprechen; zugleich aber sind Resonanzgemeinschaften dort stabil, wo sie auf widersprechende und irritierende Weltberührungen und Welteinsprüche antworten und reagieren. Kollektive Resonanzerfahrungen lassen sich zudem vorzüglich beim gemeinsamen Singen, Lachen und Tanzen machen. Dabei begegnen sich Menschen primär nicht in einem kognitiv-reflexiven und somit tendenziell analytisch-distanzierten Modus, son-

96 Ebd., S. 358 f.

dern sie sinken in ihren Leib zurück, um sich wechselseitig aufeinander ein- und abzustimmen.

Freunde werden im Unterricht dann zur potenziellen Bedrohung, wenn diese z.B. als Tischnachbarn bei einem Test abschreiben wollen – vielleicht gehört es deshalb zum guten Ton unter Lernenden, einen Spickzettel zu benutzen. Auch die Sitzanordnung und Raumaufteilung kann begegnungsfreundlich oder begegnungsfeindlich sein: Eine reihenbasierte und zur Tafel hin ausgerichtete Sitzplatzanordnung, die die Aufmerksamkeit bewusst von den Mitschülern weglenkt und auf die Tafel ausrichtet, erschwert es den Lernenden, miteinander ins Gespräch zu kommen, sich wechselseitig aufeinander zu beziehen und auf Wortmeldungen einzugehen.

Die freundschaftsfeindliche Atmosphäre kann so weit führen, dass Schülerinnen und Schüler ihre Arbeit gegen die Blicke des Banknachbarn mit Büchern und Armen abschotten – ein Vorgehen, das zum Ausdruck bringen kann, wie sehr Schülerinnen und Schüler Wissen und Bildung nicht als gemeinschaftliches Gut, sondern als einen persönlichen Besitz ansehen.[97] Vielleicht legt die Schule mit freundschaftsfeindlichen Klassenräumen und Atmosphären den Grundstein dafür, auch später weniger auf unsere Nachbarn zu schauen. Vielleicht schult sie eine Perspektive, in der wir weniger nach links und rechts blicken.

Zwar zeigen Maschke und Stecher[98], dass Schülerinnen und Schüler sehr wohl damit umgehen können, im Unterricht kompetitiv und stumm aufeinander bezogen zu sein, während sie sich außerhalb des Unterrichts intrinsisch als Freunde begegnen. Allerdings kann dieses kategorial unterschiedliche Aufeinanderbezogensein auch als ein weiteres Indiz interpretiert werden, warum Schüler so oft die Erfahrung einer Trennung von (resonantem) Leben und (stummem) Lernen machen.

Da die Sozialbeziehungen in der Schule und im Unterricht auch durch einen gemeinsamen Sachbezug vermittelt werden, hängt die Qualität schulischer Weltbeziehungen, ebenso davon ab, ob die Sache als entgegenkommendes und herausforderndes Resonanzmedium erfahren werden kann. Aus diesem Grund soll nun der dritte Resonanzpol, die Sache, im Mittelpunkt der Untersuchung stehen.

97 Vgl. Gruschka (1994): Bürgerliche Kälte und Pädagogik, S. 310.
98 Maschke/Stecher (2010): In der Schule, S. 57 f.

Kapitel 3
Die Sache

„Ein Stein ist gefrorene Musik."
Pythagoras

Ein stabiles Resonanzdreieck kann nur dort entstehen, wo die drei Pole „Schüler", „Lehrerin" und „Sache" jeweils mit ihrer eigenen Stimme zu sprechen und zu antworten vermögen. Was in den beiden vorangegangenen Kapiteln über das Antwortverhältnis der Lehrer-Schüler-Beziehung gesagt wurde, gilt deshalb ebenso für die Sache. Dass auch der jeweilige Unterrichtsstoff eine eigene Stimme hat, deutet sich in der pädagogischen und erziehungswissenschaftlichen Literatur dort an, wo von dem „Eigenrecht", der „Würde", der „Unhintergehbarkeit" oder dem „Anspruch" der Sache die Rede ist. Dieses Eigenrecht der Sache betont auch Käte Meyer-Drawe, wenn sie definiert, Lernen sei stets „Lernen von *etwas* durch jemanden bzw. durch *etwas*."[1] Die Resonanz- und Entfremdungseigenschaften der Sache scheinen für das Gelingen von Schule ebenso bedeutsam zu sein, wie die des Lehrers und die der Schüler. Eine solche Gleichwertigkeit von Schüler und Sache bezeichnet Helmut Fuhrmann als nicht-hierarchische Beziehung. Im nicht-hierarchischen Lernen ist die Lehrerin eine Anwältin, die darauf achtet, dass sowohl die Schüler als auch die Sache zu ihrem Eigenrecht kommen und ihre eigene Stimme behalten:

> „Der Lehrer träte in diesem Prozeß auf als Mittler zwischen Schüler und Sache. Er wäre einerseits Anwalt der Sache gegen den Schüler, indem er gegen dessen Vor- und Fehlurteile die Sache und ihren Anspruch in Schutz nähme und verteidigte; und er wäre andererseits Anwalt des Schülers gegen die Sache, indem er nicht einfach die Sache aus der Fachwissenschaft in den Unterricht übertrüge, sondern unter sachlichen *und* pädagogischen Gesichtspunkten auswählte sowie didaktisch-methodisch umsetzte, was für Schüler einer bestimmten Alters- und Entwicklungsstufe sinnvoll sein könnte. Als Anwalt der Sache *und* des Schülers wäre es ihm möglich, sowohl die Sache zum Schüler als auch den Schüler zur Sache zu bringen."[2]

1 Meyer-Drawe (2008): Diskurse des Lernens, S. 187 (Hervorhebung von mir, J. B.).
2 Fuhrmann, Helmut (1993): „Die Furie des Verschwindens", S. 150.

In der Fachliteratur wird allerdings auch die Sorge zum Ausdruck gebracht, die Schule könne die Sache zum Verstummen bringen. Insbesondere die Kompetenzorientierung steht im Verdacht, eine solche entfremdende Wirkung zu entfalten. Mit dem Kompetenzbegriff steht nicht länger ein konkreter Unterrichtsgegenstand im Mittelpunkt (wie z.B. die ägyptischen Hieroglyphen, die Milchstraße oder die Europäische Union), sondern die Entwicklung einer abstrakten Fähigkeit, die prinzipiell an jedem beliebigen Gegenstand erworben werden kann. Zwar erweitert das Kompetenzmodell den Spielraum des Lehrers, einen geeigneten Weltstoff selbst auszuwählen und ihn somit an die bereits vorhandenen Resonanzverhältnisse anzupassen, zugleich aber tendiert die Kompetenzorientierung auch dazu, von der konkreten Sache zu abstrahieren und inhaltsleer zu werden. Nirgends kommt dieser formale und inhaltsleere Zug deutlicher zum Vorschein als in der Forderung, Schülerinnen und Schüler müssten das *Lernen lernen*. Bildung im Sinne der Resonanztheorie kann sich nur dort vollziehen, wo das Selbst auf *konkrete* Weltansprüche, d.h. auf Andere und Anderes antwortet. Dies ist ein Vorgang, der ein Moment des Unverfügbaren, Unbeherrschbaren, Unvorhersehbaren und somit auch des Unlernbaren enthält.[3]

Doch nicht nur die Negation der konkreten Sache durch das Kompetenzmodell kann das „Etwas" des Lernens zum Verstummen bringen. Auch die weit verbreitete Auffassung, Bildung sei ein technischer Prozess, kann das responsive Antwortregister der Sache gravierend einschränken. Gehen wir von einem technischen Verständnis von Lehren und Lernen, im Sinne einer Bildungsproduktion aus, so liegt es nahe, die Aneignung von Weltausschnitten und Sinnprovinzen als ein technisches Problem anzusehen. Dementsprechend werden wir von didaktischen Hilfsmitteln und methodischen Maßnahmen vorwiegend instrumentelle Hilfe erwarten. Die Didaktik gerät damit in den Dienst der Stoff*beherrschung*, was die Stimme der Sache zum Verstummen bringen kann. Sie definiert dann ausschließlich, auf welche Art und Weise junge Menschen einer Sache begegnen, sowie, was von einer Sache sichtbar und zugänglich gemacht wird. Aus resonanzpädagogischer Sicht spricht jedoch vieles dafür, dass nicht die Didaktik und die Methode die Zugänge zur Sache definieren sollten: Erst aus der „unverstellten" Begegnung mit der Sache kann ein Gespür dafür entspringen, welche didaktischen Mittel und Maßnahmen angemessen sind. Didaktische, methodische und technische Maßnahmen können dann entfremdend wirken, wenn sie die prinzipiell unverfügbare Beziehung zwischen Schüler und Sache verfüg-

3 Wimmer, Michael (2010): „Lehren und Bildung: Anmerkungen zu einem problematischen Verhältnis", in: Pazzini, K.-J./Schuller, M./Wimmer, M. (Hrsg.): Lehren bildet? Vom Rätsel unserer Lehranstalten, S. 13–38, hier S. 28.

bar machen wollen und dadurch potenziell stumme Sachbeziehungen erzeugen.

Um zu erkunden, was es bedeuten kann, eine Sache und somit einen Weltausschnitt zum Sprechen zur bringen, müssen die Fächer selbst als potenzielle Resonanzachsen verstanden werden. Als Resonanzachsen stellen sie verschiedene Beziehungen zwischen Selbst und Welt her, indem sie das Spektrum an möglichen Selbst- und Welterfahrungen erweitern und sie tun dies auch deshalb, weil sie unterschiedliche Zwecke verfolgen.

3.1 Der Zweck von Bildung: Gebrauchswert, Weltdistanz und Weltnähe

Am 10. Januar 2015 schrieb eine 17-jährige Gymnasialschülerin auf Twitter:

> „Ich bin fast 18 und hab keine Ahnung von Steuern, Miete oder Versicherungen. Aber ich kann'ne Gedichtsanalyse schreiben. In 4 Sprachen."[4]

Mit diesem Eintrag traf die Bloggerin Naina einen empfindlichen Nerv. Ihr Kommentar löste eine öffentliche Debatte aus und erzeugte ein gewaltiges Medienspektakel (an dem das Fernsehen sowie fast alle Tages- und Wochenzeitungen beteiligt waren und in das sich schließlich sogar die Bildungsministerin Johanna Wanka einschaltete). Diskutiert wurde über die Frage, welchen Zweck Bildung haben sollte. Gewöhnlich kommen in dieser Debatte zwei Lager zu Wort: Auf der einen Seite befinden sich die Vertreter einer lebenspraktisch orientierten Ausbildung. Sie plädieren dafür, dass der Schulstoff einen instrumentellen Gebrauchswert haben sollte: Was in der Schule gelernt wird, sollte einen praktischen Nutzen haben, wie etwa das Wissen um Steuern, Miete und Versicherungen. Auf der anderen Seite betonen die Vertreter einer Allgemeinbildung, dass Bildung sich nur dort vollziehen könne, wo sie von Nützlichkeitsanforderungen befreit ist. Im Mittelpunkt von Bildung steht nicht der Gebrauchswert, sondern, mit Platon gesprochen, die Einsicht in das Gute, Wahre und Schöne, wie es etwa von der Literatur, der Kunst oder der Musik verkörpert wird und auch in dem von Naina genannten Gedichten zum Ausdruck kommt.[5]

---

4 Naina(@nainablabla): Ich bin fast 18 [...]. 10. Januar 2015, Tweet.

5 Die Diskussion um den Gebrauchswert von Bildung hat in der Moderne eine lange Tradition. Bereits 1807 skizzierte Niethammer diese Debatte; vgl. Niethammer, Friedrich Immanuel (1808): Der Streit des Philanthropinismus und Humanismus in der Theorie des Erziehungs-Unterrichts unsrer Zeit.

Ich möchte diese Debatte resonanzpädagogisch umdeuten. Nainas Ruf nach einem instrumentell nützlichen Unterrichtsstoff (Steuern, Miete, Versicherung) muss nämlich nicht notwendig als ein Wunsch nach profit- und nutzenorientiertem Lernen verstanden werden. Vielmehr kann ihr Beitrag als ein Ausdruck für eine *Sehnsucht nach mehr Resonanz* in der Schule gedeutet werden. Wie gezeigt wurde, können sich im Klassenraum Resonanzen einstellen, wenn der Unterricht beispielsweise einen Bezug zur Praxis und zur Lebenswelt der Schülerinnen und Schüler herstellt (zum „praxeologischen Ton“ vgl. oben, Kap. III.1.6). Naina würde sich dann nur auf den ersten Blick über die angebliche Zweckfreiheit und Nutzlosigkeit des Schulstoffes beschweren. Auf einer tieferen Ebene könnte ihr Beitrag auch als Klage über fehlende Resonanzbeziehungen und entfremdeten Unterricht verstanden werden.

Denn auch die Aneignung des klassisch allgemeinbildenden Stoffes, etwa Schillers „Räuber“ oder Mozarts „Zauberflöte“, kann in stummen und entfremdeten Sachbeziehungen erfolgen, in denen die Schülerinnen und Schüler nur eine *instrumentelle*, *kontrollierende* und *beherrschende* Beziehung zu diesem Stoff eingehen. Von solchen Entfremdungserfahrungen, sowohl im Bereich des nützlichen als auch des unnützen Wissens, berichtete der Harvard-Dozent Yascha Mounk, der sich in der von Naina ausgelösten Debatte mit einem Zeitungsartikel zu Wort meldete:

> „Mein Deutschlehrer rebellierte gegen den Lehrplan, als ich in der neunten Klasse war. Eigentlich hätten wir im Unterricht ein Gedicht von Goethe besprechen sollen. ‚Aber damit können Kinder in diesem Alter ja nichts anfangen‘, erklärte er meiner Mutter beim Elternabend. ‚Besser, die lernen erst einmal, wie man eine ordentliche Gebrauchsanweisung schreibt.‘ Das war schlimm.
> Im Jahr darauf hielt sich mein neuer Deutschlehrer an den Lehrplan. Wir besprachen ein Gedicht von Schiller. Uns wurde gesagt, dies sei ein großes Erzeugnis der deutschen Kultur. Also lernten wir es auswendig. Da man es dabei nicht belassen kann, lernten wir auch die Analyse in unserem Schulbuch. Schließlich rezitierten wir Ersteres mündlich und Letzteres schriftlich. Das war schlimmer.“[6]

Worauf Mounk aufmerksam macht, ist das resonanzpädagogische Phänomen, dass nicht die Sache an sich für Bildung geeignet oder ungeeignet ist, sondern vielmehr die Qualität der Beziehung zu diesen Stoffen entscheidend ist. Auch die klassische Bildung kann auf ein stummes, sinnentleertes Faktenwissen hinauslaufen. Schüler lernen dann, rein instrumentell auf dieses Wissen zuzugreifen, etwa um es erfolgreiche in einer Prüfung anzu-

6 Mounk, Yascha (2015): „Allgemeinbildung ist überschätzt“, in: Die Zeit Nr. 05.

wenden oder um die richtige Antwort auf eine vordefinierte Lehrerfrage zu geben. Wenn sich Schülerinnen und Schüler wie Naina, ausschließlich kontrollierend und beherrschend auf eine Sache beziehen – etwa beim Auswendiglernen und Wiedergeben einer Gedichtinterpretation in vier Sprachen –, bringt dies die sensiblen Resonanzachsen im Klassenraum zum Verstummen, weil es gerade nicht darum geht, die Sache, etwa ein Gedicht, *zum Sprechen zu bringen*. Deshalb sollten wir uns nach Mounk auch nicht darauf konzentrieren, ob ein Schüler beispielsweise aus Shakespeares „Hamlet" zitieren kann und die Jahreszahl der Französischen Revolution kennt, sondern darauf, ob ihm „Hamlet" etwas zu sagen hat und er den Stoff zum Sprechen bringen kann, ob er eine neue und eigenständige Perspektive auf die Französische Revolution entwickelt, Verbindungen knüpfen kann und vielleicht auch Einsichten für die gegenwärtige politische Lage gewinnt. Dementsprechend ist vorstellbar, dass auch das Steuer-, Miet- und Versicherungssystem der Bundesrepublik ein spannendes Thema in der Schule sein kann, das den Schülern und Schülerinnen etwas zu sagen hat.

Dementsprechend geht es in der Debatte um den Zweck von Bildung nur vordergründig um den praktischen Gebrauchswert. Auf einer tieferen Ebene artikuliert sich in dieser Diskussion ein Resonanzverlangen, in dem zwei Arten der Stoff- und Weltaneignung verhandelt werden: eine stumme stoffbeherrschende und eine resonante anverwandelnde Aneignung.

In Nainas Tweet klingt jedoch indirekt noch eine andere Dimension bildender Weltbeziehungen an: die der Lebensnähe und der Lebensferne von Bildungsinhalten. Nicht immer bedeutet ein lebensnaher Unterricht automatisch auch Resonanz und ebensowenig bedeutet ein lebensferner Unterricht Entfremdung. Die Qualität von Unterricht bemisst sich auch in dieser Dimension nicht an der Lebensnähe oder der Lebensferne von Unterrichtsgegenständen, sondern wiederum daran, wie sich die Betroffenen im Medium der Sache in die Welt gestellt und auf die Welt bezogen erfahren. Anverwandlung kann sich deshalb auch in der Dialektik von Lebensferne und Lebensnähe vollziehen. Der Bildungsphilosoph Georg Friedrich Hegel hatte ein solches Pendeln 1809 als den Kern von Bildung angesehen.

In seinen „Gymnasialreden"[7] bekundet Hegel, dass es nicht egal ist, welchen Bildungsstoff wir wählen, weil wir zwar an allem unsere Fähigkeiten üben können, aber nicht alles dem Geist Nahrung bietet. Für Hegel ist der einzig wahre Bildungsstoff nicht das, was unmittelbar nützlich oder den Sinnen gefällig ist, sondern allein die lateinische Sprache sowie die Kultur

7 Hegel, Georg F. W. (1986): „Gymnasialreden", in: Ders.: Werke in 20 Bänden, Bd. 4: Nürnberger und Heidelberger Schriften 1808–1817, Kap. II.

der Griechen und Römer.[8] Die Welt der „Alten" ist nach Hegel deshalb der vorzügliche Bildungsstoff, weil sie durch eine entfremdende „Scheidewand"[9] von unserer Welt getrennt ist. Man könnte auch sagen, ihr bildender Wert liegt gerade darin, dass sie unserer Welt lebensfern ist. Nach Hegel soll die gelehrte Bildung zunächst eine Berührung mit der Kultur der Griechen und Römer ermöglichen oder in den Worten der Resonanzpädagogik, eine historische Resonanzachse etablieren. Die Lernenden sollen zunächst gerade nicht in ihrer eigenen Welt heimisch werden, sondern in der fremden und fernen Welt der Antike. Erst dadurch wird nach Hegel Anverwandlung möglich. Wenn wir uns die Antike in unserem Leben zu einer antwortenden, inspirierenden, vertrauten und tragenden Resonanzachse anverwandelt haben, haben wir auch den inneren Resonanzboden geschaffen, auf dem die Kultur der Gegenwart zu uns sprechen kann:

> „Die Vollendung und Herrlichkeit dieser Meisterwerke [der Griechen und Römer, J. B.] muss das geistige Band, die profane Taufe sein, welche der Seele den *ersten* und *unverlierbaren Ton* und Tinktur für Geschmack und Wissenschaft gebe. Und zu dieser Einweihung ist nicht eine allgemeine, äussere Bekanntschaft mit den Alten hinreichend, sondern wir müssen uns ihnen in Kost und Wohnung geben, um ihre Lust, ihre Luft, ihre Vorstellungen, ihre Sitten, selbst, wenn man will, ihre Irrtümer und Vorurteile *einzusaugen* und in dieser Welt *einheimisch zu werden*, – der schönsten, die gewesen ist. [...] Wie Anteus seine Kräfte durch die *Berührung* mit der mütterlichen Erde erneuerte, so hat jeder neue Aufschwung und Bekräftigung der Wissenschaft und Bildung sich aus der Rückkehr zum Altertum ans Licht gehoben."[10]

Wenngleich man nicht, wie Hegel und die Humanisten, an dem klassischen Bildungsstoff festhalten muss, so lässt sich doch die Einsicht daraus ableiten, dass Bildung als Anverwandlung zwischen Weltnähe und Weltdistanz hin- und herpendelt. Zu einem geeigneten Bildungsstoff wird nicht die Sache an sich. Nicht Latein, Homer, die Cheops-Pyramiden, Archimedes, die französische Revolution, Computerprogrammierung oder das Versicherungssystem ist an sich ein besserer Bildungsstoff, sondern die bildende Weltbeziehung, die sich zu diesen Sachbereichen aufbauen lässt, wie sie in Kapitel II.2 beschrieben wurde. Dort wurde auch gezeigt, dass die Sache nicht beliebig sein kann, wenn man die Beziehung in den Mittelpunkt schulischer Bildungsprozesse rückt. Bildende Resonanzbeziehungen können nämlich nur mit Weltbereichen entstehen, die starke Wertungen enthalten,

8 Ebd., „2. Rede zum Schuljahresabschluß am 29. September 1809", S. 314.
9 Ebd., S. 315.
10 Ebd., S. 317 f.

d.h. die kollektiv und kulturell als wichtig erscheinen. Zu einem Bildungsstoff kann eine Sache nur dann werden, wenn sie etwas enthält, das uns *etwas angeht.* Was das bloße Ausfüllen einer Steuererklärung zu einem ungeeigneten Bildungsstoff macht, ist der lediglich instrumentelle Beziehungscharakter dieser Tätigkeit: Es ist ihre Beziehungslosigkeit, die uns nicht in Kontakt mit einer starken Wertung kommen lässt. Eine Steuererklärung füllen vermutlich die meisten Menschen nicht in einem Resonanzmodus aus (obwohl auch dies der Fall sein kann), sondern im Modus des stummen Bewältigens. Wenn das Steuersystem aber als eine historische Errungenschaft betrachtet wird, auf seine ethischen Implikationen, sozialen Konsequenzen und mitunter auch die mathematische Schönheit abgeklopft wird, dann könnten sich durchaus bildende Resonanzerfahrungen einstellen. Ebenso ist es nicht Latein oder das Gedicht an sich, das die Sprache zu einem guten Bildungsstoff macht. Lernende können auch mit diesem Bildungsstoff eine bloß instrumentelle und stumme Beziehung des Abarbeitens eingehen, etwa wenn sie Latein nur deshalb belegen, weil sie einen Studienplatz erwerben wollen oder eine Prüfung bestehen müssen, oder wenn sie die Gedichtinterpretation nur auswendig lernen, um sie erfolgreich in einer Prüfung wiederzugeben. Doch welche spezfischen Resonanzbeziehungen ermögichen die einzelnen Fächer?

3.2 Fächer als Resonanzachsen: Kunst, Geschichte, Sport, Naturwissenschaft, Philosophie

Während Resonanzerfahrungen vom Subjekt gemacht werden, stellen die Schulfächer jene kulturell fixierten und objektiv gesicherten *Resonanzachsen* dar, zu denen sich die Schülerinnen und Schüler in der Schule positionieren lernen. Fächer wie Kunst, Geschichte, Sport, Politik, Natur und Religion können als eigenständige Resonanzachsen beschrieben werden, weil sie den Menschen jeweils spezifische Möglichkeiten eröffnen, intrinsische Resonanz- und Antwortbeziehungen einzugehen, die nicht auf Beherrschung, Kontrolle und Nutzenmaximierung abzielen. Ein Unterrichtsfach als eine potenzielle Resonanzachse anzusehen, meint also mehr, als dieses Fach lediglich als eine Ansammlung von Wissen und Fakten zu betrachten. Vielmehr lassen sich Fächer als spezifische Arten verstehen, mit Weltbereichen in Berührung zu kommen. Jedes Schulfach eröffnet dabei einen eigenständigen Weltzugang, indem es einen eigenen Ton erzeugt, der spezifische Resonanzerfahrungen ermöglicht.

Im Folgenden will ich einige resonanzpädagogische Ansätze zu den Schulfächern Kunst, Geschichte, Sport, Philosophie sowie zu dem Bereich der Naturwissenschaften vorstellen. Dabei will ich keinen systematisch geschlossenen und vollständigen Entwurf vorlegen, sondern ein Diskussionsangebot machen und in groben Strichen die Richtung andeuten, in die eine resonanzdidaktische Forschung weitergeführt werden könnte.

Im *Musik-*, *Kunst-* und *Literaturunterricht* begegnen Schülerinnen und Schüler der Kunst als einer ästhetischen Resonanzachse, entlang derer sie sinnliche Selbst- und Weltberührungen durch das Erlernen künstlerischer Ausdrucksformen erleben können. In ästhetisch-künstlerischen Erfahrungen, wie beim Lesen oder Schreiben von Geschichten, beim Theaterspielen, in der Galerie, beim Zeichnen, beim Hören oder Spielen von Musik oder beim Ansehen und Drehen von Filmen, geht es nicht darum, die Kunstwelt bzw. das Kunstwerk zu beherrschen. Vielmehr drücken Menschen beim künstlerischen Schaffen ihre Selbst- und Weltbeziehung in Kunstwerken aus, indem sie sich dem Schaffensprozess hingeben. Sie hinterlassen dabei sichtbare Spuren in der Welt, mit denen sie uns als rezeptive Betrachter eines Kunstwerkes sinnlich berühren können.

> „Es gehört zu unserer Vorstellungs- und Erfahrungswelt, dass *die Kunst* von uns beziehungsweise vom Künstler bestimmte rezeptive oder produktive Haltungen oder Handlungen ‚erfordert', dass sie nie ganz berechenbar und beherrschbar ist, sondern ihrer eigenen Logik folgt und als kreative Sphäre gleichsam lebendig ist".[11]

In kaum einem anderen Bereich kommt dies deutlicher zum Ausdruck als in der Musik. Die Musik vermag es, an unseren rationalen Filtern vorbei, die Weltbeziehung als Ganze zu verflüssigen. Beim Hören von Musik können sich Menschen in ihren tiefsten Gefühlen, wie Trauer, Freude, Hoffnung, Schmerz oder Wut erkannt fühlen. In ihrer expressiven Wirkung kann Musik uns diese Gefühle zugleich zugänglich machen. So kann Musik als ein anteilnehmendes, manchmal auch tröstendes Medium wahrgenommen werden. Beim Musizieren, Malen, Tanzen oder Singen können Menschen in ihren innersten Tiefen berührt werden; beim Betrachten von Kunst können, etwa durch Differenzerfahrungen, neue Weltperspektiven und Empfindungsweisen eröffnet werden, die unseren sprachlichen und sinngebenden Weltbezug übersteigen. Insbesondere im aktiven künstlerischen Schaffen sind affektive, symbolische, materielle, soziale und kognitive Elemente miteinander verwoben. Ob beim Singen im Schulchor, beim Spielen in der Schulband, beim Malen oder Theater spielen, stets wird ein Stück berührende Welt erschaffen, in die der Schaffende ein Stück von sich selbst hineinlegt, wodurch er seinem Selbst noch einmal anders begegnen kann.

11 Rosa (2016): Resonanz, S. 230.

Ein Kunst-, Musik- und Literaturunterricht, der allein auf das Auswendiglernen und Aneignen von Wissen über Musik, Gedichte und etwa Kunstepochen hinausläuft oder in dem Kunstfertigkeit bloß technische Reproduktion bedeutet, garantiert nicht, die Stimme bzw. den Ton eines Kunstwerkes vernehmbar zu machen. Wenn Schülerinnen und Schüler die Analyse eines Gedichtes auswendig lernen, haben sie das Kunstwerk bereits zu einem stummen Ding gemacht und den Resonanzdraht aus Affektion und Emotion gekappt. Neben den Techniken des künstlerischen Schaffens wir ein resonanzpädagogischer Kunstlehrer durch aktive und rezeptive Kunsterfahrungen den Schülerinnen und Schülern die affektive und symbolische Sprache der Kunst vermitteln und somit das Entstehen eines Resonanzbodens für diese Form der Selbst- und Weltbegegnung ermöglichen.

Im *Geschichtsunterricht* stellt die Vergangenheit eine historische Resonanzachse dar, durch die Schülerinnen und Schüler mit dem „Strom der Zeit" in Berührung kommen können. Anverwandlung im Geschichtsunterricht erfolgt durch *historische* und *biografische Resonanzen.* Beide Formen sind nötig, damit sich die Heranwachsenden in der Zeit verorten können, sodass sie, wie Helmut Fend schreibt, „in ihrer Kultur keine Fremden bleiben, dass sie in ihr ‚zu Hause' sind"[12]. Um historische Resonanzen zu ermöglichen, benötigt ein Bildungsplan etwas, das man mit Jan Assmann als „konnektive Struktur"[13] bezeichnen kann: Eine konnektive Struktur bindet die Menschen einer Gemeinschaft, indem sie einen gemeinsamen Resonanzboden schafft. Dieser Resonanzraum besteht zum einen aus einer gemeinsam geteilten symbolischen Sinnwelt. Zugleich aber verbindet die konnektive Struktur auch die Vergangenheit mit der Gegenwart. In der Moderne wird die Vergangenheit aber nur konnektiv, wenn sie nicht, wie in traditionellen Gemeinschaften, einfach wie ein Bausatz aus Steinen weitergegeben wird. Vielmehr muss Geschichte von der nachwachsenden Generation immer auch von Neuem zum Leben erweckt und neu interpretiert werden. Die Vergangenheit wird dabei nicht allein repetitiv in Form von Faktenwissen und Jahreszahlen wiederholt, sondern sie wird neubewertet, neukonstelliert und neukontextualisiert. Die Anverwandlung von historischen Begebenheiten bedeutet also ein veränderndes Wieder-Aneignen[14], das auch das Selbst verändert.

Dabei spielen Emotionen und Gefühle eine entscheidende Rolle. Zumeist wird Geschichte rein emotionslos behandelt, indem Lernende eine

---

12 Fend (2008): Neue Theorie der Schule, S. 48.

13 Assmann, Jan (2007): Das kulturelle Gedächtnis. Schrift, Erinnerung und politische Identität in frühen Hochkulturen, S. 16 f.

14 Wimmer (2010): „Lehren und Bildung", S. 25.

Vogelperspektive auf die historischen Geschehnisse einnehmen. Sie laufen dann sozusagen als neutrale Beobachter *neben dem Zeitstrahl her.* Historische Resonanzen zu erzeugen, bedeutet aber, dass Schülerinnen und Schüler *in den Zeitstrahl eintauchen.* Eine naheliegende Antwort auf die Frage, wie ein solches Eintauchen in den Zeitstrahl im Geschichtsunterricht ermöglicht werden könnte, lautet: Geschichte wird zu einem Resonanzmedium, indem man Geschichten erzählt. Häufig findet der Geschichtsunterricht ausschließlich in einer objektivierenden und verdinglichenden Haltung statt, anstatt die historische Akteure stärker einzubeziehen, die von dem Geschehen unmittelbar betroffen waren. Anders als der heutige Betrachter wussten die historischen Akteure beispielsweise nicht, was ihnen die Zukunft bringen würde: sie bangten, hofften, wünschten und kämpften für eine Sache, weil ihnen der Ausgang ungewiss erschien. Indem wir Geschichte auch narrativ darstellen, werden beide Dimensionen, die *Betroffenheit* und die *Zukunftsoffenheit*, wenngleich nicht vollständig, so doch ansatzweise, nachvollziehbar oder besser: spürbar. Bedenkt man zudem, dass Identitäten narrativ konstruiert sind – dass also die Lebensgeschichte bzw. die Lebenserzählung einen Menschen zu dem macht, der er ist – kann ein Geschichtsunterricht, der auch narrative Elemente einer „großen" Erzählung mit einbezieht, zugleich Identitätsbausteine und Identifikationspunkte für die „kleine" Lebens-Erzählung der Schülerinnen und Schüler liefern, sei es in Form von heldenhaften, besonnenen und umsichtigen Taten, sei es in Form von abschreckenden und mahnenden Beispielen.

Aber nicht nur dort, wo sich Schülerinnen und Schüler in die Zeit zurückversetzt erleben, können historische Resonanzen entstehen. Anverwandlung der historischen Resonanzachse kann ebenso bedeuten, die Vergangenheit in die Gegenwart zu holen, sowie sie an eine mögliche Zukunft zu binden und sich somit im Strom der Zeit zu verorten: Wie haben historische Ereignisse unsere gegenwärtige Lebensweise, unser Empfinden, Denken, Werten und Handeln verändert? Wie würde die Welt aussehen, wenn es anders gelaufen wäre? Was waren die treibenden Motoren für historische Veränderungen? Solche Fragen könnten eine historische Vergegenwärtigung unterstützen. Gleichsam kann die Frage, woher wir kommen und wie wir zu denjenigen geworden sind, die wir sind, einen Sinn dafür vermitteln, wohin wir unterwegs sein könnten. Durch das Verständnis der Geschichte, können tragfähige Zukunftsvisionen entwickelt werden.

Historische Anverwandlung erfolgt deshalb nicht ausschließlich über historisches Faktenwissen, sondern bedarf ebenso der berührenden Einblicke in persönliche Schicksale, die die Bedeutung von Ereignissen für die

Gegenwart spürbar machen.[15] Geschichte kann etwa im Nachspielen und Nacherleben historischer Zustände und Ereignisse lebendig werden. So heißt es z. B. in Morton Rhues Roman „Die Welle“ über den Geschichtslehrer Ben Ross:

> „[E]r vermittele seinen Schülern ganz neue Blickwinkel, zeige ihnen nach Möglichkeit immer die praktischen, für die Gegenwart bedeutenden Aspekte der Geschichte. Behandelte man politische Systeme, teilte er die Klasse in politische Parteien ein. Wurde ein berühmtes Gerichtsverfahren besprochen, ließ er Ankläger, Verteidiger, Zeugen und Richter durch Schüler darstellen.“[16]

Wie Juliane Brauer und Martin Lücke schreiben[17], können wir uns in die Hoffnung der Menschen bei der Unterzeichnung der amerikanischen Unabhängigkeitserklärung, in die Wut des römischen Kaisers Augustus beim Verlust seiner Legionen im Teutoburger Wald, in die Angst vor heller und dunkler Magie bei der Hexenverbrennung, in das Gefühl, am Meer zu stehen in der Überzeugung, die Erde sei eine Scheibe, nicht mehr gänzlich hineinversetzen. Lernende und Lehrende können stets nur vor dem gegenwärtigen Hintergrund ihres eigenen emotional-affektiven Weltbezuges auf Neues antworten. Allerdings lässt sich auf einer Objektebene danach fragen, wie es sich angefühlt hat, als Mensch im Mittelalter in die Welt gestellt zu sein und auf diese Weise zu verstehen, weshalb die historischen Akteure so und nicht anders gehandelt haben. Viele historische Entwicklungen, Entscheidungen, Debatten und Handlungen können kognitiv nicht nachvollzogen werden, ohne das Welterleben und das Weltempfinden der historischen Akteure zu rekonstruieren. Auch die Frage an die Schüler, wie sie sich an Stelle einer historischen Persönlichkeit verhalten hätten, kann Resonanzen initiieren – vor allem dann, wenn der Lehrer auf die Antworten zurückkommt und mit dem tatsächlichen Geschehen verbindet und kontrastiert.

Andererseits geht historisches Lernen, sofern es nicht entfremdet ist, selbst mit einem breiten Spektrum an Emotionen und Affekten einher, sei es Trauer, Irritation, Verwunderung, Ehrfurcht, Grauen oder Bewunde-

---

15 Historische Berührungen und Resonanzen haben deshalb Priorität vor dem Erwerb von Faktenwissen, weil erst die Resonanzerfahrungen und Resonanzbeziehungen den Wissensdrang steigern können. Reines Faktenwissen hingegen führt nicht gleichermaßen zu Resonanzen.

16 Rhue (1997): Die Welle (Roman), S. 11. Es sei auch an die Geschichtslehrerin erinnert, die bei der Behandlung der deutschen Teilung, die Schüler und Schülerinnen in zwei Gruppen einteilen ließ; vgl. Kap. II.2.2, oben.

17 Brauer, Juliane/Lücke, Martin (2013): „Emotionen, Geschichte und historisches Lernen. Einführende Überlegungen“, in: Dies. (Hrsg.): Emotionen, Geschichte und historisches Lernen. Geschichtsdidaktische und geschichtskulturelle Perspektiven, S. 11–26, hier S. 13.

rung. Es kann – im Sinne einer starken Wertung – moralische Ansprüche an uns stellen, die wir als warnende Mahnung oder drängende Forderung vernehmen. Da Resonanzerfahrungen stets auch leibliche Erfahrungen sind, entstehen historische Resonanzen oft in Begegnungen mit wissenden Körpern, wie den erzählenden Großmüttern und Großvätern oder mit erinnernden Verkörperungen: beim Eintauchen in die Atmosphäre einer Ruine, einer Kirche, eines Schlachtfelds oder eines Amphitheaters können wir uns in die damalige Zeit hineinversetzen.

Eine Differenz in der Weltbeziehung, wie sie für den Geschichtsunterricht angedeutet wurde (ob wir uns als neutrale Beobachter über oder neben dem Zeitstrahl bewegen oder ob wir uns auf oder in dem Zeitstrahl verorten und somit in den „Strom der Zeit" eintauchen), lässt sich ebenso für den *Sportunterricht* beschreiben. Im Sportunterricht wird eine Verortung gegenüber der leiblichen Resonanzachse durch spielerische und gymnastische Körperpraktiken ermöglicht. Nach Rosa ist der Sport eine zentrale Resonanzachse spätmoderner Menschen, weil Sport es erlaubt, sich leiblich mit der Welt zu verbinden.[18] Wie wir uns dem Sport und somit der leiblichen Resonanzachse gegenüber verorten, hängt vor allem davon ab, welche Erfahrungen wir im Sportunterricht mit unserem Körper machen: Wer beispielsweise beim Volleyballspielen anhand des Jubels spürt, dass er die Zuschauer erreicht (und dass diese ihn durch ihren Jubel erreichen), wird eher eine Resonanzachse zum Sport ausbilden als derjenige, der bei der Mannschaftsauswahl immer als Letzter gewählt wird.

Robert Prohl hat die Differenz in der Weltbeziehung im Sport anschaulich auf den Punkt gebracht: „Im Sport [...] wird [...] nicht gesprungen, weil ein Hindernis im Wege steht, sondern man stellt sich ein Hindernis in den Weg, um springen zu können."[19] Prohl verweist damit auf zwei unterschiedliche Weisen, wie Menschen ihren Körper und die materielle Welt erfahren können. Um im Beispiel zu bleiben: Springen Menschen, um ein Hindernis zu überwinden, ist das Verhältnis zwischen Körper und Hindernis tendenziell instrumenteller Natur. Menschen werden das Hindernis in diesem Fall eher als ein totes Ding erfahren, ihren Körper hingegen vermutlich als ein Werkzeug. Überwinden sie hingegen Hindernisse, weil sie springen wollen, können Leib und Hindernis *im Medium der Bewegung* in ein intrinsisches und partnerschaftliches Verhältnis geraten.

---

18 Vgl. Rosa (2016): Resonanz, Teil 2, Kap. VIII.4.

19 Prohl, Robert (2011): „Zum Bildungspotential des Sportunterrichts", in: Krüger, M./Neuber, N. (Hrsg.): Bildung im Sport. Beiträge zu einer zeitgemäßen Bildungsdebatte, S. 165–178, hier S. 167.

Geist, Leib und Welt erweisen sich dabei als jeweils eigene Resonanz- und Entfremdungspole: Das Reck, der Basketball, die Mitspieler, aber auch der eigene Körper können niemals ganz kontrolliert werden. Sie können sich unseren Bewegungen und Absichten widersetzen oder aber unseren Angeboten entgegenkommen. Wenn wir Kontakt zu diesen Dingen haben, können wir in einen Bewegungs- und Spielfluss kommen, wir können uns eins fühlen mit dem Reck oder dem Ball. Umgekehrt können wir aber auch unser Gespür für das Spielfeld, für unsere Mitspieler, für den Ball oder unseren Körper verlieren. Dieses Zusammenspiel von leiblichen, sozialen und materiellen Aspekten kann anhand des Schwimmens verdeutlicht werden. Auch das Schwimmen ist nicht einfach nur eine Bewegungsabfolge, die vom Medium, in diesem Fall dem Wasser, unabhängig ist. Vielmehr herrscht ein physischer Dialog zwischen Körper und Wasser, in welchem die Arme und die Beine auf die Fließeigenschaften des Wassers antworten und sich aufeinander einstimmen. Natürlich hilft es, wenn wir die Technik des Schwimmes im Trockenen üben, allerdings kann das „Feintuning“ erst durch die leibliche Begegnung mit dem Wasser erfolgen. Wir müssen als Kinder erst lernen, auf die Eigenschaften des Wassers zu reagieren, damit es uns trägt. Ein Körper, der sich etwa aus Angst nicht auf diesen Dialog einlassen kann, wird untergehen.

Auch der Geist kann im Sport Resonanzen blockieren: Wer vor dem Schuss auf das gegnerische Tor oder im Handstand auf dem Barren zögert, um die Handlungsalternativen zu durchdenken, wird mit Sicherheit scheitern. Schließlich kann eine gelingende Turnabfolge, ein geglücktes Fußballmanöver oder eine fließende Schwimmbewegung nur sehr bedingt als instrumentelle Beziehung verstanden werden, die unserem Willen unterliegt. So weist Rosa zu Recht darauf hin, dass etwa ein Passspiel im Fußball, ein Handstand auf dem Barren oder ein gelungener Konter beim Volleyball oft gerade dann misslingen, wenn wir sie krampfhaft erzwingen wollen. Das verkrampfte Beherrschenwollen stört buchstäblich den Resonanzdraht zwischen Körper und Spiel bzw. Bewegung.[20]

Insbesondere im Mannschaftsspiel wird der Sinn von Bewegungsabläufen, Spielzügen und Spielerabsichten weniger durch ein kognitives als durch ein leibliches Verständnis erspürt. Dieses Gespür wird dadurch erlangt, dass sich die Körper aufeinander ein- und miteinander abstimmen. Gelingende Mannschaftsspiele und Mannschaftszüge basieren auf leiblicher Responsivität, bei der es zu einem zwischenleiblichen Dialog kommt. Dabei verschmelzen Spieler und etwa Ball bzw. Spieler und Spieler aber nicht mitei-

20 Vgl. Rosa (2016): Resonanz, S. 421.

nander, wie Prohl behauptet[21]. Sie handeln auch nicht synchron oder werden zum Echo eines allgemeinen Spielerwillens. Vielmehr antworten und reagieren sie wechselseitig auf ihre leiblichen Sinnangebote, und sie tun dies innerhalb eines energetisch gespürten Feldes, in dem die Spieler vor jeder reflexiven und kognitiven Bezugnahme somatisch miteinander verbunden sind. Dieses somatische Bedeutungsfeld lässt ein immaterielles Band zwischen den Spielern entstehen, das die Anwesenden über das sogenannte „muscular bonding“[22] miteinander verbindet. Im muscular bonding sind physische, soziale und symbolische Beziehungsangebote durch leibliche Bewegungen miteinander verwoben. In einem geglückten sportlichen Spielzug führen die Spieler deshalb nicht einfach wohlüberlegte und gut reflektierte Einzelhandlungen aus, sondern antworten leiblich auf das Spielgeschehen, wobei sie die geteilten symbolischen, sozialen und physischen Bedeutungs- und Beziehungsangebote, die in den Bewegungen (den eigenen und denen der Mitspieler) zum Ausdruck kommen, körperlich dekodieren und leiblich verstehen.

Bildung im Sportunterricht könnte demnach heißen, den Leib als einen Resonanzkörper für die physischen, sozialen und symbolischen Sinnangebote zu sensibilisieren. Schulischer Sportunterricht könnte dann durch Training und Spiel jene praktischen Erfahrungen in der leiblichen Weltbeziehung möglich machen, die leibliche und zwischenleibliche Resonanzen hervorrufen. Wo der Körper im Sportunterricht aber zu einem Werkzeug wird, wo er springen muss, um ein Hindernis zu überwinden, kann der leibliche Resonanzdraht dauerhaft verstummen. Der Körper kann dann zu einem Objekt der Optimierung werden, wobei es nur noch darum geht, besser, schneller und geschickter zu werden. Dies kann den eigentlichen Spaß am Sport auf Dauer zerstören.

Das verdinglichte Erlernen von Techniken im Sportunterricht, so wichtig es zu sein scheint, erweist sich deshalb lediglich als die Voraussetzung für leibliche Resonanzen – es erzeugt diese Resonanzen aber noch nicht automatisch. Zentral für sportliche Resonanzen ist aus diesem Grund auch nicht allein die Technik bzw. das Körperwissen, sondern die resonanzsensible Fähigkeit, das Erlernte situativ auf die Erfordernisse des jeweiligen Gerätes oder Spieles abzustimmen und responsiv anzupassen. In solchen Momenten führen wir nicht einfach instrumentell Bewegungen aus – wir

---

21 Prohl (2011): „Zum Bildungspotential des Sportunterrichts“, S. 168.

22 Alkemeyer, Thomas (2006): „Rhythmen, Resonanzen und Missklänge. Über die Körperlichkeit der Produktion des Sozialen im Spiel“, in: Gugutzer, R. (Hrsg.): Body Turn. Perspektiven der Soziologie des Körpers und des Sports, S. 269. Dazu auch Rosa (2016): Resonanz, S. 424.

führen sie vielmehr aus, indem wir uns ihnen gleichsam hingeben. So schreibt Thomas Alkemeyer über ein geglücktes Fußballmanöver:

> „Individuelle Aktionen und Mannschaftsinteresse verbinden sich dann in praktischer Synthese so, dass kein Misston den *Sound* des Spiels stört. Als würden die Bahnen, Kreise und Kraftfelder der einzelnen Spieler durch eine stumme Musik koordiniert werden, taucht eine Gesamtbewegung auf [...]. Eine solche, situativ entstehende Choreographie ohne planenden Choreographen ist auf ‚blindes Verständnis' angewiesen. Ein noch so kurzer Moment des Zögerns und Nachdenkens würde den Spielfluss sofort unterbrechen. [...] Wer von der gemeinsamen Gravitation erfasst wird, macht mit, findet den Rhythmus, greift ihn auf und verstärkt ihn."[23]

Körperbildung kann somit als ein Prozess der Anverwandlung beschrieben werden, bei dem der Körper einen anfangs stummen oder wiederspenstigen Bewegungsablauf oder ein Spiel („Da komme ich noch nicht mit!", „Meine Füße machen einfach noch nicht, was sie sollen!") über Training und Sensibilisierung erlernt. Dabei bildet er diejenigen Wahrnehmungs- und Bewegungsschemata als Körperwissen aus, die es ihm erlauben, im späteren Spielen, Turnen, Ringen oder Klettern mit dem Material oder dem Partner in eine situative Antwortbeziehung einzutreten. Wir können diesen Lernprozess nicht willentlich herbeiführen, vielmehr müssen wir uns für ihn öffnen, damit er passiert: Plötzlich können wir Schwimmen, Handstand auf dem Barren machen oder Tore schießen, weil sich Körper und Welt (Spiel, Mannschaft, Geräte, Materialien) aufeinander eingestimmt haben.

Interessanterweise ist auch die Vermittlung von Werten im Sportunterricht fundamental auf Resonanz angewiesen. Nur dann, wenn uns das sportliche Geschehen nicht egal ist, wenn es uns nicht anödet, können im Sport Werte wie Fairness, Rücksicht und das Befolgen gemeinsam akzeptierter Regeln vermittelt werden. Wenn sich Schülerinnen und Schüler im Sportunterricht öffnen können, können sie im gemeinsamen Medium der sportlichen Aktivität soziale und symbolische Ordnungen erleben – und zwar gerade nicht durch einen kognitiven Weltbezug, sondern durch eine vorsprachlich-somatische Beziehung. Wegen des leiblichen (prä-kognitiven) Weltbezuges ist der Sport auch dasjenige Medium, das sich für den interkulturellen Dialog besonders gut eignet und somit möglicherweise auch Resonanzen in multi-ethnischen Klassenverbänden befördern kann; jedoch nur, wenn die Lehrenden sensibel für kulturell unterschiedliche Leibpraktiken und Leibverständnisse sind.[24]

---

23 Alkemeyer (2006): „Rhythmen, Resonanzen und Missklänge", S. 269.

24 Vgl. dazu auch das Kapitel über Körpersprache im Unterricht (IV.1.2.).

Allerdings können sich Menschen scheinbar nicht naturgegeben auf komplexe sportliche Aktivitäten wie z.B. Fußball, Synchronschwimmen oder Volleyball einlassen. Entscheidend scheint zu sein, ob sie für die *„somatische* Sprache" des Sports und ihre sozialen und symbolischen Sinnangebote in den Bewegungen empfänglich sind – ob sie die „somatische Sprache des Sports" gelernt und verinnerlicht haben. Resonanzpädagogik, die auf die Bildung von Weltbeziehungen abzielt, stellt Schülerinnen und Schülern deshalb den Raum zur Verfügung, in dem sie jene somatischen Tiefenschichten und damit jenen Resonanzboden durch praktische Körpererfahrungen erkunden und ausbilden können. Verfügen Menschen nicht über die Fähigkeit, auf das Spielgeschehen innerlich zu antworten, können sie auch an Sportevents und Wettkämpfen kaum Anteil nehmen und sich von ihnen mitreißen und berühren lassen:

> „In die Dynamik des Spiels sind neben Spielern und Ball auch die Zuschauer verwickelt. Zwar stehen sie nicht mitten im Spielgeschehen, sondern haben von den Stadionrängen aus eine Perspektive der Über-Sicht, dennoch ist das Spiel zumindest für die Kenner unter ihnen keine bloße Abfolge von Bildern, d.h. nicht nur Schau-Spiel (Spektakel). Wenn das Spielgeschehen einen Resonanzboden in ihren motorischen und affektiven ‚Tiefenschichten' findet, nehmen sie trotz räumlicher Trennung nicht nur über den distanzierenden Seh-Sinn am Spiel teil, sondern auch in einem Modus ‚kinästhetischer Sympathie'.[25]

Verfügen die Zuschauer über jene kinästhetische Sympathie, kann sich das Resonanzgeschehen auf sie übertragen: Die Zuschauer lassen sich anstecken und sind vom Spielverlauf ergriffen, springen beim Schuss auf das Tor aus ihren Sitzen und antworten auf das beobachtete Spielgeschehen durch leibliches Mitbewegen. Sportevents wie z.B. ein Schulvolleyballturnier, in dem es um Spaß geht, nicht allein um Leistung, können innerhalb einer Schulkultur vitale Resonanzräume eröffnen: Im Spiel können sich dann nicht nur die Spieler durch die zwischenleibliche Kommunikation als berührt und ergriffen erleben, die zwischenleibliche Kommunikation kann gleichsam auf die Zuschauer überspringen und auf diese ausgeweitet werden. Auch die Zuschauer können sich als berührt erleben – ebenso wie sie durch das Anfeuern und Bejubeln ihre Mannschaft berühren können.[26]

Gänzlich anders erleben sich Menschen im Medium der *Naturwissenschaften* in die Welt gestellt. Im *Biologie-*, *Physik-* und *Chemieunterricht* unterricht lernen junge Menschen sich der belebten und unbelebten Natur

25 Alkemeyer (2006): „Rhythmen, Resonanzen und Missklänge", S. 227.
26 Rosa (2016): Resonanz, S. 425.

gegenüber zu verorten. Die Welt aus einem naturwissenschaftlichen Standpunkt heraus zu betrachten, heißt jedoch oftmals, sich gerade nicht von ihr berühren und bewegen zu lassen, sondern zu seinen Gefühlen der Natur gegenüber Distanz einzunehmen. Erst der objektive und resonanzfreie Blick auf Naturphänomene, so die Annahme, ermögliche das richtige Verständnis von Naturvorgängen. Der sachlich-naturwissenschaftliche Weltbezug – als Inbegriff einer distanzierten, kühlen und teilnahmslosen Haltung – ist der Gegenpol, zu den warmen und herzlichen Nahbeziehungen des Familien-, Liebes- und Freundschaftslebens. In der Moderne sahen sich die Naturwissenschaften deshalb stets aufs Neue mit dem Vorwurf konfrontiert, sie würden das volle Spektrum menschlicher Naturerfahrungen empfindlich einschränken und dadurch die organische Beziehung zwischen Mensch und Natur, also zwischen belebter und lebloser Welt, zerstören. So schreibt auch Meyer-Drawe:

> „Seit dem Entstehen wirft man insbesondere den Naturwissenschaften vor, den Menschen von seiner ursprünglichen Verbundenheit mit seiner Welt entfremdet zu haben, seine Erlebnisse zu zerstückeln und ihn selbst zu einem Objekt unter anderen zu machen."[27]

Nun stellen die technischen Errungenschaften, die die Naturwissenschaften ermöglichen, etwa im medizinischen oder neuerdings auch im ökologischen Bereich, gute Gründe dafür dar, die Naturwissenschaften keinesfalls an sich zu verteufeln. Zugleich aber kann etwa eine ökologische Erziehung nicht allein auf einem affekt- und resonanzfreien Naturverhältnis basieren. Der Schutz unserer gefährdeten Welt setzt gerade das Mitgefühl für die nichtmenschliche Umwelt voraus. Viele Reformpädagogen und Bildungsphilosophen wie Rousseau, Wilhelm von Humboldt, Rabindranath Tagore oder die Vertreter der Landerziehungsbewegung argumentieren seit jeher mit Vehemenz, dass Bildung dort misslingen müsse, wo die Verbundenheit zur Natur gestört ist.

Als Antwort auf das drohende Verstummen der Welt durch die Naturwissenschaften hat z.B. die Reformpädagogik seit Rousseau versucht, die natürliche und dingliche Welt als eine bildende Resonanzsphäre zu konzipieren. Dieses responsiv-antwortende pädagogische Weltverhältnis beschreibt Rousseau im „Emile", wenn er neben der „Erziehung durch Menschen" auch von einer „Erziehung durch die Natur" und einer „Erziehung durch die Dinge" spricht.[28] Auch Ulrich Gebhard hat herausgearbeitet, dass

27 Meyer-Drawe (2008): Diskurse des Lernens, S. 104.
28 Rousseau, Jean-Jacques (1993): Emil oder Über die Erziehung, S. 9 f.

die seelische Entwicklung eines Kindes nicht nur von der responsiven Antwortqualität des sozialen Umfelds abhängt, sondern auch von dem Kontakt und von der Verbundenheit zur belebten und unbelebten Natur.[29] Die natürliche und dingliche Umwelt ist für die Entwicklung und das Wachstum des Menschen nach Gebhard deshalb von großer Bedeutung, weil es eine fundamentale leibliche Verwandtschaft zwischen dem Menschen und diesen Weltbereichen gibt. Zugleich sind Natur- und Dingerfahrungen stets Differenzerfahrungen, in denen uns das Andere begegnet. Werden wir von diesem emotional spürbaren Verwandtschaftsverhältnis abgeschnitten, entgeht uns nach Gebhard ein Erfahrungsbereich, der für die kognitive, physische, ästhetische, ethische und sprachliche Entwicklung fundamental ist. Der Drang die Dinge verstehen, bewerten, befühlen und artikulieren zu wollen, entspringt genetisch der affektiven Verbundenheit nicht nur zur sozialen Welt, sondern auch zur Natur und zu den Dingen.

Neben der leiblichen Verwandtschaft, gibt es auch eine symbolische Verwandtschaft zwischen Mensch und Natur. Diese symbolische Bedeutung nicht allein kognitiv zugänglich, sie wird erst durch ein In-Beziehung-Treten erlebbar. Unser Verständnis der belebten und unbelebten Welt (die kognitive Landkarte) ist stets auch subjektiv und symbolisch gedeutet und mit Bedeutung aufgeladen. Gebhard bezeichnet diesen affektiven Bereich zwischen Mensch und Natur als „Zwischenbereich". Es ist dieser Zwischenbereich, der als Resonanzsphäre interpretiert werden kann, aus der heraus das erkennende Subjekt und das erkannte Objekt der Naturwissenschaften zuallererst hervorgehen:

> „Zwischen Ich und Welt, zwischen Subjekt und Objekt, zwischen Innen und Außen gibt es einen dritten Bereich, der vermittelnd den Kontakt herstellt. Damit wird sowohl Subjektivität als auch Objektivität konstituiert. Dies wird grundlegend auch die Beziehung des Menschen zur Natur beeinflussen. Die nichtmenschliche Umwelt, die Natur, ist nie nur das äußere Phänomen, sondern immer auch ein mit (subjektiver) Bedeutung aufgeladenes Symbolsystem."[30]

Ich möchte der These folgen, dass ein naturwissenschaftlicher bzw. naturkundlicher Unterricht, sofern er Bildungsprozesse im Sinne der Resonanzpädagogik ermöglichen soll, nicht rücksichtslos diesen von Gebhard beschriebenen Zwischenbereich ausklammern oder übergehen darf. Ein Grund hierfür ist die ursprüngliche Nähe des Kindes zur Natur. Um dies zu

---

29 Gebhard, Ulrich (2009): Kind und Natur, Kap. 2 („Die psychische Bedeutung der nichtmenschlichen Umwelt").

30 Ebd., S. 29.

verstehen, ist es hilfreich, zunächst einige Unterschiede zwischen dem kindlichen und dem erwachsenen Weltbezug herauszuarbeiten.

Insbesondere Jean Piaget hat, für die schulpädagogische Theorie folgenreich, das Weltverhältnis des Kindes mit dem des Erwachsenen kontrastiert[31]: Nach Piaget zeichnet sich der Weltbezug des Kindes dadurch aus, dass es die nichtmenschliche Welt als beseelt und belebt erfährt. Im kindlichen Denken, das Piaget als anthropomorph und animistisch bezeichnet, kann das Auto lachen, der rollende Stein sich beeilen, der wehende Vorhang düster drohen, der Mond zum Fenster hereinschauen, der Stein wie ein Fisch im Wasser schwimmen und die Ente über das kalte Wasser schimpfen. Der Weltbezug des Erwachsenen zur nichtmenschlichen Umwelt ist demgegenüber vorwiegend rational, distanziert, kognitiv und somit unbeseelt. Piaget hat ein Stufenmodell der kognitiven Entwicklung entworfen, in welchem das beseelte kindliche Weltverhältnis Schritt für Schritt überwunden wird und schließlich in die rationale objektive Weltbeziehung des Erwachsenen übergeht. Dieses Entwicklungsmodell hat eine normative Wirkung entfaltet, die den kindlichen, leiblich-affektiven Weltbezug gegenüber der reifen und wahrheitsgemäßen Weltsicht des Erwachsenen als defizitär erscheinen ließ. Die Pädagogik sollte helfen, die Kinder von diesem Defizit zu befreien. Wie Gebhard zeigt, lässt sich bis in die 90er-Jahre hinein in den naturwissenschaftlichen Didaktiken die Forderung nach einem Abbau des affektiv-beseelten Weltbezuges des Kindes nachverfolgen.[32]

Nun zeichnen sich Resonanzbeziehungen jedoch gerade durch die Anwesenheit von Affekten und Emotionen aus, weil diese die Beziehungen zwischen Selbst und Welt zu stiften vermögen. Folglich lässt sich argumentieren, dass die erzieherische Abgewöhnung eines leiblich-affektiven Weltbezugs im naturwissenschaftlichen Sachunterricht dem Stummmachen von Naturbeziehungen gleichkommt. Zerstört der naturwissenschaftliche Unterricht unser Vermögen, der natürlichen Umwelt mitfühlend und Anteil nehmend zu begegnen, werden die Natur und die dingliche Welt zu einer beziehungslosen, toten Materie, die sich unseren Zwecken unterordnen lässt und die keine eigenen Ansprüche und Forderungen an uns zu stellen vermag.

31 Piaget, Jean (2003): Meine Theorie der geistigen Entwicklung.

32 Vgl. Gebhard (2009): Kind und Natur, S. 58, sowie z.B. Bäuml-Roßnagel, Maria-Anna (Hrsg.) (1979): Sachunterricht in der Grundschule. Naturwissenschaftlich-technischer Lernbereich, S. 57 f.: „Dem naturwissenschaftlichen Unterricht kommt dabei eine unterstützende Funktion zu, z.B. beim Abbau der affektiven Identifikation der Kinder mit den Dingen, bei kindlichen Formen der Anthropomorphisierung, Personifikation oder Allegorisierung von Pflanzen und Tieren."

Im Zuge dieser Kritik gab es in der Biologie-, der Chemie- und der Physikdidaktik immer wieder Bestrebungen, das affektiv-beseelende Band zwischen Mensch und Natur nicht radikal zu durchtrennen und abzuerziehen, sondern es aufzugreifen, zu integrieren und als Resonanzboden in den Unterricht mit einzubeziehen. Ulrich Gebhard hat einige Überlegungen dazu angestellt, wie die Natur und die dingliche Umwelt nicht nur als tote Masse behandelt werden können, sondern wie junge Menschen Natur und Dingen aneignend und anverwandelnd im Unterricht begegnen, sie als Interaktionspartner erfahren und „zum Sprechen" bringen können:

> „Erst durch die Aneignungstätigkeit werden die Objekte der Außenwelt psychisch repräsentiert. Angesichts des *Beziehungsaspektes* sind die symbolischen Repräsentanzen der äußeren, phänomenalen Welt immer ‚geronnene Interaktionserfahrungen' (Lorenzer), und dadurch wird auch ermöglicht, dass bei der Erfahrung mit äußeren Phänomenen atmosphärisch so viel mehr mitschwingt als die neutrale Registrierung von Objekten. Das ist für eine Didaktik, die Kinder mit der belebten und unbelebten Natur vertraut machen will, grundlegend. [...] In Naturbegegnungen kommt insofern nicht nur die Natur zur Sprache, sondern auch Aspekte des eigenen Selbst."[33]

Ein weiterer Vertreter eines resonanzpädagogischen Naturunterrichts war Martin Wagenschein. Wagenschein verfolgte in seinen Arbeiten zur naturwissenschaftlichen Schuldidaktik das Ziel, die animistische und anthropomorphe Weltbeziehung des Kindes nicht zu zerstören, sondern aufzugreifen und somit, wie er schrieb, eine „Verwurzelung" des Kindes in der Welt zu ermöglichen. Wagenschein beschäftigte sich insbesondere mit dem Physikunterricht. Von der Zerstörung der Verbundenheit des Kindes mit der Natur, sieht er eine große Gefahr für die Enticklungskräfte und die Erlebensvielfalt des Menschen ausgehen. Die Ursache für diese Gefahr verortet Wagenschein im sprachlichen Weltbezug. So schlägt Wagenschein vor, zu Beginn des Physikunterrichtes nicht die physikalisch korrekten, abstrakten und nichtssagenden Begriffe der Physik zu verwenden, sondern zunächst die animistischen Erklärungen der Kinder aufzugreifen[34]: Der Magnet wird dann zum „Spüreisen", das gehorsam und horchend den Ruf des Eisens vernimmt usw. Sprache hat hier zunächst keine abbildende oder analytisch erklärende, sondern eine *expressive Funktion*, indem sie die kindliche Erfah-

---

33 Gebhard, Ulrich (2010): „Begegnung mit der Natur", in: Duncker, L./Lieber, G./Uhlig, B. (Hrsg.): Bildung in der Kindheit, S. 67–71, hier S. 67.

34 Wagenschein, Martin (2002): „Die Sprache zwischen Natur und Naturwissenschaften (1985)", in: Rumpf, H. (Hrsg.): „... zäh am Staunen". Pädagogische Texte zum Bestehen der Wissensgesellschaft, S. 45.

rung der Interaktionsbeziehung artikuliert – es sind Worte, die Resonanzen im kindlichen Erfahrungshorizont erzeugen. Es ist wichtig zu verstehen, dass Wagenschein hier aus einem pädagogischen Gesichtspunkt heraus argumentiert, nicht aus einem rein wissenschaftlich-physikalischen. Ihm geht es darum, dass Heranwachsende einen umfassenden Zugang zur physikalischen Weltsicht erlangen und ihre Neugier bewahren. Sein Ansatz kann zunächst als radikal schülerzentriert kritisiert werden, allerdings lässt Wagenscheins Didaktik auch die Sache selbst zu Wort kommen, indem er die Kinder Schritt für Schritt an die wissenschaftlich korrekten Beschreibungen heranführt, ohne dabei jedoch die von Gebhard beschriebene Verwandtschaftsbeziehung zwischen Mensch und Natur zu entwerten.[35]

So beschreibt auch eine von mir interviewte Gymnasialschülerin die didaktische Technik des „beliebtesten Lehrers ihrer Schule" im Sinne von Wagenscheins Ideen. Auf die Frage, warum man im Unterricht des begnadeten Physiklehrers so viel mehr lernt als bei anderen Lehrern, verwies die Schülerin auf eben jenen Animismus und die Beseelung des Physikunterrichts:

> „Bei ihm merkt man's so an der Stimme. Also der ist total begeistert davon, wenn er uns z. B. die Induktion erklärt und da sagt er immer: Ja, komm mal. Steh mal auf und du bist jetzt das Elektron und dann rotierst du und dadurch verändert sich deine Fläche und dann wird das und das induziert und so. Also der versucht das immer zu veranschaulichen und immer auch mit Geräuschen: Da kommt das Elektron Pfffffffffff. Weil da wirklich Leben drin ist, ist das interessanter, als wenn das einfach irgendwo steht und er einfach nur irgendwelche Formeln anbietet. Der macht das wirklich mit Bewegung und veranschaulicht das."[36]

Diesen Unterschied zwischen einem belebten und einem toten Unterricht, beschreibt Wagenschein in seinem Buch „Kinder auf dem Weg zur Physik"[37]. Kinder können Naturphänomenen im Physikunterricht auf zwei

35 Viele der von Wagenschein formulierten Thesen konnten auf empirischem Wege belegt werden; vgl. etwa Köhnlein, Walter (1998): „Martin Wagenschein, die Kinder und naturwissenschaftliches Denken", in: Ders.: Der Vorrang des Verstehens. Beiträge zur Pädagogik Martin Wagenscheins, S. 66–87. Auch Martin Püttschneider konnte in seiner Dissertation Belege dafür finden, dass eine animistische und anthropomorphe Sprache in Bezug auf chemische Phänomene nicht nur eine positiv-affektive Bindung zum Fach Chemie generiert, sondern auch die Motivation steigert, wobei sich die Schüler über den Modellcharakter der Animismen bewusst sind und diese zumindest kognitiv nicht mit dem Phänomen gleichsetzen; vgl. Püttschneider, Martin (2005): Die Rolle des Animismus bei der Vermittlung chemischer Sachverhalte – eine Interventionsstudie am teutolab der Universität Bielefeld.

36 Interview, geführt am 13.08.2014 (Audiomaterial/Teiltranskription). Ausführlich zur Stimme als Resonanzinitiator vgl. Kap. IV.1.3., unten.

37 Wagenschein, Martin (1990): Kinder auf dem Wege zur Physik, S. 9.

gegensätzliche Weisen begegnen. Ein Zugang erfolgt vom Ende her: Den Kindern werden die Grundbegriffe und mathematischen Strukturen der Physik präsentiert, mit denen sie erlernen physikalische Phänomene zu beschreiben. Der andere Zugang erfolgt vom Anfang her: Er setzt bei der Begegnung mit der physikalischen Erscheinung ein. Der Lehrer präsentiert ein physikalisches Phänomen, das zum Staunen, Wundern oder zur Beunruhigung und Irritation der Schüler führt. Er eröffnet dadurch zunächst einen affektiven Resonanzraum, in dem sich die Schülerinnen und Schüler als betroffen und berührt oder auch als infrage gestellt erleben. Erst auf diesem Resonanzboden kann eine anverwandelnde Entfremdungserfahrung induziert werden, in der die Lernenden gemeinsam mit dem Lehrer eine physikalische Erklärung suchen und so einen neuen Aspekt der physikalischen Weltbeziehung erkunden.

Wagenschein betont immer wieder, dass die Physik einen eigentümlichen Weltbezug darstellt, der Resonanzbeziehungen provoziert. So schreibt er, „daß nämlich die Physik selbst eine pädagogische Dimension in sich trägt“[38], weil die Physik eine ganz eigene Sprache hat, die die Lernenden in eine transformative Suchbewegung versetzen kann. Um die Physik für die Lernenden zum Sprechen bzw. Klingen zu bringen, müssen Lehrende allerdings eine bestimmte Welthaltung einnehmen. Physik wird in dieser Haltung nicht bloß als eine Ansammlung von Tatsachen, Formeln und Gesetzen behandelt. Vielmehr wird Physik in ihrer selbst- und weltgestaltenden Kraft durch ein prozesshaftes Anverwandlungsgeschehen erlebbar:

> „Physik wird [...] als ein Prozeß verstanden, der seit etwa 25 Jahren das Verständnis des Menschen zur Natur, sein Naturverständnis und damit den Menschen selbst verändert [...] Dieser Prozeß wiederholt sich verdichtet in jedem Kind und ist in seinen letzten Stufen der Schule und Hochschule anvertraut. Nicht ist der Prozeß ein bloßes ‚Zur-Kenntnis-Nehmen‘, nicht ein Nachzeichnen, das Herstellen eines Konterfeis, eines ‚Abklatsches‘ (wie Theodor Litt einmal sagte), sondern Physik ist der Prozeß einer bestimmt gearteten Auseinandersetzung des Menschen mit der Natur, in der er sich ursprünglich in selbstverständlicher Verschlungenheit befindet.“[39]

Ansätze wie die von Gebhard und Wagenschein lassen sich als Versuche verstehen, durch resonanzsensible Haltungen den naturwissenschaftlichen Unterricht nicht auf stumme Weltbeziehungen zu begrenzen, sondern ihn in resonante und responsive Begegnungen mit der nichtmenschlichen Welt

38 Wagenschein, Martin (1965): Die pädagogische Dimension der Physik, S. 9.
39 Ebd., S. 9 f.

einzubetten.[40] Auch Rosa betont, dass die wissenschaftlich-rationale Welthaltung auf stummen Weltbeziehungen basiere, die zwar wichtig sind, um das Leben in der Moderne zu organisieren[41], aber auch er scheint das Problem zu sehen, das in den didaktischen Überlegungen von Gebhard und Wagenschein zum Ausdruck kommt: Nämlich dass die wissenschaftlich-rationale Weltbeziehung zum einzig legitimierten Weltbezug werden könne, wobei affektive und leibliche Bindungen an die Welt entwertet würden und somit die Schule als ein bildender Resonanzraum im Ganzen zum Verstummen gebracht werde.

Ob der Resonanzdraht zur Natur in der Schule abreißt oder ob dieser vielfältige und tiefgreifende Bildungsprozesse anzuregen vermag, hängt allerdings nicht nur von dem naturwissenschaftlichen Unterricht allein ab. Noch bedeutsamer für bildungsrelevante Naturerfahrungen ist vermutlich das Vorhandensein einer intakten und natürlichen Umwelt. Ganz ähnlich wie viele europäische Pädagogen hat beispielsweise der große Reformpädagoge Indiens, Rabindranath Tagore, dafür gefochten, dass menschliches Wachstum durch schulischen Unterricht nur dann möglich ist, wenn dieser in einer natürlichen Umwelt stattfindet, in der nicht nur die Analyse von Naturphänomenen möglich ist, sondern auch die Liebe zur Natur gedeihen kann:

> „Tragt nicht die Bäume in die Schulzimmer, verlegt die Schule unter die Bäume! Gewiß ist es nützlich, einen Baumstamm in einem Schulzimmer zu haben; man kann ihn dann in Bretter zerlegen; aber diese Bretter sind tot. Im Schulzimmer wird der Baum nicht Blüten und Früchte tragen."[42]

Schließlich lässt sich die Differenz in der aneignenden Weltbeziehung auch anhand des Faches *Philosophie* skizzieren. Ein Stoff beherrschender und stummer Unterricht würde in diesem Fall auf das Auswendiglernen und das Beherrschen philosophischer Gedankengebäude abzielen: Was hat Platon im Symposium gesagt? Wie stand Hegel zur Französischen Revolution? Was meinte Habermas mit der kommunikativen Vernunft? Welche Formen der Freundschaft gibt es bei Aristoteles? So könnten die Fragen eines stummen Wissenstests lauten. Anverwandlung findet hingegen dort statt,

---

40 Charles Taylor spricht auch von der modernen Konzeption einer „Stimme der Natur", die spätestens seit Rousseau eine Quelle des modernen Selbst sei; vgl. Taylor (1996): Quellen des Selbst, Kap. II.11, IV.20.

41 Vgl. Rosa (2016): Resonanz, S. 290.

42 Dieses Zitat ist der empfehlenswerten Doktorarbeit von Christine Kupfer entnommen, die die pädagogischen Texte Tagores auf Deutsch zum ersten Mal systematisch zugänglich macht; vgl. Kupfer, Christine (2014): Bildung zum Weltmenschen. Rabindranath Tagores Philosophie und Pädagogik, S. 359.

wo wir nicht nur lernen, was die Philosophen gedacht haben, sondern wo wir selbst philosophisch zu denken lernen. Ein auf diese Weise resonanzphilosophischer Ansatz kann bis zur sokratischen Philosophie zurück verfolgt werden. Im sokratischen Gespräch geht es darum, durch Resonanzen im Klassenraum philosophische Fragen zu formulieren und zu erkunden. Leonard Nelson hat die Methode des sokratischen Gespräches Anfang des 20. Jahrhunderts aufgegriffen, aktualisiert und reformuliert.[43] Auch Martha Nussbaum vertritt einen resonanzphilosophischen Ansatz, den sie als „sokratische Selbst- und Welterkundung“ bezeichnet.[44] Dahinter steckt der Gedanke, dass Kinder, Jugendliche und Studenten philosophische Texte nur dann zum Sprechen bringen können, wenn sie Erfahrungen im philosophischen Denken gesammelt haben. Das sokratische Gespräch eignet sich besonders gut, diese Grundlage zu schaffen.

Wie für alle Fächer, so gilt auch für die Philosophie, die mehrfach erwähnte Tatsache, dass Resonanz nicht automatisch an eine richtige Methode oder einen bestimmten Stoff gekoppelt ist. Resonanz kann nicht instrumentell hergestellt werden. Deshalb können etwa die sokratische Methode, das Volleyballturnier oder das Experiment im Physikunterricht ebenso stumm bleiben, wie ein Vortrag in Philosophie, Physik oder Sport Resonanzen hervorrufen kann, vielleicht, weil sich die Referentin an den Aspekten des „pädagogischen Taktes“ und des „pädagogischen Tons“ orientiert (vgl. Kap. III.1.6), der Sprecher eine „beseelte“ Erzählerstimme hat oder das Publikum aus aufgeschlossenen Experten besteht.

Die angeführten Überlegungen zu einigen ausgewählten Fächern als Resonanzachsen sollten den Gedanken plausibel machen, dass die Differenz zwischen Resonanz und Entfremdung nicht nur in der sozialen Interaktion zwischen Lehrer und Schüler verortet werden kann, sondern auch die Beziehung zur Sache bzw. zum Unterrichtsmaterial betrifft[45]: Auch die Fächer verfügen über eine eigene Stimme bzw. eine spezifische Frequenz, die die Schülerinnen und Schüler auf je eigentümliche Weise mit Welt in Beziehung treten lässt. Neben den hier ausführlicher behandelten Fächern lassen

43 Nelson, Leonard (1929): „Die sokratische Methode. Vortrag, gehalten am 11. Dezember 1922 in der Pädagogischen Gesellschaft in Göttingen“, in: Abhandlung der Fries'schen Schule. Neue Folge, Bd. 5 (1), S. 21–78.

44 Nussbaum, Martha (2003): Cultivating Humanities, Kap. 2 („Socratic Self-Examination“).

45 Ein weiteres Indiz, dass jedes Fach eine „eigene Stimme“ oder „Eigenfrequenz“ hat, durch die sich Schüler und Schülerinnen jeweils verschieden als in die Welt gestellt und auf die Welt bezogen erfahren, ist das Phänomen der fachspezifischen Angst. In der Mathe-, Deutsch- oder Sportangst machen die Betroffenen die Erfahrung, dass sich die rechnende, die sprachliche oder die leibliche Welt auf je eigene Weise gegen das Selbst richten kann, ebenso wie sie sich den Lernenden auf je eigene Weise öffnen kann.

sich auch andere Unterrichtsfächer als Resonanzachsen rekonstruieren, etwa der *Politikunterricht*, bei dem wir lernen uns die Welt kollektiv Anzuverwandeln oder der *Religionsunterricht*, in dem wir die Voraussetzungen erwerben, in ein existentielles Antwortverhältnis mit einem transzendenten Du zu treten.

Aus den bisherigen Überlegungen ergibt sich eine weitere Konsequenz: Wenn es richtig ist, dass Menschen resonanzbedürftige Wesen sind, die ihre kognitiven, emotionalen, sprachlichen, sozialen und leiblichen Fähigkeiten ausbilden, indem sie auf Weltansprüche antworten und reagieren, dann heißt dies, dass Menschen Weltbereiche aufsuchen, in denen sie Resonanzerfahrungen machen können und jene Weltbereiche meiden, in denen ihnen Entfremdung droht. Wenn die Sache im Klassenraum verstummt, werden Heranwachsende folglich andere Weltbereiche aufsuchen, die mehr Resonanz versprechen. Möglicherweise suchen junge Menschen dann außerhalb der Schule nach tragenden und antwortenden Resonanzbeziehungen. Die Schule kann dabei sogar zum Gegenbild eines guten – nämlich resonanzfreundlichen – Lebens werden. Medien, Freizeitindustrie oder die Konsumwelt können dann zu Ersatzbereichen werden, in denen sich Menschen ihrer Berührbarkeit und Resonanzfähigkeit versichern. Selbstredend können diese Bereiche nicht annähernd eine ähnlich bildende Weltanverwandlung ermöglichen, wie es die Schule vermag. Insbesondere die Sphäre des Konsums wirbt radikal mit der Verheißung von Resonanz. Tatsächlich aber ist die Konsumwelt eng an den stummen, instrumentellen Ressourcenerwerb gekoppelt, weshalb viele Menschen nur kursfristige Resonanzmomente beim Kaufen erleben.[46] Wenn die Schule zum resonanzfeindlichen Gegenbild eines guten Lebens wird, könnte aber auch die Gefahr bestehen, dass Jugendliche sich politischen Ideologien und extremistischen Positionen zuwenden, die auf einer fundamental entfremdeten Weltbeziehung basieren und Resonanz nur simulieren (zur Resonanzsimulation vgl. Kap. II.2.2.2).

Um ein vollständigeres Bild der Resonanzsignatur einer Schule zu erhalten und um schließlich resonanzpädagogische Indikatoren für Schulqualität ableiten zu können, sollen im folgenden Teil drei zentrale Beziehungsaspekte der Schulwelt vorgestellt werden: Der *Leib* als Resonanzkörper, der *Raum* als Resonanzverstärker und die *Zeit* als rhythmisierendes Medium. Erst dann sind die wesentlichen Elemente einer Resonanzpädagogik zusammengetragen, um sie auf ein konkretes Beispiel, die „Deutsche SchülerAkademie", anzuwenden und einen Katalog an Indikatoren für eine gelingende Schule zu skizzieren.

---

46 Vgl. Winkler (2006): Kritik der Pädagogik, S. 241. Zum konsumierenden Weltverhältnis vgl. Rosa (2016): Resonanz, Teil 2, Kap. VIII.4.

Teil IV
Leib, Raum, Zeit –
Kernaspekte schulischer Weltbeziehungen

Kapitel 1
Der Leib als lernender Resonanzkörper
Bildung durch Selbstausdruck und Welteindruck

> „Denn wie jeder habe auch ich von Geburt aus meinen Schwerpunkt in mir, den auch die närrischste Erziehung nicht verrücken konnte. Diesen guten Schwerpunkt habe ich noch, aber gewissermaßen nicht mehr den zugehörigen Körper."
>
> Franz Kafka

„Wenn die Rede auf Bildung kommt, scheint der Körper zu schweigen"[1], so fasst der Erziehungswissenschaftler Eckhard Meinberg das „chronische Statusproblem"[2] des Körpers im modernen Bildungswesen zusammen. Spontan wird Bildung weniger mit dem Körper assoziiert als mit dem Geist. Bildung meint oft Geistesbildung. Sie hat etwas mit Wissen zu tun und mit kognitiven Fähigkeiten, wie Urteilen, Erklären, Analysieren und Argumentieren. Der Leib spielt dabei nur eine vermeintlich untergeordnete Rolle. Nun sind Weltberührungen und Weltresonanzen allerdings leibliche Phänomene: Wenn Schülerinnen oder Schüler, vermittelt durch die Lehrerin oder den Lehrer, von einem Weltstoff oder Weltausschnitt *bewegt* oder *berührt* werden und sich als *erreicht*, *inspiriert* oder *herausgefordert* erleben, so ist dies kein Geschehen, das sich allein im Kopf abspielt. Während das kognitive Wissen lediglich vermerkt, was es in der Welt gibt, wird die Beziehung zu diesem Wissen leiblich reguliert. Das eigenleibliche Empfinden gibt Auskunft darüber, wie wir zu den Dingen stehen, was uns etwas angeht, was uns abstößt und was uns unberührt lässt. Menschen stehen durch ihren Leib immer schon mit der Welt in Beziehung, bevor sie sich distanzierend und reflexiv auf bestimmte Weltausschnitte beziehen. Der Leib ist stets der Nullpunkt im Koordinatensystem des Lebens. Durch ihn nehmen wir die Welt stets aus einem bestimmten Winkel und aus einer bestimmten Perspektive heraus wahr, denn wir sind leiblich von der Welt betroffen. Der Leib ist nicht nur das ausführende Organ des materiellen Leistungsgesche-

---

1 Meinberg, Eckhard (2011): Leibliche Bildung in der technischen Zivilisation. Über den Umgang mit dem Leibe, S. 12.

2 Ebd.

hens, sondern er reguliert das Beziehungsgeschehen zumeist unbewusst im Hintergrund. Leiblichkeit ist deshalb die Basis für einen partizipativen, Anteil nehmenden und teilhabenden Weltbezug. Wie Thomas Fuchs zeigt, wäre bei einem leiblosen und rein geistigen Wesen der sympathetische und Anteil nehmende Draht zur Welt gekappt:

> „Das Organ, das Medium und der ‚Resonanzkörper' dieser Teilnahme und Teilhabe [...] ist der Leib."[3]

Resonanz- und Entfremdungsverhältnisse in der Schule und im Unterricht können deshalb erst dann hinreichend analysiert werden, wenn Bildung als ein leiblich grundiertes Weltverhältnis verstanden wird.

Einen deutlichen Hinweis auf die leibliche Verfasstheit von Bildungs- und Lernprozessen gibt die Umgangs- und Alltagssprache. Sie zeugt davon, dass (schulische) Bildung einen leiblichen Ursprung hat und dass es sich nicht nur kognitiv, sondern auch leiblich manifestiert. Wenn etwa davon gesprochen wird, dass es beim Lernen darum gehe, eine Sache zu ver*stehen*, dann ist damit gemeint, dass der Schüler einen Standpunkt einnimmt, von dem aus er weitergehen kann. Wenn Lernende etwas be*greifen*, dann haben sie eine Sache im Griff, können mit ihr umgehen und sie handhaben. Dies kann man so interpretieren, dass der Begreifende über den ursprünglichen Kontext hinaus durch und anhand der begriffenen Sache Weltbeziehungen knüpfen kann, etwa indem er das Gelernte auf andere Weltbereiche überträgt. Auch die Formulierung, eine Sache zu durch*dringen*, verweist auf ein leibliches Geschehen: Das geistige Durchdringen erzeugt eine leibliche Resonanz, durch die sich ein körperliches Gespür oder eine gefühlsmäßige Intuition im Umgang mit der Sache herausbildet.

Dass Lernen und Bildung ursprünglich leiblichen Erfahrungen entspringen, bringen weitere Begriffe mit eindeutig leiblichen Bewegungsreferenzen zum Ausdruck: So *fassen* wir beispielsweise etwas *auf*, wir *sehen* etwas *ein*, *folgen* dem Vortrag des Lehrers und er*halten* dadurch einen *Überblick* oder einen *Einblick*, der sich im günstigsten Fall zu einem *Durchblick* erweitert. Dazu aber müssen wir erst *dahintergestiegen* sein, wie die Formel oder das Gerät funktioniert, doch nachdem wir die Einsicht *verdaut* haben, *dämmert* uns bereits, wie wir die Prüfung doch noch be*stehen* können. Uns *fällt* etwas ein und manchmal *saugen* wir das Wissen regelrecht auf. Die organisch-

---

3 Fuchs, Thomas (2000): Leib, Raum, Person. Entwurf einer phänomenologischen Anthropologie, S. 21. In der Erziehungswissenschaft betont Christian Rittelmeyer die zentrale Bedeutung des Leibes als Resonanzorgan für Bildungs- und Lernprozesse; vgl. z.B. Rittelmeyer, Christian (2009): „Der menschliche Leib als Resonanzorgan. Skizze einer Anthropologie der Sinne", in: Erziehungskunst 72 (10), S. 11–16.

sinnlichen Bezüge verweisen stets auf ein tieferes Verständnis des Gelernten, indem sie Bezüge zu leiblichen Richtungen herstellen, mit denen wir uns im Welt-Raum orientieren. Leibliche Anklänge wie diese geben einen Hinweis darauf, dass Lern- und Bildungserfahrungen ursprünglich auf Körpererfahrungen zurückzuführen sind.

So ist das Lernen des Säuglings kein instrumenteller und schon gar kein bloß kognitiver Vorgang, sondern ein leibliches Resonanzgeschehen: „Das In-der-Welt-Sein will gelernt sein", schreibt Bernhard Waldenfels.[4] Waldenfels meint damit, dass Säuglinge und Kleinkinder lernend ein Selbst- und Weltverhältnis ausbilden, indem sie sich die Strukturen der Welt praktisch „einverleiben"[5], ebenso wie sie leiblich in die Welt „hinausströmen". Säuglinge und Kleinkinder erkunden die Welt und ihr Verhältnis zu ihr primär mit ihren Leib durch Tasten, Greifen, Fühlen, Sehen, Hören, Saugen, Gehen, Stehen, Fallen usw:

> „Saugen, Sich-Füllen, Umfangen, Zu- und Zerbeißen, Festhalten, Ausspucken und Ausscheiden sind von Anfang an keine bloßen Körpervorgänge, sondern leibliche Gebärden, in denen das Kind sich selbst ebenso wie seine Beziehung zu Anderen erfährt und erprobt."[6]

Es sind die Resonanzeigenschaften des Leibes, die es dem Kind ermöglichen, mit der Mutter oder dem Vater in einen zwischenleiblichen Dialog einzutreten, in welchem die inneren und äußeren Zustände des Einen durch die enge partizipative Verbundenheit Resonanzen im Anderen erzeugen. Die responsive Kommunikation ist zwischenleiblicher Art und manifestiert sich im aufeinander Ein- und Abstimmen sowie im wechselseitigen Antworten und Reagieren: im Finden eines Gleichgewichtes, im wechselseitigen Spüren des Muskeltonus, im Einnehmen sich ergänzender Körperhaltungen sowie im Körperkontakt, etwa durch Rhythmus, Tempo, Dauer und Vibration von bestimmten Handlungen und ritualisierten Vorgängen, aber ebenso auch durch Haut- und Körperkontakt sowie den Austausch von Blicken, Gesten und Lauten. Aufgrund der leiblichen Resonanzbeziehung treten Mutter und Säugling dabei, wie Thomas Fuchs schreibt, in einen „tonischen Dialog" ein:

> „Zwar gibt es für den Säugling noch keine deutliche Unterscheidung von Innen und Außen, von propriozeptiven und Fremdreizen, ‚Ich' und ‚Nicht-Ich'. Erst

4 Waldenfels, Bernhard (2000): Das leibliche Selbst. Vorlesungen zur Phänomenologie des Leibes, S. 173.

5 Ebd., Kap. IV. 3.

6 Fuchs (2000): Leib, Raum, Person, S. 117.

schrittweise grenzt sich in der Erfahrung von Berührung und Widerständen der Körper als Eigenraum ab. [...] Aber aufgrund der dialogischen Resonanzstruktur des Leibes ist das Kind in diesem Raum von Anfang an auch zur Kommunikation mit der Mutter fähig und wendet sich ihr aktiv zu. Basis dieser Interaktion ist zunächst vor allem ein ‚tonischer Dialog' durch Berühren, Streicheln, Halten und Stillen, dann zunehmend die Mimik und der Blickkontakt, der ab dem Alter von 6 Wochen bereits bis zu 30 Sekunden und länger anhalten kann."[7]

Die Erfahrung der Verbundenheit und das daraus entspringende Erleben des „Eigenen im Fremden", gibt dem Kind die Sicherheit, seine Weltbeziehung weiterhin zu erkunden.[8]

Auch später, im Erwachsenenalter, ist der Körper nicht einfach ein neutrales Instrument zur stummen Weltbearbeitung. Vielmehr fungiert er im Leben, wie beim Lernen, als ein Resonanzkörper: Die Welt kontaktiert das Selbst, indem sie leibliche Resonanzen erzeugt, die vom Selbst als berührende *Eindrücke von außen* gespürt und wahrgenommen werden. Umgekehrt erzeugt das Innenleben des Subjektes leibliche Resonanzen von innen nach außen, wodurch sich das Selbst *in die Welt hinein ausdrückt*. Eindruck und Ausdruck sind die zentralen Elemente eines Leibes, der als Resonanzkörper fungiert – und sie erweisen sich als die Grundlage für ein erfahrungsgesättigtes Lernen.

So beschreibt etwa Christian Rittelmeyer, dass das Sehen nicht einfach ein neutrales Registrieren ist. Vielmehr erzeugt die gesehene Welt zugleich Resonanzen im Leib. Nicht das neutrale Registrieren, sondern die leiblichen Resonanzen durch Welteindrücke ermöglichen es Urteile zu fällen, die auf Erfahrungen basieren:

„Offenbar wird der optische Eindruck (z.B. einer gelben oder blauen Wand) zunächst ins Gehirn (Zentralnervensystem ZNS) geleitet, von dort erfolgt ein Impuls in die Brustregion, in der – für einen Teil der Betrachter – die Durchblutung herabgesetzt oder angeregt wird, das vermindert oder erhöht die Hauttemperatur, die durch Temperaturrezeptoren wieder in das Gehirn zurückgemeldet wird: Erst aus diesem Zusammenfließen des eigenen Leibempfindens (der ‚Resonanz des Körpers') und der äußeren rein optischen Wahrnehmung entsteht das gesehene Objekt. Würde man den Resonanzkörper des Leibes (und das heißt des gesamten ‚inneren' Sinnessystems) in der auf sinnliche Gegenstände bezogenen Vorstellungs- und Bewusstseinstätigkeit nicht ‚mitklingen' lassen, das heißt nicht aktivieren, dann würden – so meine Hypo-

7 Fuchs, Thomas (2000): Psychopathologie von Leib und Raum. Phänomenologisch-empirische Untersuchungen zu depressiven und paranoiden Erkrankungen, S. 75 f.

8 Fuchs (2000): Leib, Raum, Person, S. 276: „Die in der Resonanz erfahrene Sicherheit ist die Voraussetzung für sein Wachstum und sein exploratives Erkunden der Welt."

these – keine erfahrungshaltigen Urteile entstehen (wie z.B. ‚Diese Farbe wirkt kühl', ‚jene Farbe wirkt zu intensiv – sie bedrängt mich'.)."[9]

Durch leibliche Resonanzen können die Dinge um uns herum einen „Aufforderungscharakter" annehmen: Die Sitzecke wird nicht nur neutral registriert, sondern kann die leibliche Resonanz erzeugen, dass sich unser Körper entspannt, was wir als Weich- oder Schwerwerden spüren – die Sitzecke fordert uns buchstäblich auf, uns zu setzen und zu verweilen. Ebenso kann die Ausstrahlung eines Lehrers, sein Blick und seine Haltung kalt und bedrückend wirken, indem sein Anblick die eigenleibliche Empfindung des Zusammenziehens und der Verhärtung auslöst, als würde sich der Körper tatsächlich durch physische Kälte zusammenziehen. Dass ein Buch uns anspricht oder eine Lehrerin uns erreicht, nehmen – wir im Gegensatz dazu – etwa durch eine Weitung, eine Öffnung des Brust- und des Bauchraumes oder durch die Erhöhung unseres Pulses wahr. Ebenso können sich Menschen als inspiriert, interessiert und ergriffen erleben, wenn das Geschehen in ihnen einen mittleren Muskeltonus erzeugt, der sie wach und aufmerksam werden lässt. Dies bedeutet, dass die affektiven „Saiten" gestimmt und zum Klingen bereit sind, sodass wir ansprechbar und berührbar werden. Die Eigenschaft des Leibes als Resonanzkörper ermöglicht somit auch, die stimmungsmäßigen und atmosphärischen Weltqualitäten wahrzunehmen, etwa die an Haltung, Mimik und Tonlage zum Ausdruck kommende Ausstrahlung eines Menschen.

Zugleich aber kommen die inneren Zustände des Subjektes durch leibliche Resonanzen zum Ausdruck: Die Wut kann sich durch zusammengepresste Lippen und einen finsteren Blick äußern, Freude durch das Gefühl der Leichtigkeit, das zu beschwingten Bewegungen führt usw. Solche leiblichen Resonanzen bilden die inneren Zustände des Subjektes nicht einfach nur ab – die Beziehung zwischen leiblichem Ausdruck und innerem Erleben ist sehr viel enger: Erst durch das leibliche Ausdrucksgeschehen (bei Wut etwa die geballte Faust, der Druck in der Brust, das Herzrasen) werden diese Emotionen auch für das eigene Selbst erlebbar und bewusst.

Gleichzeitig erzeugt der leibliche Ausdruck dieser Emotionen im Gegenüber wiederum einen Eindruck und somit eine fremdleibliche Resonanz. Das eigen- und fremdleibliche Ausdrucks- und Eindrucksgeschehen verschränkt sich dabei zu einer „zwischenleiblichen Resonanz". Erst in diesem Medium zwischenleiblicher Resonanzen wird die Beziehung beider Interaktionspartner reguliert und wird verhandelt, wie beide zueinander stehen.

9 Rittelmeyer, Christian (2007): Kindheit in Bedrängnis, S. 144.

Damit ist die Bedeutung des Leibes als Resonanzkörper für die Beziehungsregulierung umrissen. Einige Autoren, wie John Dewey und indirekt auch Thomas Fuchs, deuten allerdings an, dass in der Schule der reflexive und kognitive Weltzugang den leiblichen nicht nur ergänzt oder erweitert, sondern diesen zunehmend verdrängt:

> „Der Verlust ausdrucksvermittelter, in leiblicher Resonanz erfahrener Kommunikation mit der Umwelt prägt heute schon vielfach die Kindheit in einem Stadium, in dem sich diese Kommunikationsformen erst noch ausbilden. Welche Konsequenzen dies auf lange Sicht für das Selbstverständnis des Menschen und den Reichtum seiner Welterfahrung hat, ist gegenwärtig noch unabsehbar."[10]

Tatsächlich lässt sich die moderne Geschichte der Schule, etwa mit Foucault, als eine Geschichte der Unterdrückung des Leibes lesen.[11] Der Leib als ein Resonanzorgan wird in diesem Prozess zum Schweigen gebracht. An seine Stelle tritt der verdinglichte Körper, der zum Objekt von Manipulationstechniken, Dressurmitteln und Disziplinierungsmaßnahmen wird. Bereits in der Grundschule wird der Bewegungsdrang des Körpers durch das ruhige Sitzenbleiben-Müssen unterdrückt. Der Leib als Resonanzkörper weicht damit dem funktionalen Körper, den man beherrschen, kontrollieren und dominieren kann.

Da der leibliche Weltbezug der ursprüngliche ist und dem reflexiv lernenden Weltbezug, wie er in der Schule organisiert ist, stets vorausgeht, ist Bildung immer auch ein leibliches Geschehen: Auch wenn wir uns später als Erwachsene Weltausschnitte reflexiv lernend aneignen und anverwandeln, erfolgt dies immer vor einem leiblich gegebenen Hintergrund, einem Weltempfinden und Welterleben, das das Denken umfasst und uns für bestimmte Dinge, wie z.B. Musik, Kunst, Sport usw., öffnet oder verschließt. Der Leib ist mit der Welt immer schon vertraut und steht in einer Beziehung zu ihr, bevor wir uns von der Welt reflexiv distanzieren können.[12]

Bildung ist stets auf eine leibliche Grundierung bzw. auf eine Rückkopplung an das leibliche Resonanzgeschehen angewiesen. Eine Analyse der Differenzen in den schulischen Weltbeziehungen muss deshalb notwendig

---

10 Fuchs (2000): Leib, Raum, Person, S. 18.

11 Foucault, Michel (1977): Überwachen und Strafen. Die Geburt des Gefängnisses, insbesondere Kap. III.

12 Fuchs (2000): Leib, Raum, Person, S. 326: „Bevor wir den Leib und uns selbst in ihm reflektierend erkennen, hat er sich längst mit der Welt vertraut gemacht."

den Leib als Grundelement menschlicher Weltbeziehungen mit einbeziehen.[13]

1.1 Atem- und Ernährungsschule: Schulluft und Schulessen

Nach Rosa sind Menschen durch ihre leibliche Verfassung zunächst auf zwei Weisen gezwungen, mit der Welt in Beziehung zu treten: durch die Notwendigkeit zu atmen und sich zu ernähren.

> „Ganz gleichgültig, wie abgeschottet ein Selbst in seinem Weltbezug auch sein mag und wie sehr es sich abzuschließen versucht, und völlig unabhängig von der Frage, ob es in resonanten oder verdinglichten Weltverhältnissen lebt, ist jedes körperliche Subjekt doch dazu gezwungen, ‚Welt' auf zweierlei Weisen unablässig durch den eigenen Leib hindurchzuprozessieren, sie in einem stetigen Austauschprozess aufzunehmen und abzugeben. Dies geschieht zum einen durch den Vorgang des *Atmens* und zum anderen durch die *Aufnahme und Ausscheidung von Nahrung*."[14]

Kaum ein anderer Bereich menschlicher Weltbeziehungen hat in der theoretischen und empirischen Erziehungswissenschaft und der praktischen Pädagogik weniger Aufmerksamkeit erhalten als das *Atmen*. Pädagogen und Erziehungsratgeber thematisieren die Atmung nahezu ausschließlich instrumentell, etwa dort, wo junge Menschen Atemtechniken lernen sollen, um Schul- und Prüfungsängste zu verringern. Tatsächlich aber ist das Ein- und Ausatmen nicht nur ein Hilfsmittel zur instrumentellen Lebensbewältigung. In der Atmung manifestiert sich vielmehr die Weltbeziehung des Atmenden und seine Offenheit oder Geschlossenheit für Lernprozesse. Wie Thomas Fuchs anmerkt, gibt es einen engen Zusammenhang zwischen seelischem Selbst-Welt-Erleben und der Atmung. Brust und Bauchraum stellen dabei einen besonders sensiblen Bereich dar, in welem die begegnende Welt Resonanzen erzeugt, die sich in der Atmung niederschlagen.[15]

Insbesondere der meist vorbewusste, aber dennoch stets präsente Rhythmus des Ein- und Ausatmens, kann eine harmonisierende Wirkung auf den Kreislauf, das Herz und den Blutdruck ausüben. Dadurch können

---

13 Zur leiblichen Weltbeziehung innerhalb der Resonanztheorie vgl. Rosa (2016): Resonanz, Teil 1, Kap. II.

14 Ebd., S. 92.

15 Vgl. Fuchs (2000): Leib, Raum, Person, S. 367: „Die in der Brust spürbaren Leibinseln sind der Resonanzboden zentraler Gefühlsregungen".

einerseits Kräfte beim Lernen und Arbeiten gespart und andererseits auch die Regeneration des Körpers, etwa beim Schlafen, gefördert werden. Christian Rittelmeyer schreibt, dass die heutige Stress-Kultur etwa durch Medienmissbrauch, hektische Computerspiele, Leistungsdruck und die permanente Forderung nach Wachheit und Aufmerksamkeit die rhythmisierende und synchronisierende Wirkung des Atmens auf empfindliche Weise stören kann, wovon zunehmend auch Schulkinder betroffen sind.[16] Dieser Befund geht auf das Ergebnis einer Untersuchung zum menschlichen Biorhythmus zurück.[17]

Rittelmeyer und die Autorengruppe um Maximilian Moser weisen ebenso wie Fuchs und Rosa darauf hin, dass sich die Qualität der Weltbeziehungen auch im Atem manifestiert. Daraus lässt sich die These ableiten, dass eine Schule die Weltbeziehungen ihrer Schülerinnen und Schüler stets auch als *Atemschule* moduliert.

Rosa verdeutlicht diese These, wenn er schreibt, dass Menschen auf einem Berg, am Meer oder im Wald buchstäblich anders (freier, beschwingter, tiefer und ruhiger) atmen, als in einem Betrieb, auf einer Konferenz oder im Shoppingcenter, weil sie an diesen Orten jeweils verschieden auf die Welt bezogen sind.[18] Die verschiedene Atemqualität lässt sich als eine Differenz in der Welthaltung und Weltbeziehung interpretieren: Im Weiten des Brustraumes und im freien Atmen manifestiert sich eine Öffnung zur Welt, während eine bedrückte, beengt oder verschlossene Atmung mit dem Erleben einer Weltschließung einhergeht. So ist Atmen auch bei Thomas Fuchs[19] eine Grunderfahrung der menschlichen Weltbeziehung, in der zum Ausdruck kommt, ob wir uns der Welt (das heißt unseren Mitmenschen, den Tätigkeiten und Dingen) öffnen können oder uns verschließen. Rosa schreibt zu diesem Phänomen des Atmens, das er ebenso dem Blick zuschreibt:

> „Die Weitung der Brust und des Blickes stellt sich ein, wenn wir das Gefühl haben, die uns gegenüberstehende Welt verhalte sich *responsiv*, sei uns gegenüber tragend oder sogar bergend, tröstend, gütig, so dass wir uns ihr gerne öffnen möchten, während der stockende oder beengte Atem und der verengte

16 Rittelmeyer (2007): Kindheit in Bedrängnis, S. 45 f.

17 Rittelmeyer (ebd.) bezieht sich auf die Studie von Moser, Maximilian/Bonin, Dietrich von/Früwirth, Matthias/Herfert, Jürgen/Lackner, Helmut/Muhry, Franziska/Puelacher, Christoph: „Luftkunst. Von der Fähigkeit, mit dem Atem das Herz und den Körper zum Klingen zu bringen“, in: Kunst- und Ausstellungshalle der Bundesrepublik Deutschland (Hrsg.): Luft – Elemente des Naturhaushalts IV, S. 270–283.

18 Vgl. Rosa (2016): Resonanz, S. 95.

19 Vgl. Fuchs (2000): Leib, Raum, Person, Kap. 3.4.c.

> Blick die Reaktion auf einen als tendenziell *repulsiv* empfundenen Weltausschnitt darstellen, dem gegenüber eine schützende Selbst-Schließung und eine instrumentell-manipulative Haltung angezeigt ist."[20]

Wenn es stimmt, dass Bildung (zumindest temporär) ein stabiles, antwortendes und responsives Wechselverhältnis zwischen Selbst und Welt voraussetzt, dann erweist sich die Atmung als ein wichtiger Bezugspunkt für die Analyse bildender Weltbeziehungen. So kann z.B. die wahrgenommene Luftqualität einen direkten Einfluss darauf haben, auf welche Weise sich die Anwesenden in die Welt gestellt erfahren. Wie sich leicht nachvollziehen lässt, erzeugt ein stickiger Klassenraum, in dem die Luft abgestanden, schal und verbraucht ist, nicht nur eine Unterversorgung mit Sauerstoff im Körper und somit Müdigkeit, sondern auch eine Schwere und einen Widerwillen im Körper. Dieser Welterfahrungsmodus steht einem lernenden Weltverhältnis, das auf Austausch, Öffnung und Aufmerksamkeit basiert, diametral entgegen. Das schwere Atmen der stickigen Luft steht dabei für einen verringerten Austausch zwischen Körper und Welt und geht einher mit Gefühlen der Mattigkeit, Schlaffheit, Müdigkeit und verringerten Lebendigkeit. Weil das fluidale responsive Medium der frischen Luft fehlt, wird Welt eher als abweisend und repulsiv erfahren. Durch das Aufreißen des Fensters soll eben dieser Schwere in der Weltbeziehung entgegengewirkt werden. Das Einströmen der Luft soll dann eine lebendigere Wechselwirkung in der Weltbeziehung ermöglichen.

Allerdings wird das Öffnen des Fensters nicht automatisch Resonanzen im Unterricht erzeugen. Der Grund liegt darin, dass die Qualität der Weltbeziehung tatsächlich nur sehr wenig von der physischen Luftqualität abhängt. Die Qualität der atmenden Weltbeziehungen lässt sich vielmehr aus den *immateriellen* Beziehungen der Schulwelt ableiten. Selbst bei vorhandener frischer Luft kann das Atmen im Klassenraum, auf dem Schulhof oder in den Fluren beengt, verkrampft oder bedrückt sein. In den Mittelpunkt rückt dann weniger die physische Qualität der Luft, als die Resonanzfähigkeit der Schulwelt. Wer etwa in der Schule von seinen Mitschülern gemobbt, von seinem Lehrer gedemütigt oder aber für seine modischen oder musikalischen Vorlieben ausgelacht wird, dem stockt oder verschlägt es den Atem unabhängig von der Luftqualität. Im Atemstocken setzt die Verbindung zur Welt buchstäblich aus. Eine belastete Weltbeziehung kommt aber auch dort zum Ausdruck, wo beim offenen Streit oder bei ungeklärten zwischenmenschlichen Konflikten „dicke Luft" herrscht. Dabei sind diese Bezeichnungen nicht metaphorisch gemeint. Wenn einem der Atem ausbleibt

---

20 Rosa (2016): Resonanz, S. 95.

oder es einem den Atem verschlägt, manifestiert sich eine Weltbeziehung, die im Ganzen prekär geworden ist. Wenn uns der Atem stockt, kommt es uns vor, wie Rosa schreibt, als würde uns der „Boden unter den Füßen" weggezogen werden, die Welt gerät ins Wanken und wird unsicher – ein Erleben, das mit dem gefühlten Verlust der ontologischen Sicherheit korrespondiert[21]. Die Atemnot kann eine existenzielle Angst auslösen. In der streiterfüllten, dicken Luft wiederum, ist das Atmen schwerer und bedrückter, weniger offen und frei, worin eine wechselseitige Schließung und eine abwehrende und repulsive Haltung der Anwesenden zum Ausdruck kommt. Wem somit beispielsweise im Unterricht der Atem wegbleibt, weil der Lehrer seinen oder ihren Namen aufgerufen hat, der scheint zumindest temporär unter einer Problematisierung seiner Weltbeziehung zu leiden.

Umgekehrt führt eine Sorge, die von uns abfällt oder die uns jemand abnimmt, dazu, dass wir erleichtert aufatmen, weil ein Stück der Schwere der Welt von uns genommen wurde. In offenen wohlwollenden Sozialbeziehungen ändert sich nicht nur unsere Haltung zur Welt und unser Weltverhältnis, sondern wir atmen tendenziell auch freier und tiefer. Schülerinnen und Schüler können das Weiten und Öffnen der Weltbeziehung unmittelbar dann erleben, wenn sie beispielsweise nach einer anstrengenden Unterrichtseinheit aus dem Klassenraum oder Schulgebäude hinaus auf den Schulhof treten. Der plötzlichen Weite und der Erleichterung in der Weltbeziehung entsprechen ein Sich-Weiten des Brustkorbes und ein Leichtwerden der Atmung. Ebenso kann der Austausch zwischen Selbst und Welt an Intensität gewinnen, was sich an einer schnelleren Atmung zeigt, die etwa dann einsetzt, wenn wir von einem Vortrag oder einer Sache inspiriert oder begeistert sind. In allen diesen Fällen erweist sich der atmende Leib nicht allein als ein Werkzeug zur physischen Sauerstoffversorgung, sondern als ein antwortender Resonanzkörper.

Die Beziehung zwischen atmendem Subjekt und Welt ist wechselseitig. Nicht nur schreibt sich die Welt in den Atem ein, sondern auch umgekehrt wirkt die Atmung wieder auf die erfahrene Welt zurück. Hat ein Schüler – etwa durch Überforderung von außen – eine chronische Stressatmung entwickelt, kann dieser in der Schulwelt auch dann noch Repulsionen erleben, wenn die äußere Ursache längst beseitigt ist. In diesem Fall hat sich die Störung im atmenden Subjekt chronifiziert. So diagnostiziert der Coach und Unternehmensberater Michael Reiter:

> „Bei längeren Phasen der Überforderung und ständigen Anspannung verändert sich eine natürliche Atmung dauerhaft. Sie wird zum Beispiel unruhig, flach

21 Ebd., S. 93.

> oder gepresst. [...] Die Verluste daraus fallen uns nicht mehr auf. [...] Die Stressatmung, die zunächst natürlicher Ausdruck momentaner Anspannung ist, wird über längere Zeit hinweg selbst zum Nährboden von Überforderung und seelischem Leid."[22]

Für eine empirische Analyse schulischer Weltbeziehungen ist insbesondere der Sachverhalt interessant, dass die Belastung des atmenden Weltbezuges der Grund für psychosomatische Atemwegserkrankungen sein kann: So lassen sich im Anschluss an Rosa etwa das Asthma, aber ergänzend auch andere chronische Atemwegserkrankungen als Störungen in der Weltbeziehung interpretieren.[23] In diesen Störungen verkrampft der Körper in seiner Atmung dermaßen, dass er keine Luft bzw. Welt mehr aufnehmen und abgeben kann. Natürlich kann die Belastung der atmenden Weltbeziehung durch Umweltgifte, wie z.B. chemische Substanzen oder Zigarettenrauch ausgelöst werden. Als psychosomatische Erscheinung ohne physischen Ursprung kann eine beschädigte atmende Weltbeziehung aber auch das Resultat von belasteten, nicht-materiellen Verhältnissen sein. So kann uns die Luft zum Atmen genommen werden, beispielsweise durch zwischenmenschliche Konflikte in der Familie oder in den Freundschaftsbeziehungen, durch bedrückende soziale und materielle Isolation, durch Überforderung in Folge eines zu hohen Leistungsdrucks oder durch eigene übertriebene Ansprüche.

Wenn es stimmt, dass sich menschliche Wesen durch eine Sehnsucht nach Resonanz auszeichnen und danach streben, Resonanzbeziehungen zur Welt einzugehen, dann muss eine Resonanztheorie aufzeigen können, wie die Subjekte versuchen, die schweigende oder repulsiv atmende Weltbeziehung wieder zu beleben und zum Klingen zu bringen. Paradigmatisch scheint hier, wie Rosa anmerkt, das Rauchen zu sein.[24] Obwohl der eingesogene und ausgestoßene Rauch dabei substanziell vergiftete Luft ist, scheinen Menschen oft deshalb zu rauchen, um einen Moment der Ruhe zu genießen, um wieder mit sich und der Welt in Einklang zu gelangen, indem sie einmal vom Stress des Alltages verschnaufen und Luft holen können. Es liegt durchaus nahe, dass eine Schule, in der es viele Raucherinnen und Raucher gibt, auch mit stressinduzierten belasteten Weltbeziehungen zu kämpfen hat, wobei natürlich genau ermittelt und geprüft werden müsste, inwiefern die einzelne Schule selbst zu diesen Belastungen beiträgt.

---

22 Reiter, Michael (2013): Ihre Ausstrahlung entdecken, fördern und bewusst leben, S. 68 f.

23 Vgl. Fuchs (2000): Leib, Raum, Person, S. 119; Rosa (2016): Resonanz, S. 95 f.

24 Rosa (2016): Resonanz, S. 96.

Ein weiterer Aspekt der atmenden Schulbeziehung ist der Schulgeruch. Schulgebäude haben abhängig von den Reinigungsmitteln und den Bausubstanzen oft einen typischen Eigengeruch, der beim Betreten der Flure und Räume eine innere Antwort in den Anwesenden auslösen kann. Sofern sich keine Giftstoffe in der Luft befinden, handelt es sich auch bei dieser Antwortreaktion um keine kausale Beziehung. Zentral ist die Resonanz, die der Geruch in uns auslöst. Viele Menschen kennen diese Erfahrung: Der Geruch der Schule kann augenblicklich die Brust einengen und die Atmung erschweren und sogar noch nach Jahren zu Stress- und Angstreaktionen führen. Umgekehrt können uns Gerüche auch das Herz öffnen, anregen und erleichtern und somit unsere Weltbeziehung öffnen. Dafür scheint auch hier weniger die physische Beschaffenheit der Luft verantwortlich zu sein, als vielmehr die Schulatmosphäre und das Schulerleben im Ganzen. Über die Geruchswahrnehmung und über das sich daraufhin einstellende Welterleben – z.B. Freude und Leichtigkeit oder aber bedrückende Schwere und Dumpfheit – könnten weitere Einsichten in die Resonanz- und Entfremdungssignatur einer Schule gewonnen werden.

Dass die Schule die Weltbeziehung ihrer Schülerinnen und Schüler als Atemschule moduliert, findet in der Literatur bisher nur wenig Beachtung. Anders verhält es sich mit dem *Schulessen*. Auch die ernährende Schulwelt moduliert die Weltbeziehung ihrer Schüler. Nach dem Essen fühlen sich Menschen oft anders in die Welt gestellt als zuvor: Sie können sich als aufgetankt, gestärkt und energiegeladen oder aber als schwer, müde, abgeschlafft und vollgestopft erfahren.

Zunächst einmal scheint die Qualität des Essens eine entscheidende Rolle zu spielen, wobei es weniger um die tatsächlichen physischen Eigenschaften des Essens geht als um die Ausstrahlung und Anmutung:

> „Ein reichgedeckter Tisch [...] kann auf einer basalen, zumindest teilweise vorbewussten Ebene kaum anders interpretiert werden denn als Gabe einer gütigen, nährenden, tragenden Erde (was die verbreitete Institution des Tischgebets erklärt), während ein kärgliches, womöglich kaltes Mahl nahezu unvermeidlich die (auch) leibliche Empfindung einer uns gegenüber abweisenden, harten, schroffen Welt weckt.“[25]

Darüber hinaus aber scheint auch die Atmosphäre beim Essen auf die Qualität der Weltbeziehung einzuwirken: Eine Großraummensa, in der man sich beim Essen buchstäblich anschreien muss, wird eher zur nachträglichen Erschöpfung und Abstumpfung der Resonanzfähigkeit und Resonanz-

25 Ebd., S. 108.

sensibilität führen als ein Raum, in dem man sich ohne großen Energieaufwand normal unterhalten kann. Zudem scheinen nicht nur das Essen, sondern auch die Interaktionen und Begegnungen beim Essen einen Menschen anregen und aufladen oder aber die Weltbeziehung beschweren zu können. Ist das Essen an sich bereits ein intimer Vorgang, so resultiert aus der Tatsache, dass sich alle Menschen ernähren müssen, auch eine Enthierarchisierung: Beim gemeinsamen Mittagessen kann die Ordnungsstruktur der Schule „symbolisch zertrümmert"[26] werden, wodurch Begegnungen und Verflüssigungen zwischen Selbst- und Weltgrenzen möglich werden. In der Mensa und in der Cafeteria können Lehrende mit ihren Schülern und Schülerinnen deshalb besonders gut in Kontakt kommen. Die Vorteile für den Unterricht, die sich daraus ergeben, dass Lehrende mit ihren Schülern in Kontakt kommen, habe ich in Kapitel III.1.6 erläutert.

Hingegen können Störungen in den Schulweltbeziehungen auch in der Ernährung und Ausscheidung zum Ausdruck kommen: Wenn die Welt schwer auf uns lastet, kann sie uns auf den Magen schlagen. In der Folge kann uns der Appetit vergehen. Vorstellbar ist auch, dass das Resonanzverlangen von Schülern und Lehrern durch eine repulsive oder indifferente Schulatmosphäre so sehr frustriert wird, dass dieser Frust durch Vielesserei kompensiert wird. Die Vielesserei steht dabei für einen Weltbeziehungsmodus, in dem Welt zwanghaft aufgenommen und angeeignet wird. Durch den direkten Kontakt der Verdauungsorgane mit den Weltsubstanzen kann es bei belasteten Weltbeziehungen etwa zu stressbedingten Magenschmerzen oder Verdauungsstörungen kommen, die für eine gestörte Anverwandlung von Selbst und Welt stehen können. Diese müssen in der Schule nicht immer physischer Natur sein, sondern können insbesondere auch psychosomatische Ursachen haben. Der Reizmagen, der nur selten alleine physische Ursachen hat, steht paradigmatisch für einen gestörten Weltanverwandlungsprozess. Er entsteht wahrscheinlich durch eine physische Vorbelastung, zu der immaterielle Belastungen in der Weltbeziehung hinzukommen.[27] So spricht man etwa davon, dass einem etwas schwer im Magen liegt, womit gemeint ist, dass man mit Reizen, stressauslösenden Themen oder ungelösten Konflikten „angefüllt" ist, die zwar angeeignet, aber nicht mehr verdaut und anverwandelt werden können. Der Anverwandlungsprozess ist durch Überfüllung gestört, was zu einer Einschränkung der

---

26 Helsper, Werner (1989): „Jugendliche Gegenkultur und schulisch-bürokratische Rationalität: Zur Ambivalenz von Individualisierungs- und Informalisierungsprozessen", in: Breyvogel, W. (Hrsg.): Pädagogische Jugendforschung, S. 161–183, hier S. 179.

27 Siegenthaler, Walter/Blum, Hubert E. (Hrsg.) (2013): Klinische Pathophysiologie, S. 802 f.

Motilität des Magens oder zu einer Hypersensibilität der Verdauungsorgane, in ihrer Funktion als „Weltstoff-Anverwandlungsorgane" führt.

Auch das – in vielen Schulen umstrittene – Kaugummikauen im Unterricht lässt sich als ein Bedürfnis interpretieren, den substanziellen Austausch zwischen Selbst und Welt zu aktivieren (ganz abgesehen von der Tatsache, dass Kauen Stress und Anspannung reduziert). Das Kauen eines Kaugummis kann für ein leibliches Resonanzbedürfnis stehen, das im Unterricht nicht befriedigt wird.

Wenn schulische Bildung als Bildung von Weltbeziehungen verstanden wird, dann muss eine resonanzpädagogische Analyse der Weltbeziehungen, wie gezeigt wurde, die Schule als eine *Atem-* und *Ernährungsschule* beschreiben können. Neben der Atmung und der Ernährung sind aber auch die Hand und die Haltung zentrale Elemente, die eine Auskunft darüber geben, wie Menschen in die Schulwelt eingreifen bzw. was sie von der Welt halten.

1.2 Ergriffen und Gehalten: Hand und Haltung in der Schule

Nach Rosa stiftet die Hand hauptsächlich instrumentelle Weltbeziehungen.[28] Mit den Händen können wir die objektive Welt bearbeiten und manipulieren, ohne in einem Resonanzverhältnis zu stehen: Wir können Tische, Stühle oder Tafeln nach unserem Willen verschieben, wir können Bücher aufschlagen und uns die Zähne putzen. Dabei sind wir instrumentell auf die Welt bezogen, weil uns die Hand als ein Werkzeug dient, das unseren inneren Willen und unsere Absichten stumm ausführt. Tatsächlich aber hat die Hand, neben ihrer Bedeutung für instrumentelle Zwecke, eine ebenso große Bedeutung als Resonanzorgan. Gerade weil wir mit den Händen und den Fingern primär praktisch in die Welt eingreifen, erfahren wir Welt stets auch passiv über ihre „Handhabung" als entgegenkommend, abweisend oder gleichgültig.

Menschliche Wesen haben die Welt in einem doppelten Sinn in ihren Händen: Sie können sich durch ihre Hände *in die Welt* einschreiben, zugleich schreibt sich die Welt aber auch *in ihre Hände* ein. Tatsächlich ist die Hand als das freieste Organ des menschlichen Körpers geradezu prädestiniert, sowohl Welt zu formen als auch von Welt geformt zu werden. Durch die Handhabung der Welt erlangen Menschen eine elementare Vertrautheit mit der Welt. Dabei schreibt sich die Welt in die Hände ein. Im Umgang

28 Vgl. Rosa (2016): Resonanz, S. 111.

mit den Dingen inkorporieren die Hände Welt als Bewegungsroutinen und Gewohnheiten: Wir denken nicht zuerst darüber nach, wie wir Wasser in ein Glas eingießen, auf der Tastatur tippen oder uns an der Stirn kratzen. Dieses praktische Wissen über die Welt steckt in den Händen und im Leib. Meist können wir erst im Nachhinein darüber nachdenken und reflektieren, wie wir etwas handhaben.[29]

Ist die Weltbeziehung eines Kleinkindes zunächst unmittelbar leiblich und dadurch auch händisch vermittelt, dominiert in der Schule zunehmend ein sprachliches und symbolvermitteltes Weltverhältnis. Während Kleinkinder sich zunächst durch das Greifen mit der Welt unmittelbar vertraut machen, wird in der Geste des Zeigens die Hand mit einer abstrakten symbolischen Bedeutung aufgeladen. Beim Zeigen schaut das Kind nicht mehr auf die Hand selbst, sondern richtet seinen Blick auf den Gegenstand, auf den die Hand zeigt. Indem die Mutter das Gezeigte mit sprachlichen Begriffen benennt und auflädt, erhält das Kind einen Zugang zu einer symbolischen, intersubjektiv geteilten Welt. Dieser sprachlich verfasste Weltbezug abstrahiert von dem unmittelbaren und direkten Erleben des Leibes und der Hand:

> „Wenn ich etwas nicht mehr *er*greife, sondern zeige, muß der Andere *be*greifen, was meine leere Hand sagen will. Das Wort als Symbol, der Begriff entstammt nun gar nicht mehr dem Leib selbst, sondern ist eine Gabe der Anderen."[30]

Dass Weltanverwandlung und Lernen ursprünglich einen handbasiertern Vorgang darstellen, auf dem das schulische Lernen aufbaut und von dem es sich zugleich emanzipiert, zeigt sich an den „handfesten" sprachlichen Referenzen, etwa, wenn wir eine Sache be*greifen*, Wissen be*halten* oder ein Thema ab*handeln*.

Das sprachlich verfasste Weltverhältnis eröffnet durch das symbolische Zeigen einen neuen und unermesslich großen Welt-Raum und damit zugleich neue Resonanzbeziehungen. Allerdings hebt Sprache stets nur einzelne und allgemeine Aspekte der Weltwahrnehmung aus der ursprünglichen Fülle und Ganzheit der leiblichen Selbst- und Welterfahrung heraus,

29 Das gilt natürlich nicht nur für die Hand, sondern für das (implizite) Leibwissen an sich. Oft ist es gar nicht möglich, die Bewegungsabläufe gänzlich explizit auszubuchstabieren; oft ist uns nicht bewusst, welche Muskeln und Gliedmaßen wir wie bewegen, um beispielsweise zu laufen, zu tanzen oder ein Instrument zu spielen.

30 Fuchs (2000): Leib, Raum, Person, S. 279.

sodass die ursprüngliche leibliche Weltbeziehung auch verarmen kann.[31] Eine resonanzpädagogische Analyse schulischer Welt- und Lernverhältnisse muss deshalb die durch die Hand vermittelte Weltbeziehung mit einbeziehen.

Während insbesondere die Innenseite der Hand eine Resonanzfläche darstellt, sind Finger leibliche Welt-und-Selbst-Fühler. Indem menschliche Wesen mit ihren Händen praktisch auf die Welt einwirken und Welt berühren, erfahren sie zugleich eine Wirkung der Welt auf sich selbst. Beim Betasten, Berühren, Graben, Bewegen oder Schreiben werden die Welt-Oberflächen unterschiedlich wahrgenommen: etwa als widerständig, hart, rau, unangenehm, kalt, spitz, verletzend, schwer oder als entgegenkommend, warm, glatt, weich, rund, angenehm, leicht usw. Es gibt Tätigkeiten, deren Sinn allein in der taktilen Weltberührung besteht, beispielsweise, wenn man einen geliebten Menschen oder ein Tier streichelt, Sand durch die Finger rieseln lässt, eine Skulptur betastet oder die Rinde eines Baumes entlangfährt. An kaum einem anderen Beispiel lässt sich besser zeigen, was mit dem Leib als Resonanzkörper gemeint ist, als an dem Beispiel der sich selbst betastenden Hände. Wenn die linke Hand die rechte Hand berührt, wird anschaulich nachvollziehbar, was mit einer Verflüssigung der Grenze zwischen Selbst und Welt auf leiblicher Ebene gemeint ist: Die Hände, die sich selbst betasten, sind sowohl das Betastende, Fühlende und Berührende, als auch das Betastete, Befühlte und Berührte, wodurch die Grenze zwischen Innen und Außen, zwischen Selbst und Welt bzw. zwischen Subjekt und Objekt verschwimmt.[32] In allen diesen Fällen sind die Hände keine rein instrumentellen Werkzeuge, um Welt zu bearbeiten, sondern Weltbeziehungs- und Resonanzorgane.

Mit den Händen stiften menschliche Wesen Weltbeziehungen, ebenso wie in den Händen die Weltbeziehung des Handelnden zum Ausdruck kommt. Wie wir mit unseren Händen auf die Welt, auf Dinge, Andere und das eigene Selbst einwirken, hängt sowohl von dem Handhabenden ab, als auch von dem jeweils situativen und existentiellen Weltbezug. Wie Buytendijk andeutet, lassen sich praktische Handhabungen, Handstellungen und Handpositionen, d.h. die Handhaltung, deshalb auch als Welthaltungen interpretieren:

31 So schreibt auch Stern: „Das Kind findet [durch Sprache, J. B.] Eingang in eine größere Kulturgemeinschaft, aber mit dem Risiko, die Kraft und Ganzheit des ursprünglichen Erlebens einzubüßen." Vgl. Stern, Daniel (1994): Die Lebenserfahrung des Säuglings, S. 251.

32 Vgl. Merleau-Ponty, Maurice (1966): Phänomenologie der Wahrnehmung, § 8, S. 118.

> „Nie aber hat einer einen Körperteil, wie er einen Gegenstand der Außenwelt hat. Immer wird er seine Hand als die *eigene* erleben, und das unreflektierte (positionelle) Bewusstsein der Hand ist zu gleicher Zeit das Bewusstsein des ‚Eigen-Seins'. Dieses Bewusstsein konstituiert die Hand als Beziehung zur Situation und als Teil dieser Situation und der Existenz."[33]

Die Hände sind nicht nur physische Resonanzorgane, sondern auch Träger symbolischer, sozialer und kultureller Bedeutungen: In der sanften, gebenden, warmen, geöffneten, haltenden Hand kann die Welt als entgegenkommend und bejahend erfahren werden, während die Welt rücksichtslos, abweisend, kalt und hart wird, wenn Hände wegnehmen, blockieren, behindern, zerren, stoßen oder schlagen. Schließlich kann die Welt als indifferent und stumm erscheinen, wenn wir Kindern in schwierigen Situationen nicht helfen, z.B. nicht eingreifen, weil uns möglicherweise die *Hände gebunden* sind.

An den Handmeldungen können Lehrende ablesen, ob ihr Unterricht gelingt oder nicht: Es sind die nach oben gestreckten Hände, die – sofern die Meldungen nicht erzwungen sind – signalisieren, ob Lehrpersonen ihre Schülerinnen und Schüler erreichen oder ob sie ins Leere reden. Wie im Kapitel IV.1.2 noch genauer gezeigt wird, lassen sich Handmeldungen aus der Perspektive der Lehrperson auch als Weltmeldungen interpretieren. Die Welt antwortet im Unterricht auch dort, wo die Mitschüler als Reaktion auf einen Vortrag in die Hände klatschen oder mit dem Finger auf den Tisch klopfen. Der ernst gemeinte Applaus ist nicht ein instrumenteller Lohn für eine erbrachte Leistung, sondern eine Resonanzgeste, mit der wir etwa einer Rednerin zeigen, dass wir bei ihr waren, dass sie uns beeindruckt und ihr Vortrag uns bewegt hat. Durch den Applaus können die Zuhörer die Rednerin nun ihrerseits symbolisch zurückberühren.

Offensichtlich wird die Hand in den Ritualen des Begrüßens und Verabschiedens zum Beziehungsstifter. Als Resonanzgeste symbolisiert der Händedruck die wechselseitige Offenheit der Interaktionspartner füreinander. Durch den Handkontakt zeigen sie sich wechselseitig an, dass sie, zumindest in einem minimalen Sinne, für eine wechselseitige Anteilnahme offen und bereit sind, sich vom anderen berühren und erreichen zu lassen. Dass wir etwa beim Bäcker, im Café oder an der Supermarktkasse den Angestellten gewöhnlich nicht die Hände reichen, besagt, dass wir hier primär eine instrumentelle Beziehung eingehen, die gerade nicht auf Resonanz, sondern

33 Buytendijk, Frederik J. J. (1988): Das eigene Herz, in: Klapp, B. F./Dahme, B. (Hrsg.): Jahrbuch der medizinischen Psychologie. Psychosoziale Kardiologie, S. 263–268, hier S. 264.

auf Effektivität, Effizienz und auf die Abwicklung eines formalen Vorgangs hin angelegt ist.[34] Wenn sich Lehrende und Lernende partout nicht die Hände reichen wollen, kann dies auf eine gegenseitige Resonanzverweigerung hinweisen.

Auch in der Schulpädagogik wird der haptischen Weltbeziehung oft eine essentielle Rolle für das Lernen zugeschrieben. Der wohl bekannteste Theoretiker und Pädagoge ist Johann Heinrich Pestalozzi, der in seiner berühmten Formel „Kopf, Hand, Herz"[35] deutlich macht, dass Lernen dort misslingt, wo es auf einen rein kognitiven bzw. kopflastigen Weltbezug eingeengt wird.[36] Nach Pestalozzi gelingt Lernen nur dort, wo es zum Zusammenspiel von Kognition (Kopf), Emotion (Herz) und Handlung (Hand) kommt. Eine Schule, die nur auf der Idee des Erwerbs von kognitivem Wissen basiert, verliert bereits bei Pestalozzi die Eigenschaft, Resonanzmedium für Bildungsprozesse zu sein, da sie durch den Verlust der praktischen und emotional-affektiven Weltbeziehung den Leib zum Verstummen bringt. Dass Pestalozzi die „Hand" als den genuinen Weltzugang praktischen Lernens heranzieht, ist kein Zufall. Auch die neurobiologische Lernforschung hat nachgewiesen, dass wir diejenigen Dinge besser behalten, tiefer verstehen und schneller erkennen können, wenn wir sie praktisch mit unseren eigenen Händen tun, egal, ob es sich um ein Experiment, eine künstlerische oder geometrische Zeichnung, das Ausrichten eines Teleskops oder das Schreiben einer Geschichte handelt.[37]

---

34 Diese Verhaltensweisen variieren natürlich kulturabhängig: Wer in Südspanien schon einmal an einer Kasse stand, kommt nicht umhin zu bemerken, dass die Kassierer und Kassiererinnen mit den Kunden eine kurze Resonanzbeziehung eingehen und sich über die Familie, die Arbeit u. a. austauschen.

35 Pestalozzi, Johann H. (1918): „Gertrud und Lienhard", Dritter Theil, in: Ders.: Sämtliche Schriften, S. 99: „Sie sahen, daß in allem, was ihre Kinder von Morgen bis an den Abend thaten, ihr Kopf, ihr Herz und ihre Hand, folglich die drey Grundkräfte, von denen alles Fühlen, Denken und Handeln der Menschen ausgeht, gemeinsam und in Übereinstimmung unter sich selbst angesprochen, belebt, beschäftigt und gestärkt werden."

36 Wie Andreas Gruschka argumentiert, darf die Betonung der Hand aber nicht zu einer Entwertung des Kopfes führen, wozu, seiner Kritik nach, die Reformpädagogik tendiert. Das praktische Lernen kann das kognitive Lernen aus sich heraus nicht ersetzen oder richtig stellen; vgl. Gruschka, Andreas (1988): „Über die Kopflosigkeit der Forderung nach Einheit von Kopf, Herz und Hand", in: Pädagogische Korrespondenz 3, S. 9–24. Auch aus resonanzpädagogischer Sicht dürfen Kopf, Hand und Herz nicht ineinander aufgehen. Die drei Bereiche stehen für je eigenständige und wechselseitig überschüssige Weltzugänge, die jeweils mit eigener Stimme sprechen und erst deshalb in ein resonantes Antwortverhältnis eintreten können.

37 Auch die Reformpädagogin Maria Montessori hat einen engen Zusammenhang gesehen zwischen den motorisch-sensitiven Eigenschaften der Hand und der kognitiven Fähigkeit. Einen Überblick über die Forschung zu diesem Zusammenhang liefert Holtstiege, Hildegard (2005): „Die Hand, die ihre Hand im Spiel hat", in: Fischer, R./Heitkämper, P.

Der Einsatz der Hand garantiert aber nicht automatisch eine Selbst-Welt-Berührung im resonanztheoretischen Sinn. Beim Lernen kommt es nicht auf die gegebenen, materiellen Komponenten (also die Hand und das Material) an, sondern auf die Beziehung zwischen Selbst, Hand und Welt. So könnte eine Schülerin etwa für eine Projektarbeit etwas mit den eigenen Händen anfertigen, ohne dabei innerlich beteiligt zu sein, weil sie möglicherweise die Erfahrung gemacht hat, dass weder ihre Eltern noch ihre Lehrerinnen und Lehrer von ihrer handgemachten Eigenleistung Notiz nehmen und diese responsiv wertschätzen. Andererseits können Handarbeiten im Unterricht auch auf Abneigung seitens der Schüler stoßen, wenn ihnen die Arbeiten als stupide oder sinnlos erscheinen, da sie rein mechanisch und instruktiv erfolgen. Praktische resonante Hand-Welt-Beziehungen können hingegen nur dort entstehen, wo die Lernenden die Handlungen auch als bedeutsam erfahren, wenn das praktische Tun sie etwas angeht: Erst wenn wir nicht nur mittels der Hände Welt bewegen, sondern dabei zugleich von Welt bewegt werden, weil die Handlung im Sinne einer starken Wertung als wichtig erfahren wird, kann praktischer, handlungsorientierter Unterricht tiefere Spuren hinterlassen und Resonanzen im Denken erzeugen. Die Hand kann in der Schule (wie auch im Leben) hingegen dort zu einem toten Werkzeug werden, wo Lernende über Welt, über Menschen, Materialien, Instrumente oder über Natur nur zu verfügen lernen: Beim instrumentellen Sezieren eines Tieres oder beim mechanischen Abarbeiten eines vorgegebenen Handlungsablaufs kann die Hand ihre Eigenschaft als Resonanzorgan verlieren, weil sie hierbei lediglich zum instrumentell ausführenden Werkzeug wird, dessen Beziehung zur toten Materie gerade nicht auf handvermittelter, partizipativer, taktiler und haptischer Anteilnahme basiert.

Neben der praktischen Weltanverwandlung im Unterricht kommt den Händen aber auch als Symbolträger eine beziehungsvermittelnde Bedeutung im Klassenraum zu. Handgesten bringen nicht nur unser Innenleben zum Ausdruck, sondern führen auch zu leiblich gespürten Resonanzen im Gegenüber: So kann der nach oben ausgestreckte Zeigefinger uns buchstäblich aufmerken lassen, während der schnell auf uns zukommende Zeigefinger uns tatsächlich gefühlt „durchbohren" kann[38]. Der Anblick der geballten Faust des Anderen, kann zu einem Gefühl der leiblichen Verhärtung, des Zusammenziehens und Zusammenschnürens führen, was als eine korrespondierende Verhärtung der Weltbeziehung erlebt wird.

(Hrsg.): Montessori Pädagogik, aktuelle und internationale Entwicklungen. Festschrift für Prof. Dr. Harald Ludwig, S. 17–46.

38 Vgl. Fuchs (2000): Leib, Raum, Person, S. 78.

Schule, Lernen und Leben misslingen aber nicht nur dort, wo die Grenze zwischen Selbst und Welt durch den Verlust der praktischen Weltbeziehung auf Distanz gebracht wird, sondern vielleicht noch stärker dort, wo Hände die Grenze zwischen Selbst und Welt gewaltsam zerstören. Die übergriffigen, schlagenden, stoßenden und zerrenden Hände bedeuten einen radikalen Einbruch einer repulsiven Welt in das eigene Selbst. In den schlagenden Händen richtet sich nicht nur die physische Welt feindlich gegen den Geschlagenen. Auch das seelische Weltverhältnis verschließt sich einer Welt, in der körperliche Verletzungen drohen. Kinder, die geschlagen werden, haben nicht nur öfter mit negativen Gefühlen zu kämpfen, sondern leiden auch stärker an Entwicklungsdefiziten und Lernschwierigkeiten, weil sie sich der Welt nicht mehr öffnen können. Das Schlagen zerstört somit das intrinsische Interesse an der Welt und es zerstört dadurch die für Resonanzverhältnisse so wichtigen Selbstwirksamkeitserfahrungen.[39]

Während Resonanz als eine Verflüssigung der Selbst- und Weltgrenze beschrieben werden kann, zerstören übergriffige Hände gewaltsam die Grenze zwischen Selbst und Welt. Es bedarf wohl kaum einer Erläuterung, dass übergriffige erotische und sexuelle Berührungen die Resonanzbeziehungen und Resonanzachsen von Menschen zum sofortigen Verstummen bringen. Sexuelle Übergriffe und Berührungen zerstören nicht nur augenblicklich den momentanen Resonanzdraht innerhalb der Beziehung zu der jeweiligen Person, sondern die gesamte Resonanzfähigkeit und Resonanzsensibilität der Betroffenen. Durch sexuellen Missbrauch wird der Leib buchstäblich hart und taub. Erotische Übergriffe im schulischen Kontext können das affektiv-leibliche Weltverhältnis der Betroffenen irreparabel schädigen, so dass bestimmte Weltbereiche dauerhaft schmerzen oder verstummen können, sodass positive Lernerlebnisse dauerhaft ausbleiben.[40]

Die Angst, dass Hände in den Beziehungen zwischen Lernenden und Lehrenden übergriffig werden könnten, ist wohl auch einer der Gründe für die Marginalisierung des Hand- und Körperkontaktes zwischen Lehrenden und Lernenden in der Schule. Diese Angst ist nicht unbegründet: Schon Durkheim hatte gezeigt, dass verletzendes und misshandelndes Verhalten in

---

39 Das kindliche Resonanzbedürfnis und die Resonanzabhängigkeit von den Eltern bzw. den primären Bezugspersonen geht dabei allerdings so weit, dass Kinder bei Misshandlungen einen Teil der Schuld auf sich nehmen, um das Resonanzband zu den Bezugspersonen nicht abreißen zu lassen.

40 Resonanz ist deshalb nicht gleichzusetzen mit Verschmelzung, weil Resonanz intakte Grenzen erfordert, die sich in Begegnungen verflüssigen können. Zur Aufrechterhaltung und Einhaltung persönlicher Grenzen als einer beziehungsstiftenden Fähigkeit von Lehrpersonen, die Resonanz im Klassenraum ermöglicht, vgl. die Ausführungen zum „Respekt“ als Teil des „pädagogischen Taktes“; Kap. III.1.6, oben.

schulischen Institutionen zunimmt, wenn diese sich von der Außenwelt abschotten.[41] Umgekehrt nehmen Übergriffe ab, wo Lehrinstitutionen für die Außenwelt resonanz- und entfremdungssensibel bleiben, wo Kritik und Widerspruch von außen wie von innen „hörbar" gemacht wird und responsiv beantwortet wird.

Allerdings kann das Berühren mit den Händen auch als ein starkes positives Zeichen der resonanten Wertschätzung, des Beistandes und der Unterstützung erlebt werden. Das anerkennende Schulterklopfen oder der bestätigende „Daumen hoch" können als Resonanzgesten mehr Verbundenheit und Anteilnahme stiften als jedes gesprochene Wort, und sie können stärker motivieren als eine ausführliche objektive Beurteilung. Resonanzsensible Pädagogen haben ein Gespür dafür, wann eine Geste oder ein Handkontakt als übergriffig verstanden werden könnte und wann ein solcher Kontakt möglicherweise ein Symbol der Verbundenheit, Wertschätzung und Hilfe sein kann. Pädagogisches Handeln erfordert ein sensibles Fingerspitzengefühl für das Erleben des Gegenübers.

Kaum eine andere Schuldebatte bringt deutlicher zum Ausdruck, dass in der Hand sowohl physische als auch ästhetische, soziale, kulturelle und ethische Weltbeziehungsaspekte ineinanderlaufen, wie die Debatte um das „Tippen oder Schreiben". Anfang 2015 kündigte Finnland, der Spitzenreiter beim PISA-Test, an, ab Herbst 2016 die Schreibschrift als verbindliches Schulfach abzuschaffen und durch das Tastaturtippen zu ersetzen. Diese Ankündigung löste eine hitzige Debatte über den Wert der Schreibschrift aus. Die Gegner der Schreibschrift führen an, dass das Tippen auf der Tastatur wichtiger sei als das Schreiben auf dem Papier, dass die geschriebene Schrift von Kindern und Jugendlichen meist unleserlich sei und dass das Schreiben mit dem Stift zu Verkrampfungen in der Hand führe und wenig effektiv sei. Dem halten die Befürworter der Schreibschrift entgegen, dass eine Handschrift die Persönlichkeit und die Individualität fördere, das Erlernen der Schriftsprache erleichtere und Kindern vor allem Spaß bereite.

Während die Schreibschriftgegner innerhalb eines Ressourcenansatzes im Vorteil sind, ändert sich die argumentative Lage, wenn man das Tippen bzw. das Schreiben als eine je spezifische taktile und haptische Weltbeziehung rekonstruiert: Beim Tippen bzw. Schreiben sind wir mit unseren Händen jeweils anders auf die Welt bezogen und anders in die Welt gestellt. Die Weltbeziehung beim Tippen ist durch Effektivität und Effizienz gekennzeichnet, was auch das Hauptargument der Befürworter ist. Tippen ist effektiver und effizienter, weil wir a) beim Tippen mit unseren Fingern höhere Schreibgeschwindigkeiten erreichen können, sobald unsere Hände

41 Durkheim, Emile (1984): Erziehung, Moral und Gesellschaft, Dreizehnte Vorlesung.

den Tippvorgang verinnerlicht haben; weil wir b) stets eine fertig formatierte Fassung des Textes vorliegen haben und den Textaufbau (Sätze, Absätze und Abschnitte) nicht vorher planen müssen, sondern stets auch nachträglich ohne großen Aufwand verschieben und anpassen können, weil wir c) uns voll und ganz auf den Inhalt des Getippten konzentrieren können sowie d) durch die Standardisierung der Schrift keine Schwierigkeiten mehr haben, unleserlichen Text zu entziffern.

Verglichen mit dem handschriftlichen Schreiben haben sich beim technischen Vorgang des Tippens allerdings mehrere „Filter" zwischen den Schreibenden und den Text geschoben. Schreiben scheint eine intimere leibliche Selbst-Welt-Beziehung zu sein als das Tippen. Zunächst gibt es eine direkte Beziehung zwischen Hand, Stift und Buchstabe: Auf der Tastatur werden die einzelnen Buchstaben zwar durch eine eigene Fingerbewegung hervorgerufen, diese ist allerdings ein Erfordernis der Tastaturanordnung, nicht des Buchstabens selbst. Beim Tippen eines „B" oder eines „K" wird in den Fingerspitzen dieselbe glatte und indifferente Oberfläche spürbar, während das Schreiben eine dem „B" und „K" inhärente Eigenbewegung verlangt. Interessanterweise wird die Weichheit des Lautes „B" bereits in der runden Schreibbewegung spürbar und nachvollziehbar, ebenso wie die Härte des Lautes „K" mit den geschriebenen scharfen Linien und spitzen Ecken korrespondiert. Die Kunst des schönen Schreibens etwa in der japanischen Kalligrafie, welche in dieser Form in der westlichen Kultur kaum vorhanden ist, scheint auf eben dieser Resonanz erzeugenden Verbindung von Bewegung, Laut und Bedeutung zu basieren.

Nicht nur zu den Buchstaben, sondern auch zum Material wird beim Schreiben eine direktere Beziehung hergestellt. Es entsteht eine Beziehung zwischen Hand, Feder und Papier: Jede Komponente verfügt über eine eigene haptische und taktile Qualität, die beim Tippen auf die Berührung der Tasten eingeengt und somit neutralisiert wird. Weil die Handschrift auch unsere Persönlichkeit bzw. unser persönliches Weltverhältnis zum Ausdruck bringt, worauf die Graphologen und Ausdruckspsychologen seit Ludwig Klage hinweisen, können ein handgeschriebener Brief, eine handschriftlich verfasste Notiz oder eine Karte andere Menschen oft stärker berühren als ein getippter Text. Dies liegt daran, dass sich der Schreibende buchstäblich in die Schrift einschreibt und dass die Handschrift das eingeschriebene Selbst bzw. die Persönlichkeit des Schreibenden zum Ausdruck bringt. In handschriftlich verfassten Texten manifestiert sich deshalb immer auch ein Beziehungsaspekt, der beim Computertext formalisiert und neutralisiert wird. Von einer solchen Resonanzerfahrung berichtet Hermann Hesse in „Kinderseele", wenn er beim Lesen eines Briefes seines Vaters schreibt: „[...] und die lateinischen Buchstaben seiner Handschrift sahen mich an wie Augen."[42] Deshalb können es Lehrerinnen und Lehrer auch als mangelnde Wertschätzung ihrer Person erleben, wenn Schülerinnen und Schüler ihre Texte in schlechter Schrift, in der sogenannten „Sauklaue" abliefern.

Handgeschriebene Texte können aber nicht nur soziale Resonanzen auslösen. Da es sich beim Handschreiben um eine klassische Kulturtechnik handelt, können Handschriften sowohl historische als auch beispielsweise ästhetische Resonanzen erzeugen. Mir erscheint es als plausibel, dass es die Resonanzeigenschaften der Handschrift sind, weshalb so viele Kinder – sofern sie keine Defizite im feinmotorischen Bewegungsapparat der Hand haben – Spaß und Freude daran haben, das handschriftliche Schreiben zu erlernen.

Aus resonanzpädagogischer Sicht deutet somit einiges darauf hin, dass die Verdrängung des Schreibens durch das Tippen (aus Effektivitäts- und Effizienzgründen) eine Verarmung der Resonanzverhältnisse in der „handlichen" Weltbeziehung darstellt.

Wenn es stimmt, dass Hände nicht nur praktische Weltbeziehungen knüpfen, sondern auch symbolisch Weltverhältnisse stiften und wenn es richtig ist, dass positionale Handhaltungen auch Welthaltungen sind, so gilt dies umso mehr für die Körperhaltung als Ganze. Tatsächlich ist der praktische, gestische und symbolische Gebrauch der Hände stets an den Körper als Ganzen gebunden. Hände und Körper sprechen als ganzleibliche Gebärden dieselbe Sprache. Die Körperhaltung spielt im Sinne einer Körpersprache im Unterricht eine wesentliche Rolle für schulische Resonanz- oder Entfremdungsbeziehungen. Körperhaltungen sind vom Unterrichtsgeschehen nicht unabhängig. Der Körper ist kein neutrales Gefäß, das dem Unterricht neutral gegenübersteht bzw. in dem Lernen stattfindet. Die Körperhaltung ist vielmehr Teil der schulischen Weltbeziehung, d.h. sie wird beim Lernen durch die erfahrene und begegnende Welt geprägt, ebenso wie die Körperhaltung das Lernen und Lehren moduliert.

In einem Resonanzraum können die Körperbewegungen der Anwesenden durch eine immaterielle Verbindung miteinander synchronisiert sein, wobei den Anwesenden die leibliche Synchronisation in der Regel nicht bewusst ist. Die Leiber antworten aufeinander, ohne dass die Anwesenden dies willentlich beeinflussen. So nehmen Menschen in Resonanzbeziehung oft unbewusst die gleichen Körperhaltungen ein: Ändert eine Schülerin beispielsweise ihre Sitzposition, kann dies zu einer synchronen Änderung der Sitzpositionen ihrer Nachbarn führen. Diese partizipative Leibsynchro-

---

42 Hesse, Hermann (2001): „Kinderseele", in: Ders. (Hrsg.): Sämtliche Werke, Michels, Volker (Hrsg.): Bd. 8, S. 179–209, hier S. 187.

nizität, durch die wir mit den wahrgenommenen Bewegungen mitgehen, basiert auf dem Phänomen der „Körpermimesis", das wir nicht erst erlernen müssen, sondern das wir mitunter im Laufe der Schulzeit erst verlernen, wie Thomas Fuchs schreibt:

> „Eine Silhouette erfassen wir, indem wir uns virtuell mitbewegen. Einen Vogel mit weiten Schwingen durch die Luft fliegen zu sehen, heißt, es ihm leiblich spürend gleich zu tun, wobei wir den rhythmischen Bewegungsverlauf in uns anklingen lassen. Bei Kindern ist dieses in der Wahrnehmung wirksame *mimetische Vermögen* noch deutlich zu erkennen: Sie versuchen, das Begegnende in eigene Gesten zu übertragen oder es in der eigenen Haltung nachzuahmen. Nach und nach integriert sich die leibliche Mimesis so in die Wahrnehmung, daß sie nur noch rudimentär oder virtuell erhalten, gleichwohl jedoch wirksam bleibt."[43]

Der Klassenraum stellt dabei einen spezifischen Resonanzraum dar, in dem sich die Anwesenden auch symbolisch durch leibliche Synchronizität aufeinander ein- und abstimmen. Wenn eine Lehrerin nach einem Stück Kreide greift, fühlen sich Schüler oft dazu aufgefordert, ebenfalls nach ihren Stiften zu greifen. Ebenso bekannt ist das Phänomen, dass ein Schüler, der einem Vortrag zuhört und plötzlich beginnt sich Notizen zu machen, die Umsitzenden dazu anregt, ebenfalls mitzuschreiben. So konnte belegt werden, dass die Synchronizität der Körperhaltungen und Körperbewegungen im Klassenraum und insbesondere zwischen Lehrenden und Schülern ein Zeichen für eine empathische Wechselbeziehung ist.[44]

Diese „Harmonie der Körper" findet jedoch nicht in einem widerstandslosen und spannungsfreien Zustand statt. Der sympathetische Zustand zeichnet sich durch einen mittleren Anspannungs- und Erregungszustand aus. So hat Mehrabian Hinweise gefunden, dass viele Menschen dazu tendieren, in der Gegenwart von Anderen, die sie sympathisch finden, einigermaßen entspannte Körperhaltungen einzunehmen, in Gesellschaft von Personen, die sie nicht mögen oder nicht respektieren, hingegen des Öfteren sehr entspannte Körperhaltungen aufweisen.[45] Resonanzräume, die in

---

43 Fuchs (2000): Leib, Raum, Person, S. 170.

44 Vgl. Argyle, Michael (2013): Körpersprache und Kommunikation. Nonverbaler Ausdruck und soziale Interaktion, S. 262: „Es ist beobachtet worden, dass Interakteure häufig spiegelbildliche Haltungen einnehmen, woraufhin vermutet wurde, das könne ein Zeichen für einen guten Rapport (ein harmonisches Verhältnis) sein. [...] Mehrere sehr sorgfältig durchgeführte quantitative Studien haben diese These bestätigt, zum Beispiel im Hinblick auf das Verhältnis zwischen Therapeuten und Patienten sowie zwischen Lehrern und Schülern."

45 Mehrabian, Albert (2009): Nonverbal Communication, S. 30.

der Synchronizität der Körper zum Ausdruck kommen, erfordern also einen aktiven und aufmerksamen, Anteil nehmenden Anspannungszustand. Ebenso wie zu hohe Anspannung, stört auch zu geringe Anspannung die „Schwingungsfähigkeit" des Körpers in Bildungsprozessen: Während zu starke Anspannung – etwa durch repulsiv-bedrohliche Weltverhältnisse – den Körper komplementär verkrampft und ihn fest und hart werden lässt, führt zu geringe Anspannung – z. B. weil das Unterrichtsgeschehen nichtssagend ist – dazu, dass die inneren Saiten (der Aufmerksamkeit und der Zuwendung) zu schlaff sind, um durch Eindrücke von außen in Resonanz versetzt zu werden.[46]

Körperhaltungen geben darüber hinaus eine subtile Auskunft über die Resonanz- oder Entfremdungsbeziehungen im Klassenraum. So beugen Menschen im Sitzen häufig ihren Oberkörper vor und ziehen ihre Beine zurück, wenn sie an etwas interessiert sind, weil sie durch die vorgebeugte Haltung dem Geschehen näherkommen. Langeweile hingegen geht oft einher mit einer zurückgelehnten Haltung, bei der die Beine gestreckt sind, und man sich buchstäblich aus dem Geschehen zurückzieht. Ein zur Seite gewendeter oder gesenkter Kopf kann verringerte Aufmerksamkeit und verminderte Resonanzsensibilität signalisieren.[47] Die physische Haltung bringt in diesen Fällen das seelische Erleben zum Ausdruck.

Körperhaltungen können aber auch ein bestimmtes Welterleben im Subjekt verstärken. Wenn Schülerinnen und Schüler gelangweilt auf den Bänken hängen, nehmen sie die Haltung eines Ruhenden und Schlafenden ein. Da Menschen nicht über den Schlaf verfügen, sondern ihn einladen und kommen lassen müssen, indem sie die Pose eines Schlafenden einnehmen, kann diese Körperhaltung die Müdigkeit verstärken. Ist der Körper zu entspannt oder aber zu angespannt, kommt es zu Desychronisationen der Körper und Bewegungen.

Rosa macht den Vorschlag, die Resonanzverhältnisse in einer Universität oder in einem Unternehmen empirisch daran zu messen, ob eine Haltungsänderung zu synchronen Haltungsänderungen der Sitznachbarn führt:

> „Wer dies einmal ausprobieren mag, wird feststellen, dass er auf diese Weise eine verblüffende ‚Bewegungsmacht' über seine Sitzreihe gewinnen kann – allerdings nicht, wenn er oder sie mit dem Sitznachbarn zerstritten ist. Vielleicht ließe sich an diesem Phänomen mittels eines geeigneten Versuchsdes-

---

46 Diese Eigenschaft des Menschen hat Schiller in seinen Briefen über die ästhetische Erziehung beschrieben. Schiller sprach von der „mittleren Stimmung", in der der Mensch erst bildungs- und bestimmungsfähig ist; vgl. Schiller, Friedrich (2000): Über die ästhetische Erziehung des Menschen, Zwanzigster Brief.

47 Argyle (2013): Körpersprache und Kommunikation, S. 263 f.

igns eine instruktive Analyse der Resonanzverhältnisse einer Universität (oder auch eines Unternehmens) gewinnen.“[48]

Aber nicht nur ein schlaffer, müder, erschöpfter oder überspannter Körper kann Resonanzbeziehungen im Klassenraum verhindern. Ein Lernen in Resonanzbeziehungen kann auch durch einen Lehrkörper blockiert werden, der nicht als „doppelte Stimmgabel“ zu fungieren vermag: Wenn es stimmt, dass der Körper als Ausdrucks- und Eindrucksfläche die Selbst- und Weltbeziehung reguliert (vgl. dazu Kap. IV.1), dann dämpft ein Lehrkörper, der sich beispielsweise hinter seinem Schreibtisch verschanzt oder sich hinter einem unbeteiligten und leblosen Gestus verbirgt, den Austausch leiblicher Resonanzen zwischen sich und der Klasse. Ebenso werden Resonanzbeziehungen blockiert, wo der Lehrkörper eine dominante, bedrängende, bedrohliche und somit repulsive Sprache spricht. Oft ist den Betroffenen die Wirkung ihrer Körperhaltungen und Körperbewegungen im Unterricht gar nicht bewusst. Dennoch können leibliche Gesten und Positionen im Klassenraum Lernende auf subtile Weise symbolisch wie physisch ausgrenzen und somit in indifferente Lernbeziehungen drängen. Wenn die Körperhaltung hingegen als bedrohlich wahrgenommen wird, führt dies zu verhärtenden Repulsionsverhältnissen. Andererseits können wir uns durch die Körperhaltung unseres Gegenübers aber auch als addressiert, gemeint und kontaktiert erleben.

In Gestik und Mimik, in Blicken, Körperhaltungen, Körperpositionen und Körperbewegungen manifestiert sich, wie wir zu unserem Gegenüber, zu unserer Aufgabe und zu dem jeweiligen Weltausschnitt stehen. Die leibliche Kommunikation kann mehr aussagen und mehr über uns verraten als die bewusst gewählten Worte. Körperhaltungen können als Welthaltungen interpretiert werden.

Zum einen wird über die Körperhaltung unser Innenleben für Andere sichtbar. Unsere leiblichen Haltungen geben den Interaktionspartnern Hinweise darauf, wie es uns momentan geht. Sie zeigen beispielsweise, dass die Lehrerin (möglicherweise entgegen ihrer verbalen Bekundungen) in Wirklichkeit vom Unterricht gelangweilt ist. So können etwa vor der Brust verschränkte Arme, hochgezogene Schultern und eine abgewandte Kopfhaltung auf Verschlossenheit vor einer Welt hinweisen, die als bedrohlich erlebt wird. In solchen Momenten kann die Anspannung im Körper so groß werden, dass wir buchstäblich versteinern und affektiv einfrieren. Im Blackout wird die Körperspannung so dominant, dass die Welt- und Selbstbeziehung im Ganzen verstummt. Möglicherweise ist die Angst vor der

48 Rosa (2016): Resonanz, S. 133.

Angst der Grund für einen Backout: Sie kann enstehen, wenn wir unserem Körper nicht mehr vertrauen und glauben, er könnte sich gegen uns wenden und uns verraten. Oder anders formuliert: er könnte eine Resonanzkatastrophe auslösen. Eine offene und zugewandte Körperhaltung hingegen bringt sehr wahrscheinlich Anteilnahme und Interesse zum Ausdruck.

Nicht nur *wie* Lehrende und Schüler ihren Körper im Klassenraum positionieren, sondern auch *wo* sie ihn positionieren, kann für ein Lernen in Resonanzbeziehungen von Bedeutung sein. Schülerinnen und Schüler können Schwierigkeiten haben, mit dem Unterricht in Kontakt zu bleiben, wenn sich der Lehrer am hinteren Ende des Raumes befindet und somit für die vor ihm Sitzenden unsichtbar wird. Umgekehrt müssen Schülerinnen und Schüler am hinteren Ende des Klassenraums größere Anstrengungen aufbringen, dem Unterricht zu folgen, wenn sich der Lehrer hinter seinem Schreibtisch verbirgt – die hinten sitzenden Schüler sind dann von der zwischenleiblichen Kommunikation abgeschnitten. Körperhaltungen und Körperpositionen können einen starken Einfluss auf die Unterrichts- und Beziehungsqualität im Klassenraum haben. Nicht umsonst bezeichnet Rudolf Heidemann Körperhaltungen und Körperpositionen, in denen Lehrende Schüler symbolisch und physisch von dem leiblichen Ausdrucksgeschehen ausschließen, als „Beziehungsbarrieren“.[49]

Insbesondere durch die Regulierung von Nähe und Distanz beeinflussen Körperpositionen das Resonanz- und Entfremdungsgeschehen im Klassenraum. Seine beziehungsstiftende und beziehungsregulierende Macht besitzt der Leib, weil er als Resonanzkörper – anders als der funktionale Körper – nicht an der Hautgrenze endet, sondern in den Umraum ausströmt: Schreiben wir etwa mit einem Stift, so schreiben wir nicht nur mittels des Stiftes in die Welt, der Stift schreibt sich auch als Weltding in unseren Leib ein, sodass wir ihn als eine leibliche Verlängerung unseres Körpers erleben. Das Ausströmen des Leibes in den Umraum erzeugt bestimmte Resonanzfelder, die durch eine rücksichtslose Nähe- und Distanzregulation verletzt werden können.

Spürbar werden diese leiblichen Resonanzfelder etwa dann, wenn jemand in unseren persönlichen Nahbereich eindringt, indem er unsere *Intimdistanz* missachtet und uns auf die Pelle rückt.[50] Kommt uns ein Gesprächspartner beim Reden mit seinem Gesicht zu nahe (unterschreitet er oder sie in unserem Kulturkreis eine Distanz von ungefähr fünfzig bis sechzig Zentimetern), empfinden wir dies zumeist als eine repulsive Verletzung unseres persönlichen Nahraumes, weshalb wir automatisch zurückweichen.

49 Heidemann, Rudolf (2012): Körpersprache im Unterricht, S. 91.
50 Zu den folgenden Überlegungen vgl. Heidemann: ebd., S. 97 f.

Lehrerinnen und Lehrer können Repulsionsbeziehungen erzeugen, wenn sie die Intimdistanz ihrer Schülerinnen und Schüler nicht achten. Die sitzenden Schüler sind an ihren Platz gebunden und dürfen diesen nicht verlassen, weshalb es hier eines besonderen Feingefühls für die Körperhaltung und die Körperposition bedarf: Eine Lehrerin, die beispielsweise hinter einer Schülerin steht und über die Schulter der Schülerin mit dem Finger in ihr Heft zeigt, dringt repulsiv in den Nahbereich der Schülerin ein (Sie steht zudem „über" der Schülerin ist für diese nicht sichtbar) – eine Geste, die von Lernenden oft als bedrohlich, dominant und auf subtile Weise missachtend empfunden wird. Lehrerinnen und Lehrer nutzen diesen Effekt gelegentlich, um störende Schüler zum Schweigen zu bringen. Sie treten dann sehr nah an die Bank des Störenfriedes heran, ohne ihren Unterricht zu unterbrechen. Umgekehrt können schüchterne Schüler in stiller Weise kontaktiert und gehalten werden, wenn eine Lehrerin oder ein Lehrer sich zu ihnen herabbeugt und sich somit auf Augenhöhe begibt. Sie symbolisiert dadurch, dass sie an der Seite des Schülers steht, ihn stützt und mit ihm ein partnerschaftliches Verhältnis eingeht, in dem er sich getragen fühlen kann. Auch kann eine Lehrerin, die neben einer sitzenden Schülerin in die Hocke geht und beispielsweise fragt: „Darf ich dir etwas in deinem Heft zeigen?", den sensiblen Resonanzdraht auch innerhalb der Intimdistanz aufrechterhalten. Sollte die Schülerin oder der Schüler allerdings zurückweichen, sollte der Lehrer, sofern ihm die Resonanzverhältnisse wichtig sind, keinesfalls nachsetzen.

Die Intimdistanz wird umrahmt von der *persönlichen Distanz*. Diese beträgt etwa sechzig Zentimeter bis ein Meter fünfzig. Die persönliche Distanz definiert den Raum, in den Interaktionspartner gewöhnlich eintreten, um miteinander anteilnehmend in Kontakt zu treten. Auch Lehrende befinden sich im Gespräch mit Schülerinnen und Schülern oft in dem persönlichen Raum, in dem Begegnungen möglich werden. Wer aus diesem Raum heraustritt und eine gewisse Distanz überschreitet, bringt Distanz in die Beziehung.

Schließlich scheint es im Umraum von Menschen auch eine spezifische *Ansprachedistanz* zu geben. Wenn wir einen Menschen ansprechen und seine Aufmerksamkeit erhalten wollen, tun wir dies oft unbewusst aus einer Distanz von drei bis vier Metern. Innerhalb dieses sprachlichen Resonanzraumes kann sich der Angesprochene als gemeint erfahren. Um die Interaktion und die Resonanz zu intensivieren, müssen die Interaktionspartner dann aufeinander zugehen und sich in den persönlichen Distanzraum begeben. Möglicherweise haben es Lernende, die im Klassenraum außerhalb der Ansprachedistanz sitzen, schwerer, in Kontakt mit dem Unterricht zu bleiben, bzw. leichter, sich diesem zu entziehen. Entfremdung in Form von Gleichgültigkeit oder Indifferenz könnte bei Schülerinnen und Schüler dann dadurch zum Ausdruck kommen, dass sie sich um die hinteren Bänke streiten.

Natürlich gibt es für die Regulierung von Nähe und Distanz in der Schule keine festgeschriebenen Gesetze und Regeln – wie in Kapitel II.2.1 gezeigt wurde, sind Resonanzbeziehungen keine Kausalbeziehungen. Resonanzsensible Lehrerinnen und Lehrer scheinen aber über ein feines Sensorium für leibliche Entfremdungssignale seitens ihrer Schülerinnen und Schüler zu verfügen. Dieses Entfremdungssensorium erlaubt es ihnen, durch annäherndes oder distanzierendes Körperverhalten, die Beziehungen zu dirigieren und den Kontakt sowie die Resonanzverhältnisse im Klassenraum zu beeinflussen und zu regulieren.

Allerdings markieren die Körperhaltung, die Körperposition und die Körperbewegung – in denen die Welthaltung zum Ausdruck kommt – nur die groben Punkte im Raster der menschlichen Eindrucks- und Ausdrucksgebärden. Auf einer feiner nuancierten Ebene sind den Körperhaltungen und Körperpositionen individuelle biografische Erfahrungen aus vorherigen Resonanz- und Entfremdungserlebnissen eingeschrieben, weshalb die Sprache des Körpers stets auch individuell und zutiefst persönlich ist.[51] So kommt es bei tiefen Freundschaften oder langjährigen Lehrer-Schüler-Beziehungen, bei denen man sich aufeinander ein- und abgestimmt hat, oft zu dem Phänomen, dass man sich „blind" versteht. Man muss dann keine großen Worte verlieren, um zu wissen, was in dem Anderen vorgeht.

Anders als bei den vorherigen körperkommunikativen Beispielen gibt es für die Deutung des biografischen Leibgedächtnisses und des damit verknüpften individuellen Ausdrucksgeschehens keine allgemeine Regel. Wichtig ist, dass sich die Anwesenden immer wieder füreinander öffnen, einander affektiv zuwenden und sich aufeinander einlassen, um sich kennenzulernen und ein Gespür bzw. eine Resonanzsensibilität für den individuellen Code des oder der Anderen auszubilden:

> „Häufig zeigt ein Mensch stets die gleiche Haltung, wenn eine bestimmte Emotion oder ein bestimmtes Gesprächsthema aufkommt; es handelt sich dabei um einen individuellen Code, der nicht decodiert werden kann, ohne den betreffenden Menschen zu kennen."[52]

---

51 So schreibt auch Thomas Fuchs: „Jeder Leib bildet einen Auszug aus einer Vergangenheit von Begegnungen und gemeinsamen Erfahrungen, die sich in ihm niedergeschlagen haben und in die Zukunft weiterwirken." Vgl. Fuchs (2000): Leib, Raum, Person, S. 332.

52 Ebd., S. 266.

Der Körpercode im Ganzen drückt sich in der Atmosphäre oder der Ausstrahlung des Anderen aus, die beispielsweise gedrückt, matt, grau, belastet und verschlossen oder aber offen, strahlend, frisch und schillernd sein kann.

Das leibliche Ausdrucksgeschehen macht allerdings nicht nur unser Innenleben und Weltempfinden für andere sichtbar. Zugleich manifestiert sich auch für unser eigenes Selbst unsere Beziehung zur Welt durch den spürbaren Eindruck, den die Welt in unserem Leib bewirkt. Als Resonanzorgan hat der Leib immer schon auf die Welteindrücke geantwortet, lange bevor wir uns reflexiv auf sie beziehen und sie bewusst deuten. Deshalb können wir an den leiblichen Empfindungen ermitteln, wie wir selbst zu den Dingen „da draußen“ stehen. Ebenfalls aus diesem Grund können Menschen oft unmittelbar auf die Frage antworten, ob ihnen ein Fremder sympathisch ist oder nicht. Wenn uns ein Schüler unsympathisch ist, weil er uns beispielsweise provoziert und wir uns angegriffen fühlen, dann können wir diesen Angriff zunächst leiblich als ein Hartwerden und ein Sichanspannen des eigenen Körpers wahrnehmen. Manchmal nehmen wir auch nur die Anspannung wahr und fragen uns erst später, was eigentlich geschehen war. Geben wir hingegen in einem Konflikt nach, so erleben wir dieses Nachgeben und Loslassen, zunächst als ein Weich-und-leicht-Werden des Körpers – gelegentlich auch ohne bewusst eine Entscheidung getroffen zu haben.[53]

Die zwischenleibliche Kommunikation ist ein Resonanzgeschehen, weil sich das Ausdrucks- und das Eindrucksgeschehen der Anwesenden wechselseitig verschränkt und moduliert. Deshalb materialisiert sich die Beziehungsqualität von Lehrenden und Lernenden nicht in den einzelnen elementaren Körpersignalen oder allein im verbalen Geschehen, sondern auch in der ganzheitlichen Stimmung und der umfassenden Atmosphäre. Eine solche atmosphärische Qualität manifestiert sich auch in der Ausstrahlung eines Menschen:

> „Atmosphären und Gefühlsausdruck erfahren wir schließlich auch an anderen Menschen: Sie haben ihre je eigene Atmosphäre, ihre *Ausstrahlung*, die sich in ihrer Physiognomie, Gestik und Haltung zeigt. Das leibliche Ausdrucksgeschehen stellt ein besonders prägnantes, subtil nuanciertes Phänomen des Stimmungsraums dar.“[54]

Weil der Leib auf die äußeren Eindrücke antwortet, indem er auf sie reagiert und seine Wahrnehmung zum Ausdruck bringt, und weil wir dieses

53 Vgl. ebd., S. 310.
54 Ebd., S. 195.

Geschehen stets passiv erleben, ist unsere innere Haltung nicht, wie die pädagogische Literatur oft behauptet, etwas, das wir vollkommen willentlich einnehmen oder verändern können. Unter der inneren Haltung verstehe ich mit Thomas Fuchs das Übereinstimmen von innerem Erleben und leiblichem Ausdruck.[55] Menschen können nur um den Preis von Entfremdung instrumentell über ihre innere Haltung verfügen. Dies hat zwei Gründe:

Erstens: Versuchen Menschen ihre innere Haltung instrumentell verfügbar zu machen, entfremden sie sich notwendig von sich selbst. Wenn ich als Lehrer einen Schüler unsympathisch finde, weil mich sein Verhalten unangenehm berührt, kann ich versuchen, mein Innenleben zu verbergen. Ich würde dann eine *äußere Haltung simulieren*, die nicht mit meinem inneren Erleben übereinstimmt. In vielen Situationen ist dies eine hilfreiche und notwendige Fähigkeit. Wenn ich dem Anderen nicht zeige, wie unsympathisch ich ihn finde, und ich mein Innenleben nicht ungefiltert zum Ausdruck bringe, sondern sachlich und reflexiv auf die Situationsnotwendigkeit abstimme, können Interaktionen aufrechterhalten werden. Zugleich können sich oft erst durch das Aushalten von Entfremdung (in Form eines Auseinanderfallens von innerem Erleben und äußerem Verhalten) Räume für neuerliche Anverwandlung eröffnen, sei es, weil ich merke, dass ich den Anderen falsch eingeschätzt oder nur einen kleinen Ausschnitt von ihm wahrgenommen habe, sei es, weil ich mit meinem Gegenüber über die Spannungen spreche und somit neue Anverwandlungsprozesse möglich mache. In jedem Fall ist es nicht möglich, das eigene Innenleben dauerhaft zu verbergen oder zu verleugnen, ohne sich von sich selbst zu entfremden. Wird das subjektive Welterleben und die korrespondierende innere Haltung dauerhaft nicht beachtet oder übergangen, wird die Beziehung zum Innenleben (zu den eigenen Affekten und Gefühlen) nach einiger Zeit vermutlich abstumpfen und somit indifferent werden. Zugleich wird der Versuch, die inneren Regungen und Empfindungen dauerhaft zu unterdrücken, zu einem harten und repulsiven Selbstverhältnis führen. Aus diesem Grund können Menschen niemals gänzlich über ihre innere Haltung verfügen, geschweige denn sie frei wählen. Auch Karl Jaspers warnt, dass Menschen, die eine Haltung instrumentell einnehmen, sich der Gefahr einer tiefen Entfremdung aussetzen, weshalb er treffend schreibt: „*Haltung*, verabsolutiert, macht starr und tot."[56]

55 Ebd., S. 220.
56 Jaspers, Karl (1956): „Existenzerhellung", in: Ders.: Philosophie II, S. 413.

Zweitens: Menschen können sich durch Selbstmanipulation von der Welt entfremden. Dies kann geschehen, wenn Subjekte versuchen, ihre innere Haltung zu steuern, indem sie eine *äußere Haltung einnehmen*. Sie gehen beim Beten auf die Knie und hoffen, dass sich die religiösen Gefühle einstellen; sie stellen sich vor eine Klasse und hoffen, dass der Spaß am Unterrichten kommen wird usw. Richtig daran scheint die resonanzpädagogische Einsicht zu sein, dass Subjekte gelegentlich etwas tun müssen, das ihrem inneren Erleben (noch) fremd ist, um sich neue Achsen anzuverwandeln. Ähnlich wie die Lehrperson in Kapitel III.1.2 gehen sie in Vorleistung, nehmen eine äußerliche Haltung ein und öffnen sich dadurch einer neuen Erfahrung, die das Innenleben nachträglich auf den neuen Weltbereich ein- und abstimmen kann. Dies muss aber nicht die gewünschte Wirkung haben. Ob sich durch das Einnehmen einer äußerlichen Haltung ein innerer Resonanzboden ausbildet oder nicht, darüber können die Subjekte nicht vollkommen verfügen, ohne sich von der Welt zu entfremden. Zwingen sich Menschen immer wieder dazu, zum Fußball zu gehen, sich vor eine Klasse zu stellen oder Mathe zu unterrichten, obwohl sie dies hassen, kann dies zur Verhärtung bzw. Ausdünnung der Weltbeziehung führen, wie in Kapitel I.1. beschrieben wurde. Menschen können somit nur dann ihre innere Haltung durch das Einnehmen einer äußeren Haltung beeinflussen, wenn die Welt ihnen entgegenkommt und in ihnen eine Antwort auslöst. Anders formuliert: Das resonanzsuchende Subjekt muss sich nicht nur aktiv der Welt öffnen, sondern die Welt muss sich zugleich auch dem passiv-erleidenden Subjekt öffnen.

Da die Subjekte ihr inneres Erleben demnach weder direkt, noch indirekt durch das Einnehmen einer äußeren Haltung willentlich manipulieren können, können sie auch nur bedingt für ihre Haltung verantwortlich gemacht werden. Allerdings können sie ihre innere Haltung indirekt beeinflussen und zwar indem sie Resonanzbeziehungen eingehen und aufsuchen. In resonanten Begegnungen, in denen das Innenleben zu Wort kommen kann und in denen es möglich ist, sich frei auszudrücken, besteht auch die Möglichkeit einer wechselseitigen Verwandlung und Anverwandlung: Erst in der Begegnung mit dem unsympathischen Schüler kann sich meine Haltung ihm gegenüber ändern. So könnte ich etwa andeuten, welche Gefühle sein Verhalten in mir auslöst, und ich könnte einmal ernsthaft versuchen zu verstehen, warum er sich so benimmt und wie es ihm dabei geht, welche Probleme sich daraus ergeben und ob man nicht gemeinsam eine bessere Lösung finden kann. Ob sich Erwachsene für solche Begegnungen offen halten oder nicht, darin könnte ihre Verantwortung liegen.

Als Konsequenz aus diesen Überlegungen kann abgeleitet werden, dass angehende Lehrerinnen und Lehrer nur dann eine pädagogische Haltung ausbilden können, wenn sie die komplementären Erfahrungen machen. Eine pädagogische Haltung kann deshalb nur sehr bedingt eingefordert werden. Plausibler scheint zu sein, dass sie sich durch intrinsische Kontakte mit dem eigenen Fachgebiet sowie mit den lernenden Kindern und Jugendlichen herausbildet.[57] Demnach sind wir nur dann wirklich in der Lage eine responsiv-sorgende und offene pädagogische Haltung einzunehmen, wenn wir die entsprechenden Erfahrungen gemacht haben: Sowohl selbst einmal pädagogisch-responsiv berührt worden zu sein, als auch Andere pädagogisch-responsiv erreicht zu haben.

Die vorherigen Abschnitte haben gezeigt, dass das dauerhafte Auseinanderfallen von impressivem Welteindruck und expressivem Selbstausdruck Entfremdung hervorrufen kann. In der Schule kann sich diese Entfremdung bei Schülerinnen und Schülern etwa an dem „Coolness-Gestus" zeigen. Das englische Wort „cool" bedeutet wortwörtlich übersetzt „kalt" und „kühl". Cool zu sein, kann demnach nicht nur als resonante Gelassenheit gelebt werden, sondern auch eine Unnahbarkeit zum Ausdruck bringen, in der man Weltberührungen und Weltansprüche nicht an sich heranlässt.[58] Anstelle eines *Sich-Zeigens* im Resonanzmodus, führt das Verbergen der eigenen Innenwelt, nach Thomas Fuchs, zu einem *Sich-Darstellen*:

> „Das Erscheinen kann zu einem Sich-Darstellen, zu einer Rolle werden, das leibliche ‚Sein' zum ‚Schein'. Der Mensch kann seinen Ausdruck beherrschen, sich verstellen, sich aber auch in Gefühle ‚hineinsteigern'."[59]

Im letzten Teil des Zitates weist Fuchs auf einen weiteren Indikator für Entfremdung zwischen Eindruck und Ausdruck hin. Nicht nur Kälte, sondern auch Hitze kann für Entfremdung stehen. Im leidenschaftlichen Überhitzen übersteigern Menschen ihre Begeisterung, ihre Leidenschaft, ihren Frust, ihre Unzufriedenheit oder ihre Wut künstlich, um Entfremdungserfahrungen (etwa die der Kälte) zu kompensieren: Sie regen sich künstlich auf, weil sie möglicherweise zu oft nicht gehört wurden. Durch Hitze kann zwar die eigene Stimme möglicherweise hörbar gemacht werden, da dies allerdings oft eine Reaktion auf harte oder gleichgültige Verhältnisse ist, führt dies nicht automatisch dazu, dass sich die Verhältnisse mittels Anverwandlung verändern. Trifft „Coolness" auf „Überhitzung" kann es zu letalen Entfremdungsspiralen kommen. Die „Coole" zieht sich immer mehr

57 Es scheint sogar plausibel, dass die Forderung, eine Haltung *einzunehmen*, mit dem ressourcenfixierten Ansatz in der Schule einhergeht, weil wir uns nur in dem Maße optimieren können, in dem wir über uns verfügen.

58 Vgl. Winkler (2006): Kritik der Pädagogik, S. 241.

59 Fuchs (2000): Leib, Raum, Person, S. 128.

von ihrer Gefühlswelt zurück, während sich der „Überhitzte" ständig weiter in seine Emotionen hineinsteigert. Wie in Kapitel II.2 gezeigt, entsteht Entfremdung im resonanztheoretischen Sinne nicht nur dort, wo sich Menschen mit ihren Gefühlen nicht mehr identifizieren können (Unteridentifikation), sondern auch dort, wo sie sich mit ihnen zu stark identifizieren und gänzlich mit ihnen verschmelzen (Überidentifikation).

Ich habe skizziert, inwiefern sich eine Resonanzpädagogik unter Einbeziehung der Hand und der Körperhaltung zur Analyse leiblicher Schulweltbeziehungen eignet. Neben der Hand und der Haltung gibt es weitere nuancenreiche Resonanzmedien in der leiblichen Weltbeziehung. Zwei solche Weltbeziehungsstifter im Klassenraum sind der Blick und die Stimme. Weil Unterricht zentral über den Blick und die Stimme erfolgt, sind die sehende und die sprechende Weltbeziehung vielleicht die wichtigsten Elemente für die Resonanzverhältnisse im Klassenraum.

1.3 Gesehen und gehört werden: Blick und Stimme als Resonanzinitiatoren

Die leibliche Weltbeziehung ist für das Beziehungsgeschehen fundamental, weil sie von den ersten Momenten unseres Lebens an die ursprüngliche Weltvertrautheit stiftet und auch später all unsere Lebensvollzüge grundiert und färbt. Nicht umsonst weisen Körpersprachetrainer wie Heidemann darauf hin, wie wichtig es ist, dass Lehrende, bevor sie sich sprachlich an ihre Schülerinnen und Schüler wenden, zuvor versuchen, einen leiblichen Kontakt zur Klasse herzustellen. Bei der nonverbalen Kontaktaufnahme spielt der Blick eine entscheidende Rolle:

> „Er ist für den Lehrer von außerordentlich großer Bedeutung, weil über den Blick erste persönliche Kontakte zu den Schülern aufgenommen werden und mit großer Intensität soziale Ein- und Wertschätzungen, persönliche Zuneigung und Feindseligkeit signalisiert werden."[60]

Anders als Handzeichen und Körperhaltungen, die wir auch kontrolliert und darstellend einsetzen können, ist der Blick verräterisch. In Blick und Gesichtsmimik offenbart sich direkter, wie wir die Welt, d. h. die Situation, das Gespräch, die Tätigkeit usw. sehen und empfinden, weil wir den Blick, anders als unsere Hände und unseren Körper, selbst nicht sehen. Das Nicht-sehen-Können des eigenen Sehens erschwert es, den Blick zu objekti-

60 Heidemann (2012): Körpersprache im Unterricht, S. 86.

vieren und ihn zu kontrollieren.[61] Eindruck und Ausdruck sind im Blick meist unmittelbar verschränkt. Welchen Eindruck die Welt in uns hinterlässt, kommt unvermittelt darin zum Ausdruck, wie wir auf die Welt blicken. Der Blick ist somit eine Antwort auf die begegnende Welt. Weil in unserem Blick ungebrochen zum Ausdruck kommt, *wie wir die Welt sehen*, werden die Augen auch als „Fenster zur Seele" bezeichnet:

> „Eingebettet in den Hof der Gesamtmimik geben die Augen dem Gesicht seine eigentliche Beseelung. [...] Der Andere ‚ist' also in seinem Blick, weil dieser sein Sehen ist. [...] Aber eben dieses ‚etwas Sehen' des Anderen sehe ich; ich sehe, wie sein Blick die Welt erfaßt. Ich kann die Beseeltheit, die Intentionalität in seinem Blick wahrnehmen, so wie ich das Fehlen dieser Beseelung in den starren Augen eines Bewußtlosen wahrnehme. Und eben aufgrund seiner Beseeltheit vermittelt der Blick in besonderer Weise auch die momentane seelische Verfassung des Anderen. *Ich sehe dich in deinem Sehen*: In dieser Verschränkung unserer Sehstrahlen liegt daher das Urphänomen des Ausdrucks. Es ist da, wo das Leibliche zum Seelischen wird."[62]

Jemanden anzublicken bedeutet zunächst, den Angeblickten in seiner Existenz wahrzunehmen und zu bejahen, weshalb im Sehen und Gesehenwerden immer schon ein Moment der Weltresonanz liegt. Blicke können aber nicht nur anerkennend, wertschätzend, warm, liebevoll oder interessiert sein, sondern auch abweisend, verächtlich, herablassend, eisig oder bohrend. Dabei wird die Wirkung und Ausstrahlung eines Blickes stets als leiblicher Eindruck fühlbar: Den bohrenden Blick spüren wir als einen Druck im Brustraum, ein herablassender Blick kann uns niederdrücken oder runterziehen, ein eisiger Blick lässt uns frösteln. Hingegen kann ein warmer Blick Entspannung und Wärme im Brustraum erzeugen, ein interessierter Blick kann ein Gefühl der Leichtigkeit hervorrufen, uns anregen und innerlich aufrichten usw. Die subtile Macht des Blickes äußert sich wohl nirgends deutlicher als in dem Blick, der uns körperliche Schmerzen verursacht: dem Blick, der töten kann. In Momenten der Entfremdung können wir schließlich jemanden anblicken, ohne unser Gegenüber wahrzunehmen: Im leeren, ausdruckslosen, abwesenden oder auch versteinerten Blick oder in den starren und toten Augen setzt der Anteil nehmende Weltkontakt aus – wir scheinen irgendwo anders zu sein, nur nicht hier.

Nach Martin Buber zeichnet sich der pädagogische Blick durch Offenheit – und Resonanzsensibilität – für den Anderen aus. Der Blick bringt

61 Fuchs (2000): Leib, Raum, Person, S. 196: „Die Eigentümlichkeit des Physiognomischen liegt ferner darin, daß unser Gesicht uns nicht sichtbar ist."

62 Ebd., S. 195 f.

dabei Wertschätzung und Anerkennung zum Ausdruck und er schließt niemanden aus, sondern umfasst alle Anwesenden. Durch einen solchen pädagogischen Blick erleben sich die Lernenden als gemeint und gesehen: „[S]ein Blick, der Blick des Erziehers, nimmt sie alle an und nimmt sie auf", schreibt Buber.[63] Resonanzsensible Lehrerinnen und Lehrer sammeln die Blicke ihrer Schülerinnen und Schüler in ihrem eigenen Blick.

Es gibt kaum ein deutlicheres Anzeichen für Resonanz, als *leuchtende Augen*. Wenn die Augen der Schülerinnen und Schüler zu leuchten beginnen, ist der Funke buchstäblich übergesprungen. Da es eine Korrespondenzbeziehung zwischen der Welt, dem leiblichen Eindruck und dem seelischen Erleben gibt, ist die Bezeichnung „leuchtende Augen" kein Zufall: In resonanten Weltberührungen weiten sich die Sinne, die als leibliche Weltporen fungieren. Die Augen öffnen sich interessiert, was – im Zusammenspiel mit einer kontaktfreudigen Mimik – als strahlendes Leuchten wahrgenommen wird. Weil Schülerinnen und Schüler in solchen Augen-öffnenden Resonanzmomenten das Unterrichtsgeschehen in sich aufsaugen, können Lehrer und Lehrerinnen das Gefühl bekommen, der Unterricht würde wie von allein erfolgen. Die Schüler kommen dem Lehrer dann in ihren Blicken entgegen.[64] Auf diese erhält Klaus Pranges Aussage: „Wir leben im Blick der Kinder"[65] seine augenscheinliche Bedeutung.

Blicke regulieren und begleiten das Beziehungsgeschehen nicht nur im Klassenraum. Auch in alltäglichen Gesprächen folgt das Blickverhalten meist einem unbewussten Skript, das einem „gestischen Tanz" oder einem „Walzer" gleicht[66]: Da der Sprechende sich auf die eigenen Worte konzentriert, wirft er oft nur gelegentlich einen Blick auf das Gegenüber (meist am Beginn und am Ende der Rede sowie hin und wieder auch dazwischen). Er prüft damit, welchen impressiven Eindruck das Gesagte beim Zuhörer hinterlässt: Ist dessen Blick (und seine Mimik) aufmerksam, interessiert,

---

63 Buber, Martin (2005): „Rede über das Erzieherische", in: Ders.: Werkausgabe, Bd. 8, S. 136–154, hier S. 146.

64 An dieser Stelle danke ich dem Lehrer Friedemann Haug, der das Phänomen der ‚aufgehenden Augen' folgendermaßen beschrieb: „Da gehen plötzlich die Augen auf und dann weiß ich, dass ich die Schüler erreicht habe, weil sie sich für den Stoff interessieren. Unterrichten geht dann ganz leicht." Das Gespräch fand am 1. April 2015 statt.

65 Prange (2005): Die Zeigestruktur der Erziehung, S. 82.

66 Vgl. Argyle (2013): Körpersprache und Kommunikation, S. 152: „Während eine Person spricht, findet eine genau abgestimmte Koordination von Pausen und Blickkontakten statt, gefolgt von Lächeln und Blicken. Solch eine interaktive Synchronisierung ist gelegentlich als ‚gestischer Tanz' bezeichnet und mit einem Walzer verglichen worden. Beim Tanzen findet eine sehr enge Koordination mit nahezu simultanen Bewegungen statt, die allerdings von der Musik und dem erlernten, häufig wiederholten Programm unterstützt werden."

amüsiert oder gelangweilt, abweisend und verschlossen? Umgekehrt blickt der Zuhörer dem Sprechenden meist sehr aufmerksam ins Gesicht, um seinerseits festzustellen, welche Bedeutung dieser mit seinen Worten verbindet. Zum Beispiel: „Hat das Gesagte eine fröhliche oder eine ernste Bedeutung?" „Macht er nur Spaß oder droht er mir gerade?"

Wie stark diese typischen tanzenden Blickbewegungen ein normales Gespräch grundieren und Vertrauen schaffen, wird oft dann spürbar, wenn von diesem Skript abgewichen wird. So kann es irritieren, von dem Gesprächspartner entweder nicht angesehen oder gar angestarrt zu werden. Das Nicht-Ansehen kann sich auch darin manifestieren, dass Lehrende beim Reden ihren Blick zu oft hinter einem hoch gehaltenen Ordner oder einem Buch verbergen. Auf diese Weise errichten sie eine Beziehungssperre und Resonanzblockade. Umgekehrt kann der intensive, mitunter starrende Blick eine hohe emotionale Anteilnahme signalisieren sowie Interesse, Begeisterung und Aufmerksamkeit zum Ausdruck bringen. Er kann aber auch eine provozierende und bedrohliche Wirkung haben. Einzelne Gesten lassen sich nur selten aus sich heraus verstehen, sondern bedürfen eines Gespürs für die Situation und die Beziehung als Ganze.[67]

Die Blicke und Mimiken der Anwesenden können sich wechselseitig sowohl positiv wie auch negativ verstärken und die Stimmung im Klassenraum subtil beeinflussen. Wenn die Schülerinnen und Schüler den Lehrer genervt oder gelangweilt anblicken, kann sich diese Stimmung auf den Lehrer übertragen, der dann seinerseits abweisend oder gelangweilt zurückblickt und somit die Blicke der Schüler verstärkt.[68] Auch umgekehrt kann das Wahrnehmen von leuchtenden Augen im Klassenzimmer zu einem korrespondierenden Aufgehen der Lehreraugen führen. Da sich Resonanz-, aber auch Entfremdungseffekte auf diese Weise ausbreiten und verstärken können, kann es für Lehrende sehr hilfreich sein, sich nach Resonanzverstärkern oder, wie Heidemann schreibt, nach „Plusmännern" und „Plusfrauen" im Klassenraum umzusehen: Dabei tritt der Lehrende immer wieder (allerdings nicht zu aufdringlich) in Blickkontakt mit einer positiv gestimmten Schülerin oder einem positiv gestimmten Schüler. Da Resonanz

67 Diese Skripte sind natürlich kulturabhängig und scheinen auch lokalen Eigentümlichkeiten zu unterliegen sowie individuell geprägt zu sein. Spürbare Blick-Kontakte können für Menschen mit verschiedenen kulturellen Hintergründen verschiedene Bedeutungen annehmen. Kulturelle Konflikte in der Schule lassen sich deshalb auch auf unterschiedliche Interpretationen des leiblichen (und nicht nur des verbalen) Ausdrucks zurückführen.

68 Solche Verstärkungseffekte im Klassenraum, die etwa durch die Unruhe einzelner oder mehrerer Schüler ausgelöst werden können, hatte bereits Emile Durkheim als einen Modus der Vergesellschaftung beschrieben; vgl. Durkheim (1984): Erziehung, Moral und Gesellschaft, Zehnte Vorlesung.

eine atmosphärische Qualität hat und sich ausbreitet, fühlen sich beim positiven Blickkontakt mit der betreffenden Schülerin oder dem betreffenden Schüler oft auch die Umsitzenden mit angesprochen, sodass sich die positive Stimmung auf diese übertragen kann. Das gelingt allerdings nur, wenn es keine Konflikte zwischen den umsitzenden Schülern und der Lehrperson gibt. Als Test schlägt Heidemann vor, den Plusmann oder die Plusfrau anzulächeln.[69] In Anteil nehmenden Resonanzverhältnissen geschieht es eher, dass nicht nur die angelächelte Person zurücklächelt, sondern auch die umsitzenden Schüler. Ergänzend dazu kann natürlich auch die Sache selbst als Resonanzverstärker oder als „Plussache" fungieren. Wer von der Sache begeistert ist, dessen Augen leuchten auch unabhängig von den Blicken der Schüler, und er kann diesen Funken dann auch eher auf die Schülerinnen und Schüler überspringen lassen.

Eine besondere Herausforderung für die sehende Weltbeziehung ist das Schweigen im Klassenzimmer. Es ist kein Zufall, dass Lehrende Momente, in denen auf ihre Fragen keine Antworten erfolgen, als starke Entfremdungsmomente erleben. Im Schweigen, etwa beim Warten auf Antworten, muss die Beziehung zur Klasse zeitweilig allein durch den Blick aufrechterhalten werden. Der reine Blickkontakt ohne verbale Äußerung ist eine sehr intime Beziehungsform, die eher in Liebesbeziehungen vorkommt, in denen man sich seiner affektiven Verbundenheit versichert, indem man sich tief in die Augen blickt.[70] Möglicherweise entsteht die psychische Belastung, die mit dem Schweigen im Klassenraum einhergeht, just durch diesen Wechsel des Weltbeziehungsmodus: Zum einen öffnen sich Menschen im Blickkontakt füreinander und machen sich dadurch auch angreifbar und verletzlich (etwa wenn der Blick nicht erwidert wird oder abfällig beantwortet wird). Zugleich aber kann der schweigende Blickkontakt, im Gegensatz zur Liebesbeziehung, in der Lehrer-Schüler-Beziehung als Scheitern interpretiert werden, weil in diesem Moment nichts zurückzukommen scheint. Dabei hat das Schweigen eine sehr wichtige Funktion im Unterricht. Wie Mary Rowe in ihren Wait-Time-Studies gezeigt hat, öffnet es Räume für Anverwandlungen.[71]

Die theoretischen Ausführungen und praktischen Hinweise zur Bedeutung des Blickes dürfen allerdings nicht zu der Annahme verleiten, durch den Blick könne Resonanz im Klassenraum kausal hergestellt werden. Der Blick als „Fenster zur Seele" bringt zwar das eigene Weltverhältnis zum Ausdruck, über dieses Weltverhältnis aber können wir nicht gänzlich verfü-

69 Heidemann (2012): Körpersprache im Unterricht, S. 88.
70 Vgl. Argyle (2013): Körpersprache und Kommunikation, S. 205.
71 Vgl. dazu die Ausführungen zum "temporalen Ton" in Kapitel III.1.6.

gen, weil es im Wesentlichen davon abhängt, wie wir die begegnende Welt erfahren. Darüber hinaus ist der Blick nur *ein* Teil der fundamentalen leiblichen Weltbeziehung: Erst aus dem Zusammenspiel von eigener und fremder Befindlichkeit sowie den gegebenen situativen und existenziellen Umständen erlangt der Blick seine je spezifische Bedeutung. Nichtsdestotrotz kann eine Sensibilisierung für die Resonanzeigenschaften des Blickes helfen, durch das eigene Sehen, Resonanzimpulse auszusenden, bestehende Resonanzverhältnisse aufzugreifen und zu verstärken oder aber Entfremdungssignale zu erkennen und ihnen gegebenenfalls entgegenzuwirken.

Als Teil der leiblichen Weltbeziehung im Klassenraum gewinnt der Blick seine volle Bedeutung aber erst im Zusammenspiel mit der *Stimme*. Durch das Zusammenspiel von Stimme und Blick entsteht jene Atmosphäre im Klassenraum, in der sich die Anwesenden als gesehen und gehört oder aber als übersehen und überhört erfahren.

Oft können wir uns nicht detailliert daran erinnern, welche Worte ein Freund, ein geliebter Mensch, eine Lehrerin oder ein Lehrer für eine Bemerkung gebraucht hat, mit der er oder sie uns berührt hat. Wohl aber erinnern wir uns an die Stimmung und die Atmosphäre, die der betreffende Mensch durch seine Stimme erzeugt hat. Ob wir mit unserer Stimme eine Resonanzbeziehung zu anderen Menschen oder zur Sache erzeugen können, hängt nicht allein und vielleicht nicht einmal in erster Linie von den gewählten Worten ab, sondern vom Ton, den wir dabei treffen und anschlagen:

> „It is the tonality that touched us, and it is the special atmosphere created by the voice that we remember. We all have been in situations where we became irritated by a discontented, grating, or whining voice. Such a voice stimulates us to rebel and resist. In contrast, a gentle or tactful remark can stir us to become more agreeable and suddenly see things in a new light. In both cases it is not just the words themselves that have such effects. It is also the climate created by the voice that makes the difference. The same words spoken differently can have an opposite effect.“[72]

Wenn die gewählten Worte die Information enthalten, so ist es der Ton der Stimme, der die Bedeutung der Worte zum Ausdruck bringt und somit Resonanzen im Klassenraum erzeugen kann. Wohl deshalb kann die tonlose Stimme einer Lehrperson – wie kaum ein anderer Weltbeziehungsas-

72 Van Manen (2012): The Tact of Teaching, S. 175. Weiter schreibt van Manen: „It is hard to overestimate the relevance of voice and speech climate for pedagogical relations as in the classroom. If living with children is to be a tactful affair, we need to take account of the tone of our voice, the way in which we speak.“ Ebd., S. 175.

pekt – Indifferenz und Entfremdung im Klassenraum erzeugen. Da der Schulunterricht oft zu einem großen Teil auf dem Lehrervortrag basiert, ist die *stimmungserzeugende Stimme* beim Lehren von außerordentlich großer Bedeutung und zwar in zweierlei Hinsicht: für die sachliche Resonanzachse wie auch für die soziale Resonanzachse. Rosa beschreibt dies anhand der Erfahrung beim Hören eines Vortrages:

> „Jede Leserin kennt aus eigener Erfahrung den Unterschied zwischen einem Vortragserlebnis, bei dem die Zuhörer dem Redenden ‚wie gebannt' folgen oder ‚an seinen Lippen hängen', und einer Situation, in der die Zuhörenden sich langweilen, sich zwingen müssen zuzuhören und sich nicht im Geringsten berührt fühlen. Im ersten Fall sind sie mit dem Bewusstsein des Sprechenden gleichsam synchronisiert; sie bewegen sich mühelos im gleichen Gedankenstrom, ohne beständig abzuschweifen oder voraus- beziehungsweise hinterherzudenken. Im zweiten Fall dagegen brechen die Gedanken ständig aus: Es erfordert große Willenskraft und hohe Konzentration, überhaupt zuzuhören. Diese Differenz ist ganz offensichtlich die Differenz zwischen einer Situation, in der sich eine Resonanzbeziehung zwischen den beiden Parteien eingestellt hat, und einer resonanzfreien Interaktion, bei der die wechselseitige Berührung und Synchronisation nicht gelingt."[73]

Blick und Stimme sind dabei wechselseitig miteinander verwoben: Der Resonanzeffekt, der sich einstellen kann, wenn ein Vortragsredner plötzlich von seinem Manuskript aufsieht und frei spricht, tritt unter anderem deshalb ein, weil der Redner plötzlich Blickkontakt zu seinen Hörern herstellt, durch den sich die Zuhörer als gesehen und angesprochen erfahren können:

> „Es gibt kein eindrücklicheres Phänomen für die Erfahrung der Herstellung einer Resonanzbeziehung über die Stimme als den Moment, in dem ein (langweiliger) Redner sein Manuskript verlässt und sich seinem Publikum in direkter Ansprache zuwendet. Gewiefte Politiker wissen das und machen es sich zu Nutze."[74]

Natürlich kann die Lehrerstimme auch repulsive und indifferente Beziehungen erzeugen, wenn sie als Machtinstrument eingesetzt wird. Wer seine unruhige oder gelangweilte Klasse durch eine drohende Stimme wieder unter Kontrolle zu bringen versucht, spricht nicht nur mit harter Stimme, sondern erzeugt auch Repulsion bei den Schülerinnen und Schülern. Beziehungen werden auch durch die Sprechanteile moduliert: Wenn Lehrende

---

73 Rosa (2016): Resonanz, S. 113.
74 Ebd., S. 114.

einen Schüler ständig unterbrechen oder ihm ins Wort fallen, wird dieser sich über kurz oder lang als nicht gehört und nicht wahrgenommen erleben und es wahrscheinlich bald aufgeben, sich Gehör zu verschaffen.

Eine monotone Stimme wiederum kann Indifferenzbeziehungen stiften, weil sie Teilnahmslosigkeit zum Ausdruck bringt. Eine resonanzsensible Stimme, oder, wie van Manen schreibt, eine taktvolle Stimme, erzeugt hingegen eine Atmosphäre des Kontaktes und der Berührung zwischen den Anwesenden und bringt somit die soziale Resonanzachse zum Vibrieren:

> „A good teacher knows how children who are agitated or hyperactive may be quieted by a calming voice. People have a tendency to raise their voice when they want to discipline a child or a group of children. But a tactful teacher has learned the subtle effectiveness of the minor inflection of the tone of voice through which a sense of regret, disappointment, admonishment, or sadness, or, conversely, a sense of surprise, satisfaction, or joy resonates. The tactful voice establishes contact."[75]

Diese Resonanzeffekte kann eine Stimme aber nur dann erzeugen, wenn Lehrer und Schüler nicht unüberwindbar miteinander zerstritten sind.

Die Art und Weise, wie wir sprechen, ist auch ein Ausdruck unseres eigenen Weltverhältnisses. Die Stimme bringt, wie Rosa schreibt, deshalb auch die *Stimmung* eines Menschen zum Ausdruck[76] und lässt diese im Ton spürbar werden. Das heißt, dass Lehrende an der Stimme ihrer Schülerinnen und Schüler deren Stimmung wahrnehmen und ein Gespür dafür entwickeln können, wie die Anwesenden den Unterricht erleben. Menschen können mit harter, drängender, strenger, scharfer (d. h. repulsiver), aber auch mit „brüchiger, erstickter, dumpfer, heller, eiskalter (d.h. resonanzfreier), belegter (d.h. Resonanz verbergender), schriller, froher usw. Stimme sprechen"[77]. Tatsächlich belegen empirische Studien, dass wir uns auf Menschen mit einer lebhaften Stimme leichter einlassen können, weil sie etwas vom Inneren des Sprechenden mittransportiert. Menschen mit einer lebhaften und variantenreichen Stimme werden sogar als ehrlicher und vertrauenswürdiger eingeschätzt.[78]

Wenn es stimmt, „dass die Stimme das zentrale Resonanzorgan des Menschen ist, sofern es um intentional herstellbare Weltbeziehungen

---

75 Van Manen (2012): The tact of Teaching, S. 63.

76 Rosa (2016): Resonanz, S. 114.

77 Ebd.

78 Für diesen Befund und eine Übersicht zum Forschungsstand, vgl. Argyle (2013): Körpersprache und Kommunikation, Kap. 9.

geht“[79], wie Rosa schreibt, dann hat der Verlust des Vertrauens, in die eigenen Stimme, fatale Auswirkungen für das Weltverhältnis des Sprechenden. Dass es sich bei der am weitesten verbreiteten Angst, der Sprechangst[80], um eine Störung in der Weltbeziehung handelt, wird in dem Befund deutlich, dass diesen Ängsten oftmals repulsive Beschämungen und Bestrafungen vorausgegangen sind, die die Betroffenen erleiden mussten, als sie ihre Stimme erhoben haben oder aber die auftraten, weil sie sozial isoliert waren und somit nicht gehört wurden. Was deshalb zuvor über Handmeldungen gesagt wurde, gilt ebenso für die Stimme: Wortmeldungen sind Weltmeldungen. Schülerinnen und Schüler riskieren jedes Mal, wenn sie sich zu Wort melden, Frustrationen ihrer stimmlichen Weltbeziehung: Reagiert ein Lehrer dauerhaft missachtend, beschämend, rücksichtslos oder gleichgültig auf die Wortmeldung einer Schülerin, kann dies ihren sprachlichen Weltbezug beschädigen.[81] Dabei kann der Lehrer die Stimme der Schülerin durchaus hören und auch registrieren, was sie sagt, Resonanz wird aber dann blockiert, wenn der Lehrer den Ton nicht aufgreift und die Wortmeldung nicht als Anregung für den Unterrichtsverlauf weiterführt. Die Schülerin wird dann zwar gehört, aber sie vermag den Unterricht mit ihrer Stimme nicht zu beeinflussen und ihn sich anzuverwandeln.

Wie von Stimmtrainern betont wird, kann die Stimme nicht instrumentell oder kausal Resonanzbeziehungen herstellen, etwa, indem wir absichtlich in einer bestimmten Tonlage sprechen. Vielmehr kann es beim Stimmtraining nur darum gehen, *seine* Lehrer- oder Lehrerinnenstimme im Umgang mit jungen Menschen zu finden und auf Resonanzen hin zu sensibilisieren. So schreibt Heidemann:

> „Die Sprechtechnik kann eine bestimmte Wirkung nur verstärken. Sie kann nicht den Zweck haben, allein diese Wirkung zu erzielen. Sie wirkt dann eher lächerlich. Auch sind bei einigen Kollegen von den physiologischen Voraussetzungen her gewisse Grenzen gesetzt. Wer von Natur aus leiser spricht, wird es einfach schwerer haben, die Stimmstärke variierend einzusetzen.“[82]

79 Rosa (2016): Resonanz, S. 114.

80 Nach Ulla Beushusen sind 41 bis 51 Prozent der deutschen Bevölkerung von Sprechangst betroffen. Die Sprechangst ist damit die am häufigsten auftretende Angstform; vgl. Beushusen, Ulla (2007): „Sprechangst“, in: Gronsfeld, M. (Hrsg.): Lexikon der Sprachtherapie, S. 316–319.

81 Publikums- und Sprechangst wird deshalb auch als eine Sonderform der Bewertungsängstlichkeit verstanden; vgl. Richter, Volker (2009): Beobachtet und bewertet werden, S. 31.

82 Heidemann (2012): Körpersprache im Unterricht, S. 129.

Auch van Manen weist darauf hin, dass Lehrende nicht instrumentell durch ihre Stimme Kontakt zu den Schülern herstellen können. Zwar versuchen z.B. Verkäufer, Resonanzen durch ihre Stimme willentlich herzustellen, zugleich aber gibt es aufgrund der funktionalen und ressourcenfixierten Beziehung zwischen Käufer und Verkäufer einen feinen Unterschied in der Wirkung:

> „It would not seem too difficult to learn to use the kinds of expressions, speech formulations, tones of voices, and ways of talking that foster a relation of being in touch. But more likely the learnable speech formulations that superficially seem to reflect tactful behaviour have little in common with the speech that is generated by thoughtfulness itself. The tactic of the specially trained salesperson is a good example. The salesperson has been trained to use certain gestures (e.g., the handshake) and verbal techniques (e.g., addressing customers by their first names) in order to create an instant relation of ‚closeness', ‚cordiality', and ‚friendship'. But many people quickly sense that this instant relationship is a false, inauthentic one. Establishing a feeling of connectedness cannot be achieved through a trained set of speech practices because tactful speech is situation-specific and cannot be captured by a fixed set of patterns and formulations."[83]

Der Versuch, die eigene Stimme krampfhaft zu beherrschen und unter Kontrolle zu bringen, kann auch dazu führen, dass Stimme und Blick in Widerspruch zueinander geraten. Van Manen vermutet:

> „When face and voice contradict each other, children are more likely to believe the eye than the mouth. Why? Because children know intuitively that the eyes have a more direct connection to the soul than the words which flow from the mouth."[84]

Mit der Atmung, der Ernährung, der Hand, der Körperhaltung, dem Blick und der Stimme wurden einige Aspekte der leiblichen Weltbeziehung aufgegriffen und analysiert. Der Körper hat sich dabei im Sinne eines Resonanzkörpers als ganzheitliches Ausdrucksmedium und Eindrucksfläche erwiesen. Die begegnende Welt erzeugt Resonanzen im Körper, die als affektive Eindrücke spürbar werden. Zugleich erzeugen die gefühlten Eindrücke eine leibliche Antwort, wodurch das Erleben und Wahrnehmen des Selbst zum Ausdruck kommt. Im zwischenmenschlichen Bereich treten die Körper in eine prä-reflexive zwischenleibliche Resonanzbeziehung, die ein

83 Van Manen (2012): Tact of Teaching, S. 175 f.
84 Ebd., S. 179.

zentraler Aspekt des heimlichen Lehrplans im Unterricht ist: Sie geben eine Auskunft darüber, wie die Anwesenden zu den Dingen „da draußen" stehen. Diese zwischenleibliche Resonanz kann sich jedoch nur dort einstellen, wo die Interaktionspartner tatsächlich leiblich anwesend sind. Erst dann kann der Leib als Ganzer zu einer responsiven Ausdrucksfläche für das Gegenüber werden. Da diese Dimension der leiblichen Anwesenheit bei medial vermittelten Lern- und Lehrformen, etwa bei Internet-basierten Fernkursen, fehlt, sind die Resonanzeigenschaften virtueller Lern- und Lehrräume eingeschränkter.[85]

Werden, wie in der Resonanzpädagogik, die Beziehungen, und nicht die einzelnen Elemente (die Lernenden, der Lehrende oder die Sache), in den Blick genommen, rücken zwei weitere Elemente bildender Weltbeziehungen ins Zentrum der Aufmerksamkeit: Lernen und Lehren steht nämlich, außer mit der leiblichen, sprachlichen, kognitiven, sozialen und materiellen Dimension, auch in enger Beziehung zum Raum und zur Zeit.[86]

---

85 Vgl. dazu die vortreffliche Arbeit von Friesen, Norm (2011): The Place of the Classroom and the Space of the Screen. Relational Pedagogy and Internet Technology.

86 Ebenso Göhlich/Zirfas (2007): Lernen. Ein pädagogischer Grundbegriff, S. 104.

Kapitel 2
Schulische Resonanzräume

Resonanzkatalysatoren und Entfremdungskompressoren

„Es ist ein Zimmer und zugleich eine Wüste."
Michael Ende

Wenn es richtig ist, dass Resonanz nur in entgegenkommenden Resonanzräumen möglich ist, muss erkundet werden, inwiefern die physische Umwelt durch Schulräume und Schulgebäude bildende Weltbeziehungen beeinflusst. Hatte Christian Rittelmeyer[1] in den 1980er-Jahren die Erziehungswissenschaft dazu aufgefordert, der Dimension des Raumes mehr Aufmerksamkeit zukommen zu lassen, so hat sich mittlerweile eine umfassende pädagogische Hinwendung zum Raum vollzogen. Der Raum wird nunmehr als „dritter Pädagoge" anerkannt. Einerseits können Räume in ihrer erlebten Qualität, als *erlebter Raum* (Bollnow[2]), die Weltbeziehung und somit auch das Lernen von Menschen beeinflussen, andererseits kann die gelebte Qualität, der *gelebte Raum* (Dürkheim[3]), als Ausdruck eines individuellen oder kollektiven Weltverhältnisses interpretiert werden.

Zunächst einmal sind Räume, in denen wir lernen und lehren, uns bewegen, wohnen und streiten, keine abstrakten mathematischen Räume. Räume, in denen Menschen ihr Leben führen, sind keine leeren und neutralen Behälter. Das Weltverhältnis eines Menschen vollzieht sich nicht in Räumen, vielmehr ist es räumlicher Natur. Bei hinreichender Resonanzsensibilität können Räume durch ihre Atmosphären und ihre architektonische Gestaltung in den Anwesenden Haltungen, Einstellungen und Stimmungen hervorrufen, verstärken oder dämpfen. Es macht beispielsweise einen Un-

---

1 Eine kurze Übersicht über die Forschungsgeschichte liefern Rieger-Ladich, Markus/Ricken, Norbert (2009): „Macht und Raum: Eine programmatische Skizze zur Erforschung von Schularchitekturen", in: Böhme, J. (Hrsg.): Schularchitektur im interdisziplinären Diskurs. Territorialisierungskrise und Gestaltungsperspektiven des schulischen Bildungsraums, S. 186–203, hier S. 187.

2 Bollnow, Otto Friedrich (1960): „Der erlebte Raum", in: Universitas, 15 (8), S. 397–412.

3 Dürkheim, Graf Karlfried (2005): „Untersuchungen zum gelebten Raum" in: Hasse, Jürgen (Hrsg.): Natur. Raum. Gesellschaft 4.

terschied in der Dialog-, Begegnungs- und Resonanzbereitschaft, ob die Raumanordnung etwa durch Stuhlreihen in einem Klassenraum nach vorne zur Tafel hin ausgerichtet ist oder ob die Anwesenden im Halbkreis sitzen und sich somit wechselseitig sehen können. Von Räumen kann eine subtile Resonanzwirkungen ausgehen: So kann beispielsweise eine Sporthalle mit hohen Decken aktivierend wirken und zur Bewegung anregen, während die enge Leseecke uns still werden lässt, so kann der Klassenraum unsere Nachdenklichkeit und Aufmerksamkeit aktivieren, die Cafeteria sozialen Austausch provozieren, die Sitzecken und Nischen in den Schulgängen können zum Verweilen einladen, das Sprechpult oder die Tafel unseren Puls höher schlagen lassen. Der Schulhof hingegen, den wir in der Pause betreten, befreit die Brust und lässt uns wieder tief durchatmen.

Menschliche Wesen können sich auf unterschiedliche Weise von Räumen angesprochen fühlen. So können Räume *Sinnbezüge* herstellen: Die Geräte im Chemielabor, das Museum, das Theater sagen uns, worum es an diesen Orten geht. Räume können *Emotionen* und *Ausdruckshandeln* beeinflussen: Zu Hause im privaten Raum bringe ich zum Ausdruck, wie es mir geht; vorne an der Tafel, im öffentlichen Bereich, halte ich mich diesbezüglich zurück und bleibe sachlich. Räume können uns zu etwas *auffordern*: Der Kassenraum fordert uns auf, uns hinten an der Schlange anzustellen, vom Rednerpult erleben wir uns aufgefordert, laut zu reden, in der Bibliothek hingegen dämpfen wir unsere Stimme. Räume können die Art und Weise modulieren, in der wir uns wechselseitig den Menschen und Dingen *zuwenden*: Im Klassenraum sind wir der gemeinsamen Sache zugewandt, auf dem Schulhof eher uns selbst, den Mitschülerinnen und Mitschülern. Räume modulieren aber auch unsere Beziehung zur Welt, indem sie die Art und Weise beeinflussen, wie und worüber wir *kommunizieren*: z.B. im Klassenraum sachlich über kulturelle Weltaspekte, auf der Mädchentoilette persönlich über den hübschen Sitznachbarn. Schließlich wirken Räume auf unser *ästhetisches Empfinden*: Manchen Orte laden uns durch ihre Schönheit zum Verweilen ein, andere zum Konsumieren, wieder andere zum schnellen Hindurchschreiten (Transiträume).[4] Rein funktionale Räume hingegen reduzieren diese Resonanz- und Beziehungsangebote auf ein Minimum. Sie können, wie Marc Augé schreibt, zu „Nicht-Orten“ werden.[5]

---

4 Diese Wirkungen entsprechen den Kategorien der referenziellen, emotionalen/expressiven, appellativen/imperativen, pathischen/kontaktbestimmenden, metasprachlichen und ästhetischen Bedeutungsanmutung von Räumen; vgl. Rittelmeyer, Christian (2009): „Schulbauten als semiotische Szenerien: Eine methodologische Skizze“, in: Böhme, J. (Hrsg.): Schularchitektur im interdisziplinären Diskurs, S. 157–170, hier S. 161.

5 Augé, Marc (2010): Nicht-Orte.

Auch Christian Rittelmeyer hat gezeigt, dass Gebäude und Orte Sympathie (Resonanz), Abneigung (Repulsion) oder Rückzug (Indifferenz) hervorrufen können, indem sie als Interaktionspartner die Anwesenden mit ihrer „rhetorischen Signatur“ ansprechen oder, sofern ihnen diese Signatur fehlt, schweigend gegenüberstehen:

> „Bauten erscheinen den befragten Schülerinnen und Schülern beschwingt, traurig, brutal, geschwätzig, lebendig, erstarrt, verspielt, trostlos, gewalttätig, gesichts- oder charakterlos, usw. In einem gewissen Sinn begegnen die verschiedenen Raumgestalten in Schulen ihren Nutzern als Interaktionspartner, als z. B. bedrängende oder freilassende, düstere oder heitere Umgebungsfiguren. Diese erlebten Botschaften der Schularchitektur werden wie die von Lehrern bewertet – in der Regel geschieht das allerdings unbewusst und macht sich in bestimmten (positiven oder negativen) Grundeinstellungen zur Schule, im atmosphärischen Empfinden der Baugestalt bemerkbar. So führen z. B. brutal, gesichtslos, abstoßend, hektisch oder arrogant wirkende Bau- und Farbelemente zu antipathischen Grundstimmungen.“[6]

Auch die Architektengruppe um Prakash Nair, Randall Fielding und Jeffrey Lackney, die sich mit der Sprache des Schuldesigns befasst, gibt Hinweise darauf, dass die wahrgenommene Raumqualität Effekte auf die Beziehung zwischen Lehrenden und Lernenden hat.[7] In Räumen, die als schön empfunden werden, verhalten sich Lehrende gegenüber Kindern oft freundlicher und einfühlsamer und sie fordern die Lernenden öfter auf, selbstgewählte Aktivitäten zu verfolgen. Hingegen wirkt sich ein vernachlässigter Klassenraum negativ auf die Lehrer-Schüler-Beziehung aus, wenn die Schüler die Klassenraumgestaltung mit fehlender Wertschätzung der Schule assoziieren. Wie die Schulbauforschung und Architekturpsychologie herausgefunden haben, steigen in Räumen und an Orten, an denen sich Schülerinnen und Schüler wohlfühlen, die Lernleistungen und die Gesundheit.[8] Auch neurobiologisch lassen sich Hinweise finden, dass anregungsreiche

---

6 Ebd., S. 158. An anderer Stelle bringt Rittelmeyer die Resonanz- und Repulsionseffekte von Schulhäusern noch deutlicher auf den Punkt: „Bauten bzw. Bausegmente wirken auf Schüler beschwingt, abweisend, freilassend, ironisch, gesichtslos, lebendig, kalt usw., sie sprechen eine ‚Sprache‘, sie wirken gestisch bzw. gebärdenhaft. Sie scheinen eine Art seelischen Ausdruck zu zeigen – oder auch ausdruckslos, ohne Charakter oder Gesicht zu sein. Damit stehen sie zu Lehrern und Schülern beispielsweise in einer freundlichen oder aufdringlichen oder feindlichen Beziehung.“

7 Vgl. dazu Nair, Prakash/Fielding, Randall/Lackney, Jeffrey (2005): The Language of School Design. Design Patterns for 21st Century Schools, S. 16.

8 Vgl. z. B. Rittelmeyer, Christian (2008): „Architektur von Bildungseinrichtungen“, in: Coelen, Th./Otto, H.-U. (Hrsg.): Grundbegriffe Ganztagsbildung. Das Handbuch, S. 714–723.

und dynamisch wirkende Schulbauten die Empathiefähigkeit erhöhen, indem die Entwicklung von Hirnstrukturen angeregt wird, während triste, monotone und als charakterlos empfundene Bauten dies nicht tun.[9]

Die materielle Beschaffenheit eines Raumes scheint allein nicht in der Lage zu sein, die jeweiligen Resonanz-, Repulsions- oder Indifferenzreaktionen hervorzurufen. Die Weltbeziehung ist nicht nur materieller Natur, sondern die materielle Beschaffenheit der Welt ist untrennbar verwoben mit einer affektiven, kognitiven, evaluativen, sozialen und symbolischen Dimension ihrer Wahrnehmung. Weltbeziehungen umfassen meist, möglicherweise immer, alle diese Aspekte zusammen. Dadurch kann die Wirkung, die von Architektur ausgeht, nicht als eine physisch-kausale Wirkung verstanden werden. Sie entspricht vielmehr einer psychophysischen Beziehung, in der das innere seelische Erleben und die äußere physische Beschaffenheit miteinander in Resonanz treten. Dass es keine Kausalbeziehung zwischen Architektur, Raumgestaltung und Resonanzerleben gibt, zeigt die bei Lehrern, Schulleiterinnen und Schülern wohlbekannte Tatsache, dass in einer Schule selbst so unattraktive Orte wie die Toiletten zu genuinen Resonanzräumen werden können. Möglicherweise liegt der Grund für die Beliebtheit des Toilettenraumes darin, dass das Ausscheiden und Abgeben von Ressourcen, wie Rosa spekuliert[10], im Gegensatz zum Einverleiben und Aufnehmen in unserer Kultur wenig Aufmerksamkeit erhält (es gibt beispielsweise kein schriftliches Wort für die Ausscheidung von Exkrementen), sodass die Toilette auch nicht pädagogisch instrumentalisierbar ist. Weil die Toilette kein Raum ist in dem sich die Ressourcenvermehrung optimieren lässt, bietet er für Schülerinnen und Schüler einen unbesetzten Freiraum für zwischenmenschliche Interaktionen.

Räume erlangen ihre Qualität oft erst im Kontext der Weltbeziehung als Ganzer. So kann auch das von den meisten Lernenden als angenehm, bergend und tragend eingeschätzte Schulgebäude der Waldorfpädagogik unter Umständen als düster, abweisend oder nichtssagend empfunden werden, wenn es mit einer düsteren, geheimnistuerischen und abweisenden Atmosphäre der Schule als Ganzer in Verbindung gebracht wird. Die folgende Aussage einer Waldorf-Schülerin verdeutlicht die Verwobenheit von sozialem und material-räumlichem Weltbezug:

> „Vom Aussehen ist es ein absoluter Traum. Vom Inneren [gemeint ist die Innenarchitektur, J. B.] dunkel, düster, heimlichtuerisch, einfach düster von der

9 Vgl. Sylwester, Robert (2007): The Adolescent Brain. Reaching for Autonomy.

10 Vgl. Rosa (2016): Resonanz, S. 104 f.

Seele her. Die haben immer alles verschwiegen, auch wenn ich nachgefragt habe."[11]

Ob Räume und Orte Resonanz ermöglichen oder blockieren, hängt somit nicht zuletzt von dem „Stimmungsraum" ab, den sie erzeugen. Otto Friedrich Bollnow hat diesen Stimmungsraum, im Anschluss an Binswanger, als den „gestimmten Raum" beschrieben, wobei sowohl Räume Stimmungen erzeugen können, als auch die Stimmung der Anwesenden auf den erlebten Raum wirken kann,

> „[…] wobei mit dem Worte Stimmung der den Menschen im Ganzen durchziehende und ihn zugleich mit der umgebenden Welt verbindende Gesamtzustand seines Gefühls gemeint ist, der als der tragende Untergrund alle einzelnen Regungen der Seele in bestimmter Weise beeinflußt. In der Weise gibt es auch eine Abhängigkeit des erlebten Raums vom jeweiligen Stimmungszustand des Menschen."[12]

Bollnow beschreibt zudem eine soziale Raumqualität, die er „Spielraum" nennt. Einen Spielraum zu haben lässt sich als Voraussetzung dafür interpretieren, dass die Anwesenden im Sinne einer Resonanzbeziehung mit ihren je eigenen Stimmen sprechen und antworten können. Versteht man im folgenden Zitat die Reibung, die entsteht, wenn der Spielraum verschwindet, als repulsive Reibung, wirkt der Verlust eines Spielraumes im Klassenzimmer dämpfend auf die Resonanzfähigkeit der Schülerinnen und Schüler:

> „Wo der Geist des Neides und der Rivalität den Menschen ergreift, da steht jeder dem andern im Wege, da reibt sich in qualvoller Enge der eine am andern. Sobald sich die Menschen aber zur wirklichen Kollegialität zusammenfinden, da schwindet auch die Reibung, und der eine nimmt dem andern nicht nur keinen Raum weg, sondern er *vermehrt* zugleich in der gemeinsamen Arbeit den Spielraum des andern."[13]

Räume werden zu Resonanzräumen, wenn wir sie uns anverwandeln und zum „Sprechen" bringen. Solche Resonanzwirkungen können Räume nur dann entfalten, wenn wir in keiner rein instrumentellen oder funktionalen Beziehung zu ihnen stehen, sondern uns von ihnen berühren und anspre-

---

11 Liebenwein, Sylvia/Barz, Heiner/Randoll, Dirk (2012): Bildungserfahrungen an Waldorfschulen. Empirische Studie zu Schulqualität und Lernerfahrung, S. 54.

12 Bollnow (1960): „Der erlebte Raum", S. 9.

13 Ebd., S. 10.

chen lassen, was meist unbewusst auf der Ebene leiblicher Empfindungen erfolgt. Der Körper nimmt die Wirkung von Räumen und Orten dabei als gespürte leibliche Resonanzen auf.

Wie Thomas Fuchs zeigt auch Christian Rittelmeyer, dass die Raumwahrnehmung kein kognitiver Vorgang ist, sondern ein leibliches Resonanzgeschehen.[14] Während Fuchs die Subjektwerdung als einen Vorgang beschreibt, in dem sich der Leib in den Raum hinein entfaltet und dadurch die räumliche Eigenschaft der Welt erst konstituiert, analysiert Rittelmeyer insbesondere die leiblichen Resonanzwirkungen beim Betrachten von Schulgebäuden und Schularchitekturen. Rittelmeyer konnte zeigen, dass Gebäude auf das seelische Erleben der Betrachter wirken, indem die Gebäude eigenleibliche Bewegungsempfindungen hervorrufen.[15] Der Leib setzt sich selbst mit diesen Gebäuden in Beziehung. So provoziert ein Schulgebäude beim Betrachten sensomotorische Bewegungen des Auges, die z.B. hektisch, monoton, anregend, ausgeglichen oder schief, und einseitig sein können. Den Bewegungen des Auges entspricht die jeweilige Wahrnehmung des Schulgebäudes als abweisend, unsicher, unsympathisch oder aber als entgegenkommend, wohlwollend, einladend, anregend usw. Auch die Farbwahrnehmung geht mit leiblichen Resonanzen einher, etwa, wenn das Betrachten einer kalten oder warmen Farbe, wie Blau oder Rot, eine subtile, kaum bewusste Absenkung oder Anhebung der Körpertemperatur provoziert, wodurch wir einen Raum als kalt oder warm empfinden:

> „So verbindet sich der visuelle Objekteindruck immer mit (unbewussten) Empfindungen des eigenen Leibes. Das Objekt in seiner wahrgenommenen Rhetorik wird demnach synästhetisch konfiguriert. Die erlebte ‚Sprache der Architektur‘ ist insofern tatsächlich immer auch Resultat eigenleiblicher Erfahrungen beim Betrachten oder bei der aktiven Nutzung von Schulgebäuden.“[16]

Interessanterweise macht Rittelmeyer plausibel, dass das eigenleibliche Empfinden jedem fundierten Urteil zugrunde liegt. Menschliche Wesen könnten in Absehung ihres leiblichen Weltbezuges die Dinge der Welt (Ob-

---

14 Fuchs (2000): Leib, Raum, Person; Rittelmeyer, Christian (2002): Pädagogische Anthropologie des Leibes, Kap. 2.

15 Rittelmeyer, ebd.

16 Rittelmeyer (2009): „Schulbauten als semiotische Szenerien“, S. 159. An anderer Stelle schreibt Rittelmeyer: „Wir setzen also beim Anblick von Gebäudeformen immer mehr oder minder ausgeprägt unsere eigene Leiblichkeit in Beziehung zur Gebäudeform und finden diese anthropomorph, d.h. auf unsere elementaren leiblichen Bedürfnisse abgestimmt, oder nicht anthropomorph. Entsprechend entstehen bereits auf dieser Ebene Sympathien oder Antipathien.“ Rittelmeyer (2002): Pädagogische Anthropologie des Leibes, S. 76.

jekte, Räume, Gebäude, andere Menschen) lediglich indifferent registrieren, nicht aber in ihren attraktiven und repulsiven Eigenschaften wahrnehmen. Gebäude und Räume könnten nicht als labil, verschlossen, bedrohlich oder einladend, warm und freundlich erlebt werden:

> „Es ist die Resonanz des gesamten Leibes, die erst das lebendige, bewertende, urteilende Wahrnehmen möglich macht. *Sinnesbildung* schafft daher immer auch die Voraussetzungen und die Organe der *Urteilsbildung*. So zeigen also verschiedene Forschungsberichte (Evolutions- und Hirnforschung sowie pädagogische Ästhesiologie), dass die pädagogische reflektierte Aktivierung der gesamten ‚Peripherie' – in der Bewegungskunst, in Kinderspielen, im Handwerk, im künstlerischen Tun usw. – unverzichtbare Voraussetzung der Urteilsbildung und kognitiven Fähigkeit ist."[17]

Räume können zu Resonanzkatalysatoren werden, wenn sie den Anverwandlungsbedürfnissen der Schüler entgegenkommen. Die Anverwandlung von Lernräumen ist etwas anderes als das bloße Schmücken und Verschönern eines Raumes.[18] Vielmehr meint Anverwandlung, die Lernräume so zu gestalten, dass sie inspirieren, auffordern, anregen und sich antwortend verwandeln lassen. Wenn Tische mit Symbolen, Sprüchen und Zeichnungen bekritzelt sind, kann dies auf ein frustriertes Resonanzbedürfnis zurückgehen: Wenn sich die Räume nicht anverwandeln lassen, können die Tische wenigstens bekritzelt werden. Wenn Lerngemeinschaften Resonanzgemeinschaften sind, dann bilden sich solche Kollektive unter anderem über die gemeinsam erlebte Geschichte und die geteilte identitätsstiftende Narration aus. Ein Raum kann solche vergemeinschaftenden Narrationen objektiv darstellen und somit biografische und narrative Resonanzen erzeugen, etwa, wenn Schülerinnen und Schüler in verschiedenen Projekt- oder Themenphasen die Räume gestalten und sie sich durch Wandtafeln und Bilder oder alternative Sitzanordnungen anverwandeln. Es kann aber auch zu einer immateriellen Bindung an einen Raum kommen, wenn wir diese Räume nicht nur gestalten, sondern auch, wenn wir in ihnen soziale Resonanzen erlebt haben, wenn wir in ihnen gemeinsam gelitten, gehofft und uns gefreut haben.

---

17 Rittelmeyer (2007): Kindheit in Bedrängnis. Zwischen Kulturindustrie und technokratischer Bildungsreform, S. 144.

18 Vgl. Göhlich/Zirfas (2007): Lernen, S. 99: „Eine bloße Ästhetisierung des Raumes greift zu kurz. Wurzeln schlagen können muss der Lernende auch und gerade in den Anfängen seines Lernens, die ihm in interessanten Gegenständen, Personen und Geschehnissen begegnen. Wo diese Begegnungen zur Erfahrung wird, wird Lernen möglich."

Dabei bleiben die Resonanzverhältnisse auch in Hinsicht auf den räumlichen Weltbezug unverfügbar: Resonanz mit und in Räumen kann nicht instrumentell hergestellt werden. Nun scheint die pädagogische Theorie und Praxis allerdings oft ein Interesse daran zu haben, die Schulräume für pädagogische Zwecke instrumentell verfügbar zu machen. Michel Foucault hat in seiner Studie „Überwachen und Strafen"[19] gezeigt, wie über die Architektur und Raumgestaltung, etwa im Gefängnis oder in der Schule, Macht- und Disziplinierungseffekte erzielt werden, die das Verhalten und das Selbsterleben der Menschen empfindlich beeinflussen. Solche instrumentellen, auf Anpassung und Disziplin hin angelegten Räume bringen das Subjekt repulsiv zum Verstummen, während rein funktionale Gebäude, wie die sogenannte „Flurschule", die vermehrt in den 70er-Jahre gebaut wurde und auch heute noch das typische Gesicht der Schule prägt, indifferent und konturlos bleiben. Dreier u.a. schreiben zur Flurschule:

> „Die Formsprache dieses Haustyps erklärt Bildung zum Verwaltungsakt und betrachtet die Schule als eine Behörde, die nach ähnlichen Prinzipien arbeitet wie ein Finanzamt oder die Gemeindeverwaltung."[20]

Lange und enge Flure verhindern, dass sich Schüler oder/und Lehrer begegnen und ins Gespräch kommen, weil man schnell Anderen im Weg steht. Schulräume haben nicht nur eine funktionale oder eine praktische Bedeutung, sondern auch eine *symbolische*: Raumstrukturen repräsentieren und symbolisieren die soziale Ordnung. Sie geben eine Auskunft darüber, wie die Anwesenden einander gegenüberstehen, wer im Mittelpunkt steht und wer nicht, wer oben und wer unten steht, für wen welche Türen offen stehen bzw. geschlossen bleiben.

Lernen findet deshalb immer *in* und *mit* Räumen statt, ebenso wie bildende Weltbeziehungen stets verortete und verortende Weltverhältnisse sind. Dieses verortende Weltverhältnis wird z.B. dadurch moduliert, ob es in den Klassenräumen, in den Schulgängen, zwischen den Türen, auf der Treppe, auf dem Schulhof usw. Orte der Begegnung, des Zusammenseins gibt oder ob die Schüler von einem Raum zum anderen instrumental geschleust und geleitet werden. Orte provozieren schöpferische Interaktionen z.B. durch Materialien und freie Wände, die gestaltet werden können, durch Offenheit für Plenumsdiskussionen und durch Rückzug für persönli-

---

19 Foucault (1977): Überwachen und Strafen.

20 Dreier, Annette/Kucharz, Dietmund/Ramseger, Jörg/Sörensen, Bernd (1999): Grundschulen planen, bauen, neu gestalten. Empfehlungen für kindgerechte Lernumwelten, S. 50.

che Dialoge. Einladende Begegnungsräume können etwa durch nischenhafte Sitz- und Verweilmöglichkeiten in den Treppenhäusern und Fluren ermöglicht werden.

Wie der Schularchitekt Hermann Herzberger argumentiert, benötigen vor allem junge Schülerinnen und Schüler Orte, die als intime, schützende und bergende familiäre „Nester" fungieren, ebenso wie öffentliche Orte, die das Interesse wecken und Kontakte provozieren.[21] Die Schulweltbeziehung wird außerdem nicht unwesentlich von den Türen moduliert, die den Durchgang zu einem Weltbereich (dem Musizierzimmer, dem Theatersaal, der Aula, der Sporthalle, dem Chemielabor, der Schulküche usw.) verschließen oder öffnen. Aus resonanzpädagogischer Sicht schließt man Kindern und Jugendlichen die Welt auf, indem man ihnen die Türen aufschließt. Natürlich müssen Kinder und Jugendliche auch Verantwortung für die Räume übernehmen, und nicht immer müssen diese Türen tatsächlich offen stehen. Resonanz durch Anverwandlung von Räumen scheint jedoch vor allem dann entstehen zu können, wenn sich Schülerinnen und Schüler dazu eingeladen und aufgefordert fühlen, Räume zu betreten, zu benutzen, sich in ihnen auszuprobieren und dadurch ihre Resonanzbeziehungen zu erkunden.

Ein anderer Schularchitekt, Günther Behnisch, betont, dass ein Schulgelände über eine „semipermeable" Außengrenze verfügen sollte, eine Grenze, die sowohl nach innen autonom geschlossen als nach außen hin geöffnet ist. Durch eine halbdurchlässige Außengrenze wird die Schule nicht zu einem Raum, der nach außen hin abgeriegelt ist und der für Berührungen und Begegnungen mit der Außenwelt taub und unempfänglich ist – eine solche verschlossene Schule bezeichnet Peter Brenner als eine „autistische Schule"[22]. Vielmehr ermöglicht die semipermeable Außengrenze die Belebung des Schullebens, weil die Schule organisch mit dem umgebenden Ort verbunden ist und Resonanzen mit der Außenwelt ermöglicht:

> „Natürlich sollte die Schule offen sein für den Ort; ihre Gebäude müssen also mitbenutzt werden bei Konzerten, Theatern, Feiern, in der Art, daß die anderen hineingehen können und müssen. […] Und dort finden nun alle Veranstaltungen in der Schule, vor der Schule und bei der Schule statt. Ohne Organisationsplan ist hier die Schule eingebunden in die Gesellschaft. – So, meine ich, sollte eine lebendige Schule in einer lebendigen Gemeinde sein."[23]

21 Vgl. Herzberger, Hermann (2008): Space and Learning: Lessons in Architecture 3, S. 35 f.

22 Brenner, Peter J. (2006): Schule in Deutschland. Ein Zwischenzeugnis, S. 29.

23 Behnisch, Günther (1975): „Unbehagen am Schulbau der Gegenwart. Interview mit Max Fengler", in: Architektur + Wohnwelt 83 (5), S. 319–323, hier S. 323.

Dass Resonanzbeziehungen keine instrumentellen oder kausalen Beziehungen sind, erweist sich einmal mehr als richtig vor dem Hintergrund, dass Schulgebäude nicht in allen Aspekten schön sein müssen. Entscheidend ist, dass sie sich als entgegenkommende Resonanzräume anverwandeln lassen; dazu ist die Atmosphäre bzw. der Geist der Schule von großer Bedeutung:

> „Unsere Schule liegt in Berlin-Mitte und ist von außen nicht so richtig schön. Man kann auch sagen: hässlich. Ein alter DDR-Plattenbau [...] Die Fenster sehen so aus, als würden sie gleich rausfallen. An den Wänden lauter Graffiti [...] Wenn man zum ersten Mal vor dem Gebäude steht, würde keiner darauf kommen, dass da eine Schule ist. Vielleicht eher eine Putzfirma oder so. [...] Aber im Inneren weht ein ganz anderer Wind. [...] Jede Klasse hat eine eigene Wandfarbe. Manche haben sich die Schüler selbst ausgesucht. [...] Die Tische haben keinen festen Platz, wir stellen sie so hin, wie wir sie brauchen. Und es gibt sogar Teppiche, nur nicht überall. In der Bibliothek kann man sich hinten so richtig hinlümmeln, da sind Sitzkissen und Sessel und Sofas. Dort müssen wir die Schuhe ausziehen, das ist dann ganz gemütlich. Manchmal findet dort auch Unterricht statt, wenn Lesestunde ist und alle ein Buch in die Hand nehmen.“[24]

Räume können somit ein Lernen in Resonanzbeziehungen verstärken, indem sie sich anverwandeln lassen und Begegnungen provozieren (und nicht disziplinierend erzwingen!), sie können dann zu Resonanzkatalysatoren oder kurz: zu Resonanzräumen werden. Sie können sich den Anverwandlungsversuchen der Lernenden aber auch widersetzen, ihnen neutral und gleichgültig oder gar abweisend gegenüberstehen. Wenn Schülerinnen und Schüler sich gerne und oft an Orten und in Räumen aufhalten, ist dies ein deutliches Zeichen für dort verherrschende Resonanzverhältnisse. Schließlich können Räume und Orte nicht nur soziale, biografische, kognitive, historische oder fachliche Resonanzen verstärken, sie können auch selbst Resonanzachsen sein. Wenn uns die aufwendig gestaltete Eingangshalle einer Schule überwältigt, eine Ruine „umhaut“ oder eine Galerie, ein Museum oder eine Landschaft unseren Puls höher schlagen lässt, erleben wir nicht nur Resonanz *in* Räumen und *an* Orten, sondern *mit* Orten und Räumen. Dies gelingt aber nur, wenn diese Orte, etwa auf Schulausflügen und Reisen, auch tatsächlich einen leiblichen Eindruck auf uns ausüben

---

24 De Zárate/Tressel/Ehrenschneider (2014): Wie wir Schule machen, S. 69 f. Bunte und grelle Farben können in der Schule allerdings oft auch Unruhe und Widerstände sowie Gefühle der Bedrängnis bei den Lernenden auslösen; vgl. Brenner (2006): Schule in Deutschland, S. 20, sowie Rittelmeyer, Christian (1994): Schulbauten positiv gestalten: Wie Schüler Farben und Formen erleben.

können; und wenn wir einen komplmentären symbolischen und kognitiven Resonanzboden für architektonische Berührungen ausgebildet haben.

Orte und Räume können eine Geschichte enthalten oder erzählen, wodurch sie uns über materialisierte Narrationen, etwa durch vergangene Wandgestaltungen oder historische Bauelemente, mit dem Strom der Zeit in Verbindung bringen. Neben der Raumdimension erweist sich somit die zeitliche Struktur als fundamentaler Aspekt menschlicher Schulweltbeziehungen.

Kapitel 3
Lernen und Lehren als zeitlicher Weltbezug
Rhythmische Oszillationen

„Wenn du wüsstest, wer Zeit wirklich ist“, sagte der Hutmacher, „dann würdest du nicht davon reden, sie zu nutzen.“
Lewis Carroll, „Alices Abenteuer im Wunderland“

Wie Rilkes Gedicht über die „wunderliche Zeit“ bereits deutlich gemacht hat (vgl. Kap. I.1, oben), sind Weltbeziehungen stets auch Temporalbeziehungen. Wenn Rilke schreibt, dass die Zeit in der Schule dumpf und schwer ist, so drückt er damit eine temporale Entfremdungserfahrung aus. Daran wird deutlich, dass Menschen in die Welt gestellt sind, indem sie *in die Zeit gestellt* sind. Auch Bildungsprozesse sind zeitliche Prozesse, nicht nur, weil sie eine Bewegung, eine Veränderung oder Transformation in der Zeit bedeuten, sondern auch, weil sie zu einem neuen Verhältnis zur Zeit führen können.[1] Wenngleich ich an dieser Stelle keine umfassende temporalpädagogische Bildungstheorie vorlegen kann, so soll in diesem Kapitel doch deutlich gemacht werden, inwiefern die erlebte, gelebte und begegnende Schulzeit als temporaler Weltbezug bedeutsam ist für ein Lernen in Resonanzbeziehung.

In den politischen und öffentlichen Schul- und Bildungsdebatten kommt die Zeit oft nicht als ein Modus der Weltbeziehung in den Blick, sondern als eine ökonomische Ressource; als quantitative Zeit stellt sie diejenige Ressource des Lern- und Lehrzeitmanagements dar, die in Bildung investiert wird. Diese Ansicht verdrängt allerdings die vielfältigen qualitativen Erfahrungen von Zeit, die für Bildungsprozesse wichtig sind. Die zeitpädagogische Literatur operiert mittlerweile mit einer Vielzahl von unterschiedlichen Zeitmodi. Diese Zeitmodi können unterschiedliche Bezüge haben, wie z. B. die Eigenzeit (die Zeit und Dauer von Geschehnissen, Ereignissen und Situationen), die subjektive Zeit (die erlebte Zeit des Subjektes) und die objektive bzw. abstrakte Zeit (Minuten, Tage, Jahre usw.). Der

1 Dörpinghaus, Andreas/Uphoff, Ina Katharina (2012): „Zeit und Bildung. Über die Selbstaffektion der Erfahrung“, in: Schmidt-Lauff, S. (Hrsg.): Zeit und Bildung, S. 61–70, hier S. 62.

Unterschied kann aber auch in der Dynamik liegen, wie bei der modalen, der linearen oder der zirkulären Zeit. Er kann ebenso in der existenziellen Bedeutung verortet werden, etwa bei der profanen und der heiligen Zeit. Und schließlich können unterschiedliche Zeitmodalitäten auch in ihrer funktional-inhaltlichen Dimension unterschieden werden, so z.B. die Planungs- und Vorbereitungszeit, die Interaktionszeit und die Nachbearbeitungszeit, um nur einige zu nennen. In der quantitativen Zeit schrumpfen all diese qualitativ erlebten Zeiträume zu einem neutralen Zeitmaß zusammen.

Zunächst einmal läuft eine Temporalanalyse der Schulzeit im resonanzpädagogischen Sinn weniger darauf hinaus, das Wesen dieser verschiedenen qualitativen Zeiterfahrungen zu ergründen, als darauf, die Temporalstruktur der Beziehungen zu erkunden. Ein grundsätzliches Indiz für ein entfremdetes Weltverhältnis liegt z.B. dann vor, wenn die Zeit als eine eigene Größe in das Bewusstsein rückt, etwa beim Blick auf die Uhr: Wenn Schülerinnen und Schüler sich langweilen, wird die Zeit als leer, zäh, ausgedehnt und indifferent erfahren. In diesem Zeitraum scheint es nichts zu geben, was den Erfahrenden berührt oder bewegt. Wo hingegen Lehrende Zeitdruck empfinden, wird die Zeit zu einer treibenden, hetzenden und repulsiven Größe. Keine Zeit zu haben, untergräbt Anverwandlungsprozesse, in denen sich Menschen durch zeitintensive Response- und Synchronresonanz wechselseitig berühren, antworten und begegnen, um sich aufeinander ein- und abzustimmen.

Resonanzbeziehungen zeichnen sich deshalb oftmals dadurch aus, dass die objektive Zeit in den Hintergrund rückt. Lernende und Lehrende merken, etwa in dem von Csikszentmihalyi beschriebenen Flow-Erlebnis[2] (z.B. ewährend eines spannenden Vortrages, einer mitreißenden Diskussion, oder beim Lesen eines bewegenden Textes), oft nicht, wie die Zeit verfliegt. Der Resonanzdraht wird dann häufig abrupt unterbrochen, wenn die Anwesenden aufmerken: Ist es wirklich schon so spät? Zugleich aber können Menschen kaum ihr Leben führen, wenn sie sich permanent in einem Flow-Erleben befinden. Wer völlig zeitvergessen lebt, wird bald keinen Anschluss mehr finden an das Leben der Anderen. Anverwandlung scheint deshalb einmal mehr Entfremdung vorauszusetzen. Gerade weil uns in der Langeweile nichts mehr etwas angeht, liegt darin auch die Möglichkeit, sich neu berühren zu lassen und die Resonanzachsen (durch Freundschaften, Bü-

---

2 Csikszentmihalyi, Mihaly (1992): Das flow-Erlebnis. Jenseits von Angst und Langeweile: im Tun aufgehen, Kap. 10; Csikszentmihalyi, Mihaly/Schiefele, Ulrich (1993): „Die Qualität des Erlebens und der Prozeß des Lernens", in: Zeitschrift für Pädagogik 39 (2), S. 207–221.

cher, Theater- und Kinobesuche usw.) wieder zum Klingen zu bringen. Langeweile kann somit auch zur Muse werden. Andererseits kann auch das Wissen um das Ende einer Sache Resonanzmomente intensivieren, weshalb etwa in den letzten Tagen auf der Klassenfahrt, in der Projektwoche oder am Schuljahresende oft besonders intensive Resonanzen erlebt werden. Die erlebte Zeitknappheit erhöht in diesem Fall gewissermaßen den Druck auf die Selbst- und Weltbeziehungen.

Dass Resonanz und Anverwandlung Zeit brauchen, haben die Ausführungen zum „temporalen Ton" und den Wait-Time-Studies gezeigt (vgl. oben, Kap. III.1.6 zum „tonalen Verhalten" und „temporalen Ton"). Auch Andreas Dörpinghaus und Ina Uphoff argumentieren, dass die Verzögerung, das Verweilen und das Wartenkönnen essenzielle Voraussetzungen dafür sind, dass Menschen nicht in einen Reiz-Reaktions-Mechanismus verfallen und somit in stumme und kausale Weltbeziehungen gedrängt werden:

> „Im Moment der Verzögerung entstehen die Erfahrungsspielräume, die nicht in der Reaktion auf eine Frage bestehen, sondern in einer *Antwort*, die die Frage selbst umgreift. [...] Etwas, das möglicherweise auf den Fortgang nahezu drängt und den Abschluss sucht, wird verzögert, so dass eine andere Ebene der Sicht eröffnet wird. Diese Verzögerung kennzeichnet als Grenzphänomen den Übergang von der bloßen Nutzbarmachung von etwas hin zur Frage nach seinem Sinn und seiner Bedeutung."[3]

Nicht immer aber müssen Verzögerungen zu Antworten führen. Ein komplexes wechselseitiges Antwort- und Resonanzgeschehen erfolgt nur innerhalb eines Resonanzdreiecks, wenn die Lehrperson sowie die Klasse jeweils füreinander als auch für die Sache offen sind. Friedrich Copei hatte von den „fruchtbaren Momenten"[4] im Bildungsprozess gesprochen. In den fruchtbaren Momenten sind die Grenzen zwischen Subjekt und Objekt bzw. Selbst und Welt offen und durchlässig. Solche fruchtbaren Momente lassen sich temporalpädagogisch beschreiben und sie definieren auch heute unser Verständnis von Erziehung, Entwicklung und Bildung, etwa wenn von Entwicklungszeitfenstern oder von sensiblen Phasen im Kindheitsalter die Rede ist. In diesen Zeitfenstern, über die weder Eltern noch Lehrer willentlich verfügen können, begegnet uns die Welt in manchen Aspekten auf besonders intensive Weise.[5]

---

3 Dörpinghaus/Uphoff (2012): „Bildung und Zeit", S. 64 f.

4 Copei, Friedrich (1930): Der fruchtbare Moment im Bildungsprozess.

5 Hasselhorn, Marcus/Gold, Andreas (2009): Pädagogische Psychologie. Erfolgreiches Lernen und Lehren, S. 216.

Gewöhnlich wird in zeitpädagogischen Abhandlungen die Eigenzeit von der abstrakten Zeit unterschieden. Die Eigenzeit meint diejenige Zeit, die ein Ereignis, eine Situation oder ein Geschehen von sich aus benötigt, um abzulaufen oder stattzufinden: Eine Diskussion z.B. ist beendet, wenn es keine Einwände oder Fragen mehr gibt, ein Unterrichtsthema dauert so lange, wie es Interesse weckt, eine Erholungsphase, bis wir uns ausgeruht fühlen, der Unterricht beginnt mit dem Sonnenaufgang usw. Hingegen meint die abstrakte Zeit ein objektives Zeitmaß, das dem subjektiven Erleben und der Eigenzeit äußerlich ist: Wir haben z.B. dreißig Minuten, um das Thema zu diskutieren, zwei Unterrichtsstunden, um die ägyptische Kunst zu besprechen, und zehn Minuten Pause. Es liegt nahe, dass es zu Entfremdungserscheinungen kommt, wenn die Eigenzeit und die abstrakte Zeit sich dauerhaft und systematisch widersprechen, wenn etwa nach zehn Minuten die Diskussion beendet wird, obwohl sie gerade in Fahrt kam, oder wenn Lehrende aufgrund zu enger Zeitregime ihre eigene Begeisterung für die Sache nicht vermitteln können. Der Lern- und Lehrvorgang wird hier durch das externe Kriterium der abstrakten Zeit, Minuten, Stunden und durch Tage reguliert, was der Eigenzeit bzw. der Dauer von Bildungsprozessen nicht entsprechen muss und ihr somit repulsiv oder indifferent gegenüberstehen kann.

Zeit droht dementsprechend immer dann ein harter, repulsiver, treibender, leerer und in diesem Sinne potenziell entfremdender Faktor zu werden, wenn es zu einer bestimmten Form der *Desynchronisation* von äußerer und innerer Zeitlichkeit kommt. Die Pädagogen Klaus Mollenhauer und Uwe Uhlendorff haben nicht als Erste darauf hingewiesen, dass es eine entscheidende Entwicklungsaufgabe von Kindern und Jugendlichen ist, „die messbaren Zeitabläufe und das innere Erleben von Dauer derart abzustimmen, dass eine Balance gewährleistet ist, auch wenn sie lebenslang labil bleiben sollte."[6] Dass die Heranwachsenden lernen müssen, sich auf die objektive Zeit einzustellen und gewisse Dinge in einem vorgegebenen Zeitrahmen zu erledigen, ist selbstverständlich. Zugleich aber muss die objektive Zeit der Eigenzeit und damit der Dauer von Lernprozessen entgegenkommen und darf dieser nicht rücksichtslos gegenüberstehen.

Nicht jede Imbalance kann dabei allerdings schon als entfremdend bezeichnet werden. Dass die Orientierung an der abstrakten Zeit ein prägendes gesellschaftliches Ordnungsprinzip darstellt, das nicht immer mit den subjektiven Bedürfnissen der einzelnen Subjekte nach Dauer und Rhythmus

---

6 Mollenhauer, Klaus/Uhlendorff, Uwe (1995): Sozialpädagogische Diagnosen II. Selbstdeutungen verhaltensschwieriger Jugendlicher als empirische Grundlage für Erziehungspläne, S. 22.

in Übereinstimmung gebracht werden kann, ist allein nicht kritikwürdig. In Anbetracht der Komplexität moderner Gesellschaften und des daraus entstehenden Organisationsaufwandes sowie des Synchronisationsbedarfs gesellschaftlicher Teilbereiche ist die Orientierung am abstrakten Zeitmaß geradezu ein Strukturprinzip funktional differenzierter Gesellschaften. Erst wenn die abstrakte, äußere oder physikalische Zeit in einem solchen Maß das innere Zeiterleben dominiert, dass sie Letzteres zu unterdrücken und zu verdrängen droht oder diesem systematisch und dauerhaft zuwiderläuft, werden temporal induzierte Entfremdungserfahrungen wahrscheinlich. Soziale Beschleunigung stellt dabei eine paradigmatische Quelle der temporalen Desynchronisation dar. Das Empfinden von Zeitdruck, Stress, Gehetztsein, aber auch von Langeweile sind Anzeichen dafür, dass die abstrakte Zeit in einem signifikanten Missverhältnis zur Ereigniszeit und zum inneren Erleben von Dauer in den Vordergrund tritt.

Systematische und dauerhafte Desynchronisation zwischen subjektivem Zeitbedürfnis und objektivem Zeitmaß kann somit als temporale Ursache für Entfremdung angesehen werden. Das bedeutet allerdings nicht, dass Anverwandlung gleichzusetzen wäre mit absoluter Synchronisation: Im synchronen Handeln, wie es in einer Militärformation praktiziert wird oder aber beim Frage-Antwort-Verhalten, das in dem Roman „Die Welle" beschrieben wurde (vgl. dazu Kap. II.2.2), sind die Subjekte dermaßen auf ein gemeinsames Zeitmaß eingetaktet, dass sie ihre eigene Stimme verlieren.

In bildenden Weltbeziehungen kommt es vielmehr zu einer Spannung oder, wie Kathrin Berdelmann schreibt, zu einer Oszillation zwischen temporaler Synchronisation und Asynchronisation. Berdelmann unterscheidet vier Kerndimensionen des Zeiterlebens im Klassenraum: Die Abfolge (den Unterrichtsverlauf), die Ausdehnung (Dauer der einzelnen Unterrichtsphasen), die Geschwindigkeit (Anzahl der Unterrichtseinheiten) und den Inhaltsbezug (Vor- und Rückgriffe auf Vergangenes und Zukünftiges).[7] Berdelmann weist weiter darauf hin, dass Lernen dort produktiv wird, wo Abfolge, Ausdehnung, Geschwindigkeit und Inhaltsbezug gerade nicht synchron sind, sondern dort, wo die Temporalstruktur zwischen Momenten der Synchronisation und Asynchronisation oszilliert und resoniert. Ein

7 Berdelmann, Kathrin (2012): „Synchronisierte Zeit in Bildungsprozessen. Perspektiven der operativen Pädagogik", in: Schmidt-Lauff, S. (Hrsg.): Zeit und Bildung. Annäherungen an eine zeittheoretische Grundlegung, S. 157–171, hier S. 166: „Beispielsweise kann ein Lernender den Aufbau eines Unterrichtsblocks (Dimension der Abfolge) als angemessen wahrnehmen, das Tempo des Voranschreitens jedoch als zu langsam oder auch zu schnell (Dimension der Geschwindigkeit), weil ihm bestimmte Thematiken bereits bekannt respektive zu neuartig oder fremd sind (Dimension des Inhaltsbezugs), so dass er schneller oder langsamer vorangehen möchte."

Schüler, der, während die Lehrerin den Mauerfall beschreibt, gedanklich abschweift, um sich zu fragen, wie das Gesagte zu den Erzählungen seines Großvaters passt, um dann wieder in den Unterrichtsablauf einzusteigen, befindet sich in einer temporal oszillierenden A-Synchronizität. Andererseits kann ein Lehrer, der in einer Diskussion strikt vorgibt, wann welche Antworten gegeben werden, eine temporale Synchronisation von Abfolge, Ausdehnung, Geschwindigkeit und Inhalt erzeugen, die keinen Raum für direkte Interaktionen lässt und somit ein entfremdendes Eintakten erzeugt.[8]

Dies führt zu der These, dass die Lösung für Beschleunigung im Unterricht nicht einfach Entschleunigung ist: Wenngleich Anverwandlung Zeit benötigt, wird Unterricht nicht automatisch dadurch besser, dass er langsamer abgehalten wird. Erst wo es zu einer durchaus spannungsreichen und produktiven Oszillation und Berührungen zwischen der Weltzeit, die unabhängig vom Subjekt abläuft, und der subjektiven Eigenzeit kommt, wird Lernen im resonanzpädagogischen Sinn produktiv. Während Asynchronisation eine produktive Spannung erzeugt, die in Synchronisation überführt werden kann, meint Desynchronisation hingegen das entfremdende Auseinanderfallen der Zeitabläufe. Desynchronisation blockiert den temporalen Oszillationsprozess.

Wenn Bildung als Weltbeziehungsbildung bedeutet, sich in der Welt zu verorten, dann heißt Bildung zugleich, sich *in der Zeit zu verorten*. Die Verortung in der Schulzeit erfolgt teilweise resonanzfrei und administrativ, indem Kinder und Jugendliche Schultypen, Jahrgangsstufen, Prüfungsphasen und Unterrichtszeiten durchlaufen. Hingegen scheinen insbesondere Rituale solche Übergänge erlebbar zu machen: Erlebte Zeit kann etwa in Abschieds- und Willkommensfeiern zugänglich werden, in Übergangszeremonien, wiederkehrenden künstlerischen Aufführungen, Spiel- und Sportevents wie dem alljährlichen Volleyballturnier, im Schulkonzert oder im Abschlussball. In solchen Anfangs-, Übergangs- und Abschlussritualen können Menschen die Zeitlichkeit von Selbst- und Weltbeziehungen spüren. Indem sie durch diese Rituale Altes loslassen und das Kommende be-

8 Die Zeitforscherin Kathrin Berdelmann führt einen Interviewausschnitt eines Schülers an, in dem dieser über eine starre Synchronizität berichtet: „[...] Diskussionen liefen immer über ihn [den Lehrer, J. B.], Diskussionen liefen nie direkt jetzt im Raum. [...] Also er war schon derjenige, der bestimmt hat, wann was gesagt worden ist. Und ich empfand die Gruppe so diszipliniert. [...] mir hat im Unterricht so direkte Interaktion zwischen den Teilnehmern ein bisschen gefehlt. Also eine lebendige Diskussion. [...] Also ich hätte es für mich persönlich besser gefunden, dass es dann nicht immer über ihn gelaufen wär, um dann die Diskussion, auch die Eigendynamik, so ein bisschen zu erhalten und zu gucken, welche Aspekte sind auch den anderen wichtig [...]“; Berdelmann (2012): „Synchronisierte Zeit in Bildungsprozessen“, S. 168.

grüßen, stimmen sie sich auch auf bildende Transformationen des Weltbezuges ein. Während die „administrative Zeit“ oft rein kognitiv definiert wird, stellen solche Rituale leibliche Weltbeziehungen zur Zeit her.[9]

Wiederkehrende Rituale und Veranstaltungen eignen sich auch, um die Dramaturgie eines Zeitablaufes zu gestalten. Sie bieten sich an, um kleine und große Spannungsbögen herzustellen.[10] Friedrich Schiller hatte in seiner Abhandlung „Über die Ästhetische Erziehung des Menschen“ geschrieben, dass Menschen nur in einem Zustand der „mittleren Stimmung“[11] bestimmbar, d. h, bildsam sind. In der mittleren Stimmung ist der Mensch, dessen Seelenleben Schiller als eine Art Saiteninstrument konzipiert, weder zu abgeschlafft noch zu überspannt, um seine Saiten durch Weltberührungen zum Klingen bringen zu lassen. Man kann diese These in die triviale Einsicht übersetzen, dass schulisches Lernen einen mittleren Anspannungszustand erfordert, bei dem Schülerinnen und Schüler sowie Lehrer und Lehrerinnen nicht zu angespannt (verspannt), aber auch nicht zu entspannt, schlaff, erschöpft und müde sind (spannungslos), um schulische Resonanzen zu erleben.[12] Rituale sind anscheinend besonders gut geeignet, um Phasen von intensiver Anspannung mit Phasen der Entspannung in ein kluges Verhältnis zu bringen, sodass die mittlere Spannung aufrechterhalten werden kann: Anstrengende Prüfungs- und Lernphasen können mit Wander- und Ausflugstagen oder Projekttagen bzw. -wochen, Volleyballturnieren, einer Stadtrallye oder mit Schulaufführungen abwechseln, sodass eine geschickte Dramaturgie von Höhepunkten entsteht, die die Spannung in der Schule aufrechterhält, ohne die Schüler dauerhaft zu über- oder zu unterfordern.

Auch eine geschickte Pausengestaltung kann diesen temporal-dramaturgischen Effekt haben, etwa wenn man allmorgendlich gemeinsame Bewegungsspiele durchführt, wie Urs Illi vorgeschlagen hat.[13] Wichtig ist, dass diese Bewegungsspiele selbst nicht instrumentell-pädagogisiert erfahren werden und lediglich Optimierungsstrategien sind, um die Schüler zu besserem Lernen zu motivieren. Bewegungsrituale können die Resonanzgemeinschaft nur zum „Singen“ bringen, wenn sie intrinsisch Freude bereiten

9 Vgl. die Beiträge in Wulf, Christoph/Athans, Birgit/Audehm, Kathrin u. a. (Hrsg.) (2004): Bildung im Ritual. Schule, Familie, Jugend, Medien.

10 Vgl. dazu Kap. IV.4, unten, über die „Deutsche SchülerAkademie“.

11 Schiller (2008): Über die ästhetische Erziehung des Menschen, S. 81.

12 Vgl. auch Winkler, Ursel (1998): Entspannungssequenzen im Unterricht. Psychohygiene in der Schule.

13 Illi, Urs (1995): „Bewegte Schule. Die Bedeutung und Funktion der Bewegung als Beitrag einer ganzheitlichen Gesundheitsbildung im Lebensraum Schule“, in: Sportunterricht 44 (10), S. 404–415.

und kollektiv für Spaß und Lockerheit sorgen. Schließlich können Rituale die Schulzeit auch durch sinnfreie Zeiträume strukturieren: Die (selbstverständlich freiwillige) sommerliche Wasserbombenschlacht auf dem Schulhof, der winterliche Schneeskulpturenwettbewerb, der vierteljährliche Kinoabend könnten Ereignisse sein, die nicht, wie der übliche Kuchenbasar, instrumentell auf Einnahmen hinauslaufen, sondern die Erfahrung zum Ziel haben, gemeinsam etwas auf die Beine stellen zu können. Solche Ereignisse stiften erlebte und gelebte Zeitlichkeit, indem sie Teil einer narrativen Geschichte werden, wodurch sie biografische und historische Resonanzen erzeugen können.

Erfolgt schulisches Lehren und Lernen oft durch eine Distanzierung von der Zeit, indem Unterricht unabhängig von der erlebten und gelebten Zeit strukturiert wird, bedeutet ein Lernen in Resonanzbeziehungen immer auch eine Intensivierung der Zeit. Diese Zeitintensivierung im lernenden Weltbezug kommt etwa im Staunen, Wundern, Erahnen zum Ausdruck – in Momenten also, in denen sich das Gewusste der Vergangenheit mit dem noch nicht Gewussten der Zukunft in der Gegenwart verbindet. Diese *Vergegenwärtigung* des zeitlichen Weltbezugs zu ermöglichen, ist auch nach Rousseau und Schleiermacher eine der vordersten Aufgaben von Erziehung und Bildung, wenn sie schreiben, dass kein Augenblick des Kindes einem zukünftigen aufgeopfert werden darf. Innerhalb einer pädagogischen Theorie der Weltbeziehungen erweist sich die raum-zeitliche Dimension von Bildungs- und Lernprozessen somit als ein zentrales Anliegen:

> „Die pädagogische Frage muss lauten, wie der Zeitraum aussieht, in dem der Lernende lernen kann. Zu fragen ist also nicht nur nach der Zeit, sondern zugleich nach dem Raum, nach der Welt, der Umgebung des Lernenden und damit nach dem Modus, in dem die Welt für den Lernenden Umwelt ist; ein Ausschnitt dieser Welt, bestimmte Ereignisse, Vorgänge, Dinge, Lebewesen u.v.a.m. können als Gegenstände interessant werden. Die Umgebung lernunterstützend zu gestalten, d.h. so, dass sie anregend, klärend, aber auch stärkend wirkt, ist die vornehmste pädagogische Aufgabe."[14]

Nicht zuletzt können temporal induzierte Resonanzblockaden im Klassenzimmer auch durch den Leib ausgelöst werden. Wie die Debatte um den Biorhythmus von Schülerinnen und Schülern gezeigt hat, gibt es Tageszeiten, an denen die individuellen organischen Zyklen der Lernenden nicht mit den zeitlichen Rhythmen des Unterrichts synchronisiert werden kön-

---

14 Göhlich, Michael/Wulf, Christoph/Zirfas, Jörg (2007): „Pädagogische Zugänge zum Lernen", in: Pädagogische Theorien des Lernens, S. 9.

nen. Eine Schule kann Entfremdung produzieren, wenn der Stundenplan partout nicht auf das Schlaf-, Ruhe- und Erholungsbedürfnis der Lernenden abgestimmt ist. Wer etwa schläfrig zur „nullten Stunde“ (die häufig um 7 Uhr beginnt) im Klassenraum sitzt, ist oft bereits durch seine innere Uhr nicht in der Lage sich dem Unterricht zu öffnen und seine Resonanzsensoren in aufmerksame Spannung zu versetzen. Die chronobiologische Resonanzfähigkeit schlägt sich, wenig verwunderlich, in den Noten nieder. In einem Schulsystem, in dem der Unterricht sehr früh beginnt, haben Frühaufsteher im Durchschnitt bessere Noten als Langschläfer.[15] Wenngleich es schwer ist, alle individuellen Chronotypen auf die Schulrhythmen abzustimmen, so gibt es nachweislich überindividuelle Tendenzen. In der Pubertät (im Alter zwischen 12–14 Jahren) etwa, werden fast alle Jugendlichen zu Langschläfern[16], ein Befund, den eine resonanzsensible Schule aufgreifen könnte.

---

15 Eine Übersicht zu diesem Befund bietet der Artikel von Vollmer, Christian/Pötsch, Farina/Randler, Christoph (2013): „Morningness is associated with better gradings and higher attention in class“, in: Learning and Individual Differences 27, S. 167–173.

16 Randler, Christoph/Bilger, Sabrina/Díaz-Morales, Juan Francisco (2009): „Associations among Sleep, Chronotype, Parental Monitoring, and Pubertal Development among German Adolescents“, in: The Journal of Psychology: Interdisciplinary and Applied 143 (5), S. 509–520.

Kapitel 4
Resonanzoasen in der deutschen Bildungslandschaft

Fallbeispiel: Die „Deutsche SchülerAkademie“

> „Im Nachhinein kann ich sagen, dass meine Teilnahme an der DSA eine der besten und schönsten Erfahrungen ist, die ich je gemacht habe.“
> „Das hier bringt schon viel mehr als einfach nur Wissen.“
> Zwei Teilnehmerinnen der „Deutschen SchülerAkademie“

Meine Suche nach gelingenden Formen des Lernens und Lehrens wurde nicht nur von einem theoretischen Interesse geleitet. Versteht man Theorie als einen Versuch, explizit auszuformulieren, was in der Praxis unausgesprochen vor sich geht, liegt es nahe, ein „Lernen in Resonanzbeziehungen“ nicht nur theoretisch, sondern auch praktisch zu erkunden. Aus diesem Grund habe ich in den vorherigen Kapiteln immer wieder auf Beispiele, Geschichten und Erfahrungen von Schülerinnen und Schülern sowie von Lehrerinnen und Lehrern aus der Praxis zurückgegriffen. Da Resonanz zudem kein rein intellektuelles, sondern vor allem ein leibliches Geschehen ist, schien es mir als Resonanzforscher sinnvoll zu sein, selber praktische Erfahrungen von bildenden Resonanzen zu machen und Resonanz am eigenen Leib zu erleben. Aus diesem Grund habe ich Kontakt zur „Deutschen SchülerAkademie“ (DSA) aufgenommen.

Die Idee, an einer DSA beobachtend teilzunehmen, entzündete sich während eines Gesprächs mit ehemaligen Teilnehmerinnen und Teilnehmern. Diese berichteten mir mit einem Anflug von Wehmut von der einzigartigen, besonderen und unbeschreiblichen Akademie-Atmosphäre.[1] Es sei diese noch nie erlebte Atmosphäre gewesen, die den Aufenthalt in der DSA zu einem der schönsten Erlebnisse ihres bisherigen Lebens gemacht habe. Da auch Hartmut Rosa betonte, das Resonanzkonzept sei weniger einer theoretischen Überlegung entsprungen als seinen langjährigen Erfah-

1 Die Gespräche fanden im Zeitraum vom 14. bis 16. Februar 2014 im Rahmen des Kongresses „Theater träumt Schule“ in München statt.

rungen als Akademie- und Kursleiter bei der DSA[2], entschied ich mich, als Assistenzleiter und wissenschaftlicher Begleiter an der „SchülerAkademie Braunschweig" 2014/1, teilzunehmen.[3]

Die „Deutsche SchülerAkademie" (DSA) wird von der gGmbH „Begabung & Bildung" in Bonn organisiert. Das Ziel der DSA ist die Förderung hochbegabter Schülerinnen und Schüler der gymnasialen Oberstufe, die aufgrund ihrer überdurchschnittlichen Befähigungen besondere Förderungsbedürfnisse haben. Die erste Akademie wurde im Sommer 1988 durchgeführt. Mittlerweile gibt es sieben Akademien jährlich. Eine Akademie stellt im Grunde einen Rahmen dar, der von der Geschäftsstelle vorbereitet und vor Ort von der Akademieleitung und anderen Akademiemitarbeitern umgesetzt und mit Leben gefüllt wird. Die Akademieleitung besteht aus einem Hauptverantwortlichen und ein oder zwei Assistenten. Die Assistenten sind meist ehemalige Teilnehmerinnen oder Teilnehmer, die den Teilnehmenden vom Alter her nahe stehen. Das Rahmenkonzept besteht grob aus zwei Teilen: Zu je gleichen zeitlichen Anteilen finden am Vormittag fachspezifische Kurse aus den Geistes-, Sozial- und Naturwissenschaften statt, meist auf dem Niveau der ersten Semester eines Studiums. Die Teilnehmenden haben vorher ein Thema gewählt, das sie bis zum Ende der Akademie verfolgen. Daneben können die Teilnehmenden zwischen und nach den Kursen selbst zu Kursleitern werden, indem sie kursübergreifende Angebote, kurz „KüAs", anbieten und durchführen. Während die Teilnehmenden in den Kursen ein Thema mit ihren Kursleitern, die meist Hochschuldozenten sind, vertiefen, können sie in den kursübergreifenden Angeboten ihre Resonanzverhältnisse in noch unbekannten Weltbereichen erkunden sowie mit den anderen Teilnehmenden, die sich nicht in ihrem Kurs befinden, in Kontakt kommen.

Die DSA ist keine Schule, sondern eine Ferienakademie im Sinne der amerikanischen „Summer schools". Nun kann man sich fragen, ob es überhaupt Sinn macht, eine Summer school als Fallbeispiel heranzuziehen, wenn man doch etwas über Schule aussagen möchte. Ich glaube, dass es aus mehreren Gründen Sinn macht. In der Schule findet Lehren und Lernen

---

2 Rosa, Hartmut (2012): „Geworfen oder getragen? Subjektive Weltbeziehungen und moralische Landkarten", in: Ders.: Weltbeziehungen im Zeitalter der Beschleunigung, S. 374–413, hier S. 394.

3 Die Akademie fand auf dem Gelände der Jugenddorf-Christophorusschule (CJD) vom 31.07. bis 16.08.2014 statt. Ich danke „Bildung & Begabung", insbesondere Dorothea und Volker Brandt, für die tatkräftige Unterstützung sowie Alena Klinger, die die Idee einer teilnehmenden Beobachtung mit zu Tage förderte. Mein Dank gilt auch den Teilnehmerinnen und Teilnehmern der DSA Braunschweig 1. Ihre kritischen Nachfragen und konstruktiven Anmerkungen haben viel zum Entstehen dieses Buches beigetragen.

meist innerhalb eines routinierten und soliden Rahmens statt, der wenig Raum für Experimente lässt. Im außerschulischen Bereich können diese Experimente durchaus stattfinden, wodurch es möglich wird, alternative Lehr- und Lernformen zu erkundet. Die Schule ist zudem eine Institution der Gesellschaft. Außerschulische Bildungseinrichtungen sind dies zwar auch, dennoch bieten sie eher Raum dafür, auch über die Gesellschaft und ihre Praktiken des Lernens und Lehrens zu reflektieren, weshalb gerade von diesen Einrichtungen neue Impulse für die Schule ausgehen können. Zudem sind viele der resonanzpädagogischen Ergebnisse und Ideen, wie ich sie in diesem Buch für die Schule vorgestellt und diskutiert habe, bereits von meinen Erfahrungen in der DSA geprägt. Möglicherweise aber liegt der Wert außerschulischer Bildungseinrichtungen gar nicht darin, dass wir dort Mittel und Methoden finden, die wir eins zu eins auf die Schule übertragen können; Resonanz kann nämlich nie instrumentell hergestellt werden. Der Wert der Akademieerfahrung könnte vielmehr in der Erfahrung selbst liegen: in der Sensibilisierung darauf, was Lernen in Resonanzbeziehungen ausmacht und wie es sich anfühlt. Durch die DSA können wir ein Gespür für bildende Resonanzatmosphären entwickeln, weil wir erlebt haben, wie sich ein Lernen und Leben in Resonanzbeziehungen äußern kann. Solche Erfahrungen können helfen, darüber zu reden, wovon bildende Resonanzerfahrungen möglicherweise abhängen, und wodurch sie zunichte gemacht werden. Der pädagogische Nutzen dieses Kapitels liegt demnach darin, diese „unbeschreibliche" Atmosphäre in Worte zu fassen und somit Deutungs- und Wahrnehmungsmuster pädagogischer Atmosphären zu erarbeiten; schließlich aber auch allgemeine Strukturmerkmale herauszufiltern, die Resonanzen begünstigen. Vielleicht lassen sich nicht alle diese Merkmale und Indikatoren direkt auf die Schule übertragen, möglicherweise aber skizzieren sie den Weg für eine Übersetzung.

Dass die DSA eine Oase in der deutschen Bildungslandschaft ist, zeigen die empirischen Befunde. Aus Untersuchungen ist bekannt, dass eine Akademie sowohl kurz-, als auch mittel- und langfristig positive Wirkungen auf die Teilnehmenden hat. Die Teilnahme an einer „Deutschen SchülerAkademie" fördert sowohl signifikant die fachliche Qualifizierung, als auch die kognitive Entwicklung, das soziale Verhalten, die Persönlichkeitsentwicklung und das gesellschaftliche Engagement.[4] Die Teilnehmerinnen und Teilnehmer einer DSA profitieren in so hohem Maße von der Akademie, dass die Frage nach den negativen Effekten bisher getrost mit: „Es gibt kei-

---

4 Grosch, Christiane (2011): Langfristige Wirkungen der Begabtenförderung; Neber, Heinz/Heller, Kurt A. (1997): Deutsche SchülerAkademie. Ergebnisse der wissenschaftlichen Begleitforschung.

ne" beantwortet werden kann. Während allerdings bekannt ist, was die DSA bewirkt, fehlt eine theoretische Erklärung dafür, wie sie dies tut. Um die Tiefe und Nachhaltigkeit dieser positiven Lern- und Lebenserfahrung zu verstehen, darf man, so lautet meine These, das Lernen in der Akademie nicht von einem leistungs- oder ressourcenorientierten Standpunkt aus betrachten. Warum Bildung in der DSA gelingt, lässt sich allein resonanzpädagogisch erklären: Es ist die noch nie erlebte Atmosphäre und der Geist der „SchülerAkademie", der die DSA zu einer Bildungsoase macht. Die Akademie-Atmosphäre erzeugt einen vibrierenden und spannungsreichen Resonanzraum, in dem vielseitige Selbst- und Weltbegegnungen provoziert werden, durch die es zu einer regelrechten Kreativitäts- und Ideenexplosion kommt. Eine Akademie lässt sich als ein Prozess beschreiben, bei dem sich die Teilnehmenden gemeinsam mit den Kursleitenden und mithilfe der Akademieleitung die DSA als ein klingendes Instrument anverwandeln. In diesem Anverwandlungsprozess verflüssigen sich die bisher gefestigten sozialen, symbolischen, intellektuellen und physischen Selbst- und Weltgrenzen der Anwesenden, sodass es zur Bildung eines neuen Weltverhältnisses kommt. Am Ende einer Akademie haben sich die Anwesenden verwandelt und ebenso hat sich die Akademie verwandelt. Dieser Verwandlungsprozess soll in den folgenden Abschnitten beschreiben werden. Meine Ergebnisse stützen sich auf die bisher durchgeführten Studien sowie auf eigenes Erhebungsmaterial, das aus sechs qualitativen Interviews, Beobachtungs- und Gesprächsprotokollen sowie meinen Erfahrungen als Assistenzleiter besteht, und schließlich auch auf die vielen informellen Diskussionen und Gespräche mit den Teilnehmenden. Zudem habe ich gelegentlich auch Material aus vorliegenden Erfahrungsberichten herangezogen und ausgewertet.[5]

Wie kommt es, dass Jugendliche 17 Tage ihrer Sommerferien opfern, um sich, anfänglichen Selbstzweifeln und Unsicherheiten zum Trotz, täglich mit anspruchsvollen intellektuellen Themen auseinanderzusetzen, dass sie dauerhaft auf hohem Niveau aktiv sind, auf Schlaf verzichten und diese Zeit dennoch, oder gerade deshalb, als „eindeutig die bisher besten 17 Tage meines Lebens"[6], als den „schönsten Sommer meines Lebens"[7] und als eine Zeit, „die ich nie vergessen werde"[8] beschreiben?

---

5 Als Assistenzleiter habe ich sowohl an der Organisation und der Durchführung teilgenommen, als auch den Zukunftsworkshop „Eure Schule der Zukunft" als KüA durchgeführt.

6 Das Zitat stammt aus Kretschmann, Tabea (2012): „Exkurs: Begabungsförderung bei Schülern und das Beispiel der Deutschen SchülerAkademie", in: Wollsching-Strobel, P./Prinz, B. (Hrsg.): Talentmanagement mit System. Von Top-Performern lernen – Leis-

Wie jeder Anverwandlungsprozess beginnt auch die DSA zunächst mit einer Erfahrung der Entfremdung: Was mache ich hier? Wer sind die Anderen? Was geschieht hier? Bin ich verrückt, meine Sommerferien mit leistungsintensivem Lernen zu verbringen? Die Teilnehmenden befürchten nicht selten, in einen Kreis von unsympathischen und unsozialen „Strebern" und „Nerds" zu geraten, zu denen sie keine Beziehung aufbauen können. Sie sorgen sich, keinen Anschluss zu finden, sowie, dass sie die hohen Anforderungen nicht erfüllen können und gnadenlos abgehängt werden. Diese Entfremdung kommt deutlich in den Aussagen der Befragten zum Ausdruck:

> „Ich hatte natürlich diese leise Befürchtung, und ich denke, viele hatten die, dass ich hier fehl am Platz wäre." (Jonathan) „Ich muss sagen, ich hatte anfangs wirklich Bedenken. Zweieinhalb Wochen! Die gehen ja jetzt nicht so schnell rum und ich hatte auch Erfahrungen gemacht mit Seminaren, die nicht so toll waren, also wo ich auch nach drei Tagen gemerkt habe, ich bin fertig. Ich kann nicht mehr." (Sophie)[9] „Viele sind ja am Anfang immer eher distanziert, das weiß ich auch von mir selber. [...] Also ich hatte schon Angst vorher." (Ann-Katrin)[10]. „Also ich hab vorher Bedenken gehabt, wie das wohl so wird, ob man mich versteht, ob das harmonisch ist." (Andreas)[11]

In einem Erfahrungsbericht bringt ein ehemaliger Teilnehmer diese Entfremdungsgefühle mit der Frage auf den Punkt:

> „War die Anmeldung ein Fehler?"[12]

Wie sich jedoch schnell herausstellte, war diese Entfremdungserwartung, anders als oft in der Schule, nur von kurzer Dauer. Die Entfremdungserwartungen lassen sich zum Teil auf die eigene Schulerfahrung zurückführen.

---

tungsträger im Unternehmen wirksam unterstützen. Der PWS-Ansatz, S. 57–72, hier S. 67.

7 Interview, geführt am 10.08.2014. Im Folgenden zitiert als (Jonathan). Alle Namen der Interviewten wurden geändert. Die Interviews liegen als teiltranskribiertes Audiomaterial vor.

8 Aus dem Erfahrungsbericht von Lennart Nicksch (2013, Braunschweig): www.roentgen-gymnasium.de/index.php/component/content/article/8-startseite/476-drei-erfahrungs-berichte-zur-deutschen-schuelerakademie-2013-in-braunschweig (abgerufen am 12.10.2015).

9 Interview, geführt am 13.08.2014. Im Folgenden zitiert als (Sophie).

10 Interview, geführt am 10.08.2014. Im Folgenden zitiert als (Ann-Katrin).

11 Interview, geführt am 14.08.2014. Im Folgenden zitiert als (Andreas).

12 Aus dem Erfahrungsbericht eines Teilnehmers im DSA-Programm 2013, S. 4.

Wie in den bewegenden Erzählungen deutlich wurde, machen hochbegabte Schüler und Schülerinnen in der Schule oft verletzende Repulsions- und Indifferenzerfahrungen. Aufgrund ihrer hohen Lern- und Leistungsmotivation werden sie in einem kompetitiven System oft als Gefahr wahrgenommen, als Streber verhöhnt und sozial exkludiert. Durch ihre hohe intellektuelle Auffassungs- und Kombinationsgabe können sie, ebenso wie die weniger begabten Schüler, leicht zu Mobbingopfern werden. Zudem entspricht das Niveau einer normalen Klasse oft nicht ihren besonderen Lern- und Förderbedürfnissen, sodass auch die Beziehung zu den Lehrenden und zur Sache schneller verstummt. Ebenso kann es zu offenen Entwertungen ihrer Begabung kommen:

> „Wenn ich früher im Leistungskurs Geschichte drangenommen wurde, dann ging so ein Stöhnen durch die Klasse: Jetzt kommt der wieder, macht wieder ellenlange Sätze und benutzt Fachwörter. Das will doch keiner hören, das ist total langweilig. [...] Es ist manchmal schon bitter, wie man ausgegrenzt wird." (Marcus)[13]

Zugleich speist sich die Entfremdungserwartung aus der Vorstellung, in der DSA würde es, wie oft üblich, ausschließlich um Leistung und Wettbewerb gehen und nicht um Resonanzen:

> „Ich hätte gedacht, dass es ernster ist und mehr nach dem Prinzip Wettbewerb und Leistung geht." (Marcus)

Bereits am ersten Tag jedoch beginnt ein Prozess der Verwandlung und Anverwandlung. In erstaunlich kurzer Zeit wachsen die Anwesenden zu jener einzigartigen Lern- und Resonanzgemeinschaft zusammen, die sie selber oft als „große Familie" beschreiben. Die Kontakte sind dabei so intensiv, dass viele Freundschaften die hier entstehen, noch bis zu 10 Jahre danach gepflegt werden, etwa über den „Club der Ehemaligen". Erst vor dem Hintergrund der schulischen Ausgrenzungserfahrungen wird die ungemein wichtige Bedeutung einer solchen Gemeinschaftserfahrung, wie sie die DSA ermöglicht, verständlich:

> „Weil hier niemand niemanden kennt, waren alle von Anfang an total offen und ich finde, hier wird keiner ausgeschlossen, und es ist dann so: Ja, klar, setz dich dazu [...] Also ich finde alle megaoffen und niemand schließt irgendwen aus oder wertet oder urteilt und weil hier mehr oder weniger alle Streber sind, wird einem hier auch nicht, wie an anderen Orten, der Streberstempel aufgedrückt." (Ann-

13 Interview, geführt am 12.08.2014. Im Folgenden zitiert als (Marcus).

> Katrin) „Das Zusammensein ist irgendwie viel weniger gruppenbildend und weniger aggressiv. In der Schule ist es ja so, dass es die Gruppe von den Coolen gibt, und es gibt die, die intelligent sind, die meistens außenstehend sind, und dann gibt's die, die einfach weniger begabt sind, und die bilden alle ihre Gruppen und da ist es schwer, eine Gemeinschaft zu bilden." (Sophie)

Ob in den Pausen auf dem Hof, am Lagerfeuer oder in der Cafeteria: Die beschriebene Offenheit der Gemeinschaft kommt in kleinen Gesten und Symbolen zum Ausdruck. Man öffnet beispielsweise freundlich den Kreis wenn jemand hinzutritt, heißt die neu Hinzugekommenen mit einem Lächeln willkommen und wendet sich ihnen zu.

> „Ansonsten bin ich [...] positiv überrascht, wie schnell man sich hier anfreundet und das Zusammenleben dann eigentlich harmonisch verläuft." (Sophie)

Es besteht kein Zweifel daran, dass die Akademieleitung sowie die Kursleiter durch ihr Verhalten und ihre Achtsamkeit für zwischenmenschliche Belange dieses soziale Klima prägen. Beispielsweise wurden die Teilnehmenden direkt nach der Ankunft zu zweit oder zu dritt auf eine Akademierallye geschickt, durch die sie nicht nur das Gelände erkundeten, sondern sich auch gegenseitig kennenlernten, indem sie gemeinsam eine Aufgabe lösten. Im ersten gemeinsamen Plenum haben die Akademie- und Kursleiter für die Teilnehmenden ein Lied gesungen, in dem sie zum Ausdruck brachten, wie sehr sie sich auf die gemeinsame Zeit freuen, um nur einige Beispiele zu nennen. Als stimmungsprägende Vorbildfunktion kann auch gewirkt haben, dass die Kurs- und Akademieleiter von Anfang an unvoreingenommen auf die Teilnehmenden zugegangen sind, sei es in der Pause, in den kursübergreifenden Angeboten oder beim Mittagessen. In den täglichen Teamsitzungen standen neben organisatorischen Themen, etwa zum Tagesablauf, stets auch Fragen nach dem Befinden der Teilnehmenden im Mittelpunkt: „Wie geht es X?", „Y ist sehr zurückhaltend. Wie können wir ihr helfen, sich zu öffnen und Anschluss zu finden?", „Fühlt sich Z wohl?" Doch nicht nur personal, auch strukturell provoziert die DSA Begegnungen und Austausch, indem immer wieder Räume geschaffen werden, in denen die Anwesenden gemeinsame Projekte durchführen, Schach spielen, Filmabende organisieren, sich etwas beibringen, in der Gruppe diskutieren usw.

Immer wieder betonten die Jugendlichen auch, wie wichtig es für sie sei, Menschen zu treffen, mit denen sie sowohl sozial als auch sachlich in Resonanz treten können. Dazu trägt zum einen das gemeinsame „Schicksal" der Hochbegabung bei:

„Hier ist es halt so, dass die Leute von ihrem Level her alle relativ ähnlich sind, und daher ist das Verstehen viel leichter als in der Schule." (Sophie)

Während Marcus in der Schule das Gefühl hat, seine Wortmeldungen würden auf Ablehnung, Widerstand und Gleichgültigkeit stoßen (er berichtete, dass oft ein Stöhnen durch den Klassenraum geht, wenn er sich zu Wort meldet), wird seine Meinung in der DSA responsiv aufgegriffen und mit Resonanz beantwortet:

„Hier wird es als interessanter Einwurf aufgefasst. Da hören die Leute zu, die wollen das verstehen, was du sagst, die wollen darüber nachdenken, die wollen, dass es die Diskussion weiterbringen kann. Und in der Schule ist das ganz anders." (Marcus)

Wie ich später beschreiben werde, ist die DSA strukturell auf schöpferische Begegnungen, zwischenmenschlichen Kontakt und kreative Interaktion hin angelegt, was nicht nur die Teilnehmenden untereinander zusammenschweißt, sondern auch die Kurs- und Akademieleiter einschließt:

„Man kann sich zum Beispiel auch beim Mittagessen mit den Kursleitern einfach über die Dinge unterhalten, die man interessant findet." (Andreas)

Es wundert nicht, dass die Jugendlichen, indem sie sich auf die Frequenzen der Akademie einlassen, zugleich das Gefühl haben, sich Gleichaltrigen (mitunter zum ersten Mal) öffnen zu können, um sich so zu zeigen, wie sie wirklich sind. Zentral dafür ist die Atmosphäre, in der niemand seine Begeisterung, seinen Lernwillen und seinen Wissensdrang verstecken muss, ebenso wie das Wissen darum, dass es in der DSA nicht um Konkurrenz und um ein Gegeneinander, sondern um ein Miteinander geht:

„Also das finde ich auch angenehm, dass ich das Gefühl habe, alle sind hier authentisch und sie selbst, und versuchen nicht, ihr Licht unter den Scheffel zu stellen [...]." (Ann-Katrin) „Man trifft so viele Leute, die so einzigartig sind, die wirklich viele Fähigkeiten haben, die auch Lust haben, die Fähigkeiten zu zeigen und in einen Dialog zu treten und sich auszutauschen. Das erlebe ich im Alltag nicht so." (Andreas)

Ich konnte nicht beobachten, dass auch nur ein einziges Mal eine Idee, ein Interesse oder ein Vorschlag einfach abgelehnt wurde, ohne dass diese zunächst bejaht wurden und, ohne dass darüber nachgedacht wurde, wie man sie umsetzen könnte. Die Akademie wurde deshalb von einigen auch als „Ermöglichungsakademie" bezeichnet. Gerade, weil so gut wie jeder Einfall aufgegriffen wurde und auf Resonanz stieß, kam es auch niemandem in den

Sinn, sich nicht einzubringen. Die Akademieleitung und die Kursleitenden spielten dabei eine entscheidende Rolle. Es gab drei Personen, die damit beauftragt waren, die Anwesenden bei der Umsetzung ihrer Ideen zu unterstützen und die Resonanzen somit zu verstärken.

In einer solchen teilnehmenden und Anteil nehmenden Gemeinschaft kann es zu einer hohen Dichte an empathischer Interaktion kommen, die in solidarischem Handeln und Hilfsbereitschaft zum Ausdruck kommt. Das tragende Gemeinschaftselement, das die Jugendlichen beschreiben, basiert zum einen auf der Erfahrung, nicht ausgegrenzt zu werden und willkommen zu sein, andererseits auch auf dem Erleben, dass die eigenen Belange in der Gemeinschaft Anklang finden. Zeigt sich jemand für eine Sache interessiert oder begeistert, dauert es meist nicht lange, bis auch andere davon angesteckt werden. Häufig drückt sich dieses Gemeinschaftsgefühl auch in unterstützendem und Hilfe leistendem Verhalten aus. Ein weiterer Anlass für empathische Begegnungen ist z. B. das Volleyballturnier:

> „Beim Volleyballturnier war es dann so, dass diejenigen, die besser Volleyball spielen konnten, auch zu denen gegangen sind, die es nicht so gut konnten, und dann gezeigt haben, wie es richtig gemacht wird. Man hat sich gegenseitig ausgetauscht und da gab es dann auch eine große Übertragung, dass man sich im Kurs geholfen und unterstützt hat; oder sich was erklärt hat, wenn man etwas nicht verstanden hat." (Andreas).

Da die Teilnehmerinnen und Teilnehmer oft zum ersten Mal in einer homogenen Begabungsgruppe zusammen sind und auch oft zum ersten Mal erleben, was es heißen kann, in einer Lern- und Resonanzgemeinschaft zu leben, kann diese Erfahrung zu dem Schluss verleiten, Resonanz hänge ausschließlich von dem Grad der Begabung ab, bzw. von der Homogenität der Leistungsgruppe. Folglich kann es so aussehen, als seien zu Hause die nicht hoch begabten Mitschüler und Mitschülerinnen für die leidvollen Schulerfahrungen verantwortlich oder, weniger spitz formuliert, die Heterogenität der Klassengemeinschaft. Tatsächlich haben einige Teilnehmerinnen und Teilnehmer geäußert, es wäre besser, wenn man die weniger Begabten unter sich lassen würde, sodass die leistungsstarken Schüler und Schülerinnen gemeinsam in einer Klasse lernen könnten. Diese Schlussfolgerung weist zum einen auf das besondere Förderungs- und Resonanzbedürfnis hochbegabter Kinder und Jugendlicher hin. Zu oft scheint das Schulleben in sozialer und sachlicher Hinsicht für einen Teil der Hochbegabten stumm und nichtssagend zu sein oder sich repulsiv gegen sie zu wenden. Zugleich aber gibt es Hinweise darauf, dass auch strukturelle Umstände ein Lernen in Resonanzbeziehungen verhindern. So haben andere Teilnehmende berichtet, in ihren Schulen könnten sehr wohl Schülerinnen und Schüler verschiedener Begabungsstufen empathisch, solidarisch und responsiv zusammen lernen, sodass sich auch in ihrer Schule (an der nicht nur Hochbegabte lernen) ein ähnliches Gemeinschaftsgefühl einstellen könne, wie in der DSA.

Auch der Leiter der DSA, Volker Brandt, liefert ein Argument gegen die These, bildende Resonanzen lassen sich nur in homogenen Leistungsgruppen verwirklichen[14]:

> „In der Schule hast du eine Gauß'sche Normalverteilung. Wenn du hier in der Akademie eine Untersuchung machen würdest über diese Schüler, hast du sie auch, nur parallel verschoben. Wir haben eine ganze Reihe, die sind exzellent, wir haben eine ganze Reihe, die sind etwas schwächer, immer noch gut, aber schwächer, und einen großen Mittelteil. Insofern würde das der Theorie widersprechen, es liege an den unterschiedlichen Begabungsstufen. Ich würde viel eher sagen, es liegt an anderen Elementen." (Volker Brand)

Diese „anderen Elemente" sind nach Volker Brandt institutioneller und zwischenmenschlicher Natur: Von Anfang an haben die Entwickler der DSA bewusst darauf abgezielt, einen bewertungs- und konkurrenzfreien Raum zu schaffen, in dem die Teilnehmenden nicht individuell und kompetitiv, sondern kooperativ und solidarisch gemeinsam lernen und leben. Die DSA ist ein Ort, an dem emotionale Verletzungen durch Bewertungen vermieden werden sollen. Angsträume entstehen dort, wo jede Äußerung mit einer Zensur bewertet und evaluiert wird, wo die Anerkennung und Wertschätzung der Menschen primär über Noten erfolgt, was den „wertschätzenden Takt" zerstört (vgl. dazu Kap. III.1.6). Dies sieht auch Volker Brandt so:

> „Es liegt an der Zensurengebung, an der Frage, ob ich, wenn ich mich persönlich öffne und etwas sage, angreifbar werde: Werde ich verletzbar oder darf ich so sein, wie ich bin?" (Volker Brand)

Bildende Resonanzen scheinen weniger davon abzuhängen, dass die Lernenden das gleiche Leistungsniveau haben, als von der Atmosphäre; davon, ob sich die Schüler und Schüler in der Schule öffnen können oder nicht.

Dadurch, dass es nicht um Leistung geht,

> „[...] dass es nicht darum geht, sich irgendwie als Bester durchzusetzen und dann ein besonders tolles Zertifikat zu bekommen" (Andreas),

---

14 Ich habe mit Volker Brandt mehrere Interviews und Gespräche geführt. Die hier zitierten Aussagen stammen aus einem Interview vom 11.08.2014. Im Folgenden zitiert als (Volker Brandt).

sondern um das gemeinsame Lernen, kann eine responsive Feedbackkultur entstehen. Das Feedback wird nicht allein durch sprachliche Einschätzungen gegeben, sondern durch das Resonanzerleben selbst: Kommt etwas von den Anderen zurück? Kann ich sie für meine Ideen begeistern? Kann sich ein gemeinsames Verständnis für die Sache entwickeln? Sind die Ideen der Anderen interessant? Gelingt es uns gemeinsam etwas auf die Beine zu stellen? Da die DSA in ihrer Ausschreibung Hochbegabung nicht allein an den Noten bemisst, sondern ausdrücklich auch am Engagement, am Interesse und der Begeisterungsfähigkeit, und somit auch dort sucht, wo sie sich noch nicht in guten Noten kundgetan hat, haben die Teilnehmenden meist ein ausgeprägtes intrinsisches Interesse an der Welt. Dieses Auswahlkriterium ist sicher zum Teil für den Erfolg der Akademie verantwortlich. Andererseits ist die Akademie ein Resonanzmedium, ein Instrument der Anverwandlung, d.h. sie verstärkt und erzeugt dieses Interesse zugleich.

Da Hochbegabte scheinbar oft mit Stereotypen konfrontiert sind (als „Streber", „Sonderling" oder „Nerd" abgestempelt werden) – und somit in repulsive Weltbeziehungen geraten – oder aber im Unterricht allein gelassen werden („Die schaffen das schon, denen brauche ich nicht helfen.") – und somit in indifferente Schulweltverhältnisse gedrängt werden –, ist eine der wichtigsten persönlichen Erfahrungen, die die Lern- und Resonanzgemeinschaft der DSA den Teilnehmenden ermöglicht, die Einsicht, dass sie ganz normale Menschen sind. So berichtet Volker Brandt über den Ursprung der DSA:

> „Und dann kam die Idee auf, wir wollen etwas entwickeln, um exakt diese besonders begabten, befähigten Jugendlichen zusammenzutun und ihnen das Gefühl zu geben, ihre Begabung ist normal, sie sind keine Außerirdischen [...], sondern sie sind ganz reguläre, normale Schülerinnen und Schüler, die die gleichen Möglichkeiten und Fähigkeiten haben wie alle anderen auch. Und was brauche ich dafür? Ich brauche dafür ein Thema, woran sie sich festbeißen können. Ich brauche dafür eine Art Projekt, einen Zeitraum, und ich muss sie zusammenpacken: Und da bin ich bei der Akademie." (Volker Brand)

Die Akademie erzeugt bildende Resonanzen, indem die Kurse und KüAs auf die besonderen Förderbedürfnisse begabter Schülerinnen und Schüler antworten. Dadurch können sich die Teilnehmenden nicht nur als gefordert erleben, sondern auch als gesehen, gehört und gemeint. Durch die affirmative Antwort auf die eigenen Interessen, Fähigkeiten, Ideen und Gedanken durch andere Teilnehmerinnen und Teilnehmer sowie durch Kurs- und Akademieleitende erleben sich die Anwesenden in ihrer ganzen Person als wertgeschätzt, angenommen und bejaht. Infolgedessen steigt das Selbstwertgefühl der Teilnehmenden signifikant an:

„Ich weiß, dass ich letztes Jahr, nach der ‚JuniorAkademie', mit einem ganz neuen Selbstvertrauen durchs Leben gegangen bin. Ich denke, das wird jetzt wieder so sein, nur in noch stärkerer Form. Mit einer Sicherheit, mit weniger Selbstzweifeln, denn die hab ich oft, das muss ich dazu sagen, vor allem wenn eine Klausur ansteht, aber irgendwie festigt sich da die Erkenntnis, man ist nicht nur seine Noten, man ist mehr als Noten oder das, was andere Leute über einen sagen." (Andreas)

Marcus fasst den persönlichen Wert der Akademieerfahrung in dem Satz zusammen,

„[...] dass es ganz ganz viele Leute gibt, die so sind wie ich." (Marcus)

Die Akademie antwortet also zum einen auf die Förderungs- und Lernbedürfnisse hochbegabter Schüler, die sich dadurch als gemeint, gehört, wahrgenommen, bejaht, erreicht und berührt erfahren können. Zum anderen macht jeder Teilnehmende in der Gemeinschaft die Erfahrung, als ganze Person angenommen und wertgeschätzt zu werden. Dadurch wird sowohl die soziale als auch die sachliche Resonanzachse zum Klingen gebracht. Die DSA stellt dafür ein festes Rahmenprogramm zur Verfügung, das die Teilnehmenden sowie die Kurs- und Akademieleiter eigenständig und eigenverantwortlich gestalten, mit Leben ausfüllen und sich anverwandeln müssen. Die DSA erweist sich dabei als ein entgegenkommendes und bewegliches Resonanzmedium innerhalb eines festen Rahmens und stellt somit einen autonom geschlossenen und zugleich offenen Resonanzraum dar. Diese Offenheit der DSA gegenüber dem Anverwandlungsbedürfnis der Anwesenden erleben die Jugendlichen als eine besondere Art der „lockeren Atmosphäre" (Andreas).

Wie aber erzeugt die Akademie, neben den personalen Merkmalen, strukturell eine solche resonante Lerngemeinschaft? Ein zentrales Instrument der Anverwandlung ist das allmorgendliche Plenum. Im Plenum (das in der DSA Braunschweig 2014/1 im Gebäude des Theatersaals stattfand) treffen sich alle Anwesenden, um gemeinsam den Tagesablauf und die anstehenden Aufgaben zu besprechen und zu verteilen sowie die Angebote der Teilnehmenden in den KüAs zu koordinieren. Das Prinzip ist das der Selbstverwaltung und Selbstorganisation oder, resonanztheoretisch ausgedrückt, die kollektive Anverwandlung:

„Die DSA ist ein besonderes Erlebnis, zunächst einmal die Selbstständigkeit: Es ist da keine Familie, die einen umgibt, außer natürlich der ‚großen Familie'. Und man muss mehr Verantwortung [...] übernehmen, aber man hat auch keinen, der Druck macht." (Jonathan)

Auch die Fachkurse werden zwar von den Kursleitern und Kursleiterinnen strukturiert und organisiert, sind aber ergebnisoffen angelegt und somit anverwandlungsfähig:

> „Ich hatte das Gefühl, dass unsere Kursleiter, wenn wir die Texte besprochen hatten, auch nicht so genau wussten, was bei diesen Texten rauskommen soll und auch interessiert in der Diskussion drin waren und auch was lernen wollten, aus diesen Sachen. Und Lehrer in der Schule, die wissen halt, was rauskommen soll, und die urteilen halt nach richtig und falsch. Hier gibt es in dem Sinne nicht richtig und falsch. Es gibt sozusagen einen Prozess, es geht nicht um richtig und falsch, sondern darum, zu verstehen. Es geht nicht darum, zu beurteilen, sondern es geht darum, zu schaffen, den Inhalt der Theorie rauszustellen." (Marcus)

Die Resonanzsensibilität der Kurse kommt insbesondere dort zum Ausdruck, wo die Kursleitenden aktiv auf die Bedürfnisse, Interessen und Wünsche der Kursteilnehmer eingehen. So kann es geschehen, dass zwei Kursleiter bis spät in die Nacht hinein zusammensitzen, um den Ablauf des Kurses an die Wünsche der Teilnehmenden anzupassen, ein Thema zu vertiefen oder einen anderen Aspekt, der das Interesse geweckt hat, mit einzubauen. Wie ich im Kapitel III.1.6 argumentiere, greifen sie, resonanzpädagogisch formuliert, den „Ton" der Teilnehmenden auf und versuchen, verstärkend auf diesen zu antworten, um die Sache zum Klingen zu bringen.

Zum anderen lebt die Akademie aber auch von einem ständigen Rollenwechsel: Davon, dass die Teilnehmerinnen und Teilnehmer, aber auch die Kurs- und Akademieleitenden kursübergreifende Angebote, die KüAs, anbieten, in denen sie selbst von Lehrenden zu Lernenden und umgekehrt werden. In den KüAs erfolgt nicht nur ein Rollenwechsel und sie provozieren auch nicht nur zwischenmenschliche Kontakte (anders als die Fachkurse stehen sie jedem offen), sondern sie fördern vor allem Begegnungen mit neuen und interessanten Stoff- und Sinngebieten. So können alle Teilnehmenden ihre Resonanzverhältnisse erkunden und prüfen, was ihnen liegt, was sie anspricht bzw. was nicht. Als KüAs wurden zum Beispiel angeboten: Dirigieren für Anfänger, Akademiechor-Singen, Spielen im Akademieorchester, HipHop oder Ceilidh tanzen, Schnupperkurs Cello, Prog-Rock hören, Poetry-Slam, Zeichnen, 3D-Schach spielen, Debattieren, „Welt retten" (z.B. durch eine Diskussion zur nichtmilitärischen Beilegung der Ukraine-Krise), die Zukunftswerkstatt „Unsere Schule der Zukunft", Mitternachtsfußball, Zumba, Ultimate Frisbee, Badminton, Chinesisch für Einsteiger, Grundlagen im Übersetzen, Kinoabend, „Sterneschauen" mit dem Teleskop, Bodybuilding, „Capture the Flag", das „Mörderspiel" oder eine Stadtrallye – um nur einige Beispiele zu nennen.

> „Was ich wichtig finde, ist, dass man auch außerhalb der Kurszeiten viel in Kontakt kommt, dadurch, dass da auch ein Programm ist, und dass man sich dadurch auch besser kennenlernen kann, in den ganzen KüAs." (Jonathan)

Es entsteht buchstäblich eine vibrierende Atmosphäre, in der sich die Anwesenden wechselseitig anstecken, begeistern, bewegen und berühren, ein Resonanzraum, dem man sich kaum entziehen kann, was sich bei vielen am wenigen Schlaf zeigt (die Teilnehmenden dürfen selbst entscheiden, wann sie ins Bett gehen):

> „Ich hab noch nie in meinem Leben so wenig geschlafen. Ich kann mich nicht erinnern, überhaupt mal unter sechs bis sieben Stunden geschlafen zu haben. Das waren mal Einzelfälle." (Marcus)

Der Grund, warum niemand ins Bett gehen will, ist derselbe, warum kaum jemand mit seinem Smartphone oder Handy spielt: Man möchte nichts verpassen – ein unmissverständliches Resonanzzeichen.

> „Man will halt möglichst viel mitnehmen und dann geht man nicht ins Bett und schläft halt auch wenig",

sagt Sophie und berichtet, dass sie in einem anderen Förderungsprogramm für hochbegabte Schüler und Schülerinnen bereits nach drei bis vier Tagen vollkommen erschöpft war.[15] Der Unterschied zur DSA bestand darin, dass das Lernen allein auf Leistung und Profilierung hin angelegt war, wodurch sehr wahrscheinlich ein Wettbewerbsraum und eine Entfremdungszone erzeugt wurden. In der DSA basiert Lernen weniger auf Leistung, als auf Begegnungen, Resonanzen und wechselseitiger solidarischer Unterstützung, sodass die Anwesenden von sich aus mehr geben, als von ihnen verlangt wird. Das zeigt auch, dass Resonanz nicht leistungsfeindlich ist. Auch für diese Resonanzerfahrungen muss man einiges an Kraft investieren. Die hohe Leistungsmotivation ist aber eher ein Nebenprodukt der Resonanzbeziehungen. Wie wohl jeder nachvollziehen kann, steigert es unsere Leistungsbereitschaft ungemein, wenn wir für eine Sache brennen. Deshalb kann ein solches Lernen in Resonanzbeziehungen eine ungeahnte Energie und Kreativität freisetzen, die sich nur schwer in Worte fassen lässt, wenn man sie nicht selbst erlebt hat. Jedenfalls halten die Teilnehmenden 16 Tage

---

15 „Man hatte nicht mal einen Moment, wo man jemand anderem auch mal zuhört, sondern man musste permanent Leistung bringen, und da hatte ich ein bisschen Angst, dass das hier genauso ist. Aber nein, ich bin sehr zufrieden, sehr glücklich und froh, dass ich hier sein darf, dass ich das erleben durfte." (Sophie)

mit wenig Schlaf, intensiver Arbeit und in Daueraktivität durch. Zwar haben sie dabei das Gefühl *ge*fordert, nicht aber *über*fordert zu sein:

> „Also ich hab noch nie gedacht, du kannst jetzt nicht mehr, weil ich finde, dadurch, dass es auch so viel Spaß macht, schafft man das dann doch irgendwie und man weiß ja auch, dass die Anderen einen hier immer unterstützen würden im Zweifel. [...] Ist halt anstrengend, aber es macht trotzdem noch Spaß." (Ann-Katrin)

Für viele ist die DSA dennoch eine Grenzerfahrung, und das soll sie laut Volker Brandt auch sein:

> „Wir haben immer gesagt, wir wollen keine Zensuren, wir wollen keine Bewertung, sondern wir wollen die Teilnehmer an die Grenzen ihrer Leistungsfähigkeit bringen, wir wollen sie fordern. [...] Dieses Anregen, noch mehr zu leisten, als man eh schon leistet, das kannst du auf jeder Begabungsstufe machen. Wenn du einem Menschen in seiner Begabungsebene eine Leistung abforderst, die einen kleinen Tick oben drüber ist, die nicht meterweit oben drüber ist, sondern einen kleinen Tick höher ist, dann ist das eine Motivation für denjenigen oder diejenige, diese Stufe zu erreichen; und dann kommt noch eine Stufe und noch eine und so weiter. Damit verschiebt der Einzelne seine eigene Leistungsgrenze einen kleinen Tick nach oben und noch weiter nach oben. Das ist im Endeffekt das, was wir versuchen in der Akademie umzusetzen." (Volker Brandt)

Die Teilnehmenden erleben diese Grenzerfahrung durchaus nicht als Überforderung, sondern als positive Herausforderung und Chance. Entscheidend ist dabei die von der DSA bereitgestellte Dramaturgie von Anspannung und Entspannung, Arbeiten und Spaßhaben:

> „Was einen [...] an die Grenzen bringt, ist der Kontakt mit den Anderen. Dass man hier wirklich eben auch wieder sehr lange am Tag außerhalb des Kurses auf sehr hohem Niveau denken muss, Schachspielen, wir diskutieren viel über irgendwelche Sachen. Aber irgendwie ist es auch eine Grenzerfahrung, dass es geht, dass man diese Anspannung mit Entspannung und Spaß kombinieren kann. Alles erzeugt hier eine Erwartungshaltung, die so sehr strapaziert wird, dass man hier vierzehn Stunden am Tag so intensiv denkt, arbeitet, was weiß ich was macht, aber auch [...] Spaß hat, Musik macht, Sport macht. Das ist auch eine Grenzerfahrung – jetzt nicht im Sinne von Höchstbelastung, sondern im Sinne von Ausnahmeerscheinung. Und alles was neu ist, fordert dich auf jeden Fall; und das hier ist so neu und so intensiv, dass es auf jeden Fall auch eine Grenzerfahrung ist." (Marcus)

Eine solche Grenzerfahrung wirkt der Selbstüberschätzung entgegen. Ihr wirklicher Nutzen aber besteht resonanzpädagogisch in einer anderen Wirkung: In Grenzerfahrungen können wir uns als schwach und hilfsbedürftig erleben. Diese Erfahrung fördert in einer Resonanzgemeinschaft wiederum die Solidarität und die berührende Erfahrung, sowohl von Anderen Hilfe zu empfangen, als auch Anderen helfen zu können.[16]

Die Grenzerfahrung in einer solidarischen Gemeinschaft, in der man füreinander da ist, sowie die vielfältigen Weltbezüge der Kurse und der KüAs eröffnen den Teilnehmenden einen Raum, in dem sie ihre Resonanzfähigkeit und ihre Resonanzverhältnisse kennenlernen können. Die DSA kommt den Teilnehmenden vor dem Abitur in einer Zeit entgegen, die als resonanzsensible Phase beschrieben werden kann: Vor dem Abitur haben sich die Resonanzbeziehungen noch nicht durch ein Eingebundensein in Beruf und Familiengründung gefestigt, zugleich wird die Frage drängend, in welche Richtung die jungen Erwachsenen weitergehen sollen, welche Weltbereiche sie sich in ihrem Leben anverwandeln sollen und welche nicht. So erklärt Volker Brandt:

> „Ich spreche davon, ihnen einen Spiegel vor die Nase zu halten, nach dem Motto, das Ziel der Akademie kann nur sein, dass du dich erkennst und siehst, was du kannst, was du nicht kannst, wer du bist, wer du nicht bist. So eine Art Selbsterkennungsprozess; einen Identifizierungsprozess, das, was ja in dem Zeitraum vor dem Abitur sehr wichtig ist, weil die Leute nicht wissen, was sollen sie studieren. Das ist so eine Art sensible Phase, von der Entwicklungspsychologie her." (Volker Brandt)

In dieser resonanzsensiblen Phase, kurz vor dem Abitur, nachdem die Welt sich ihnen wie nie zuvor öffnen wird, und in der die Jugendlichen die alten Fahrbahnen verlassen werden um neue Wege zu betreten, stellt die DSA eine biografische Schnittstelle dar. Die DSA bietet einen wettbewerbsfreien Raum, in dem nicht für das eigene Leben produziert wird, sondern über das eigene Leben reflektiert werden kann, in dem Lebensentscheidungen getroffen werden und sich festigen. An einem Abend fand eine Studienberatung statt, in denen die Kurs- und Akademieleiter von ihren Erfahrungen in ihren Arbeitsbereichen erzählten. Der von mir interviewte Jonathan berichtete, dass er bisher schwankte, ob er Jurist oder Lehrer werden sollte:

16 Im Kapitel III.2.3 habe ich argumentiert, dass die Anerkennung des Menschen als eines auch schwachen und hilfsbedürftigen Wesens, Gewalt und Entfremdung an Schulen vorbeugt, indem es Entfremdungssensibilität und Resonanzverantwortung fördert.

„Die leise Idee, Lehrer zu werden, hat sich hier gefestigt. In zwei Jahren ist die Schule vorbei, was soll ich danach machen? Das ist ganz schön kurz. Soll ich Jurist werden, soll ich Lehrer werden, was soll ich machen? Ich habe dann hier immer mehr zum Lehrer hingeneigt, und Jura wurde zurückgedrängt. Ich hatte bisher nicht das Selbstvertrauen, mich für eines zu entscheiden. Das hat sich hier geändert." (Jonathan)

Die Kurs- und Akademieleiter haben eine starke Vorbildfunktion. So erzählt Volker Brandt über die Auswahl der Kursleiter und Kursleiterinnen:

„Es ist extrem schwierig, solche Kursleiter zu gewinnen, die die Teilnehmer fordern, aber ihnen gleichzeitig ein Vorbild darin sind, wie sie mit dieser Situation umgehen können; wie sie mit wissenschaftlichem Arbeiten umgehen können. Das ist der Knackpunkt." (Volker Brandt)

Um diese vibrierende und spannungsgeladene Resonanzatmosphäre aufrechtzuerhalten, ist die zeitliche Dramaturgie von entscheidender Bedeutung. Nach Volker Brandt gibt es drei Spannungsbögen, in denen Phasen der Anspannung und der Entspannung miteinander verzahnt sind:

„Wie schaffst du es, 16 Tage die Spannung so aufrechtzuerhalten, dass die Leute auch am letzten Tag noch intensiv mitarbeiten? Wie schaffst du das? [...] Wir haben es am Anfang nicht gewusst. Wir haben es ausprobiert. [...] Es gibt drei Spannungsbögen, die aufeinander aufbauen und immer stärker werden. Der erste geht bis zum Exkursionstag. Das ist nach den ersten vier Tagen, wo die Leute intensiv in den Kursen gearbeitet haben und dann endlich mal Luft holen können, mit anderen Teilnehmern zusammenkommen und was ganz anderes machen. Der zweite Spannungsbogen geht von der Exkursion bis zur Rotation." (Volker Brandt)

Die Rotation findet fünf Tage später statt. Auch die Rotation ist ein Prinzip, um Begegnungen, Kontakte und Resonanzen zwischen den Fachkursen zu initiieren, und sie geht mit Anspannung einher. In der Rotation berichten die Teilnehmenden eines Kurses den Teilnehmerinnen und Teilnehmern der anderen Kurse, was sie bisher gemacht und woran sie gearbeitet haben. Neben der resonanzpädagogisch interessanten Tatsache, dass die geschlossenen Kurse dabei in eine Art Akademie-Öffentlichkeit treten, besteht die Herausforderung insbesondere darin, die Inhalte nicht denjenigen erklären zu müssen, die sich in dem Thema bereits auskennen und bei denen man viel voraussetzen kann, sondern den Fachfremden das eigene Gebiet verständlich machen zu müssen. Nicht nur vertieft sich dabei das Sachverständnis: Die Rotation kann zugleich Empathie für Andere fördern und ein Gespür für die unausgesprochenen Voraussetzungen eines Fachbereiches vermitteln. Der Druck, der sich bei den Teilnehmenden vor der Rotation aufbaut, kann sich am Abend im Volleyballturnier und der darauffolgenden Disko wieder entladen. Wurde die Kursgruppe in der Rotation aufgespalten, kommt sie beim Volleyballturnier wieder zusammen, sei es auf dem Feld oder aber lautstark singend, rufend, Krach machend und zum Anfeuern verkleidet am Rand des Spielfeldes. Im Fall der Akademie Braunschweig 2014/1 konnte die Restanspannung nach dem Volleyballturnier in der eigens veranstalteten Disko rausgetanzt werden. Die Disko sowie die Cocktailbar (während der gesamten Akademie herrscht Alkoholverbot) waren von den Teilnehmenden selbst organisiert. Zwar können die Inhalte und die Dauer dieser Spannungsbögen nicht direkt auf die Schule übertragen werden, die Einsicht, dass die Dramaturgie aus kollektiver Anspannung und Entspannung wichtige Elemente eines bildenden Resonanzraumes sind, ist jedoch auch für die Schule ein wichtiger Befund. Noch eine Einsicht kann aus dieser Praxis gewonnen werden: Die Spannungsbögen entstehen scheinbar dadurch, dass unterschiedliche Weltbeziehungsaspekte betont werden. So wechseln sich kognitive Weltbeziehungen (in denen diskutiert, gelesen und vorgetragen wird), mit leiblichen Weltbezügen ab (in denen getanzt, gejubelt, gesungen und Sport getrieben wird).

Über den dritten Spannungsbogen erzählt Volker Brandt:

> „Und der dritte Spannungsbogen geht von der Rotation bzw. abends vom Volleyballturnier bis zum Konzert und dann ein Tipferl drauf bis zum Abschlussabend, auf den sie die ganze Zeit hinarbeiten: Konzert bzw. Dokumentation und Abgabe der Dokumentation."

Dem öffentlichen Abschlusskonzert, das in den 16 Tagen von der kursübergreifenden Musikleiterin zusammengestellt und eingeprobt wurde, folgt die Fertigstellung der Dokumentation, in denen die Ergebnisse und der Verlauf der Akademie festgehalten werden, und bei der die Teilnehmenden unter anderem lernen, wissenschaftliche Texte zu verfassen. Diese Arbeit an der Dokumentation dauert häufig bis tief in die Nacht hinein. Die Kursleitenden unterstützenden die Schreiber dahingehend, dass sie am Ende ein kollektives Erfolgserlebnis haben. Interessanterweise ist diese Dramaturgie selbst das Ergebnis von Experimenten. Verschiebt man ein Element dieser drei Spannungsbögen, brechen die Intensität, die Energie und der zündende „Funkenflug" vorzeitig zusammen:

> „Wir haben die Erfahrung gemacht, dass Veränderungen, allein das Verschieben des Exkursionstages, eine Veränderung im System bewirken. [...] Wenn du das allein drei oder vier Tage länger machst, hast du irgendwo einen Bruch

> drin. Wir haben eine Akademie mit 21 Tagen gemacht. Solange hält die Physis nicht durch. Es kippt, die Spannung geht raus."

Scheinbar ist nicht nur der Wechsel zwischen kognitiven und leiblichen Weltbezügen entscheidend für den Aufbau von Spannungsbögen. Ebenso wichtig ist der Wechsel zwischen Aktivitäts- und Erholungsphasen, in denen man nichts tut. Die DSA gewährleistet Erholungsphasen durch kleine Spannungsbögen.

Den drei großen Spannungsbögen entsprechen kleine Spannungsbögen im Tagesablauf. Für die Bildungserfahrung DSA ist das intensive Arbeiten in den Kursen und teilweise auch in den KüAs ebenso wichtig wie die Erholung in den Phasen, in denen es darum geht, sich zu entspannen und Spaß zu haben. Da die Resonanzfähigkeit und Resonanzsensibilität nicht unbegrenzt gesteigert werden kann, sind Phasen der Ruhe und der Entspannung nötig. So schafft etwa die Entspannungs-KüA, die in der Akademie Braunschweig 2014/1 die „Blaue Stunde" genannt wurde und die täglich um 23 Uhr stattfand, einen Ort, an dem sich die Anwesenden von den Anstrengungen und der Aufregung des Tages erholen können. In der „Blauen Stunde" werden Matten ausgelegt, es wird beruhigende Musik gespielt, es werden selbst geschriebene Fantasiereisen durchgeführt oder Geschichten vorgelesen. Auch viele Schulen verfügen mittlerweile über Entspannungsräume, in denen Reizarmut und Ruhe herrscht.

Neben der Möglichkeit sich zu entspannen, sind auch Spaß und Freude zentrale Elemente einer jeden Akademie. Die fröhliche und ausgelassene Stimmung, in der sich die Anwesenden wechselseitig füreinander öffnen, ist ein Charakteristikum der Akademie. Wie im Kapitel III.2.1 gezeigt wurde, begegnen sich Menschen im gemeinsamen Lachen, Singen und Tanzen in einem Resonanzmodus, der nicht einfach als eine Form der Kommunikation verstanden werden kann, sondern ein leibliches und gemeinschaftliches Zusammenschwingen und Aufeinandereinstimmen meint. Singen, Lachen und Tanzen ist in der Akademie allgegenwärtig. Auch wenn die so genannten „Energizer" im morgendlichen Plenum für einige zunächst befremdlich waren – es ist keine alltägliche Erfahrung, mit 90 jungen Erwachsenen den Kinderreim „Die kleinen Elefanten" zu tanzen –, so können gerade diese Bewegungsspiele eine enorme Resonanzwirkung hervorrufen, sofern die Beteiligten wirklich Spaß haben. Zwar sind die Energizer auf den ersten Blick Aktivierungsübungen nach einer kurzen Nacht, zugleich aber öffnet sich die Gruppe füreinander – jeder Einzelne gibt etwas von sich preis. Indem man gemeinsam nicht über sich, sondern im Angesicht der kindischen Bewegungen zum Gesang miteinander lacht, werden bewusst die symbolischen und leiblichen Grenzen zwischen Selbst und Welt überschritten, die in einer sonst kompetitiven und hierarchisierten Welt als „Schutzmantel" und „Masken“ aufrechterhalten werden. Die Energizer machen meines Erachtens auf einer vorsprachlichen Ebene einen zentralen Aspekt der DSA spürbar: Belohnt wird in einer solidarischen Lern-, Lebens- und Resonanzgemeinschaft nicht die Person, die sich beweist oder profiliert, sondern die, die sich mitteilt und etwas von sich zeigt. In einer Resonanzgemeinschaft kann man etwas Lächerliches machen, ohne von Ausschluss oder Zurückweisung bedroht zu sein:

> „Warum setzen wir uns morgens in ein Theater und hüpfen alle wie wild vor unseren Sitzen rum. Da machen wir uns ja auch über uns selbst lustig und das trägt dazu bei, dass die Stimmung so stark gelockert wird.“ (Marcus)

Für Marcus besteht die Wirkung des spielerischen Aspekts darin, dass er das innere Kind hervorlockt, das in jedem Menschen steckt. Diese Formulierung ist treffend: Nicht umsonst wird Kindern eine natürliche Neugier, ein Entdeckerwillen, Begeisterungsfähigkeit, Lernfreude und die Fähigkeit zum Staunen zugeschrieben, die die DSA weckt oder verstärkt. Wer die Akademieleiter nachts um 2 Uhr am Kickertisch erlebt hat, weiß, was damit gemeint ist. Diese inneren Kinder zeigten sich auch eines Nachmittags, als wie aus dem Nichts plötzlich ein Kinderbassin auf dem Hof stand, das mit einer seltsamen weißen Flüssigkeit gefüllt war; ein Flüssigkeit, die aus einem bestimmten Verhältnis von Wasser und Stärke zusammengesetzt war und die die Eigenschaft hatte fest zu werden, wenn man Druck auf sie ausübte:

> „Wie wir da gestern zu zehnt um dieses Becken rumstanden und Flüssigkeit gehauen haben, damit sie fest wird, von oben runterfallen lassen haben, und dann, wie sie in der Luft zerflossen ist und sie wieder fest wurde, als wir sie wieder aufgefangen haben. Das ist so die Freude eines Kleinkindes. Das Kleinkind, das wir alle in uns haben, das verspielt ist, das kommt da wieder raus. Und wenn ein Außenstehender das hören würde, würde der denken, das ist doch vollkommen fehl am Platz, die sind doch alle Deppen, aber trotzdem ist gerade das sehr wichtig. Da kam dann auch die physikalische Erklärung: Das ist eine Newtonsche Flüssigkeit, wenn man da drauf haut, dann gleichen sich die Ketten aneinander an. Da verkeilen sich die Ketten ineinander und wenn man den Druck wieder runternimmt, lösen sich die Ketten wieder voneinander.“ (Marcus)

In der von mir begleiteten Akademie wurden des Öfteren auch bewusst sinnfreie Räume eröffnet, die nicht instrumentalisiert oder pädagogisiert waren, sondern die zunächst spielerisch erstaunten, ohne dass sie einem bestimmten Zweck folgten. Bildung scheint auch sinnfreie Räume vorauszusetzen.

Da Resonanz ein musikalisches Konzept ist, wundert es nicht, dass die Akademie buchstäblich eine musizierende Akademie ist. Resonanz kommt insbesondere in einer musikalischen Atmosphäre zum Ausdruck: Jede Plenumssitzung wird mit einer jeweils eigenen Akademiehymne eingeleitet und beendet, im Fall von Braunschweig 2014/1 dem Rock-Lied „Little Drops of Heaven“ der Band Pretty Maiden. Auch wenn diese Hymne den Anwesenden zu Beginn mehrheitlich fremd war und ihnen nichts sagte (viele Teilnehmerinnen und Teilnehmer verharrten regungslos auf ihren Sitzen, manche mit skeptischem Blick), kommt es im Laufe der DSA zu einem erstaunlichen Anverwandlungsprozess: Am Ende der Akademie singt nahezu der gesamte Theatersaal den Text mit. Kaum jemand bleibt auf seinem Sitz noch regungslos sitzen. Das Lied wurde in verschiedenen Versionen nachgespielt, etwa im Akademiechor und auf dem öffentlichen Abschlusskonzert. Als es zum letzten Mal ertönte, löste es Tränenbäche aus. Die Hymnen der DSA können ehemalige Teilnehmende auch noch nach Jahren zu Tränen rühren.[17] Schließlich wurde selbst für die Köchinnen in der Mensa am Ende der Akademie gemeinsam ein Lied gesungen.[18] Wenn einhundert Menschen einem zum Dank ein selbst geschriebenes Lied singen, ist das mehr als nur eine Geste der Anerkennung: Es ist ein zutiefst berührendes Resonanzgeschenk.

Täglich gab es Chor- und Orchesterproben – jede Akademie hat eine eigene musikalische Leiterin bzw. einen musikalischen Leiter –, die im akademieinternen Konzertabend und im öffentlichen Abschlusskonzert kulminierten. Es gab eine selbstorganisierte Jazzcombo, und nicht selten konnte man am Abend der Klaviermusik lauschen, die durch das offene Fenster des Musikraumes über den Hof wehte. Auch an den bunten Abenden, in denen einmal die einzelnen Kurs- und Akademieleiter, sowie ein anderes Mal die Teilnehmerinnen und Teilnehmer Gedichte, Lieder, Texte oder Sketche füreinander vortrugen, wurde häufig gesungen und musiziert. Daneben begrüßten die Akademie- und Kursleiter die Teilnehmenden in der ersten Sitzung mit einem umgedichteten Lied. Die Teilnehmenden griffen dieses Lied in der letzten Plenumssitzung auf und bedankten sich, mit angepasstem Text, für die schöne Zeit, was die Kurs- und Akademieleitenden sichtlich rührte. Dieses musikalische Aufeinandereingehen, das wechselseitige Aufgreifen von Ideen, das Weiterführen und Verwandeln von Beiträgen, das Berühren und Berührtwerden prägt die resonante Akade-

17 So die Aussagen der ehemaligen Teilnehmenden, mit denen ich in München sprach.

18 In einem Gespräch berichtete eine Angestellte der Mensa, wie sehr sie es möge, während einer DSA zu arbeiten, weil ihre Arbeit als Beitrag zur Akademie gesehen und wertgeschätzt wird.

mieatmosphäre, sowohl im musikalischen als auch in allen anderen Bereichen.

Selbst das System von Strafen und Danksagungen wurde nicht leistungs- und belohnungsorientiert, sondern spielerisch umgesetzt. So wurden für besonders solidarische oder uneigennützige Handlungen Kugelschreiber vergeben. Diese gab es etwa, wenn ein Teilnehmer in der Mensa nicht nur seinen eigenen Tisch, sondern auch die der Anderen abwischte, für Hilfe beim Aufräumen oder Fenster schließen wenn es regnete, für das Zubereiten von Popkorn oder (alkoholfreien) Cocktails am Kino- und Diskoabend. Die Teilnehmenden schätzten dabei sicherlich nicht den Kugelschreiber an sich, sondern das, was sie mit diesem Stift verbanden: die Teilhabe an einer Resonanz- und Lerngemeinschaft, in die sie sich eingebracht haben und in der sie etwas bewegt haben:

> „Die Kulis sind schon sehr beliebt. Ich hätte auch gerne einen. Auch wenn es nur ein Kuli ist, ist es schon irgendwie was Besonderes". (Andreas) „[D]ie Stifte sind schon ein Ansporn sich mal ins Zeug zu legen [...], das ist schon cool, die Idee mit dem Kuli." (Marcus) „Ich mag die Kugelschreiber nicht. – Weil ich noch keinen habe." (Jonathan)

Da den Teilnehmenden das Gelingen und Funktionieren der Akademie selbst am Herzen liegt, kommt die gesamte Organisation im Prinzip ohne Strafen aus. Zwar kam es vor, dass die Akademieleitung ein ernstes Wort an die Teilnehmenden richtete, wenn es bei der Organisation haperte, die Cafeteria nicht gesäubert wurde, die Fenster bei Regen nicht geschlossen waren oder ein herausgegebener Schlüssel nicht zurückgebracht wurde, aber dies war nicht als Strafe zu verstehen, sondern als Erinnerung daran, dass die DSA-Gemeinschaft nur funktioniert, wenn alle mitmachen und Rücksicht nehmen. Wenn überhaupt, waren die Strafen symbolischer und spielerischer Natur: Manche Teilnehmer, die verschlafen hatten, wurden mit Wasserpistolen geweckt. Im Plenum wurde zudem täglich ein Katzen-Tamagotchi vergeben, das den Namen Kleopatra trug und um das sich die oder der Betreffende einen Tag lang kümmern musste, etwa, weil ihr oder ihm etwas kaputtgegangen war, eine Tafel nicht an den ursprünglichen Ort zurückgestellt wurde oder ein Teilnehmer beim Tischfußball gegen die Akademieleitung gewonnen hatte:

> „Das mit Kleopatra ist eigentlich ein lustiger Gag. Als ich die jetzt einen Tag lang hatte, war das kein Druckmittel. [...] Es ist jetzt in dem Sinne keine Drohung. Es ist so: Haha, du musst dich jetzt um dieses Vieh kümmern. Das ist dann schon irgendwie ganz lustig. Aber es ist nicht so, dass man sich unter Druck gesetzt fühlt." (Andreas)

Beim Verzicht auf Strafen kommt ein weiterer, vielleicht der fundamentalste Aspekt, der DSA zum tragen. Dieser Aspekt prägt alle der zuvor beschriebenen Bereiche. Wie die Teilnehmenden auf den Feedbackbögen am Ende der Akademie unmissverständlich deutlich machten, war eines der größten Geschenke, das sie in der DSA erhalten haben, das nahezu bedingungslose Vertrauen, dass ihnen von der Akademie- und den Kursleitern entgegengebracht wurde. Vertrauen war zum einen die Voraussetzung dafür, dass die Teilnehmenden ein Gefühl von Verantwortung entwickelten, weil das Gelingen der Akademie offenkundig auch in ihren Händen lag, zum anderen machte es für die jungen Menschen spürbar, dass ihnen etwas zugetraut wird. Die Akademie war von einer positiven Atmosphäre durchdrungen, die man als basales Resonanzurvertrauen beschreiben kann: Das Vertrauen darin, dass man zusammen die Akademie zum Klingen bringen werde.

Schließlich ist die Bindung der Anwesenden untereinander und zur Akademie so groß, dass die Trennung schmerzt. Die anfänglichen Entfremdungserwartungen haben sich nicht bestätigt, vielmehr ist eine solidarische Resonanzgemeinschaft entstanden, die zusammen gelernt und gelebt hat, die nun eine gemeinsame Geschichte hat. In dem tränenreichen Abschied zeigt sich deutlich, wie sehr sich die Selbst- und Weltbeziehungen in den vergangenen 16 Tagen verflüssigt haben. Nun vollzieht sich das Resonanz- und Entfremdungsgeschehen in umgekehrter Weise: Im letzten Plenum sprechen die Akademieleiter über den Entfremdungsschmerz, der sich einstellen wird, wenn man die neu gewonnene Resonanzgemeinschaft in dem Wissen verlässt, dass man auf diese Weise nie mehr zusammenkommen wird. Der Zustand der Entfremdung nach der Akademie, das Gefühl, die Welt außerhalb der DSA sei verstummt, wird als „Akademieloch" bezeichnet. Wenn die Teilnehmenden nach Hause kommen, wird deutlich, wie sehr sie der Aufenthalt in der DSA verwandelt hat: Zu Hause ist nichts mehr so wie vorher, die Weltbeziehungen scheinen zu schweigen. Familie, Freunde und Hobbys können verblasst sein und müssen erst nach und nach wieder anverwandelt werden. Vor diesem neuerlichen Anverwandlungsprozess dürfe niemand fliehen, erzählt ein Akademieleiter den Anwesenden, niemand solle sich zu Hause einschließen und vor der Welt verschließen. Man solle hinausgehen und trotz des Entfremdungsgefühls alte und neue Weltbeziehungen eingehen, jetzt vielleicht bereichert um die Erfahrung, worum es im Leben noch gehen könnte, so der abschließende Ratschlag der Akademieleitung.

Die Resonanzerfahrungen in der DSA setzen bei Vielen bleibende Maßstäbe, die zu einer Richtschnur und zur Orientierung im weiteren Leben werden können. Man war Teil einer anderen Gemeinschaftsform, in der Bildung, Lernen und Leben nicht auf purer Leistung und Wettbewerb basieren, sondern auf Kooperation, Solidarität, Verantwortungsübernahme, Empathie, Offenheit; darauf, sich gegenseitig zuzuhören, nicht vorurteilsbehaftet, sondern unvoreingenommen auf Andere und Anderes zuzugehen und sich mitzuteilen. Andreas beschreibt die Akademie als einen Resonanzraum,

> „[...] wo es einfach um den Moment geht, wo man zusammen ist, wo man gemeinsam Sachen machen kann und gemeinsam diskutieren kann. Und was ich mitnehme, ist einfach die Erfahrung, dass so etwas wirklich nötig ist, also dass ich so etwas noch einmal gerne machen würde und dass ich ab jetzt immer versuche, solche Räume zu finden, wo ich mit Anderen einfach zusammen interessante Dinge machen kann."

Neben der persönlichen Bereicherung, die die DSA für jeden Einzelnen darstellt (etwa durch die emotionalen Entwicklungsprozesse, das fachliche und interdisziplinäre wissenschaftliche Arbeiten und die Selbstorganisation), hat die DSA auch einen bedeutenden Nutzen für die Gesellschaft. Wie Martha Nussbaum schreibt[19], kann eine gesunde demokratische Gesellschaft nicht nur von Subjekten leben, die in der Gesellschaft ihr Leben führen, die in die Schule gehen, im Beruf oder im Familienleben stehen, sondern es muss Menschen geben, die auch über die gesellschaftlichen Institutionen, über die verschiedenen Lebensformen und über das Zusammenleben reflektieren und sich austauschen; die Ideen suchen, alte Wege auf den Prüfstand stellen und neue Wege auskundschaften. Junge Menschen werden nach der Schule in eine Welt entlassen, in der es globale wirtschaftliche Spannungen, ökologische Krisen, territoriale, religiöse und politische Konflikte gibt, für die sich kaum nachhaltige Lösungen abzeichnen. In der sensiblen Phase zwischen Abitur und Berufsleben kann die DSA einen Raum zur Verfügung stellen, in dem man sich gemeinsam der drängenden Frage stellen kann, in was für einer Welt wir leben wollen – zum Beispiel, wie Andreas es beschreibt:

> „[...] ob es gerechtfertigt ist, was gerade in der Ukraine passiert, wie man moralisch zu gewissen Dingen stehen sollte." Und er fährt fort: „[...] hier ist so ein Ort wo man perfekt dazu arbeiten kann, neue Leute trifft, die fundierte Standpunkte haben."

Die Erfahrung, dass ein gemeinsames solidarisches Handeln und ein kooperatives Lernen in Resonanzbeziehungen ungeahnte Energie- und

19 Nussbaum (2012): Nicht für den Profit, Kap. II.

Kreativitätspotenziale freizusetzen vermag, kann langfristig nicht nur einer demokratischen Gemeinschaft, sondern durch die Inspirations- und Innovationspotenziale auch der Wirtschaft zugutekommen.

Die teilnehmende Beobachtung an der „Deutschen SchülerAkademie“ hat auch mich tief berührt. Auch für mich war die Mitarbeit an der Akademie eine Bildungserfahrung, die noch lange nachhallen wird. Viele der in dem Buch angeführten Beispiele, Praktiken und theoretischen Überlegungen sind von der DSA inspiriert. Als besonders eindrücklich empfand ich ein Ritual am Ende: Nach dem letzten Plenum der Akademie Braunschweig 2014/1 begab sich die Gemeinschaft auf den Hof und versammelte sich um eine brennende Kerze, die in einem letzten gemeinsamen Akt ausgeblasen wurde. Das Verlöschen des Lichtes markierte das Ende der Akademiegemeinschaft. Möglicherweise aber kann die Beschäftigung mit gelingenden Formen des Lernens, wie es in der „Deutschen SchülerAkademie“ stattfindet, helfen, dieses Licht auch in die Gesellschaft hineinzutragen.

Um dies ein wenig voranzutreiben, möchte ich zum Abschluss einige zentrale Strukturmerkmale der DSA noch einmal zusammenfassen, aus denen sich, mit Hinblick auf die bisherigen Überlegungen zur Resonanzpädagogik und durch weitere Forschungen, ein systematischer Katalog von Indikatoren und Praktiken für eine Resonanzpädagogik zusammenstellen ließe. Wie in der Einleitung ausgeführt, kann Resonanz an drei Polen entstehen bzw. blockiert werden. Diese drei Pole sind (a) das Subjekt/Selbst, (b) die Institution/Welt und (c) das Passungsverhältnis bzw. die Beziehung zwischen beiden. Dementsprechend lassen sich personale Eigenschaften des Selbst (a), strukturelle Eigenschaften der Welt (b) und Indikatoren für die Beziehungsqualität (c) einer Bildungseinrichtung unterscheiden.

Zentral für einen bildenden Resonanzraum wie der DSA, sind zunächst die personalen Eigenschaften (a): Die Kurs- und Akademieleiter waren offen, hoch engagiert und hatten eine libidinöse Bindung zu ihrem Stoffgebiet. In ihren Kursen haben sie im Wesentlichen taktvolles und tonales Verhalten bewiesen, wie ich es in Kapitel III.1.6 beschrieben habe. Über diese entscheidenden Persönlichkeitseigenschaften lässt sich wahrscheinlich am wenigsten verfügen. Vermutlich können wir selbst nur solche Eigenschaften ausbilden, wenn wir gelegentlich Resonanzerfahrungen machen und dadurch zugleich entfremdungssensibel werden. Anders sieht es hingegen mit den strukturellen Merkmalen des institutionellen Rahmens aus (b), Merkmale, die sich durchaus auf die Schule übertragen ließen. Solche Praktiken sind z.B.: die Auswahl von Themen, die junge Menschen interessieren und sie ansprechen; das Schaffen von Begegnungsräumen und Praktiken, die den Austausch provozieren, etwa eine Schulrallye oder Stadtrallye, die man mit einem oder zwei noch unbekannten Mitschülern absolviert; Sportevents wie einem Volleyballturnier. Weitere Strukturmerkmale sind etwa der feste Rahmen, der inhaltlich ergebnisoffen gestaltet werden kann und der sich somit an die Interessen und Bedürfnisse der Anwesenden anpassen kann, Praktiken zur kollektiven Anverwandlung, wie ein alltägliches Plenum, das Erzeugen einer Ermöglichungsatmosphäre – beispielsweise könnte es ein oder zwei Angestellte geben, die sich um die Verwirklichung der Projekte und Ideen der Schüler und Schülerinnen sowie der Lehrerinnen und Lehrer kümmern –, das gemeinsame Musizieren, das etwa durch einen musikalischen Leiter organisiert und gefördert wird, oder auch durch Konzerte, Klassen und Schulhymnen, sowie offene Musikzimmer. Resonanzräume könnten aber auch durch vielfältige Rollenwechsel eröffnet werden, in denen einerseits die starren Hierarchien aufgebrochen werden, andererseits empathische Begegnungen angeregt werden, etwa durch kursübergreifende Angebote, die von Schülerinnen und Schülern organisiert werden oder durch ein Rotationsverfahren, durch die aktive Förderung von Spaß und Unterhaltung durch die Schulleitung, durch Erholungsräume und kollektive Ruhezeiten bzw. in Entspannungsaktivitäten, die Förderung nicht nur individueller, sondern insbesondere kollektiver Erfolgserlebnisse, wie etwa Schulkonzerte, Kino- oder Diskoabende, Umweltprojekte. Ein Lernen in Resonanzbeziehungen erfolgt auch in sinnfreien Räumen, die nicht pädagogisch instrumentalisiert sind, sondern durch freie Wechselwirkung das Kindliche wecken und zu verspieltem Staunen, Stutzen und Wundern anregen. Schließlich scheint, neben vielen anderen Praktiken, insbesondere die Dramaturgie aus großen und kleinen Spannungsbögen für die Resonanzverhältnisse einer Bildungseinrichtung zentral zu sein, die zugleich mit einem Wechsel der Weltbeziehungsmodi (kognitiv vs. leiblich) einhergeht. Vielleicht deuten diese Praktiken vorsichtig an, wie der Fokus einer Schule, weg von Leistung, hin zu Resonanz, verschoben werden könnte.

Neben den Persönlichkeitseigenschaften und den strukturellen Merkmalen gibt es, das Passungsverhältnis betreffend, einige Indikatoren, an denen die Resonanzsignatur einer Schule zum Ausdruck kommen kann (c). Das zentrale Anzeichen für Resonanz in einer Schule ist unbezweifelbar die oben beschriebene Atmosphäre, mit ihrer familiären und solidarischen Qualität, in der schnell Freundschaften geschlossen werden können, Wortmeldungen und Ideen responsiv aufgegriffen werden, in der eine fröhliche und ausgelassene Stimmung vorherrscht, welche etwa im Singen, Lachen und Tanzen zum Ausdruck kommt und in der man sich als gesehen, gehört und gemeint erlebt.

Was sich hiermit andeutet, könnte zu einem systematischen Katalog ausgearbeitet werden, der sowohl praktische Hinweise gibt, wie eine Schule Resonanzräume erschließen kann, als auch deskriptiv Indikatoren liefert, mit denen die Resonanzsignatur einer Schule gemessen werden kann. Dieses Messinstrument könnte eine Alternative zu den herkömmlichen Qualitätsmessungen darstellen, die Schulqualität nicht anhand von Resonanzen, sondern von Leistung messen. Für diesen noch ausstehenden und nicht leicht zu realisierenden Katalog habe ich in diesem Buch lediglich die theoretische Grundlage geliefert.

Schlussbemerkung

Die Resonanzsignatur der Schule – was können wir tun?

Können wir die Schule zu einem besseren Ort des Lernens und Lehrens machen? Das war die Ausgangsfrage des Buches. Ich habe argumentiert, dass das Gelingen von Schule und Bildung nicht an dem quantifizierbaren Leistungskriterium allein abgelesen werden kann, sondern auch anhand der Resonanzverhältnisse ausgelotet werden sollte. Resonanzpädagogisch lässt sich Schulqualität weniger als ein leistungsorientierter, kompetitiver Erwerb von Bildungskapital (einer Fixierung auf die Vermehrung von Wissen, Fähigkeiten und Kompetenzen) verstehen, der auf Wettbewerbs- und Konkurrenzprinzipien basiert, sondern als Beziehungsgeschehen, dass auf einem solidarischen Schulleben, auf kooperativer Zusammenarbeit und auf schöpferischen Begegnungen und Resonanzen mit Menschen, Dingen, Materialien und Sinnprovinzen basiert. Schulqualität bemisst sich somit weniger an der Leistung (dem Outcome), als an der *Resonanz-* und *Entfremdungssignatur*, d.h. daran, ob eine Schule ein Resonanzraum oder eine Entfremdungszone ist.

Nimmt man die schulischen Resonanzverhältnisse in den Blick, so steht nicht der einzelne Lehrer, der einzelne Schüler bzw. die Klasse oder die jeweilige Sache im Mittelpunkt, sondern das relationale Beziehungsgeschehen verschiedener Schulweltaspekte, sowie die Art ihrer Verbundenheit. Auf meiner Reise durch die Bildungsgeschichte und Bildungstheorie habe ich untersucht, inwiefern sich das Resonanzkonzept eignet, das Gelingen von Schule und Bildung zu beschreiben. Was Schülerinnen und Schüler in der Schule leisten, das materielle Geschehen, erwies sich dabei als die sichtbare Spitze eines Eisberges bzw. als die Vorderbühne des Geschehens. Tatsächlich ist das materialisierte Leistungsgeschehen eingebettet in und essenziell verwoben mit einem immateriellen Beziehungsgeschehen, das sich auf der unsichtbaren Hinterbühne abspielt. Zum einen kann das Leistungsgeschehen auf der Vorderbühne mit dem Beziehungsgeschehen auf der Hinterbühne in Konflikt geraten, z.B. wenn die sensiblen Resonanzräume durch eine Konkurrenzorientierungen und eine übermäßige Leistungsfixierung eingeengt werden. Zum anderen konnte gezeigt werden, dass sich die Qualität und die Leistung im Unterricht verbessert, wenn die Resonanzachsen in „Schwingung“ sind. Kreative und innovative Leistungen scheinen somit Resonanzbeziehungen im Klassenzimmer vorauszusetzen. Eine Schule, die sich der Vermehrung von Bildungsressourcen verschreibt, untergräbt somit ihr eigenes Ziel, wenn sie das feinmaschige Resonanzgeflecht außer Acht lässt oder gar beschädigt. Um dies zu zeigen, musste das Beziehungsgeflecht auf der Hinterbühne ausgelotet werden. Bildung habe ich dabei nicht als eine Ressource verstanden, sondern als eine spezifische Form der Weltbeziehung.

In den konkreten Schul- und Unterrichtssituationen lässt sich das Gelingen oder Misslingen von Schule aus resonanzpädagogischer Sicht nicht rein quantitativ messen, sondern wird vielleicht am ehesten im Bauchgefühl spürbar. Die Qualität der Schulweltbeziehung kommt in den „leuchtenden" oder „leeren" Augen der Schüler und Lehrer, in den Stimmungen und Atmosphären im Klassenraum, in der Lebendigkeit der Schule und in den solidarischen Beziehungen der Schüler und Schülerinnen untereinander zum Ausdruck. Diese Eigenschaften hängen von den Resonanz- bzw. den Antwort-, oder auch „Schwingungseigenschaften" einer Schule ab. Weil das Konzept der Schule als Resonanzraum über das dialogische Erziehungs- und Lehr-Lern-Verhältnis hinausgeht, war gelegentlich von einem musikalischen Verhältnis die Rede. Die Qualität von Lernen und Lehren kann anhand der Resonanz- und Entfremdungssignatur des Unterrichts und des Schullebens beschrieben werden. Dabei zeigt die Signatur, ob es sich um eine tote und Stoff beherrschende Form der Selbst- und Weltaneignung in der Schule handelt oder um eine lebendige und bildende Anverwandlung von Selbst und Welt.

Lehrer und Schüler bringen in ihrer Äußerung zur Institution Schule oft ein Gefühl des Unbehagens zum Ausdruck. Der Grund für dieses Unbehagen kann in der Erfahrung einer Trennung von Schule und Leben gefunden werden, eine Erfahrung, die auf die Abwesenheit resonanter Selbst-Welt-Beziehungen in der Schule zurückführbar ist. Nicht nur die Literatur und die Rock-, Pop- und Filmgeschichte haben diese vielfach empfundene Trennung von Schule und Leben eindrucksvoll verarbeitet, sie wurde auch in einer langen geistesgeschichtlichen Tradition stets aufs Neue thematisiert und verhandelt. Die (pop-)kulturellen und historischen Befunde konnten die These vorbereiten und untermauern, dass gelingender Unterricht als ein Resonanzgeschehen interpretiert werden muss, in dem es zu sich wechselseitig verstärkenden Resonanzdynamiken kommt. Hingegen zeichnet sich ein misslingender Unterricht durch stumme oder repulsive Beziehungen im Klassenraum aus. Im Gegensatz zu dem leistungs- und effizienzbasierten Kriterium, das die Schulreformen der letzten Jahrzehnte am stärksten beeinflusst hat und das, weil es eher einer wirtschaftlichen als einer pädagogischen Logik folgt, dem Unterrichten von oben bzw. von außen vorgegeben wurde, hat sich das Resonanzkriterium als ein von innen kommender Qualitätsmaßstab erweisen können, der einer genuin pädagogischen Logik folgt.

Entfremdung und Resonanz sind dabei weniger als Gegensätze aufzufassen, denn als komplementäre Beziehungsmodi, die in Bildungs- und Anverwandlungsprozessen durch die Lehrerin und den Lehrer in ein dialektisches Verhältnis gebracht werden. Die vollständige Abwesenheit von formierender Resonanz erweist sich deshalb als ebenso verdächtig wie die Abwesenheit von transformierender Entfremdung. Allerdings kann eine Schule dann kritisiert werden, wenn sich Repulsions- und Indifferenzdynamiken verfestigen und zum dominanten Beziehungsmodus werden und in dessen Folge Anverwandlung (als ein Resonantmachen von Welt) systematisch verhindert wird. Bildung als Anverwandlung wurde dabei als Weltbeziehungsbildung definiert. In Bildungsprozessen verlassen wir durch Reflexion den gewohnten Resonanzboden und betreten im Unterricht unbekanntes Terrain (die Fächer), mit dem sich Lernende, indem sie Phasen der Entfremdung durchlaufen, mithilfe ihrer Lehrerin und Lehrer als Kompass und Wegbegleiter vertraut machen und zum „Klingen" bringen.

Entgegen der heute weit verbreiteten technizistischen Auffassung von Lernen und Lehren ist Anverwandlung und Resonanz durch Momente der Unberechenbarkeit, Unbeherrschbarkeit und Unverfügbarkeit charakterisiert. Erst durch diesen Moment der Unverfügbarkeit können die drei Resonanzpole Lehrer, Schüler und Sache mit je eigener Stimme sprechen und Beziehungen eingehen, in denen sie auf die Aufforderungen und Fragen des Gegenübers nicht nur kausal und technisch, im Sinne eines Echos, reagieren, sondern auf fremde Artikulationen und Ansprüche antworten. Die Unverfügbarkeit des Lernprozesses ist auch deshalb von entscheidender Bedeutung, weil Resonanz nur in einem frei schwingenden Medium entstehen kann. Eine Schule als Resonanzraum weist sich durch spezifische schwingungsfähige Eigenschaften aus. In dem Maße allerdings, wie sich eine Gesellschaft darauf fixiert, den Bildungsprozess messbar, berechenbar und beherrschbar zu machen sowie schulisches Lernen und Lehren als bloß technisch-quantitative Größen aufzufassen und zu behandeln, wird sie der Schule ihre Eigenschaften als ansprechendes, antwortendes und frei schwingendes Medium für Bildungsprozesse rauben. Verliert die Schule ihre Eigenschaft als Resonanzraum, kann sie harte, feste, starre, bewegungsunfähige Weltbeziehungen erzeugen. Sie wird somit zu einem Ort des stummen Lehrens und Lernens – oder kurz: zu einer Entfremdungszone. Aus resonanzpädagogischer Sicht liegt das Problem der Schule nicht in der Ressourcenproduktion, sondern in der systematischen Erzeugung stummer Weltbeziehungen. Ich habe gezeigt, dass die Leistungsorientierung mit dem Ziel, das Bildungskapital zu vermehren, spätestens seit dem Sputnik-Schock im Kalten Krieg selbst als das Resultat eines entfremdeten gesamtgesellschaftlichen Weltbezuges verstanden werden kann.

Zugleich hat sich die Resonanzpädagogik jedoch nicht als leistungsfeindlich erwiesen. Im Gegenteil: Rein mechanische, instrumentelle und kausale Weltbeziehungen, in denen wir uns nicht als begeistert, berührt und bewegt erleben, wirken in hohem Maße energie*verbrauchend.* Sie verbrauchen die Energie, die andernorts (in Freizeit, Familie, Sport und Natur) wieder aufgetankt werden muss. Resonanzbeziehungen hingegen wirken energie*generierend.* Wie das Fallbeispiel der „Deutschen SchülerAkademie" gezeigt hat und wie jeder nachvollziehen kann, der sich einer Sache begeistert hingibt, können Resonanzerfahrungen ungeahnte Energiepotenziale freisetzen. Während die leistungs- und ressourcenfixierte Schule mit Motivationsproblemen ihrer Schülerinnen und Schüler, der sogenannten „Null-Bock-Einstellung", und schließlich auch dem Burnout bei Lehrern zu kämpfen hat, wirken Resonanzerfahrungen und Resonanzbeziehungen motivationserzeugend. Da Resonanzbeziehungen mit der existenziellen Erfahrung des Getragenseins korrespondieren, verringern sie blockierende Angsträume und erzeugen jene solidarischen Beziehungen, in denen Menschen auch etwas von sich aus geben. Dies legt den Schluss nahe, dass auch das Wirtschaftssystem, sofern es leistungsmotivierte Subjekte in seinen Dienst nehmen möchte, den schulischen Bildungsprozess gerade nicht ausschließlich an einer wirtschaftlichen Logik und dem kompetitiven Erwerb von Ressourcen ausrichten darf. Die Wirtschaft zehrt nicht von einem „Humankapital", sondern von einer humanen Substanz, die in Resonanzbeziehungen erst gebildet wird. Diese Substanz ermöglicht Leistungsbereitschaft durch Verantwortungsübernahme, Engagement, Kooperationsfähigkeit, Kreativität und Innovationskraft und sie wird erst dort möglich, wo der Resonanzdraht durch Selbstwirksamkeitserwartungen und intrinsisches Interesse vibriert.

Darüber hinaus ermöglicht eine resonanzfähige und resonanzsensible Schule ihren Schülern eine zuverlässige Lebensorientierung auszubilden, indem sie den Lernenden ermöglicht, sich im moralischen Raum zu verorten. Während eine allein auf Ressourcen fixierte Schule vornehmlich instrumentelle Werte verwirklicht, eröffnet ein auf Resonanzen basierender Lernprozess die Begegnung mit Weltbereichen, die als intrinsisch wertvoll erfahren werden können: Resonanz kann nur im Kontakt mit Weltbereichen entstehen, die etwas enthalten, das die Subjekte als wichtig ansehen. So wurde etwa gezeigt, dass Resonanz in einem essenziellen Zusammenhang mit zentralen Werten der Moderne steht: Mit Autonomie (als Voraussetzung dafür, mit der eigenen Stimme zu sprechen), mit Authentizität (die durch die affirmativ identitätsstiftende Antwort zwischen Selbst und Welt entsteht), mit Lebensorientierung (in Form von Sinn und Bedeutung), sowie mit Gerechtigkeit (die Schule erzeugt schichtspezifische dispositionale Resonanz und Entfremdung, deren Überwindung am ehesten zum Schulerfolg auch für Kinder aus ressourcenschwachen Elternhäusern führt). Schließlich sind Resonanzräume stets Orte, an denen sich die Anwesenden Anderen und Anderem empathisch zuwenden, Orte, an denen sie sich von diesen Anderen durch Erzählungen, Handlungen, Einwände, Kritik und Argumente berühren und bewegen lassen aber auch selbst zu berühren und zu bewegen vermögen – was als unabdingbare Voraussetzung einer gesunden Demokratie verstanden werden kann.

Auch in der Frage nach dem guten Leben hat sich der resonanzpädagogische Ansatz gegenüber der ressourcenfixierten Perspektive als tragfähiger erwiesen. Schülerinnen und Schüler sowie Lehrende erleben Lernen und Lehren primär nicht dann als eine Bereicherung für ihr Leben, wenn sie Tests und Prüfungen bestehen, sondern wenn sie die Erfahrung machen, dass etwas in der Welt (von den Schülern, Sinnprovinzen oder Lehrenden) zurückkommt und antwortet bzw. wenn sie einen Weltbereich zum „Sprechen" oder zum „Singen" bringen. Ein Lernen als ressourcenfixierter Erwerb bzw. ein Lehren als Vermehrung von Wissen, Fähigkeiten und Kompetenzen hingegen garantiert nicht aus sich heraus, dass Lernen und Lehren als eine Bereicherung für das Leben erfahren wird. Wie gezeigt wurde, kann dieser Wissenserwerb in zutiefst entfremdeten Schulweltbeziehungen stattfinden.

Um den Klassenraum als Resonanzraum zu erschließen, wurden Lehrende als doppelte Stimmgabeln charakterisiert. Die Lehrperson als zentrales Element im Klassenraum provoziert durch taktvolles und tonales Verhalten Selbst- und Weltberührungen der Schülerinnen und Schüler auf der sozialen und der sachlichen Unterrichtsachse und dirigiert dadurch die Resonanzbeziehungen im Klassenraum. Dabei erhält sie Rückhalt und Resonanzimpulse vom Kollegium. Schüler hingegen verlieren ihre Fähigkeit, sich resonanzsensibel auf den Unterricht einzulassen, wenn die Schule zu einem entfremdeten Angstraum wird, in dem sie sich vor feindlichen An- und Übergriffen der Schulwelt schützen und verschließen müssen. Für die Schüler haben sich die Familien und die Freundschaften als schulische Resonanzhäfen erwiesen, die Angsträume verringern. Kollegium, Familie und Freundschaften geraten als Resonanzhäfen allerdings unter starken Entfremdungsdruck, wenn sie nur noch mit der instrumentellen, stummen und routinierten Bewältigung der Schulanforderungen zu tun haben. Schließlich konnte angedeutet werden, dass die Fächer als Resonanzachsen je eigene und genuine Weltbeziehungsmodi eröffnen, die allesamt neutralisiert werden, wenn Lernen und Lehren in einem funktionalen und instrumentellen Modus der bloßen Stoffbeherrschung stattfindet.

Das Konzept eines „Lernens in Resonanzbeziehungen" kann von heute gängigen Lerntheorien abgegrenzt werden. Zum einen habe ich gezeigt, dass die Resonanzpädagogik über Ansätze hinausgeht, die Lernen als einen ausschließlich selbstgesteuerten, selbstorganisierten und selbstkonstruierenden Prozess verstehen. Lernen in Resonanzbeziehungen setzt Selbst- und Welt-Berührungen voraus, in denen die „Stimme der Welt" (des Lehrers, der Sache, der Materialien) nicht nebensächlich, sondern konstitutiv ist. Durch die Bedeutung stabiler weltlicher Resonanzachsen, die nicht dem Subjekt selbst entspringen, kann Lernen auch nicht als ein rein aktiver Vorgang verstanden werden. Aus resonanzpädagogischer Sicht basiert Lernen nicht allein auf der Selbsttätigkeit des Schülers und der Schülerin. Über sein Lernen kann das Subjekt nicht vollkommen verfügen. Lernen erfolgt immer auch pathisch und passiv; wir erleiden es. Lernen erfordert, neben der Selbsttätigkeit, deshalb auch die pathische Fähigkeit, sich der Welt zu öffnen, sich auf die Welt einzulassen – was dann wahrscheinlich wird, wenn sich die Welt auch dem Lernenden öffnet und ihm bejahend entgegenkommt. Dieser passive Moment wurde als Bildsamkeit interpretiert.

Auch von konstruktivistischen Ansätzen kann ein Lernen in Resonanzbeziehungen abgegrenzt werden. Anders als das konstruktivistische Selbst, das beim Lernen mittels der Sinneseindrücke seine Welt selbst konstruiert, werden beim Lernen im resonanzpädagogischen Sinn Selbst und Welt gleichermaßen konstruiert – Resonanzbeziehungen sind nicht nur weltkonstruierend, sondern selbst- und weltgenerierend. Schließlich kann die Resonanzpädagogik auch von behavioristischen Lerntheorien abgegrenzt werden. Ein Lernen in Resonanzbeziehungen basiert nicht auf kausalen Reiz-Reaktions-Ketten, wie es der Behaviorismus behauptet, sondern auf intrinsischen Selbst- und Welt-Begegnungen, in denen Reize und Reaktionen nicht scharf voneinander getrennt werden können. Schließlich übersteigt ein Lernen in Resonanzbeziehungen auch die im Kopf verorteten, kognitivistischen Lerntheorien, indem es dem Leib als lernenden Resonanzkörper eine zentrale Bedeutung einräumt.

Die Schule als einen bildenden Resonanzraum zu konzipieren, heißt nicht nur, einen Moment der Unverfügbarkeit im Lernprozess anzuerkennen, es bedarf auch einer anderen Haltung gegenüber Körper, Raum und Zeit. Der Körper ist nicht das indifferente Gefäß in dem Lernen stattfindet bzw. das stumme Werkzeug mit dem wir Welt beherrschen lernen; der Raum ist kein neutraler Behälter in dem Unterricht stattfindet; und die Zeit ist nicht nur das abstrakte Maß, um Schulabläufe zu koordinieren und zu organisieren. So ist der Körper kein bloßes lebloses Ding, das man beliebig manipulieren, disziplinieren und verfügbar machen kann, um beispielsweise länger durchzuhalten und er ist auch kein leerer Behälter, der eigenmächtig gefüllt werden kann und in dem der Geist lernt. Vielmehr zeigt sich, dass der Körper in Bildungsprozessen ein lernender Resonanzkörper ist. Der Leib ist ein antwortendes, widersprechendes, ziehendes und abstoßendes Medium für Selbst- und Welt-Berührungen. Aufgrund des leiblichen Weltbezuges, der letztendlich unverfügbar bleibt, kann auch eine resonanzpädagogische Haltung nicht einfach eingenommen werden. Zwar kann ich kognitiv eine bestimmte Einstellung zulassen, in der gefühlsmäßigen Haltung zur Welt aber wird, sich diese Einstellung wahrscheinlich nur dann niederschlagen, wenn der kognitive Prozess durch korrespondierende leibliche Erfahrungen bestätigt wird und so einen Resonanzboden erzeugt. Dies legt den Schluss nahe, dass auch die Lehrerbildung auf pädagogische Resonanzräume angewiesen ist, in denen sie sich durch eigenleibliche Erfahrungen auf Resonanz- und Entfremdungssignale sensibilisieren können.

Wie der Leib, so erweisen sich auch Räume als keine neutralen Behälter, in denen Unterricht und Schule stattfindet. Die Raumqualität definiert entscheidend mit, ob die Schule ein einladender, lockender, herausfordernder und gestaltbarer aber zugleich auch bergender und schützender Resonanzraum ist, oder als ein kalter, leerer, rein funktionaler und nichtssagender Ort erscheint. Schließlich zeichnen sich Bildungsprozesse auch in der Zeitdimension durch erlebte und gespürte Neuanfänge, Übergänge, Durchgänge und Abschlüsse aus, die es den Schülern und Schülerinnen ermöglichen, sich in der Zeit zu verorten. In einer resonanzsensiblen Schule werden zeitliche Perioden nicht nur durch ein externes und abstraktes Zeitmaß geregelt, sondern durch Rituale und Praktiken spürbar gemacht.

In den vorherigen Kapiteln wurden einige zentrale resonanzpädagogische Grundlagen erarbeitet. Dabei konnten Richtungen skizziert und Spuren aufgezeigt werden, die eine resonanzpädagogische Forschung weiterverfolgen könnte. Die Idee einer Resonanzpädagogik ist – wie das Kapitel über die historische Bildungsforschung gezeigt hat – nicht neu. Vieles liegt in der reichhaltigen pädagogischen und bildungsphilosophischen Tradition der Moderne bereits vor. Allerdings ist die Resonanzpädagogik dazu in der Lage, diese Befunde zur Schulqualität zu bündeln, neu zu interpretieren und zu aktualisieren. Im Rahmen einer „Kritischen Erziehungswissenschaft" liegt mit dem Entfremdungskonzept zudem ein Maßstab vor, anhand dessen kritikwürdige Schulverhältnisse identifiziert werden können. Vielleicht kann einigen der vielfältigen Reformbemühungen dadurch eine alternative Speerspitze und eine gemeinsame Stoßrichtung gegeben werden. Daraus ergibt sich nun allerdings die Frage, ob und wie ein Lernen und Lehren in Resonanzbeziehungen praktisch umgesetzt werden kann. Was hat die Resonanzpädagogik zukünftigen Schulreformern zu sagen?

Wie ich immer wieder zu zeigen versucht habe, ist Resonanzpädagogik kein rein theoretisches Konstrukt, sondern die Reflexion pädagogischer Praxis und Erfahrungen. Um dies zu verdeutlichen, habe ich stets aufs Neue

Beispiele aus der Praxis herangezogen, wobei Lehrende und Lernende auch selbst zu Wort gekommen sind. Schließlich hat auch das Fallbeispiel der „Deutschen SchülerAkademie" gezeigt, dass ein Lernen in Resonanzbeziehungen de facto möglich ist. Viele Schulen setzen zudem einzelne Elemente bereits um. Mit diesem Wissen scheint es ein lohnenswertes Unterfangen zu sein, ein empirisches Messinstrument zu entwickeln, das nicht nur die Leistung, sondern die Resonanzsignatur von Schulen und Bildungseinrichtungen misst. Möglicherweise ließe sich aus den hier entwickelten Ergebnissen und Thesen ein alternativer Indikatorenkatalog für Schulqualität erarbeiten, der nicht leistungsorientiert, sondern resonanzpädagogisch begründet ist. Eine solche Indikatorenliste könnte, neben den am Ende des vorherigen Kapitels zusammengetragenen, etwa folgende weitere Punkte enthalten: die Partizipationsdichte am Unterricht, die Solidarität und Kooperationsbemühungen unter den Mitschülern und im Kollegium, das Engagement und die Begeisterung der Anwesenden, die Dichte an kreativen Einfällen und Ideen, die Qualität der Atmung, Schulernährung und der Körperhaltungen im Unterricht, die Durchführung von Praktiken und Ritualen, die Begegnungen ermöglichen und provozieren (etwa Praktiken des Verzeihens oder des Dankens), die Blicke im Klassenraum (d.h. ob leuchtende Augen oder leere und dumpfe Blicke vorherrschen), die Synchronizität beim Bewegen der Leiber, die Anerkennungsbeziehungen und die zeitlichen Rituale, das Gewalt- und Mobbingvorkommen, die Raumnutzung, nicht zuletzt: das Lachen, Singen und Tanzen – um nur einige mögliche Indikatoren zu nennen. Ein solches Instrument, das zu operationalisieren freilich eine beträchtliche Herausforderung darstellt, könnte eine sinnvolle Ergänzung der technischen und kausalen Ausrichtung der von der OECD initiierten und politisch enorm einflussreichen internationalen Vergleichsstudien, vielleicht sogar eine Offensive gegen diese sein. In diesem Sinne könnte die Resonanzpädagogik auch einen Maßstab für politische Schulreformen zur Verfügung stellen.

In diesem Buch habe ich vor allem „idealistisch" argumentiert, d.h. ich habe mich vor allem an dem Ideal einer guten pädagogischen Praxis orientiert, wobei ich die materielle Ebene oft außer Acht gelassen habe. Klar ist jedoch, dass sich das Ideal einer Schule als Resonanzraum nur dann umsetzen lässt, wenn jene materielle Ebene, die Geldgeber und die administrative Ebene, ebenfalls in einer Antwort- und Resonanzbeziehung und nicht nur in einer instrumentellen, verwaltungstechnischen und funktionalen Beziehung zur Schule stehen. Wenn die Schulbehörden, Wirtschaftsmagnaten und Bildungspolitiker sich nicht von den Resonanzvorgängen in der Schule bewegen und erreichen lassen, muss der Ruf nach Resonanzpädagogik im leeren Raum unbeantwortet verhallen.

Schließlich aber hängt schulisches Lernen auch von der gesellschaftlichen Weltbeziehung als Ganzer ab. Die Schule ist immer auch eine Institution der Gesellschaft, und sie ist Teil einer umfassenden Kultur. Wenn eine Kultur gesamtgesellschaftlich Resonanzräume (etwa in Politik, Kunst, Religion, der Arbeit und in der Familie) zunehmend durch warenförmige und verdinglichende Beziehungen sowie durch stumme Wettbewerbs- und Konkurrenzorientierungen schließt, kann die öffentliche Schule in einer feindlich-repulsiven oder indifferenten Wüste keine Resonanzoase sein, weil sie immer auch für jene bestehende Gesellschaftsformation erzieht. Möglicherweise bleibt dann nur die Hinwendung zu außerschulischen Bildungsorten wie der „Deutschen SchülerAkademie" oder zu privaten oder zivilgesellschaftlichen Projekten. Dass wir auch in der öffentlichen Schule Orte und Räume für inspirierende Begegnungen und schöpferische Interaktionen und somit für Resonanzen und Anverwandlung schaffen können, scheint, wie mir die vielen Gespräche und Begegnungen während meiner Forschungsarbeit gezeigt haben, keineswegs unrealistisch.

Danksagung

Mein Dank gilt allem voran meinen beiden Betreuern Hartmut Rosa und Michael Winkler. Hartmut Rosa hat mich nicht nur mit dem Resonanzkonzept vertraut gemacht und mir sein Buchmanuskript zur Verfügung gestellt, sondern war und ist ein schier unerschöpflicher Resonanzkatalysator. Michael Winkler vermochte meine Leidenschaft für die pädagogische Theorie und die Bildungsphilosophie zu wecken. Ihm verdanke ich den inneren und äußeren Freiraum, den das Schreiben des Buches erfordert hat. Ich habe durch beide sehr viel mehr gelernt, als ich an dieser Stelle auszudrücken vermag.

Eva Dix hat eine erste Version des Buches lektoriert und den Text durch ihre klugen und konsequenten Anregungen bereichert. Friedemann Haug hat mit mir einen Nachmittag lang die Ideen aus der Perspektive eines Lehrers auf den Prüfstand gestellt. Besonderer Dank gilt auch den Teilnehmerinnen und Teilnehmern der „Deutschen SchülerAkademie" Braunschweig I, 2014, für ihren Zuspruch und ihre Inspiration. Durch sie konnte ich erleben, was es heißt, in Resonanzbeziehungen zu lernen und zu forschen. Ohne die tatkräftige Unterstützung von Volker und Dorothea Brandt sowie der Ideengeberin Alena Klinger wäre die Teilnahme am der Akademie nicht zustande gekommen. Die Untersuchung konnte finanziert werden durch das DfG-geförderte Editionsprojekt der Pädagogik und Psychologie der Kritischen Gesamtausgabe von Friedrich Schleiermacher. Mit Dorothea Meier hatte ich während der Forschungszeit die denkbar beste Kollegin. Um den Text rechtzeitig in seine endgültige Form zu bringen, haben Cornelia Klein und Hannelore Molitor vom Juventa/Beltz-Verlag viel Geduld und Kraft aufgebracht, während Norbert Krause, Anne Dünger und Johannes Drerup unersetzliche Helfer bei der akribischen Suche nach Fehlern waren.

Meiner Frau, Maren Beljan, danke ich für ihren unerschütterlichen Glauben an das Projekt – und für das Leuchten in ihren Augen.

Literatur

Ackroyd, Peter (1995): William Blake. Dichter, Maler, Visionär, 2. Aufl., München: Albert Knaus.

Ainsworth, Mary (2009): „Bindung im Verlauf des Lebens (1985)", in: Grossmann, Klaus E./Grossmann, Karin (Hrsg.): Bindung und menschliche Entwicklung: John Bowlby, Mary Ainsworth und die Grundlagen der Bindungstheorie, Stuttgart: Klett-Cotta, S. 341–366.

Alemann, Anette von (2008): „Die Natur der sozialen Ungleichheit: soziale Ungleichheit und Ungleichheit der Geschlechter in der Wahrnehmung von Wirtschaftseliten in Deutschland", in: Rehberg, Karl-Siegbert (Hrsg.): Deutsche Gesellschaft für Soziologie (DGS): Die Natur der Gesellschaft. Verhandlungen des 33. Kongresses der Deutschen Gesellschaft für Soziologie in Kassel 2006, Frankfurt/M.: Campus, S. 281–291.

Alkemeyer, Thomas (2006): „Rhythmen, Resonanzen und Missklänge. Über die Körperlichkeit der Produktion des Sozialen im Spiel", in: Gugutzer, Robert (Hrsg.): Body Turn. Perspektiven der Soziologie des Körpers und des Sports, Bielefeld: Transcript, S. 265–296.

Alkemeyer, Thomas (2006): „Lernen und seine Körper. Habitusformungen und -umformungen in Bildungspraktiken", in: Friebertshäuser, Barbara/Rieger-Ladich, Markus/Wigger, Lothar (Hrsg.): Reflexive Erziehungswissenschaft. Forschungsperspektiven im Anschluss an Pierre Bourdieu, Wiesbaden: VS Verlag, S. 119–140.

Altmeyer, Martin (2016): Auf der Suche nach Resonanz. Wie sich das Seelenleben in der digitalen Moderne verändert, Göttingen: Vandenhoeck & Ruprecht.

Arendt, Hannah (1994): „Die Krise der Erziehung", in: Dies.: Zwischen Vergangenheit und Zukunft. Übungen im politischen Denken 1, München: Piper, S. 255–276.

Argyle, Michael (2013): Körpersprache und Kommunikation. Nonverbaler Ausdruck und soziale Interaktion, 10. Aufl., Paderborn: Junfermann.

Aristoteles (1995): Über die Seele, Hamburg: Meiner.

Arndt, Ernst Moritz (1904): Fragmente über Menschenbildung. Nach der Originalausgabe, Münch, Wilhelm/Meisner, Heinrich (Hrsg.), Langensalza: Beyer und Mann (Bibliothek pädagogischer Klassiker, Hrsg. Friedrich Mann).

Assmann, Jan (2007): Das kulturelle Gedächtnis. Schrift, Erinnerung und politische Identität in frühen Hochkulturen, 6. Aufl., München: Beck.

Augé, Marc (2010): Nicht-Orte, München: C. H. Beck.

Barthes, Roland (1985): „Listening", in: Ders.: The Responsibility of Forms. Critical Essays on Music, Art and Representation, New York: Hill and Wang.

Bauer, Joachim (2008): Lob der Schule. Sieben Perspektiven für Schüler, Lehrer und Eltern, München: Heyne.

Bauer, Joachim (2008): Prinzip Menschlichkeit. Warum wir von Natur aus kooperieren, München: Heyne.

Bauer, Joachim (2006): Warum ich fühle, was du fühlst. Intuitive Kommunikation und das Geheimnis der Spiegelneurone, 20. Aufl., München: Heyne.

Bauer Ullrich/Grundmann, Matthias (2007): „Sozialisation und Selektion. Die Wiederentdeckung sozialer Ungleichheit in der Sozialisationsforschung. Zur Einführung in den Themenschwerpunkt", in: Zeitschrift für Soziologie der Erziehung und Sozialisation 27 (2), S. 115–127.

Bäuml-Roßnagel, Maria-Anna (Hrsg.) (1979): Sachunterricht in der Grundschule. Naturwissenschaftlich-technischer Lernbereich, München: Ehrenwirth.

Behnisch, Günther (1975): „Unbehagen am Schulbau der Gegenwart. Interview mit Max Fengler", in: Architektur + Wohnwelt 83 (5), S. 319–323.

Beljan, Jens (2017): „Schöpferischer Funkenflug oder leere Betriebsamkeit. Muße, Begeisterung, Langeweile und Aktionismus in der resonanzpädagogischen Forschung", in: Lernende Schule 77.

Beljan, Jens/Rosa, Hartmut (2014): „Resonanz. Ein konzeptioneller Vorschlag zur Analyse von Weltbeziehungen", Jena: unveröffentlichtes Manuskript.

Beljan, Jens (2013): „Identitätsbildung zwischen Sozialstruktur und kultureller Substanz: Ideen zur Aktualisierung einer pädagogischen Leitkategorie", in: Zeitschrift für Sozialpädagogik 11 (3), S. 292–320.

Benner, Dietrich (2003): Wilhelm von Humboldts Bildungstheorie. Eine problemgeschichtliche Studie zum Begründungszusammenhang neuzeitlicher Bildungsreform, 3. Aufl., Weinheim: Juventa.

Berdelmann, Kathrin (2012): „Synchronisierte Zeit in Bildungsprozessen. Perspektiven der operativen Pädagogik", in: Schmidt-Lauff, Sabine (Hrsg.): Zeit und Bildung. Annäherungen an eine zeittheoretische Grundlegung, Münster u. a.: Waxmann, S. 157–171.

Berlin, Isaiah (1999): The Roots of Romanticism, Princeton: Princeton University Press.

Besser-Scholz, Birgitt (2011): Burnout – Gefahr im Lehrerberuf?, Göttingen: Vandenhoeck & Ruprecht.

Beushusen, Ulla (2007): „Sprechangst", in: Gronsfeld, Manfred (Hrsg.): Lexikon der Sprachtherapie, Stuttgart: Kohlhammer, S. 316–319.

Bieste, Gert (2010): „Valuing what we measure or measuring what we value", in: Böttcher, Wolfgang/Dicke, Nicolas/Hohgrebe, Nina (Hrsg.): Evaluation, Bildung und Gesellschaft. Steuerungsinstrumente zwischen Anspruch und Wirklichkeit, Münster u. a.: Waxmann, S. 35–46.

Blake, William (1998): „Der Schulknabe", in: Ders.: Zwischen Feuer und Flamme, München: Deutscher Taschenbuch Verlag.

Bollnow, Otto Friedrich (2014): „Existenzphilosophie und Pädagogik", in: Ders.: Schriften, Boelhauve, Ursula/Kühne-Bertram, Gudrun/Lessing, Hans-Ulrich/Rodi, Frithjof (Hrsg.): Bd. 8: Existenzphilosophie und Pädagogik, Krise und neuer Anfang, Würzburg: Königshausen & Neumann, S. 5–132.

Bollnow, Otto, Friedrich (2009): „Das Wesen der Stimmungen", in: Ders.: Schriften, Boelhauve, Ursula/Kühne-Bertram, Gudrun/Lessing, Hans-Ulrich/Rodi, Frithjof (Hrsg.): Bd. 1: Das Wesen der Stimmungen, Würzburg: Königshausen & Neumann.

Bollnow, Otto Friedrich (2009): „Die pädagogische Atmosphäre", in: Ders.: Schriften, Boelhauve, Ursula/Kühne-Bertram, Gudrun/Lessing, Hans-Ulrich/Rodi, Frithjof (Hrsg.): Bd. 7: Anthropologische Pädagogik, Würzburg: Königshausen & Neumann, S. 39–46.

Bollnow, Otto Friedrich (2001): Die pädagogische Atmosphäre. Untersuchungen über die gefühlsmäßigen zwischenmenschlichen Voraussetzungen der Erziehung, Essen: Die blaue Eule.

Bollnow, Otto Friedrich (1977): Die Pädagogik der deutschen Romantik. Von Arndt bis Fröbel, 3. Aufl., Stuttgart: Kohlhammer.

Bollnow, Otto Friedrich (1961): „Die pädagogische Atmosphäre", in: Das Studienseminar 6 (1), S. 2–20.

Bollnow, Otto Friedrich (1960): „Der erlebte Raum", in: Universitas 15 (8), S. 397–412.

Bollnow, Otto Friedrich (1955): „Begegnung und Bildung", in: Zeitschrift für Pädagogik 1 (1), S. 10–32.

Böttcher, Wolfgang/Dicke, Jan N./Ziegler, Holger (2009): „Erziehungswissenschaft, Bildungspolitik und Bildungspraxis. Anmerkungen zu einem schwierigen Verhältnis", in: Dies. (Hrsg.): Evidenzbasierte Bildung. Wirkungsevaluation in Bildungspolitik und pädagogischer Praxis, Münster u. a.: Waxmann, S. 7–22.

Bowlby, John (2014): Bindung als sichere Basis. Grundlagen und Anwendung der Bindungstheorie, 3. Aufl., München u. a.: Reinhardt.

Brauer, Juliane/Lücke, Martin (2013): „Emotionen, Geschichte und historisches Lernen. Einführende Überlegungen", in: Dies. (Hrsg.): Emotionen, Geschichte und historisches Lernen. Geschichtsdidaktische und geschichtskulturelle Perspektiven, Göttingen: V&R unipress, S. 11–26.

Bremer, Rainer/Gruschka, Andreas (1987): „Bürgerliche Kälte und Pädagogik", in: Pädagogische Korrespondenz 1, S. 19–33.

Brenner, Peter J. (2009): Wie Schule funktioniert: Schüler, Lehrer, Eltern im Lernprozess, Stuttgart: Kohlhammer.

Brenner, Peter J. (2006): Schule in Deutschland. Ein Zwischenzeugnis, Stuttgart: Kohlhammer.

Bröckling, Ulrich (2013): „Der Mensch als Akku, die Welt als Hamsterrad. Konturen einer Zeitkrankheit", in: Neckel, Sieghard/Wagner, Greta (Hrsg.): Leistung und Erschöpfung. Burnout in der Wettbewerbsgesellschaft, Berlin: Suhrkamp, S. 179–200.

Buber, Martin (2005): „Rede über das Erzieherische“, in: Ders.: Werkausgabe, Bd. 8: Schriften zu Jugend, Erziehung und Bildung, Jacobi, Juliane (Hrsg.), Gütersloh: Gütersloher Verlagshaus, S. 136–154.
Buber, Martin (1994): Das dialogische Prinzip, 7. Aufl., Gerlingen: Schneider.
Buber, Martin (1994): Ich und Du, 12. Aufl., Gerlingen: Schneider.
Buber, Martin (1986): Reden über Erziehung, Heidelberg: Schneider.
Buck, Günther (1984): Rückwege aus der Entfremdung, Paderborn: Schöningh.
Buytendijk, Frederik J. J. (1988): „Das eigene Herz“, in: Klapp, Burghard F./Dahme, Bernhard (Hrsg.): Jahrbuch der medizinischen Psychologie. Psychosoziale Kardiologie, Berlin, Heidelberg u. a.: Springer, S. 263–268.
Camus, Albert (2005): „Licht und Schatten“, in: Ders.: Kleine Prosa, Reinbek bei Hamburg: Rowohlt, S. 35–84.
Caswell, Chris/Neill, Sean (2003): Körpersprache im Unterricht. Techniken nonverbaler Kommunikation in Schule und Weiterbildung, Münster: Daedalus.
Copei, Friedrich (1930): Der fruchtbare Moment im Bildungsprozess, Leipzig: Quelle & Meyer.
Cornelius-White, Jeffrey (2007): „Learner-Centered Teacher-Student Relationships Are Effective: A Meta-Analysis“, in: Review of Educational Research 77 (1), S. 113–143.
Csikszentmihalyi, Mihaly (1993): „Die Qualität des Erlebens und der Prozeß des Lernens“, in: Zeitschrift für Pädagogik 39 (2), S. 207-221.
Csikszentmihalyi, Mihaly (1992): Das Flow-Erlebnis. Jenseits von Angst und Langeweile: im Tun aufgehen, 4. Aufl., Stuttgart: Klett-Cotta.
Damm, Marcus (2010): Schemapädagogik. Möglichkeiten und Methoden der Schematherapie im Praxisfeld Erziehung, Wiesbaden: VS Verlag.
Dewey, John (2008): Democracy and Education, Radford: Wilder Publications.
Dewey, John (2008): „Experience and Education“, in: Ders.: The Later Works. 1925–1953, Volume 13: 1938–1939, Boydston, Jo Anne (Hrsg.), Carbondale: Southern Illinois University Press, S. 1-60.
Dewey, John (2003): „Affektives Denken (1926)“, in: Ders.: Philosophie und Zivilisation, Frankfurt/M.: Suhrkamp, S. 117–124.
Dewey, John (2000): Demokratie und Erziehung. Eine Einleitung in die philosophische Pädagogik, Oelkers, Jürgen (Hrsg.), Weinheim u. Basel: Beltz.
Diesterweg, Friedrich Adolph Wilhelm (1959): „Über die Lehrmethode Schleiermachers“, in: Ders.: Sämtliche Werke, bearbeitet von Ruth Hohendorf, Bd. 3, Berlin: Volk und Wissen, S. 251–268.
Dornes, Martin (2012): Die Modernisierung der Seele, Frankfurt/M.: Fischer.
Dornes, Martin (2005): Die emotionale Welt des Kindes, 5. Aufl., Frankfurt/M.: Fischer.
Dörpinghaus, Andreas/Uphoff, Ina Katharina (2012): „Zeit und Bildung. Über die Selbstaffektion der Erfahrung“, in: Schmidt-Lauff, Sabine (Hrsg.): Zeit und Bildung. Annäherungen an eine zeittheoretische Grundlegung, Münster u. a.: Waxmann, S. 61–70.
Dreier, Annette/Kucharz, Dietmund/Ramseger, Jörg/Sörensen, Bernd (1999): Grundschulen planen, bauen, neu gestalten. Empfehlungen für kindgerechte Lernumwelten, Frankfurt/M.: Grundschulverband Verlag.
Durkheim, Emile (1984): Erziehung, Moral und Gesellschaft, Frankfurt/M.: Suhrkamp.
Dürkheim, Graf Karlfried (2005): „Untersuchungen zum gelebten Raum”, in: Hasse, Jürgen (Hrsg.): Natur. Raum. Gesellschaft 4, Frankfurt/M.: Institut für Didaktik der Geografie.
Edelglass, William (2009): „Philosophy and place-based pedagogies“, in: Kenkmann, Andrea (Hrsg.): Teaching Philosophy, London u. New York: Continuum, S. 69–80.
Erhardt, Christiane (2005): Religion, Bildung und Erziehung bei Schleiermacher. Eine Analyse der Beziehungen und des Widerstreits zwischen den „Reden über die Religion“ und den „Monologen“, Göttingen: Vandenhoeck & Ruprecht.
Erikson, Erik (1992): Kindheit und Gesellschaft, 11. Aufl., Stuttgart: Klett-Cotta.
Euler, Peter (2010): „Verstehen als Menschenrecht versus Kapitalisierung lebenslangen Lernens oder: Lehre als Initiierung lebendiger Verhältnisse von Sache und Subjekt. Lebenslängliches Lernen: Die Bildungsarchitektur der Verwertung des ‚ganzen‘ Menschen“, in: Pazzini, Karl-Josef/Schuller, Marianne/Wimmer, Michael (Hrsg.): Lehren bildet? Vom Rätsel unserer Lehranstalten, Bielefeld: Trancript, S. 125–146.
Faulstich, Peter (2014): Lerndebatten. Phänomenologische, pragmatische und kritische Lerntheorien in der Diskussion, Bielefeld: Transcript.

Felten, Michael (2010): Auf die Lehrer kommt es an! Für eine Rückkehr der Pädagogik in die Schule, 3. Aufl., Gütersloh: Gütersloher Verlagshaus.
Fend, Helmut (2008): Neue Theorie der Schule. Einführung in das Verstehen von Bildungssystemen, 2. Aufl., Wiesbaden: VS Verlag.
Fend, Helmut (2008): Schule gestalten. Systemsteuerung, Schulentwicklung und Unterrichtsqualität, Wiesbaden: VS Verlag.
Fend, Helmut (2000): Entwicklungspsychologie des Jugendalters. Ein Lehrbuch für pädagogische und psychologische Berufe, 2. Aufl., Opladen: Leske & Budrich.
Foucault, Michel (1977): Überwachen und Strafen. Die Geburt des Gefängnisses, Frankfurt/M.: Suhrkamp.
Fratton, Peter (2014): Lass mir die Welt! Verschule sie nicht! Warum Leben und Lernen unzertrennlich sind, Weinheim u. Basel: Beltz.
Friedeburg, Ludwig von (1992): Bildungsreform in Deutschland. Geschichte und gesellschaftlicher Widerspruch, Frankfurt/M.: Suhrkamp.
Friesen, Norm (2011): The Place of the Classroom and the Space of the Screen. Relational Pedagogy and Internet Technology, New York, Bern, Berlin u. a.: Peter Lang.
Fuchs, Marek/Lamnek, Siegfried/Luedtke, Jens/Baur, Nina (2009): Gewalt an Schulen. 1994–1999–2004, 2. Aufl., Wiesbaden: VS Verlag.
Fuchs, Thomas (2000): Leib, Raum, Person. Entwurf einer phänomenologischen Anthropologie, Stuttgart: Klett-Cotta.
Fuchs, Thomas (2000): Psychopathologie von Leib und Raum. Phänomenologisch-empirische Untersuchungen zu depressiven und paranoiden Erkrankungen, Darmstadt: Steinkopf.
Fuhrmann, Helmut (1993): „Die Furie des Verschwindens". Literaturunterricht und Literaturtradition, Würzburg: Königshausen u. Neumann.
Fussangel, Kathrin/Gräsel, Cornelia (2012): „Lehrerkooperation aus der Sicht der Bildungsforschung", in: Baum, Elisabeth/Idel, Till-Sebastian/Ullrich, Heiner (Hrsg.): Kollegialität und Kooperation in der Schule: Theoretische Konzepte und empirische Befunde, Wiesbaden: VS Verlag, S. 29–40.
Gall, Lothar (2011): Wilhelm von Humboldt. Ein Preuße von Welt, Berlin: Propyläen.
Gaus, Detlef/Drieschner, Elmar (2011): „Pädagogische Liebe. Anspruch oder Widerspruch von professioneller Erziehung?", in: Dies. (Hrsg.): Liebe in Zeiten pädagogischer Professionalität, Wiesbaden: VS Verlag, S. 7–28.
Gebhard, Ulrich (2010): „Begegnung mit der Natur", in: Duncker, Ludwig/Lieber, Gabriele/ Neuss, Norbert/Uhlig, Bettina (Hrsg.): Bildung in der Kindheit. Das Handbuch zum Lernen in Kindergarten und Grundschule, Seelze: Kallmeyer, Klett, S. 67–71.
Gebhard, Ulrich (2009): Kind und Natur. Die Bedeutung der Natur für die psychische Entwicklung, 3. Aufl., Wiesbaden: VS Verlag.
Geiss, Michael/De Vincenti, Andrea (Hrsg.) (2012): Verwaltete Schule. Geschichte und Gegenwart, Wiesbaden: Springer.
Goethe, Johann Friedrich (2009): Wilhelm Meisters Lehrjahre, Frankfurt/M. u. Leipzig: Insel.
Göhlich, Michael/Zirfas, Jörg (2007): Lernen. Ein pädagogischer Grundbegriff, Stuttgart: Kohlhammer.
Göhlich, Michael/Wulf, Christoph/Zirfas, Jörg (2007): „Pädagogische Zugänge zum Lernen", in: Dies. (Hrsg.): Pädagogische Theorien des Lernens, Weinheim: Beltz, S. 7–22.
Grolnick, Wendy S./Ryan, Richard M. (1987): „Autonomy in children's learning: An experimental and individual difference investigation", in: Journal of Personality and Social Psychology 52 (5), S. 890–898.
Grosch, Christiane (2011): Langfristige Wirkungen der Begabtenförderung, Münster: LIT Verlag (Talentförderung, Expertiseentwicklung, Leistungsexzellenz, Bd. 8).
Grunder, Hans-Ulrich (2001): Schule und Lebenswelt. Ein Studienbuch, Münster u. a.: Waxmann.
Gruschka, Andreas (2011): Verstehen lehren! Ein Plädoyer für guten Unterricht, Stuttgart: Reclam.
Gruschka, Andreas (2001): „Bildung: unvermeidbar und überholt, ohnmächtig und rettend", in: Zeitschrift für Pädagogik 47 (5), S. 621–639.
Gruschka, Andreas (1994): Bürgerliche Kälte und Pädagogik. Moral in Gesellschaft und Erziehung, Wetzlar: Büchse der Pandora.
Gruschka, Andreas (1988): „Über die Kopflosigkeit der Forderung nach Einheit von Kopf, Herz und Hand", in: Pädagogische Korrespondenz 3, S. 9–24.

Gudjons, Herbert (2006): Methodik zum Anfassen. Unterrichten jenseits von Routinen, 2. Aufl., Bad Heilbronn: Klinkardt.
Hagemann, Wolfgang (2003): Burn-Out bei Lehrern. Ursachen, Hilfen, Therapie, München: Beck.
Hartinger, Andreas (2005): „Verschiedene Formen der Öffnung von Unterricht und ihre Auswirkungen auf das Selbstbestimmungsempfinden von Grundschulkindern", in: Zeitschrift für Pädagogik 51 (3), S. 397–414.
Hasselhorn, Marcus/Gold, Andreas (2009): Pädagogische Psychologie. Erfolgreiches Lernen und Lehren, Stuttgart: Kohlhammer.
Hattie, John (2013): Lernen sichtbar machen!, Hohengehren u. Baltmannsweiler: Schneider.
Hativa, Nira (2000): Teaching for Effective Learning in Higher Education, Dordrecht: Springer-Science+Business Media.
Hegel, Georg Wilhelm Friedrich (2011): Phänomenologie des Geistes, Hamburg: Meiner.
Hegel, Georg Wilhelm Friedrich (1986): „Gymnasialreden", in: Ders.: Werke in 20 Bänden, Moldenhauer, Eva/Michel, Karl Markus (Hrsg.): Bd. 4: Nürnberger und Heidelberger Schriften 1808–1817, Frankfurt/M.: Suhrkamp.
Heidemann, Rudolf (2012): Körpersprache im Unterricht. Ein Ratgeber für Lehrende, 10. Aufl., Wiebelsheim: Quelle & Meyer.
Helsper, Werner/Kramer, Rolf-Torsten/Hummrich, Merle/Busse, Susann (2009): Jugend zwischen Familie und Schule. Eine Studie zu pädagogischen Generationsbeziehungen, Wiesbaden: VS Verlag.
Helsper, Werner/Ullrich, Heiner/Stelmaszyk, Bernhard/Höblich, Davina/Graßhoff, Gunther/Jung, Dana (2007): Autorität und Schule. Die empirische Rekonstruktion der Klassenlehrer-Schüler-Beziehung an Waldorfschulen, Wiesbaden: VS Verlag.
Helsper, Werner/Böhme, Jeanette/Kramer, Rolf-Torsten/Lingkost, Angelika (2001): Schulkultur und Schulmythos. Rekonstruktionen zur Schulkultur I, Opladen: Leske & Budrich.
Helsper, Werner (1989): „Jugendliche Gegenkultur und schulisch-bürokratische Rationalität: Zur Ambivalenz von Individualisierungs- und Informalisierungsprozessen", in: Breyvogel, Wilfried (Hrsg.): Pädagogische Jugendforschung, Opladen: Leske & Budrich, S. 161–183.
Hentig, Hartmut von (2003): Die Schule neu denken. Eine Übung in pädagogischer Vernunft, Weinheim u. Basel: Beltz.
Herder, Johann Gottfried (1978): „Journal meiner Reise im Jahr 1769", in: Ders.: Herders Werke in fünf Bänden, Bd. 1, Berlin u. Weimar: Aufbau Verlag, S. 271–386.
Herder, Johann Gottfried (1978): „Über den Ursprung der Sprache", in: Ders.: Herders Werke in fünf Bänden, Bd. 2, Berlin u. Weimar: Aufbau Verlag, S. 89–200.
Herder, Johann Gottfried (1978): „Ideen zur Philosophie der Geschichte der Menschheit (1791)", in: Ders.: Herders Werke in fünf Bänden, Bd. 4, Berlin u. Weimar: Aufbau Verlag.
Herder, Johann Gottfried (1978): „Schulreden. Von der Grazie in der Schule (1765)", in: Ders.: Herders Werke in fünf Bänden, Bd. 5, Berlin u. Weimar: Aufbau Verlag, S. 241–254.
Herder, Johann Gottfried (1978): „Schulreden. Von Schulübungen (1781)", in: Ders.: Herders Werke in fünf Bänden, Bd. 5, Berlin u. Weimar: Aufbau Verlag, S. 255–266.
Herder, Johann Gottfried (1978): „Vom Erkennen und Empfinden der menschlichen Seele (1774)", in, Ders.: Herders Werke in fünf Bänden, Bd. 5, Berlin u. Weimar: Aufbau Verlag, S. 341–406.
Herzberger, Hermann (2008): Space and Learning: Lessons in Architecture 3, Rotterdam: 010 Publisher.
Hesse, Hermann (2001): „Kinderseele", in: Ders.: Sämtliche Werke, Michels, Volker (Hrsg.): Bd. 8: Erzählungen, Frankfurt/M.: Suhrkamp, S. 179–209.
Higgins, Christopher (2002): „Das Glück des Lehrers", in: Zeitschrift für Pädagogik 48 (4), S. 495–513.
Holtstiege, Hildegard (2005): „Die Hand, die ihre Hand im Spiel hat", in: Fischer, Reinhard/Heitkämper, Peter (Hrsg.): Montessori Pädagogik, aktuelle und internationale Entwicklungen. Festschrift für Prof. Dr. Harald Ludwig, Münster: LIT Verlag, S. 17–46.
Honneth, Axel (2011): Das Recht der Freiheit. Grundriß einer demokratischen Sittlichkeit, Berlin: Suhrkamp.
Honneth, Axel (2005): Verdinglichung. Eine anerkennungstheoretische Studie, Frankfurt/M.: Suhrkamp.
Humboldt, Wilhelm von (2010): „Brief an Schiller (Anfang September 1800)", in: Trabant, Jürgen (Hrsg.): Wilhelm von Humboldt. Das große Lesebuch, Frankfurt/M.: Fischer, S. 116–121.

Humboldt, Wilhelm von (2010): „Der Königsberger und der Litauische Schulplan (1809/10)“, in: Trabant, Jürgen (Hrsg.): Wilhelm von Humboldt. Das große Lesebuch, Frankfurt/M.: Fischer, S. 343–349.
Humboldt, Wilhelm von (2010): „Ideen über Staatsverfassung, durch die neue französische Constitution veranlasst. Aus einem Brief an einen Freund vom August, 1791“, in: Trabant, Jürgen (Hrsg.): Wilhelm von Humboldt. Das große Lesebuch, Frankfurt/M.: Fischer, S. 31–40.
Humboldt, Wilhelm von (1986): „Über das Studium des Alterthums, und des griechischen insbesondere [1793]“, in: Ders.: Werke in fünf Bänden, 3. Aufl., Flitner, Andreas/Giel, Klaus (Hrsg.): Bd. 2: Schriften zur Altertumskunde, Die Vasken, Darmstadt: Wissenschaftliche Buchgesellschaft, S. 1–24.
Humboldt, Wilhelm von (1980): „Theorie der Bildung des Menschen“, in: Ders.: Werke in fünf Bänden, 3. Aufl., Flitner, Andreas/Giel, Klaus (Hrsg.): Bd. 1: Schriften zur Anthropologie und Geschichte, Darmstadt: Wissenschaftliche Buchgesellschaft, S. 234–240.
Humboldt, Wilhelm von (1980): „Über den Geist der Menschheit [1797]“, in: Ders.: Werke in fünf Bänden, 3. Aufl., Flitner, Andreas/Giel, Klaus (Hrsg.): Bd. 1: Schriften zur Anthropologie und Geschichte, Darmstadt: Wissenschaftliche Buchgesellschaft, S. 506–518.
Humboldt, Wilhelm von (1980): „Ideen zu einem Versuch, die Gränzen der Wirksamkeit des Staates zu bestimmen [1792]“, in: Ders.: Werke in fünf Bänden, 3, Aufl., Flitner, Andreas/Giel, Klaus (Hrsg.): Bd. 1: Schriften zur Anthropologie und Geschichte, Darmstadt: Wissenschaftliche Buchgesellschaft, S. 56–233.
Hüther, Gerald/Hauser, Uli (2014): Jedes Kind ist hoch begabt. Die angeborenen Talente unserer Kinder und was wir aus ihnen machen, München: Random House.
Ilien, Albert (2009): Grundwissen Lehrerberuf. Eine kulturkritische Einführung, Wiesbaden: VS Verlag.
Illi, Urs (1995): „Bewegte Schule. Die Bedeutung und Funktion der Bewegung als Beitrag einer ganzheitlichen Gesundheitsbildung im Lebensraum Schule“, in: Sportunterricht 44 (10), S. 404–415.
Jacobs, Bernhard/Strittmatter, Peter (1979): Der schulängstliche Schüler. Eine empirische Untersuchung über mögliche Ursachen und Konsequenzen der Schulangst, München u. a.: Urban & Schwarzenberg.
Jaeggi, Rahel (2005): Entfremdung. Zur Aktualität eines sozialphilosophischen Problems, Frankfurt/M.: Campus.
James, William (1962): Talks to teachers on psychology, New York: Dover Press.
Janke, Nike (2006): Soziales Klima an Schulen aus Lehrer-, Schulleiter- und Schülerperspektive. Eine Sekundäranalyse der Studie „Kompetenzen und Einstellungen von Schülerinnen und Schülern – Jahrgangsstufe 4 (KESS 4)“, Münster: Waxmann.
Jaspers, Karl (1956): „Existenzerhellung“, in: Ders.: Philosophie II, Berlin u. Heidelberg: Springer.
Kelle, Helga (1997): „Die Komplexität sozialer und kultureller Wirklichkeit als Problem qualitativer Forschung“, in: Friebertshäuser, Barbara/Prengel, Annedore (Hrsg.): Handbuch Qualitativer Forschungsmethoden in der Erziehungswissenschaft, Weinheim u. München: Juventa, S. 192–208.
Key, Ellen (1905): „Die Seelenmorde in den Schulen“, in: Dies.: Das Jahrhundert des Kindes. Studien von Ellen Key, Berlin: Fischer, S. 221–232.
Knowles, Malcolm (1975): Self-directed learning, Chicago: Follet.
Köhnlein, Walter (1998): „Martin Wagenschein, die Kinder und naturwissenschaftliches Denken“, in: Ders. (Hrsg.): Der Vorrang des Verstehens. Beiträge zur Pädagogik Martin Wagenscheins, Bad Heilbrunn: Klinkhardt, S. 66–87.
Kokemohr, Rainer/Schmidt, Tim/Wulftange, Gereon (2010): „Globalisierte Bildung im Dickicht der Kulturen? Vorbereitende Überlegungen zu einem verdeckten Problem“, in: Pazzini, Karl-Josef/Schuller, Marianne/Wimmer, Michael (Hrsg.): Lehren bildet? Vom Rätsel unserer Lehranstalten, Bielefeld: Transcript, S. 57–81.
Köker, Anne (2012): Bedeutungen obligatorischer Zusammenarbeit von Lehrerinnen und Lehrern. Eine neue Perspektive auf Professionelle Lerngemeinschaften, Kempten: Klinkhardt.
Koller, Hans-Christian (2012): Bildung anders denken. Einführung in die Theorie transformatorischer Bildungsprozesse, Stuttgart: Kohlhammer.
Kretschmann, Rudolf (2004): „Präventive Selbsthilfe von Lehrern: Stressmanagement, Zeitmanagement, berufsbezogene Supervision“, in: Hillert, Andreas/Schmitz, Edgar (Hrsg.): Psycho-

somatische Erkrankungen bei Lehrerinnen und Lehrern: Ursache – Folgen – Lösungen, Stuttgart: Schattauer, S. 207–222.
Kretschmann, Tabea (2012): „Exkurs: Begabungsförderung bei Schülern und das Beispiel der Deutschen SchülerAkademie", in: Wollsching-Strobel, Peter/Prinz, Birgit (Hrsg.): Talentmanagement mit System. Von Top-Performern lernen – Leistungsträger im Unternehmen wirksam unterstützen. Der PWS-Ansatz, Wiesbaden: Springer, S. 57–72.
Krumm, Volker (1996): „Über die Vernachlässigung der Eltern durch Lehrer und Erziehungswissenschaft. Plädoyer für eine veränderte Rolle der Lehrer bei der Erziehung der Kinder", in: Leschinsky, Achim (Hrsg.): Die Institutionalisierung von Lehren und Lernen. Beiträge zu einer Theorie der Schule, Weinheim u. a.: Beltz, S. 119–137 (Zeitschrift für Pädagogik, Beiheft 34).
Kunze, Axel B. (2009): „Bildung als Freiheitsrecht – Zum Zusammenspiel von freier Persönlichkeitsentfaltung, Sicherung realer Freiheit und pädagogischer Wahlfreiheit", in: Heimbach-Steins, Marianne/Kruip, Gerhard/Kunze, Axel B. (Hrsg.): Bildungsgerechtigkeit. Interdisziplinäre Perspektiven, Bielefeld: Bertelsmann, S. 143–164.
Kupfer, Christine (2014): Bildung zum Weltmenschen. Rabindranath Tagores Philosophie und Pädagogik, Bielefeld: Transcript.
Kutting, Dirk (2010): Missbrauchte Schule!? Die Institution neu erden, Göttingen: Vandenhoeck & Ruprecht.
Langer, Roman (2008): „Warum haben die PISA gemacht? Bericht über einen emergenten Effekt internationaler politischer Auseinandersetzungen", in: Ders. (Hrsg.): „Warum tun die das?" Governanceanalysen zum Steuerungshandeln in der Schulentwicklung, Wiesbaden: VS Verlag, S. 49–72.
Lehnert-Hartmann, Andrea/Wieser, Renate (2013): „Der Gewalt ins Auge sehen", in: Jäggle, Martin/Krobath, Thomas/Stockinger, Helena/Schelander, Robert (Hrsg.): Kultur der Anerkennung. Würde, Gerechtigkeit, Partizipation für Schulkultur, Schulentwicklung und Religion, S. 225–235.
Leitz, Iris (2015): Motivation durch Beziehung, Wiesbaden: Springer.
Lichtenstein, Ernst (1966): Zur Entwicklung des Bildungsbegriffs von Meister Eckhart bis Hegel, Heidelberg: Quelle & Meyer.
Liebenwein, Sylvia/Barz, Heiner/Randoll, Dirk (2012): Bildungserfahrungen an Waldorfschulen. Empirische Studie zu Schulqualität und Lernerfahrung, Wiesbaden: VS Verlag.
Loch, Werner (1960): „Zur Vorgeschichte des pädagogischen Begegnungsbegriffs", in: Pädagogische Arbeitsblätter 12, S. 16–30.
Locke, John (1718): An Essay Concerning Human Understanding, London.
Löwisch, Dieter-Jürgen (1995): Einführung in pädagogische Ethik. Eine handlungsorientierte Anleitung für die Durchführung von Verantwortungsdiskursen, Darmstadt: Wissenschaftliche Buchgesellschaft.
Luhmann, Niklas (2002): Das Erziehungssystem der Gesellschaft, Frankfurt/M.: Suhrkamp.
Maaz, Kai/Baeriswyl, Franz/Trautwein, Ulrich (2011): „Herkunft zensiert? Leistungsdiagnostik und soziale Ungleichheit in der Schule", in: Dreißner, David (Hrsg.): Chancen bilden. Wege zu einer gerechteren Bildung – ein internationaler Erfahrungsaustausch, Springer, S. 185–188.
Marotzki, Winfried (1990): Entwurf einer strukturalen Bildungstheorie. Biographietheoretische Auslegung von Bildungsprozessen in hochkomplexen Gesellschaften, Hansmann, Otto/Marotzki, Winfried (Hrsg.): Weinheim: Deutscher Studien Verlag (Studien zur Philosophie und Theorie der Bildung, Bd. 3).
Maschke, Sabine/Stecher, Ludwig (2010): In der Schule. Vom Leben, Leiden und Lernen in der Schule, Wiesbaden: VS Verlag.
Maulbetsch, Corinna (2010): Person und Verantwortung. Zur Grundlegung einer pädagogischen Handlungstheorie unter dem Aspekt der Erziehung zur Verantwortung im Kontext Schule, Münster: Waxmann.
Meder, Norbert (2006): „Ethos und Habitus als Medien von Bildungsprozessen", in: Dörpinghaus, Andreas/Helmer, Karl (Hrsg.): Ethos. Bildung. Argumentation, Würzburg: Königshausen & Neumann, S. 161–176.
Mehrabian, Albert (2009): Nonverbal Communication, 3. Aufl., New Brunswick u. London: AldineTransaction.
Meier, Ulrich/Tillmann, Klaus-Jürgen (2000): „Gewalt in der Schule – importiert oder selbstproduziert?", in: Praxis der Kinderpsychologie und Kinderpsychiatrie 49 (1), S. 36–52.

Meinberg, Eckhard (2011): Leibliche Bildung in der technischen Zivilisation. Über den Umgang mit dem Leibe, Münster: LIT Verlag.
Meister, Gudrun (2012): „Kooperation in fusionierten Kollegien", in: Baum, Elisabeth/Idel, Till-Sebastian/Ullrich, Heiner (Hrsg.): Kollegialität und Kooperation in der Schule: Theoretische Konzepte empirische Befunde, Wiesbaden: Springer VS Verlag, S. 167–180.
Merleau-Ponty, Maurice (1966): Phänomenologie der Wahrnehmung, Berlin: de Gruyter.
Meschkutat, Bärbel/Steckelbeck, Martina/Langenhoff, Georg (2002): Der Mobbing-Report. Eine Repräsentativstudie für die Bundesrepublik Deutschland, Dortmund u. Berlin: Bundesanstalt für Arbeitsschutz und Arbeitsmedizin.
Meschkutat, Bärbel/Martina, Stackelbeck/Langenhoff, Georg (2002): Mobbing Report (Kurzfassung), Sozialforschungsstelle Dortmund.
Meyer-Ahrens, Inga/Wilde, Matthias (2013): „Der Einfluss von Schülerwahl und der Interessantheit des Unterrichtsgegenstandes auf die Lernmotivation im Biologieunterricht", in: Unterrichtswissenschaft 41 (1), S. 57–71.
Meyer-Drawe, Käte (2008): Diskurse des Lernens, München: Fink.
Meyer-Drawe, Käte (1999): „Kritik der grassierenden Weltnichtung", in: Vierteljahresschrift für wissenschaftliche Pädagogik 75, S. 428–437.
Meyer, Kirsten (2011): Bildung, Berlin u. Boston: de Gruyter.
Mollenhauer, Klaus (2008): Vergessene Zusammenhänge, 7. Aufl., Weinheim u. München: Juventa.
Mollenhauer, Klaus (1997): „Methoden erziehungswissenschaftlicher Bildinterpretation", in: Friebertshauser, Barbara/Prengel, Annedore (Hrsg.): Handbuch Qualitativer Forschungsmethoden in der Erziehungswissenschaft, Weinheim u. München: Juventa.
Mollenhauer, Klaus (1987): „Korrekturen am Bildungsbegriff?", in: Zeitschrift für Pädagogik 33 (1), S. 1–20.
Mollenhauer, Klaus (1983): „Streifzug durch fremdes Terrain. Interpretation eines Bildes aus dem Quattrocento in bildungstheoretischer Absicht", in: Zeitschrift für Pädagogik 30 (2), S. 173–194.
Mollenhauer, Klaus/Uhlendorff, Uwe (1995): Sozialpädagogische Diagnosen II. Selbstdeutungen verhaltensschwieriger Jugendlicher als empirische Grundlage für Erziehungspläne, Weinheim u. München: Juventa.
Moser, Maximilian/Bonin, Dietrich von/Früwirth, Matthias/Herfert, Jürgen/Lackner, Helmut/Muhry, Franziska/Puelacher, Christoph: „Luftkunst. Von der Fähigkeit, mit dem Atem das Herz und den Körper zum Klingen zu bringen", in: Kunst- und Ausstellungshalle der Bundesrepublik Deutschland (Hrsg.): Luft – Elemente des Naturhaushalts IV, Köln, S. 270–283 (Schriftenreihe Forum, Bd. 12).
Münch, Richard (2009): Globale Eliten, lokale Autoritäten. Politik unter dem Regime von PISA, McKinsey & Co., Frankfurt/M.: Suhrkamp.
Muth, Jakob (1962): Pädagogischer Takt. Monographie einer aktuellen Form erzieherischen und didaktischen Handelns, Heidelberg: Quelle und Meyer.
Nair, Prakash/Fielding, Randall/Lackney, Jeffrey: The Language of School Design. Design Patterns for 21st Century Schools, 3. Aufl., Designshare.
Neber, Heinz/Heller, Kurt A. (1997): Deutsche SchülerAkademie. Ergebnisse der wissenschaftlichen Begleitforschung, Bonn: Bundesministerium für Bildung, Wissenschaft, Forschung und Technologie.
Neckel, Sighard/Wagner, Greta (2013): „Einleitung: Leistung und Erschöpfung", in: Dies. (Hrsg.): Leistung und Erschöpfung, Berlin: Suhrkamp.
Neill, Sean (1991): Classroom Nonverbal Communication, London: Routledge.
Nelson, Leonard (1929): „Die sokratische Methode. Vortrag, gehalten am 11. Dezember 1922 in der Pädagogischen Gesellschaft in Göttingen", in: Abhandlung der Fries'schen Schule. Neue Folge, Bd. 5 (1), Göttingen: Verlag Öffentliches Leben, S. 21–78.
Niethammer, Friedrich Immanuel (1808): Der Streit des Philanthropinismus und Humanismus in der Theorie des Erziehungs-Unterrichts unsrer Zeit, Jena: Frommann.
Nohl, Herman (1914): „Das Verhältnis der Generationen in der Pädagogik", in: Die Tat. Sozialreligiöse Monatsschrift für deutsche Kultur, Jena: Diederichs.
Nussbaum, Martha (2012): Nicht für den Profit. Warum Demokratie Bildung braucht, Überlingen: Tibia Press.

Nussbaum, Martha (2003): Cultivating Humanities. A Classical Defense of Reform in Liberal Education, 7. Aufl., Cambridge u. a.: Harvard University Press.
Nussbaum, Martha (2001): Upheavals of Thought. The Intelligence of Emotions, Cambridge: Cambridge University Press.
Oertel, Lars (2000): „Schulstress und Schulangst im Jugendalter", in: Hackauf, Horst/Ohlbrecht, Heike (Hrsg.): Jugend und Gesundheit. Ein Forschungsüberblick, Weinheim u. München: Juventa.
Organisation für wirtschaftliche Zusammenarbeit und Entwicklung (OECD) (2015): The ABC of Gender Equality in Education. Aptitude, Behaviour, Confidence, PISA: OECD Publishing.
Pelker, Anna-Katharina/Günther, Ralf/Boehnke, Klaus (2002): „Die Angst vor sozialer Ausgrenzung als leistungshemmender Faktor. Zum Stellenwert guter mathematischer Schulleistungen unter Gleichaltrigen", in: Zeitschrift für Pädagogik (45. Beiheft). Bildungsqualität von Schule: Schulische und außerschulische Bedingungen mathematischer, naturwissenschaftlicher und überfachlicher Kompetenzen, S. 326–340.
Pestalozzi, Johann H. (1918): „Gertrud und Lienhard. Ein Buch für das Volk", Dritter Theil in: Pestalozzi's Sämmtliche Schriften, 3. Aufl., Stuttgart u. Tübingen: Cotta'sche Buchhandlung.
Piaget, Jean (2003): Meine Theorie der geistigen Entwicklung, Fatke, Reinhard (Hrsg.), Weinheim, Basel u. Berlin: Beltz.
Picht, Georg (1965): Die Deutsche Bildungskatastrophe, München: Deutscher Taschenbuchverlag.
Postman, Neil (1997): Wir amüsieren uns zu Tode: Urteilsbildung im Zeitalter der Unterhaltungsindustrie, Frankfurt/M.: Fischer.
Prange, Klaus (2005): Die Zeigestruktur der Erziehung. Grundriss der Operativen Pädagogik, Paderborn: Schöningh.
Precht, Richard David (2013): Anna, die Schule und der liebe Gott. Der Verrat des Bildungssystems an unseren Kindern, München: Goldmann.
Prengel, Annedore (2006): Pädagogik der Vielfalt. Verschiedenheit und Gleichberechtigung in Interkultureller, Feministischer und Integrativer Pädagogik, 3. Aufl., Wiesbaden: VS Verlag (Schule und Gesellschaft, Bd. 2).
Prohl, Robert (2011): „Zum Bildungspotential des Sportunterrichts", in: Krüger, Michael/Neuber, Nils (Hrsg.): Bildung im Sport. Beiträge zu einer zeitgemäßen Bildungsdebatte, Wiesbaden: VS Verlag, S. 165–178.
Püttschneider, Martin (2005): Die Rolle des Animismus bei der Vermittlung chemischer Sachverhalte – eine Interventionsstudie am teutolab der Universität Bielefeld, Göttingen: Cuvillier Verlag.
Radtke, Frank-Olaf (2003): „Die Erziehungswissenschaft der OECD. Aussichten auf die neue Performanz-Kultur", in: Nittel, Dieter/Seitter, Wolfgang (Hrsg.): Die Bildung des Erwachsenen. Erziehungs- und sozialwissenschaftliche Zugänge, Bielefeld: Bertelsmann, S. 277–304.
Randler, Christoph/Bilger, Sabrina/Díaz-Morales, Juan Francisco (2009): „Associations among Sleep, Chronotype, Parental Monitoring, and Pubertal Development among German Adolescents", in: The Journal of Psychology: Interdisciplinary and Applied 143 (5), S. 509–520.
Reiter, Michael (2013): Ihre Ausstrahlung erkennen, fördern und bewusst leben, 5. Aufl., Freiburg: Haufe.
Rhue, Morton (1997): Die Welle (Roman), Ravensburg: Taschenbuchverlag.
Richter, Jean Paul Friedrich (1863): „Gedanken und Bemerkungen über die Menschen", in: Denkwürdigkeiten aus dem Leben von Jean Paul Friedrich Richter, Bd. 3, München: Fleischmann.
Richter, Jean Paul Friedrich (1807): Levana oder Erziehungslehre, 2. Bde., Braunschweig: Friedrich Vieweg.
Richter, Volker (2009): Beobachtet und bewertet werden, Berlin: LIT Verlag.
Ricken, Norbert (1999): Subjektivität und Kontingenz: Markierungen im pädagogischen Diskurs, Würzburg: Königshausen & Neumann.
Rieger-Ladich, Markus/Ricken, Norbert (2009): „Macht und Raum: Eine programmatische Skizze zur Erforschung von Schularchitekturen", in: Böhme, Jeanette (Hrsg.): Schularchitektur im interdisziplinären Diskurs. Territorialisierungskrise und Gestaltungsperspektiven des schulischen Bildungsraums, Wiesbaden: VS Verlag, S. 186–203.
Rilke, Rainer M. (2008): „Der Schulknabe", in: Gedichte. Das Buch der Bilder (1902–1906), Frankfurt/M.: Fischer.

Rittelmeyer, Christian (2009): „Der menschliche Leib als Resonanzorgan. Skizze einer Anthropologie der Sinne“, in: Erziehungskunst 72 (10), S. 11–16.
Rittelmeyer, Christian (2009): „Schulbauten als semiotische Szenerien: Eine methodologische Skizze“, in: Böhme, Jeanette (Hrsg.): Schularchitektur im interdisziplinären Diskurs, Wiesbaden: VS Verlag, S. 157–170.
Rittelmeyer, Christian (2008): „Architektur von Bildungseinrichtungen“, in: Coelen, Thomas/Otto, Hans-Uwe (Hrsg.): Grundbegriffe Ganztagsbildung. Das Handbuch, Wiesbaden: VS Verlag, S. 714–723.
Rittelmeyer, Christian (2007): Kindheit in Bedrängnis. Zwischen Kulturindustrie und technokratischer Bildungsreform, Stuttgart: Kohlhammer.
Rittelmeyer, Christian (2002): Pädagogische Anthropologie des Leibes. Biologische Voraussetzungen der Erziehung und Bildung, Weinheim u. München: Juventa.
Rittelmeyer, Christian (1994): Schulbauten positiv gestalten: Wie Schüler Farben und Formen erleben, Wiesbaden: Bauverlag.
Rizzolatti, Giacomo/Corrado, Sinigaglia (2008): Empathie und Spiegelneurone. Die biologische Basis des Mitgefühls, Frankfurt/M.: Suhrkamp.
Roediger, Eckhard (2009): Praxis der Schematherapie: Grundlagen, Anwendung, Perspektiven, Stuttgart: Schattauer.
Rosa, Hartmut (2016): Resonanz. Eine Soziologie der Weltbeziehungen, Berlin: Suhrkamp.
Rosa, Hartmut (2012): „Geworfen oder getragen? Subjektive Weltbeziehungen und moralische Landkarten“, in: Ders.: Weltbeziehungen im Zeitalter der Beschleunigung, Berlin: Suhrkamp, S. 374–413.
Rosa, Hartmut (2012): Weltbeziehungen im Zeitalter der Beschleunigung. Umrisse einer neuen Gesellschaftskritik, Berlin: Suhrkamp.
Rosa, Hartmut (2011): „'Is There Anybody Out There?' Stumme und resonante Weltbeziehungen als monomanischer Analysefokus im Werk Charles Taylor“, in: Kühnlein, Michael/Lutz-Bachmann, Matthias (Hrsg.): Unerfüllte Moderne? Neue Perspektiven auf das Werk von Charles Taylor, Berlin: Suhrkamp, S. 15–43.
Rosa, Hartmut (2009): „Kritik der Zeitverhältnisse. Beschleunigung und Entfremdung als Schlüsselbegriffe der Sozialkritik“, in: Jaeggi, Rahel/Wesche, Tilo (Hrsg.): Was ist Kritik?, Frankfurt/M.: Suhrkamp, S. 23–54.
Rosa, Hartmut (1998): Identität und kulturelle Praxis. Politische Philosophie nach Charles Taylor, Frankfurt/M. u. New York: Campus.
Rosa, Hartmut/Endres, Wolfgang (2016): Resonanzpädagogik. Wenn es im Klassenzimmer knistert, Weinheim u. Basel: Beltz.
Rosa, Hartmut/Endres, Wolfgang/Beljan, Jens (2017): Resonanz im Klassenzimmer. 48 Impulskarten zur Resonanzpädagogik, Weinheim u. Basel: Beltz.
Roseth Cary J./Fang, F./Johnson, David W./Johnson Roger T. (2006): Effects of cooperative learning on middle school students: A meta-analysis. Paper presented at the Annual Meeting of the American Educational Research Association, San Francisco.
Rothland, Martin (2011): „Warum entscheiden sich Studierende für den Lehrerberuf? Interessen, Orientierungen und Berufswahlmotive angehender Lehrkräfte im Spiegel der empirischen Forschung“, in: Terhart, Ewald/Bennewitz, Hedda/Rothland, Martin (Hrsg.): Handbuch der Forschung zum Lehrerberuf, Münster: Waxmann, S. 268–295.
Rousseau, Jean-Jacques (1993): Emil oder Über die Erziehung, 11. Aufl., Paderborn u.a.: Schöningh.
Rowe, Mary (1986): „Wait Time: Slowing Down May Be A Way of Speeding Up!“, in: Journal of Teacher Education 37 (1), S. 43–50.
Rumpf, Horst (1988): Die übergangene Sinnlichkeit. Drei Kapitel über die Schule, 2. Aufl., Weinheim: Juventa.
Schaarschmidt, Ilse (1931): Der Bedeutungswandel der Worte „bilden“ und „Bildung“ in der Literatur-Epoche von Gottsched bis Herder, Elding: Seiffert.
Scheuch, Klaus/Haufe, Eva/Seibt, Reingard (2015): „Lehrergesundheit“, in: Deutsches Ärzteblatt 112 (20), S. 347–356.
Schiller, Friedrich (2000): Über die ästhetische Erziehung des Menschen, Stuttgart: Reclam.
Schlegel, Friedrich (1868): Lucinde (1799), Coburg: Verlag von Georg Sendelbach.

Schleiermacher, Friedrich (2008): Pädagogik (1820/21), Erhardt, Christiane/Virmond, Wolfgang (Hrsg.), Berlin: de Gruyter.
Schleiermacher, Friedrich (2000): Texte zur Pädagogik, kommentierte Studienausgabe, 2 Bde., Winkler, Michael/Brachmann, Jens (Hrsg.), Frankfurt/M.: Suhrkamp.
Schmitz, Edgar/Voreck, Peter (2011): Einsatz und Rückzug an Schulen. Engagement und Disengagement bei Lehrern, Schulleitern und Schülern, Wiesbaden: VS Verlag.
Schubarth, Wilfried (2012): Gewalt und Mobbing an Schulen. Möglichkeiten der Prävention und Intervention, 2. Aufl., Stuttgart: Kohlhammer.
Siegenthaler, Walter/Blum, Hubert E. (Hrsg.) (2013): Klinische Pathophysiologie, 9. Aufl., Stuttgart: Thieme.
Sieland, Bernhard (2004): „Schulangst", in: Wörterbuch Schulpädagogik, 2. Aufl., Bad Heilbrunn: Klinkhardt, S. 279–380.
Singer, Wolf (2010): „Offene Fenster. Interview von Ralf Grauel", in: Lernen lassen. Abenteuer Bildung, Hamburg: brand eins Verlag.
Sprenger, Reinhard K. (2010): Mythos Motivation. Wege aus einer Sackgasse, 19. Aufl., Frankfurt/M.: Campus.
Stamm, Margrit/Ruckdäschel, Christine/Templer, Franziska/Niederhauser, Michael (2009): Schulabsentismus. Ein Phänomen, seine Bedingungen und Folgen, Wiesbaden: VS Verlag.
Steffens, Ulrich (2009): „Schulqualitätsdiskussion in Deutschland. Ihre Entwicklung im Überblick", in: van Buer, Jürgen/Wagner, Cornelia (Hrsg.): Qualität von Schule. Ein kritisches Handbuch, 5. Aufl., Frankfurt/M.: Peter Lang Verlag, S. 21–54.
Stein, Roland (2012): Förderung bei Ängstlichkeit und Angststörungen, Stuttgart: Kohlhammer.
Stern, André (2009): ... und ich war nie in der Schule. Geschichten eines glücklichen Kindes, München: ZS Verlag.
Stern, Daniel (1994): Die Lebenserfahrung des Säuglings, 4. Aufl., Stuttgart: Klett-Cotta.
Straka, Gerald A. (2009): „Motivation und selbstgesteuertes Lernen", in: Neue Didaktik 1, S. 1–6.
Sylwester, Robert (2007): The Adolescent Brain. Reaching for Autonomy, Thousand Oaks: Corwin Press.
Taylor, Charles (2009): Ein säkulares Zeitalter, Frankfurt/M.: Suhrkamp.
Taylor, Charles (1996): Quellen des Selbst. Die Entstehung der neuzeitlichen Identität, Frankfurt/M.: Suhrkamp.
Taylor, Charles (1985): „What is human agency?", in: Ders.: Philosophical Papers 1, Cambridge: Cambridge University Press, S. 15–44.
Terhart, Ewald/Klieme, Eckhard (2006): „Kooperation im Lehrerberuf: Forschungsproblem und Gestaltungsaufgabe", in: Zeitschrift für Pädagogik, 52 (2), S. 163–166.
Thomä, Dieter (2011): „Leben als Teilnehmen. Überlegungen im Anschluss an Johann Gottfried Herder", in: Deutsche Zeitschrift für Philosophie 59 (1), Akademie-Verlag, S. 5–32.
Thunman, Elin (2013): „Burnout als sozialpathologisches Phänomen der Selbstverwirklichung", in: Neckel, Sighard/Wagner, Greta (Hrsg.): Leistung und Erschöpfung, Berlin: Suhrkamp, S. 58–85.
Ulbricht, Arne (2015): Schule ohne Lehrer? Zurück in die Zukunft, Göttingen: Vandenhoeck & Ruprecht.
Ulbricht, Arne (2013): Lehrer. Traumberuf oder Horrorjob. Ein Insiderbericht, Göttingen: Vandenhoeck & Ruprecht.
Van Manen, Max (2012): „The Call of Pedagogy as the Call of Contact", in: Phenomenology & Practice 6 (2), S. 8–34.
Van Manen, Max (2012): The Tact of Teaching. The Meaning of Pedagogical Thoughtfulness, London, Ontario: The Althouse Press.
Van Manen, Max (2003): The Tone of Teaching. The Language of Pedagogy, Canada: The Althouse Press.
Varbelow, Dirk (2003): Lehrer als Opfer von Schülergewalt: Eine quantitative Studie, Marburg: Tectum Verlag.
Vlieghe, Joris/Simons, Maarten/Masschelein, Jan (2012): „Corporeal experience and equality. A new approach to the educational significance of the body", in: Zeitschrift für Pädagogik, 58 (3), S. 371–388.

Vollmer, Christian/Pötsch, Farina/Randler, Christoph (2013): „Morningness is associated with better gradings and higher attention in class“, in: Learning and Individual Differences 27, S. 167–173.
Wagenschein, Martin (2002): „Die Sprache zwischen Natur und Naturwissenschaften (1985)“, in: Rumpf, Horst (Hrsg.), „...zäh am Staunen“. Pädagogische Texte zum Bestehen der Wissensgesellschaft, Seelze-Velber: Kallmayer.
Wagenschein, Martin (1990): Kinder auf dem Wege zur Physik. Weinheim u. Basel: Beltz.
Wagenschein, Martin (1965): Die pädagogische Dimension der Physik, Braunschweig: Georg Westermann Verlag.
Waldenfels, Bernhard (2010): Sinne und Künste im Wechselspiel. Modi ästhetischer Erfahrung, Berlin: Suhrkamp.
Waldenfels, Bernhard (2000): Das leibliche Selbst. Vorlesungen zur Phänomenologie des Leibes, Frankfurt/M.: Surhkamp.
Waller, Willard (1932/1965): The sociology of teaching, New York: Wiley.
Weigelt, Linda (2010): Berührungen und Schule – Deutungsmuster von Lehrkräften. Eine Studie zum Sportunterricht, Wiesbaden: VS Verlag.
Weil, Hans (1930): Die Entstehung des deutschen Bildungsprinzips, Bonn: Cohen.
Wieczorek, Marion (2011): „Bedeutung und Ausgestaltung narrativen Lernens in der Entwicklung von Kindern mit Körperbehinderungen“, in: Hartung, Olaf/Steiniger, Ivo/Fuchs, Thorsten (Hrsg.): Lernen und Erzählen interdisziplinär, Wiesbaden: VS Verlag, S. 149–158.
Wienke Totura, Christine M. et al. (2009): „Bullying and victimization among boys and girls in middle school. The influence of perceived family and school contexts“, in: The Journal of Early Adolescence 29 (4), S. 571–609.
Wild, Elke/Möller, Jens (2009): Pädagogische Psychologie, 2. Aufl., Berlin u. Heidelberg: Springer.
Wimmer, Michael (2010): „Lehren und Bildung: Anmerkungen zu einem problematischen Verhältnis“, in: Pazzini, Karl-Josef/Schuller, Marianne/Wimmer, Michael (Hrsg.): Lehren bildet? Vom Rätsel unserer Lehranstalten, Bielefeld: Transcript, S. 13–38.
Winkler, Michael (2012): Erziehung in der Familie. Innenansichten des pädagogischen Alltags, Stuttgart: Kohlhammer.
Winkler, Michael (2006): Kritik der Pädagogik. Der Sinn der Erziehung, Stuttgart: Kohlhammer.
Winkler, Ursel (1998): Entspannungssequenzen im Unterricht. Psychohygiene in der Schule, Bad Heilbrunn: Klinkhardt.
Wippermann, Katja/Wippermann Carsten/Kirchner, Andreas (2013): Eltern – Lehrer – Schulerfolg. Wahrnehmungen und Erfahrungen im Schulalltag von Eltern und Lehrern, Stuttgart: Lucius & Lucius.
Wulf, Christoph/Athans, Birgit/Audehm, Kathrin/Bausch, Constanze/Jörissen, Benjamin/ Göhlich, Michael/Mattig, Ruprecht/Tervooren, Anja/Wagner-Willi, Monika/Zirfas, Jörg (Hrsg.) (2004): Bildung im Ritual. Schule, Familie, Jugend, Medien, Wiesbaden: VS Verlag.
Zárate, Alma de/Tressel, Jamila/Ehrenschneider, Lara-Luna (2014): Wie wir Schule machen. Lernen, wie es uns gefällt, München: Albrecht Knaus Verlag.
Zeh, Juli (2006): Spieltrieb (Roman), München: Random House.

Manuskriptmaterial

Anonymus Hamburg: Nachschrift zur Psychologie Schleiermachers 1818, Privatbesitz, zitiert als Anonymus Hamburg 1818.
Eyssenhardt, August Theodor: Nachschrift zur Psychologie Schleiermachers 1821, Universitätsbibliothek Halle: Yc 8⁰ 32, zitiert als Nachschrift Eyssenhardt 1821.
Manuskript Schleiermacher zur Psychologie 1818, Staatsbibliothek Preußischer Kulturbesitz Berlin, Depositum 42a, Schleiermacherarchiv, K. 1, Mappe 5, S. 7r, zitiert als Manuskript Schleiermacher 1818.
Sprüngli, Jakob: Nachschrift zur Pädagogik Schleiermachers 1826, im Depot des Instituts für Hermeneutik der Universität Zürich, Zentralbibliothek Zürich: Ms Z V 386, Pädagogik; Praktische Theologie. 2 Vorlesungen, (126 bzw. 88 Seiten), Sommersemester 1826, zitiert als Nachschrift Sprüngli.

Internetquellen

Bundesministerium für Bildung und Forschung (BMBF): Förderrichtlinien zur Nachwuchsförderung, www.bmbf.de/foerderungen/14166.php (abgerufen am 4. August 2015).

Erfahrungsbericht zur DSA Braunschweig (2013): www.roentgengymnasium.de/index.php/component/content/article/8-startseite/476-drei-erfahrungsberichte-zur-deutschen-schuelerakademie-2013-in-braunschweig (abgerufen am 12.10.2015).

Orzabal, Roland (2013): How we made Mad World, Interview, geführt von Dave Simpson am 10. Dezember 2013, auf: the guardian online, www.theguardian.com/music/2013/dec/10/how-we-made-mad-world-tears-fears.

United Nations Children's Fund (UNICEF) (2013): Leistungsstark, aber unglücklich? Internationaler Vergleich zeigt Fortschritte, aber auch geringe Lebenszufriedenheit. UNICEF-Bericht zur Lage der Kinder in Industrieländern 2013, www.unicef.de/blob/18782/7417138f1edd5058dce29dde29d01c8b/unicef- bericht-2013-zusammenfassung-data.pdf (abgerufen am 4. August 2015).

United Nations Educational, Scientific and Cultural Organization (UNESCO) (1997): International Standard Classification of Education (ISCED 1997), www.uis.unesco.org/Library/Documents/isced97-en.pdf (abgerufen am 4. August 2015).

Zeitungsartikel

Karakurt, Yakamoz (2011): „Mein Kopf ist voll!“, in: Die Zeit, Nr. 34.

Mounk, Yascha (2015): „Allgemeinbildung ist überschätzt“, in: Die Zeit, Nr. 05.

Türcke, Christian (1994): „Frieren für das Kalkül“, in: Die Zeit, Nr. 43.

Nachweise der Einleitungszitate

Kap. I.1.: Richter, Jean Paul Friedrich (1996): Vorschule der Ästhetik, in: Ders.: Sämtliche Werke, Abteilung I, Bd. 5: Vorschule der Ästhetik, Levana oder Erziehungslehre, Frankfurt/M.: Zweitausendeins, § 9.

Kap. I.2.: Schiller, Friedrich (1870): „Was heißt und zu welchem Ende studiert man Universalgeschichte? Eine akademische Antrittsvorlesung“, in: Ders.: Sämtliche Schriften, historisch-kritische Ausgabe, Bd. 9: Kleine historische Schriften, Stuttgart: Cotta'sche Buchhandlung, S. 79–99, hier S. 80.

Kap. II.1.: Meyer-Drawe, Käte (2008): Diskurse des Lernens, München: Fink, S. 16.

Kap. II.2.: Novalis (Friedrich von Hardenberg) (2010): „Fragmente und Studien. Vermischte Bemerkungen 1797–1798“, in: Ders.: Fragmente und Studien. Die Christenheit in Europa, Paschek, Carl (Hrsg.), Stuttgart: Reclam, 7. Fragment, S. 6.

Kap. III.2.: Green Day (1994): „Burnout“ (Lied auf dem Album „Dookie“).

Kap. III.3.: Pythagoras, zit. nach: Rosen, Laurence de (2014): „Sound“, in: Leeming, David A./Madden, Kathryn/Marlan, Stanton (Hrsg.): Encyclopedia of Psychology and Religion, S. 1696–1697, hier S. 1696.

Kap. IV.1.: Kafka, Franz (1976): Tagebücher 1910–1923, Brod, Max (Hrsg.), Fischer, Kap. 2, Eintrag vom Sonntag, den 19. Juli 1910.

Kap. IV.2.: Ende, Michael (2003): Der Spiegel im Spiegel. Ein Labyrinth, München: Deutscher Taschenbuch Verlag, S. 87.

Kap. IV.3.: Carroll, Lewis (2003): Alices Abenteuer im Wunderland, Rastede: Dodo-Verlag, S. 77.